Die Zukunft des ländlichen Raumes
3. Teil: Sektorale und regionale Zielvorstellungen · Konsequenzen
für die Landwirtschaft

VERÖFFENTLICHUNGEN
DER AKADEMIE FÜR RAUMFORSCHUNG UND LANDESPLANUNG

Forschungs- und Sitzungsberichte
Band 106

Die Zukunft des ländlichen Raumes

3. Teil

Sektorale und regionale Zielvorstellungen · Konsequenzen
für die Landwirtschaft

Forschungsberichte des Arbeitskreises
„Leitvorstellungen zur Entwicklung ländlicher Räume"
der Akademie für Raumforschung und Landesplanung

HERMANN SCHROEDEL VERLAG KG · HANNOVER · 1976

Zu den Autoren dieses Bandes

Viktor Frhr. v. Malchus, Dr., 46, Direktor des Instituts für Landes- und Stadtentwicklungsforschung des Landes Nordrhein-Westfalen in Dortmund, Ordentliches Mitglied der Akademie für Raumforschung und Landesplanung.

Günter Reinken, Prof. Dr. agr., 48, Abteilungsdirektor bei der Landwirtschaftskammer Rheinland in Bonn, Ordentliches Mitglied der Akademie für Raumforschung und Landesplanung.

Hellmuth Bergmann, Dr., 50, Beratender Ingenieur bei der Europäischen Investitionsbank in Luxemburg, Ordentliches Mitglied der Akademie für Raumforschung und Landesplanung.

Ulrich Planck, Prof. Dr., 54, Fachbereich Agrar- und Landsoziologie der Universität Hohenheim, Korrespondierendes Mitglied der Akademie für Raumforschung und Landesplanung.

Friedrich Hösch, Dr., Institut für Volkswirtschafts- und Rechtswissenschaften der TU München, Korrespondierendes Mitglied der Akademie für Raumforschung und Landesplanung.

Udo Hanstein, Dr., 42, Oberforstmeister in Behringen, Korrespondierendes Mitglied der Akademie für Raumforschung und Landesplanung.

Birgit Koschnick-Lamprecht, Dipl.-Ing., 39, Berlin, Korrespondierendes Mitglied der Akademie für Raumforschung und Landesplanung.

Friedrich Gercke, Dr., 42, Niedersächsische Landesentwicklungs-GmbH Hannover, Korrespondierendes Mitglied der Akademie für Raumforschung und Landesplanung.

Hans Kiemstedt, Prof. Dr., 41, Institut für Landschaftsbau und Freiraumplanung der TU Berlin, Ordentliches Mitglied der Akademie für Raumforschung und Landesplanung.

Helmut Scharpf, Dipl.-Ing. agr., Institut für Landschaftspflege und Naturschutz der TU Hannover.

Wilhelm Meinhold, Prof. Dr. Dr., 67, Direktor des Instituts für Wirtschafts- und Rechtswissenschaft der TU München, Ordentliches Mitglied der Akademie für Raumforschung und Landesplanung.

Winfried Moewes, Prof. Dr., 35, Geographisches Institut der Universität Gießen.

Friedrich Riemann, Dr., 54, Wissenschaftl. Leiter und Geschäftsführer der Agrarsozialen Gesellschaft e. V. Göttingen, Ordentliches Mitglied der Akademie für Raumforschung und Landesplanung.

Best.-Nr. 91401
ISBN 3-507-91401-8

Alle Rechte vorbehalten · Hermann Schroedel Verlag KG Hannover · 1976
Gesamtherstellung: Berenberg'sche Buchdruckerei, Hannover
Auslieferung durch den Verlag

INHALTSVERZEICHNIS

Zur Einführung VII

I. Grundsatzfragen der Entwicklung ländlicher Räume

Viktor Frhr. v. Malchus, Dortmund	Ziele für die Entwicklung ländlicher Räume	1
Erich Otremba, Köln	Regionaltypische Aspekte zur Gewinnung von Zielvorstellungen für die Planung und Gestaltung des ländlichen Raumes	45
Günter Reinken, Bonn	Landwirtschaftliche Vorranggebiete	65

II. Sektorale und regionale Zielvorstellungen zur Entwicklung des ländlichen Raumes und deren Konsequenzen für die Landwirtschaft

Günter Reinken, Bonn	Zielvorstellungen der Landwirtschaft und deren regionale Konsequenzen	
	A. Ökonomische Zielvorstellungen	77
Hellmuth Bergmann, Luxemburg	B. Regionale Konsequenzen	97
Ulrich Planck, Hohenheim	Soziale Zielvorstellungen und Konsequenzen zur landwirtschaftlichen Entwicklung	109
Viktor Frhr. v. Malchus, Dortmund	Sektorale und regionale Ziele für die Entwicklung der Siedlungsstruktur und deren Konsequenzen für die Landwirtschaft	135
Friedrich Hösch, München	Sektorale und regionale Zielvorstellungen für die Entwicklung der Industrie und deren Konsequenzen für die Landwirtschaft	159
Udo Hanstein, Sellhorn	Sektorale und regionale Zielvorstellungen für die Entwicklung der Forstwirtschaft und deren Konsequenzen für die Landwirtschaft	171
Birgit Koschnick-Lamprecht, Berlin	Sektorale und regionale Zielvorstellungen für die Entwicklung von Freizeit und Erholung und deren Konsequenzen für die Landwirtschaft	187
Friedrich Hösch, München	Sektorale und regionale Zielvorstellungen der Infrastruktur und deren Konsequenzen für die Landwirtschaft — Bereich Verkehr	205
Friedrich Gercke, Hannover	Zielvorstellungen für den Bereich der Ver- und Entsorgung und deren Konsequenzen für die Landwirtschaft	219
Hans Kiemstedt, Berlin, und Helmut Scharpf, Hannover	Zielvorstellungen der Umweltsicherung und deren Konsequenzen für die Landwirtschaft	231

III. Konsequenzen der sektoralen Entwicklungshilfe für ausgewählte Raumtypen mit besonderen Problemstellungen

Wilhelm Meinhold, München	Konsequenzen der sektoralen Entwicklungsziele für ausgewählte Raumtypen mit besonderen Problemstellungen	
	A. Verdichtungsräume und Verdichtungsrandzonen	251
Winfried Moeves, Gießen	B. Verflechtungsbereiche von starken Mittelzentren im ländlichen Raum — Leitbild für die räumliche Gestaltung	263
Friedrich Riemann, Göttingen	C. Verdichtungsferne Räume ohne starke Mittelzentren ..	291

Mitglieder des Arbeitskreises
„Leitvorstellungen zur Entwicklung ländlicher Räume"

Dr. Friedrich Riemann, Göttingen, Vorsitzender
Dr. Friedrich Gercke, Hannover, Geschäftsführer
Dr. Hellmuth Bergmann, Luxemburg
Prof. Dr. Wilhelm Brandes, Göttingen
Dr. Udo Hanstein, Gießen
Prof. Dr. Paul Hesse, Ottobeuren
Dr. Friedrich Hösch, München
Prof. Dr. Gerhard Isenberg, Stuttgart
Prof. Dr. Hans Kiemstedt, Berlin
Dipl.-Gärtner Birgit Koschnick-Lamprecht, Berlin
Dr. Viktor Frhr. v. Malchus, Dortmund
Prof. Dr. Dr. Wilhelm Meinhold, München
Prof. Dr. Herbert Morgen, Bad Nauheim
Prof. Dr. Erich Otremba, Köln
Prof. Dr. Ulrich Planck, Stuttgart
Prof. Dr. Günter Reinken, Bonn
Prof. Dr. Klaus Schäfer, Hannover
Dr. Günther Thiede, Luxemburg

Zur Einführung

Mit dem vorliegenden Band hat der Arbeitskreis „Leitvorstellungen zur Entwicklung ländlicher Räume" die Bearbeitung des 1969 aufgegriffenen Themas abgeschlossen. Er hat damit die Arbeiten des früheren Forschungsausschusses „Raum und Landwirtschaft" zu Ende geführt. Der Arbeitskreis war bestrebt, deutlich zu machen, daß in den verschiedenen nach funktionalen Gesichtspunkten abzugrenzenden Raumtypen, aus denen sich der ländliche Raum zusammensetzt, sehr unterschiedliche Probleme auftreten, die zu sehr unterschiedlichen Entwicklungschancen und -möglichkeiten führen. In dem einleitenden Beitrag werden die Problematik der bisherigen Zielfindungsbemühungen für die Entwicklung des ländlichen Raumes und die erforderlich werdenden Konsequenzen anschaulich dargestellt. Die Konsequenzen beim Zusammentreffen der in einzelnen Beiträgen aufgezeigten sektoralen Entwicklungsziele werden am Beispiel von drei Raumtypen abschließend zusammengefaßt.

Im Verlauf der Bearbeitung zeigte sich dreierlei: Einmal mußte mit Rücksicht auf die verfügbare Kapazität des Arbeitskreises das Programm eingeschränkt werden. Es war nicht möglich — wie ursprünglich vorgesehen —, die Interdependenzen zwischen den verschiedenen Sach- und Fachbereichen im einzelnen darzustellen. Eine Beschränkung auf eine Betrachtung der Verflechtungen der einzelnen Sach- und Fachbereiche mit der Landwirtschaft wurde erforderlich. Zum anderen stellte es sich heraus, daß die Voraussetzungen zur Erstellung von Entwicklungsmodellen für die verschiedenen Typen ländlicher Räume noch nicht gegeben sind, weil wissenschaftlich gesichertes Grundlagenmaterial dafür noch nicht zur Verfügung steht. Anstelle dessen werden für drei in der Bundesrepublik recht verbreitete Raumtypen die Konsequenzen der sektoralen Entwicklungsziele und -möglichkeiten für die Gesamtentwicklung in diesen Räumen aufgezeigt. Schließlich haben sich seit 1969 die Rahmenbedingungen für die Entwicklung ländlicher Räume entscheidend verändert und damit vielfach verschlechtert. Das sich auch in ländlichen Räumen in sinkenden Geburtenraten niederschlagende veränderte generative Verhalten der Bevölkerung und die zu erwartenden strukturellen Veränderungen im Bereich der industriell-gewerblichen Wirtschaft werden die Entwicklungstendenzen des ländlichen Raumes ungünstig beeinflussen. Die verschiedenen Raumtypen werden davon in unterschiedlichem Maße betroffen. Die Teilräume mit der geringsten Wirtschaftskraft und der ungünstigsten Struktur bekommen die Auswirkungen der sich abzeichnenden Veränderungen am stärksten zu spüren.

Die in diesem Band vorgelegten Ergebnisse des Arbeitskreises und die inzwischen gewonnenen Erkenntnisse machen deutlich, daß die staatliche Förderung der Entwicklung des ländlichen Raumes regional differenziert werden muß. Für die einzelnen, unter funktionalen Gesichtspunkten abgegrenzten Teilräume müssen konkrete Ziele formuliert werden, die auf die Erfüllung der in den einzelnen Teilräumen auftretenden Funktionen ausgerichtet sein müssen. Damit ergeben sich Konsequenzen für die einzusetzenden Instrumente der regionalen Entwicklungsförderung. Es ist davon auszugehen, daß die in den einzelnen Teilräumen zu erfüllenden Funktionen im öffentlichen Interesse liegen und deshalb auch realisiert werden müssen. Es genügt daher nicht mehr, Förderungsmittel anzubieten und es dem Zufall oder dem Gutdünken der Begünstigten zu überlassen, ob die Förderungsmittel angenommen werden oder nicht. Eine Entwicklungspolitik, die darauf gerichtet ist, daß die regionalen Entwicklungschancen auch genutzt werden, muß vielmehr dafür Sorge tragen, daß die gesteckten Ziele erreicht werden.

Das wird auch ohne dirigistische Eingriffe möglich werden, wenn einmal die Förderungsmaßnahmen stärker differenziert und so dosiert werden, daß die Unternehmen und die Bevölkerung darauf in dem erforderlichen Maße reagieren. Zum anderen wird man nicht umhin können, den weiteren Verdichtungstendenzen zu begegnen. Wenn nicht die Kommunen und Unternehmen in den Verdichtungsräumen dafür aufkommen müssen, die Folgen der übertriebenen Verdichtungen zu beheben, sondern allgemeine Steuermittel des Bundes und der Länder dafür eingesetzt werden, dann ist dies eine einseitige Bevorzugung der Verdichtungsräume, durch die die Entwicklung weiter Teile des ländlichen Raumes in Frage gestellt wird. Wenn eine großräumige Entleerung und Verödung in ländlichen Räumen vermieden werden soll, dann sind für diese Teilräume leistungsfähige Mittelzentren aufzubauen. Es hat sich gezeigt, daß dies mit den bisherigen Maßnahmen der regionalen Wirtschaftsförderung nicht im erforderlichen Maße gelingt. Damit wird deutlich, daß auch wirksamere Maßnahmen nur zum Ziele führen werden, wenn durch flankierende Maßnahmen das übermäßige Abfließen des nur begrenzt vorhandenen Entwicklungspotentials in jene Räume vermieden wird, die darauf nicht mehr angewiesen sind. Der Staat muß in den mit ungleichen Mitteln geführten Konkurrenzkampf zwischen den Verdichtungsräumen und den Mittel- und Großstädten im ländlichen Raum um die Unternehmen und die Bevölkerung eingreifen, um das Entstehen der als optimal anzusehenden ausgeglichenen Funktionsräume im ganzen Bundesgebiet zu ermöglichen.

Friedrich Riemann

I. Grundsatzfragen der Entwicklung ländlicher Räume

Ziele für die Entwicklung ländlicher Räume

von

Viktor Frhr. v. Malchus, Dortmund

I. Einleitung: Zur Problematik der Analyse von Zielen

Überlegungen für die Zukunft des ländlichen Raumes müssen, nach einer Diagnose der historischen Wirklichkeit, ausgehen von den bisher entwickelten und den neu geschaffenen Zielvorstellungen für die Entwicklung ländlicher Räume. Immer wieder neu ist die Frage zu stellen: Gibt es für die Entwicklung ländlicher Räume eine gesellschafts- und wirtschaftspolitische Gesamtkonzeption (79, S. 44)*), d. h. einen geschlossenen und in sich widerspruchsfreien Zusammenhang von wirtschafts- und raumordnungspolitischen Zielen, Grundsätzen und zielkonformen Institutionen und Maßnahmen, und inwieweit sind Gesamtkonzeption oder Teilkonzeptionen bereits konkretisiert?

Diese Fragestellung stößt immer wieder auf die Problematik von Aussagen über Ziele und Mittel, deren Zusammenhänge und Trennung. In einem Ziel-Mittel-System bestehen, wie dies besonders von W. GIERSCH hervorgehoben wird, Konkurrenz- und Komplementaritätsbeziehungen, die eine Trennung zwischen den Zielen und den Mitteln praktisch unmöglich machen (45, S. 51). Theoretisch können Ziele *identisch sein*, sich *gegenseitig ausschließen, miteinander konkurrieren*, völlig unabhängig voneinander, d. h. *zielneutral* sein oder sich *komplementär* zueinander verhalten. In der Regel sind es immer die Mittel und Maßnahmen, die die Art des Zusammenhangs zwischen zwei oder mehreren Zielen bestimmen. Wie bereits G. MYRDAL nachgewiesen hat (76, S. 313), bilden Ziele und Mittel ein in sich zusammenhängendes System, so daß man Ziele und deren Verhältnis zueinander nur analysieren kann, wenn man gleichzeitig die verschiedenen Mittel betrachtet.

Wenn man sich einen Überblick über die Zielsetzungen zur Entwicklung ländlicher Räume verschaffen will, muß man sich deshalb um eine Gesamtzusammenschau ganzer Ziel-Mittel-Systeme bemühen. Denn erst die Kenntnis der Ziel-Mittel-Zusammenhänge ermöglicht wertbewußte und sachgerechte Urteile (45, S. 53). Da es jedoch im Rahmen der Ziel-Mittel-Zusammenhänge sehr viele Bedingungskonstellationen gibt (8), die im Rahmen dieses Beitrages nicht alle dargestellt und untersucht werden können, soll im Wege eines Kompromisses versucht werden, nur die wichtigsten Ziel-Mittel-Beziehungen aufzuzeigen, die für die Entwicklung ländlicher Räume bedeutsam sind. Die Diskussion über Ziele, Zielkonflikte, Prioritäten und Operationalität in Verbindung mit der Zielfindung und

---

*) Die Ziffern in Klammern verweisen auf die Literatur am Schluß dieses Beitrages.

dem Zielbildungsprozeß bekommen in der Raumordnungspolitik der letzten Jahre wachsendes Gewicht (12 a).

Unter „ländlichen Räumen" sollen in diesem Beitrag ganz abstrakt nur alle diejenigen Gebiete und Räume verstanden werden, die nicht Ballungsräume, Verdichtungsräume, Randzonen um die Verdichtungsräume oder sonstige Verdichtungsbereiche sind. Bewußt werden dabei die vielfältigen, lagebedingten und strukturellen Unterschiede ländlicher Räume vernachlässigt. Ländliche Räume können z. B. am Rande von Verdichtungsgebieten liegen, über ein oder mehrere starke Mittelzentren verfügen oder z. B. einen völlig peripheren Standort und kein Mittelzentrum haben; in ihnen können ferner Land- und Forstwirtschaft, Industrie und Gewerbe oder Erholungs- und Fremdenverkehr vorherrschen. Für die Darstellung und Analyse der allgemeinen Ziel-Mittel-Beziehungen für die Entwicklung ländlicher Räume ist dies ohne Belang, da die Konkretisierung der raum- und sachbezogenen Zielvorstellungen anderen Beiträgen in diesem Band vorbehalten bleibt. Dieser Beitrag soll lediglich kritisch zusammenfassend den neuesten Stand der Ergebnisse der Zieldiskussion aufzeigen.

II. Raumordnungsziele des Bundes als Leitbild der Raumordnung

1. *Allgemeine Grundsätze und politische Vorentscheidungen*

Auf der Grundlage des SARO-Gutachtens, das erstmals umfassend zu den materiellen Zielen der Raumordnung Stellung nahm (80), wurden Entwürfe für ein Bundesraumordnungsgesetz erarbeitet, das am 12. Februar 1965 fast einstimmig vom Bundestag angenommen wurde. In den §§ 1 und 2 des Raumordnungsgesetzes vom 8. April 1965 (BGBl. I, S. 306) wurde das Leitbild der Raumordnung für das Bundesgebiet festgelegt. Die Richtlinien des § 1 ROG bilden den Rahmen und die Grundlage für die Herausarbeitung der Raumordnungsziele, d. h. sie enthalten das allgemeine Leitbild der Raumordnung. Nach § 1 Abs. 1 ROG ist „das Bundesgebiet in seiner allgemeinen räumlichen Struktur einer Entwicklung zuzuführen, die der freien Entfaltung der Persönlichkeit in der Gemeinschaft am besten dient". Diese Leitvorstellung entnimmt das Raumordnungsgesetz aus der verfassungsmäßigen Ordnung (Art. 2, Abs. 1 GG). Die *freie Entfaltung der Persönlichkeit* ist aber nicht unbegrenzt, sondern sozial gebunden, d. h. das Individuum muß sich Beschränkungen gefallen lassen, die für das gedeihliche Zusammenleben aller erforderlich sind (10, S. 5).

Erst durch die strikte Bindung der materiellen Raumordnungsgrundsätze im § 2 ROG an das unserer gesellschaftlichen Ordnung immanente Leitbild einer „freien Entfaltung der Persönlichkeit in der Gemeinschaft" (§ 1 Abs. 1 ROG) erhalten die Grundsätze ihren Sinn und Inhalt (37, S. 3). Andererseits bedarf das Leitbild der Raumordnung der materiellen Festlegungen des § 2 ROG, da die Ziele sonst keine fachlich bindende Wirkung entfalten können. Dies ist aber notwendig, weil sonst die Verwirklichung der Raumordnungsziele in Frage gestellt wird, denn die Raumordnungspolitik ist auf die in einzelnen Fachbereichen eingesetzten Mittel und Maßnahmen angewiesen, wenn sie ihre eigenen Ziele verwirklichen will (37, S. 4). Raumordnung ist keine selbständige, gesonderte Tätigkeit, sondern Raumordnung wird durch Koordination der Tätigkeiten der öffentlichen Hände betrieben, d. h. durch Koordination z. B. der Landwirtschafts-, der Wirtschafts- und der Verkehrspolitik. Nur so kann man durch raumwirksame Maßnahmen die Entwicklung, z. B. ländlicher Gebiete, dem Leitbild entsprechend beeinflussen (40, S. 16).

Als allgemeines Prinzip der Raumordnung wird auch in § 1 Abs. 4 ROG festgelegt, daß die Ordnung der Einzelräume sich in die Ordnung des Gesamtraumes einfügen und der Gesamtraum die Erfordernisse der Einzelräume berücksichtigen soll.

Überall im Bundesgebiet sollen „gleichwertige Lebensverhältnisse" geschaffen werden. Dieser Grundsatz von Verfassungsrang fußt u. a. auf der Sozialstaatsklausel des Art. 20 GG und den auf Gleichwertigkeit und Einheitlichkeit ausgerichteten Normen der Art. 72, 104 a und 106 GG. Über die Maßstäbe für die Gleichwertigkeit besteht heute noch keine einheitliche Meinung.

Unbestritten werden Einkommensunterschiede, Unterschiede in der Infrastrukturausstattung oder in der Ausstattung mit Arbeitsplätzen als Meßgrößen herangezogen, so etwa im Rahmen der Regionalpolitik oder im Bundesraumordnungsprogramm. Künftig soll ein Indikatorenmeßsystem entwickelt werden, mit dessen Hilfe Disparitäten qualitativ nachgewiesen und in ihrer Wirkungsweise erkannt werden können. Dadurch würde auch die Klärung der strukturpolitisch entscheidenden Frage wesentlich erleichtert, was politisches Ziel des Grundsatzes der Gleichwertigkeit der Lebensverhältnisse sein soll: Überall ein Mindeststandard an Infrastrukturausstattung und -versorgung oder ein bundesweites System mit gegeneinander abwägbaren Indikatoren, wie etwa bessere natürliche Lebensbedingungen in ländlichen Gebieten gegenüber größeren Einkommenschancen in unter Verdichtungsmängeln leidenden Großstadträumen. Jedoch auch diese Alternative scheint heute nicht mehr zu bestehen, denn das Ziel einer Mindestversorgung mit Infrastruktureinrichtungen wird heute in der Regel nicht mehr in Frage gestellt.

Man muß feststellen, daß mit dem Raumordnungsgesetz auf der Grundlage unserer Gesellschaftsordnung ein *„Leitbild der sozialen Raumordnung"* entwickelt worden ist. Viele seiner Leitbilder und Grundsätze (Oberziele) sind jedoch sehr allgemein formuliert und bedürfen — wie sich gezeigt hat — für ihre Anwendung noch einer weitgehenden Konkretisierung. Denn will man z. B. die Situation des ländlichen Raumes diagnostizieren, so setzt dies bereits konkrete Zielvorstellungen voraus (45, S. 269 ff.). Für quantitative Ziele muß das Optimum bestimmt werden; Maximalziele sind durch Nebenbedingungen zu konkretisieren, Strukturziele durch ein System von Unterzielen.

Für die Entwicklung *„ländlicher Gebiete"* als gesonderte Gebietskategorie sind in den Grundsätzen der Raumordnung (§ 2 Abs. 1 ROG) folgende wichtige „Oberziele" festgelegt worden:

§ 2 Abs. 1 Nr. 1: „Die räumliche Struktur der Gebiete mit gesunden Lebens- und Arbeitsbedingungen sowie ausgewogenen wirtschaftlichen, sozialen und kulturellen Verhältnissen soll gesichert und weiter entwickelt werden.

In Gebieten, in denen eine solche Struktur nicht besteht, sollen Maßnahmen zur Strukturverbesserung ergriffen werden."

§ 2 Abs. 1 Nr. 2: „Eine Verdichtung von Wohn- und Arbeitsstätten, die dazu beiträgt, räumliche Strukturen mit gesunden Lebens- und Arbeitsbedingungen sowie ausgewogenen wirtschaftlichen, sozialen und kulturellen Verhältnissen zu erhalten, zu verbessern oder zu schaffen, soll angestrebt werden."

§ 2 Abs. 1 Nr. 3: „In Gebieten, in denen die Lebensbedingungen in ihrer Gesamtheit im Verhältnis zum Bundesdurchschnitt wesentlich zurückgeblieben sind oder ein solches Zurückbleiben zu befürchten ist, sollen die allgemeinen wirtschaftlichen und sozialen Verhältnisse sowie die kulturellen Einrichtungen verbessert werden.

In den Gemeinden dieser Gebiete sollen die Lebensbedingungen der Bevölkerung, insbesondere die Wohnverhältnisse sowie die Verkehrs- und Versorgungseinrichtungen allgemein verbessert werden. In einer für ihre Bewohner zumutbaren Entfernung sollen Gemeinden mit zentralörtlicher Bedeutung einschließlich der zugehörigen Bildungs-, Kultur- und Verwaltungseinrichtungen gefördert werden."

§ 2 Abs. 1 Nr. 5: „Für ländliche Gebiete sind eine ausreichende Bevölkerungsdichte und eine angemessene wirtschaftliche Leistungsfähigkeit sowie ausreichende Erwerbsmöglichkeiten, auch außerhalb der Land- und Forstwirtschaft, anzustreben."

§ 2 Abs. 1 Nr. 7: „Für die Erhaltung, den Schutz und die Pflege der Landschaft einschließlich des Waldes sowie für die Sicherung und Gestaltung von Erholungsgebieten ist zu sorgen.

Für die Reinhaltung des Wassers, die Sicherung der Wasserversorgung und für die Reinhaltung der Luft sowie für den Schutz der Allgemeinheit vor Lärmbelästigungen ist ausreichend Sorge zu tragen."

Darüber hinaus sind im § 2 Abs. 1 ROG noch eine große Anzahl fachlicher Einzelziele festgelegt, die für den ländlichen Raum besondere Bedeutung erlangen können (69, S. 11).

Mit diesen im Raumordnungsgesetz enthaltenen Zielen ist bereits eine ganze Reihe grundsätzlicher politischer Entscheidungen getroffen worden (52, S. 4.), so etwa:

— eine *passive Sanierung* des ländlichen Raumes insgesamt, d. h. eine Förderung der Abwanderung der Bevölkerung, kann nicht angestrebt werden;

— das *Prinzip der punktuellen Verdichtung* auch im ländlichen Raum, d. h. mehr Einwohner je ha Siedlungsfläche, erhält als bestimmendes Element künftiger Raumstrukturen (zentrale Orte, Entwicklungsschwerpunkte, Siedlungs- und Entwicklungsbänder, Schwerpunkte der Industrieansiedlung) erhöhte Bedeutung;

— die *Erhaltung und Bewahrung guter Böden* für die Entwicklung der Landwirtschaft; und

— die *Sicherung der natürlichen Lebensgrundlagen* durch Schutz und Pflege der Landschaft.

Die allgemeinen Grundsätze für die Entwicklung ländlicher Räume bedürfen, wie schon oben angeführt, weiterer Konkretisierung für überfachliche Entscheidungen und für die räumlich fachbezogenen Entwicklungsziele. Auf diesem Gebiet ist man in den letzten Jahren nicht untätig gewesen. Insbesondere sind einige der politischen Vorentscheidungen, wie z. B. „der ländliche Raum soll überall aktiv saniert werden" oder „alle guten Böden sind zu erhalten", neuerdings relativiert worden.

2. Konkretisierung allgemeiner raumordnerischer Ziele durch die Ministerkonferenz für Raumordnung (MKRO)

a) *Zur Arbeit der MKRO*

Im Rahmen des von der Bundesregierung und den Landesregierungen, gemäß § 8 ROG, geschlossenen Verwaltungsabkommens (Bundesanzeiger Nr. 122 vom 5. Juli 1967, S. 1) ist als Institut zur Aufstellung von konkreten Raumordnungszielen die Ministerkonferenz für Raumordnung (MKRO) tätig geworden (52, S. 5). In ihr sollen, gemäß § 8 Abs. 1 ROG, alle grundsätzlichen Fragen der Raumordnung und Landesplanung und Zweifelsfragen von Bundesregierung und Landesregierungen gemeinsam beraten werden. Die wichtigsten Beratungsergebnisse wurden in Entschließungen und Empfehlungen verabschiedet und u. a. in den Raumordnungsberichten der Bundesregierung veröffentlicht (34 a). Wichtigste Aufgabe der MKRO war es zunächst, die Grundsätze der Raumordnung, gemäß § 2 ROG, näher auszufüllen und so zu konkretisieren, daß sie als Zielvorstellungen den Raumordnungsprogrammen und -plänen der Länder zugrundegelegt werden konnten (21, S. 4f.). In den letzten Jahren befaßte sich die MKRO überwiegend mit dem Bundesraumordnungsprogramm.

b) Entschließungen und Empfehlungen der MKRO

In den *Entschließungen und Empfehlungen* der MKRO wurden für *den ländlichen Raum* im wesentlichen folgende Ziele festgelegt:

— *das gemeindliche Steuersystem und der kommunale Finanzausgleich* sollen so ausgestaltet werden, daß eine gleichmäßigere kommunale Grundausstattung der Gemeinden gewährleistet wird und raumordnerische Schwerpunkte, insbesondere die Entwicklung zentraler Orte, gefördert werden können (23. Oktober 1967); hierzu scheint es geboten, in den Finanzausgleichsgesetzen der Länder a) bei den schlüsselmäßigen Zuweisungen Sonderregelungen für zentrale Orte, b) einen Investitionsfonds oder Investitionsbeihilfen vorzusehen, mit Hilfe derer laufende Anforderungen und Finanzierungen zentralörtlicher Einrichtungen sichergestellt werden (16. September 1970);

— das Prinzip der Förderung zentraler Orte aller Stufen gilt für das ganze Bundesgebiet; als Einwohnerzahl für Nahbereiche sollen mindestens 5000 und für Mittelbereiche mehr als 20 000 Einwohner zugrundegelegt werden; die Verflechtungsbereiche sollen unabhängig von der gegenwärtigen Verwaltungsgliederung abgegrenzt und bei kommunaler Neugliederung berücksichtigt werden (8. Februar 1968); für die *zentralörtlichen Verflechtungsbereiche mittlerer Stufe* wurde neuerdings ein Katalog für eine gewisse Mindestausstattung von der MKRO festgelegt, die innerhalb eines Jahrzehnts bereitzustellen ist; die Einwohnerrichtzahl darf nach neuesten Erkenntnissen nur noch in dünnbesiedelten Gebieten 20 000 Einwohner betragen, im allgemeinen soll sie für die Verflechtungsbereiche mittlerer Stufe 40 000 Einwohner übersteigen, wobei der Zentralort selbst etwa die Hälfte dieser Einwohnerzahl haben und bei Benutzung öffentlicher Verkehrsmittel (einschließlich Wegezeiten zu den Haltepunkten) innerhalb einer Stunde erreichbar sein sollte; die Verflechtungsbereiche mittlerer Stufe sollen künftig mit als räumlicher Bezugsrahmen für die Abgrenzung der im Rahmen der regionalen Wirtschaftspolitik zu fördernden Gebiete gelten (15. Juni 1972);

— die *Bundesfernstraßenplanung*, als wichtiger Bestandteil einer umfassenden Raumordnungspolitik, hat sich nach den Leitbildern der §§ 1 und 2 ROG auszurichten; der Ausbau soll in Dichte und Leistungsfähigkeit dem zu erwartenden Verkehr Rechnung tragen, insbesondere sind Entwicklungsgesichtspunkte bei zurückgebliebenen ländlichen Räumen zu berücksichtigen und durch verkehrsmäßige Anbindung ist der Ausbau von zentralen Orten zu fördern (8. Februar 1968);

— durch *Abgrenzung der Verdichtungsräume* und Kennzeichnung ihrer Randgebiete soll ein „Ordnungsraum besonderer Art" geschaffen werden, für den eine planerische Gesamtkonzeption zu entwickeln ist, die eine ringförmige Ausdehnung des Verdichtungsraumes vermeidet und eine Entwicklung von Schwerpunkten in die Tiefe des Ordnungsraumes anstrebt; dadurch sollen Entwicklungsimpulse bis weit in den ländlichen Raum, der als Residuum übrigbleibt, hineingetragen werden; bei dieser Konzeption soll die Freihaltung von den Verdichtungsräumen zugeordneten Erholungsgebieten ermöglicht werden und auch in größerer Entfernung von Verdichtungsräumen Entwicklungsimpulse wirksam werden, die eine raumordnerisch erwünschte Umstrukturierung und eine Stärkung der Wirtschaftskraft zur Folge haben (21. November 1968);

— mit Hilfe der *Förderung des Gleisanschlußverkehrs* soll die Schwerpunktbildung der Industrie in oder in Verbindung mit dem Ausbau zentraler Orte vorangetragen und eine ausgewogene Verteilung des Verkehrs zur Entlastung der Straßen herbeigeführt werden (21. November 1968);

— im Zuge der *Verwaltungsreform* sollen die Sitze größerer Verwaltungsdienststellen mit großem Publikumsandrang möglichst zentral in ihrem Zuständigkeitsbereich verkehrsgünstig angelegt werden; als Standorte für derartige Behördensitze und Behördenzentren sollten zentrale Orte entsprechender Stufe ausgewählt werden; sind Verwaltungsdienststellen nicht an einen bestimmten Standort gebunden, so sollten sie zur wirtschaftlichen Stärkung in geeigneten Zentralorten strukturschwacher Gebiete oder in den angestrebten Entlastungsorten errichtet werden (21. November 1968);

— im Rahmen der *Entwicklung zurückgebliebener Gebiete* kommt der *Bildung von Schwerpunkten* im ländlichen Raum besondere Bedeutung zu, weil auch die Bevölkerung im ländlichen Raum steigende Anforderungen an die infrastrukturellen Einrichtungen und Anlagen hat, hier außerlandwirtschaftliche Arbeitsplätze in größerem Umfange zu schaffen sind und die Vorleistungen der öffentlichen Hand sich besonders auf die Entwicklungsschwerpunkte konzentrieren sollten, die auch auf längere Sicht den zurückgebliebenen Räumen zugute kommen (16. April 1970);

— mit *Hilfe des Regionalluftverkehrs* können insbesondere auch die Verbindung verkehrsferner Gebiete mit den großen Verdichtungsräumen und die Standortbedingungen zurückgebliebener Gebiete verbessert werden; deshalb sollen, auf Schwerpunkte konzentriert, für den Regionalluftverkehr geeignete Flugplätze geschaffen werden, die innerhalb 50 km oder einer Pkw-Stunde erreichbar sein sollten, größere Lärmbelästigung vermeiden und wichtige Grundsätze des Regionalluftverkehrs, wie die der Sicherheit, Zuverlässigkeit und Pünktlichkeit gewährleisten (16. Juni 1971);

— *Rohrfernleitungen* zum Transport von z. B. Gas, Wasser und Mineralöl können ein geeignetes Mittel zur Entwicklung ländlicher Gebiete sein; deshalb sollen Rohrfernleitungen möglichst im Verlauf von Entwicklungsachsen und Entwicklungsbändern so trassiert werden, daß zentrale Orte und Entwicklungsschwerpunkte günstig angeschlossen werden können (16. Juni 1971);

— die *Erfordernisse des Umweltschutzes und der Landschaftspflege* sollten auch bei der raumordnerischen Entwicklung ländlicher Räume stärker berücksichtigt werden als dies bisher der Fall war; in den ländlichen Gebieten ergeben sich besonders aus dem Umstrukturierungsprozeß der Landwirtschaft zahlreiche Probleme der Landschaftsordnung, wie z. B. durch Brachfallen bisher landwirtschaftlich genutzter Flächen oder durch Rationalisierung der landwirtschaftlichen Produktion mit ihren Auswirkungen auf Landschaftsbild und Naturhaushalt (16. Juni 1971); landschaftsordnerische Maßnahmen müssen hier auf die für die Sicherung der Erträge und der ökologischen Funktion notwendigen Landschaftsstruktur abzielen, insbesondere bei dem gegeneinander Abwägen aller konkurrierenden Nutzungsansprüche, die an den Raum ge-

stellt werden; dafür sind insbesondere folgende Zielvorstellungen von Bedeutung:
a) schwerpunktmäßige Zusammenfassung aller Dienstleistungseinrichtungen sowie von Wohn- und Arbeitsstätten, b) funktionsgerechte Zuordnung von Wohnstätten, Arbeitsstätten, Infrastruktureinrichtungen und Freiflächen, c) Sicherung von Erholungsgebieten und Ausbau von Freizeit- und Erholungseinrichtungen, d) Ausweisung von Bereichen für belästigende Einrichtungen und Anlagen; bei Zielkonflikten soll dem Umweltschutz Vorrang eingeräumt werden (15. Juni 1972).

Im Rahmen einer Stellungnahme über Aufgabenabgrenzung und Zusammenarbeit von Raumordnung und Umweltschutz (30. Mai 1973) wurde dieser Abwägungsgrundsatz nochmals bestätigt und eine enge Abstimmung zwischen Umweltschutz und Raumordnung gefordert.

— Wegen des zu erwartenden begrenzten Zuwachses an Entwicklungspotential soll im Hinblick auf eine ausgewogene Verdichtung in allen Teilen der Bundesrepublik eine *Verdichtung* von Bevölkerung und Arbeitsplätzen in Verdichtungsräumen *nicht gefördert, sondern ihr entgegengewirkt werden* (30. Mai 1973).

— Es sollen *Gebiete mit bevorzugten Funktionen* künftig gekennzeichnet werden (30. Mai 1973), wenn sie (34 a, S. 165):

— günstige Voraussetzungen für die Land- und Forstwirtschaft bieten,

— für natur- bzw. landschaftsbezogene Freizeit und Erholung besonders geeignet sind,

— der langfristigen Sicherstellung der Wasserversorgung dienen,

— weitere ökologische Ausgleichsfunktionen aufweisen.

Unter Berücksichtigung ihrer sonstigen Funktionen sind in den gekennzeichneten Gebieten die Voraussetzungen dafür zu schaffen, daß diese Gebiete ihre bevorzugten Funktionen erfüllen können;

— bei der geplanten Konzentration der *Stückgutabfertigungen* der Deutschen Bundesbahn sind raumordnerische Gesichtspunkte zu berücksichtigen, damit das Gebot der „Schaffung gleichwertiger Lebensverhältnisse" nicht verletzt wird und im Verflechtungsbereich eines jeden Mittelzentrums auf jeden Fall eine Stückgutabfertigung erhalten bleibt (16. Januar 1975).

Mit ihren Entschließungen und Empfehlungen hat die Ministerkonferenz für Raumordnung (MKRO) eine ganze Reihe der Grundsätze des § 2 ROG weitgehend konkretisiert und damit für die Raumordnungsprogramme und -pläne des Bundes und der Länder und die Fachplanungen der Ressorts richtungweisend gewirkt. Wissenschaftler und Praktiker haben sich dabei darum bemüht, aus Leerformeln der Raumordnung und Landesplanung Lehrformeln zu formen und zu gestalten, die für die weitere Tätigkeit der Raumforschung von richtungweisender Bedeutung sind.

3. Empfehlungen des Beirats für Raumordnung zum Zielsystem

a) *Zur Arbeit des Beirats für Raumordnung*

Parallel zu den Bemühungen der MKRO hat sich der Beirat für Raumordnung beim Bundesminister des Innern (erst seit 1973 beim Bundesminister für Raumordnung, Städtebau und Wohnungswesen) in den letzten Jahren um die Konkretisierung raumordnerischer

Ziele bemüht. Entsprechend seiner Aufgabe, gemäß § 9 ROG, hat er den für die Raumordnung zuständigen Bundesminister in Grundsatzfragen der Raumordnung zu beraten. Die Ergebnisse der Beratungen, die fast alle allgemeine oder spezielle Zielsetzungen für die Entwicklung ländlicher Räume beinhalten, hat er in einer Folge von Empfehlungen veröffentlicht (16; 17; 18). Von besonderer Bedeutung für die Entwicklung ländlicher Räume sind die Empfehlungen zu folgenden Problemkreisen:

— die zentralen Orte und die Entwicklung der Gemeinden im Versorgungsnahbereich (ohne Datum);

— der industrielle Standort unter besonderer Berücksichtigung der Gemeinden des ländlichen Raumes (ohne Datum);

— raumordnerische Grundvorstellungen zur Fernstraßenplanung (ohne Datum);

— die Entwicklung des ländlichen Raumes (Juni 1969);

— die Belastbarkeit des Landschaftshaushalts (Juni 1969);

— Zielsystem für die räumliche Entwicklung der Bundesrepublik Deutschland (28. Oktober 1971);

— Wege zur Erarbeitung einer Entwicklungskonzeption für die Landschaft (14. September 1972);

— Stellungnahme zum Entwurf des Bundesraumordnungsprogramms (3. Juli 1974).

Ein Teil der Empfehlungen des „Beirats für Raumordnung" wurde bei den Überlegungen der MKRO mitberücksichtigt, eine ganze Reihe der Empfehlungen sind in das Bundesraumordnungsprogramm eingegangen. Aus der Fülle der Anregungen, die in diesen Empfehlungen enthalten sind, sollen hier Bereiche herausgehoben werden, die für die weitere Tätigkeit der Raumordnung und Landesplanung — nach Auffassung des Verfassers — besondere Bedeutung erlangt haben bzw. bekommen werden.

b) *Zur Entwicklung ländlicher Räume*

In der Empfehlung „Die Entwicklung des ländlichen Raumes", die von der wirtschaftlich und sozial ungleichgewichtigen Entwicklung der ländlichen Räume untereinander und im Verhältnis zu den Verdichtungsräumen ausgeht, aber keine besondere Bedeutung erlangt hat, weil ihre speziellen Empfehlungen auf homogene Gebietseinheiten — die keine Operationalisierung des Zielsystems zulassen — abheben, sind bereits 1969 allgemeine, gebietsunabhängige Anforderungen an eine Entwicklungsstrategie zur Entwicklung ländlicher Räume gestellt worden, die besondere Anerkennung verdienen (17, S. 11 ff.), weil sie noch für die ferne Zukunft von Bedeutung sein werden:

— *Regionale Entwicklungspolitik muß* auch in den ländlichen Räumen *produktionsorientiert sein,* d. h. jede Region muß, interdisziplinär koordiniert, nach ihrem Entwicklungspotential beurteilt und erst daraus dürfen konkrete Entwicklungsziele abgeleitet werden;

— die *Mitarbeit der Öffentlichkeit an Planung* und Durchführung der regionalen Entwicklung muß sichergestellt werden durch umfassende und rechtzeitige Information und glaubwürdige Entwicklungsprogramme;

— die *Entwicklungsplanung muß* insbesondere zum Zwecke der besseren Koordination *institutionalisiert werden* und über ein Bundesraumordnungsprogramm für einzelne Teilgebiete eine zeitliche, sachliche und räumliche Bindung für alle Ebenen der Verwaltung nach sich ziehen;

— die Produktivitätsorientierung erfordert den *koordinierten Einsatz der Maßnahmen* aller Fachbereiche in den noch festzulegenden *förderungswürdigen Zentralorten;*

— für die im Umstrukturierungsprozeß zu erwartende *Umwidmung landwirtschaftlicher Flächen* müssen vorausschauend landespflegerische Maßnahmen eingeleitet werden;

— die im ländlichen Raum notwendigen städtebaulichen Sanierungs- und Entwicklungsaufgaben müssen wegen der Knappheit der öffentlichen Mittel zunächst auf die *Schwerpunkte* der wirtschaftlichen Entwicklung konzentriert werden;

— *Passivsanierung* ist nicht mehr überall auszuschließen, d. h. die in Problemgebieten lebenden Menschen müssen in die Lage versetzt werden — falls ihr Gebiet nicht mehr zu entwickeln ist —, in anderen Räumen ein befriedigendes Einkommen zu erzielen (17, S. 15 ff.);

— *Passivsanierung* ist dort anzuordnen, wo das vorhandene Entwicklungspotential weder zur Industrieansiedlung noch zur Förderung des Fremdenverkehrs ausreicht. In den dafür — nach eingehender Prüfung — vorzusehenden Gebieten ist die Mobilität der Menschen durch bildungs- und verkehrspolitische Maßnahmen zu erhöhen und ein Minimum an öffentlichen Dienstleistungen zu erhalten. Für die der passiven Sanierung überlassenen Gebiete müssen in jedem Falle Reaktivierungsmöglichkeiten offengehalten werden.

Mit dieser Empfehlung für die Entwicklungsstrategie unterschiedlicher Gebietstypen aus dem Jahre 1969 hatten jahrelange Überlegungen der Wissenschaft und der Verwaltung auf Bundesebene ein entscheidendes Stadium erreicht. Danach sollte es eine der großen Reformaufgaben der Verwaltung sein, mit Hilfe eines umfassenden Programms auf Bundesebene ein verbindliches Ziel-Mittel-System für die künftige Entwicklung ländlicher Räume aufzustellen.

Binnen weniger Jahre zeigte sich jedoch, daß die nach homogenen Kriterien abgegrenzten Gebietstypen im Rahmen der regionalen Wirtschaftspolitik und der Raumordnungspolitik keine geeignete Grundlage für wirtschafts- und raumordnungspolitisches Handeln abgeben (57 b, S. 90 ff.) Die vom SARO-Gutachten aufgestellten und in das Raumordnungsgesetz übernommenen raumordnungspolitischen Leitbilder und Ziele können mit Hilfe dieser Empfehlungen des Wissenschaftlichen Beirats für die Entwicklung ländlicher Räume nicht durchgesetzt werden. Deshalb wurde es — insbesondere im Zusammenhang mit dem Beschluß des Parlaments zur Aufstellung eines Bundesraumordnungsprogramms — für die verantwortlichen staatlichen Instanzen zwingend notwendig, nach einem operationalisierbaren Zielsystem für die räumliche Entwicklung der Bundesrepublik Deutschland zu suchen. Erneut wurde der Wissenschaftliche Beirat beim Bundesminister bemüht. Im Oktober 1971 hat er — unter Beachtung bisheriger wissenschaftlicher Überlegungen — eine Empfehlung für die räumliche Entwicklung der BRD herausgegeben.

c) *Zum Zielsystem für die räumliche Entwicklung der Bundesrepublik Deutschland*

Nach Auffassung des Beirats für Raumordnung (18, S. 8) soll das Zielsystem unmittelbar der räumlichen, sachlichen und zeitlichen Abstimmung raumbedeutsamer Planungen dienen, andererseits aber auch Grundlage sein für die Abstimmung und Prüfung verschiedener konkurrierender politischer Zielsetzungen der Raumordnungs-, der Wirtschafts- und der Sozialpolitik. In seinem Rahmen sollen Kriterien und Instrumente zur Förderung der gewünschten räumlichen Entwicklung entwickelt werden.

Im Mittelpunkt der großräumigen Entwicklungsfaktoren standen für den Beirat für Raumordnung

— die Bedeutung der Städte und

— die wirtschaftlichen Determinanten der großräumigen Entwicklung,

also nicht der ländliche Raum.

Die zunehmende Bedeutung und Attraktivität städtischer Lebensformen, die den Menschen die Befriedigung immer differenzierterer Bedürfnisse und der Wirtschaft die günstigsten Voraussetzungen für die optimale Kombination der Produktionsfaktoren bieten, werden als unaufhaltsamer Trend und förderungswürdiges Anliegen angesehen. Deshalb gilt es — nach Auffassung des Beirats — den Verdichtungsprozeß durch die Festlegung und Förderung einer verhältnismäßig *geringen Zahl langfristig entwicklungsfähiger Verdichtungsschwerpunkte* in möglichst allen Teilräumen der Bundesrepublik Deutschland voranzutreiben (18, S. 10). In Teilräumen, in denen es heute noch keine Verdichtungsschwerpunkte gibt, sind alle Anstrengungen zu unternehmen, um die vorhandenen städtischen Ansatzpunkte zur notwendigen Entwicklung zu bringen.

Im Bereich der Wirtschaft erhalten vor allem die derzeitigen und zu erwartenden strukturellen Veränderungen erhebliche Bedeutung. Der anhaltende Rückgang der Zahl der Beschäftigten in der Landwirtschaft und die Umstrukturierung dieses Bereichs, die weiter zunehmende Bedeutung der Dienstleistungszweige, im produzierenden Gewerbe die Zunahme der standortunabhängigen Bereiche einerseits und die verstärkte Küsten- und/oder Energieorientierung vieler standortabhängiger Betriebe andererseits, sind gewichtige Gesichtspunkte für die Formulierung eines räumlichen Zielsystems. *Nach Ansicht des Beirats vermindern diese Tendenzen die Entwicklungsaussichten der meisten kleineren Standorte außerhalb der Verdichtungsgebiete.*

Deshalb geht der Beirat von der Notwendigkeit zunehmender Verdichtung aus, wobei er unter Verdichtung immer funktionsgerechte Verdichtung versteht, die auch die Verbesserung der räumlichen Zuordnung verschiedener Funktionsbereiche einschließt und nicht notwendigerweise Verdichtung im städtebaulichen Sinn (Erhöhung der Nutzung pro Flächeneinheit) bedeutet. Einen wichtigen Hauptgrund für die Förderung des Verdichtungsprozesses sieht der Beirat in der *entscheidenden Bedeutung langfristig stabiler regionaler Arbeitsmärkte* (18, S. 11 ff.; 34, S. 156). Stabil sind nach seiner Auffassung solche Arbeitsmärkte, die eine sektorale Differenzierung der Betriebe ermöglichen und der überwiegenden Mehrzahl ihrer Arbeitskräfte genügend Wahl- und Wechselmöglichkeiten bieten. *Diese stabilen Arbeitsmärkte sollten als Untergrenze mindestens 20 000 Arbeitsplätze aufweisen*, wobei die notwendige Zahl der Arbeitsplätze eigentlich erheblich darüber liegen sollte. Für die Ansiedlung neuer Industriebetriebe bzw. die Erweiterung vorhandener Industriebetriebe ist das Vorhandensein eines größeren Arbeitsmarktes von erheblicher Bedeutung. Es werden dadurch erhebliche *Führungsvorteile* geschaffen. Voraussetzung für die Entwicklung der Industrie ist allerdings, daß genügend verfügbares Industriegelände vorhanden ist und das Infrastrukturnetz in dem erforderlichen Ausmaße ausgebaut worden ist.

Eine wesentliche Voraussetzung für die Schaffung stabiler Arbeitsmärkte ist auch die ausreichende Versorgung der Bevölkerung mit öffentlichen und privaten Infrastruktureinrichtungen. Die *Versorgung der Bevölkerung* ist zugleich der zweite Hauptgrund für die zu fördernde Verdichtungstendenz in den städtischen Zentren. Je größer die Bevölkerungsbasis eines Versorgungsbereiches und je höher die Verdichtung, desto eher kann man mit der Ausprägung einer Vielzahl spezialisierter Angebote rechnen, desto höher ist auch im allgemeinen der *Wohnwert* eines solchen Bereiches.

Für die Verdichtung sprechen nach Auffassung des Beirats auch gewichtige *ökologische Gesichtspunkte* (18, S. 14; 34, S. 137). Ein weiteres unkontrollierbares Auswuchern der vorhandenen Siedlungen in ihr Umland kann eine ernsthafte Gefahr für die ökologischen Verhältnisse darstellen. Deshalb sollte nach Meinung des Beirats eine Verdichtung in dem Achsen-Schwerpunkt-Prinzip erfolgen, wodurch durch Konzentration der Wohn- und Arbeitsstätten in den Schwerpunkten bzw. auf Verdichtungsachsen die ökologischen Ausgleichsräume besser freigehalten und zum Zwecke der Naherholung schneller erreicht werden können.

Aus all diesen Gründen spricht sich der Beirat in seiner Empfehlung für eine *konsequente Förderung des Verdichtungsprozesses aus*. Dies soll jedoch nicht bedeuten, daß es außerhalb der angestrebten Verdichtung gar keine weitere Entwicklung geben soll. Der Beirat will jedoch gewährleistet sehen, daß die Landes- und Regionalplanung bei der geordneten Weiterentwicklung kleinerer Orte außerhalb der Schwerpunkte und der Achsen die Übereinstimmung mit den übergeordneten Raumordnungszielen beachtet.

Zur besseren Abstimmung der raumwirksamen Planungen und Maßnahmen in allen Teilen der BRD, also auch für die ländlichen Räume, schlägt der Beirat unter Anwendung des sog. „*Schwerpunkt-Achsen-Prinzips*" die Entwicklung eines Systems funktional begründeter Strukturkategorien vor, bestehend aus „Verdichtungsschwerpunkten (mit Verflechtungsbereich)" und „Verdichtungsachsen" bzw. bei noch nicht ausreichendem Entwicklungsstand „Entwicklungsschwerpunkte (mit Verflechtungsbereich)" und „Entwicklungsachsen", ergänzt durch Nahbereichszentren, Erholungsgebiete und Restäume (18, S. 16 ff.; 34, S. 157 ff.).

Es mag verwundern, daß der Beirat für Raumordnung so stark einseitig auf Verdichtung drängt und die Belange des ländlichen Raumes — man kann sogar sagen, im Widerspruch zu seiner früheren Empfehlung — so sehr vernachlässigt. Der Fehler des Beirats liegt nach Auffassung des Verfassers darin, daß er versäumt hat zu sagen, wie dicht er das Netz nach dem „Schwerpunkt-Achsen-Prinzip" knüpfen will und wie dicht man es seiner Meinung nach knüpfen kann. Auch hat er es versäumt, auszuführen, daß er für den ländlichen Raum keine speziellen Ziele erarbeitet hat, sondern diese Räume im Rahmen funktionaler Arbeitsteilung als Teile ausgewogener, stabiler und funktional differenzierter Ausgleichsräume sieht, in deren Ausgleichsmechanismus der sog. ländliche Raum arbeitsteilig eigenständige Funktionen erfüllen muß (85, S. 356). Der Beirat hat damit — allerdings ohne es irgendwo auszuführen — versucht, den ländlichen Raum als homogene Einheit zu überwinden, ihn als einen Teil in einen in allen Funktionen leistungsfähigen Ausgleichsraum zu integrieren und somit auch in sein allgemeines raumordnerisches Zielsystem und die darauf aufbauende Entwicklungsstrategie einzubeziehen. Eine operationale Entwicklungsstrategie für den ländlichen Teil der sog. funktional differenzierten Ausgleichsräume hat er aber nicht aufstellen können.

In einer sehr beachtenswerten Stellungnahme zu dem Bundesraumordnungsprogramm (3. Juli 1974) hat der Beirat deutlich zum Ausdruck gebracht, welche Anforderungen er an ein umfassendes Bundesraumordnungsprogramm stellt. Weil es Aufgabe der Raumordnung ist, „die großräumige Verteilung der Daseinsfunktion der Menschen im Bundesgebiet in allen raumrelevanten Teilbereichen langfristig festzulegen", hat der Bund die dementsprechenden Ziele zu setzen (34 a, S. 169). Welche Ziele dies sein sollen, wird in den folgenden Ausführungen dargelegt.

4. Ziele nach den Programmen und Plänen der Länder

a) *Untersuchung der Ziele — eine Vorstudie für das Bundesraumordnungsprogramm*

Eine wichtige, allerdings unkoordinierte Konkretisierung haben die Ziele zur Entwicklung ländlicher Räume in den raumordnerischen und landesplanerischen Programmen und Plänen der Länder erhalten. Soweit sie großräumige Bedeutung erlangen, sind sie für die räumliche Gesamtentwicklung des Bundesgebietes bedeutsam. Deshalb wurde es notwendig, die in den Ländern festgelegten Ziele systematisch zu erfassen. Diese Arbeit wurde von WAGENER (91) ausgeführt. Sie war, wie die Arbeiten des Beirats für Raumordnung, eine wichtige Vorstudie für das Bundesraumordnungsprogramm.

In dieser sehr abstrakten Studie wurden die Ziele der Raumordnung nach Zielkategorien (Hauptziele, Ziele, Unterziele) herausgearbeitet und gesichtet. In diesem Rahmen wurden auch die „Ziele für ländliche Räume" in den Programmen und Plänen der Länder einer gesonderten Analyse unterzogen. WAGENER hebt zwar hervor, daß eigentlich alle für das gesamte Bundesgebiet geltenden Ziele für den ländlichen Raum Bedeutung haben, aber es daneben auch noch einige spezielle Ziele gibt, die sich ausschließlich auf ländliche Räume beziehen (91, S. 168). Nach WAGENER gibt es für den ländlichen Raum vier spezielle Hauptziele mit Unterzielen: *die Erhaltung der Lebensgrundlagen, die Erhöhung des Freizeitwertes, der Schutz der Natur* und *der Hochwasserschutz.*

Diese speziellen Ziele sollen hier kurz wiedergegeben werden.

b) *Spezielle Ziele für die ländlichen Räume*

(1) Erhaltung der Lebensgrundlagen

Die Lebensgrundlagen in ländlichen Gebieten sollen vor allem durch bessere öffentliche Grundausstattung, Erhaltung der Land- und Forstwirtschaft sowie durch die Schaffung von außerlandwirtschaftlichen Arbeitsplätzen gesichert werden. Dazu sollen in den ländlichen Gebieten:

— die *Versorgungsstandards* durch bessere Verkehrserschließung, Wohnraumbeschaffung bei Industrie- und Gewerbeansiedlung, Erweiterung von Betrieben und Verbesserung der sozialen und kulturellen Verhältnisse angestrebt werden;

— die *land- und forstwirtschaftliche Bodennutzung erhalten werden,* vor allem durch Sicherung zusammenhängender freier Flächen, wertvolle Böden der landwirtschaftlichen Nutzung vorbehalten, landwirtschaftliche Betriebe aufgestockt, Flurbereinigungen durchgeführt, Einrichtungen der Be- und Verarbeitung landwirtschaftlicher Produkte in zentralen Orten gefördert, die rentable Nutzung von Wäldern durch Umwandlung von Niederwald in Hochwald, durch Aufforstung und durch Schaffung zusammenhängender Waldgebiete gesichert werden;

— *außerlandwirtschaftliche Arbeitsplätze* durch Verbesserung der Standortvoraussetzungen, durch Wohnungsbau und Ausbau der Verkehrs-, Versorgungs-, Sozial- und Bildungseinrichtungen vor allem in zentralen Orten gefördert werden.

(2) Höherer Freizeitwert

Zur Verbesserung des Freizeitwertes in ländlichen Räumen sollen vor allem Erholungs- und Fremdenverkehrsgebiete gesichert und ausgebaut, der Bau von Wochenendhäusern in erschlossenen Gebieten zusammengefaßt, Naturparke geschaffen und ausgebaut und der freie Zugang zur Landschaft (Bergen, Waldrändern, Ufern, Bachtälern, Küsten und Seen) gesichert werden. Dazu sollen in den ländlichen Gebieten:

— *klimatisch begünstigte, landschaftlich reizvolle Gebiete* durch Erhaltung der Wälder, Schaffung neuer Wasserflächen sowie Wochenenderholungseinrichtungen, Ausbau von Landschaftsschutzgebieten und verkehrliche Anbindung und Erschließung dieser Räume zu Erholungs- und Fremdenverkehrsgebieten umgestaltet werden;

— *vorhandene Fremdenverkehrsgebiete, Kurorte und Heilbäder* durch Verlegung von störenden Industrieanlagen und Durchgangsverkehr, durch Ausbau der Gemeinschaftseinrichtungen und Unterbringungsmöglichkeiten für Gäste gesichert und ausgebaut werden;

— *ausreichend erschlossene Wochenendhausgebiete* zu jeweils 10—30 Häusern und abseits vom Kernraum von Naturparken und der unmittelbaren Nähe von Naturdenkmalen zusammengefaßt und

— der freie Zugang zur Landschaft gesichert werden.

(3) Schutz der Natur

Mehr Schutz der Natur in ländlichen Gebieten soll vor allem durch *Schutz des Waldes* wegen seiner Aufgaben für Klima, Wasserhaushalt und Erholung, durch vermehrte *Schaffung von Natur- und Landschaftsschutzgebieten* zur Sicherung erhaltungswürdiger Flächen und durch *Zusammenfassung kleinerer Landschaftsschutzgebiete* sichergestellt werden.

(4) Hochwasserschutz

Der *Hochwasserschutz in ländlichen Räumen* (91, S. 182) ist durch Sicherung und Verbreiterung der Wildbäche und Flüsse, durch Bau von Talsperren und Rückhaltebecken und durch geeignete Formen der Gewässerunterhaltung zu gewährleisten.

c) *Ergebnisse der Analyse*

In den Programmen und Plänen der Länder wird nach der Zahl der Nennungen dem *Schutz des Waldes, der Sicherung und dem Ausbau von Fremdenverkehrsgebieten und Erholungsgebieten und der Erhaltung der Landwirtschaft* die größte Bedeutung beigemessen. Die Ideen der *Konzentration der Besiedlung* und der *Schaffung einer menschengerechten Umwelt* schälen sich als besonders vorrangig heraus (91, S. 195).

Da die Pläne der Länder in einer hohen Zahl verhältnismäßig detaillierter Raumordnungsziele übereinstimmen, kommt WAGENER zu der Aussage, daß für die Raumordnung der Bundesrepublik Deutschland ein „*genügend konkretes und öffentlich verbündetes Zielsystem für die Raumordnung*" besteht (91, S. 194). Nach WAGENER gilt dies alles jedoch nur für die allgemeinen raumordnerischen Ziele der Landesplanung und nicht die der Fachressorts. Denn es fällt auf, daß der Landwirtschaft nach den Plänen und Programmen nur noch verhältnismäßig geringe Bedeutung zugebilligt wird. Dies gilt aber auch für den gewerblichen Sektor. Für den ländlichen Raum stehen im Vordergrund die

„Erholungs"- und „Naturschutz"-Funktionen. Es ist interessant zu sehen, wie weit die Ergebnisse dieser Analyse in das Bundesraumordnungsprogramm eingegangen sind.

5. Zielsystem des Bundesraumordnungsprogramms (BROP)

a) *Räumliche Aspekte der Gesamtpolitik*

Die Bundesregierung der Bundesrepublik Deutschland hat am 23. April 1975 das Bundesraumordnungsprogramm, das von der MKRO zuvor am 14. Februar 1975 beschlossen worden war, verabschiedet. Mit diesem Programm werden erstmals:

— die Ziele der verschiedenen Fachplanungen der Bundesressorts und

— die Ziele der Landesentwicklung im Rahmen des Zieles „Schaffung und Sicherung gleichwertiger Lebensverhältnisse"

als Unterziele für eine einheitliche Gesamtkonzeption für die Entwicklung des Bundesgebietes zusammengestellt.

Die Ziele des Bundesraumordnungsprogramms sollen im gesellschaftlichen Leitziel zur Verbesserung der Lebensqualität für alle Bürger und damit auch zur Erreichung gleichwertiger Lebensbedingungen in den Gebietseinheiten der Bundesrepublik Deutschland dienen und damit die räumlichen Voraussetzungen für Chancengleichheit schaffen und sichern. Gleichwertige Lebensbedingungen sollen dann gegeben sein, wenn für die Bürger in allen Gebietseinheiten des Bundesgebietes ein quantitativ und qualitativ ausreichendes Angebot an Wohnungen, Erwerbsmöglichkeiten und öffentlichen Infrastruktureinrichtungen in zumutbarer Entfernung und in einer menschenwürdigen Umwelt vorhanden ist und in keinem wichtigen Bereich der Lebensqualität bestimmte Mindestwerte unterschritten werden (22, S. 3). Diese Ziele sollen verwirklicht werden durch (22, S. 6 f.):

— Verbesserung der materiellen Infrastrukturausstattung in regionalen Schwerpunkten insbesondere durch Standortkonzentration,

— Verbesserung der Umweltqualität durch Erarbeitung einer Umweltplanung auf lange Sicht, die im Hinblick auf die Siedlungsstruktur insbesondere dadurch erreicht werden soll, daß bei ihrer Konzentration auf Schwerpunkte und Achsen genügend Regenerationsräume gesichert und zugeordnet sowie ausreichende Entsorgungseinrichtungen bereitgestellt werden können;

— Verbesserung der regionalen Wirtschaftsstruktur, vor allem in Gebieten mit schwacher und einseitig entwickelter Wirtschaftsstruktur durch Schaffung neuer Arbeitsplätze und Sicherung der vorhandenen Arbeitsplätze.

Das Bundesraumordnungsprogramm soll für alle raumbedeutsamen Planungen und Maßnahmen einen überfachlichen Orientierungsrahmen im Sinne einer Querschnittsaufgabe darstellen.

b) *Allgemeine Entwicklungsziele für die großräumige Entwicklung*

Gleichwertige Lebensbedingungen im Bundesgebiet sollen insbesondere erreicht werden durch den *Abbau großräumiger Disparitäten*, wobei insbesondere in ländlich geprägten Gebietseinheiten raum- und siedlungsstrukturelle Defizite ausgeglichen werden sollen

(22, S. 8 ff.). Die Durchsetzung des Zieles des Abbaus großräumiger Disparitäten kann insbesondere dann zu Zielkonflikten führen, wenn für Verdichtungsräume weiterhin ein hohes gesamtwirtschaftliches Wachstum angestrebt wird, das jedoch im Hinblick auf den zu erwartenden begrenzten Zuwachs an Entwicklungspotential nur dann realisiert werden kann, wenn gleichzeitig in ländlich geprägten Gebietseinheiten eine Abwanderung erfolgt, d. h. eine ausgewogene Wirtschaftsstruktur in zurückgebliebenen Räumen kann nur dann erfolgen, wenn sich das Wachstum in Entwicklungsgebieten nicht mehr in dem bisherigen Ausmaße vollzieht. Deshalb soll der Abwanderungstendenz aus ländlichen Räumen insbesondere durch regionale Wirtschaftspolitik entgegengewirkt werden.

Großräumige Disparitäten lassen sich nach Auffassung des Bundesraumordnungsprogramms doch nur dann ausgleichen, wenn überall in der Bundesrepublik eine für die *Verbesserung der Qualität des Lebens* erforderliche Funktionsvielfalt erhalten bleibt bzw. geschaffen werden kann. Diese Funktionsvielfalt kann nur durch eine raumstrukturelle Aufgabenteilung innerhalb regionaler Gebietseinheiten durch Ausweisung von Gebieten mit Vorrangfunktionen wie z. B. für land- und forstwirtschaftliche Produktion, für Freizeit und Erholung, für die Erhaltung von Wasservorkommen oder für Gebiete mit besonderen ökologischen Ausgleichsfunktionen erreicht werden. Das Konzept der Vorranggebiete soll gleichzeitig auch auf eine Steigerung des Einkommensniveaus der Bevölkerung in den dafür vorgesehenen Gebietseinheiten abstellen.

Weiterhin geht das Bundesraumordnungsprogramm davon aus, daß gleichwertige Lebensbedingungen in allen Teilen der Bundesrepublik nur dann geschaffen werden können, wenn eine *leistungsfähige Siedlungsstruktur* ausgebaut und weiterentwickelt wird. Dafür soll in allen Gebietseinheiten ein ausreichendes Maß an Agglomerationsvorteilen mit Hilfe des Schwerpunktprinzips geschaffen werden. Die wesentlichen Gestaltungselemente für eine großräumige, langfristig angelegte und funktionsfähige Siedlungsstruktur sollen Entwicklungszentren und Entwicklungsachsen sein. Entwicklungsachsen und Entwicklungszentren sollen jedoch jeweils nur so lange und insoweit bevorzugt gefördert werden, als es notwendig ist, die großräumigen Disparitäten abzubauen und siedlungsstrukturelle Defizite zu beseitigen. Als Entwicklungszentren kommen in der Regel Ober- oder Mittelzentren im Sinne der Landesentwicklungsplanung in Betracht. Sie sollen in den jeweiligen Räumen Entwicklungsimpulse auslösen, während die zentralen Orte die Versorgung der Bevölkerung in den jeweiligen Verflechtungsbereichen sicherstellen soll. Ausdrücklich wird im Bundesraumordnungsprogramm festgehalten, daß auch Orte Entwicklungszentren sein können, die weder Ober- noch Mittelzentren sind, sofern davon eine Wirkung auf die Verbesserung der Siedlungsstruktur zu erwarten ist.

c) *Ziele für ländliche Räume*

Entsprechend den Grundsätzen und Zielen des Bundesraumordnungsprogramms sind im ländlichen Raum wirtschaftlich, sozial und kulturell den Verdichtungsräumen gleichwertige Lebensverhältnisse zu schaffen (22, S. 10 f.). Aus diesem Grunde soll das Entwicklungspotential verstärkt in ländliche Räume gelenkt und dort schwerpunktmäßig eingesetzt werden. Die Entwicklung ländlicher Räume soll vorangetrieben werden durch

— vorrangigen Ausbau von Entwicklungszentren;

— Ausrichtung der land- und forstwirtschaftlichen Bodennutzung auf künftige Erfordernisse;

- Verbesserung der zur Versorgung der ländlichen Bevölkerung erforderlichen Infrastruktureinrichtungen in zentralen Orten;
- Schaffung von qualitativ besseren Arbeitsplätzen und ausreichenden Erwerbsmöglichkeiten;
- verbesserte Maßnahmen des Städtebaus und des Wohnungsbaus;
- Förderung von Maßnahmen zur Erhaltung der Leistungsfähigkeit des Naturpotentials.

Falls in ländlichen Räumen eine unerwünschte Umweltsituation eintritt, soll hier eine weitere Entwicklung eingeschränkt werden.

Eindeutig legt das Bundesraumordnungsprogramm fest, daß Verdichtungsräume mit den ihnen zugeordneten ländlichen Gebieten im Sinne einer funktionalen Arbeitsteilung und der Aufhebung des Gegensatzes Stadt-Land zusammengefaßt werden sollen. Den Gebieten mit hohem Anteil ländlicher und zurückgebliebener Gebiete sind bevorzugt Schwerpunkte der Förderung der Industrieansiedlung und des Infrastrukturausbaues zuzuweisen.

Darüber hinaus sollen mit der raumstrukturellen Aufgabenteilung bestimmten Gebieten *Vorrangfunktionen* gegeben werden. Als Vorrangfunktionen, die auch in Kombinationen auftreten können, sollen vor allem — wie von der MKRO 1973 beschlossen — in Betracht kommen (29, S. 103):

- *Gebiete mit besonders günstigen Voraussetzungen für die land- und forstwirtschaftliche Produktion.* Diese Vorrangfunktion soll gesichert und durch die Förderung geeigneter Wirtschafts- und Betriebsformen der Land- und Forstwirtschaft entwickelt werden.
- *Gebiete für Freizeit,* in denen die landwirtschaftlichen Voraussetzungen gesichert bzw. geschaffen und die infrastrukturellen Einrichtungen ausgebaut werden sollen.
- *Gebiete mit Wasservorkommen,* die zur langfristigen Sicherstellung der Wasserversorgung benötigt werden und deshalb weitgehend von störenden Nutzungen freigehalten werden sollten.
- *Gebiete mit besonderen ökologischen Ausgleichsfunktionen,* in denen das ökologische Potential für den Ausgleich mit belasteten Gebieten planmäßig entwickelt und gesichert werden soll.

Wie und mit welchen Methoden diese Vorrangfunktionen bestimmt, wo derartige Räume ausgewiesen und ob für derartige Flächenwidmungen bei Nutzungsbeschränkungen eventuell Entschädigungen oder Lastenausgleich gezahlt oder bereitgestellt werden können (70), ist eine völlig offene Frage.

All diese Ziele und Maßnahmen sollen jedoch dazu beitragen, daß sich nicht größere Teilräume des Bundesgebietes aufgrund ihrer Strukturschwächen weiter entleeren und dadurch für die verbleibende Bevölkerung die soziale Benachteiligung zunimmt. Als Entscheidungsgrundlage für die räumliche Differenzierung der Ziele werden im Programm aus einer „status quo"-Prognose Erkenntnisse hinsichtlich der Entwicklungen für Bevölkerung und Arbeitsplätze gewonnen, die auf die erwähnten Konzentrations- bzw. Entleerungstendenzen hinweisen. Darüber hinaus wurden mit Hilfe „gesellschaftlicher Indikatoren" Infrastrukturausstattungsschwächen gemessen und mit zur Ausweisung von sogenannten „Schwerpunkträumen mit besonderen Strukturschwächen" herangezogen (34 a, S. 108), in denen zur Beseitigung großräumiger Disparitäten künftig überdurchschnittliche Investitionen zur Verbesserung der Erwerbsstruktur bzw. und/oder der Infrastruktur vorgenommen werden sollen. Die Festlegung konzentrierter Förderungsmaßnahmen in Entwicklungsschwerpunkten soll unter Anwendung der im Bundesraumordnungsprogramm genannten Kriterien durch die Länder erfolgen.

Gegen das Bundesraumordnungsprogramm sind nicht zuletzt von Vertretern ländlicher Räume eine Vielzahl von Argumenten vorgetragen worden, die sich vor allem kritisch auseinandersetzen mit:

— der *Abgrenzung der Gebietseinheiten* des Programms;

— der globalen und *undifferenzierten Erfassung der sogenannten großräumigen Disparitäten,* vor allem durch ungeeignete Anwendung von Indikatoren, die selbst extreme Strukturunterschiede nicht erkennbar werden lassen, und

— dem Fehlen eines Konzepts für den Einsatz der Mittel in den besonders raumbedeutsamen Fachbereichen Landwirtschaft, Wirtschaft, Verkehr und Umweltschutz, weil es dadurch seiner Koordinierungsaufgabe nicht nachkommen kann.

Während die Bundesregierung das Bundesraumordnungsprogramm den Kabinetten in den Länderregierungen zur Umsetzung in ihre Raumordnungs- und Entwicklungspolitik zugeleitet hat, hat die Ministerkonferenz für Raumordnung (MKRO) gleichzeitig eine sofortige Überarbeitung des Programms zur Behebung seiner Mängel in die Wege geleitet.

Bei der Durchsicht des Bundesraumordnungsprogramms und der letzten Raumordnungsberichte wird sehr deutlich, daß die Lebensverhältnisse der Bevölkerung — nicht zuletzt in den ländlichen Gebieten — durch eine Vielzahl von Förderungsmaßnahmen, z. B. aus den Bereichen Agrar-, Wirtschafts-, Verkehrs- und Städtebaupolitik, verbessert werden sollen. Jahr für Jahr werden dafür Milliardenbeträge ausgegeben. Es ist deshalb interessant und wichtig, den Zielsetzungen der einzelnen Fachressorts und ihrer Entwicklung nachzugehen, denn ein wirksamer Abbau räumlicher Ungleichgewichte wird nur möglich sein, wenn all die unterschiedlichen Förderungsmaßnahmen der einzelnen Fachbereiche in ausreichendem Ausmaß aufeinander abgestimmt sind.

III. Raumordnungsrelevante Ziele einzelner Fachressorts

1. Landwirtschaft und Forstwirtschaft

Wissenschaftliche und praktische Agrarpolitik haben sich seit Bestehen der Bundesrepublik Deutschland intensiv mit landwirtschaftlichen Zielvorstellungen auseinandergesetzt (39, S. 184 ff.; 72, S. 136 ff.). Im Ringen um die Ziele der künftigen Agrarpolitik wurde mit dem Landwirtschaftsgesetz vom 5. September 1955 (BGBl. I, S. 565) ein Kompromiß gefunden, aus dem noch nicht klar hervorgeht, zu welchen Leitbildern sich die praktische Agrarpolitik bekennt (20, S. 42). Dieser Rückstand wurde jedoch im letzten Jahrzehnt aufgeholt.

Das 1968 von der Bundesregierung verabschiedete Arbeitsprogramm (sog. HÖCHERL-Plan) hat zum Ziel, den strukturellen Anpassungsprozeß der Landwirtschaft verstärkt zu fördern (14). Dieses Programm enthält eine Vielzahl allerdings noch konkretisierungsbedürftiger raumordnungsrelevanter Ziele (14, S. 9 f.), wie etwa:

— möglichst hohes Einkommen, verbunden mit möglichst hohem Sozialstatus für die in der Landwirtschaft Tätigen, bei preisgünstiger Versorgung der Verbraucher mit Nahrungsmitteln;

— Aufrechterhaltung des handelspolitisch erforderlichen Warenaustausches mit Drittländern.

Bevor es jedoch zu einer Konkretisierung kam, haben sich die Zielsetzungen bereits geändert und zwar mit einigen ganz interessanten neuen Akzenten. Die Agrar- und Ernährungspolitik der Bundesregierung versteht sich seit 1974 unter Ertl „als integraler Bestandteil einer Politik zur Lösung zentraler Probleme der Gesellschaft" (79 a; 29, S. 11), deren Aufgaben im gemeinschaftlichen und nationalen Bereich sich in vier Zielkomplexen zusammenfassen lassen:

— „Verbesserung der Lebensverhältnisse im ländlichen Raum sowie gleichrangige Teilnahme der in der Land-, Forstwirtschaft und Fischerei Tätigen an der allgemeinen Einkommens- und Wohlstandsentwicklung;

— Versorgung der Bevölkerung mit qualitativ hochwertigen Produkten der Agrarwirtschaft zu angemessenen Preisen;

— Beitrag zur Lösung der Weltagrar- und Welternährungsprobleme und Verbesserung der agrarischen Außenwirtschaftsbeziehungen;

— Erhaltung, Wiederherstellung und Entwicklung der Leistungs- und Nutzungsfähigkeit von Natur und Landschaft, Verbesserung des Tierschutzes."

Diese nur schwer miteinander zu vereinbarenden, übergeordneten Ziele der Agrarpolitik werden durch eine ganze Reihe von Unterzielen, insbesondere durch die der *Agrarstrukturpolitik,* konkretisiert. Die Agrarstrukturpolitik wird verstanden als eine notwendige Ergänzung der Agrarmarkt- und Einkommenspolitik und soll im Rahmen einer *Gesellschaftspolitik für den ländlichen Raum* auf die Verbesserung der Lebensverhältnisse und den Ausbau und die Erhaltung differenzierter Raumfunktionen abzielen. Sie soll damit auch der nichtländlichen Bevölkerung sowie der Erhaltung und Verbesserung der Bevölkerungsdichte im ländlichen Raum dienen. Im einzelnen wird folgendes angestrebt (29, S. 96 f.):

— „Schaffung ausreichender Betriebskapazitäten und Förderung der Produktivität im Einzelbetrieb,

— Verbesserung der überbetrieblichen Zusammenarbeit,

— Verbesserung der Arbeitsverhältnisse,

— Verbesserung der Wohnverhältnisse,

— Verbesserung der Infrastruktur im ländlichen Raum,

— Verbesserung des Wohn- und Freizeitwertes des ländlichen Raumes,

— Verbesserung der Möglichkeiten für die Landnutzung ohne Marktangebot,

— Gewährung finanzieller Hilfen beim Übergang und Ausscheiden aus der landwirtschaftlichen Erwerbstätigkeit,

— Verbesserung der nebenberuflichen Landbewirtschaftung,

— Stärkere Abstimmung der regionalpolitischen Maßnahmen mit agrarstrukturpolitischen Maßnahmen,

— Verminderung der Produktion von Überschußgütern,
— Landschaftsgestaltung unter Berücksichtigung ökologischer Erfordernisse und der Gesichtspunkte für die Erholung der Landschaft,
— Erleichterung des Zugangs zu außerlandwirtschaftlichen Arbeitsplätzen,
— Schaffung und Sicherung außerlandwirtschaftlicher Arbeitsmöglichkeiten vornehmlich in solchen Gebieten, in denen der Anteil abwanderungswilliger Arbeitskräfte aus der Landwirtschaft relativ hoch ist."

Die Maßnahmen zur Verbesserung der Produktions- und Arbeitsbedingungen in der Land- und Forstwirtschaft werden seit dem 1. Januar 1973 auf der Grundlage des Gesetzes über die Gemeinschaftsaufgabe „*Verbesserung der Agrarstruktur und des Küstenschutzes*" vom 3. September 1969 (GemAgrG, BGBl. I, S. 1573) mit Hilfe eines Rahmenplanes, der die Fördergrundsätze als auch eine Aufstellung über Art und Umfang der durchzuführenden Maßnahmen enthält, durchgeführt. Diese Rechts- und Verwaltungsvorschriften entsprechen den von der EG im April 1972 verabschiedeten „*Richtlinien für eine gemeinsame Agrarstrukturpolitik*" (Nr. 72/159; 72/160; 72/161/EG veröffentlicht in: Amtsblatt der EG Nr. L 96 vom 23. April 1972). In Ergänzung dazu hat der Rat sich im November 1973 auf eine „*Richtlinie über die Landwirtschaft in Berggebieten und in bestimmten benachteiligten Gebieten*" geeinigt, durch die diese Gebiete mit Hilfe von Investitionsbeihilfen, Prämien für Rind- und Schaffleisch, Gemeinschaftsinvestitionen auf Almen und Weiden und Förderungen im Bereich des Fremdenverkehrs und des Handwerks besonders unterstützt werden sollen (29, S. 97 f.).

Die staatliche Agrarpolitik bemüht sich im Hinblick auf das Oberziel der *Verbesserung der Lebensverhältnisse auf dem Lande* die strukturelle Anpassung der Landwirtschaft weiterhin zu fördern. In der Bundesrepublik wird diese Zielsetzung mit Hilfe *selektiver Investitionsförderung* im einzelbetrieblichen Bereich, *Sozialmaßnahmen* mit strukturpolitischer Ausrichtung, neuen Initiativen im Bereich der *nebenberuflichen Förderung* sowie dem *Bergbauernprogramm* in vielen Gebieten der Bundesrepublik durchzusetzen versucht. Umstritten sind dabei vor allem bei der selektiven Investitionsförderung die Förderungsschwellen, die sehr unterschiedlich gehandhabt werden, regional verschiedenartige Wirkungen haben können und Höhen erreichen, die bewirken, daß die Förderungshilfen nur noch von einer sehr geringen Zahl von Betrieben in Anspruch genommen werden können. *Agrarstrukturpolitik* kann unter den gegebenen Zielsetzungen *nicht schematisch* betrieben werden, sondern muß — wenn sie Entwicklungsprozesse fördern soll — entsprechend den spezifischen raumordnerischen und agrarischen Verhältnissen in regionaler und sektoraler Hinsicht zweckentsprechend ausgerichtet und dimensioniert werden. Hierbei muß vor allen Dingen der raumordnerisch und landesplanerisch wichtigen Ausgleichsfunktion des ländlichen Raumes in bestimmten Gebieten verstärkt Rechnung getragen werden. Die Agrarstrukturpolitik muß sich jedoch zur Förderung ihrer Oberziele auch neuen Unterzielen, wie z. B. dem der „*überbetrieblichen Partnerschaft*", zuwenden, um die Lebensverhältnisse etwa durch Einkommenssteigerung und Arbeitsentlastung im landwirtschaftlichen Bereich zu verbessern (48 a, S. 26 f.) *).

Im Rahmen der Agrarstrukturpolitik erhalten seit jeher die Ziele der *Wasserwirtschaft* und Kulturbautechnik besondere Bedeutung. Angestrebt werden hier insbesondere (29, S. 102):
— Förderung der Produktivität im Einzelbetrieb;

---

*) Vgl. hierzu auch Karte „Fördergebiete der Bundesrepublik Deutschland" am Schluß des Bandes.

— die Verbesserung der Infrastruktur im ländlichen Raum;

— die Verbesserung des Wohn- und Freizeitwertes;

— Entwicklung der Nutzungsfähigkeit des Bodens und des Wasserhaushaltes;

— Landschaftsgestaltung unter Berücksichtigung ökologischer Erfordernisse;

— Schutz vor den zerstörenden Wirkungen der Naturkräfte, vor allem im norddeutschen Küstengebiet.

Darüber hinaus versucht man, im ländlichen Raum — im Rahmen der Agrarstrukturverbesserung — ein ausreichendes und bedarfsgerechtes Angebot an Nah- und Fernerholungsmöglichkeiten, vor allem in der Nähe von Verdichtungsgebieten, bereitzustellen (29, S. 105; 29 a, S. 127 f.).

Im *Produktionsbereich der Forstwirtschaft* werden im Rahmen der Gemeinschaftsaufgabe „Verbesserung der Agrarstruktur und des Küstenschutzes" vergleichbare Ziele verfolgt (29, S. 110):

— Erhöhung der Betriebskapazitäten, Einführung technischer Fortschritte und Förderung der Produktivität im Einzelbetrieb;

— Entwicklung der Leistungs- und Nutzungsfähigkeit von Boden, Wasser und Luft;

— Verbesserung der überbetrieblichen Zusammenarbeit;

— Vermeidung von Beeinträchtigung des Landschaftsbildes;

— Landschaftsgestaltung unter Berücksichtigung ökologischer Erfordernisse und der Gesichtspunkte für die Freizeit in der Landschaft;

— Erosions- und Lawinenschutz;

— Erhaltung eines den land- und forstwirtschaftlichen Erfordernissen angepaßten Wildbestandes.

Die Agrarberichte 1974 und 1975 zeigen sehr eingehend neben den Oberzielen die Unterziele und Teilziele für die Agrarstrukturverbesserung auf. Nach diesen Zielsetzungen soll die ländliche Strukturpolitik immer mehr aus ihrer allein agrarwirtschaftlichen Isolierung herausgeführt und — wie von der Wissenschaft schon lange gewünscht (29, S. 256 ff.) — in ein *Konzept zur regionalen Gesamtentwicklung ländlicher Räume* eingegliedert werden. Kernstück dieses Konzeptes ist die neue regionale Wirtschaftspolitik. Das Bundeslandwirtschaftsministerium hat durch Grundlagenforschung zu dieser Politik und durch eigene Überlegungen und Projektionen zur Entwicklung der Landwirtschaft bis 1975 und 1980 mit der Abschätzung der landwirtschaftlichen Entwicklungsmöglichkeiten beigetragen.

Aus all diesen Überlegungen wird deutlich, daß die Landwirtschaft noch immer vor bedeutenden und tiefgreifenden Strukturwandlungen steht. Dieser Strukturwandel kann nur — und darüber besteht bei der wissenschaftlichen und praktischen Agrarpolitik völlige Einigkeit — mit Hilfe einer intensiven regionalen Strukturpolitik und sozialpolitischen Maßnahmen bewältigt werden. Die zunehmende Interdependenz der Wirkungen einzelner Maßnahmen im Rahmen der Agrarstrukturpolitik und im Rahmen der regionalen Wirtschaftspolitik zur Durchsetzung der Zielvorstellungen für die Entwicklung ländlicher

Räume zwingt in erhöhtem Ausmaß zur Ressortkooperation und zu enger Zusammenarbeit der regionalen Fachbehörden. Dabei sind größere Widerstände zu überwinden. Die langfristige Abstimmung der Maßnahmen im Bereich der Agrar-, Infra- und Wirtschaftsstrukturverbesserungen soll im Rahmen des Bundesraumordnungsprogramms erfolgen. Das Bundesraumordnungsprogramm in seiner derzeitigen und in der überarbeiteten Fassung soll künftig den Koordinierungsrahmen für alle räumlich-strukturell wirkenden Maßnahmen des Bundes bilden.

2. Umweltgestaltung und Umweltpolitik

Erste Ansätze für eine Zielbestimmung in Fragen des Umweltschutzes, bezogen auf die Raumordnung, finden sich bereits im SARO-Gutachten. Diese Ansätze wurden wesentlich erweitert durch einen Katalog abstrakt formulierter Ziele zur Landespflege in der „Grünen Charta von der Mainau" (1961). Ausgehend von der Feststellung: „Die gesunde Landschaft wird in alarmierendem Ausmaß verbraucht", fordert dieses Manifest als Leitbild der Landespflege: „Um des Menschen Willen ist der Aufbau und die Sicherung einer gesunden Wohn- und Erholungslandschaft, Agrar- und Industrielandschaft unerläßlich." An der Spitze der daraus abgeleiteten 12 Unterziele steht die Forderung nach einer rechtlich durchsetzbaren, d. h. wirksamen Raumordnung unter Berücksichtigung der natürlichen Gegebenheiten, die die Erhaltung und Entwicklung der Landschaft auf der Grundlage ihres natürlichen Potentials sichert (13).

Diese Forderungen haben in § 1 und § 2 ROG (vgl. Kap. IV/1) ihren Niederschlag gefunden. Danach steht die Berücksichtigung der natürlichen Leistungsfähigkeit eines Raumes als Maßstab für räumliche Entwicklungsplanungen (Raumordnung, Landesplanung, Regionalplanung, Bauleitplanung) gleichrangig neben anderen Entwicklungszielen, denn ein langfristiges Wirtschaftswachstum ist unmittelbar abhängig von der Erhaltung und Regeneration der natürlichen Lebensgrundlagen, Boden, Wasser und Luft, die durch viele konkurrierende Ansprüche beeinträchtigt werden. Die Raumordnung soll für einen Ausgleich dieser Ansprüche sorgen. Raumordnung und Strukturpolitik sind demnach nicht ausschließlich Wachstumspolitik (33, S. 39). Eine derartige Raumordnungspolitik setzt jedoch voraus, daß die örtlichen und regionalen Zusammenhänge im Naturhaushalt, die biologisch-ökologischen Faktoren bekannt sind. Denn nur dann kann die Erhaltung der natürlichen Lebensgrundlagen als Entwicklungsziel bei Entwicklungsplanungen ausreichend berücksichtigt werden. Deshalb gilt es, der landschaftsökologischen Aufgabe der Erfassung der natürlichen Lebensgrundlagen höchste Priorität einzuräumen, ebenso wie der Erhebung exakter Daten über die Umweltbeeinträchtigungen. Diese Erkenntnis hat das Sofortprogramm der Bundesregierung für den Umweltschutz 1970 berücksichtigt (19. S. 29).

Dieses Sofortprogramm wurde ergänzt durch ein umfassendes „Umweltprogramm 1971", das erstmals im Zusammenhang mit dem Raumordnungsbericht 1970 die Verzahnung von Raumordnung und Umweltschutz als ein untrennbares Ganzes deutlich macht. Nach diesem Programm sind in den ländlichen Gebieten Umweltbedingungen anzustreben, die den dort verbleibenden Bewohnern mit Verdichtungsräumen vergleichbare Umweltbedingungen (Kanalisation, Wasserversorgung, Abfallbeseitigung) bieten. Weiterhin ist die Regenerationsfähigkeit der einzelnen Umweltfaktoren in den ländlichen Räumen so zu verbessern, daß sie positiv auf jene Gebiete wirken, in denen die Umweltverhältnisse nachteilig beeinflußt worden sind. Landesplanung, Regionalplanung und Bauleitplanung haben bei der Ausweisung von Siedlungsflächen, Gewerbeanlagen, Infrastruktur- und Erholungseinrichtungen die ökologischen Grenzen und die zu erwartenden Beeinträchtigungen der Umwelt in der Art zu berücksichtigen, daß diese Rahmenbedingungen für die Planung schlechthin sind. Umweltschutz ist eine Querschnittsaufgabe.

In einer Entschließung der MKRO „*Raumordnung und Umweltschutz*" vom 15. Juni 1972 (34) wird eindeutig festgelegt, daß die für den Umweltschutz bedeutsamen Ziele der Raumordnung und Landesplanung in Programmen und Plänen festgelegt werden. Für die Umweltgestaltung sind danach folgende Zielvorstellungen von besonderer Bedeutung (34, S. 144):

— Geordnete Verdichtung der Siedlungsentwicklung, um die Zersiedlung der Landschaft zu vermeiden und ökologische Ausgleichs- und Erholungsräume zu erhalten;

— Ausbau zentraler Orte in ländlichen Räumen, um die Lebensbedingungen zu verbessern und Abwanderungstendenzen entgegenzuwirken;

— funktionsgerechte Zuordnung von Wohnstätten, Arbeitsstätten, Infrastruktureinrichtungen und Freiflächen;

— Sicherung und Ausbau von Erholungsgebieten.

Bei Zielkonflikten soll dem Umweltschutz dann der Vorrang eingeräumt werden, wenn eine wesentliche Beeinträchtigung der Lebensverhältnisse droht oder die langfristige Sicherung der Lebensgrundlagen der Bevölkerung gefährdet wird.

Unter Berücksichtigung dieser *raumordnerischen Ziele für die Verbesserung der Umweltqualität* hat die Bundesregierung in den Agrarberichten 1974 und 1975 für den Bereich der Agrarpolitik folgende Teilziele konkretisiert (29, S. 126; 29 a, S. 150):

— „Erhaltung und Entwicklung der Leistungs- und Nutzungsfähigkeit des Bodens und des Wasserhaushaltes,

— Vermeidung und Abbau von Beeinträchtigungen der Luft, Vermeidung von Lärm, Erhaltung und Verbesserung des örtlichen Klimas,

— Erhaltung von Pflanzen- und Tierarten und eines den landschaftlichen Verhältnissen angepaßten Bestandes,

— Schutz und Gestaltung bestimmter Flächen und Gebiete, Erhaltung von Landschaftselementen,

— Vermeidung von Beeinträchtigungen des Landschaftsbildes, Ausgleich von unvermeidbaren Beeinträchtigungen,

— Sicherung einer ausgewogenen Verteilung zwischen ökologisch belasteten Gebieten und ökologischen Ausgleichsräumen,

— Schaffung von Voraussetzungen für die Erholung in der Landschaft,

— Verhütung oder Verminderung von Kontaminationen in Produkten, Be- und Verarbeitung und Vermarktung,

— Verbesserung des Verhaltens zur Umwelt."

Eine Voraussetzung zur Durchsetzung dieser Ziele ist die Verabschiedung der Gesetze über „Naturschutz und Landschaftspflege" und zur „Erhaltung des Waldes und Förderung der Forstwirtschaft". Darüber hinaus gilt es, neben oder im Rahmen von Landschaftsrahmenplänen oder Landschaftsplänen landschaftsökologische Bestandsaufnahmen (34, S. 178) durchzuführen, um die Nutzungsmöglichkeiten der Landschaft und Zielkonflikte zwischen sozio-ökonomischen Nutzungsansprüchen und den landschaftsökologischen Eignungen festzustellen. Dabei bereitet die Aufstellung und Bewertung der Zielfunktion „Erhaltung des ökologischen Gleichgewichtes" jedoch erhebliche Schwierigkeiten, weil sich die konkurrierenden Ziele quantitativ und qualitativ nicht immer genau definieren lassen. Erst wenn der Naturhaushalt in notwendigem Umfang analysiert und festgestellt worden ist, welche Nutzungen auf welchen Standorten im Sinne der obersten Zielvorstellungen zu verantworten sind, erst dann können die generellen und regionalen Teilziele festgelegt und in Landschaftsplänen — im Sinne des Grundgesetzes und des Raumordnungsgesetzes — zur Grundlage der Entwicklungsvorstellungen für ländliche Räume gemacht werden.

3. Regionale Wirtschaftspolitik

Hauptziel der regionalen Wirtschaftspolitik ist es, die wirtschaftlichen Nachteile in den Gebieten auszugleichen, deren Wirtschaftskraft erheblich unter dem Bundesdurchschnitt liegt oder erheblich darunter abzusinken droht, d. h. die Verwirklichung möglichst einheitlicher Lebens- und Einkommensverhältnisse in allen Teilen der Bundesrepublik Deutschland. Auch für die regionale Wirtschaftspolitik ist die optimale Bedürfnisbefriedigung der Individuen und der Gesellschaft oberstes Ziel, wobei möglichst hohe Einkommen, sichere Dauerarbeitsplätze, ausreichende Versorgung mit Dienstleistungen aller Art, Nähe zu Erholungsgebieten und möglichst geringe Umweltbelästigung als Unterziele anzusehen sind. Konkret werden dabei als Ziele verfolgt:

— das *Gerechtigkeitsziel*, d. h. es sollen extreme Disparitäten bei der interregionalen Verteilung der durchschnittlichen Pro-Kopf-Realeinkommen vermieden bzw. beseitigt werden;

— das *Stabilitätsziel*, das auf die Reduzierung der strukturellen und konjunkturellen Anfälligkeit der Region ausgerichtet ist;

— das *Wachstumsziel*, das die Schaffung der Voraussetzungen für ein gesamtwirtschaftlich optimales und umweltfreundliches Wirtschaftswachstum anstrebt.

Aufgrund dieser Ziele hat die Bundesregierung in Zusammenarbeit mit den Ländern, wie in den „Vorschlägen zur Intensivierung und Koordinierung der Regionalpolitik" erstmals angeregt (26, S. 22 f.), ihre Regionalförderung auf sogenannte „Regionale Aktionsprogramme" umgestellt. In den Jahren 1969/70 hat der Interministerielle Ausschuß für regionale Wirtschaftspolitik (IMNOS) insgesamt zwanzig Aktionsprogramme in Kraft gesetzt, die, entsprechend dem Verfassungsauftrag (Art. 91 a GG), nach dem Gesetz über die Gemeinschaftsaufgabe „Verbesserung der regionalen Wirtschaftsstruktur" (BGBl I/1969, S. 1861 ff.) von Bund und Ländern nach einem Rahmenplan in einem gemeinsamen Planungsausschuß beraten worden sind und gemeinsam gefördert wurden. Inzwischen hat sich die Zahl der Aktionsprogramme auf 21 erhöht. In neuen Rahmenplänen der Gemeinschaftsaufgabe „Verbesserung der regionalen Wirtschaftsstruktur", die vom Planungsausschuß für regionale Wirtschaftsstruktur aufgestellt wurden (36, S. 5), sind die Ziele und Maßnahmen für die Verbesserung der regionalen Wirtschaftsstruktur eingehend dargelegt. Die regionalen Aktionsprogramme, mit denen sich die Bundesregierung ein modernes Planungsinstrument geschaffen hat, sollen die Zielsetzungen und Programme der Landesplanung und Raumordnung berücksichtigen und deren Grundsätze beachten. Sie selbst haben folgende Zielsetzung:

— in den strukturschwachen Gebieten soll die notwendige Anzahl *neuer Arbeitsplätze* durch Investitionshilfe geschaffen werden,

— die vorhandenen Arbeitsplätze sind durch *Rationalisierungs- und Umstellungshilfen* zu sichern,

— die *kommunale Infrastruktur* ist, entsprechend den sich aus der Industrieansiedlung ergebenden Bedürfnissen, mit öffentlicher Hilfe auszubauen, und

— überall dort, wo es möglich ist, soll der *Fremdenverkehr* gefördert werden.

Mit Hilfe dieser Ziele und den entsprechenden Maßnahmen wird in den Räumen der Aktionsprogramme auch ein Beitrag zur Lösung der Probleme ländlicher Räume und der in der Landwirtschaft geleistet werden. Auch die Agrarpolitik wird dadurch wirksam unterstützt (29, S. 104). Aus der Landwirtschaft ausscheidende Arbeitskräfte sollen in zumutbarer Entfernung einen gewerblichen Arbeitsplatz finden. Eine Förderung bei der Schaffung von gewerblichen Arbeitsplätzen wird im Rahmen der Aktionsprogramme nur noch in Schwerpunktorten erfolgen (§ 2 Abs. 1, Satz 3 GRW), die durch den Planungsausschuß festgelegt werden. Nach ersten Erfahrungen kam der Planungsausschuß zu der Ansicht, daß die Ausweisung einer zu großen Anzahl von Schwerpunkten die Entwicklungschancen der einzelnen Schwerpunktorte, von denen es z. B. nach dem 2. Rahmenplan in der Bundesrepublik 312 Orte gab, schmälert und zugleich die Effizienz der Regionalpolitik mindert (36, S. 6). Das in den Programmen verwirklichte „*Schwerpunktprinzip*" soll die Führungsvorteile der Industrie und damit das Industrieklima in den Schwerpunktorten verbessern und dem konzentrierten Ausbau der Infrastruktur und damit der Anhebung des „Wohn- und Freizeitwertes" dienen.

In dem im Februar 1974 verabschiedeten dritten Rahmenplan dieser Gemeinschaftsaufgabe blieb es bis auf wenige Abänderungen bei den bisherigen Schwerpunktorten und Förderpräferenzen. Von 1974 bis 1977 sollten im Bereich der gewerblichen Wirtschaft 464 000 neue Arbeitsplätze geschaffen und 252 000 bestehende Arbeitsplätze gesichert werden. Zur Erreichung dieses Zieles sollten private Investitionen in Höhe von ca. 15 Mrd. DM gefördert und im Bereich der Infrastruktur 2,2 Mrd. DM investiert werden.

1975 ist die *regionale Wirtschaftspolitik* im europäischen und im bundesdeutschen Rahmen in ein *neues Stadium* getreten. Am 18. März 1975 verabschiedete der Rat der EG die Vorschläge der Kommission zur europäischen Regionalpolitik. Die EG verfügt damit über Instrumente, die es ihr erlauben, unmittelbar auf die regionale Entwicklung der Mitgliedstaaten Einfluß zu nehmen. Zwei *neue Initiativen der EG* wurden mit den Beschlüssen vom 18. März 1975 geschaffen (81 a, S. 118 f.):

— der Ausschuß für Regionalpolitik,

— der Europäische Fonds für regionale Entwicklung.

Der *Ausschuß* hat die Aufgabe, die Koordinierung der Regionalpolitik in den Mitgliedstaaten und der Gemeinschaft einzuleiten, wobei diese Aufgabe nicht nur die Abstimmung der regionalpolitischen Grundsätze umfaßt, sondern auch die Einordnung der Regionalpolitik in andere Gemeinschaftspolitiken, vor allem in die mittelfristige Wirtschaftspolitik. Auch der *Fonds* soll der Koordinierung der Regionalpolitik dienen. Seine Regelungen — ergänzt durch koordinierte Entwicklungsprogramme der Mitgliedstaaten — sollen den Kern der künftigen Regionalpolitik der EG ausmachen. Mittel aus dem Agrarfonds werden zur Finanzierung des Regionalfonds herangezogen. Damit übernimmt der Regionalfonds gleichzeitig die Aufgabe, agrarstrukturpolitische Maßnahmen durch flankierende regionalpolitische Maßnahmen zu unterstützen (ABL. Nr. L 73 vom 21. 3. 1975, S. 1 ff.). Für den Einsatz des Fonds wurde der Grundsatz aufgestellt, daß er nur komplementär, d. h. in Ergänzung nationaler, regionalpolitischer Anstrengungen tätig werden soll. Regionalpolitisches Ziel der Fondsverordnung ist die Steigerung des wirtschaftlichen Wachstums in den geförderten Regionen und die Hebung der regionalen Produktivität. Zielsetzungen und Maßnahmen der EG-Regionalpolitik enthalten eine Reihe von Elementen deutscher Regionalpolitik, so etwa die Förderung gewerblicher Arbeitsplätze und die der wirtschaftsnahen Infrastruktur im Rahmen regional abgegrenzter Entwicklungsprograme. In die EG-Regionalpolitik sind damit auch die Ansätze für eine Erfolgskontrolle regionalpolitischer Maßnahmen eingegangen, die heute zentrales Anliegen bundesrepublikanischer Regionalpolitik sind.

Der Planungsausschuß der Gemeinschaftsaufgabe „Verbesserung der regionalen Wirtschaftsstruktur" der Bundesrepublik Deutschland hat zwei Tage nach den Brüsseler Beschlüssen am 20. März 1975 den *4. Rahmenplan* dieser Gemeinschaftsaufgabe für die Jahre 1975 bis 1978 verabschiedet. Er stellt eine Fortschreibung des 3. Rahmenplanes dar. Nach ihm sollen von 1975 bis 1978 insgesamt 431 800 *neue Arbeitsplätze* geschaffen und 181 900 *gefährdete Arbeitsplätze* im produzierenden Bereich gesichert werden. Die neuen Arbeitsplätze sollen vor allem Arbeitsplätze ersetzen, die im Zuge struktureller Veränderungen fortgefallen sind. Zur Durchsetzung dieser Ziele sollen *private Investitionen* in Höhe von rd. 34 Mrd. DM (mehr als doppelt soviel wie im 3. Rahmenplan) gefördert werden. Der Ausbau *wirtschaftsnaher Infrastruktur* (Industriegeländeerschließung, Bau von Abwasseranlagen, Bau von Umschulungsstätten etc.) wird mit einem Investitionsvolumen von ca. 2,5 Mrd. DM unterstützt. Zielplanung und Mitteleinsatz sind wie in früheren Rahmenplänen in 21 regionale Aktionsprogramme untergliedert; die Förderung selbst soll sich in 327 gewerblichen Schwerpunktorten (Arbeitsmarktzentren und -subzentren der KLEMMER-Regionen) nach gestaffelten Förderungspräferenzen von 15 % bis 25 % vollziehen.

Neu am 4. Rahmenplan ist, daß er erstmals bestehende Wirtschafts- und Strukturschwächen oder drohende strukturelle Einbrüche in Regionen bundesweit mit dem gleichen Indikatorensystem — Einkommensniveau, Arbeitsplatzdefizit, Ausstattung mit Infrastruktur — mißt. Neu ist auch die am 21. August 1974 vom Planungsausschuß beschlossene Abgrenzung der zu fördernden Gebiete nach sogenannten „Arbeitsmärkten", die in der Regel nach Berufspendlerverflechtungen gemeindescharf abgegrenzt (KLEMMER-III-Regionen), den Ländern aber Möglichkeiten zur freien Abstimmung der Gebiete gelassen wurden.

KLEMMER ging bei der Abgrenzung von folgenden Überlegungen aus: Im Hinblick auf das *wachstumspolitische Ziel* besitzen die regionalen Arbeitsmärkte den höchsten Informationsgehalt, weil sie der Bestimmung von Arbeitskraftreserven dienen können. Auch für das *ausgleichspolitische Ziel* sind die Arbeitsmärkte geeignet, weil die Einkommenserzielung auf entscheidende Weise vom Umfang und der Art der vorhandenen Arbeitsplätze abhängen. Auch im Hinblick auf das *stabilitätspolitische Ziel* sieht er die Arbeitsmärkte als geeignet an, weil es für die Erreichung dieses Zieles entscheidend auf die sektorale Zusammensetzung der Arbeitsplätze ankommt, die im Rahmen eines regionalen Arbeitsmarktes ausgewiesen werden können (65 a).

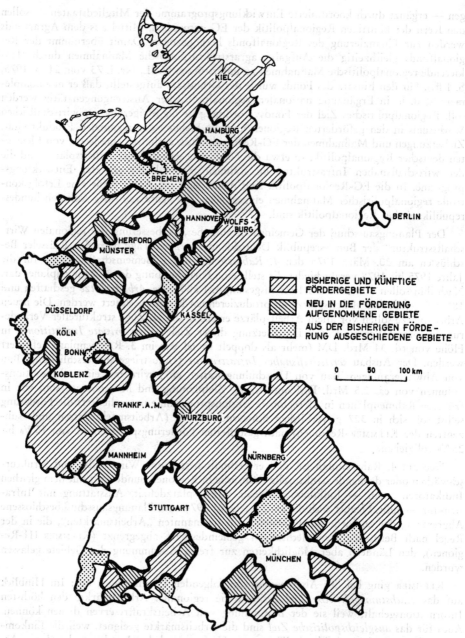

Fördergebiete gemäß Beschluß des Planungsausschusses vom 21. August 1974

Mit Hilfe statistischer Erhebungen und der Ausgestaltung der Abgrenzungskriterien können, nach Auffassung des Bundeswirtschaftsministers, künftig regionale Einkommensvorstellungen und regionale Arbeitsmarktziele in ihrem Beitrag für die Gesamtwirtschaft und auf ihre gesamtwirtschaftliche Plausibilität hin überprüft werden (71 a, S. 100). Mit den Zielkriterien ist die Grundlage für eine Erfolgskontrolle regionalpolitischer Maßnahmen geschaffen worden. Künftige Fortschreibungen der Rahmenpläne werden sich zunehmend mit den Ergebnissen der Erfolgskontrolle und den daraus resultierenden Zieländerungen zu befassen haben. Dabei wird es sich zeigen, ob die kritischen Stimmungen zu dieser Gemeinschaftsaufgabe recht haben, die von „Inflation der Fördergebiete und Förderschwerpunkte" und von „zu hohen Förderpräferenzen" sprechen. In der Tat fragt es sich, ob man noch von schwerpunktartiger Förderung sprechen kann, wenn 60 % der Fläche mit über 30 % der deutschen Bevölkerung zu *strukturschwachen Gebieten* erklärt werden. Die Flächen vergrößern sich noch, wenn man die nicht in diesen strukturschwachen Gebieten enthaltenen *agrarischen Fördergebiete* der Bundesrepublik Deutschland, in denen Investitionsförderung und Ausgleichszulage gewährt wird, hinzurechnet. Nicht geklärt ist auch die Koordination des Einsatzes strukturwirksamer Mittel der Fachressorts in diesen Gebieten und mit Präferenzen für diese Gebiete, so etwa der Energie-, Bildungs-, Agrar- und Verkehrspolitik.

Die Neuabgrenzung der Fördergebiete wird sich als Prüfstein der Gemeinschaftsaufgabe erweisen. Ohne sie ist eine Erfolgskontrolle und damit eine Verbesserung der Regionalförderung nicht möglich. Hierin liegt die Problematik, vor die sich Praktiker, Politiker und Wissenschaftler gestellt sehen. Die abstrakt formulierten Ziele der zwischen Bund und Ländern 1968 abgestimmten regionalpolitischen Grundsätze, die Raumabgrenzungen, die Förderungsziele und -richtlinien der Rahmenpläne sowie die Zahl der zu schaffenden Arbeitsplätze liefern evtl. nur ausreichende Grundlagen für eine sektorale Erfolgskontrolle (89, S. 52). Um eine Erfolgskontrolle unter Berücksichtigung volkswirtschaftlicher Aspekte durchführen zu können, bedarf es noch der Erarbeitung eines konsistenten Zielsystems für alle Förderungsmaßnahmen sowie eines zielorientierten Maßnahmenbündels.

Die deutsche regionale Wirtschaftspolitik konnte trotz vieler Mängel in den letzten Jahren kräftig verbessert werden. Sie begann vor 25 Jahren in einem verfassungsrechtlich völlig ungesicherten Raum, hat sich in ein ausgereiftes System einer Gemeinschaftsaufgabe transformiert und begibt sich damit wiederum in die verfassungrechtliche Problematik, welche Stellung soll künftig die räumliche Aufgabenplanung des Instituts der Gemeinschaftsaufgabe in der Verfassungswirklichkeit erhalten. Vor vergleichbare Fragen wird auch die Regionalpolitik der Europäischen Gemeinschaft gestellt werden. Der Europäische Regionalfonds, der erstmals 1975 die nationalen Politiken ergänzt, ist in das nationale System einzubeziehen, d. h. die europäischen Integrationsziele sollen ebenso berücksichtigt werden wie die nationalen Regionalpolitiken.

4. Verkehrspolitik

Mit dem „Verkehrspolitischen Programm der Bundesregierung 1968 bis 1972" wurde eine Wende in der deutschen Verkehrspolitik eingeleitet. Nicht mehr die Probleme einzelner Verkehrsträger und deren Lösung standen im Vordergrund, sondern die Aufstellung eines Gesamtprogramms für eine „Verkehrspolitik aus einem Guß", in dem Verkehrspolitik und Raumordnungspolitik u. a. gemeinsam hinwirken wollen auf (24, S. 67):

— die Entwicklung ländlicher Räume durch möglichst intensive Förderung gezielter verkehrspolitischer Maßnahmen mit geringen volkswirtschaftlichen Kosten;

— die Beseitigung negativer räumlicher Auswirkungen der gegenwärtigen Verkehrsstruktur durch moderne Verkehrsbedienung in der Fläche, durch verbesserte Zusammenarbeit der Verkehrsunternehmen, vor allem im kombinierten Verkehr und durch Schaffung eines auf den künftigen Bedarf ausgerichteten Verkehrswegenetzes.

Die verkehrspolitischen Vorstellungen wurden wesentlich mitgeprägt durch ein mit der Raumordnung abgestimmtes Zielsystem für den Verkehrsausbau in den Regionen der Bundesrepublik Deutschland. Zur Konkretisierung des raumordnerischen Zielsystems haben vor allem die Empfehlungen des Beirats für Raumordnung „Raumordnerische Grundvorstellungen zur Fernstraßenplanung" aus dem Jahre 1967 (32, S. 156 ff.) und die Entschließung der Ministerkonferenz für Raumordnung „Raumordnung und Fernstraßenplanung" aus dem Jahre 1968 (32, S. 149 f.) beigetragen.

Die neuen Zielsetzungen der Verkehrspolitik gehen aus von einem bestimmten gesellschaftspolitischen Leitbild und den sich daraus ergebenden verkehrspolitischen Hauptaufgaben (24, S. 26). Hauptziel ist, einen größtmöglichen Beitrag zum allgemeinen Wohl zu leisten. Der Bundesverkehrswegeplan soll über eine gezielte Investitionspolitik dazu beitragen, dem Ziel der Schaffung gleichwertiger Lebensverhältnisse in allen Teilen der Bundesrepublik Deutschland näherzukommen (25, S. 10 ff.).

Diesem Oberziel entsprechend, wurden daraus folgende für den ländlichen Raum wichtige Unterziele vorgegeben (24, S. 62):

— Der Neu- und Ausbau von Verkehrswegen muß — unter Beachtung der Wahlfreiheit der Verkehrsmittel — einen größtmöglichen Beitrag zum Wirtschaftswachstum erbringen;

— die Planung der Verkehrswege hat alle schädlichen Einflüsse auf die Umwelt möglichst zu vermeiden;

— die Verkehrsplanung muß die Ziele der Raumordnung berücksichtigen (gesunde Lebens- und Arbeitsbedingungen, ausgewogene und gleichwertige wirtschaftliche, soziale und kulturelle Verhältnisse in allen Teilen der Bundesrepublik Deutschland);

— die europäische Integration ist durch den Ausbau der Verkehrsinfrastruktur zu fördern.

Das neue verkehrspolitische Leitbild „Der Mensch hat Vorfahrt" mit dem Fehlentwicklungen auf dem Verkehrssektor herausgestellt (25, S. 6 ff.) und eine politische Neuorientierung eingeleitet werden soll, knüpft an das „Verkehrspolitische Programm der Bundesregierung 1968 bis 1972" an. Jedoch handelt es sich nicht um eine Fortschreibung. Während im Leber-Plan noch langfristige ökonomische Grundsätze dominierten, die in Stufenplanung zur Anwendung kommen sollten, verlagert das Lauritzen-Konzept den Schwerpunkt der Verkehrspolitik zu einem — allerdings nicht näher definierten — Instrument der Gesellschaftspolitik, die nicht mehr einer ökonomischen Effizienzkontrolle unterworfen werden kann. Die Gesetzmäßigkeiten von Angebot und Nachfrage werden für wichtige Bereiche des Verkehrs für funktionsunfähig erklärt, der ideologieabhängigen Interpretation wird weiter Spielraum gelassen. Von einer ausreichend integrierten Gesamtverkehrsplanung kann man kaum sprechen.

Wie es im „Kursbuch für die Verkehrspolitik" heißt, soll der öffentliche Personennahverkehr Vorrang vor dem Individualverkehr haben, und der Verkehr soll flächensparend organisiert werden. Gleichzeitig soll die Förderung des öffentlichen Personennahverkehrs nicht dazu führen, daß der Verkehr in der Fläche vernachlässigt wird, denn in der Bundesrepublik Deutschland „gibt es weite Gebiete, in denen kein oder nur ein geringer Bedarf an schienengebundenen Verkehrsmitteln vorhanden ist." „Dort gilt es, den Straßenbau weiter zu fördern, denn er ist die Voraussetzung für eine angemessene Verkehrsbedienung" (25, S. 13).

Wie diese Ausführungen zeigen, hat sich die Bundesregierung in den letzten Jahren verstärkt um die *Koordinierung von Raumordnung und Verkehrswegeplanung* bemüht. Deutlicher Ausdruck dafür ist der „Bundesverkehrswegeplan (1. Stufe)" vom 3. Oktober 1973 (Bundestagsdrucksache 7/1045). Danach soll:

— eine gezielte Investitionspolitik im Bereich des *Verkehrswegeausbaus* die Ziele der Raumordnung unterstützen;

— das *Bundesraumordnungsprogramm* den überfachlichen Rahmen für die Konzentration und die Koordinierung des Mitteleinsatzes bieten.

Vorrangige Ziele der verstärkten Zusammenarbeit und Koordinierung von Raumordnung und Verkehrspolitik sind (34 a, S. 85):

— „gleichwertige Angebote an Verkehrsinfrastruktur und Verkehrsmöglichkeiten in den Teilräumen des Bundesgebietes zu schaffen oder zu erhalten,

— die Standortgunst für die wirtschaftliche Entwicklung in erwerbsstrukturell benachteiligten Gebieten zu verbessern,

— Entwicklungsachsen und Entwicklungszentren auszubauen und funktionsfähig zu machen."

Für den *ländlichen Raum* besonders hervorzuheben sind folgende Ziele, die den raumordnerischen Erfordernissen besonders Rechnung tragen, wie:

— Verbesserung der Erschließung von strukturschwachen und peripher gelegenen Gebieten;

— Verbesserung der Anbindung dieser Gebiete an Verdichtungsgebiete, bei besonderer Berücksichtigung des Zonenrandgebietes;

— Bau von Straßen im Zuge von Entwicklungsachsen.

Die Bundesregierung will diese raumordnerischen Gesichtspunkte und Ziele bei der Überprüfung des Bedarfsplanes zum Ausbauplan der Bundesfernstraßen 1971 bis 1985 besonders berücksichtigen (34 a, S. 85).

Gegen diese Ziele und Absichtserklärungen gibt es von raumordnerischer Seite kaum Einwendungen. Sie sind vorbehaltlos zu begrüßen. Problematisch wird es jedoch, wenn man die Ziele der Verkehrspolitik:

— Verbesserung der wirtschaftlichen Lage der Deutschen Bundesbahn,

— Ausbau des öffentlichen Personennahverkehrs,

— Erhöhung der Verkehrssicherheit,

— Fortführung des Straßenbaues

mit den Erklärungen und Maßnahmen der letzten Jahre vergleicht. Der Verkehrspolitik kommt bei der wirtschaftlichen Entwicklung eine Schlüsselfunktion zu. Die Bundesbahn versucht, ihre wirtschaftliche Lage — zu Lasten des ländlichen Raumes — durch den Rückzug aus der Fläche und den Ausbau neuer Fernstrecken zu verbessern. Der Ausbau des öffentlichen Nahverkehrs in Verdichtungsräumen geht zu Lasten des Nahverkehrs im ländlichen Raum, der dadurch in eine Scherensituation kommt. Der Individualverkehr wird erst gescholten und neuerdings als „billigstes Verkehrsmittel" wiederentdeckt. Zur Hebung der Verkehrssicherheit und zur Förderung des Individualverkehrs wendet man sich deshalb wieder verstärkt dem Straßenbau zu, insbesondere in strukturschwachen Gebieten. Hier versucht man, neue Ziele für den Fernstraßenbau aufzustellen, denn der Geldmangel zwingt beim Autobahnausbau zu zweispurigen Ersatzlösungen. Den Subventionen des öffentlichen Nahverkehrs in Verdichtungsräumen werden nicht gleichwertige Lösungen im ländlichen Raum zur Seite gestellt. Diese hier nur andeutungsweise vorgetragenen kritischen Bemerkungen deuten auf unausgewogene Zielvorstellungen in der Verkehrspolitik hin und zeigen, daß es für den ländlichen Raum noch kein ausgereiftes Konzept der Verkehrspolitik gibt.

5. Städtebau und Gemeindeentwicklung

Die Entwicklung der Verdichtungsräume ist eng mit der Entwicklung der ländlichen Räume verknüpft, wie insbesondere die jetzt seit vielen Jahrzehnten andauernde Bevölkerungswanderung aus ländlichen Gebieten in die Verdichtungsräume und in jüngster Zeit aus den Verdichtungsräumen in deren Randzonen und in die ländlichen Gebiete beweist.

Die sich daraus ergebenden Probleme der Ballung und Dezentralisation sind von der Raumforschung ausgiebig diskutiert worden. Die Ergebnisse dieser Diskussion haben sich in § 2 Abs. 1 ROG niedergeschlagen. Deutlich weist der Gesetzgeber darin auf die gleichwertige Förderung der ländlichen Räume und der Verdichtungsräume hin und hebt das „Verdichtungsprinzip" auch für ländliche Gebiete hervor.

Erste Ansätze einer Zielbestimmung für den Städtebau im ländlichen Raum enthält das Bundesbaugesetz vom 23. Juni 1960 (BGBl. I, S. 341), vor allem der § 1 Abs. 1, 3, 4 und 5, der § 5 Abs. 1 und Abs. 2 und § 35. Besonders wichtig ist die Bestimmung im § 1 Abs. 3 BBauG, wonach die Bauleitpläne den Zielen der Raumordnung und Landesplanung anzupassen sind. Diese Bestimmung bietet für die Zukunft große Möglichkeiten zur Durchsetzung landes- und regionalplanerischer Ziele im Sinne einer vernünftigen Raumordnung. Bis heute jedoch gibt es nur in sehr wenigen Teilen der Bundesrepublik Deutschland hinreichend konkrete landes- *und* regionalplanerische Ziele, die eine Anwendung dieser Bestimmung gestatten. So ist z. B. in seiner Auslegung der § 5 Abs. 1 BBauG problematisch, nach dem die beabsichtigte Art der Bodennutzung einer Gemeinde im Flächennutzungsplan nach den „voraussehbaren Bedürfnissen" erfolgen soll. Denn bisher wurde selten festgelegt, ob der künftigen Bevölkerungszahl einer Gemeinde eine Trendprognose (alles geht so weiter wie bisher) oder eine Zielprognose (Durchsetzung des Verdichtungsprinzips, Schwerpunktbildung) zu Grunde gelegt werden soll. Wegen des Fehlens *konkreter* landes- und regionalpolitischer Ziele wird von den kommunalen Entscheidungsgremien in vielen Teilen der Bundesrepublik auf Grund einer falsch verstandenen „Planungshoheit der Gemeinde" die *Zersiedlung der Landschaft* „planmäßig" weiter vorangetrieben.

Die neuesten städtebaulichen Zielvorstellungen für den ländlichen Raum finden sich in den Städtebauberichten der Bundesregierung und im Bundesprogramm 1974 bis 1977 nach dem Städtebauförderungsgesetz. In Städtebauberichten werden jedoch für den ländlichen Raum nur die Aufgaben angesprochen, die sich auf vorhandene oder auszubauende Siedlungsschwerpunkte beziehen (35, S. 6). Ausgehend vom *Konzept der zentralen Orte* wird die Auffassung vertreten, daß es im Hinblick auf die Größenordnung der einzelnen Zentralitätsstufen (Maßstabsvergrößerung) und auf seine Verwirklichung im Rahmen der Entwicklungsachsen fortentwickelt werden müsse. Nach Auffassung der Bundesregierung wird die zentralörtliche Gliederung zunehmend von wirtschaftlichen und technischen *Mindestgrößen der Infrastruktureinrichtungen* bestimmt. Da diese laufend anwachsen, muß sich auch die Bevölkerungsbasis für eine wirtschaftliche Nutzung der infrastrukturellen Anlagen vergrößern. Daraus ergeben sich Auswirkungen auf Zahl und Größe der zentralen Orte. Die Zahl der zur Aktivierung ländlicher Räume geeigneten zentralen Orte wird zurückgehen; die Bevölkerungszahl in den dazugehörigen Verflechtungsbereichen dieser Zentralorte wird sich kaum noch erhöhen (35, S. 17 ff.). Daraus resultiert als wichtigstes städtebauliches Ziel in ländlichen Räumen der schwerpunktmäßige *Einsatz städtebaulicher Investitionen in Entwicklungsschwerpunkten*. Diese sollen der vorgegebenen Siedlungsstruktur angepaßt werden, in Entwicklungsachsen liegen, den geplanten Infrastruktureinrichtungen entsprechend groß genug geplant sein, über ausreichende Arbeitsplätze verfügen und an ein Schnellverkehrssystem angeschlossen sein.

Besondere Bedeutung für die Entwicklung ländlicher Räume erhielt das *„Städtebauförderungsgesetz"*, in das die oben angeführten Zielvorstellungen eingegangen sind. Durch dieses Gesetz sollen gemäß § 1 Abs. 3 die Ziele der Raumordnung und Landesplanung mehr Durchsetzungskraft bekommen. Gefördert werden soll z. B. der Aufbau neuer Zentralorte (Mittelzentren) in ländlichen Gebieten zur Entlastung von Verdichtungsräumen oder zur Entwicklung der hinter der allgemeinen Entwicklung zurückgebliebenen Gebiete. In einem besonderen Teil des Gesetzes (IV. Teil) wird sogar für ländliche Gebiete verlangt, daß im Interesse des gezielten Einsatzes öffentlicher Mittel und zur Vermeidung von Fehlinvestitionen die Maßnahmen zur Verbesserung der Agrarstruktur und städtebauliche Sanierungs- und Entwicklungsmaßnahmen, wenn möglich, rechtzeitig aufeinander abgestimmt werden. All diese Entwicklungsmaßnahmen sollen gemäß §§ 55—59 gefördert werden, insbesondere durch § 55 Abs. 1 des Gesetzes, wonach die Landesregierungen städtebauliche Entwicklungsbereiche festlegen können, die die Verdichtung von Wohn- und Arbeitsstätten im Zuge von Entwicklungsachsen oder den Ausbau von Entwicklungsschwerpunkten außerhalb der Verdichtungsgebiete zum Gegenstand haben. Die Anpassung der Siedlungsstruktur im ländlichen Raum, entsprechend dem Prinzip der Verdichtung in Entwicklungsschwerpunkten, und der Ausbau von Entwicklungsachsen zur Verhinderung einer weiteren Zersiedlung der Landschaft sind die wichtigsten städtebaulichen Zielvorstellungen für den ländlichen Raum.

Aufgrund des Bundesprogramms 1974 bis 1977 nach dem Städtebauförderungsgesetz (StBauFG) sollen die Maßnahmen auch im ländlichen Raum der *Strukturverbesserung von Innenstadtgebieten*, der Schaffung *leistungsfähiger Dorfkerne* und der *Entwicklung neuer Orte* und *Ortsteile* dienen. Neben diesen städtebaulichen Zielen standen bei der Auswahl der Maßnahmen auch räumliche Schwerpunktüberlegungen, wie z. B. das Ziel des Abbaus der großräumigen Disparitäten im Bundesgebiet, im Vordergrund der Überlegungen. Das im Bundesraumordnungsprogramm und in den Landesraumordnungs- und Entwicklungsplänen bestehende System der Entwicklungsachsen und -schwerpunkte konnte dabei ebenso als Kriterium dienen wie die in diesen Plänen ausgewiesenen, schwach strukturierten Räume (34 a, S. 30 ff.). Dem Auftrag des StBauFG entsprechend (§§ 2, 38, Abs. 2, 47 und 58) wird bei der Aufnahme neuer Maßnahmen und begleitend und unterstützend bei Fortsetzungsmaßnahmen besonderes Gewicht auf die verstärkte Verzahnung und Koordinierung mit anderen Maßnahmen, insbesondere im Bereich der regionalen Wirtschaftsförderung, der Verkehrs-, Agrar-, Wohnungsbau- und Hochschulbauförderungspolitik, gelegt.

Wie diese *Koordination der Städtebaupolitik*, insbesondere mit den Bereichen Verkehrspolitik und Umweltpolitik, erfolgen soll, zeigt der Städtebaubericht 1975 der Bundesregierung (Bundestagsdrucksache 7/3583). Er fordert u. a. dafür (34 b, S. 8—11):

— eine stärkere Integration von Verkehrs- und Flächennutzungsplanung unter Einbeziehung der Umweltplanung,

— die Stärkung des öffentlichen Personennahverkehrs,

— Maßnahmen zur Verkehrsberuhigung,

— Eingrenzung der sich gegenseitig verstärkenden Belastungsfaktoren des Klimas und des Lärms,

— weitergehende Durchsetzung des Erhaltungsgedankens im Städtebau unter besonderer Berücksichtigung der Erhaltung denkmalswerter Substanz,

— weitere diesbezügliche Reformen der städtebaulich relevanten Rechtsordnung sowie

— stärkere Mitwirkung der Öffentlichkeit am Planungsprozeß.

Besondere Bedeutung für den ländlichen Raum erhalten bei der Neugestaltung der planungsrechtlichen Vorschriften zweifellos drei z. T. neue wesentliche Zielsetzungen:

— Es ist beabsichtigt, daß die Bauleitpläne künftig nicht nur, wie bereits im geltenden Recht, den *Zielen der Raumordnung und der Landesplanung anzupassen sind,* sondern sie haben auch eine vorhandene *städtebauliche Entwicklungsplanung der Gemeinde zu berücksichtigen* (34 b, S. 57 f.);

— durch die Änderung der Vorschriften über das *Bauen im Außenbereich* soll den Erfordernissen des landwirtschaftlichen Strukturwandels stärker Rechnung getragen werden, ohne daß damit einer Zersiedelung der Landschaft Vorschub geleistet wird (34 b, S. 59);

— es sollen, zur *Sicherung der Koordination landwirtschaftlicher und städtebaulicher Maßnahmen,* die Vorschriften des Städtebauförderungsgesetzes hinsichtlich städtebaulicher Maßnahmen im Zusammenhang mit Maßnahmen zur Verbesserung der Agrarstruktur in die Novelle zum Bundesbaugesetz übernommen werden (34 b, S. 59).

Für die Veränderung der Zielsetzungen im Städtebau werden die Empfehlungen des „Deutschen Rates für Stadtentwicklung" (34 b, S. 89 ff.) besondere Bedeutung erlangen.

6. Fremdenverkehrspolitik

Neuerdings hat die Bundesregierung eine fremdenverkehrspolitische Konzeption zur Förderung des Tourismus in der Bundesrepublik Deutschland beschlossen, die in ihren Zielen für einige ländliche Gebiete besondere Bedeutung erlangen kann. Wegen der zunehmenden wirtschaftlichen Auswirkungen dieses Bereichs will die Bundesregierung eine aktiv gestaltende Tourismuspolitik betreiben. Dabei werden von ihr u. a. folgende Ziele angestrebt (78 a, S. 3):

— Sicherung der für eine kontinuierliche Entwicklung des Tourismus erforderlichen *wirtschafts- und gesellschaftspolitischen Rahmenbedingungen,*

— Steigerung der *Leistungs- und Wettbewerbsfähigkeit* der deutschen Fremdenverkehrswirtschaft,

— Verbesserung der Möglichkeiten für die Teilnahme *breiter Bevölkerungsschichten* am Tourismus.

Das diesen Zielsetzungen entsprechende *tourismuspolitische Schwerpunktprogramm* sieht u. a. folgende für den ländlichen Raum bedeutsame Maßnahmen vor:

— Erarbeitung einer Übersicht über die für *Naherholung* und *Urlaub* geeigneten Gebiete,
— Verbesserung und Ausbau der *Tourismus-Infrastruktur*,
— Förderung von Anlagen für die *touristische Naherholung*,
— Einleitung von *gestalterischen Maßnahmen für die Landschaft*,
— Bestimmung von *Belastungsgrenzen* für touristisch genutzte Gebiete.

Diese Ziele und Maßnahmen müssen vor allem mit denen der Landwirtschaft, der Regional- und der Verkehrspolitik abgestimmt und koordiniert werden. Soweit sie zusätzlich zu anderen Maßnahmen durchgeführt und schwerpunktartig eingesetzt werden, scheinen sie für einige ländliche Räume der Bundesrepublik Deutschland von besonderer Bedeutung zu sein.

IV. Schluß: Kritische Würdigung der Ziele

1. Zum Ziel-Mittel-System für die Entwicklung ländlicher Räume

Bund und Länder der Bundesrepublik Deutschland haben inzwischen ein Ziel-Mittel-System der Raumordnung entwickelt, das mit dem „Raumordnungsprogramm für die großräumige Entwicklung des Bundesgebietes" einen sehr beachtenswerten Stand erreicht hat (22). Dieses im SARO-Gutachten (80) zuerst entwickelte, im Raumordnungsgesetz festgelegte und im Bundesraumordnungsprogramm und den Entwicklungsplänen und Programmen der Länder konkretisierte Ziel-Mittel-System will in allen Teilen der Bundesrepublik *gleichwertige Lebensbedingungen* durch den Abbau großräumiger Disparitäten schaffen und damit die Lebensqualität für die Bevölkerung steigern. Durch die *Entwicklung der Siedlungsstruktur* und eine *räumlich-funktionale Aufgabenteilung* sollen diese Oberziele erreicht werden. Als geeignete Unter- oder Teilziele werden räumlich differenzierte Maßnahmen der Verbesserung der Infrastrukturausstattung, Verbesserung der Umweltqualität und Verbesserung der regionalen Wirtschaftsstruktur angesehen.

Wegen ihres hohen Abstraktionsgrades können die meisten raumordnerischen und landesplanerischen Ziele als *widerspruchsfrei* und als ein weitgehend *konsistentes Zielsystem* angesehen werden (91, S. 200). Lediglich hinsichtlich des Ausbaus der Entwicklungsachsen, der zentralen Orte und der Entwicklungsschwerpunkte bestehen unterschiedliche Auffassungen im Rahmen der raumordnerischen und landesplanerischen Zielsetzungen.

Die Achsen werden als Siedlungsbänder oder Infrastrukturbänder verstanden. Hinsichtlich der Hierarchie und der Ausstattung der zentralen Orte bestehen unterschiedliche Auffassungen. Durch die Einführung der Entwicklungsschwerpunkte in das Bundesraumordnungsprogramm, ist die „Unsicherheit der Begriffe" noch verschärft worden. Diese unterschiedlichen Begriffsbildungen und Auffassungen lassen sich jedoch sicherlich bald überwinden, so daß auf Bundes- und Landesebene hinsichtlich der raumordnerischen Ziele weitgehend *Zielkonsistenz* besteht. Diese Zielkonsistenz raumordnerischer Ziele wird erleichtert, weil zwischen den meisten Zielen nach WAGENER *Zielneutralität* und in einigen Fällen sogar *Zielharmonie* festzustellen ist, d. h. die Verfolgung eines Zieles fördert gleichzeitig die Erreichung eines anderen Zieles (91, S. 201).

Diese Stimmigkeit des heute geltenden Zielsystems der Raumordnung nach den Plänen des Bundes und der Länder läßt sich aber nur auf hohem Abstraktionsgrad feststellen. *Mit dem wachsenden Grad der räumlichen und fachlichen Konkretisierung wachsen auch die Zielkonflikte und die Mängel des Zielsystems werden offenkundig.*

2. Zur räumlichen und fachlichen Konkretisierung der Entwicklungsziele

Die räumliche Konkretisierung der Entwicklungsziele hat sich aus verschiedenen Gründen bisher als sehr schwierig erwiesen. Schuld daran ist nicht zuletzt die Festlegung z. B. der Gebietskategorien „Verdichtungsräume" und „Ländliche Räume" im § 2 Abs. 1 ROG. Die nach dem Homogenitätsprinzip abgegrenzten Gebietskategorien erschweren die Konkretisierung der Entwicklungsziele besonders deshalb, weil sie wenig Informationen für eine Entwicklungspolitik lieferten. Deshalb wendet man sich in letzter Zeit zunehmend einer Abgrenzung von Gebietseinheiten nach funktionalen Gesichtspunkten zu.

So richtig auch dieser Ansatz ist, so verheerend sind seine derzeitigen Auswirkungen. Die im Rahmen der Aufstellung des Bundesraumordnungsprogramms abgegrenzten 38 Gebietseinheiten für Zwecke der Diagnose und der Zielformulierung (34, S. 74) sind weitgehend unter politischen Gesichtspunkten abgegrenzt worden. Unter entwicklungspolitischen Überlegungen können sie nicht überzeugen. Diese Gebiete sind in vielen Fällen nur statistische Einheiten und als solche häufig zu groß geraten. Entwicklungsunterschiede werden dadurch zu stark nivelliert. Es ist unmöglich, für diese Gebietseinheiten sinnvolle Entwicklungsziele für eine bessere Infrastrukturausstattung, eine Verbesserung der Umweltqualität oder eine Verbesserung der regionalen Wirtschaftsstruktur aufzustellen. Planungsregionen müßten deshalb, wie z. B. Arbeitsmärkte, funktional abgegrenzt sein oder sich aus anderen funktionalen Gebietseinheiten, wie etwa aus den Verflechtungsbereichen von Mittelzentren, zusammensetzen. Derartig abgegrenzte Räume würden sich vorzüglich für die räumliche Konkretisierung von fachlich unterschiedlichen Entwicklungszielen eignen. Entwicklungsziele für „Ländliche Räume" aufgestellt, müssen — wie auch die Studie des Wissenschaftlichen Beirats (17) gezeigt hat — allgemein und abstrakt bleiben.

Entwicklungsziele sollten deshalb auf unterschiedliche Typen funktional abgegrenzter Räume bezogen werden. *Ideal wäre die flächendeckende Herausarbeitung von regionalen Arbeitsmärkten, die sich aus einem oder mehreren Mittelbereichen zusammensetzen.* Diese Regionen wären in einem System abgestuft nach der Nähe zu Verdichtungsräumen bzw. nach ihrer Ausstattung mit Zentren zu analysieren. Dabei wird sich erweisen, daß die landesplanerischen Entwicklungsziele im näheren Bereich der Verdichtungsräume und gut ausgestatteter Mittelzentren, zumeist sogar im Verein mit den fachlichen Entwicklungszielen, überwiegend Zielharmonie aufweisen. Auch hier wachsen die Zielkonflikte mit der örtlichen Konkretisierung. Die Einführung einer *Entwicklungsplanung* auf allen Planungsebenen würde *bei entsprechender Abstimmung zwischen den Planungsebenen* die Einordnung von Fachplanungen und sonstigen Fachmaßnahmen auch in die integrierenden räumlichen Planungen (Raumordnung, Landesplanung, Bauleitplanung) wesentlich erleichtern (81, S. 135 ff.). Ähnlich wie beim § 4 Abs. 4 StBauFG sollten die Träger öffentlicher Belange zur frühzeitigen gegenseitigen Unterrichtung verpflichtet werden. Die in den §§ 7 und 38 BBauG enthaltenen, die Fachplanungsträger privilegierenden Kollisionsregeln wären im Zuge der Novellierung des Bundesbaugesetzes abzubauen. Es geht aber hierbei nicht nur um das Problem der Einordnung bestehender Fachplanungen in die integrierende Entwicklungsplanung, sondern es geht auch darum, neue, gesetzlich zu regelnde Fachplanungen in das System der Entwicklungsplanung einzuordnen. Insbesondere in den neu zu regelnden Bereichen der Landschaftsgestaltung und denen des Umweltschutzes wird die Koordination und räumliche und fachliche Konkretisierung der Ziele für die Entwicklung ländlicher Räume besondere Bedeutung erlangen.

Es verdient jedoch hervorgehoben zu werden, daß die einzelnen Fachressorts auf Bundesebene und auch auf Landesebene in den letzten Jahren damit beginnen, ihre Ziele der Fachplanungen frühzeitig mit denen anderer Ressorts abzustimmen und sie zu veröffentlichen (14, 19, 23, 25, 29, 34, 36). Damit ist ein erster Schritt zur Verbesserung der räumlichen und fachlichen Konkretisierung der Entwicklungsziele getan.

3. Zur Koordination und Durchsetzung der Ziele

In den letzten Jahren wurde die Abstimmung der fachlichen und räumlichen Entwicklungsziele durch interministerielle Ausschüsse, gemeinsame Konferenzen und andere Koordinierungsgremien weitgehend institutionalisiert. Wie schwierig jedoch die Koordinierung der Entwicklungsziele ist, zeigt sich eindeutig an dem jahrelangen Ringen um das Bundesraumordnungsprogramm. Trotz der vielfältigen Abstimmungs- und Zustimmungserfordernisse und der bedeutsamen Schwierigkeiten, die im Rahmen der Abstimmung aufgetreten sind, konnte dieses Programm 1975 verabschiedet werden. Ihm kommt im Hinblick auf die Koordination und die Durchsetzung der Entwicklungsziele besondere Bedeutung zu.

Die Behörden des *Bundes* werden entsprechend § 3 Abs. 1 ROG und Artikel 65 Satz 2 GG auf die Anpassung ihrer raumbedeutsamen Planungen und Maßnahmen an die Ziele des Bundesraumordnungsprogramms selbst und in den gemeinsamen Planungsgremien von Bund und Ländern hinwirken. Dies gilt insbesondere für die Gemeinschaftsaufgaben gemäß Artikel 91 a GG, die Bildungsplanung und Forschungsförderung nach Artikel 91 b GG und für die vom Bund mitfinanzierten Aufgaben nach Artikel 104 a Abs. 4 GG.

Durch das *Zusammenwirken von Bund und Ländern* bei der Aufstellung des Bundesraumordnungsprogramms konnte eine gemeinsame Grundlage für die Koordinierung der Landesentwicklungsplanungen gefunden werden. Die *Länder* werden darauf hinwirken, daß die Programme und Pläne der Länder an die Zielaussagen des Programms nach Maßgabe des Landesplanungsrechtes angepaßt werden. Ziele des Bundesraumordnungsprogramms, die von den Ländern als Ziele der Raumordnung und Landesplanung in eigene Pläne übernommen werden, sind von den *Behörden des Bundes und der Länder,* den *Gemeinden und Gemeindeverbänden* sowie sonstigen in § 4 Abs. 5 ROG genannten Planungsträgern zu beachten (§ 5 Abs. 4 ROG).

Wie sich hier zeigt, werden die Länder ihre Entwicklungsziele an das Bundesraumordnungsprogramm, die Regionen ihre Ziele an die Landesentwicklungspläne bzw. -programme, die Gemeinden ihre Ziele der Bauleitplanung an die Regionalpläne und an die Gemeindeentwicklungsplanung anpassen müssen. Es werden jedoch Jahre vergehen, bis sich dieses System der Zielanpassung durchgesetzt hat. Es ist anzunehmen, daß sich bis dahin auch die Ziele des Bundesraumordnungsprogramms im Zuge der Überarbeitung auf der Grundlage neuer Daten und neuer Erkenntnisse gewandelt haben werden. Die Änderungen der Zielsetzungen werden voraussichtlich notwendig, weil:

— *gesamteuropäische Überlegungen* künftig größeren Einfluß auf die raumordnerische Entwicklung des Bundesgebietes haben werden,
— die *künftige Bevölkerungsentwicklung* in der Bundesrepublik mit Sicherheit anders verlaufen wird als bisher angenommen wurde,
— *energiepolitische Überlegungen* neue Zielsetzungen herausfordern,
— eine zunehmende *Verknappung natürlicher Ressourcen* zu erwarten ist,
— sich u. a. aus den vorgenannten Gründen neue Bedingungen für das *gesamtwirtschaftliche* und das *regionale* Wachstum ergeben werden.

Wie gezeigt werden konnte, haben Wissenschaft und Verwaltung bereits recht vielseitige und vernünftige Zielvorstellungen für die ländlichen Räume erarbeitet. Ständig kommen neue hinzu und verdichten sich zu einer Zielkonzeption. Bevor neue Zielkonzeptionen erarbeitet werden, gilt es, diese im politischen Bereich zu diskutieren und zu konkretisieren, um die politischen Zielvorstellungen bei der beabsichtigten Überarbeitung der Raumordnungspläne in ausreichendem Maße berücksichtigen zu können.

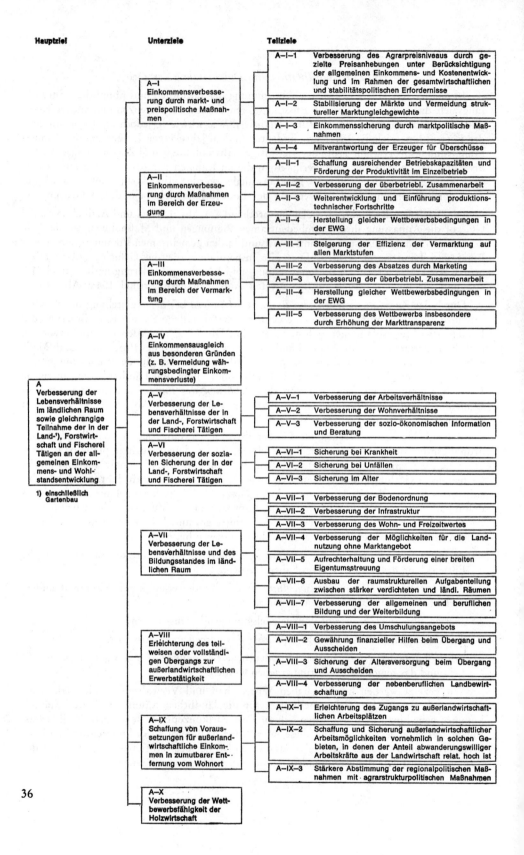

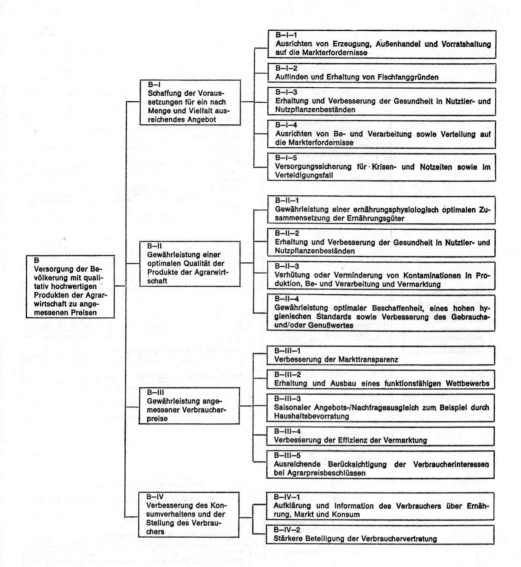

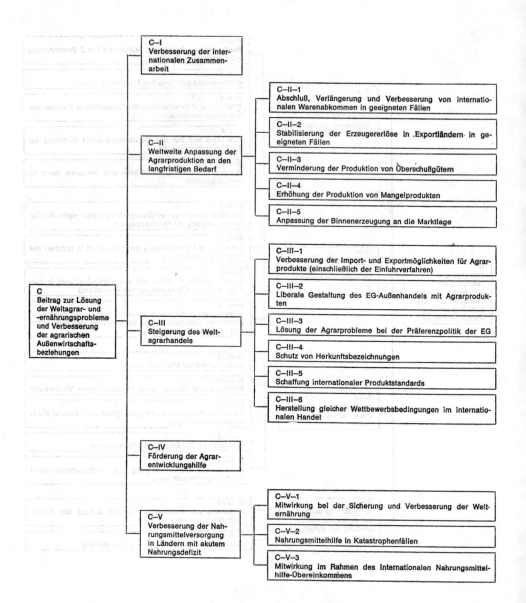

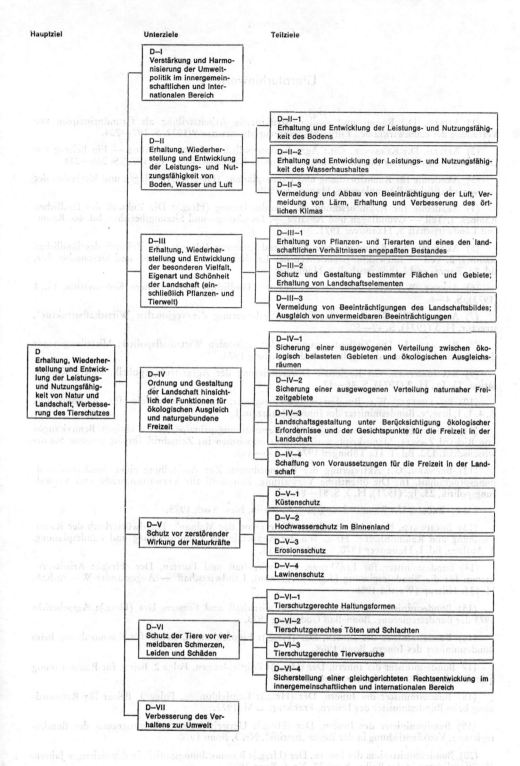

Literaturhinweise

(1) AFFELD, D.: Raum- und siedlungsstrukturelle Arbeitsteilung als Grundprinzipien zur Verteilung des raumwirksamen Entwicklungspotentials, structur 9/1972, S. 197—204.

(2) AFFELD, D.; KUESSNER, CH.: Agrarstrukturpolitik und Raumordnung — Ein Beitrag zur Diskussion koordinierter Zielvorstellungen —. Innere Kolonisation, H. 10 (1972) S. 266—271.

(3) Akademie für Raumforschung und Landesplanung (Hrsg.): Grundlagen und Methoden der landwirtschaftlichen Raumplanung, Hannover 1969.

(4) Akademie für Raumforschung und Landesplanung (Hrsg.): Die Zukunft des ländlichen Raumes, 1. Teil — Grundlagen und Ansätze —, Forschungs- und Sitzungsberichte, Bd. 66, Raum- und Landwirtschaft 8, Hannover 1971.

(5) Akademie für Raumforschung und Landesplanung (Hrsg.): Die Zukunft des ländlichen Raumes, 2. Teil — Entwicklungstendenzen der Landwirtschaft, Forschungs- und Sitzungsberichte, Bd. 83, Raum- und Landwirtschaft 9, Hannover 1972.

(6) ALBERT, W.: Neue Arbeitsplätze für den ländlichen Raum. Innere Kolonisation, H. 1 (1973), S. 4—6.

(7) ALBERT, W.: Gemeinschaftsaufgabe „Verbesserung der regionalen Wirtschaftsstruktur", structur, H. 3 (1974), S. 49—50.

(8) BAUDLER, J.: Die Zielbestimmung in der regionalen Wirtschaftspolitik, Mitteilungen aus dem Institut für Raumordnung, Bonn-Bad Godesberg 1974.

(9) BAUMGARTNER, G.: Regionale Differenzierung der Agrarstrukturpolitik. Innere Kolonisation, 23. Jg., H. 2 (1974), S. 46—47.

(10) BIELENBERG, W.: Bundesraumordnungsgesetz, Informationsbriefe für Raumordnung R. 4. 1. 1, hrsg. v. Bundesminister des Innern, Mainz, o. J.

(11) BONUS, H.: Sinn und Unsinn des Verursachungsprinzips — Zu einigen Bemerkungen von Richard Zwintz, Manuskript, veröffentlicht inzwischen in: Zeitschrift für die gesamte Staatswissenschaft, 130. Bd./1. H., Tübingen 1974, S. 156—163.

(12) BRENKEN, G.: Aktivierung der Raumordnung. Zur Aufstellung eines Bundesraumordnungsprogramms. In: Die öffentliche Verwaltung, Zeitschrift für Verwaltungsrecht und Verwaltungspolitik, 23. Jg. (1971), H. 3, S. 81—84.

(12 a) BRÖSSE, U.: Raumordnungspolitik, Berlin, New York 1975.

(13) BUCHWALD, K.: Artikel: „Grüne Charta von der Mainau", Handwörterbuch der Raumforschung und Raumordnung, Hrsg. von der Akademie für Raumforschung und Landesplanung, 2. Auflage, Bd. I, Hannover 1970, Sp. 1112—1114.

(14) Bundesminister für Ernährung, Landwirtschaft und Forsten, Der (Hrsg.): Arbeitsprogramm für die Bundesregierung (Agrarprogramm), Landwirtschaft — Angewandte Wissenschaft, H. 134, Hiltrup (Westf.) 1968.

(15) Bundesminister für Ernährung, Landwirtschaft und Forsten, Der (Hrsg.): Agrarbericht 1973 der Bundesregierung, Bonn-Bad Godesberg 1973.

(16) Bundesminister des Innern, Der (Hrsg.): Empfehlungen, Beirat für Raumordnung beim Bundesminister des Innern, Bonn 1968.

(17 Bundesminister des Innern, Der (Hrsg.): Empfehlungen, Folge 2, Beirat für Raumordnung beim Bundesminister des Innern, Bonn 1969.

(18) Bundesminister des Innern, Der (Hrsg.): Empfehlungen, Folge 3, Beirat für Raumordnung beim Bundesminister des Innern, Frankfurt a. M. 1972.

(19) Bundesminister des Innern, Der (Hrsg.): Umweltschutz, Sofortprogramm der Bundesregierung, Veröffentlichung in der Reihe „betrifft", Nr. 3, Bonn 1970.

(20) Bundesministerium des Innern, Der (Hrsg.): Raumordnungspolitik in den siebziger Jahren. Veröffentlichung in der Reihe „betrifft", Nr. 6, Bonn 1970.

(21) Bundesminister des Innern, Der (Hrsg.): Ministerkonferenz für Raumordnung, Empfehlungen und zustimmende Kenntnisnahmen, betrifft: Nr. 11, Meisungen 1971.

(22) Bundesminister für Raumordnung, Bauwesen und Städtebau, Der: Raumordnungsprogramm für die großräumige Entwicklung des Bundesgebietes (Bundesraumordnungsprogramm), Bundestagsdrucksache 7/3584, Bonn 1975.

(23) Bundesminister für Verkehr, Der (Hrsg.): Ausbau der Bundesfernstraßen 1971 bis 1985, Bonn 1970.

(24) Bundesminister für Verkehr, Der (Hrsg.): Verkehrsbericht 1970, Bonn 1970.

(25) Bundesminister für Verkehr, Der (Hrsg.): Der Mensch hat Vorfahrt — Kursbuch für die Verkehrspolitik, Kleve, o. J.

(26) Bundesminister für Wirtschaft, Der (Hrsg.): Vorschläge zur Intensivierung und Koordinierung der regionalen Strukturpolitik, Bonn 1968.

(27) Bundesministerium für Wirtschaft (Hrsg.): Wirtschaft 1972/73, Ottersweier/Baden 1973.

(28) Bundesminister für Wohnungswesen und Städtebau, Der (Hrsg.): Städtebaubericht 1969, Bonn 1969.

(29) Deutscher Bundestag (Hrsg.): Agrarbericht 1974, Agrar- und ernährungspolitischer Bericht der Bundesregierung, Drucksache 7/1650 vom 11. 2. 1974, Bonn 1974.

(29 a) Deutscher Bundestag (Hrsg.): Agrarbericht 1975, Agrar- und ernährungspolitischer Bericht der Bundesregierung, Bundestagsdrucksache 7/3210, Bonn 1975.

(30) Deutscher Bundestag (Hrsg.): Raumordnungsbericht 1963 der Bundesregierung, Bundestagsdrucksache IV/1422, Bonn 1964.

(31) Deutscher Bundestag (Hrsg.): Raumordnungsbericht 1966 der Bundesregierung, Bundestagsdrucksache V/1155, Bonn 1967.

(32) Deutscher Bundestag (Hrsg.): Raumordnungsbericht 1968 der Bundesregierung, Bundestagsdrucksache V/3958, Bonn 1969.

(33) Deutscher Bundestag (Hrsg.): Raumordnungsbericht 1970 der Bundesregierung, Bundestagsdrucksache VI/1340, Bonn 1970.

(34) Deutscher Bundestag (Hrsg.): Raumordnungsbericht 1972 der Bundesregierung, Bundestagsdrucksache VI/ 3793, Bonn 1972.

(34 a) Deutscher Bundestag (Hrsg.): Raumordnungsbericht 1974 der Bundesregierung, Bundestagsdrucksache VII/3582, Bonn 1975.

(34 b) Deutscher Bundestag (Hrsg.): Städtebaubericht 1975 der Bundesregierung, Bundestagsdrucksache 7/3583.

(35) Deutscher Bundestag (Hrsg.): Städtebaubericht 1970 der Bundesregierung, Bundestagsdrucksache VI/1497, Bonn 1970.

(36) Deutscher Bundestag (Hrsg.): Zweiter Rahmenplan der Gemeinschaftsaufgabe „Verbesserung der regionalen Wirtschaftsstruktur" für den Zeitraum 1973—1976, Bundestagsdrucksache 7/401, Bonn 1973.

(37) Dietrichs, B.: Raumordnungsziele des Bundes, Informationsbriefe für Raumordnung, R. 3. 1. 2., hrsg. vom Bundesminister des Innern, März 1965.

(38) Dietrichs, B.; Hübler, K.-H.: Bundesraumordnungsprogramm — Inhalt und Methoden —. Die öffentliche Verwaltung, Zeitschrift für Verwaltungsrecht, 22. Jg., H. 19 (1969), S. 657—665.

(39) Dietze, C. v.: Grundzüge der Agrarpolitik, Hamburg und Berlin 1967.

(40) Ernst, W.: Grundlagen und Ziele der Raumordnungspolitik des Bundes. In: Bundesraumordnungspolitik und Bundesraumordnungsprogramm, hrsg. vom Deutschen Verband für Wohnungswesen, Städtebau und Raumplanung — Landesgruppe Nordrhein-Westfalen — Düsseldorf 1973, S. 6—31.

(41) Ertl, J.: Wie soll das Dorf der Zukunft aussehen? Innere Kolonisation, H. 2 (1972), S. 30—33.

(42) Fürst, D.; Zimmermann, K.: Infrastruktur und unternehmerische Standortentscheidungen, Raumforschung und Raumordnung, H. 1 (1973), S. 52—54.

(43) Genscher, H.-D.: Umweltpolitik, Planung und Durchführung — Programm für die nächsten 10 Jahre. Innere Kolonisation, H. 6 (1973), S. 153—157.

(44) Genser, W. E.: Zur regionalen Strukturpolitik in ländlichen Räumen — Innere Kolonisation, H. 3 (1971), S. 67—69.

(45) Giersch, H.: Allgemeine Wirtschaftspolitik — Grundlagen —, Wiesbaden 1960.

(46) Göb, R.: Regionale Wirtschaftspolitik und met-ökonomische Regionalpolitik, structur, H. 8 (1972), S. 169—170.

(47) Göb, R.: Entwicklungsplanung: Notwendigkeit oder Modewort? Kommunalpolitische Blätter 8 (1973), S. 317—320.

(48) Grüneisen, K.-G.: Die Regierungserklärung vom 18. Januar — Akzentverschiebungen in der Politik für den ländlichen Raum? Innere Kolonisation, H. 2 (1973), S. 34—36.

(48 a) Grüneisen, K.-G.: Überbetriebliche Partnerschaft, Innere Kolonisation, 1 (1975), Festschrift für M. Rolfes, S. 26—28.

(49) Halstenberg, F.: Grundlagen und Ziele der Landesentwicklung in Nordrhein-Westfalen, Raumforschung und Raumordnung, H. 1 (1973), S. 1—5.

(50) Hastenpflug, J.: Strukturpolitik mit Augenmaß. Innere Kolonisation, H. 12 (1973), S. 326—328.

(51) Hartkopf, G.: Aktuelle Probleme der Raumordnungspolitik, Informationen, 20 Jg., Nr. 7 (1970), S. 185—194.

(52) Hübler, K.-H.: Raumordnung im ländlichen Raum, Informationsbriefe für Raumordnung, hrsg. vom Bundesminister des Innern, R. 5. 1. 4, Stuttgart — Wiesbaden, o. J.

(53) Hübler, K.-H.: Planungsrückstand im ländlichen Raum, Raum und Siedlung, Jg. 1968, H. 1, S. 1—2.

(54) Hübler, K.-H.: Regionale Wirtschaftspolitik als integrierte Aufgabe für die Landesentwicklung. Innere Kolonisation, H. 3 (1971), S. 69—71.

(55) Hübler, K.-H.: Vordringliche Probleme der Raumordnung. Innere Kolonisation, H. 1 (1972), S. 9—14.

(56) Hübler, K.-H.: Für ländliche Gebiete ist eine ausreichende Bevölkerungsdichte anzustreben. Innere Kolonisation, H. 1 (1973), S. 1—4.

(57) Hübler, K.-H.: Lebensqualität und Sozialchancen im ländlichen Raum — Abänderungen der Maßstäbe und Dimensionen, structur 5 (1973), S. 97-101.

(57 a) Institut für Kommunalwissenschaften der Konrad-Adenauer-Stiftung (Hrsg.): Entwicklung ländlicher Räume, Schriftenreihe „Studium zur Kommunalpolitik", Bd. 2, Bonn 1974.

(58) Institut für Raumordnung (Hrsg.): Raumordnung als Grundlage der Bundesfernstraßenplanung, Mitteilungen aus dem Institut für Raumordnung, H. 67, Bonn-Bad Godesberg 1970.

(59) Isbary, G.: Neuordnung des ländlichen Raumes als Aufgabe der Regionalplanung. In: Regionalplanung, Beiträge und Untersuchungen, Neue Folge der „Materialien-Sammlung für Wohnungs- und Siedlungswesen", Bd. 63, Köln-Braunsfeld 1966, S. 65—81.

(60) Jansen, P. G.: Arbeitskräftepotential und Arbeitskräftebedarf in der Entwicklung ländlicher Räume, der landkreis 5 (1972), S. 145—148.

(61) Jochimsen, R.; Treuner, P.: Entwicklungsstrategie für das flache Land. In: Der Volkswirt, 22. Jg., Nr. 32 (1968), S. 27—30.

(62) Jochimsen, R.: Für einen Bundesentwicklungsplan, Die Neue Gesellschaft, 16. Jg. (1969), S. 237—240.

(63) Jochimsen, R.: Zur Philosophie staatlicher Planung, Bulletin, hrsg. Presse- und Informationsamt der Bundesregierung, Nr. 133, 18. Oktober 1973, S. 1309—1312.

(64) Jost, P.: Entwicklungspolitische Überlegungen zur Schrumpfung der Geburtenrate am Beispiel des Saarlandes, Informationen, Nr. 4 (1973), S. 71—86.

(65) KELBLING, G.: Die Zielsetzungen der Agrarpolitik in der Bundesrepublik Deutschland (Diss.), Freiburg 1968.

(65 a) KLEMMER, P.: Abgrenzung regionaler Arbeitsmärkte in der Bundesrepublik Deutschland für die Zwecke der Gemeinschaftsaufgabe „Verbesserung der regionalen Wirtschaftsstruktur", Bochum 1973.

(66) KÖRNER, W.: Planung im „ländlichen" Raum, Zeitschrift für Kulturtechnik und Flurbereinigung, 14 (1973), S. 257—267.

(67) KUESSNER, Ch.: Gemeinschaftliche Förderung benachteiligter landwirtschaftlicher Gebiete. Innere Kolonisation, H. 4 (1973), S. 98—100.

(68) LOWINSKI, H.: Nordrhein-Westfalen als arbeitsteilige Leistungsgemeinschaft, structur 7 (1972), Kurzbericht über einen Vortrag, S. 161.

(69) MALCHUS, V. FRHR. v.: Zielvorstellungen für die Entwicklung ländlicher Räume. In: Die Zukunft des ländlichen Raumes, 1. Teil, Forschungs- und Sitzungsberichte der Akademie für Raumforschung und Landesplanung, Bd. 66, Raum und Landwirtschaft 8, Hannover 1971, S. 1—36.

(70) MALCHUS, V. FRHR. v.: Analyse der Problematik des ländlichen Raumes. In: Der ländliche Raum — Randverschiebung oder integriertes Ausgleichsgebiet, Referate und Diskussionsbemerkungen anläßlich der 12. Wissenschaftlichen Plenartagung 1973 in Nürnberg, Forschungs- und Sitzungsberichte der Akademie für Raumforschung und Landesplanung, Bd. 89, Hannover 1974, S. 13—24.

(71) MARX, D.: Überlegungen zur regionalpolitischen Konzeption ausgeglichener Funktionsräume, Raumforschung und Raumordnung, H. 1 (1973), S. 48—49.

(71 a) MEHRLÄNDER, H.: Der 4. Rahmenplan der Gemeinschaftsaufgabe „Verbesserung der regionalen Wirtschaftsstruktur", structur 5 (1975), S. 99—102.

(72) MEYER, K.: Ordnung im ländlichen Raum, Stuttgart 1964.

(73) MEYER, K.: Artikel „Ländlicher Raum". Handwörterbuch der Raumforschung und Raumordnung, hrsg. von der Akademie für Raumforschung und Landesplanung, Hannover 1966, Sp. 944—954.

(74) MORGEN, H.: Artikel „Ländliche Gemeinde (Dorfgemeinde)", Handwörterbuch der Raumforschung und Raumordnung, hrsg. von der Akademie für Raumforschung und Landesplanung, Hannover 1966. Sp. 931—944.

(75) MÜLLER, J. H.: Wirtschaftliche Grundprobleme der Raumordnungspolitik, Berlin 1969.

(76) MYRDAL, G.: Das Zweck-Mittel-Denken in der Nationalökonomie, Zeitschrift für Nationalökonomie, Wien 1933, S. 313.

(77) NIEMEIER, H.-G.: Entwicklungstendenzen im Landesplanungsrecht. In: Raumplanung — Entwicklungsplanung, Forschungs- und Sitzungsberichte der Akademie für Raumforschung und Landesplanung, Bd. 80, Hannover 1972, S. 1—22.

(78) NIEMEIER, H.-G.: Die ländliche Siedlungsstruktur nach den Vorstellungen der Landesplanung. Innere Kolonisation, H. 2 (1973), S. 33—36.

(78 a) Presse- und Informationsamt der Bundesregierung (Hrsg.): Bundeskabinett beschließt fremdenverkehrspolitische Konzeption, Aktuelle Beiträge zur Wirtschafts- und Finanzpolitik, Nr. 62 (1975).

(79) PÜTZ, TH.: Die wirtschaftspolitische Gesamtkonzeption, Beitrag zur Erhard-Festschrift, Wirtschaftsfragen der freien Welt, hrsg. von E. v. Beckerath, F. W. Meyer und A. Müller-Armack, 2. Auflage, Frankfurt/Main, o. J., S. 44.

(79) PÜTZ, TH.: Die wirtschaftspolitische Gesamtkonzeption, Beitrag zur Erhard-Festschrift, Wirtschaftsfragen der freien Welt, hrsg. von E. v. Beckerath, F. W. Meyer und A. Müller-Armack, 2. Auflage, Frankfurt/Main, o. J., S. 44.

(79 a) RING, W.: Agrarstrukturpolitik von Lübke bis Ertl, Innere Kolonisation, 1 (1975), Festschrift für M. Rolfes, S. 4—8.

(80) Sachverständigenausschuß für Raumordnung: Die Raumordnung in der Bundesrepublik Deutschland (SARO-Gutachten), Stuttgart 1961.

(81) Schmidt-Assmann, E.: Gesetzliche Maßnahmen zur Regelung einer praktikablen Stadtentwicklungsplanung — Gesetzgebungskompetenzen und Regelungsintensität —. In.: Raumplanung — Entwicklungsplanung, Forschungs- und Sitzungsberichte der Akademie für Raumforschung und Landesplanung, Bd. 80, Hannover 1972.

(81 a) Schmidt-Ott, R.: Der Europäische Fonds für regionale Entwicklung, Innere Kolonisation, 24. Jahrg., 3 (1975), S. 118—121.

(82) Storbeck, D.: Zur Operationalisierung der Raumordnungsziele, Kyklos, Bd. 23, H. 1 (1970), S. 98—115.

(83) Storbeck, D.: Die gesellschaftspolitische Relevanz regionalpolitischer Ziele, Raumforschung und Raumordnung, H. 1 (1973), S. 49—51.

(84) Thoss, R.: Hypothesen über eine Wirkungsanalyse von Instrumenten der Industrieansiedlungspolitik, Raumforschung und Raumordnung, H. 1 (1973), S. 52.

(85) Töpfer, K.: Prioritäten der Wirtschafts- und Gesellschaftspolitik auf dem Lande, der landkreis, H. 10 (1972), S. 355—358.

(86) Treuner, P.: Rahmenplanung ohne Konzeption? Wirtschaftswoche, Nr. 4, 22. Januar 1971, S. 34—36.

(87) Treuner, P.: Regionale Strukturpolitik — Rahmenplanung ohne Konzept? Wirtschaftswoche 4 (1971), S. 34—37.

(88) Vogel, H.-J.: Grenzen des Wachstums — Konsequenzen für eine Politik, Innere Kolonisation, H. 10 (1973), S. 262—267.

(89) Voss, G.: Grundsätzliche Aspekte der Erfolgskontrolle regionaler Wirtschaftspolitik, structur, H. 3 (1974), S. 51—54.

(90) Wagner, F.: Von der Raumplanung zur Entwicklungsplanung, Deutsches Verwaltungsblatt, H. 3 (1970), S. 93—98.

(91) Wagner, F.: Ziele der Raumordnung nach den Plänen der Länder, Mitteilungen des Instituts für Raumordnung, H. 71, Bonn-Bad Godesberg 1972.

(92) Zinkahn, W.: Zur Novellierung des Bundesbaugesetzes. Innere Kolonisation, H. 7 (1973), S. 178—183.

(93) Zimmermann, H.: Bundesraumordnungsprogramm — ein Ausweg? Informationen, 20. Jg., Nr. 1 (1970), S. 7—10.

(94) Zohlnhöfer, W.: Lokalisierung und Institutionalisierung der Infrastrukturplanung im föderativen System: Das Beispiel der Gemeinschaftsaufgaben in der Bundesrepublik Deutschland. In: Theorie und Praxis der Infrastruktur, Schriften des Vereins für Socialpolitik, NF., Bd. 54, Berlin 1970, S. 681—712.

Regionaltypische Aspekte zur Gewinnung von Zielvorstellungen für die Planung und Gestaltung des ländlichen Raumes

von

Erich Otremba, Köln

Vorbemerkung

Bei der Planung dieses Bandes bestand Übereinkunft darüber, daß sich die Zielvorstellungen für die Planung und die Gestaltung des ländlichen Raumes niemals allein auf die Aufstellung von allgemeinen Richtlinien des Verhaltens und des Handelns für die gesamte Bundesrepublik Deutschland beziehen dürften, sondern daß es zum Vorschlag von Gestaltplänen in allen Fällen der regionalen Orientierung und der Lokalisierung bedürfe. Doch war man sich auch darüber im klaren, daß diese Erkenntnis zu keiner völligen Individualisierung des Problems, d. h. zur individuellen Betriebsberatung führen dürfe, sondern es bei einer engeren regionaltypologischen Ausrichtung bleiben müsse. Nur ein solcher Rahmen erlaube die Freiheit der unternehmerischen Entscheidung nach Maßgabe der Mittel und Kräfte, die in der sektoralen Analyse des agrarraumpolitischen Instrumentariums aufzustellen und zu empfehlen wären, und böte wissenschaftliche Möglichkeiten der Ausschöpfung der Probleme.

Der Weg regionaltypologischen Denkens, gleichsam ein Mittelweg zwischen der Darstellung der außerordentlichen Mannigfaltigkeit in der Wirklichkeit des ländlichen Raumes und den allgemeinen in die Zukunft gerichteten Planungsvorstellungen, ist freilich schwer zu begehen, er liegt genau zwischen großmaßstäblicher individueller Regionalplanung und der raumordnerischen Planung nach allgemeinen Zielvorstellungen. Denkbar wäre der Weg möglichst großmaßstäblicher agrargeographischer Analyse wohl, etwa einer naturräumlichen Gliederung 1:50 000 entsprechend, wie das bei der agrarstrukturellen Planung ja auch geschieht[1].

Ein kleinerer Maßstab ist nicht zu vertreten, denn dann verschwinden wesentliche Gestaltelemente der Landwirtschaft, vor allem des Bodens, der Exposition, der Wasserwirtschaft, insbesondere der Grundwasserverhältnisse, völlig, aber auch Gestaltelemente der agrarischen Siedlungsgefüge gehen unterhalb dieser Maßstabsgrenze verloren, von den so wichtigen Betriebsgrößenverhältnissen, dem Grad der Flurzersplitterung z. B., ganz zu schweigen. Die regionalen agrargeographischen Grundeinheiten tragen ja jeweils viele Agrarbetriebe, deren verantwortlichen Leitern die persönliche Entscheidung für Betriebs-

---

[1] Handbuch der naturräumlichen Gliederung Deutschlands. Hrsg. von E. Meynen, J. Schmithüsen u. a. 2 Bde. Bad Godesberg, Bundesanst. f. Landeskunde u. Raumforschung, 1962.

vereinfachung, -zusammenlegung, Wahl des Nebenerwerbs, Verkauf, Verpachtung nicht abgenommen werden kann.

Bei der Unterschiedlichkeit der Lage gibt es den erstrebenswerten regionalen Einheitsbetrieb nicht, auf den hin zu planen sinnvoll wäre. Es sei denn, es gelänge, die Bodenqualitäten zu eliminieren.

Den agrarwirtschaftlichen Planungsraum gibt es nicht ohne regionale Planungsziele. Bestandsaufnahmen zu Zwecken der Planung bestehen ja noch nicht einmal im Maßstab 1:1 Mio. Selbst eine solche Arbeit würde, von einem Planungsstab gut vorbereitet, eine Teamarbeit von vielen Jahren bedeuten, ohne über die Stufe nicht operationaler Ziele hinauszukommen. Auch das ist heute statistisch-technisch kaum mehr möglich, denn mit dem Zusammenlegungsverfahren der bisher bestehenden relativ kleinen Gemeinden zu Großgemeinden stehen keine vergleichbaren statistischen Zahlen mehr zur Verfügung, selbst wenn man auf Gemeindebasis arbeiten könnte. Schon die bisher verfügbaren Betriebsgrößenzahlen und die Bodenwertzahlen waren für eine frühere agrargeographische Bestandsaufnahme höchst problematisch, sie sind jetzt unbrauchbar. Es sei nur beispielsweise darauf hingewiesen, daß selbst die so beliebten Untersuchungen zum Pendlerwesen durch die Zusammenlegung im Einzugsbereich der größeren zentralen Orte sich im Aussagewert nur noch als begrenzt brauchbar erweisen, Steuermeßzahlen für neue Großgemeinden keinen wissenschaftlich brauchbaren regional differentiellen Anhalt bieten.

Dies alles zwingt zum Verzicht auf forschungsbezogene reale agrargeographische Arbeitsmethoden. Durchführbar ist lediglich die Darstellung einiger agrartypologischer Denkansätze, die dann in der lokalen und regionalen Anwendung zu kombinieren sind. Um einen solchen Arbeitsplan durchführen zu können, sind einige Prämissen zu setzen und Alternativen zu stellen.

I. Die Grenzen des ländlichen Raumes

Eine wichtige Grundfrage stellt sich mit der möglichen Feststellung der Grenzen des ländlichen Raumes gegen die Agglomerationen und mit der Feststellung des Ranges der Agrarwirtschaft in dem gesamten Wirtschaftsgefüge der Bundesrepublik Deutschland. Hierzu ist zu sagen, daß die Grenzen zwischen den drei Raumkategorien — Verdichtungsgebiet, Randzonen und ländlicher Raum — keine statistisch fixierbaren Raumkategorien sind. Sie wurden bisher auf einem einzigen Kriterium, nämlich dem der Bevölkerungsdichte, konzipiert. Die Grenzzonen, insbesondere zwischen den Verdichtungsrandzonen und dem ländlichen Raum, sind aber ein Kontinuum. Alle Dichtezahlen sind mit der Erweiterung der Gemeindegrößen im Wert zur Abgrenzung gesunken, da in der Regel kleinere dichtbesiedelte Kerngemeinden mit Gemeindeteilen geringer Dichte verschmolzen worden sind und damit die mittlere Dichte sich in der Regel nach unten verschoben hat [2]).

Es ist daher nicht möglich, sich auf die bisherigen Abgrenzungen zu verlassen. Das ist, auch strukturell betrachtet, wenig sinnvoll, denn auch in der Ballungsrandzone wird Agrarwirtschaft betrieben — man denke an die Lößbörde sogar in den Verdichtungskernen und an die Gemüsebauzonen rings um die großen Städte.

---

[2]) OLAF BOUSTEDT: Großstadt und Ballung — Probleme, Methoden, Ergebnisse und Aufgaben der Agglomerationsforschung. In: Raumforschung, 25 Jahre Raumforschung in Deutschland, Bremen 1960, S. 249—266.

Es sei hier der Standpunkt vertreten, daß Maßnahmen oder Richtlinien für Maßnahmen sich nicht auf einen spezifisch abgegrenzten Raum beschränken sollten, sondern auf die gesamte Fläche der Bundesrepublik. Landwirtschaftliche Nutzung findet überall statt, aber sie hat eine große regionale und lokale Variationsbreite; man denke dabei z. B. an die Weinberge im Stadtgebiet von Stuttgart und an den Obst- und Gemüsebau in der Umgebung aller großen Städte. Im Hinblick auf diesen Tatbestand ist der Naturraum auch im Verdichtungsraum auf seine Vorrangigkeit zur Agrarproduktion zu untersuchen.

II. Die Flächenkonkurrenz im ländlichen Raum

Eine weitere allgemein zu lösende Vorfrage nach der Prädominanz der Nutzungsformen ist zu entscheiden. Im ländlichen Raum bewerben sich viele Funktionsträger — industrielle Arbeit, Wohnen, Erholung und agrarische Produktion, Holzproduktion und Gewässerschutz — um Flächenanteile, dazu kommen Flächenansprüche der öffentlichen Hand für die künftige Bauentwicklung, für Wohnungen und den Verkehr.

Welchem Funktionsträger gebührt der Vorrang bei einer Flächenzuweisung, welche Folgen ergeben sich bei der Abweisung eines Vorhabens dieser oder jener Art aufgrund planerischer Vorstellungen durch Gewinnentzug, durch Zuwidmung und Umwidmung von Flächen auch für den Fortschritt, denn es ist niemand zum Fortschritt gezwungen und niemand duldet ihn gern in der störenden Nachbarschaft.

Zur Bestimmung der Rangfolge der Funktionsträger könnte man sich etwa auf folgende Alternative einlassen:

Die Bundesrepublik ist ein exportabhängiges Industrieland. Demzufolge hat jede Standortentscheidung für die Industrie und alle ihre Hilfsfunktionen der Rohstoffbeschaffung, der Energieversorgung, der Transportlage, der Wohnung für ihre Arbeitskräfte und deren Naherholung Vorrang vor der Landwirtschaft, auch wenn es sich um ausgezeichnete günstige agrarische Nutzflächen handelt, die zur Preisgabe heranstehen. Ist diese Reihenfolge einmal festgelegt, und sie ist auf die Gesamtstruktur des Wirtschaftsgefüges nicht unlogisch, denn wir müssen Industriegüter exportieren, um die zur Zeit gegebene Bevölkerungsdichte nicht auf den Selbstversorgerzustand zurückschrauben zu müssen, dann müssen auch Ernährungsgrundstoffe importiert werden, und es besteht kein hinreichender Grund, auf den Flächen der Bundesrepublik mit allen Mitteln und Kräften Agrarprodukte erzeugen zu müssen. Doch dies ist nur eine Alternative.

Es gibt eine andere, die nicht nach der wirtschaftlichen Funktion, sondern nach der „Lebensqualität" des Raumes fragt, einem bisher noch nicht definierten Zustand, der auch demzufolge nur schwer wissenschaftlich diskutiert werden kann, sondern um den man nur in den Disput geraten kann. Oft stoßen die Meinungen hart aufeinander, doch am Ende steht der Ausgleich, das Ziel der regionalen Wirtschaftspolitik, im eigenen Wirkungsbereich in seiner regionalen Gliederung und in geschlossenen und offenen Welthandelspartnerschaften zwischen den vielen Zielkonflikten zu lavieren. Daraus folgt, daß der ländliche Raum nicht einfach mit dem agrarischen Produktionsraum gleichzusetzen ist. Im ländlichen Raum besteht bei hinreichenden Flächen in Ballungsnähe und am Rande von Groß- und Mittelstädten noch die Anlage von Wohngebieten und der große Flächen benötigende Verkehrsbau heran. Man spricht auch von der Industrialisierung des ländlichen Raumes. Auch im engeren ländlichen Raum treten also die gleichen Probleme der spezifischen Flächenzuweisung, der optimalen Mischung der Funktionsträger mit Flächenansprüchen zur Diskussion, wie in der Verdichtungsrandzone und in der Verdichtungszone.

Ohne hier auf die Probleme der Abgrenzung von Gemeinwohl und Eigennutz eingehen zu können, kann bei derartigen anstehenden Entscheidungen nur ein Grundsatz gelten, nämlich der der örtlichen „relativen Vorzüglichkeit", um damit einem wesentlichen Begriff aus der Sprache J. H. v. Thünen's Geltung zu verschaffen; und dies bezogen auf das Wohl der Bürger des zur Gestaltung heranstehenden Staatsgebietes, für das die Planungshoheit, gleich in welcher Rangordnung, von der Gemeinde bis zum Bund besteht[3]). Die Schwellenwerte für das „Wohl" sind von den Humanbiologen und Ökologen und vielen Wissenschaftlern festzulegen, das ist dann alles in Richtziffern für die Lebensqualität zu quantifizieren.

In diesem Unternehmen bleibt grundsätzlich außerhalb der Erörterung, ob der Kompromiß oder die einseitige Entscheidung die Wege zur Gestaltung des Lebensqualitätsraumes ebnen. Die Lockerheit der Gesetzgebung im Planungsbereich erlaubt dies. Die reine Unvernunft ist auf die Dauer gesehen relativ selten, besonders wenn an irgendeinem Zipfel sich finanzielle Aspekte abzeichnen. Eklatante Streitfälle, etwa die Anlage von Kernkraftwerken oder die Anlage von chemischen Großbetrieben an Flüssen in ländlichen Räumen, beruhen auf spezifischen Gegenwartsängsten, die sich verlieren werden, wenn einmal klar wird, welchen Nutzen und welchen Schaden ein hochindustrieller Arbeitsplatz in einem Industrieland mit sich bringt, wenn im „ausgewogenen" Wirtschaftsraum die wirtschaftliche Vernunft obsiegt, Lebensangst, Untergangspsychosen ihre Stellung in der Rangfolge der Werturteile verlieren[4]).

Der Mensch hat einen breiten Erträglichkeitsspielraum, dessen Grenzen noch nicht erforscht sind, der ländliche Raum ist groß und weit. Die Abgase erzeugende Glasindustrie in den engen Tälern des Bayerischen Waldes und in den Tälern des Saargebietes wird hingenommen, im Bayerischen Wald ist die Glasindustrie sogar ein Attraktionspunkt des Fremdenverkehrs, in anderen Regionen wird die Glasindustrie abgelehnt. Diese Relativität der Entscheidungen ist Ausdruck der Unsicherheit im Umweltschutzdenken der Gegenwart. Absolute Entscheidungskriterien sind vorab nur im Bereich der Trinkwasserversorgung zu finden. Somit könnte man auch der Gewässerschutzfunktion des ländlichen Raumes absoluten Vorrang geben.

Das Bündel der Entscheidungskriterien wird noch undurchdringlicher, wenn man bei jeder der zahlreichen Regionalentscheidungsmöglichkeiten auf die Grundsätze der Wirtschaftsraumpolitik zu achten hat.

Löst man in der Bundesraumordnungspolitik die entscheidenden Kriterien nur sehr allgemein heraus, so stößt man auf den verfassungsmäßigen Grundsatz der Wirtschaftspolitik: auf die Angleichung der Entwicklungschancen in regionaler Sicht, also auf den Grundsatz von der Homogenisierung der Räume, und schließlich in sozialpolitischer Sicht auf die Frage nach der Bedeutung der Grundrente. Folgt man den herrschenden Diskussionen, so taucht die Frage auf, wie weit man bei der Wirksamkeit einer hohen Grundrente auf Förderung verzichten kann oder wie weit man bei niedriger Grundrente solange

---

[3]) Asmus Petersen: Thünens isolierter Staat. Die Landwirtschaft als Glied der Volkswirtschaft. Berlin 1944.

[4]) Ausgeglichene Funktionsräume — Grundlagen für eine Regionalpolitik des mittleren Weges. Veröffentlichungen der Akademie für Raumforschung und Landesplanung, Forschungs- und Sitzungsberichte, Bd. 94, Hannover 1974.

fördern sollte, bis alle Grundrentenanteile soweit eliminiert sind und gleiche Wirtschaftsleistung in armen und reichen Gebieten herrscht. Dies zu entscheiden, ist dann nur noch im Bereich der Arbeitskraftleistung pro Ertragseinheit, pro Flächeneinheit oder pro Kopf und Hektar möglich. Wir haben uns dann auf der Entscheidungssuche im völlig homogenen ländlichen Raum zu bewegen, der keine natürlichen und durch die Lage bestimmten Unterschiede mehr kennt. Das ist zwar eine Illusion, aber sie böte die Möglichkeit der Erkenntnis des theoretischen Ertragsraumes, in dem die zugehörigen Ertragsbereiche für den Betrieb, orientiert an der Produktionsrichtung, zu suchen wären; Grundzahlen hierfür müßten aus regionalen Leitbetrieben abgeleitet werden, was wiederum wegen der agrarsozialen Differenzierung innerhalb der Region sehr schwierig ist.

Der Landwirt als Vollerwerbsperson ist kaum mit einer Erwerbsperson in anderen Wirtschaftsbereichen zu vergleichen, denn er ist Unternehmer und Arbeiter zugleich und trägt neben dem wirtschaftlichen Risiko noch das Natur-Risiko, das er in seinem Erwerbsplan nicht einkalkulieren kann, denn er weiß nicht, ob es im Juli oder August regnet oder ob er gutes Erntewetter hat. Er weiß auch nicht die Inponderabilien der größeren Marktpolitik abzuschätzen und vorsorglich abzudecken, es sei denn, er ist zugleich versierter Nationalökonom. Es ist auch unsicher, ob für seine Tätigkeit die Grundsätze der Industriewirtschaft, d. h. Arbeitsteilung und Arbeitsvereinigung, beide regional und sektoral durchdacht, Gültigkeit haben.

Und schließlich und letztlich steht man bei der Frage nach regionaltypologischen Aspekten zunächst vor der nur politisch möglichen Koordination der Zielvorstellungen der regionalen Wirtschaftspolitik und Sozialpolitik einerseits und einer speziellen Gestaltungspolitik des ländlichen Raumes andererseits. Es ist in der öffentlichen Meinung und in der amtlichen Verlautbarung keine eindeutige Meinungsbildung darüber vorhanden, ob der nach der Bevölkerungsdichte statistisch abgegrenzte ländliche Raum vor irgendetwas anderem bewahrt werden soll, oder ob er als noch offenes Aktionsfeld einer Umwandlung und Anpassung unterworfen werden soll. Die Gründlichkeit, mit der man amtlicherseits neue Abgrenzungskriterien sucht, zunächst für die Verdichtungsräume — aber sie wirken ja auch von außen betrachtet —, läßt noch keinen Schluß zu, ob man innerhalb möglichst genau gezogener Grenzen Strukturen bewahren oder neue entwickeln will. Regionale Aspekte können erst in Betracht gezogen und operationalisiert werden, wenn die allgemeinen Zielvorstellungen formuliert und ins Aktionsfeld gerückt werden können. Geht man von dem Gesichtspunkt aus, daß der ländliche Raum im Vergleich zu den Verdichtungsräumen sehr groß ist, daß bei der derzeit gegebenen Agrarproduktion die Feldfrüchte und die tierische Produktion kaum unterzubringen sind und wirft man eine autarkistische Zielvorstellung in einer funktionierenden Weltwirtschaft über Bord, so steht der ländliche Raum für alle Nutzungen offen. Er vermag Agrarproduktion, Erholungsräume, Wohnsiedlungen, industrielle Arbeitsplätze und Reservate für militärische Zwecke aufzunehmen. Ernstliche Zielkonflikte gibt es relativ selten. Die liegen am Rande der Ballung, wo es um die Entscheidung für den Vorrang von störenden Industrien und Wohnsiedlungen geht. Im Kern der ländlichen Räume auftretende Zielkonflikte sind wohl leichter zu lösen, da hinreichende Ausgleichsflächen vorhanden sind. Eingemeindungen sind oft die Vorboten von Umwidmungen. Die meisten Konflikte spielen sich am Rande des ländlichen Raumes ab. Neue Städte und industrielle Standorte sind nicht sehr häufig, sie siedelten sich bislang recht oft auf ehemals militärisch genutztem Gelände an und nicht in Konkurrenz zur Agrarwirtschaft, wie die Beispiele von Steinfeld bei Mölln, Trappenkamp, Sennestadt, Wertheim, Neu-Gablonz u. a. zeigen.

Die Verkehrsfläche ist vergleichsweise zu allen anderen Flächenanteilen nicht sehr groß. Es ist angenehm und im Hinblick auf den Flächenbedarf angemessen, Großstadtumgehungsstraßen in die sonst als Erholungswälder zu schonenden Wälder rings um die Städte zu legen, wenn diese Wälder auf den Diluvialsandfeldern, wie um Nürnberg, Frankfurt, München und in den Hardtwäldern der Oberrheinebene liegen. Da es sich in fast allen Fällen der Umwidmung um relativ kleine Flächen handelt, auch die als Industriegelände von den Gemeinden ausgewiesenen Flächen den regionalen Nutzungsplan der großen Bänder und Schienen nicht beeinträchtigen, so ist die Flächenkonkurrenz aller Gestaltelemente des ländlichen Raumes in der Absprache des Einzelfalles zur Übereinkunft zu bringen, solange die Instrumente der Grundrente und der Bodenpreise in angemessenem Rahmen, wie es sich für eine liberale Wirtschaftswelt gehört, in Funktion bleiben. In einem sozialistischen Staatswesen ist freilich alles sehr viel einfacher, dafür fallen Freiheit und Eigentum weg.

Eine allerletzte Vorgabe zur Gewinnung regionaler Aspekte hätte man gern, aber diese ist schwerlich zu erwarten, die Vorgabe eines eindeutigen Gestaltprinzips. Es steht in der ideologischen Auseinandersetzung der Gegenwart: Bezogen auf den Bauplan des Wirtschaftsraumes — in diesem Fall kann man die Begriffe Kulturlandschaft und Wirtschaftsraum gleichsetzen — steht die Frage nach der Dominanz von Zentralität und Dezentralität: Häufung oder Streuung im Mittelpunkt.

Zwar ist durch die Raumordnungsgesetzgebung für die Bundesrepublik Deutschland durch die Forderung nach der Chancengleichheit der Bürger in allen Regionen die Grundsatzfrage gelöst, aber es ist nirgends definitiv ausgesagt, durch welche regionalen Hilfemaßnahmen man dieses allgemeine Ziel der Chancengleichheit erreichen will [5]. Es gibt mehrere Wege: Die Betriebsvereinfachung und Betriebsvergrößerung, verbunden mit der Industrialisierung des Dorfes im herkömmlichen Sinne oder in Verbindung mit der Abwanderung in die Verdichtung und in deren Randzonen oder die Verbesserung der Versorgung ohne diese beiden Folgerungen durch eine subsidiäre Versorgungswirtschaft vom Kaufhaus bis zur Fachhochschule, wenn nicht gar zur Universität. Mit diesen Alternativen entscheiden sich kulturkontinentale Gestaltprinzipien auf der Erde und in bezug auf Mitteleuropa in dem bislang noch offenen ländlichen Raum. Vielleicht ist die Offenheit der Antwort auf diese Alternativen in der Fragestellung der gesamten Entwicklung des ländlichen Raumes günstiger als eine definitive Entscheidung in dieser oder jener Richtung.

Die Fragestellung ist auch für jeden anderen Teilaspekt der Daseinsformen in den Verdichtungsregionen und deren Randzonen eher zu beantworten als für den ländlichen Raum, dessen Größe, Platzfülle und relative Menschenarmut, das Phänomen der Entvölkerung in den Marginalgebieten große Entscheidungsmöglichkeiten für die fernere Zukunft offen lassen.

Das ist die Problematik für die Gestaltung des engeren Raumes ländlichen Charakters in Mitteleuropa und auch die Problematik in den Kulturkontinenten der Erde. Um hier eine Meinungsbildung herbeizuführen, bedarf es einer weiteren Ausholung zur Abklärung der Tendenzen.

Die Agrarwirtschaft ist naturgemäß flächenorientiert, die Industriewirtschaft dagegen tendiert aus vielerlei Gründen, die hier nicht zu diskutieren sind, zur Konzentration.

---

[5] Raumordnungsprogramm für die großräumige Entwicklung des Bundesgebietes (Bundesraumordnungsprogramm). Entwurf vom 25. 7. 1974. (Bonn-Bad Godesberg, Bundesministerium für Raumordnung usw., 1974) VI, 51 S.

Analysiert man diese Tendenzen, so ergibt sich in der Differenzierung der Prozesse ein ebenso vielseitiges Bild, aber es ergeben sich auch einige Denkansätze. Nur einige wenige Beispiele seien aus der Fülle der Probleme herausgegriffen.

III. Spezifische regionale Aspekte

Offensichtlich zur Konzntration drängt die Seeschiffahrt am Hafenstandort und die hafenorientierte Industriewirtschaft. Die Gründe dafür liegen im technisch-wirtschaftlichen Bereich, der Größe der Transporteinheiten im Überseeverkehr, vor allem mit Rohstoffen und im Containerverkehr mit Industriegütern, sowie in der wachsenden Exportorientierung der verarbeitenden Industrie. Dies berührt z. B. den ländlichen Raum in der Gestaltung der Flußmündung unterhalb der großen Häfen, wo Weidebauern, Gärtner und Großunternehmer Flächenansprüche erheben. Die Konzentrationstendenzen der rohstoffverarbeitenden Industrie aus importierten Grundstoffen aus Übersee und der Export der Fertigguüter dorthin verstärken die Tendenz zum Küstenstandort der Industrie. Zielkonflikte können aus volkswirtschaftlicher Sicht zwar zeitweilig sein. Doch tangiert dieses Konzentrationsphänomen die Gestaltung des ländlichen Raumes auch nicht, der Küstenstreifen am seeschifftiefen Wasser ist für die Industrie zu respektieren. Konfliktsituationen zwischen Küstenerholungsverkehr und Hafenkonzentration lassen sich langfristig planend überwinden. Auch der Erdölhafen Bantry-Bai und der Küstenerholungsverkehr an der irischen Westküste lassen sich nebeneinander dulden, auch in der Nordsee sind Schiffskatastrophen nicht absolut vermeidbar, doch können Schäden auf den Seewegen den Erholungsküsten nicht ganz erspart bleiben, man müßte sonst den Ärmelkanal für jeden Tankerverkehr sperren.

Konzentrationstendenzen weist im Binnenland auch die Chemische Industrie auf[6]). Ursachen hierfür sind die gemeinsame Gebundenheit an die Rohrleitungen zum Rohstofftransport von Öl und Gas und das außerordentlich dichte innere Rohrverbundnetz in einer arbeitsteiligen Großchemieregion. Der Konzentrationseffekt der Braunkohle ist regional begrenzt, der Konzentrationseffekt der Steinkohle besteht noch, aber jeder freiwerdende Zechenraum wird wieder aufgefüllt mit Werken der Verarbeitenden Industrie. Wo man sich eine Auflockerung der Verdichtung eigentlich hätte wünschen sollen, dringen andere verarbeitende Industrien ein, so z. B. die Automobilindustrie im alten Bochumer Revier[7]). Doch ist es die Frage, ob in der Steinkohlenregion des Nordwestens noch hinreichend Wachstumsenergien schlummern, ob es sich um mühselig gehaltene, eigentlich auslaufende Ballungstendenzen oder einen Lockerungsbeginn handelt. Das Ruhrgebiet zeigt andere Tendenzen als Nordfrankreich und Belgien. Die traditionellen Schwerindustrieregionen auf Kohle und Erz sterben langsam, aber dann schließlich doch, wie das nordfranzösische Revier, das älteste Nordwesteuropas. Neue Hüttenprozesse schaffen neue Standortsysteme. So bleiben nur wenige Zweige der Wirtschaft unter den nichtlandwirtschaftlichen Erwerbszweigen, die von Natur aus standortgebunden sind.

Konfliktsituationen zwischen Wald und offenem Nutzland sind allenthalben vorhanden und zu beobachten. Die Konfliktbereiche sind teils naturbedingt im Bereich der relief-

---

[6]) DETLEF MITTMANN: Die chemische Industrie im nordwestlichen Mitteleuropa in ihrem Strukturwandel. Wiesbaden 1974. Kölner Forschungen zur Wirtschafts- und Sozialgeographie, Bd. 20.

[7]) DIETRICH BARTELS: Die Bochumer Wirtschaft in ihrem Wandel und ihrer räumlichen Verflechtung. In: Bochum und das mittlere Ruhrgebiet, Festschrift zum 35. Deutschen Geographentag Bochum 1965, Paderborn 1965, S. 129—150.

und bodengebundenen absoluten Waldgrenze, teils sind historisch bestimmte Waldgebiete auch im fruchtbaren Nutzland und als Stadtwälder im Umkreis der Städte zu finden. Die hier anstehenden Konflikte sind betriebswirtschaftlich zu lösen. Wälder als Erholungswälder, als Nutzwälder und Wasserschutzgebiete sind regional und lokal verträglich, auf deren allseitige Erhaltung kommt es an. Ein holzverarbeitender Industriebetrieb, der Holzeinschlag in den Einschlagsjahreszeiten, der Wanderweg und das Gespräch mit den Waldarbeitern, das Geräusch und der Geruch eines Sägewerkes, sogar die kunstgewerbliche Holzverarbeitung in Walderholungsgebieten stören einander nicht, sondern ergänzen einander. Die Waldbergländer wären zum Wandern langweilig ohne die Holzwirtschaft, auch ohne die flächenhaften Kahlschläge, die das Beerensammeln und Pilzsammeln als Urlaubersport anbieten und Fernsichten schaffen. Was wäre der Ackerbruchberg im Harz mit seinen Höhenwegen ohne die geräumigen Kahlschläge und die Aussichtswege, was wären die Lärchenwälder im nördlichen Alpenvorland ohne die Geigenbauer, wie dem „lieben Augustin" aus Mittenwald.

Die Fremdenverkehrswirtschaft hat in der Meinung der erholungsuchenden Menschen einige Grundforderungen zu erfüllen. Verlangt wird die Kombination von Wald, Wasser, Relief und Aussicht, mit einer entsprechenden Infrastruktur und einer lockeren, doch noch in der Konzentration lockenden Zentralität ausgestattet, in deren Bereichen man auch einkaufen und sich vergnügen kann. Auch die Schutzfunktion der Landschaft ist in dieses System mit einzubauen.

Die Flächenzuweisung bedarf nur der Wahrung einer — freilich bestimmenden — Kombination zweier Grundsätze, der „relativen Vorzüglichkeit" der jeweiligen Nutzform und der geringsten Störung der Funktionsträger unter sich. Diese Entscheidung kann nur an Ort und Stelle im Einzelfall getroffen werden, typologische Zwischenstufen und Entscheidungsbereiche sind hier sicher nicht nötig. Im Regelfall kommt es auf die optimale Kombination zweier Systeme an: auf die Harmonie der Flächenkombination im Landschaftsaspekt und auf die Harmonie der Strukturelemente der Bevölkerung. Was den erstgenannten Aspekt anbetrifft, so ist die Landschaft im ländlichen Raum im allgemeinen in Ordnung. Man freut sich sogar darüber, wenn die Bevölkerung die Zerstörungslandschaft als Naturlandschaft feiert, wie z. B. die Lüneburger Heide.

Mit je etwa einem Drittel sind Ackerland, Grünland und Wald vorhanden, wenn auch nicht immer so verteilt, wie man es, von allen Seiten besehen, haben möchte. Sie bedürfen der Pflege, der Ordnung, nicht der grundsätzlichen Neuordnung, die in der vollen Kulturlandschaft ohnehin nicht möglich ist. Wir leben ja nicht auf einem Erdstrich, wie z. B. im Umkreis der venezolanischen Erzregion am Orinoco, wo auf Hunderten von Hektar ein einziges Gebäude steht, nämlich das Planungsamt der „Corporacion de Guayana" mit einer langen Zufahrtsstraße, in deren menschenleerer Planungsregion Städte, Freizeitgelände mit Wald und Wasserfällen und Industrieflächen in der Theorie bereitstehen und am Rande des Planungsraumes rd. 80 000 Menschen warten, um in diesen Planungsraum hineingeschleust zu werden.

Doch weiß man sich auch in Mitteleuropa glücklich, noch Flächen zur Disposition zu haben, und es gilt, die optimal wirksamen Gestaltungsmittel der Kulturlandschaft in Ordnung zu halten, ohne daß es zur „Zersiedlung" kommt, denn mit Recht ist dies die gefürchtetste Folge des wilden Wachstums bei einer planlosen Öffnung des ländlichen Raumes zur unverstandenen liberalen Entwicklung. Doch dafür gibt es Gestaltungsrichtlinien der Planung für „Bänder", „Schienen", „Achsen", die zwischen sich genügend „freien" Raum lassen und die Möglichkeit bieten, daß sich Zentren und Grüngebiete optimal berühren.

IV. Soziale Probleme im ländlichen Raum

Sehr viel differenzierter haben die Überlegungen zu sein, die auf die Wohlfahrt der Bevölkerung des ländlichen Raumes zu achten haben, aber darauf kommt es eben an, wenn dem Grundgesetz folgend, das von der Gleichheit der Lebenschancen im Gesamtgebiet der Bundesrepublik spricht, zu entsprechen ist. Der Raum ist ja nicht für sich da, sondern für die Menschen, die darin leben und wirken.

Relativ leicht sind die regional spezifischen Fragen in den Gebieten zu lösen, in denen die Wirksamkeit der vorherrschenden Kriterien für eine reine, d. h. ungemischt homogene Struktur groß genug ist. Das gilt für die Hofbauerngebiete, für die recht kleinen Gebiete des Fremdenverkehrs, die Wohnsiedlungserwartungsgebiete am Rande der Städte und die stadtnahen Gebiete in den ländlichen Räumen, in denen die aus den Nebenerwerbs- und Zuerwerbsbetrieben anfallenden Pendler ihre festen Arbeitsplätze und Wohnplätze haben und in ihrer Beweglichkeit auf kurze Strecken konjunkturellen Schwankungen auf dem Arbeitsmarkt, wenn auch unter Schwierigkeiten, begegnen können. Kritisch sind schon die Gebiete mit starkem saisonalem Fremden- und Sportverkehr, die oft lange Jahreszeiten ohne Einkommen in Kauf nehmen müssen [8]).

Ziemlich sicher liegen im Gefüge die landwirtschaftlichen Vollerwerbsbetriebe. Aber jeder Versuch, diese zu regionalisieren, ist schwierig. Es sind der Zahl nach nicht sehr viele Betriebe, etwa 10—12 % aller Betriebe, wovon noch diejenigen abzurechnen sind, die nicht als entwicklungsfähig anzusehen sind, da die Übernahmebereitschaft im Erbfall nicht gegeben ist. Ihre regionale Streuung ist sehr groß, die agrarsoziale Schichtung ist in den Gemeinden größer als die agrarräumliche Gliederung im Großen. Freilich tragen die traditionellen Hofbauerngebiete des Nordwestens, z. B. in Oldenburg, und des Südostens, in Niederbayern, mehr Vollerwerbsbetriebe als das Mittelgebirge und der Südwesten. Doch selbst an den Toren der Großstädte gibt es Großbauernhöfe, z. B. rings um Hamburg und um Bremen, der „Großstadt im Bauernland". Doch wohnen dort auch mehr Pendler, als man vermuten könnte. Der Vater bewirtschaftet oft von einem großen Gebäudekomplex nur kleine Restflächen in der Flur, die Kinder gehen in die Stadt zur Arbeit und finanzieren mit ihrem Nebenerwerb den Maschinenbestand des Alten.

Unsicher werden die Räume, wenn andere Erwerbsmöglichkeiten fehlen, die Besiedlung sehr dünn und die Versorgung schwierig wird.

Die Problemgebiete des ländlichen Raumes stellen sich weniger in ihrem agrarlandschaftlichen Aspekt dar als in der dahinter verborgenen Agrarsozialstruktur, in der der Arbeiter-Bauer jeglicher Prägung die zentrale Figur darstellt. Auf dessen Schicksal muß sich alle Aufmerksamkeit richten. Hierin liegt der einzige Ansatzpunkt einer regionalen

---

[8]) A. BECHMANN / H. KIEMSTEDT: Die Landschaftsbewertung für das Sauerland als ein Beitrag zur Theoriediskussion in der Landschaftsplanung. In: Raumforschung und Raumordnung, 1974, 5, S. 190—207.

Agrarpolitik, die nicht nach Weizen und Schweinen, sondern nach Menschen im ländlichen Raum fragt[9]).

Die Naturbereiche und ihre jeweilige Eignung liegen fest. Sie lassen sich nicht ändern, höchstens im Fremdenverkehr läßt sich eine künstliche Naturwelt durch Parkanlagen und andere Freizeiteinrichtungen gewinnen. Der Wald läßt sich langfristig durch die Wegekultur, durch Wildgehege verändern und verbessern, die Grünlandnutzungsmöglichkeiten liegen durch Bodenfeuchtigkeit und Niederschlagsmengen fest, die Ackerbaugebiete sind durch die Boden- und Klimazonierung fixiert, ebenso wie die Ausbreitung bestimmter Nutzungssysteme, wie z. B. die Feld-Gras-Wechselsysteme des Nordwestens der Bundesrepublik Deutschland. Hierfür Regionaltypen oder Einzelnutzungssysteme aufzustellen und zu entwickeln ist Sache der Agrarbetriebslehre.

V. Gewerbe und Industrie im ländlichen Raum

So bleibt gegen Ende der Analyse des ländlichen Raumes zur Auffindung regionaltypischer Ansätze der sehr verwickelten Situation nur noch eine Alternative: Man nimmt die außerordentliche Einkommensmischung in der Bevölkerung des ländlichen Raumes als einen Tatbestand hin und bemüht sich, die Raumordnung auf Entflechtung der Funktionsträger einschließlich ihrer Standorte und Flächen einzustellen. Das dürfte ein von vornherein zum Mißlingen verurteiltes, nicht zu bewältigendes Unterfangen sein, sowohl finanziell als auch in der praktischen Durchführung. Es bedürfte hierfür einer Durchbrechung aller Rechte der Besitz- und Berufsentscheidung, kurz der Respektierung des Sozialismus krassester Form. In einer solchen Landwirtschaft, in der man die Größe der Kolchose nach der Zahl der verwendbaren Arbeitskräfte dimensioniert, braucht man keine Funktionenkombinationen, keine kleingewerblichen zentralen Orte. Die Monotonie des ländlichen Raumes ließe sich trefflich planen. Die Auswahl der privaten Dienstleistung am zentralen Ort ließe sich durch Zuteilung ersetzen. Da Zuteilungssysteme zentral gesteuert werden können, bedarf es auch keiner frei sich entwickelnden Kernbildungen.

Setzt man gegen diese Tendenzen in Staaten zentralistischen Denkens und den Tendenzen auf eine Erwerbsstrukturseparation hin ein Gegengewicht, so kann das nur in der Heranführung aller Erwerbsmöglichkeiten, die aus Standortgründen vertretbar sind, an die Erwerbssuchenden im ländlichen Raum geschehen. Dafür sind nahegelegene Mittelzentren zu schaffen, die eine Abwanderung stark einschränken können. Dies liegt nicht im Sinne der Sozialpolitik der Bundesrepublik Deutschland heute. Der ländliche Raum ist ja nicht zum Selbstzweck für sich zu bewahren, sondern für seine Bevölkerung und für die Gesamtbevölkerung des Staates.

Daraus ergibt sich als logische Folge eine Reihe von Zielvorstellungen und Maßnahmen zu deren Verwirklichung:

Der ländliche Raum ist als Planungsraum nicht statisch und statistisch ein für allemal abzugrenzen. Der ländliche Raum muß sich gegenüber der Stadt offen halten und alle Vorteile anbieten, die zum Abströmen aus der Stadt aufs Land bestehen. Es bedarf hierzu

---

[9]) Atlas der Deutschen Agrarlandschaft. Hrsg. von E. OTREMBA, Wiesbaden 1962. D. BARTELS, I. Blatt 2.

keiner neuen Städte im ländlichen Raum. Zentralörtliche Ansätze sind genügend vorhanden, der Ausbau ist günstiger als der Neubau. Bislang lag das Augenmerk vor allem auf dem Ausbau der öffentlichen Infrastruktur, jedoch ist diesem Ausbau eine gewerbliche und verarbeitungsindustrielle Durchmischung zur Seite zu setzen, damit sich selbst tragende lebensfähige Regionen und Kerne entstehen. Daraus ergibt sich der nächste Entscheidungsschritt für die Wohlfahrt der Masse der Bevölkerung im ländlichen Raum und in den Ballungen. Es sind zur Beibehaltung der Einkommensmischstruktur unter Bewahrung der Bevölkerung im Raum Arbeitsmärkte zu schaffen, die den Teillandwirten und den ausgeschiedenen Landwirten Arbeitsplätze in einer tragbaren erreichbaren Pendlerentfernung geben. Daraus ergibt sich ein Programm der konzentrierten Dezentralisierung der industriellen Arbeit z. B. in Mittelzentren. So absurd es klingen mag: Die Wahrung des Sinnes und der Aufgaben des ländlichen Raumes ist vorwiegend durch die Auswahl der Kombinationsmöglichkeiten aller Erwerbstätigkeiten in Verbindung mit der Landschaft und in der Landschaft möglich. Die Landwirtschaft allein kann die zentralörtlichen Regionen des ländlichen Raumes nicht mit Leben füllen.

Die Stadt ist nach A. Lösch die Häufung der nichtlandwirtschaftlichen Standorte[10]. Der Weg, der zur Verwirklichung dieser Zielvorstellungen führt, ist die auf Arbeitsmärkte mit tragbarer Entfernung zwischen Arbeitsort und Wohnort ausgerichtete Gliederung des ländlichen Raumes, zu deren Gewinnung eine Bestandsaufnahme der verfügbaren Arbeitskräfte aus dem Kreis der Nebenerwerbslandwirte und Zuerwerbslandwirte und des Geburtenüberschusses der verfügbaren und notwendig zu ergänzenden Arbeitsplätze in einer zumutbaren Distanz nötig ist.

Damit wird das Problem der Deckungsgleichheit von Versorgungsraum und Arbeitsmarktregion relevant. Der Markt für den Arbeiter ist weiter gespannt als alle tertiären Versorgungsbereiche für Kinder, Kranke und für die Hausfrau. Innerhalb der Arbeitsmarkträume ist dann die Frage nach der optimalen Kombination von ländlichen Nutzungsformen mit städtisch-gewerblichen und sonstigen dem ländlichen Raum zufallenden sinnvoll vertretbaren Nutzungsformen zu stellen. Das heißt: Die Agrarstruktur hat in der heutigen Wirtschaftsstruktur keine Kernfunktion mehr. Das gilt freilich nur bei der Möglichkeit der Einkommenskombination. Als regional spezifischer Wirtschaftszweig wird die Landwirtschaft nur bei optimalen Grundstrukturen des Naturraumes und des Sozialraumes Bestand haben können. Im gesamten ländlichen Raum aber bedarf es bei der Existenz von etwa 80 % der Bewohner als Bezieher von Einkommen aus zwei oder mehr Erwerbstätigkeiten der örtlich nahen Hilfeleistung des Gewerbes und der Industrie.

Neben den zahlreichen neuen Gemeindezentren zur Deckung des öffentlichen Infrastrukturbedarfs an Bildungs-, Gesundheits- und Erholungseinrichtungen für die städtische Welt bedarf es auch vermehrter Standorte der verarbeitenden Industrie, um das alles tragen zu helfen und die Teilerwerbslandwirtschaft mitzutragen.

Wollte man dies alles in einer Matrix zusammenfassen, wie sie einmal in der Anfangsplanung vorgesehen war, so wird man Zweifel hegen können, ob eine solche einfache Gliederung des ländlichen Raumes nach guten, mittleren, schlechten Naturverhältnissen — wobei noch zu fragen wäre, für welchen Zweck gut oder schlecht — sich zur Deckung bringen läßt mit den Gliederungssystemen nach den Distanzen von den Mittelpunkten

---

[10] August Lösch: Die räumliche Ordnung der Wirtschaft, 3. unveränderte Auflage, Stuttgart 1962.

oder Rändern der Verdichtungszentren und der Lage sowie nach der Agrarsozialstruktur, d. h. nach der Zahl der entwicklungsfähigen Betriebe, die im Vollerwerb stehen; man wird sogar sagen können, daß diese Matrix aus Landesnatur, Lage zum Zentrum und Sozialstruktur nur auf der Basis aller denkbaren Formen des Zu- und Nebenerwerbs und der optimalen Gewerbestandortpolitik anwendbar ist.

VI. Die Gliederung des ländlichen Raumes nach Arbeitsmarktregionen

In diesem außerordentlichen Faktorengewirr, das im ländlichen Raum herrscht, erhebt sich mit Recht die Frage nach dem Sinn einer noch sehr einfachen dreidimensionalen Matrix gegenüber den höheren örtlich vorhandenen Möglichkeiten der Kombination der Erwerbsquellen aus allen Bereichen. Dies wiederum ist nur sinnvoll mit der Einbeziehung auch der Standortfaktoren der Erwerbsquellen für die nichtlandwirtschaftlichen Wirtschaftszweige.

Aus der Beurteilung des Gesamtgefüges des ländlichen Raumes ergibt sich am zweckmäßigsten eine Abfrageschablone der regionalen und sektoralen Verhaltensmuster seiner Menschen bei gegebenen Umständen, aber keine regionale Rahmenplanung, die kartographisch faßbar wäre. Die sozialen Schichten sind in ihrem Verhalten wirksamer als die räumlichen Gliederungen. Die Fragestellung einer planungsaktiven Matrix zur regionalen Differenzierung der Zielvorstellungen, wobei die Landwirtschaft zu diesem Zwecke durchaus im Vordergrund stehen soll, sind folgende: Wo herrschen im ländlichen Raum reine Nutzungsformen im Vollerwerb entwicklungsfähiger Betriebseinheiten der Landwirtschaft?

Dieser Fall ist selten, denn in der Regel ist auch das „traditionelle" Dorf mit Nebenerwerbslandwirten besetzt, die auf Arbeitssuche gehen müssen, aber nur geringe Flächenanteile bewirtschaften. Dies ist sogar die Normalsituation aus ältesten Zeiten, denn immer saßen neben den Vollbauern die Brinksitzer und Kötter, die Heuerlinge, die Waldarbeiter, die Hirten usw., die heute alle keinen Platz mehr neben den wenigen Vollbauern haben.

Gleichrangig neben den Vollbauern stehen die Gärtner, die Waldbewirtschafter im Eigenbetrieb mit Vollerwerb aus dem Walde, die wenigen Binnenfischer, die Unternehmer im Gaststättengewerbe in den Erholungsräumen mit all ihren Beschäftigten. Sie alle sind krisenanfällig, teils saisonal, teils strukturell. Das zeigen die reinen Viehzüchter, Fischer, die Hähnchenfabrikanten, die Gemüse- und Obstbauern ohne ausgleichenden Nebenerwerb. Regional betrachtet beherrschen die Angehörigen dieser vielseitigen Erwerbstätigengruppe die reinen Fremdenverkehrsgebiete, die Küsten und Hochgebirge als Gastwirt, den Umkreis der großen Städte als Gärtner, wie z. B. in der Ville, im Spreewald, im Alten Land, in den Vierlanden, auf der Insel Reichenau, an der Bergstraße oder am südlichen Taunusrand. Bei diesem Typus tritt bereits — obwohl im Vollerwerb stehend — das Problem der Entwicklungsfähigkeit und des Nebenerwerbs in hohem Maße auf.

Zur Zeit wird der ländliche Raum zu einem großen Teil von diesem Typus des Nebenerwerbslandwirtes, dem Arbeiterbauern, gefüllt, da aber die Eindringtiefe des Fremdenverkehrs in den ländlichen Raum, wegen des Mangels an Attraktivität, begrenzt ist, so bleibt vordringlich die Schaffung von gewerblichen Arbeitsplätzen in erreichbarer Pendlernähe[11]). Andernfalls müßte der Teilerwerb ganz aufgegeben werden, die Betriebsvergrö-

---

[11]) J. BUTTLER: Methoden zur Abgrenzung regionaler Arbeitsmärkte. Köln 1974. (Habilitationsschrift Wirtschafts- u. Sozialwiss. Fak. Univ. Köln).

ßerung müßte sehr intensiv betrieben werden, doch der Rest der Bevölkerung, und der ist erheblich, müßte in die Stadt ausweichen. Will man aber den ländlichen Raum als Wohnraum für einen großen Teil der Bevölkerung erhalten, so muß der Arbeitsplatz dorthin folgen. Welches sind nun die regionalen Abgrenzungen, in denen man zu denken hat, um Agrarpolitik, regionale Wirtschaftspolitik und Kulturlandschaftserhaltung zu betreiben? Wir meinen, es sind die Arbeitsmarktregionen, in denen in optimaler Arbeitsplatz-Wohnplatz-Distanz zu operieren ist und die den geeigneten Rahmen abgeben, um eine dezentralisierte Ordnung von Angebot an Arbeitskräften aus den nicht im Vollerwerb stehenden Landwirten und ihren Angehörigen mit neu zu schaffenden Arbeitsplätzen zu gewährleisten. Ein solcher Rahmen, der die Stufe aller anderen Regionaltypologien überspringen kann, ist ohne besonderen Aufwand zu ziehen. In den größten Teilen der Bundesrepublik bestehen recht engräumige zentralörtliche, verkehrsräumliche Regionalbeziehungen in großer Zahl — oft viel zu eng, als daß Gewerbe und Industrie noch ihren Standort in der Streuung finden könnten. Sie sind auf ihre mögliche Arbeitsmarktausgleichfunktion zu untersuchen. Das Konzept steht in der Polarität zwischen überschüssigen Arbeitskräften aus dem ländlichen Raum und Standortsuche der Industrie und des Gewerbes, wobei den kleinen und mittleren Industrien und dem mittelständischen Gewerbe der Vorrang gebührt.

Die Kriterien der Matrix zum raumkategorialen Denken, die natürlichen Produktionsbedingungen, agrarsozialstrukturelle Bedingungen und Lage zu den Zentren spielen in dem Rahmen der Arbeitsmärkte zwar eine weiter differenzierende Rolle, um die lokalen und regionalen Variablen zu erkennen, doch ist dies eine Frage der kleinräumigen Regionalplanung auf der Ebene der Kreise und Großgemeinden. Im Vordergrund steht die Frage der optimalen Funktionsmischung.

Die regionale Abgrenzung des so zu beurteilenden ländlichen Raumes gegen die Verdichtungsräume und deren Randzonen dürfte keine Schwierigkeiten bereiten, denn hier ist die Verzahnung recht eng, traditionell vorgegeben und in solcher Dynamik, daß ohnehin keine Eingreifchance besteht, die der Pflege der Landwirtschaft dienlich sein könnte[12].

Zusammenfassend läßt sich die Forderung etwa so formulieren: Nach der Aufgabenerfüllung des ländlichen Raumes zur Agrarproduktion, zur Erholungslandschaftspflege, der Wald- und Wasserschutzfunktion und der Naturlandschaftspflege als Selbstzweck musealer Orientierung stehen die großen Aufgaben, den menschlichen Daseinsraum zur Wohnung und zur Arbeit in Ordnung zu halten. Viele frei ablaufende sozialräumliche Prozesse in allen Daseinsbereichen haben ihn in Unordnung gebracht, in manchen Regionen haben sie bis an die Grenzen der „Zersiedlung" geführt. Um dies wieder zu bereinigen, dient die Wahrung und Förderung der Agrarwirtschaft durch höchste Rationalität der agrarischen Arbeit gerade im Neben- und Zuerwerbsbereich durch genossenschaftlich organisierte Arbeitssysteme. Eine bis an die Grenzen der Ausschöpfung der industriellen Standortsmöglichkeiten gehende Dezentralisierung der Industrie und des Gewerbes ist das beste Instrument zur Wahrung des großen und schön gestalteten ländlichen Raumes in Mitteleuropa — nicht zum Selbstzweck aus Prinzip, sondern als Mittel zum Zweck im Dienste eines Industriestaates.

Es gab schon einmal in Mitteleuropa eine Phase der Überfüllung des ländlichen Raumes.

---

[12] Karte 1: Wirtschaftsräume der Bundesrepublik Deutschland nach der vorherrschenden Wirtschaftsform. Aus: K. H. HOTTES, E. MEYEN und E. OTREMBA: Die wirtschaftsräumliche Gliederung der Bundesrepublik Deutschland. Bonn-Bad Godesberg, Bundesforschungsanstalt für Landeskunde und Raumordnung, 1972.

Das war im Hochmittelalter der Fall. Die Reaktion war die großenteils planmäßige Stadtgründung und die Entwicklung von Bauerndörfern zu kleinen Gewerbekernen.

Oft war die Städtebildung zu dicht, und viele Städte blieben „Kümmerstädte", „Zwergstädte", „Landstädte" und „Ackerbürgerstädte". Heute sind diese Städte die reizvollsten der deutschen Kulturlandschaft. Die Winzerstädte sind die schönsten unter ihnen.

Die mitteleuropäische Kulturlandschaft ist gekennzeichnet durch die enge Verknüpfung von Stadt und Land auf erreichbaren Distanzen. Der Marktweg aus der Peripherie zum Zentrum, etwa 15 km, war die tragbare Grenze in der Beziehung zwischen Stadt und Land. Daraus ergab sich eine Distanz von Marktzentrum zu Marktzentrum von etwa 30 km, das ist zugleich ein Tagesmarsch für rüstige Wanderer. Diese einfachen Beobachtungen veranlaßten W. CHRISTALLER zum Durchdenken seines Systems der zentralen Orte aller Rangordnungen in Süddeutschland [13]).

Setzt man an die Stelle der Versorgungsmärkte heute den Umkreis der Arbeitsmärkte, so können die Ergebnisse des Raumordnungsdenkens nicht grundsätzlich anders sein, vielleicht in den Verdichtungsgebieten etwas enger, in den ländlichen Räumen etwas weiter, das hängt von der regional differenzierten Bevölkerungsdichte ab.

Mit einer solchen neuen Arbeitsverflechtung zwischen Stadt und Land gewinnt Mitteleuropa heute mit dem Gedanken, ländlichen Raum für menschliches Wohnen in den Distanzen zwischen Arbeitsort und Wohnort zu halten und die optimalen Lebensqualitäten zu wahren, ein individuelles Profil.

Damit gewinnt der mitteleuropäische Raum in einem ausgeglichenen Verhältnis von Stadt und Land, von Mensch und Raum eine besondere Originalität, und diese Kennzeichnung des Kulturkontinents unter allen Kulturkontinenten ist gerechtfertigt [14]):

Es gibt in der gemäßigten Zone der Alten Welt drei große Kulturräume ältester Wurzel mit den gleichen Anfangsstrukturen in der Einheit von Stadt und Land in den uralten Bewässerungssystemen. Der ostasiatische und der südasiatische Kulturkreis sind, ohne die Einheit von Stadt und Land je zu erreichen, in der überaus dichten kleinbäuerlichen Selbstversorgerstruktur ohne eine spezifische Stadtkultur regelrecht verkrustet. Diese Räume müssen sich heute jeder auf seine Weise zu modernen, von außen auferlegten Strukturen durchringen.

Sobald in Europa, besonders im Nordwesten dieses Kontinents, sich der Kernraum des Weltwirtschaftsraumes entwickelt hatte, bemühte man sich, das Gleichgewicht zwischen Stadt und Land zu halten; das war selbst in den intensivsten Verflechtungsgebieten in Oberitalien, in Flandern und später in Deutschland der Fall.

Alle anderen Kulturkontinente, Nordamerika, Südamerika, Afrika und auch Südasien, sind einer weitgehenden Verstädterung bis zur Slumbildung am Rande der Städte verfallen.

Das Unglück der Weltbevölkerung liegt in dem unglücklichen Verlauf der Urbanisierung und in der Funktionsspaltung zwischen Stadt und Land. In der wohldurchdachten Verknüpfung ländlicher und städtischer Funktionen, die der Bewahrung der Kulturlandschaftsflächen und dem Leben der Menschen im offenen Raum dient, liegt vielleicht einmal eine spätere Vorbildaufgabe für die Gestaltung des irdischen Lebensraumes schlechthin.

---

[13]) WALTER CHRISTALLER: Die zentralen Orte in Süddeutschland. Eine ökonomisch-geographische Untersuchung über die Gesetzmäßigkeit der Verbreitung und Entwicklung der Siedlungen mit städtischen Funktionen. Jena 1933.
[14]) HERMANN PRIEBE: Zukunftsfragen des ländlichen Raumes. In: Innere Kolonisation, 1974, 7, S. 170—175.

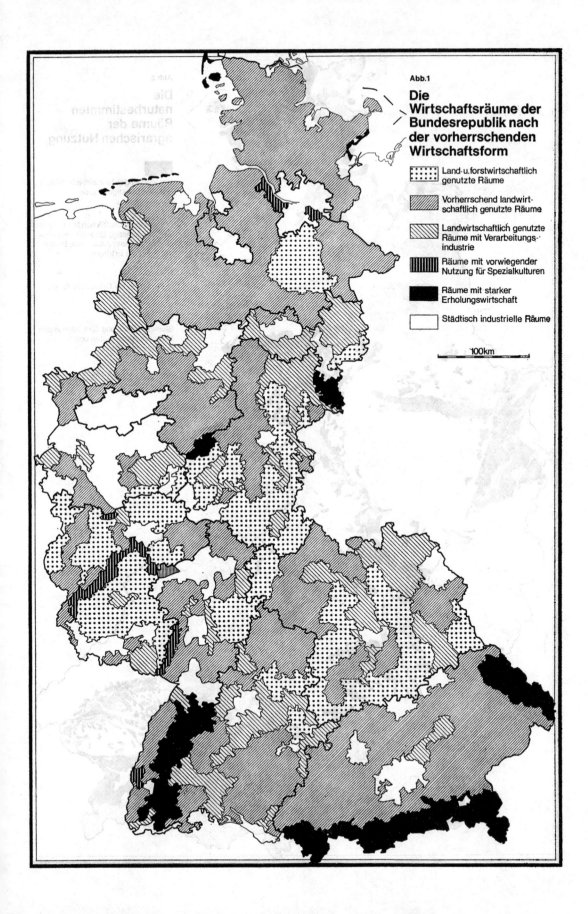

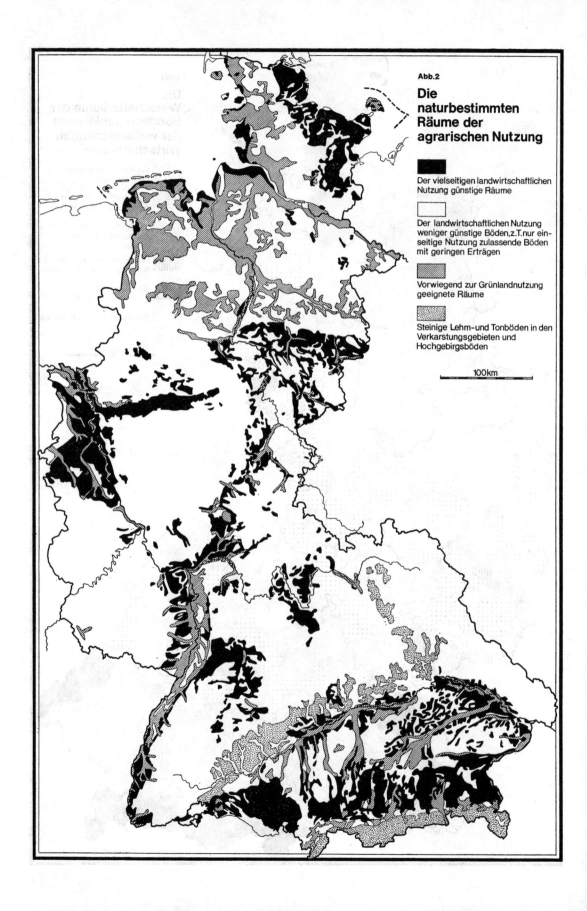

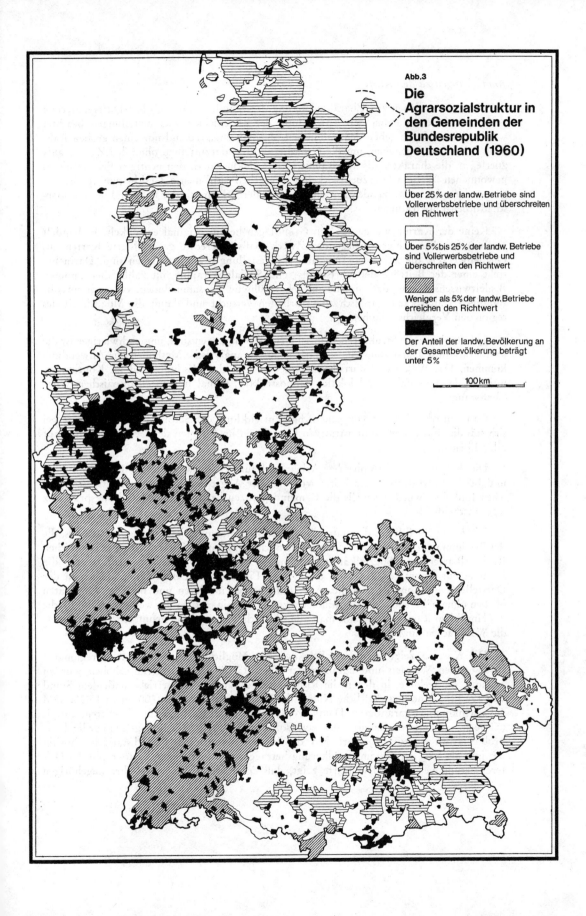

Anmerkungen zu den Karten

Die Karten dienen zur Charakterisierung der räumlich typologischen Differenzierung der Maßnahmen, die bei der Anwendung der allgemeinen Zielvorstellungen beachtet werden könnten. Sie geben dem möglichen Maßstab entsprechend nur einen groben Rahmen. Dieser muß genügen, um die Grundstrukturen darzustellen, ohne den Zwang aufzuerlegen, die charakteristischen Räume in der gleichen nach den heutigen Erkenntnissen gewonnenen Weise weiterzuentwickeln; es ergeben sich ebenso Gesichtspunkte der ergänzenden oder umwälzenden Entwicklung aus der Erkenntnis der Lage und der nachbarschaftlichen Einwirkungen.

Keine der Karten wurde aus den Grundlagen heraus original entwickelt. Es handelt sich um für diesen hier vorliegenden Zweck maßstabgerechte generalisierte Karten aus Quellenwerken, die zur Vertiefung aller Fragestellungen heranzuziehen sind. Darin besteht einer der Beiträge der Wirtschafts- und Sozialgeographie mit zahlreichen anderen Begleitwissenschaften, daß sie die oft sehr mühselig zu sammelnden, oft auch unvollständigen Daten kartographisch zu verarbeiten versucht und damit die Möglichkeit des regionalen Vergleichs erlauben soll.

Je komplexer die Strukturen in ihren Grundbedingungen sind, umso schwieriger ist die kartographische Darstellung, umso stärker müssen analytische Methoden zur Anwendung kommen. Das Wesen des Wirtschaftsraumes liegt in der Mischung und im Kontinuum, nicht in der regionalen und lokalen Monostruktur, zumal im mitteleuropäischen Wirtschaftsraum.

Ganz zu schweigen ist von genetischer Entwicklung der Sachbereiche und Räume bei sich ständig ändernden administrativen Unterlagen im Rahmen der Gebietsreformen auf allen Ebenen.

Die *Karte 1* ist auf empirischer Arbeit und auf der Auswertung der Erwerbstätigen- und Beschäftigtenstatistik erarbeitet worden. Zur Abgrenzung der wirtschaftsgeographischen Einheiten wurden jeweils die Gemeindegrenzen beachtet. Die Gestaltungsprägnanz war entscheidend.

Die *Karte 2* wählt aus den naturräumlichen Bestimmungskomponenten nur die aus, die der Bestimmung spezifischer Nutzungen dienlich sein können. Die Fakten sind zahlreichen Regionalkarten und Spezialkarten entnommen worden. Die Eignung zur besten, die Eignung zur einseitigen und auch die geringe Eignung zur Landnutzung spielen in der Darstellung die dominante Rolle. Alle indifferenten mittleren und mäßigen Qualitäten blieben ohne nähere kartographische Kennzeichnung, sie machen die weitaus größte Fläche des ländlichen Raumes aus, zählt man alle städtisch bebauten und genutzten Flächen sowie die Waldflächen hinzu.

Die *Karte 3* zeigt in starker Selektion die Möglichkeiten des Ansatzes regionalen agrarsozialen Wandels und agrarsozialer Stabilitätsförderung. Herausgehoben wurden zunächst die Gebiete, in denen die Richtwerte der Vollerwerbsbetriebe nach dem Stand von 1960 (ha landwirtschaftliche Nutzfläche $\times$ Ertragsmeßzahl = 700) etwa 15 000 DM Jahreseinkommen garantieren. Damit werden die oberen Grenzen für die oberen, mittelmäßigen und unteren Bereiche der agrarsozialen Stabilität, förderungsfragwürdig bzw. problematisch konturiert. Dort, wo die landwirtschaftlichen Erwerbstätigen ohnehin weniger als 5 % der Gesamtbevölkerung betragen, wurde auf eine kartographische Differenzierung verzichtet. Die Karte zeigt, daß erhebliche Flächen und ihre zugehörigen

Siedlungsstrukturen agrarreformbedürftig sind und das gesamte Instrumentarium der Betriebsvergrößerung und der -vereinfachung, der Flurzusammenlegung, der Durchsetzung mit zusätzlichen bzw. neuen Erwerbsmöglichkeiten einzusetzen ist, um die Bevölkerung in diesem Raum zu halten.

Die Unterlagen für die beigefügten Karten entstammen:

Karte 1:
   K. H. Hottes; E. Meyen; E. Otremba: Die wirtschaftsräumliche Gliederung der Bundesrepublik Deutschland, Bonn-Bad Godesberg 1972 (Forschungen zur Deutschen Landeskunde, Bd. 193).

Karte 2:
   E. Otremba: Gunst und Ungunst der Landesnatur für die Landnutzung im Gebiet der Bundesrepublik Deutschland. In: Atlas der Deutschen Agrarlandschaft, Teil I, Blatt 1, Wiesbaden 1960 ff.

Karte 3:
   D. Bartels: Die Agrarsozialstruktur in den Gemeinden der Bundesrepublik Deutschland. In: Atlas der Deutschen Agrarlandschaft, Teil I, Blatt 2, Wiesbaden 1960 ff.

Landwirtschaftliche Vorranggebiete

von

Günter Reinken, Bonn

I. Einleitung

Strukturwandel und Intensivierung der Landwirtschaft einerseits und die praktische Durchführung der Landesplanung andererseits haben in vielen Fällen zu Konfliktsituationen geführt. Mehrfach mußten neuerrichtete landwirtschaftliche Betriebe infolge kurzfristig geänderter Planungen mit finanziellen Nachteilen für den Eigentümer und die Öffentlichkeit erneut verlegt werden. Dieses Spannungsfeld zwischen Landwirtschaft, Wohnbebauung, Industrie und Gewerbe wird in Zukunft zunehmen. Hierbei spielt die steigende Daseinsfürsorge und das zunehmende Bewußtsein der Bundesbürger hierfür eine nicht zu unterschätzende Rolle.

In einer Empfehlung des Beirates für Raumordnung vom 14. 9. 1972 — Wege zur Erarbeitung einer Entwicklungskonzeption für die Landschaft — wird ausgeführt: „Andererseits ist nicht auszuschließen, daß sich aus Gründen der Umweltvorsorge die unbegrenzte Ausschöpfung des technischen Fortschrittes verbietet und deshalb weniger Flächen aus der landwirtschaftlichen Nutzung ausscheiden dürfen. Zu diesen Beschränkungen können u. a. gehören: Begrenzung der Düngung zur Vermeidung von Schäden an der Gesundheit der Menschen, im Boden, an Gewässern, an der Vegetation und an der freilebenden Tierwelt; Begrenzung der Anwendung von Schädlingsbekämpfungsmitteln; Begrenzung der Anwendung von Antibiotika, Beruhigungsmitteln, Wachstumshormon und dergleichen in der Tierhaltung sowie widernatürliche Aufstallungsmethoden und Technik; Begrenzung der Melioration und Gewässerregulierungen zur Vermeidung von Schäden im Naturhaushalt. Die aus den Begrenzungen sich ergebenden Konsequenzen für die sozialökonomische Struktur der Landwirtschaft dürfen nicht übersehen werden."

1. Heutiger Stand von Gesetzgebung und Planung

Landwirtschaft, Forstwirtschaft und Gartenbau werden in steigendem Maße von der Gesetzgebung tangiert. Dies betrifft nicht nur das Raumordnungsgesetz des Bundes sowie die Planungs- und Entwicklungsgesetze der Länder, sondern auch das Abfallbeseitigungsgesetz, das Bundesbaugesetz (Landesbauordnungen), das Wasserhaushaltsgesetz, das Bürgerliche Gesetzbuch (z. B. § 906), das in Vorbereitung befindliche Bundesimmissionsschutzgesetz und die Gewerbeordnung. Hinzu kommen noch die Gesetze, die sich mit der Qualität der Nahrung und ihrer Herstellung befassen, wie das Pflanzenschutzgesetz, das

Lebensmittelgesetz, das Arzneimittelgesetz, die in ihren Neufassungen und Verordnungen den berechtigten Wünschen der Verbraucher an eine völlig einwandfreie Beschaffenheit und Qualität der Nahrung in einem Maße Rechnung tragen, wie es teilweise beispiellos in der Welt ist.

Diese Gesetze tangieren in erster Linie die Zweige der Landwirtschaft, die sich mit pflanzlicher und tierischer Veredlungsproduktion befassen, wie Gartenbau und Intensivtierhaltung. Diese sind durch ihre Produktionsstätten (Gewächshäuser, Stallungen), durch das mögliche Auftreten von Emissionen (Ölheizungen, Geruch und Lärm der Tierhaltung) und durch die intensive Anwendung von Produktionsmitteln (Düngung, Pflanzenschutzmittel, Futtermittel, Arzneimittel) zugleich umweltbelastend (REINKEN 1972)*. Auch die Rechtsprechung berührt in zunehmendem Maße die Landwirtschaft. So erkennt neuerdings das Bundesverwaltungsgericht z. B. die Priorität eines Landwirts bei einer Wohnbebauung rund um seinen Hof nicht mehr an. Hieraus ergibt sich die Konsequenz, daß bei einer Lärm- und Geruchsbelästigung der neu hinzugezogenen Anwohner der Landwirt die Tierhaltung einstellen oder beschränken muß. In einem anderen Falle wurde einem Landwirt nach dem Immissionsschutzgesetz aufgegeben, sein Geflügel so zu halten, daß eine Lärmbelästigung der Nachbarschaft durch Gackern und Krähen während der Zeit von 22.00 Uhr bis 6.00 Uhr vermieden werden muß. Hierbei wurde als zumutbare Lärmeinwirkung auf die Nachbarschaft nachts 45 DIN/Phon zugrunde gelegt. Nach Auffassung des Gerichtes war die Befolgung des Lärmverbotes zumutbar. Hierbei kam es nicht nur auf die wirtschaftliche Zumutbarkeit für den Landwirt selbst an, sondern auch auf den Gesichtspunkt der Gesunderhaltung der Nachbarn und der beträchtlichen Wertminderung ihrer Grundstücke durch die erhebliche Belästigung (Verwaltungsgerichtshof BW: VI 469/69).

In anderen Fällen wurden Gartenbaubetriebe aus der Ortslage ausgesiedelt und neue Betriebe in einiger Entfernung vom Ort errichtet. Nach wenigen Jahren kam es durch Änderung der Planung zu einer Bebauung des Zwischenraumes durch Wohnungen. Kurz nach der Bezugnahme der Wohnungen wurde gegen die Obstbauern wegen Geruchsbelästigungen durch Pflanzenschutzmittel und Lärmbelästigung durch Spritzgeräte geklagt. Da bekanntlich beim Auftreten pflanzlicher und tierischer Schädlinge ein kurzfristiges Handeln notwendig ist, trat eine ernste Beeinträchtigung der Bewirtschaftung dieser Betriebe ein. Hier hatten also kurzfristige Änderungen der Planung zu einer ernsten Konfliktsituation und letztlich zu Fehlinvestitionen auch zu Lasten der öffentlichen Hand geführt.

Neuerdings hat der Bundesgerichtshof (AZ: III ZR 118/70) den Entschädigungsanspruch eines Landwirts abgelehnt, von dessen Betrieb mehrere Grundstücke in die engere und weitere Schutzzone eines Wasserschutzgebietes einbezogen und Beschränkungen hinsichtlich der Bewirtschaftung und Bebauung unterworfen wurden. Gemäß der Wasserschutzgebietsverordnung war die künstliche Düngung auf das zur Erhaltung und Verbesserung der Ertragsfähigkeit des Bodens erforderliche Maß zu beschränken und natürlicher Dünger binnen 24 Stunden nach der Ausfuhr auszubreiten. In dem Urteil wird zum Ausdruck gebracht, daß ein Entschädigungsanspruch nicht gegeben ist, wenn nur eine entschädigungslos zulässige Eigentumsbeschränkung vorliegt. Hier handelt es sich um eine nur unwesentliche Einengung der Dispositionsfreiheit des Eigentümers, die der Sozialbindung unterliege. Es sei auch mit Artikel 14 des Grundgesetzes vereinbar, wenn nach dem Wasser-

---

*) Namen und Ziffern in Klammern beziehen sich auf Literaturhinweise am Schluß des Beitrages.

haushaltsgesetz allgemeinere und weitergehende Beschränkungen entschädigungslos hingenommen werden müßten. Sie seien lediglich als Eigentumsbeschränkung zu werten. Entscheidend sei, daß der Eigentümer weder in der bisher ausgeübten Nutzung seiner Grundstücke fühlbar behindert wird, noch daß ihm andere greifbare Nutzungsmöglichkeiten genommen würden.

Auch hier zeigen sich beachtliche Folgen für intensiv bewirtschaftete Betriebe von Landwirtschaft und Gartenbau. Zugleich stellt sich die Aufgabe für die Planung, zu einer klaren Abgrenzung von Gebieten für die Wassergewinnung und solchen intensiver landwirtschaftlicher Nutzung zu kommen.

2. Probleme von Landwirtschaft und Gartenbau

Zur Aufrechterhaltung bzw. Verbesserung des Familieneinkommens sind die landwirtschaftlichen Betriebe aufgrund der Preis/Kostensituation zu einer ständigen Rationalisierung ihrer Erzeugung gezwungen. So rechnet man in der tierischen Veredlungswirtschaft heute mit etwa 50 Stallplätzen für Milchkühe, 200 für Mastrinder, 1500 für Schlachtschweine, 5000 für Legehennen bei Direktvermarktung. Im Gartenbau sind heute zur Erzielung eines ausreichenden Familieneinkommens 3000 m^2 heizbare Gewächshausfläche im Zierpflanzenbau, 5000 m^2 im Gemüsebau notwendig. Selbstverständlich bedürfen diese Bestands- und Betriebsgrößen im Laufe der nächsten Jahre einer ständigen Fortschreibung.

Zugleich wird aber auch die Produktionstechnik ständig intensiviert. Höhere Flächenerträge, steigende Leistungen bei Milchkühen und Legehennen und verbesserte Tageszunahmen bei Masttieren sind notwendig, um die Betriebe in ihrer Existenz zu erhalten. Die bisher so erfreuliche Leistungszunahme bei der pflanzlichen und tierischen Erzeugung war, neben einer ständig verbesserten Züchtung, verbunden mit einem höheren Aufwand an Düngung und Fütterung sowie mit einem Vermehrungs- und Konzentrationsprozeß der Produktionsstätten, wie Stallungen und Gewächshäuser. Als extreme Beispiele hierfür sind zu nennen die Glasdistrikte der Niederlande im Westland und die Tierhaltung im Kreis Vechta. Beachtenswert in diesem Zusammenhang ist die Tatsache, daß in der Bundesrepublik von 1950 bis 1970 die Gewächshausfläche von 633 ha auf 3146 ha, die Zahl der Legehennen von 44 761 000 auf 61 871 300 Stück, die Zahl der Jung- und Mastschweine von 5 541 900 auf 11 111 900 Stück gestiegen ist.

Da insbesondere in den kommenden Jahren bei Erzeugnissen der tierischen Veredlung und aus dem Unterglasanbau mit einem steigenden Pro-Kopf-Verbrauch zu rechnen ist (REINKEN 1973), ist auch eine weitere Produktionszunahme in der Bundesrepublik bei guten Marktchancen anzunehmen.

Dieser Steigerungs- und Konzentrationsprozeß bei Erzeugnissen, deren Produktionsstätten — Gewächshäuser, Stallungen — ihrer Emissionen wegen als umweltbelastend anzusehen sind, führt insbesondere in marktnahen Ballungsgebieten zu Konfliktsituationen zur Wohnbebauung und Erholung, weniger zu Industrie und Gewerbe.

3. Ziele

Es sollte ein sinnvolles Zusammenspiel der verschiedenen menschlichen Funktionen des Arbeitens, Wohnens und Erholens bei Erhaltung und Verbesserung der Umwelt und geringstmöglichen Kosten angestrebt werden. Der Landwirtschaft verblieben in ihrer

Bedeutung für die Ernährung der Menschen in den bisherigen Planungen die Freiräume. Sie bilden auch heute noch die Pufferzone zwischen Bebauung, Verkehrsflächen und Wald. Diese Freiräume sind gerade in Ballungsgebieten oft der Spielraum verschiedenartiger Interessen und das Flächenreservat für den unterschiedlichen Bedarf. Die Ausdehnung der Siedlungs-, Industrie- und Verkehrsflächen erfolgt überwiegend in Gebieten, die heute schon dicht besiedelt sind. Zudem bestehen in ihnen in der Regel gute Voraussetzungen für landwirtschaftliche Nutzung. Zu bedenken ist fernerhin, daß von 1950 bis 1970 in der Bundesrepublik 61 509 ha landwirtschaftlicher Nutzfläche anderen Zwecken zugeführt wurde. Unter Abwägung der verschiedensten Interessen und im Kräftespiel der Demokratie besteht die Tendenz, Sicherungen zu Gunsten der Landwirtschaft weiter abzubauen oder aufzulockern, und die Landwirtschaft mehr in die Rolle der Erholungs- und Wohlfahrtswirkung als der Ernährungsfunktion abzudrängen.

Zur sinnvollen Gestaltung des ländlichen Raumes, zum sparsamen Einsatz öffentlicher Mittel und für eine positive Entwicklungsmöglichkeit landwirtschaftlicher Betriebe sollte ein Teil der Freiräume zwischen Stadt und Stadtrandzone einerseits und der Waldzone andererseits (REINKEN 1972) zu landwirtschaftlichen Vorranggebieten erklärt werden. Diese müssen mit Rechten und Pflichten versehen werden wie Gewerbegebiete, Landschafts- und Naturschutzgebiete. Auf diese Weise würde der Freiraum in verschiedene landwirtschaftliche Funktionen unterteilt, ähnlich dem Wald (HANSTEIN und RÖDIG 1972).

II. Kriterien für landwirtschaftliche Vorranggebiete

Es ist sicherlich nicht sinnvoll, die Freizone insgesamt oder in größerem Umfange zu landwirtschaftlichen oder gärtnerischen Vorranggebieten zu erklären. Vielmehr sollte sich die Ausweisung auf jene Gebiete beschränken, die sich aufgrund von Boden, Klima, Standort und Infrastruktur besonders für eine intensive landwirtschaftliche Nutzung eignen und eine gesunde Agrarstruktur aufweisen. Es ist zu erwägen, ob sich sogar die Ausweisung nur auf jene Gebiete erstreckt, in denen intensive, umweltbelastende Tierhaltung und Gartenbau als geschlossenes Anbaugebiet vorhanden sind.

1. Boden

Der Boden muß hinsichtlich seiner Qualität für Intensivnutzung geeignet sein. Böden unter 45 Wertpunkten, wie Gleye, Pseudogleye, Moore, Marschen, Podsole, Pelosole, Ranker und Rendzinen scheiden aus. Besonders geeignet sind Schwarzerden, Braunerden und Parabraunerden. Steingehalt und Flachgründigkeit, die Erschwernisse im Einsatz moderner Erntemaschinen und in der Bearbeitung zur Folge haben, sind ebenso negativ zu beurteilen wie hoher Grundwasserstand und mangelnde Vorflut. Angesichts beachtlicher Flächenstillegungen sollten alle Böden, die Meliorationsmaßnahmen, wenn auch nur in geringem Umfange, notwendig machen, aus intensiverer Nutzung ausscheiden. Deshalb müssen auch Gebiete mit stärkerer Reliefbildung, die den Maschineneinsatz erschweren, ausscheiden. Wenn nach DENKER die Anbaugrenze für Rüben bei 15 % Hangneigung und für Getreide bei 27 % Hangneigung liegt, müssen für die Zukunft diese Grenzwerte wesentlich erniedrigt werden. Auch dürften sich Gebiete mit starker Exposition nach Norden als ungeeignet erweisen.

Die guten Bodeneigenschaften sind von Bedeutung bei intensiver Bewirtschaftung mit hoher Düngeranwendung. Dadurch wird eine stärkere Versickerung von Stickstoff und

Phosphaten und eine oberflächige Abschwemmung verhindert. Die Nährstoffe gelangen somit nicht in das Grundwasser und in die das Dränwasser aufnehmenden Flüsse. Dies trifft auch für die Nährstoffe zu, die durch die Ausbringung von Kot und Harn in den Boden gelangen. Wie die Untersuchungen von HOFFMANN im Kreise Vechta ergeben haben, sind dort die durch organische Düngung (Hühner- und Schweinegülle) zugeführten Stickstoffmengen 5 1/2mal, die Phosphorsäuremengen 4mal und die Kalimengen 3mal so hoch wie im Durchschnitt des Bundesgebietes.

2. Klima

Gleich hohe Anforderungen wie an den Boden sollten auch an das Klima bei landwirtschaftlichen Vorranggebieten gestellt werden. Für das Pflanzenwachstum, aber auch zur Vermeidung von Erosionen ist Wert zu legen auf eine möglichst gleichmäßige und günstige Verteilung der Niederschläge während der Vegetationsperiode. Hinsichtlich ihrer Höhe sollten sie ein optimales Pflanzenwachstum gewährleisten. Lagen, die zu Sturzregen und insbesondere zu Hagel neigen, sind ebenso auszuschließen wie windgefährdete Gebiete. Bei besonders hochwertigen Kulturen, z. B. Obstanlagen, ist darauf zu achten, daß in Niederungen und vor künstlichen Dämmen erhöhte Spätfrostgefahr besteht. Auch extreme Windlagen sollten gemieden werden. Es sind erhöhte Anforderungen an den Windschutz in landwirtschaftlichen Vorranggebieten zu stellen, um das Mikroklima optimal zu gestalten.

3. Infrastruktur

Für eine kritische Betrachtung der notwendigen Infrastruktur muß man sich zunächst vor Augen halten, daß ein reiner Ackerbaubetrieb in Zukunft etwa 100 ha Fläche umfaßt. Daraus ergibt sich eine Einwohnerquote je qkm von einer Familie, d. h. 2—5 Menschen. Bei Betrieben der tierischen Veredlungswirtschaft kann eine Größe von etwa 30 ha, somit 3 Betriebe je qkm mit 6—15 Menschen zugrunde gelegt werden. Im Gartenbau dürfte die Betriebsgröße zwischen 2 und 10 ha schwanken. Daraus resultieren 10—50 Betriebe je qkm mit 20 bis maximal 250 Einwohnern. Hieraus zeigt sich, daß bei einer Flächennutzung durch Ackerbau und Tierzucht in einem größeren Gebiet eine Einwohnerquote vorhanden wäre, die nicht ausreicht, um die notwendigen Infrastruktureinrichtungen aufrecht zu erhalten, wenn man davon ausgeht, daß eine Einwohnerdichte von 50 je qkm das Minimum darstellt. Somit erübrigt sich eine Betrachtung über größere Vorranggebiete in weiterer Entfernung von einer Wohnbebauung, Industrie und Gewerbe.

Für den Absatz der Produkte ist es notwendig, für eine gute Verkehrserschließung Sorge zu tragen. Sie wird umso wichtiger, je mehr Produkte je Flächeneinheit erzeugt und je verderblicher und empfindlicher die Produkte sind. Von größter Bedeutung sind Absatzeinrichtungen ausreichender Kapazität mit guter Verkehrsanbindung, da die Transporte landwirtschaftlicher Erzeugnisse überwiegend durch Straßenfahrzeuge vorgenommen werden. Da intensiv wirtschaftende Betriebe einen hohen und ständig steigenden Wasser- und Elektrizitätsbedarf haben, ist eine ausreichende Versorgung von Bedeutung. Bei Betrieben der tierischen Veredlungswirtschaft ist aber auch die Wasserentsorgung von Wichtigkeit.

Von ausschlaggebender Bedeutung für die Errichtung eines landwirtschaftlichen oder gärtnerischen Vorranggebietes ist die Höhe der Immissionen. Bei berechtigterweise ständig steigenden Ansprüchen der Verbraucher an die Qualität von Nahrungsmitteln muß insbesondere in solchen Produktionsgebieten gesteigerter Wert auf das Freisein der Produkte von Immissionen wie Staub, Schwefeldioxyd, Fluor, Blei etc. gelegt werden. Für die Betriebsleiter führen Immissionen zu Ertragseinbußen, die mit der Intensität der Bewirtschaftung steigen. Deswegen sind vor der Ausweisung von Vorranggebieten vorhandene Daten aus mehrjährigen kontinuierlichen Messungen einer genauen Analyse zu unterziehen oder solche Untersuchungen durchzuführen. Dies muß insbesondere dann geschehen, wenn emissionsreiche Industrien sich in der Nähe oder gar in der bevorzugten Windrichtung befinden. Es ist fernerhin zu beachten, daß auch zu beiden Seiten von Straßen und insbesondere Fernstraßen durch die Abgase der Kraftfahrzeuge, vornehmlich Blei, Qualitätsminderungen der Produkte eintreten.

In diesem Zusammenhang sei die Bedeutung eines Immissionskatasters erwähnt, das insbesondere die Komponenten Staub, Kohlenmonoxyd, Stickoxyd, Schwefeldioxyd und Kohlenwasserstoff berücksichtigt.

Die umweltbelastenden Zweige von Landwirtschaft und Gartenbau sind mit Geruchs- und Lärmemissionen verbunden. Für die Zukunft werden sich die Probleme wegen der Vergrößerung der Tierbestände je Betrieb nicht vermindern. Wenn beispielsweise im Kreise Vechta 1970 595 Schweine je 100 ha LF und 11 857 Hühner je 100 ha LF vorhanden waren, im Vergleich zu 132 Schweinen und 567 Hühnern im Kreise Dithmarschen, so wird die Problematik deutlich (HOFFMANN). Technische Möglichkeiten zur Geruchs- und Lärmminderung sind teilweise schon erprobt oder in der Entwicklung. Es bedarf jedoch noch intensiverer weiterer Forschungsarbeit, um sichere Methoden zur Geruchsminderung zu entwickeln, die nicht mit Leistungsminderungen bei den Tieren verbunden sind. Generell dürften jedoch alle Methoden zur Geruchs- und Lärmminderung bei der tierischen Veredlungswirtschaft gegenüber den bisherigen Haltungsformen mit nicht unerheblichen finanziellen Belastungen für den Tierhalter verbunden sein. Es erhebt sich daher die Grundsatzfrage, diese landwirtschaftlichen Betriebsformen aus der Nähe von Wohngebieten gänzlich zu verbannen, sie in abgelegenere Regionen zu verdrängen oder sie auch in der Nähe von Ballungsgebieten in ihrer bisherigen Form im Grundsatz zu erhalten, aber eine klare Trennung zwischen Wohn- und Produktionsgebieten herbeizuführen. Das bedeutet, daß landwirtschaftliche Vorranggebiete einen genügend großen Abstand, insbesondere in der Hauptwindrichtung von der Wohnbebauung haben, um die Geräuschsnormen einzuhalten und die Geruchsbelästigung in vertretbaren Grenzen zu halten.

4. Agrarstruktur

Für die Ausweisung von Vorranggebieten sollten 2 Hauptkriterien, nämlich eine hohe Agrarintensität und eine geordnete, zukunftsweisende Struktur maßgebend sein. Bei landwirtschaftlichen Betrieben ist eine hohe Intensität gekennzeichnet durch einen starken Anteil von Hackfrüchten an der LF und einen hohen Viehbesatz. Betriebe mit herausragender landeskultureller Bedeutung und hohen Kapitalinvestitionen, wie Saatzuchtbetriebe und Tierzuchtbetriebe, sollten besondere Berücksichtigung finden.

Im Gartenbau verdienen Regionen mit starker Verbreitung von Spezialkulturen im Freiland, wie Gemüse, Obst und Baumschulgehölze, vor allem aber geschlossene Gebiete mit Unterglasanbau, besondere Beachtung. Bei ihnen liegt überwiegend eine besondere Gunst des Standortes hinsichtlich Boden, Klima und Absatz vor. Darüber hinaus ist zu beachten, daß die Investitionen je Arbeitsplatz für die Produktionseinrichtungen um 200 000 DM betragen. Hält man sich weiterhin vor Augen, daß die Investitionen je

Quadratmeter heizbarer Unterglasfläche zwischen 70 und 150 DM liegen, so ergeben sich bei Gewächshausflächen zwischen 3000 und 5000 Quadratmeter je Betrieb und einer Betriebsgröße von 1—1,5 ha außerordentlich hohe Investitionen.

Bei mehrjährigen Kulturen, wie Obst und Wein, wird oft der Wert der einzelnen Pflanzen und die sich daraus ergebenden Konsequenzen für eine Entschädigung beträchtlich unterschätzt. Bei dieser Art der Bodennutzung kann der Aufwuchs und die Kultureinrichtung Gewächshaus ein mehrfaches des Wertes des Bodens ausmachen. Die Nichtbeachtung dieser Fakten hat in der Vergangenheit schon zu einer erheblichen Kostenbelastung der Öffentlichen Hand durch notwendige Entschädigungen geführt.

Besondere Beachtung verdienen auch Gebiete mit geordneter und zukunftsweisender Agrarstruktur, d. h. in denen durch die Flurbereinigung durch ausreichend große, arrondierte Betriebe in günstiger Wirtschaftslage den Anforderungen an eine moderne Bewirtschaftung, aber auch an eine Dorfsanierung, Rechnung getragen wurde. Selbstverständlich sollten in diesen Gebieten die Betriebe eine Größenordnung aufweisen, die in absehbarer Zukunft eine Bewirtschaftung als Vollerwerbsbetrieb zuläßt. Es muß dafür Sorge getragen werden, daß in der Mehrzahl der Betriebe bereits heute schon die Hofnachfolge gesichert ist.

III. Verpflichtungen

Wie bei allen Vorranggebieten oder Planungsflächen, die einem bestimmten Zweck gewidmet sind, ergeben sich für den Staat und für die Eigentümer grundlegende und langfristige Verpflichtungen und Beschränkungen, die aber nicht einseitig und nachteilig als solche gesehen werden sollten. Sie müssen vielmehr mit den Möglichkeiten einer stets zeitgerechten Bewirtschaftung und der langfristigen Sicherstellung der Existenz verbunden sein.

1. Staat

In unmittelbarer Nähe landwirtschaftlicher und gärtnerischer Vorranggebiete darf keine Wohnbebauung und keine Ansiedlung von Industrie mit Emmissionen geduldet werden. In ihnen sollte die Entnahme von Bodenschätzen und von Grundwasser nicht gestattet sein. Es ist allen Planungsträgern aufzuerlegen, nach Möglichkeit keine Fernleitungen und Fernstraßen durch solche Gebiete zu legen. Es widerspricht auch dem Sinn eines landwirtschaftlichen und gärtnerischen Vorranggebietes, Beschränkungen hinsichtlich der Anwendung mineralischer und organischer Dünger, Anzahl der gehaltenen Tiere, der Errichtung von Wirtschaftsgebäuden und Wohnungen oder gar der Anbindung der Betriebe an die Straßen zu erlassen. Diese Maßnahmen würden nachteilige Beschränkungen für eine rationelle und zeitgemäße Bewirtschaftung darstellen. Sie haben aber auch den Vorteil für die Öffentliche Hand, daß Entschädigungsansprüche jeglicher Art, die gerade in diesen Gebieten mit hoher Agrarintensität besonders groß sind, vermieden werden.

2. Eigentümer

Die Eigentümer sollten in Vorranggebieten eine Verpflichtung zur Bewirtschaftung haben, wobei die Art selbstverständlich dem Unternehmer freizustellen ist. Um den berechtigten Ansprüchen der Allgemeinheit hinsichtlich einer harmonischen und naturgemäßen

Landschaftsgestaltung Rechnung zu tragen, sollten für Vorranggebiete Landschaftsrahmenpläne erstellt werden, die eine Verpflichtung der Eigentümer beinhalten, Wirtschaftsgebäude und Betriebseinrichtungen, wie Gewächshäuser, sinnvoll einzugrünen. Auf diese Weise können kostensparend in moderner Bauweise Gebäude erstellt werden, ohne das Landschaftsbild störend zu beeinflussen.

Neben diesen Verpflichtungen müssen die Eigentümer auch Beschränkungen dulden, so z. B. im Grundstücksverkehr. Die Verpflichtung zur landwirtschaftlichen oder gärtnerischen Bewirtschaftung beinhaltet, daß eine Veräußerung von Grundstücken nur in diesem Rahmen erfolgen kann. Eine Gewerbezulassung in landwirtschaftlichen Vorranggebieten könnte nur erfolgen, wenn das Gewerbe im engen Zusammenhang zur landwirtschaftlichen oder gärtnerischen Bewirtschaftung steht, so z. B. Kraftfahrzeug- und Maschinenwerkstätten, Tankstellen etc. und deren Notwendigkeit einwandfrei gegeben ist. Es ist zu erwägen, Beschränkungen hinsichtlich der Errichtung der Anzahl von Wohnungen je Betrieb aufzuerlegen. In Anbetracht der hohen Wartungsintensität, die bei Betrieben der tierischen Veredlungswirtschaft und des Gartenbaues vorliegt (Betreuung der Tiere, Wartung der Gewächshäuser), der laufenden Verkürzung der Arbeitszeit und dem relativ hohen Anteil von Fremdarbeitskräften darf jedoch der Errichtung von Wohnungen für Betriebsangehörige selbst keine Beschränkung auferlegt werden.

IV. Folgerungen

Die Wandlungsprozesse in der landwirtschaftlichen Produktion, die zunehmenden Anforderungen an die Reinhaltung der Umwelt, insbesondere aber die neue Auffassung in der Rechtsprechung, die die Landwirtschaft zunehmend als störenden Außenseiter darstellt und ihm seitens der Verwaltungen immer mehr einschneidende Auflagen erteilt, machen gesetzgeberische und planerische Folgerungen dringend erforderlich. Es ist zu wünschen, daß die Notwendigkeit einer Problemlösung auf diesem Gebiete von den Zuständigen im vollen Umfange erkannt und entsprechend berücksichtigt wird, zumal langfristig hohe Investitionen auf dem Spiele stehen.

1. Gesetzgebung und Planung

Das Bundesbaugesetz, verkündet am 29. 6. 1960, konnte die dargelegten Gesichtspunkte nicht im vollen Umfange berücksichtigen. Im § 1 ist wohlwollend ausgedrückt: „Landwirtschaftlich genutzte Flächen sollen nur in dem notwendigen Umfang für andere Nutzungsarten vorgesehen und in Anspruch genommen werden". Im § 5 wird der Inhalt des Flächennutzungsplanes festgelegt: „Soweit es erforderlich ist, sind insbesondere darzustellen die Flächen für die Landwirtschaft und für die Forstwirtschaft." Hier wäre es notwendig, in Zukunft eine stärkere Gewichtung vorzunehmen.

In stärkerem Umfange zeigte sich die Problematik in den letzten Jahren in der Anwendung des § 35, Zulässigkeit von Vorhaben im Außenbereich. Er besagt: „Im Außenbereich ist ein Vorhaben nur zulässig, wenn öffentliche Belange nicht entgegenstehen, die ausreichende Erschließung gesichert ist und wenn es 1. einem landwirtschaftlichen oder forstwirtschaftlichen Betrieb dient und nur einen untergeordneten Teil der Betriebsflächen einnimmt, 2. einer Landarbeiterstelle dient...". In zahlreichen Prozessen der letzten Jahre wurde von den Gerichten zum Begriff des land- oder forstwirtschaftlichen Betriebes

Stellung genommen. Gewerbebetriebe im steuerlichen Sinne, z. B. bei einem Zukauf von mehr als 30 % der erforderlichen Futtermittel im Vermehrungszuchtbetrieb (Brüterei) mit Zuchtbetrieb für Masthühner, eine Hühnerfarm auf kleiner Fläche, ein Betrieb der Champignonerzeugung erfüllen demnach den Begriff des landwirtschaftlichen Betriebes nicht (KNAUB-INGENSTAU). Es erscheint dringend notwendig, bei der Neufassung des Bundesbaugesetzes den zukünftigen Belangen der Landwirtschaft besser Rechnung zu tragen. Selbstverständlich sollte dabei verhindert werden, daß im Außenbereich Betriebe neu angesiedelt werden, die die Kriterien eines Vollerwerbsbetriebes nicht erfüllen.

Auch beim Immissionsschutzgesetz, beim Wasserhaushaltsgesetz, bei der Gewerbeordnung sollte der Gedankengang zur Errichtung von landwirtschaftlichen und gärtnerischen Vorrang- bzw. Sonderbaugebieten mit ihren Vorteilen aufgegriffen und ausreichend berücksichtigt werden. Kennzeichnend für die Tendenz ist auch das Gesetz zur Landesentwicklung (Landesentwicklungsprogramm des Landes Nordrhein-Westfalen vom 16. 5. 1972). Unter § 27, Land- und Forstwirtschaft, wird die Landwirtschaft wie folgt erwähnt: „Zur Verbesserung der landwirtschaftlichen Lebens-, Einkommens- und Arbeitsbedingungen sowie zur Stärkung der Wettbewerbsfähigkeit der Landwirtschaft ist die Beschaffung ausreichend großer Betriebseinheiten zu fördern, die langfristig rentabel bewirtschaftet werden können. Die landwirtschaftliche Bodennutzung soll dazu beitragen, die Wohlfahrtswirkungen landwirtschaftlicher Flächen, insbesondere für die natürlichen Lebensgrundlagen und den Erholungswert der Kulturlandschaft zu gewährleisten."

Es folgen dann noch 2 Passagen über die Schaffung neuer Arbeitsplätze in ländlichen Zonen und über die Flurbereinigung. Auf die besondere Problematik der Land- und Forstwirtschaft in einem Ballungsgebiet wie Nordrhein-Westfalen wird nicht eingegangen. Im § 22 sind Vorranggebiete für Freiraumfunktionen vorgesehen. Sie umfassen jedoch nur Grundwasserreservegebiete, Waldgebiete, Naturparke und für die Ferienerholung geeignete Gebiete.

Einen guten Ansatzpunkt bietet ein Runderlaß des hessischen Ministers des Inneren vom 24. 7. 1972, in dem er Sonderbaugebiete für landwirtschaftliche Betriebsgebäude oder Dorfgebiete für landwirtschaftliche Betriebsgebäude anregt. Allerdings wird hierbei nur das Gebäude — und weniger das Flächen- und Bewirtschaftungsproblem angesprochen.

2. Landwirtschaft

Auch die Landwirtschaft, insbesondere in der Nähe von Ballungsgebieten, sollte sich mehr als bisher die Vor- und Nachteile ihrer planerischen Zuordnung zum Freiraum bzw. zum Außenbereich überlegen. Die relativ fließenden Übergänge vom landwirtschaftlichen zum Bebauungsbereich, die von mancher Gemeinde als Planungsträger kurzfristig geändert wurde, hat sicherlich in der Vergangenheit vielen Landwirten beachtliche Vorteile erbracht. Die Entwicklung der Baulandpreise, der öffentlichen Meinung, der Rechtsprechung und Gesetzgebung in letzter Zeit und in einem absehbaren Zeitraum werden jedoch für viele landwirtschaftliche und gärtnerische Vollerwerbsbetriebe, die an der Erhaltung ihrer Existenz dringend interessiert sind, mehr Nachteile erbringen als einzelnen Betrieben, die aufgabebereit, verkaufswillig und -fähig sind, Vorteile. Dies trifft insbesondere für die Betriebe zu, die infolge tierischer Veredlungswirtschaft oder Gartenbau besonders arbeits- oder kapitalintensiv wirtschaften. Selbstverständlich sollten aber die Ausweisungen von Vorrang- bzw. Sonderbaugebieten mit den sich daraus ergebenden Verpflichtungen nicht ohne den Mehrheitswillen der Betroffenen erfolgen.

V. Zusammenfassung

Intensivierung und Strukturwandel der Landwirtschaft sowie die praktische Durchführung der Landesplanung führen in zunehmendem Maße zu Konfliktsituationen. Auch neuere Gesetze tangieren in erster Linie die Zweige der Landwirtschaft, die sich mit pflanzlicher und tierischer Veredlungsproduktion befassen, wie Gartenbau und Intensivtierhaltung. Diese sind durch ihre Produktionsstätten, durch das mögliche Auftreten von Emissionen und durch die intensive Anwendung von Produktionsmitteln zugleich umweltbelastend. Auch durch die neuere Gesetzgebung und Rechtsprechung (Emissionen, Wasserschutz, Eigentumsbeschränkung) wurde die Landwirtschaft in zunehmendem Maße in eine passive Rolle gedrängt.

Die Aufrechterhaltung bzw. Verbesserung des Familieneinkommens und der damit verbundene Zwang zur ständigen Rationalisierung und Verbesserung der Produktionstechnik zwingt zur Vergrößerung der Anzahl Tiere und/oder der Betriebsfläche. Dieser Steigerungs- und Konzentrationsprozeß führt insbesondere bei Erzeugnissen, deren Produktionsstätten, wie Gewächshäuser und Stallungen, ihrer Emission wegen als umweltbelastend anzusehen sind, in marktnahen Ballungsgebieten zu Konfliktsituationen mit der Wohnbebauung und Erholung. Es sollte daher ein sinnvolles Zusammenspiel der verschiedenen menschlichen Funktionen des Arbeitens, Wohnens und Erholens bei Erhaltung und Verbesserung der Umwelt und geringstmöglichen Kosten angestrebt werden.

Zur zweckmäßigen Gestaltung des ländlichen Raumes sollten daher für eine positive Entwicklungsmöglichkeit landwirtschaftlicher Vollerwerbsbetriebe mit sparsamem Einsatz öffentlicher Mittel ein Teil der Freiräume zu landwirtschaftlichen Vorrang- bzw. Sonderbaugebieten erklärt werden. Diese müssen hinsichtlich Boden, Klima, Infra- und Agrarstruktur besondere Kriterien nachweisen, die eine zukunftsweisende landwirtschaftliche bzw. gärtnerische Produktion ermöglichen.

Staat und Eigentümer haben wie bei anderen Vorranggebieten grundlegende und langfristige Verpflichtungen und Beschränkungen einzugehen, die den Möglichkeiten einer stets zeitgerechten Bewirtschaftung und langfristigen Existenzsicherung Rechnung tragen. Folgerungen hieraus sollten in Gesetzgebung und Planung ihren Niederschlag finden. Auf diese Weise kann die Konfliktsituation zwischen Landwirtschaft einerseits, Wohnbebauung und Erholung andererseits mit teilweise beachtlichen finanziellen Belastungen für die öffentliche Hand langfristig vermindert bzw. abgebaut werden.

Literaturhinweise

(1) Bundesminister des Innern (1972): Empfehlungen des Beirates für Raumordnung, Folge 3.

(2) DÄSCHNER, W., HOLLMANN, P. und MÄHLMANN, A. (1972): Ökonomische Aspekte des Umweltschutzes in der tierischen Produktion. Berichte über Landwirtschaft, 50, 517—527.

(3) EYSEL, H. (1972): Rechtsvorschriften zum Schutze der Umwelt vor Wasser- und Bodenverunreinigungen aus der tierischen Produktion. Berichte über Landwirtschaft, 50, 693—699.

(4) Derselbe (1972): Rechtsvorschriften zum Schutze der Umwelt vor Geruchs- und Lärmemissionen aus der tierischen Produktion. Ebenda 597—601.

(5) HANSTEIN, U. und RÖDIG, K. P. (1972): Erfassung und kartografische Darstellung der Sozialfunktion des Waldes unter Berücksichtigung der entsprechenden Vorschriften der Bundesländer. Information des Institutes für Raumordnung, 22, 485—499.

(6) HOFFMANN, H. (1972): Probleme der Düngung mit Exkrementen aus Massentierhaltung. In: Düngung und Umweltschutz; Aus der Arbeit der DLG, Mai, Frankfurt/Main.

(7) KNAUP, H. und INGENSTAU, H. (1969): Bundesbaugesetz mit Kommentar. Düsseldorf, 4. Auflage.

(8) KOEPF, H. (1972): Nährstofftransport in die Gewässer auf dem Wege der Bodenerosion. Berichte über Landwirtschaft, 50, 477—486.

(9) KÜNTZEL, U. und ZIMMER, E. (1972): Ausmaß und Minderung von Umweltbelastung durch Verarbeitungsrückstände der Futterkonservierung. Berichte über Landwirtschaft, 50, 682—691.

(10) KUNTZE, H. (1971): Bodenkriterien zur Beurteilung der zweckmäßigen Bodennutzung. Zeitschrift für Kulturtechnik und Flurbereinigung, 12, 221—233.

(11) KUNZE, D. M. (1972): Standortfragen in bezug auf den Immissionsschutz. Berichte über Landwirtschaft, 50, 589—595.

(12) REINKEN, G. (1972): Zukünftige Produktion und Absatzentwicklung in der Landwirtschaft. In: Die Zukunft des ländlichen Raumes, 2. Teil: Entwicklungstendenzen der Landwirtschaft, Forschungs- und Sitzungsberichte der Akademie für Raumforschung und Landesplanung, 83, Hannover, S. 45—59.

(13) Derselbe (1973): Braucht die Landwirtschaft neue Produkte? Agrarwirtschaft, 22, 278—83, 1973.

(14) STEFFEN, G.: Betriebswirtschaftliche Konsequenzen aus Verordnung und Gesetzen zum Umweltschutz. Vorträge der 27. Hochschultagung der Landwirtschaftlichen Fakultät der Universität Bonn, 113—123, 1973.

(15) TIETJEN, C. und VETTER, H. (1972): Einfluß von Abfällen und Ausscheidungen der tierischen Produktion auf Boden und Pflanze. Berichte über Landwirtschaft, 50, 650—662.

II. Sektorale und regionale Zielvorstellungen zur Entwicklung des ländlichen Raumes und deren Konsequenzen für die Landwirtschaft

Zielvorstellungen der Landwirtschaft und deren regionale Konsequenzen

A. Ökonomische Zielvorstellungen

von

Günter Reinken, Bonn

I. Bisherige Maßnahmen

Mit der Währungsreform zeichnete sich bereits in der Bundesrepublik das Ende der Erzeugungsschlacht in der Landwirtschaft ab, die gekennzeichnet war durch die Notwendigkeit und das Bestreben, möglichst viele Nahrungsmittel zur Sättigung der Bevölkerung zu erzeugen. Hierbei hatten verständlicherweise pflanzliche Produkte Vorrang vor solchen der tierischen Veredlungswirtschaft, da bei diesen ein Kalorienverlust in Kauf genommen werden muß. In den folgenden Jahren traten in zunehmendem Maße Probleme der Betriebsstruktur auf. Durch umfangreiche, überwiegend flächengebundene Maßnahmen wurden die Produktionsverhältnisse innerhalb der Betriebe durch Flurbereinigung, Verbesserung der Wasserwirtschaft, Aufstockung der Tierbestände, Mechanisierung, Silobau, Errichtung von Gewächshäusern, Erstellung von Obstanlagen durch Zuschüsse oder durch Zinsverbilligung gefördert. Dadurch ging der Prozeß der Betriebsaufgabe bzw. der Bewirtschaftung landwirtschaftlicher Betriebe im Neben- und Zuerwerb, verbunden mit dem starken wirtschaftlichen Aufschwung der Bundesrepublik, behutsam vor sich. Die Zahl der landwirtschaftlichen Betriebe nahm von 1950 bis 1960 um 21,9 % ab. Im gleichen Zeitraum ging auch die landwirtschaftliche Nutzfläche um 4,3 % wegen des ständig steigenden Bedarfes für Wohnungs-, Industrie- und Verkehrszwecke zurück. Zugleich erhöhte sich die Zahl der Rinder um 25 %, der Schweine um 11,9 % und der Hühner um 6,2 %. Auch die Tierbestände je Betrieb erfuhren bereits eine beachtliche Aufstockung.

Nach dem Abschluß der römischen Verträge wurde bekanntlich der Einigungsprozeß der Europäischen Wirtschaftsgemeinschaft mit der Agrarunion in Gang gesetzt. Es galt, die so unterschiedlichen Verhältnisse klimatischer, standörtlicher, marktmäßiger und struktureller Art weitgehend anzugleichen. Relativ rasch stand jedoch die Agrarunion im Kennzeichen eines beachtlichen Verdrängungswettbewerbes. Unter Einsatz beachtlicher finanzieller Mittel, die teilweise durch einen ausgehandelten Schlüssel aus EG-Fonds unter Verlustbeteiligung der Bundesrepublik im Agrarbereich kamen, wurden starke Produktionskapazitäten in Frankreich und Italien mit dem Ziel des Absatzes in der Bundesrepublik entwickelt, ohne vorher durch eingehende Untersuchungen die Absatzmöglichkeiten zu ermitteln. In dieser Zeit wurde der Grundstock für eine beachtliche Überproduktion bei einigen Produkten gelegt, für die Ende der 60er und Anfang der 70er Jahre aus EG-Fonds hohe Subventionen gezahlt wurden, um wieder zu einer Ordnung der Märkte zu kommen.

Überproduktion und Marktschwierigkeiten ließen recht bald marktordnerische Maßnahmen notwendig werden. Es entstanden Marktordnungen für Getreide, Zucker, Zuckerrüben, Rindfleisch, Schweinefleisch, Geflügelfleisch, Eier, Fette, Milch und Milcherzeugnisse mit garantierten Preisen und für Obst, Gemüse und Wein. Während bei letzterem die Produktion mit einer staatlichen Erlaubnis, Eintragung in ein Kataster, streng reglementierten Produktions- und Verarbeitungsbedingungen, Flächenangaben sowie Abgaben an einen Stabilisierungsfonds verbunden wurde, hat man bei Zuckerrüben ein Kontingentierungsverfahren eingeführt, bei Eiern und Geflügelfleisch auf Vernunft und Absprache der Erzeuger in den einzelnen Ländern vertraut. Jedoch stand nach wie vor die Produktion im Vordergrund. Mehr und mehr entwickelten sich wettbewerbsverzerrende Maßnahmen gezielter Art in den einzelnen Ländern, um den Partner vom Markt zu verdrängen. Beispiele hierfür sind beachtliche Zinsverbilligungen, Subventionen für die Errichtung von Stallungen, Gewächshäusern, Obst- und Spargelanlagen, für die Errichtung von Konservenfabriken und Vermarktungseinrichtungen, Verbilligung von Betriebsmitteln, neuerdings sogar direkte Subventionen. In allen Ländern vollzog sich jedoch der gleiche Prozeß der Abnahme der Betriebe und der landwirtschaftlichen Bevölkerung sowie der Intensivierung der Produktion. Beachtliche Unruhe brachte zunächst der Mansholtplan, der von der Tatsache ausging, daß auf lange Sicht hin gesehen eine Finanzierung der Agrarproduktion in der Gemeinschaft nur möglich sei, wenn optimale Betriebseinheiten geschaffen würden. Auf dieses Ziel hin seien in Zukunft alle Maßnahmen auszurichten. Dieser Plan ließ jedoch die Entwicklung des ländlichen Raumes und die Pflege der Landschaft außer acht.

II. Ziele und Maßnahmen einer raumbezogenen Entwicklung der landwirtschaftlichen Produktion

Durch die Erweiterung der Sechser- zu einer Neunergemeinschaft, die Hinzunahme der Länder Dänemark, Großbritannien und Irland, vollzogen sich beachtliche Änderungen in der Nahrungsmittelversorgung. Der Selbstversorgungsgrad der EG der Sechs betrug 1971/72 (1973 = Neunergemeinschaft) bei Weizen 111 (99) %, bei Gerste 110 (102) %, bei Zucker 122 (100) %, bei Fleisch 93 (94) %, bei Kartoffeln 101 (100) % und bei Gemüse 100 %. Die Bevölkerungszahl stieg um 64 Millionen auf 254 Millionen, die landwirtschaftliche Nutzfläche um 17 Millionen ha auf 94 Millionen ha. Die Unterschiede im Klima und in der Nahrungsfläche je Einwohner wurden jedoch größer. So stehen in Irland 15 908 qm, in den Niederlanden 1586 qm je Einwohner zur Verfügung. In den neuen Beitrittsländern ist beispielsweise bei Fleisch relativ rasch eine Angleichung der Preise an das höhere Niveau der EG-Länder erfolgt.

Zum erklärten Ziel aller Länder gehören eine ständige Zunahme des Wohlstandes, Erhöhung der Freizeit und dadurch Verkürzung der Arbeitszeit, steigende Lebenserwartung sowie Verbesserung der Bildungschancen auf ein gleiches Niveau. Diesen steht die harte Tatsache gegenüber, daß die wirtschaftliche Struktur der einzelnen Länder beachtliche Unterschiede aufweist.

Von großer Bedeutung für die Landwirtschaft ist der sich in den letzten Jahren vollziehende Wandel des Eigentumsbegriffs. Die Sozialpflichtigkeit des Eigentums, im Grundgesetz festgelegt, wird zunehmend diskutiert. Pflege- und Duldungspflicht, Betretungsrecht und Nutzungseinschränkungen vielfältiger Art finden ihren Niederschlag bzw. sind geplant in Verordnungen, Gesetzesänderungen und Gesetzen des Bundes und der Länder, beispielsweise dem Städtebauförderungsgesetz, dem Bundesbaugesetz, dem Wasserhaushaltsgesetz, dem Forst- und dem Landschaftsgesetz Nordrhein-Westfalens. Der Boden wird zunehmend als Lebensraum, nicht nur als Produktionsfaktor, verstanden. Wasser, Luft und Landschaft werden höher eingeschätzt. Die Landwirtschaft wird in stärkerem Maße Dienstleistungsunternehmen. Die Gegensätze zwischen Stadt und Land nehmen immer mehr ab. Zugleich machen sich zunehmende Unterschiede in der Bodenbewertung bemerkbar. Während die Preise in Citylagen teilweise nicht mehr vertretbare Höhen erreichen, ist der Boden in entlegenen Räumen oft unverkäuflich, ja nicht mehr verpachtbar. Zielkonflikte zwischen der Wirtschaftlichkeit des Bodens und seinen Funktionen nehmen zu. Die Landwirtschaft kommt sehr stark in Beziehung zum Umweltschutz. So stellt ein Gesetzentwurf des Bundes über Naturschutz und Landschaftspflege folgende Ziele in den Vordergrund: Nachhaltige Sicherung der Leistungsfähigkeit des Naturhaushaltes, nachhaltige Sicherung der Nutzungsfähigkeit der Naturgüter Boden, Wasser, Luft, Klima, Pflanzen und Tierwelt, nachhaltige Sicherung der Vielfalt, Eigenart und Schönheit der Natur und Landschaft.

Von Bedeutung ist die Tatsache, daß ein Gutachten des Massachusetts-Instituts of Technology, das im Auftrage des Club of Rome erstellt wurde, eine zunehmende Diskrepanz zwischen der Bevölkerungsentwicklung und der Nahrungsmittelproduktion sowie der Umweltgefährdung herausstellte (MAEDOWS)*. Auch die Energiekrise des Jahres 1973 lenkte den Blick der Politiker und der Bevölkerung wieder stärker auf die Bedeutung der Ernährungssicherung und die weltweite Diskrepanz zwischen einem teilweisen Überschuß und einem großräumigen Mangel bei einigen Produkten. Wichtig ist sicherlich auch die Tatsache, daß nach Feststellung der FAO die Welt-Nahrungsmittelvorräte nahezu abgebaut sind.

Innerhalb der EG vollzieht sich ein Wandel zur flexibleren Strukturpolitik. Der Rat verabschiedete im Jahre 1972 Richtlinien für eine gemeinsame Strukturpolitik: Über die Modernisierung der landwirtschaftlichen Betriebe, zur Förderung der Einstellung der landwirtschaftlichen Erwerbstätigkeit und der Verwendung der landwirtschaftlich genutzten Fläche zum Zwecke der Strukturverbesserung, über die sozial-ökonomische Information und die berufliche Qualifikation der in der Landwirtschaft tätigen Personen. Demzufolge sind die Mitgliedstaaten verpflichtet, diese bei der Durchführung ihrer nationalen Maßnahmen anzuwenden und für die Ausfüllung des gegebenen Spielraumes zu sorgen. Es sind Rahmenbestimmungen, die Wettbewerbsverzerrungen abbauen sollen. Sie sind zugleich eine Umstellung der Förderungsmaßnahmen, weg von der Flächen- und Produktionssteigerung, hin auf die Erzielung eines vergleichbaren Einkommens in der Landwirtschaft Tätigen, verbunden mit einer ständigen Fortschreibung. Das in der Bundesrepublik im Jahre 1970 erlassene Einzelbetriebliche Förderungsprogramm hatte einen entscheidenden Einfluß hierauf. Durch die Differenzierung nach Regionen innerhalb der EG und den einzelnen Ländern, durch eine grundsätzliche Einigung der EG-Länder und Erarbeitung einer Richtlinie über die Förderung der Landwirtschaft in Berggebieten und bestimmten benachteiligten Gebieten zeigen sich Ansätze einer regionalen Differenzierung des Mitteleinsatzes.

In der Bundesrepublik trat 1973 das Gesetz über Gemeinschaftsaufgaben in Kraft, bei dem für die Verbesserung der Agrarstruktur nur noch die Länder Richtlinien zur Durchführung erlassen können. Anstelle der Bundesrichtlinien treten nunmehr gemeinsame

---

*) Die Angaben in Klammern beziehen sich auf die Literatur am Schluß dieses Beitrages.

Übersicht 1: Ziele und Maßnahmen für den Bereich Landwirtschaft

Hauptziel	Unterziel	Maßnahmen
Versorgung der Bevölkerung mit landwirtschaftlichen und gärtnerischen Erzeugnissen	Gesicherte Versorgung mit gesunden, hochwertigen Produkten	Preispolitik Verbesserung Markttransparenz Importregelung Gesetze für Anwendung von Dünge-, Pflanzenschutz-, Arzneimittel Versuche und Beratung Verbraucheraufklärung
	Erhaltung landwirtschaftlicher und gärtnerischer Vollerwerbsbetriebe mit angemessenen Einkommens- und Lebensverhältnissen	Wasserwirtschaft (Ver- und Entsorgung) Verbesserung Infrastruktur Aussiedlung und Althofsanierung Vorranggebiete (Planung, Emissionsschutz) Entwicklung neuer Produktionstechniken und Produkte Produktivitätssteigerung Gleiche Wettbewerbsbindungen in der EG Beratung Versorgung mit preisgünstigen Produktionsmitteln Verbesserung der Arbeitsplätze Verbesserung der Gebäude Zinsverbilligung Verbesserung von Absatz und Dienstleistung Kooperation Betriebshilfsdienst (soziale Sicherheit) Aus- und Fortbildung Imagepflege
	Verbesserung Betriebsstruktur	Erhöhung Landmobilität Flurbereinigung, Aussiedlung und Althofsanierung Flächenkataster Produktionssteuerung auf Bedarf Kooperation (Maschinen-, Erzeugergemeinschaften) Arbeitsteilung Wettbewerbspolitik Umschulung und Industrieansiedlung

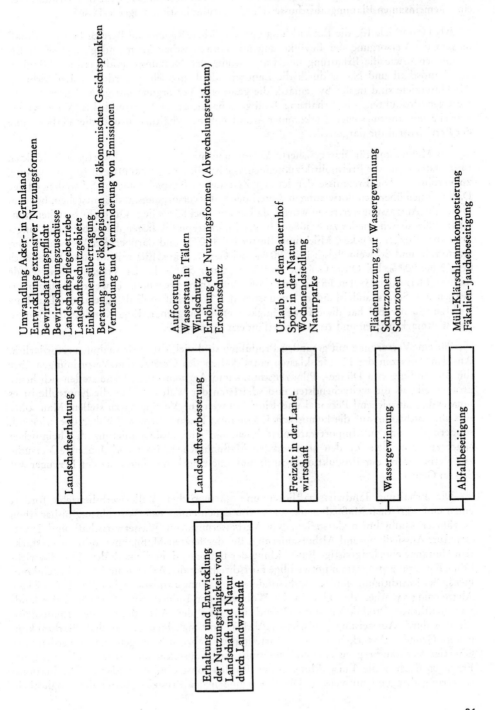

Planung und Finanzierung von Maßnahmen. Die Länder können nach den Grundsätzen eines gemeinsamen Planungsausschusses Durchführungsbestimmungen erlassen.

Als Hauptziele für die Entwicklung des ländlichen Raumes im Bereich Landwirtschaft müssen die Versorgung der Bevölkerung mit landwirtschaftlichen und gärtnerischen Erzeugnissen sowie die Erhaltung und Entwicklung der Nutzungs- und Leistungsfähigkeit von Landschaft und Natur durch die Landwirtschaft angesehen werden (s. Übersicht 1). Als Unterziele sind in der Systematik die gesicherte Versorgung mit gesunden und hochwertigen Produkten, die Erhaltung landwirtschaftlicher und gärtnerischer Vollerwerbsbetriebe mit angemessenen Einkommens- und Lebensverhältnissen und die Verbesserung der Betriebsstruktur dargestellt.

Als Maßnahme für eine gesicherte Versorgung mit gesunden hochwertigen Produkten ist in erster Linie die Preispolitik zu nennen. Sie ist mit einer vernünftigen Importregelung zu verbinden. Die Ereignisse der letzten Zeit ließen beispielsweise in Schweden eifrige Diskussionen über den notwendigen Anteil des Selbstversorgungsgrades entstehen, bei dem bisher die Auffassung vertreten wurde, daß er etwa bei 80 % liegen solle. Es bestehen nunmehr Ziele, diesen wieder zu erhöhen. In der Bundesrepublik liegen die Selbstversorgungsgrade bei Roggen, Zucker, Milch und Butter bei 100 % und darüber, bei Weizen, Hafer, Kartoffeln und Schweinefleisch über 90 %, bei Gerste, Käse, Eiern, Rind- und Kalbfleisch bei 70 bis 90 %, bei Obst, Gemüse und Wein unter 50 %. In der Vergangenheit wurde leichten Herzens in vielen Fällen eine großzügige Importregelung teilweise zu Dumpingpreisen aus Staatshandelsländern zugunsten der Wirtschaftspolitik zugelassen. Die Entwicklung in der EG hat diese Großzügigkeit etwas eingeengt. Eine Konfliktsituation zu den Weltmarktpreisen und Agrarexportländern ist möglich.

Für eine Versorgung mit gesunden Produkten sind vielfältige Maßnahmen erforderlich. Aus den Ansätzen der Handelsklassen entwickelten sich Gesetze und Verordnungen über die Anwendung von Dünge-, Pflanzenschutz- und Arzneimitteln. Diese stellen sich heute größtenteils als die weitgehendsten und schärfsten der Welt dar. Für die Kontrolle ist es notwendig, ausreichend Personal und Einrichtungen zur Verfügung zu stellen. Man sollte sich aber nicht nur auf die heimischen Erzeugnisse beschränken, wie bisher überwiegend, sondern sie auch auf Importware ausdehnen, um eine Diskriminierung der heimischen Ware zu vermeiden. Zu den notwendigen Maßnahmen gehören auch laufende Versuche zur Verbesserung der Produktionstechnik und eine eingehende Beratung der Erzeuger auf diesem Gebiet.

Die Erhaltung landwirtschaftlicher und gärtnerischer Vollerwerbsbetriebe fordert einen umfangreichen Maßnahmenkatalog, von denen einige eine Fortführung bisher schon bewährter Maßnahmen darstellen, wie Verbesserung von Wasserwirtschaft und Infrastruktur, Aussiedlung und Althofsanierung. Bei der letzten Maßnahme sollte in verstärktem Umfange eine langfristige Entwicklung der Betriebe, d. h. die nach dem Einzelbetrieblichen Förderungsprogramm notwendige Fortschreibung des Arbeits- und Familieneinkommens, Berücksichtigung finden. Insbesondere in Ballungsrandzonen konnte eine stärkere Abgrenzung zwischen den Flächen des Wohnens, der Industrieansiedlung und der landwirtschaftlichen Produktion unter Berücksichtigung der Anforderung des Immissionsschutzes durch Ausweisung landwirtschaftlicher Vorranggebiete stattfinden. Beschränkungen im Grundstücksverkehr der Landwirte müssen dabei in Kauf genommen werden (18). Günstige Verbraucherpreise für Nahrungsmittel und ausreichendes Arbeitseinkommen der Erzeuger machen die Entwicklung neuer Produktionstechniken und eine Produktionssteigerung dringend notwendig. Die Erzeugung neuer Produkte bietet die Möglichkeit, insbesondere in der Nähe von Ballungsgebieten günstigere Preise zu erzielen als bei konventionellen Nahrungsmitteln (REINKEN 1973). Die Beratung landwirtschaftlicher Betriebe sollte stärker spezialisiert auf die regionalen Möglichkeiten und Notwendigkeiten abgestellt werden. Dazu gehört auch die stärkere Beachtung der Probleme des Umweltschutzes, insbesondere bei der tierischen Veredlungswirtschaft und beim intensiven Gartenbau und der Konfliktsituation mit Wohn- und Arbeitsplätzen.

Von herausragender Bedeutung ist neben der Versorgung mit preisgünstigen Produktionsmitteln die Verbesserung der Gebäude, eine ausreichende Zinsverbilligung und die Optimierung der Arbeitsplätze. Bei einer Verkürzung der Arbeitszeit bringt die ständige Betreuung von Tieren und Gewächshäusern auch an Wochenenden und Feiertagen zunehmende Probleme mit sich. Insbesondere die Jugend ist nicht mehr im gleichen Umfange wie die ältere Generation bereit, tagaus tagein Milchkühe zu betreuen. Die Erhaltung dieser Produktionen und Betriebe in Grünlandregionen wird in Zukunft stark davon abhängig sein, in welchem Umfange es gelingt, eine Verbesserung der Arbeitsbedingungen durch neue Methoden, Kooperationen oder Betriebshilfsdienste zu erreichen.

Aus- und Fortbildung haben erfreuliche Fortschritte zu verzeichnen. Sie stehen in engem Zusammenhang mit der Imagepflege von Landwirtschaft und Gartenbau. Während beispielsweise im Gartenbau der Bundesrepublik eine erfreuliche Nachwuchssituation auch aus anderen Bevölkerungskreisen zu verzeichnen ist, hat die Agrarpolitik der letzten Jahrzehnte, die Darstellung der Situation des Berufsstandes in der Öffentlichkeit und durch die Berufsorganisation zu einer ständigen Abnahme des Nachwuchses geführt. So wird aus Italien berichtet, daß die Jugend zwischen 14 und 18 Jahren kaum Interesse an der Landwirtschaft hat. 1951 bis 1970 ging dort die Zahl der männlichen landwirtschaftlichen Arbeiter im Alter zwischen 14 und 29 Jahren von 2,1 Millionen auf etwa 400 000 zurück. Es besteht die Gefahr einer fortschreitenden Verödung großer Gebiete, weil fachkundige Arbeitskräfte fehlen. Im Landesteil Nordrhein besuchten 1973 300 (1974 voraussichtlich 225) Schüler die Landwirtschaftsschulen. Im dreißigjährigen Generationswechsel bedeutet dies Nachwuchs für 9000 (6750) landwirtschaftliche Unternehmen. Demgegenüber zeigt die sozialökonomische Erhebung des Jahres 1973, daß fast 13 182 Vollerwerbsbetriebe vorhanden sind sowie 8372 Übergangsbetriebe, von denen ein Teil die Chance hat, Vollerwerbsbetrieb zu werden.

Zur Verbesserung der Betriebsstruktur sind Maßnahmen zur Erhöhung der Landmobilität vorrangig. Nach der Bodennutzungserhebung 1973 wurden in der Bundesrepublik 271 800 ha, das sind 16,8 % mehr als 1972, nicht mehr bewirtschaftet. Die Sozialbrache nimmt damit 1,1 % der gesamten Wirtschaftsfläche ein. In Nordrhein beispielsweise nahm der Anteil der Vollerwerbsbetriebe mit Pachtland von 1969/70 bis 1973 von 85,7 auf 88,5 % zu. Für diese Betriebe, mit einem Pachtlandanteil von 50,8 % der LF, können als Maßnahmen zur Erhöhung der Landmobilität genannt werden: Änderung des Grundstücksverkehrsgesetzes, Bewirtschaftungspflicht, Landabgaberente, Pachtzuschüsse für Vollerwerbsbetriebe, aber auch eine stärkere Berücksichtigung künftiger Betriebsstrukturen bei Flurbereinigung, Aussiedlung und Althofsanierung.

Es ist sicherlich zu erwägen, daß bei bestimmten Produkten, beispielsweise Obst, Zuckerrüben und Wein, Flächenkataster auf EG-Ebene für die günstigen Produktionsstandorte erarbeitet werden, um Überproduktionen unter wettbewerbsverfälschenden Bedingungen zu vermeiden. Dazu gehört auch eine Lenkung der Produktion in Einklang mit dem Bedarf. So lassen z. B. bei Milch zurückgehende Nachfrage, starke Produktionsausweitung und vielfältige Möglichkeiten der Leistungssteigerung je Einzeltier eine beachtliche Überproduktion in den nächsten Jahren erwarten. Hier ist es notwendig, optimale Betriebsstruktur, regionale Produktionsbedingungen (Grünland) und Erzeugungsvolumen miteinander in Einklang zu bringen. Eine Kontingentierung wie bei Zuckerrüben, Anteilsvergabe an Betriebe, Regionen und Länder wären geeignete Maßnahmen. Hierdurch ließen sich rechtzeitig Zielkonflikte mindern.

Im stärkeren Umfange als bisher sollten zur Verbesserung der Betriebsstruktur Anreize für eine Kooperation und Arbeitsteilung bei allen Förderungsmaßnahmen, Beratung und Vermarktung gegeben werden. Auf die Notwendigkeit einer Umschulung und Industrieansiedlung sei hingewiesen. Einschränkend muß jedoch gesagt werden, daß in einzelnen Regionen, so z. B. in Nordrhein, die Entwicklung der Betriebsstruktur und des zur Verfügung stehenden Nachwuchses eher Anlaß zur Sorge als zu Vorschlägen für weitere Maßnahmen dieser Art geben.

Eine Verpflichtung zu Aus- und Fortbildung ist beispielsweise in gärtnerischen Betrieben seit über 20 Jahren bereits diskutiert worden. Erfreulicherweise wurde die Vergabe von Förderungsmitteln (Einzelbetriebliches Förderungsprogramm) von einer Ausbildung des Nachwuchses abhängig gemacht. Es ist sicherlich im Zuge der allgemeinen Entwicklung zu erwägen, diese Bestimmungen zu verschärfen und den Unternehmern und Arbeitnehmern, in Anlehnung an die allgemeine Entwicklung (Bildungsurlaub), eine Fortbildung zur Pflicht zu machen.

Als Unterziele der Erhaltung und Entwicklung der Nutzungs- und Leistungsfähigkeit von Landschaft und Natur durch die Landwirtschaft sind Landschaftserhaltung, -verbesserung, Freizeit in der Landwirtschaft, Wassergewinnung und Abfallbeseitigung aufgeführt. In diesen Zielen kommt eine bedeutende Aufgabe der Landwirtschaft für die Zukunft zum Ausdruck. Hier ergeben sich auch stärkere Berührungspunkte zu anderen Bereichen. Maßnahmen zur Landschaftserhaltung sind die Umwandlung von Acker- in Grünland und die Entwicklung extensiver Nutzungsformen. Da eine ackerbauliche Nutzung extremerer Bodentypen und Hanglagen mit schlechter Wasserführung in Zukunft nicht mehr wirtschaftlich ist, andererseits aber eine Aufforstung nur in bestimmtem Umfange aus Kostengründen möglich und landschaftlich wünschenswert ist, verbleibt eine Umwandlung in Grünland, um den Charakter der offenen Landschaft zu erhalten. Hinzu kommt, daß im Jahre 1973 in der Bundesrepublik 272 000 ha Sozialbrache vorhanden war. Das ist mehr als die Sport-, Flug- und Übungsplätze zusammengenommen. Diese Flächen müssen wirtschaftlich, d. h. mit möglichst geringen Zuschüssen durch den Steuerzahler, genutzt werden.

So gilt es, die bisherigen Formen der Rinder- und Schafhaltung zu verbessern und neue Formen, beispielsweise der Dam- und Rottiernutzung, zu prüfen und zu entwickeln. Die Tiernutzung dürfte wirtschaftlich günstiger und landschaftsgerechter sein als Mähen oder der Einsatz von Unkrautbekämpfungsmitteln. Auf die Bewirtschaftungspflicht, wie sie neuere Gesetze bzw. Gesetzesvorschläge vorsehen, kann in vielen Fällen nicht verzichtet werden, um die Landschaft sinnvoll zu erhalten. Bewirtschaftungszuschüsse für bestehende landwirtschaftliche Betriebe sollten günstiger sein als die Schaffung staatlicher Landschaftspflegebetriebe oder die Übertragung der Landschaftserhaltung auf bestehende staatliche Institutionen, wie Forstämter und Straßenverwaltungen.

Als andere Maßnahme ist eine Einkommensübertragung auf bestehende Betriebe zu erwähnen, die die Bewirtschaftung von Flächen nach den Vorschriften von Landschaftsplänen oder in Landschaftsschutzgebieten übernehmen. Wichtig ist in diesem Zusammenhang die Beratung landwirtschaftlicher Betriebe, der Gemeinden und Kreise als Planer und Durchführer von Flächennutzungs- und Landschaftsplänen unter ökologischen und ökonomischen Gesichtspunkten.

Als Maßnahmen der Landschaftsverbesserung sind Aufforstung und Windschutz zu nennen. Ein Wasserstau, der in Tälern in günstigen Fällen zu einer Möglichkeit der Fischwirtschaft führt, trägt zur Landschaftsverbesserung, aber auch zur zusätzlichen Einkommensmöglichkeit für landwirtschaftliche Betriebe durch den Verkauf von Fischen oder Angelmöglichkeit bei. Insbesondere in rein ackerbaulich genutzten Regionen, z. B. in der Lößzone der Köln-Aachener Bucht, aber auch in Grünlandzonen der Flußniederungen werden Maßnahmen zur Landschaftsverbesserung in Gestalt von Windschutzpflanzungen zum Zweck der Landschaftsbelebung durchgeführt werden müssen. Da gute Böden hohe Flächenerträge erbringen, treten neben den günstigen Wirkungen des Windschutzes in der Nähe der Pflanzungen nachteilige Wirkungen auf die Nutzpflanzen auf. Dabei wird es notwendig sein, die Auswirkung einer Duldungspflicht des Eigentümers genauso zu prüfen wie eine Nutzungsentschädigung, da sicherlich Maßnahmen der Landschaftsverbesserungen, die allen zugute kommen, kostenmäßig nicht nur einzelnen Betroffenen zugemutet werden können. Zu diesem Fragenbereich gehört auch die Erhöhung der Nutzungsformen, d. h. die Erhöhung des Abwechslungsreichtums der Landschaft, durch Aufforstung oder Überführung in Grünland von besseren Böden, die einer intensiven ackerbaulichen Nutzung zugängig wären. Neben einer Übernahme dieser Flächen in das Eigentum der öffentlichen Hand wäre ein Bewirtschaftungszuschuß oder eine Einkommensübertragung für den Eigentümer zu erwägen, dem nach Landschaftsplan eine bestimmte Nutzung vorgeschrieben wird.

Für Hang- und Berglagen sind ähnliche Maßnahmen zur Erosionsminderung oder -verhütung zu ergreifen. Da diese der Allgemeinheit zugute kommen und in vielen Fällen eine Einschränkung der Nutzungsbefugnis für den Eigentümer zur Folge haben, sind die erforderlichen Maßnahmen streng unter ökologischen und ökonomischen Gesichtspunkten zu prüfen.

Eine erfolgreiche Maßnahme zur Förderung der Erholung ist der Urlaub auf dem Bauernhof. Er erfreut sich zunehmender Beliebtheit und stellt in vielen Fällen eine beachtliche Einkommensverbesserung insbesondere in Problemgebieten dar. Hier sollte eine gezieltere Förderung unter Berücksichtigung vorhandener oder zu verbessernder Infrastruktur vorgenommen werden. Die steuerlichen Auswirkungen auf die Betriebe bedüfen ebenso einer Verbesserung und Klärung wie die Auswirkungen des Direktabsatzes landwirtschaftlicher Produkte oder der Dienstleistung. Auch der Sport in der Natur, wie Wandern, Reiten, Golfen, Fischen und Jagen hat beachtliche Zukunftschancen. Maßnahmen, wie Erschließung landwirtschaftlicher Flächen für das Wandern, Anlage und Unterhaltung von Reitwegenetzen, Golfplätzen und Fischteichen sind in Gesetzgebung und Förderungsmaßnahmen erst in den Anfängen. Auf die Koordinierung der Erstellung von Wochenendsiedlungen und Naturparken mit vorhandenen landwirtschaftlichen Betrieben mit ihren Möglichkeiten sei hingewiesen.

Der ständig zunehmende Wasserbedarf zwingt zu neuen Überlegungen, nicht nur der Verbesserung des Wassers, zu einer bewußteren Nutzung und einer besseren Gewinnung. Die Forderungen der Allgemeinheit werden hier in vielen Fällen mit dem Recht des Eigentümers kollidieren. Nicht nur in der Nähe von Wasserwerken und Talsperren, sondern in größeren Räumen ergeben sich in Zukunft notwendige Maßnahmen, so die

Einschränkung der Anwendung von Dünge- und Pflanzenschutzmitteln oder sogar der Nutzung. Über die bisherige Form der Schutzzonen hinaus wird sich die Notwendigkeit einer Ausweisung bestimmter Gebiete als Schonzonen ergeben, um Wasser in ausreichender Menge und optimaler Qualität zu gewinnen. Auch hier sollten die berechtigten öffentlichen Belange in Einklang gebracht werden mit sinnvoller landwirtschaftlicher Nutzung, um den notwendigen Mitteleinsatz gering zu halten.

Die Möglichkeiten der Hilfestellung der Landwirtschaft bei der Abfallbeseitigung wurden bisher nur in wenigen Fällen ausgeschöpft. So wird beispielsweise in den Niederlanden Müll und Klärschlamm in beachtlichem Umfange durch große Kompostierungsanlagen für die Anwendung in Landwirtschaft, Gartenbau und Landschaftsgestaltung aufbereitet. Die Abfallbeseitigung in der Bundesrepublik wird überwiegend durch Verkippen oder Verbrennungsanlagen durchgeführt. Dies ist umso erstaunlicher, da die Verbrennung ungleich höhere Kosten verursacht als die Kompostierung und auch zu einer größeren Umweltverschmutzung führt. Eine Erklärung kann darin gesehen werden, daß die Verbrennung den technischen Fachleuten in den Städten und Gemeinden geistig näher liegt als die Kompostierung und kein Produkt hinterläßt, das im Absatz eine Zusammenarbeit mit der Landwirtschaft nötig macht wie der Kompost. Es wäre wünschenswert, in Zukunft in stärkerem Maße als bisher die Aufbereitung von Müll- und Klärschlamm über die Kompostierung durchzuführen und das Material Landwirtschaft und Gartenbau kostenlos zur Verfügung zu stellen. Bei Fäkalien und Jauche treten in zunehmendem Maße Probleme bei Großtierhaltungen auf. Hier sollte der Gesetzgeber dafür Sorge tragen, daß Tier und Flächeneinheit in einem tragbaren Verhältnis zueinander stehen. Eine Förderung von Lagerungseinrichtungen, die Entwicklung geruchsfreier bzw. -armer Lagerungsverfahren und die Herstellung eines Verbundes zwischen viehreichen und vieharmen bzw. viehlosen Betrieben ist wünschenswert.

III. Notwendigkeit regionaler Differenzierung des Mitteleinsatzes

An großräumigen Entwicklungsfaktoren ist zunächst für die Landwirtschaft der Verdichtungstrend von Bedeutung. Im Raumordnungsgesetz wird dessen Förderung ausdrücklich betont. In einem Gutachten des Beirates für Raumordnung (1972) wird zum Ausdruck gebracht, daß das Angebot städtischer Lebensverhältnisse für möglichst alle Menschen in der Bundesrepublik Deutschland Voraussetzungen für erstrebte gleiche Entfaltungsmöglichkeiten und für die langfristige Sicherung ausgeglichener ökologischer Verhältnisse schafft.

Es bleibt abzuwarten, ob das bisherige Ausmaß der Verdichtungstendenz in den kommenden Jahren anhält. Nach neueren Gesetzen — Gesetz zur Landesentwicklung von Nordrhein-Westfalen (Landesentwicklungsprogramm) 1974 — wird grundsätzlich herausgestellt, daß die räumliche Struktur des Landes unter Beachtung der natürlichen Gegebenheiten, der Erfordernisse des Umweltschutzes zu entwickeln ist. Die natürlichen Lebensgrundlagen, wie Luft, Wasser, Boden, Pflanzen und Tierwelt, sind zu schützen. Die nachhaltige Leistungsfähigkeit und das Gleichgewicht des Naturhaushaltes sollen erhalten oder wieder hergestellt werden.

Bedeutungsvoll für die großräumige Entwicklung und ihre Beeinflussung ist die zu erwartende Entwicklung der Wirtschaft. Sie bestimmt die Zahl der Beschäftigten, die Nachfrage nach landwirtschaftlichen Produkten und deren Preis sowie den Bedarf an

Landschaft. Wichtig für die Landwirtschaft in der Bundesrepublik ist noch die EG- und Weltsituation auf dem Nahrungsmittelsektor.

Bei der kleinräumigen Strukturentwicklung ist von Verdichtungsschwerpunkten und- -achsen, von Entwicklungsschwerpunkten und -achsen, von Nahbereichszentren, Erholungsgebieten und Freiräumen auszugehen. Für Landwirtschaft und Landschaft müssen hierbei die stark unterschiedlichen Bedingungen von Klima, Boden und Textur beachtet werden.

Diese Unterschiede fanden in der Bundesrepublik bereits in den 60iger Jahren Berücksichtigung durch Abgrenzung der „benachteiligten Gebiete", die bei den Förderungsmaßnahmen durch einen erhöhten Prozentsatz in der Mittelvergabe gegenüber den anderen Gebieten bevorzugt wurden. Im Einzelbetrieblichen Förderungsprogramm fand seit 1972 eine Regionalisierung statt, bei der die sogenannte Förderungsschwelle, d. h. das Arbeitseinkommen in DM je Arbeitskraft, sich am Bundesdurchschnitt des Bruttosozialprodukts orientiert. Die Regionen, die den Durchschnitt wesentlich unter- oder überschreiten, erhalten Zu- oder Abschläge. Hierbei wird der Einfachheit halber unterstellt, daß eine Parallelität besteht zwischen der bisherigen und zukünftigen Entwicklung landwirtschaftlicher Betriebe und dem Bruttosozialprodukt der betreffenden Region. Die besondere Problematik innerhalb einer Region, ja innerhalb der Landkreise, die in den meisten Bundesländern durch die Reformen an Fläche und Bevölkerung größer geworden sind, die erheblichen Unterschiede nach Boden, Klima und Textur finden keine Berücksichtigung. Insbesondere ist mit der Vergabe von Förderungsmitteln keine Zielprojektion der Region verbunden. Bisher wird in der Bundesrepublik die passive Sanierung der Landwirtschaft der mehr aktiven vorgezogen.

Unterlagen für eine Verbesserung sind vielfältig vorhanden. Es liegen detaillierte Bodenkarten vor. Die Klimaverhältnisse sind in einem beachtlichen Umfange für kleinere Räume bekannt. OTREMBA erarbeitete eine Karte der Bundesrepublik, nach der Gunst und Ungunst für die Landwirtschaft nach Bodenverhältnissen, Erosionsgefährdung, Trockenheitsindex, Hagelhäufigkeit und Höhenlage beurteilt werden. Eine Abgrenzung von 9 landwirtschaftlichen Gebietstypen für die Bundesrepublik unter Berücksichtigung der „natürlichen Ertragskraft", der Agrarstruktur und zusätzlicher Merkmale nimmt STRUFF zur regionalen und sektoralen Einkommensanalyse vor. Die Bundesanstalt für Vegetationskunde, Naturschutz und Lanschaftspflege (4) erarbeitet Unterlagen über die potentielle natürliche Vegetation in der Bundesrepublik Deutschland, in denen neben einer Darstellung von Lage, Oberflächengestalt, Geologie, Boden und Klima die Vegetation eingehend untersucht wird. Es findet auch eine Auswertung über Bodennutzung, Anbauverhältnisse, Landschaftspflege und Naturschutz statt. Sie hat für die Bundesrepublik aufgrund der Bodennutzungserhebung eine Kartierung der nicht mehr landwirtschaftlich genutzten Fläche (Sozialbrache) nach Gemeinden vorgenommen.

Eine Prognose und Planung der zukünftigen ackerbaulichen Nutzung und der Betriebsentwicklung fand 1967 erstmals in Schweden statt (10). Es wurde mit den Unterlagen einer Erhebung des Jahres 1966 nach Verwaltungseinheiten versucht, eine Prognose der ackerbaulichen Nutzung für das Jahr 1980 zu geben. In Nordrhein-Westfalen wurde 1969/70 eine sozial-ökonomische Betriebserhebung durchgeführt, bei der je Betrieb Daten über Flächennutzung, Viehhaltung, Betriebsleiter, Hofnachfolger, Bodenmobilität, Arbeitskräfte und Einkommenssituation erfragt wurden (11). Auch die Zukunftsabsichten der Betriebsleiter in den hauptberuflich bewirtschafteten Betrieben wurden ermittelt. Aufgrund dieser Daten wurde eine Prognose über die strukturelle Entwicklung der Landwirtschaft in den einzelnen Kreisen erstellt, über die Zahl der landwirtschaftlichen Betriebe und über die freiwerdenden Arbeitskräfte. Die Fortsetzung dieser Erhebung im Jahre 1973 mit einer methodischen Verfeinerung brachte hinsichtlich der Zahl der Betriebe insgesamt, der Haupterwerbsbetriebe und der Nebenerwerbsbetriebe eine Bestätigung der Prognose des Jahres 1969/70 (12). Jedoch blieb die Anzahl der Zuerwerbsbetriebe wesentlich, die der Vollerwerbsbetriebe beachtlich unter der Prognose zurück; während die Zahl der Übergangsbetriebe 1973 noch fast doppelt so hoch war wie die Prognose des Jahres 1969 für das Jahr 1975, also 2 Jahre später, vorausgesagt hatte. Sicherlich hat die wirtschaftliche Entwicklung in diesem Zeitraum beachtlich dazu beigetragen.

Einen beachtlichen Schritt zu einer Regionalisierung der Agrarplanung vollzieht ebenfalls HOGEFORSTER (1972). Er unterscheidet für Nordrhein-Westfalen die natürlichen und wirtschaftlichen Standortverhältnisse und gliedert sie in unabhängige, quasi unabhängige und quasi abhängige Standortkriterien, in Entwicklung und Stand des landwirtschaftlichen Sektors und der Bevölkerungsdichte sowie gesamtwirtschaftliche Interdependenzen. Das Land Nordrhein-Westfalen wird in neun Produktionsregionen unterteilt. Die natürlichen Standortbedingungen mit ihren Auswirkungen auf die landwirtschaftliche Produktion sowie ihre zeitliche Veränderung werden dargestellt. Bei einer Analyse der wirtschaftlichen Bedingungen und der gesamtwirtschaftlichen Interdependenzen zeigt sich, daß die Regionen mit nachteiligen natürlichen Verhältnissen weitgehend mit den Gebieten identisch sind, die ungünstige gesamtwirtschaftliche Bedingungen aufweisen. Die Raumkategorien haben bestimmte landwirtschaftliche Strukturen. Es werden dann Prognosen für die zukünftige Betriebsgrößen- und -artenstruktur vorgenommen, wobei die regionale Tragfähigkeit von Vollerwerbs-, Übergangs- und Nebenerwerbsbetrieben und die minimal notwendige Zahl von Betrieben zur Ausübung von Sozialfunktionen Berücksichtigung finden. HOGEFORSTER unterscheidet Regionen, in denen eine maximale Zahl von Vollerwerbsbetrieben gefördert werden muß und Gebiete mit einer minimalen Anzahl notwendiger Betriebe. Nur durch einen regional differenzierten Einsatz öffentlicher Mittel könnten den natürlichen Gegebenheiten entsprechende optimale Strukturen geschaffen werden.

Von Bedeutung ist die Tatsache, daß in dieser Untersuchung festgestellt wird, daß beachtliche Unterschiede in der Förderungsbedürftigkeit der 9 Regionen (47 Landkreise) bestehen. So sind Landkreise vorhanden, in denen nach der status-quo-Prognose 1980 zu viel Vollerwerbsbetriebe bei zusätzlicher Förderung vorhanden wären. Andere Regionen geben keinen Anlaß für besondere Förderungsmaßnahmen, während andere zusätzlicher Förderung zur Schaffung einer günstigeren Betriebsstruktur bedürfen. Nach Meinung HOGEFORSTER's ist in Regionen mit umfangreichen Grenzertragsstandorten eine hohe Förderungsbedürftigkeit vorhanden, um genügend Betriebe zur Ausübung von Sozialfunktionen zu erhalten. Als eigentliche Problemgebiete werden die Futterbaustandorte der Eifel, des Sauer- und Siegerlandes, des Bergischen Landes, Teile des West- und Ostmünsterlandes sowie Ostwestfalen herausgestellt. Weitgehend unproblematisch sind die Köln-Aachener Bucht, der Niederrhein, die Soester Börde und das Kernmünsterland.

Geringe Berücksichtigung findet die Marktsituation bei einzelnen Produkten. Sicherlich kann für Nordrhein-Westfalen bei einer relativ geringen Selbstversorgungsquote und der Nähe des Ballungsgebietes davon ausgegangen werden, daß für alle Produkte relativ gute Marktchancen bestehen. Bei einer großräumigen Planung wird es jedoch sicherlich notwendig sein, für Problemprodukte, beispielsweise Zuckerrüben oder Milch, anhand von regionalen Quoten eine Maximalproduktion festzulegen, um andererseits Anreize für Erzeugung zu schaffen, für die langfristig Absatzchancen gegeben sind. Betriebsstrukturen und der Einsatz von Förderungsmitteln sollten mit solchen Planungen abgestimmt werden.

Die Funktionen der Landschaftspflege finden nur in Ansätzen in einzelnen Bundesländern ausreichend Berücksichtigung. Hier ist sicherlich eine stärkere Funktionsteilung als bisher in der Landwirtschaft notwendig. Während sich in der Forstwirtschaft bei Regionen mit hoher Sozialfunktion des Waldes die Tendenz verstärkt, diesen in das Gemeineigentum überzuführen und damit die hohen Belastungen dieser Flächen direkt auf die öffentliche Hand zu übertragen, stellt sich bei landwirtschaftlichen Flächen der Freizone und Waldzone, die der Landschaftserhaltung und -verbesserung, der Erholung und Wassergewinnung dienen, die Frage nach einem langfristig sinnvollen Mitteleinsatz (16). Eigentum, Kosten und Ertrag der Nutzung, öffentliche Funktion und langfristig notwendige Förderung stehen im Zielkonflikt miteinander. So wäre beispielsweise die Nutzung größerer Grünlandflächen bei überwiegender Erhaltung der Eigentumsstruktur im Neben- oder Zuerwerb durch Schafe oder Rinder möglich, wenn eine Bewirtschaftungspflicht eingeführt würde und bei derzeitigen Preisverhältnissen geringfügige Förderungsmittel je Tier oder Flächeneinheit gezahlt würden, um die Einzäunungen und die vorhandenen Ställe zu erhalten. Bei einer Bewirtschaftung durch einen landwirtschaftlichen Haupterwerbsbetrieb wären bei einem derzeitigen Arbeitseinkommen von 18 000 DM je AK 100 bis 150 Rinder auf 100 ha oder 600 bis 800 Schafe notwendig, unter der Voraussetzung, daß sich die Gesamtfläche im Eigentum befindet oder der Pachtpreis Null beträgt. Da in den wenigsten Fällen angenommen werden kann, daß für die Unterbringung der Tiere im Winter eine ausreichende Stallkapazität vorhanden ist, ergibt sich die Notwendigkeit des Neubaues und seiner Bezuschussung. Andere Möglichkeiten wären eine regionale Arbeitsteilung mit Ackerbaubetrieben, die Stallungen besitzen oder Wanderschäferei.

Geht man schließlich davon aus, daß eine Bewirtschaftung durch die Öffentliche Hand erfolgt, ergibt sich die Notwendigkeit, Stallungen mit einem Kostenaufwand von 2500 DM je Rind bzw. 400 DM je Schaf neu zu schaffen. Darüber hinaus entstehen mit Sicherheit höhere Kosten aus der Problematik der Arbeitszeit (40-Stunden-Woche), der Überstunden- und Bereitschaftsverfügung, der Vertretung im Krankheits- und Urlaubsfalle (2 Vollarbeitskräfte nötig). Deswegen ergibt sich auch hier die Notwendigkeit, eine möglichst arbeitsextensive Form der tierischen Nutzung von Grünland ausfindig zu machen, die bei extremen Witterungsverhältnissen keine Stallungen nötig macht, wie wir es zur Zeit mit der Damtierhaltung versuchen.

IV. Zielkonflikte

Auch bei einer stärkeren regionalen Differenzierung des Mitteleinsatzes in der Landwirtschaft lassen sich Zielkonflikte vielfältiger Art nicht vermeiden. Für die Bundesrepublik selbst mehren sie sich durch die Vergrößerung des Produktionsraumes auf die Europäische Gemeinschaft. Es bedarf daher insbesondere bei den Produkten, bei denen ein hoher Selbstversorgungsgrad vorhanden ist, wie Zucker und Butter, einer sorgfältigen und weit vorausschauenden An- und Abstimmung, um nicht innerhalb der Nutzungsformen Zielkonflikte hervorzurufen. Es ergeben sich beispielsweise für die Grünlandnutzung aus der Alternative Milch oder Fleisch weitgehende Schlußfolgerungen für das erreichbare Arbeitseinkommen und damit die Betriebsgröße.

Zur Forstwirtschaft werden Zielkonflikte im Verdichtungsraum und in der Verdichtungsrandzone vorhanden sein. Die zur Landschaftsgestaltung notwendige Aufforstung sowie die Erstellung von Windschutzpflanzungen mit den damit verbundenen Flächenverlusten und Ertragsminderungen macht sich insbesondere in den Regionen nachteilig bemerkbar, in denen hohe Flächenerträge erzielt werden. Bei der Erstellung von Landschaftsrahmenplänen sollten für Wald vornehmlich die Flächen vorgesehen werden, die beim heutigen Stand der Mechanisierung hinderlich sind, oder Streifen, die an Straßen und Wasserläufen liegen.

Bei der Siedlung werden nach wie vor Landverluste entstehen, die sich im Verdichtungsraum, der Verdichtungsrandzone, aber auch im Einzugsbereich eines Mittelzentrums bei guten Standortverhältnissen hinderlich für die Landwirtschaft bemerkbar machen. Hier erscheint es dringend notwendig, zu einer langfristigen und verbindlichen Abgrenzung von Siedlungsbereichen und landwirtschaftlich sowie gärtnerisch genutzten Flächen in Gestalt von Vorranggebieten zu kommen, um einen Fehleinsatz von Mitteln zu vermeiden. Dies ist auch deswegen geboten, weil durch neuere Gesetzgebung und Rechtsprechung der Vorrang der Landwirtschaft durch das Anciennitätsprinzip fallengelassen wird. Durch solche Planung kann eine Belästigung der Menschen durch eine umweltbeeinträchtigende Wirkung der Landwirtschaft, wie Emissionen von Massentierhaltungen, Gewächshäuser und deren Heizungen, aber auch eine Beeinträchtigung der Landwirtschaft durch die Wohnbevölkerung, vermieden werden.

Die gleiche Problematik mit negativen Wirkungen auf die Landwirtschaft ergibt sich aus dem Zielkonflikt mit der Industrie. Sie beeinträchtigt die Landwirtschaft nicht nur durch Landverluste und Abzug der Arbeitskräfte, insbesondere im Ballungsgebiet und der Ballungsrandzone, sondern auch durch Emissionen. In dieser Zone sollte mehr als im verdichtungsfernen Raum die Auswahl der Industriestandorte auch nach der Bodenqualität erfolgen, d. h. Standorte minderer Bodengüte sollten für Industrieansiedlungen vorgesehen werden. Eine stärkere Konzentration ist wünschenswert, um die Auswirkungen der Emissionen zu mindern.

Die Verkehrserschließung mit ihren Flächenverlusten hat Beeinträchtigungen der Landwirtschaft durch Emissionen, aber auch durch Verschlechterung des Kleinklimas und durch Behinderung des landwirtschaftlichen Verkehrs zur Folge. Bis heute ist es den Straßenplanern meist gelungen, durch technische Argumentation eine absolute Priorität ihrer Vorschläge zu erreichen. Bei der Intensivnutzung im Verdichtungsraum und der Verdichtungsrandzone, aber auch bei den guten Standorten verdichtungsferner Räume, wäre eine Trassenführung, die auf die Belange der Landwirtschaft und des Gartenbaues stärkere Rücksicht nimmt, wünschenswert. Bei allem Verständnis für die Tatsache, daß landwirtschaftliche Fahrzeuge wegen Geschwindigkeit und Länge von Schnellverbindungsstraßen verbannt werden, ist doch für die notwendigen Verkehrsmöglichkeiten Sorge zu tragen. Landwirtschaftlichen und gärtnerischen Betrieben sollte die Zufahrt zu Landstraßen nicht verwehrt werden, um dem Schnellverkehr absolute Priorität zu verschaffen.

Zielkonflikte zur Ver- und Entsorgung ergeben sich beim Bau von Rückhaltebecken und Wasserwerken. Die damit verbundenen Landverluste, aber auch die Beeinträchtigung der Nutzung durch die Wasserschutz- und -schonzonen, sollten nach Möglichkeit in den ballungsfernen Raum gelegt werden. Wie bereits dargelegt, ergeben sich dort besonders günstige Möglichkeiten für die Wassergewinnung (16). Die verstärkte Nutzung dieser Möglichkeiten läßt auch eine stärkere Konzentration der Wasserwerke und ihre Verlegung aus dem Verdichtungsraum und aus der Verdichtungsrandzone ratsam erscheinen. Auf diese Weise kann eine Verbesserung der Wasserqualität und eine Verbilligung der Gewinnung erfolgen.

Letztlich können auch Zielkonflikte zur Erholung entstehen. Die Erfahrungen jüngeren Datums in der Rechtsprechung lassen es ratsam erscheinen, den Begriff der Ortsüblichkeit an Geruch und Geräusch, die mit landwirtschaftlicher Tierhaltung verbunden sind, für Erholungsgebiete eindeutig zu klären. Diese Klärung wäre auch wünschenswert für die erlaubte Form landwirtschaftlicher Nutzung in Landschaftsschutzgebieten und Naturparken, da die Vorstellungen maßgeblicher Fachleute über Naturlandschaft heute vom Urwald und der sich selbst zu überlassenden Landschaft bis zur optimalen Kulturlandschaft heutiger Prägung reicht. Auch hier sind Beeinträchtigungen der landwirtschaftlichen Nutzung in allen Regionen möglich und denkbar, wenn auch mit unterschiedlichen finanziellen Auswirkungen.

V. Landwirtschaft in unterschiedlichen Raumkategorien

Zur regionalbezogenen Durchführung von Maßnahmen für den Bereich Landwirtschaft scheint es notwendig, Richtwerte für die Agrarplanung in verschiedenen Regionen zu erarbeiten. In der Übersicht 2 wurde der Versuch für verschiedene Regionen

1. Verdichtung und Verdichtungsrandzone

2. verdichtungsferner Raum mit dem Einzugsbereich eines Mittelzentrums und

3. für den ballungsfernen Raum ohne eigenes Zentrum

unternommen. Hierbei wurde, soweit möglich, nach Produktionsbedingungen, Agrarstruktur und Bevölkerungsentwicklung unterschieden. Diese Richtwerte wurden am Beispiel Nordrhein-Westfalen aufgrund der Sozial-ökonomischen Erhebung, der Arbeit HOGEFORSTER, Unterlagen des Statistischen Jahrbuches und der Landwirtschaftskammer Rheinland erarbeitet.

Als Merkmale bzw. Kriterien sind zunächst die verschiedenen möglichen und überwiegenden Produktionsrichtungen des landwirtschaftlichen und gärtnerischen Pflanzenbaues und der tierischen Veredlungswirtschaft aufgeführt. Fernerhin werden die Aufgaben und Möglichkeiten in der Landschaftspflege genannt. Als gesamtwirtschaftliche Daten erscheinen uns neben der Bevölkerungsdichte der Anteil der Erwerbsbevölkerung, die in Landwirtschaft sowie Industrie und Gewerbe tätig ist, wichtig. Gesamtwirtschaftlich ist auch der Anteil der Industrie- und Verkehrsflächen an der gesamten Wirtschaftsfläche von Bedeutung. Wesentliche Unterschiede bestehen im Bruttoinlandsprodukt sowie im Gemeinde-Steueraufkommen je Einwohner.

Von den natürlichen Merkmalen sind die Klimafaktoren Temperatur, Niederschlag und Vegetationsdauer von Bedeutung. Sie finden mit Berücksichtigung in der Bodenklimazahl, einer Verhältniszahl, die angibt, in welchem Verhältnis der Reinertrag und damit der Ertragswert eines Betriebes zum „Reichsspitzenbetrieb" steht. Er berücksichtigt aber nicht nur die klimatischen und bodenmäßigen Bedingungen, sondern auch die Betriebsgröße, die innere und äußere Verkehrslage und die Zusammensetzung des Betriebes. Die Ertragsmeßzahl setzt sich aus den Acker- und Grünlandzahlen eines Flurstückes zusammen, die zu der Größe der jeweiligen Bodenfläche in Beziehung gesetzt wurden. Bei der Ackerzahl finden Bodenart, Zustandsstufe, Entstehungsart, Klima und Geländeverhältnisse sowie Grundwasserstand Berücksichtigung. Für die Ermittlung der Grünlandzahl werden Bodenart, -stufe, Klima, Wasserverhältnisse sowie Hanglage, Vegetationszeit berücksichtigt.

Übersicht 2: Strukturdaten für Gebietstypen in Nordrhein-Westfalen

Merkmale, Kriterien	Verdichtung und Verdichtungsrandzone			Verdichtungsfern, Einzugsbereich eines Mittelzentrums			Verdichtungsfern, ohne eigenes Zentrum		
	\[Produktionsbedingungen, Agrarstruktur und Bevölkerungsentwicklung\]								
	gut	mittel mäßig	schlecht	gut	mittel mäßig	schlecht	gut	mittel mäßig	schlecht
Produktionsrichtung Pflanzenbau landwirtsch.	Weizen, Gerste, Zuckerrüben		Getreide, Kartoffeln, Ackerfutter	Getreide, Hackfrüchte	Getreide, Kartoffeln, Futterbau, Grünland		Roggen, Hafer Futterbau, Grünland	Rinder, Schafe	Grünland Futterbau
gärtnerisch	Gemüse, Obst, Zierpflanzen, Baumschulen, Unterglas		—	Feldgemüse, Obst-Baumschule		—	Feldgemüse, Obst	—	—
Tierische Veredlungswirtschaft	Legehennen, Pferde, Rinder viehlos			Milchkühe, Rinder, Schweine, Geflügel (Mast)		Rinder, Schweine, Geflügel, (Mast)			
Landschaftspflege (Erholung)	Reiten, Golfen	Wochenendhäuser, Camping, Golfplatz, Fischen		Urlaub auf dem Bauernhof, Camping, Wochenendhäuser, Reiten, Fischen, Wandern			Naturpark, Landschaftsschutz, Wasserschutz, Urlaub auf dem Bauernhof		
Gesamtwirtschaftliche									
Bevölkerungsdichte E/qkm		> 500			150/500			— 150	
Erwerbsbevölkerung % Industrie, Gewerbe % Landwirtschaft		— 65 < 5			40/65 5—15			— 50 — 15	
Wirtschaftsfläche v. H. Gebäude, Hof, Industrieﬂ. Straßen, Wege, Eisenbahnen		> 10 > 8			3/10 4/8			< 3 < 5	
BIP DM/Einwohner (1970)		> 12 000,—			7 000/12 000,—			— 7 500,—	
Gemeindesteuer DM/Einw. (1971)		> 400			250/450			< 250	
Natürliche									
Temperatur °C Jahresdurchschnitt	> 9	> 9	< 7	> 9	7/9	< 7	> 7	< 7	< 6
Niederschläge mm/Jahr	600/800	800/1000	1000	700/900	800/1000	1000	700/900	meist über 1000	> 1000
Vegetationsdauer in Tagen	> 240	220/240	< 220	> 240	220/240	< 220	> 220	< 220	< 200

Bodenklimazahl	>65	>55	<45	>40	40/55	<40	<45	<40	<35
Landw. Vergleichszahl (LVZ)	−15		>20	−15	10/20	>25	−30	>30	>40
Wirtschaftsfläche v. H. Wald LN					40/75			25/75	
LN v. H. Ackerland	>70	55/75	<55	>60	35/70	<40	>40	<35	<25
Grünland	−15	−30	>40	−20	30/55	>60	−25	>55	>70
Hackfrüchte	>15	10/15	<10	>10	7/10	<7	>5	<5	<3
Gartenbau	1—10	—7	—2	—4	—4	—1	—1	<0,1	<0,1
Sozialbrache		>5			1/30			0/10	
Pachtfläche	>60	50/60	—50		40/50			<40	
Agrarwirtschaftliche									
Flächenerträge dt/ha GE Winterweizen (1951/65)	>32	30/32	<30	>32	30/32	<30	>30	<30	
Milchleistung kg/Jahr	>4500				4000/5000			<4000	<3700
Viehbesatz, Stück/100 ha LN									
Milchkühe	<30	30/50	50/70		40/80			40/80	
Rinder, insgesamt	—85				80/110			>90	
Schweine, insgesamt	150				250/500			<50	
Legehennen	500/200				1000/3000			<500	
Betriebsgröße ha Durchschnitt	>25				20/25			<20	
% Haupterwerbsbetriebe	>55				20/35			<20	
% Nebenerwerbsbetriebe	<10				15/30			>50	
% Haupterwerbsbetriebe mit ausgebildetem Hofnachfolger > 15 a	70/95				70/95			>60	
% Betriebe mit Fremd-AK	>25				10/20			>5	
Deckungsbeitrag DM/ha LN	>1900,—				1400/1900			<1500,—	<1200,—

Neben dem Anteil der landwirtschaftlichen Nutzfläche und des Waldes an der Wirtschaftsfläche sollten die Anteile von Ackerland, Grünland, Hackfrucht, Gartenbau und Sozialbrache an der landwirtschaftlichen Nutzfläche für eine Beurteilung Anwendung finden. Darüber hinaus erscheint es wichtig, den Anteil der Pachtfläche an der landwirtschaftlichen Nutzfläche und den Pachtpreis für die Beurteilung zugrunde zu legen.

Als agrarwirtschaftliche Merkmale sollten die langfristigen Flächenerträge von Winterweizen sowie die Milchleistung ermittelt werden. Vom Viehbesatz ist die Zahl der Milchkühe, der Rinder, der Schweine und der Legehennen von Bedeutung. Hinsichtlich der Betriebe spielt nicht nur die durchschnittliche Betriebsgröße und evtl. ihre größenmäßige Gliederung, sondern auch der Anteil der Haupt- und Nebenerwerbsbetriebe eine Rolle. Für die Zukunftsbetrachtung sollten die Haupterwerbsbetriebe mit ausgebildetem Hofnachfolger ermittelt werden. Regional verschieden ist der Anteil der Betriebe mit Fremdarbeitskräften. Für die Ermittlung des wirtschaftlichen Status quo und der Zukunftsentwicklung ist es wichtig, den Deckungsbeitrag, den Kapitalbesatz und die Zinsbelastung festzustellen.

Anhand der vorliegenden Unterlagen ergeben sich Möglichkeiten, für die jeweiligen Regionen die zukünftigen Entwicklungsmöglichkeiten zu ermitteln und sie als Grundlage für den Mitteleinsatz zu verwenden.

VI. Zusammenfassung

Die Entwicklung der landwirtschaftlichen Erzeugung in der EG führte bisher zu Überproduktionen bei einigen Produkten, die auch durch Marktordnungen nicht beseitigt werden konnten. Neuerdings ist unter dem Einfluß des Einzelbetrieblichen Förderungsprogramms der Bundesrepublik eine Hinwendung zur Strukturpolitik zu erkennen.

Es werden Ziele und Maßnahmen für die Landwirtschaft dargelegt; als Hauptziele die Versorgung der Bevölkerung mit landwirtschaftlichen und gärtnerischen Erzeugnissen sowie die Erhaltung und Entwicklung der Nutzungsfähigkeit von Landschaft und Natur durch die Landwirtschaft. Vielfältigen Unterzielen werden umfangreiche Maßnahmen zugeordnet. Die Notwendigkeit stärkerer regionaler Differenzierung des Mitteleinsatzes wird herausgestellt. Bisher wurden lediglich die „von der Natur aus benachteiligten Gebiete" bzw. im Einzelbetrieblichen Förderungsprogramm die Unterschiede im Bruttosozialprodukt berücksichtigt. Unterlagen über Klima- und Bodenverhältnisse, Agrarstruktur, Ertragskraft sind in der Bundesrepublik größtenteils vorhanden. Die Funktionen der Landschaftspflege, Probleme und Kosten wurden bisher vernachlässigt.

Mögliche Zielkonflikte mit landwirtschaftlicher Erzeugung selbst, Landbeanspruchung durch Industrie, Siedlung und Verkehr sowie der Erholung werden aufgezeigt.

Zur regionalbezogenen Durchführung von Maßnahmen für die Landwirtschaft werden für 3 Regionen mit unterschiedlichen Produktionsbedingungen — gut, mittel, schlecht —, Agrarstruktur und Bevölkerungsentwicklung am Beispiel Nordrhein-Westfalens Strukturdaten erarbeitet. Als Hauptkriterien werden Produktionsrichtung, Landschaftspflege, gesamtwirtschaftliche, natürliche und agrarwirtschaftliche Merkmale herausgestellt und mit vielfältigen Daten erläutert. Es wäre wünschenswert, zukünftig vorher die Möglichkeiten der einzelnen Regionen zu ermitteln und den Mitteleinsatz hierauf abzustellen.

Literaturhinweise

(1) Deutscher Bundestag: Agrarbericht 1974. Agrar- und ernährungspolitischer Bericht der Bundesregierung. Bonn 1974.

(2) BURBERG, P. H.: Sozialökonomische Betriebserhebung 1969/70 in Nordrhein-Westfalen. Forschung und Beratung, Reihe C, H. 19, Hiltrup 1971.

(3) Bundesminister des Inneren: Beirat für Raumordnung, Empfehlungen, Folge 3, 1972.

(4) Bundesanstalt für Vegetationskunde, Naturschutz und Landschaftspflege: Vegetationskarte der Bundesrepublik Deutschland 1 : 200 000 — Potentielle natürliche Vegetation — Blatt CC 5502 Köln. Schriftenreihe für Vegetationskunde, H. 6, Bonn-Bad Godesberg 1973.

(5) ERTL, H.: Entwurf eines Gesetzes über Naturschutz und Landschaftspflege, Struktur: 267—269, 1973.

(6) Gesetz zur Landesentwicklung (Landesentwicklungsprogramm), Gesetz- und Verordnungsblatt für das Land Nordrhein-Westfalen 28, 96—102, 1974.

(7) HOGEFORSTER, J.: Regionalplanung im Agrarbereich. Bonner Hefte für landwirtschaftliche Betriebslehre, H. 2. Bonn 1970.

(8) HOGEFORSTER, J.: Die Entwicklung von Regionen im Lande Nordrhein-Westfalen — Ein Beitrag zur Agrarplanung. Forschung und Beratung, Reihe B, H. 20, Hiltrup 1972.

(9) KUCHS, W.: Die voraussichtliche Entwicklung der Bodenproduktion in den Wirtschaftsgebieten der Bundesrepublik Deutschland bis 1980. Agrarwirtschaft, Sonderheft 38, Hannover 1970.

(10) Kungl. Lantbruksstyrelsen: Åkerjordens framtida omfattning och lokalisering. Meddelanden, Serie A, Nr. 6, Sollna 1967.

(11) Landwirtschaftskammer Rheinland: Die Agrarstruktur im Rheinland. Ergebnisse der Sozialökonomischen Betriebserhebung 1969/70 in Nordrhein-Westfalen. Schriften der Landwirtschaftskammer Rheinland, H. 13, Bonn 1971.

(12) Landwirtschaftskammer Rheinland: Ergebnisse der Sozialökonomischen Betriebserhebung 1973 in Nordrhein. Schriften der Landwirtschaftskammer Rheinland, 1974 (im Druck).

(13) MEADOWS, D.: Die Grenzen des Wachstums. Stuttgart 1972.

(14) MEISEL, K. und W. MELZER: Nicht mehr landwirtschaftlich genutzte Fläche (Sozialbrache) in v. H. der landwirtschaftlichen Nutzfläche (LN) in der BRD. Bundesanstalt für Vegetationskunde, Naturschutz und Landschaftspflege. Bonn 1972.

(15) OTREMBA, E.: Gunst und Ungunst der Landesnatur für die Landwirtschaft im Gebiet der Bundesrepublik Deutschland. Atlas der Deutschen Agrarlandschaft, Teil I, Blatt 1, Wiesbaden 1968.

(16) REINKEN, G.: Zükünftige Produktionsmöglichkeiten und Standortorientierung landwirtschaftlicher Haupterwerbsbetriebe. In: Die Zukunft des ländlichen Raumes. 2. Teil, Entwicklungstendenzen der Landwirtschaft, Forschungs- und Sitzungsberichte der Akademie für Raumforschung und Landesplanung, B. 83, Raum und Landwirtschaft 9, Hannover 1972.

(17) Derselbe: Braucht die Landwirtschaft neue Produkte? Agrarwirtschaft 22, 278—83, 1973.

(18) Derselbe: Landwirtschaftliche Vorranggebiete. In diesem Band.

(19) SAUER, P.: Regionales Modell der landwirtschaftlichen Produktion in Niedersachsen. Agrarwirtschaft. Sonderheft 37, Hannover 1970.

(20) Statistisches Amt der Europäischen Gemeinschaften: Eurostat. Agrarstatistisches Jahrbuch. Luxemburg 1973.

(21) Statistisches Landesamt Nordrhein-Westfalen: Statistisches Jahrbuch Nordrhein-Westfalen, 15, Düsseldorf 1973.

(22) STRUFF, R.: Dimensionen der wirtschaftsräumlichen Entwicklung. Forschungsgesellschaft für Agrarpolitik und Agrarsoziologie e. V. Bonn, H. 218, 1973.

B. Regionale Konsequenzen

von

Hellmuth Bergmann, Luxemburg

Ein vollständiges Bild der regionalen Konsequenzen der vorstehend erläuterten sektoralen Zielvorstellungen ließe sich nur geben, wenn man alle denkbaren 27 Kombinationen der für die Landwirtschaft wichtigsten Kennzeichen für bestimmte Raumtypen, nämlich die Siedlungsdichte und die Lage des ländlichen Raumes zu städtischen Zentren, die landwirtschaftlichen Produktionsbedingungen und drittens die Agrarstruktur, einzeln darstellen würde. Selbst dann müßte man noch vereinfachen, denn hinter den eben aufgezählten Kennzeichen verbergen sich natürlich eine Fülle von Einzelerscheinungen, die unterschiedlich auf die Entwicklung der Landwirtschaft einwirken.

Da eine solche, ins einzelne gehende Darstellung zu lang und zu verwirrend werden würde und da die genannten Kennzeichen sich keineswegs nach der statistischen Wahrscheinlichkeit ungefähr gleichgewichtig kombinieren, wollen wir uns auf die drei wichtigsten Kombinationen beschränken, nämlich

I. Verdichtungsraum oder Verdichtungsrandzone mit guten natürlichen Standortverhältnissen und günstiger Agrarstruktur.

II. Raum im Einzugsbereich eines Mittelzentrums mit mittleren natürlichen Standortverhältnissen und mittelmäßiger Agrarstruktur.

III. Verdichtungsferner Raum ohne städtisches Zentrum mit schlechten natürlichen Standortverhältnissen und schlechter Agrarstruktur.

Der vorhergehende Beitrag hat am Beispiel Nordrhein-Westfalens Gelegenheit gegeben, zu erläutern, was jeweils unter „gut", „mittel" und „schlecht" in etwa zu verstehen ist. Wenn auch geeignete Unterlagen nur für dieses Land aufbereitet vorliegen, so lassen doch die vorliegenden agrargeographischen Karten und Agrarstatistiken darauf schließen, daß die Verhältnisse in den übrigen Teilen des Bundesgebietes nicht soviel anders sind, als daß die daraus abgeleiteten Schlußfolgerungen grundsätzlich andere wären.

Es mag zunächst überraschen, daß jeweils „gut" mit „gut" und „schlecht" mit „schlecht" zur Darstellung der regionalen Konsequenzen kombiniert wurde, aber aus historischen Gründen kommen diese Kombinationen — scheinbar entgegen der ökonomischen Logik — am häufigsten vor.

Aber die frühen städtischen Zentren konnten sich natürlich im allgemeinen dort entwickeln, wo die landwirtschaftlichen Produktionsverhältnisse günstig waren, denn nur dann konnten sie überhaupt mit Nahrungsmitteln befriedigend versorgt werden. Gleichzeitig förderten günstige Boden- und Klimaverhältnisse die Entstehung einer gesunden Agrarstruktur, weil die besseren Betriebe bei guter Wirtschaftsweise eine Differentialrente erwirtschafteten, die den Ankauf von Land weniger gut bewirtschafteter Betriebe ermöglichte. Im übrigen entschließt man sich leichter, Land oder den Betrieb zu verkaufen, wenn andere Erwerbsmöglichkeiten in der nahe gelegenen Stadt vorhanden sind. Die schon im frühen Mittelalter bekannten reicheren Städte gaben dann im 19. und 20. Jahrhundert sehr häufig die Grundlage zur Industrialisierung ab, weil sich dort schon Menschen, die gleichzeitig Arbeitskräfte und Absatz sicherten, Handel und Kapital zusammengezogen hatten. Natürlich spielten auch die Verkehrslage, das Vorkommen von Bodenschätzen und die Tatsache, daß die Städte schon Sitz höherer weltlicher oder kirchlicher Verwaltungen waren, eine erhebliche Rolle, doch siedelten sich Fürsten und Bischöfe auch meist dort an, wo man gut leben konnte, d. h. wo die Landwirtschaft reich war.

Umgekehrt finden sich schlechte natürliche Produktionsverhältnisse sehr oft dort, wo städtische Zentren weit sind. Wie sollten diese sich auch entwickeln? Nachdem der Boden einmal aufgeteilt war, änderte sich die Agrarstruktur kaum noch, es sei denn im Erbgang durch Realteilung zum Schlechteren hin, weil die wirtschaftliche Kraft der kleinen Betriebe kaum ausreichte, um Kapital zur Betriebserweiterung zu bilden.

Selbstverständlich kommen auch andere Kombinationen vor, und wir werden hierauf hinweisen, wenn sich für sie besondere Probleme ergeben, die nicht ohne weiteres aus den Verhältnissen in den drei besonders häufig vorkommenden Kombinationen abgeleitet werden können.

I. Verdichtungsraum mit guten Produktionsbedingungen und guter Agrarstruktur

1. Charakteristische Merkmale

Nicht selten finden sich gerade in den eigentlichen Ballungsgebieten und in deren Randzonen ausgezeichnete Böden der Landwirtschaft mit günstigem Relief und einem für den Ackerbau und den Gemüse- und Obstbau besonders geeigneten Klima. Eine gute Agrarstruktur geht damit Hand in Hand, d. h. Familienbetriebe überwiegen, die weit größer sind als die Förderungsschwelle erfordert und die von allen modernen Möglichkeiten der Mechanisierung und Rationalisierung ohne größere Schwierigkeiten Gebrauch machen können. Größere Lohnarbeitsbetriebe kommen vor, daneben natürlich auch Neben- und Zuerwerbsbetriebe, sie sind aber nicht vorherrschend. Derartige Räume finden wir in den Börden von Hildesheim, Hannover und Köln, im zentralen Münsterland, rings um die niederländischen und belgischen Großstädte, im Pariser Becken, um nur einige zu nennen.

Diese Gebiete sind gekennzeichnet durch hohe Opportunitätskosten für Boden und Arbeit, d. h. die Nachfrage nach beiden Produktionsfaktoren durch andere Sektoren der Volkswirtschaft ist hoch und zwingt dazu, intensiv zu wirtschaften und sowohl die Boden- als auch die Arbeitsproduktivität laufend zu steigern. Deswegen wird in diesen Gebieten ein intensiver Getreidebau häufig von einem ausgedehnten Zuckerrüben-, Gemüse- und Obstbau begleitet. Die Viehhaltung tritt demgegenüber zurück und beschränkt sich auf die Verwendung marktloser Produkte, wie Zuckerrübenblatt und dem aus Fruchtfolgegründen notwendigen Feldfutterbau. Viehlose Betriebe sind häufig anzutreffen.

Einkommens- und Liquiditätsschwierigkeiten haben Betriebe dieser Gebiete selten. Sie sind im Gegenteil aufgrund der günstigen Produktionsbedingungen am ehesten in der Lage, das für die Rationalisierung und Betriebserweiterung notwendige Kapital zu bilden. Die Agrarstruktur hätte also Tendenz, sich weiterhin zu verbessern, nicht zuletzt deswegen, weil diejenigen Betriebe, die Land verkaufen und ihren landwirtschaftlichen Betrieb aufgeben wollen, verhältnismäßig leicht eine andere Existenz in der näheren Umgebung finden, wenn die Entwicklung ungestört verlaufen könnte.

Lohnarbeitsbetriebe haben zwar gewisse Schwierigkeiten, Arbeitskräfte zu finden und zu halten, jedoch sind diese Schwierigkeiten eher kleiner als in anderen Gebieten, weil diese Betriebe immer im industriellen Arbeitskräftereservoir schöpfen können. Immer wieder finden sich Industriearbeiter, die aus psychischen oder Gesundheitsgründen bei annähernd gleicher Entlohnung die Landarbeit der Arbeit in Gewerbe und Industrie vorziehen.

Besonders leicht finden sich in diesen dicht besiedelten Gebieten Saisonarbeitskräfte. Studenten, Schüler und Hausfrauen sind gerne bereit, durch einige Wochen intensiver Landarbeit in der Nähe ihres Wohnsitzes ihr Taschengeld erheblich aufzubessern. Wäre dies übrigens nicht der Fall, so könnte sich dort der intensive Hackfrucht- und Obstbau nicht halten.

Sind die Produktionsverhältnisse nicht ideal, so kommen Nebenerwerbsbetriebe bei weitem häufiger vor; ist gleichzeitig noch Agrarstruktur und Flurlage schlecht, so kommt es zur Sozialbrache, die andererseits nur dort denkbar ist, wo die außerlandwirtschaftlichen Verdienstmöglichkeiten gut sind.

2. Interessenkonflikte

a) *Konkurrierende Nachfrage nach Boden und ihre Konsequenzen*

So gut die landwirtschaftlichen Verhältnisse und so günstig die Lebensverhältnisse für die Landwirte in diesen Gebieten auch sind, so hart sind die Interessenkonflikte mit allen anderen Sektoren der Volkswirtschaft und anderen Ansprüchen an den Raum. Wir haben schon darauf hingewiesen, daß gerade in diesen Gebieten die Nachfrage nach Boden für Wohnungsbau, Industrieansiedlung und Verkehrsanlagen besonders groß ist. In der Tat ist sie häufig so groß, daß sie aus dem freien Bodenmarkt heraus nicht mehr befriedigt werden kann, so daß die öffentliche Hand zur Enteignung schreiten muß. Das hat zur Folge, daß die Verkehrswerte der Böden durchweg weit über den landwirtschaftlichen Ertragswerten, zumindest gemessen am Reinertrag, liegen. Die Wanderung des Bodens zum besseren Wirt ist also stark behindert und nur in dem Umfange möglich, wie Familienbetriebe als Käufer auftreten, die nicht nach der Kapitalrendite, sondern nach der Einkommensrendite fragen. Sie können also nur in dem Umfange Land zukaufen, wie sie ihre Produktionskapazitäten an Familienarbeitskräften und Maschinen und sonstigen Investitionen nicht voll ausnutzen. Da die Faktorkosten (Boden und Arbeit) nicht voll entlohnt werden, können sie zusätzliche Arbeitskräfte nicht einstellen. Die Möglichkeiten zur Verbesserung der Agrarstruktur sind also begrenzt. Für ganze Betriebe treten natürlich sowohl Industrielle als auch Landwirte als Käufer auf. Die letzteren sind dann meist zu günstigen Bedingungen aufgekauft worden und demzufolge nicht gezwungen, nur zum Ertragswert zu kaufen.

Die zunehmende Ausdehnung der Städte und die Erschließung der Räume mit immer neuen Verkehrswegen erleichtert natürlich den Landwirten nicht nur den Absatz ihrer

Produkte in der Stadt und ermöglicht ihnen nicht nur, mehr und besser von den wirtschaftlichen und kulturellen Angeboten der Stadt Nutzen zu ziehen, sondern verschlechtert zunehmend ihre innere Verkehrslage. Betriebe und Parzellen werden zerschnitten, Umwege notwendig und oft auch die Betriebsfläche durch Enteignung verkleinert. So sehr also die Landwirtschaft dieser Gebiete von sich aus die Tendenz hat, die Agrarstruktur zu verbessern, so sehr wirken die sich ständig ausdehnenden Siedlungen mit all ihren Ansprüchen an Verkehrs- und Industriegelände auf eine zunehmende Verschlechterung der Agrarstruktur hin.

b) *Einschränkung der Produktionsmöglichkeiten durch Anforderungen des Umweltschutzes*

Bereits im Teil A. ist darauf hingewiesen worden, daß Siedlung (Ballung) und Landwirtschaft schlechte Nachbarn sind und sehr unterschiedliche Interessen haben. Gerade in diesen Gebieten, die sich so besonders gut für die rationelle Landwirtschaft eignen, werden der Intensivierung und Mechanisierung mehr und mehr Grenzen gesetzt.

Die Massentierhaltung verbietet sich in der Nähe von Wohnsiedlungen von selbst, aber auch die reichliche Anwendung von Mineraldünger und Pflanzenschutzmitteln wird in zunehmendem Maße wegen der damit verbundenen Geruchsbelästigung und der Gefahr von für das Trinkwasser schädlichen Emissionen eingeschränkt werden müssen. Dabei ist es sehr fraglich, ob in diesen Gebieten die Landwirtschaft an Siedlung, Industrie und Verkehr die gleichen strengen Ansprüche auf Schutz vor Emissionen stellen kann, wie sie umgekehrt die Wohnsiedlungen an die Landwirtschaft richten. Solange diese Sektoren nicht aus human-medizinischen Gründen von Staats wegen gezwungen werden, ihre Emissionen drastisch herabzusetzen, wird die Landwirtschaft ihren Anbau von Intensivkulturen, insbesondere von Obst, Gemüse und Futterpflanzen für das Milchvieh, aus den emissionsgefährdeten Zonen herauslegen müssen. Auf die Dauer wird es der Verbraucher nämlich nicht mehr tolerieren, daß Obst, Gemüse und Futter für das Milchvieh neben Schnellverkehrswegen mit viel Verkehr oder in der Nähe der chemischen Industrie angebaut werden, weil Abgase, Blei, Schwermetalle etc. die Nahrungsmittel mehr oder weniger vergiften. Daß die Strohverbrennung eingeschränkt oder verboten wird, braucht die fortschrittliche Landwirtschaft nicht zu stören. Stroh unter Zugabe von Kalkstickstoff oder anderen N-Düngern zünftig in den Boden eingearbeitet, ist nicht schädlich, sondern fördert auf die Dauer die Bodenfruchtbarkeit, erhöht den Humusgehalt und lockert die Bodenstruktur.

Volkswirtschaftlich gesehen ist natürlich die reichliche Inanspruchnahme von landwirtschaftlicher Nutzfläche, sei es direkt, sei es indirekt durch Anbaubeschränkungen, nicht erwünscht, denn selbstverständlich wird auf den guten Böden zu niedrigeren Kosten produziert als auf den schlechteren Böden. Je weniger gute Böden genutzt werden können, um den Bedarf an Lebensmitteln zu decken, um so mehr Grenzböden müssen in Produktion genommen oder können nicht aufgegeben werden. Die Landwirtschaft auf den schlechten Böden ist daran natürlich durchaus interessiert, denn mit abnehmendem oder langsamer steigendem Angebot von Nahrungsmitteln aus den von Natur aus begünstigten Gebieten verbessern sich ihre Konkurrenzsituation und demzufolge ihre Einkommensverhältnisse. Inwieweit eine solche Entwicklung regionalpolitisch erwünscht wäre, da sie die Notwendigkeit zu „Passivsanierung" in abgelegenen Gebieten einschränken würde, wäre wert, einmal gründlich untersucht zu werden.

c) *Intensive Landnutzung gegen Naherholung*

Die städtische Bevölkerung wird am meisten bedauern, daß die intensive Landwirtschaft diese Gebiete für die Naherholung so wenig anziehend macht und höchstens ab und an den Städter nach Feierabend zum Feierabendspaziergang einlädt, weil besseres nicht in erreichbarer Nähe ist und er einmal den Mauern entfliehen will. All das, was der Städter in einer Erholungslandschaft sucht, wie Wald, Hügel, Wiesen, Weiden, Gebüsch, Hecken etc., findet er natürlich in den ebenen, fruchtbaren Börden nicht. Auch Windschutzpflanzungen können daran nicht viel ändern. Sollen sie wirksamen Schutz bieten, müssen sie die Landschaft in regelmäßigen Abständen lückenlos durchschneiden. Grünt man dagegen kleine, nicht genutzte Stücke und Zwickel ein, hat man keinen Windschutz. Die Landschaft wird natürlich mehr aufgelockert und dadurch schöner, aber noch lange keine Erholungslandschaft.

Die Schönheit einer Landschaft steht nun einmal in umgekehrtem Verhältnis zu ihrer landwirtschaftlichen Ertragsfähigkeit und Intensität. Kein Wunder, wenn der Städter sich in den fruchtbaren Ebenen weder zum Wandern, noch zum Verweilen, weder zum Reiten, noch zum Promenieren eingeladen fühlt und mehr und mehr danach strebt, wenigstens Teile dieser Räume auf Kosten der Landwirtschaft in eigentliche Erholungslandschaften (Parks) zu verwandeln, die nicht oder kaum landwirtschaftlich genutzt werden.

Umgekehrt stört natürlich auch der Erholungsverkehr die Landwirtschaft. Die Straßen im Ballungsgebiet sind voll, und der landwirtschaftliche Verkehr hat große Schwierigkeiten; auf Wiesen und Feldern werden Städter beim Spielen, Wandern oder Reiten — es sei denn kurz nach der Ernte — äußerst ungern gesehen; von den Problemen und Schäden, die der Landwirtschaft durch Abfälle wie Flaschen, Dosen, Schrauben, Plastik etc. entstehen, ganz zu schweigen.

3. Positive Wechselwirkungen zwischen Ballung und Landwirtschaft

Noch nicht untersucht worden ist die Frage, wie weit die Landwirtschaft aber auch physisch von der Nähe der Ballung Nutzen hat. Die Vorteile der Nähe zum Markt, die die Selbstvermarktung ermöglicht und den Absatz transportempfindlicher Produkte erleichtert, sind oft beschrieben worden. Die Großstadtnähe kann das Klima günstig beeinflussen, weil sie die Luft durch Abwärme aufheizt und dadurch die Vegetationsdauer verlängert. Fest steht andererseits, daß die Sonnenscheindauer und -intensität durch Dunst und Smog herabgesetzt wird und die Emissionen sehr schädlich sein können. Das kann aber wiederum zu höherer Luftfeuchtigkeit, evtl. auch zu höheren Niederschlägen führen.

Möglicherweise läßt sich die Abwärme der Ballung, insbesondere der Kraftwerke und großen Industriebetriebe, in Zukunft aber auch bewußt nutzen, indem man sie zur Aufheizung von Gewächshäusern und vielleicht sogar des Bodens benutzt. Da es eine direkte Korrelation zwischen Pflanzenwachstum und Wärme gibt, sind solche Möglichkeiten nicht von der Hand zu weisen und anläßlich der Verteuerung der Energie von Interesse.

Andererseits sollte auch die Ballung nicht nur den Konflikt mit der Landwirtschaft suchen und ihre Produktionsmöglichkeiten allzusehr durch Landnahme und Vorschriften einengen. Ist doch nach der Forstwirtschaft die Landwirtschaft einschließlich Gartenbau ganz sicher der umweltfreundlichste aller Sektoren. Luft- und Wasserverschmutzung sind im Verhältnis zu den Vorteilen der Luftreinigung und Produktion von Sauerstoff und zur Grundwassererhaltung und -gewinnung unverhältnismäßig gering. Das besagt natürlich nicht, daß Landwirtschaft nicht noch umweltfreundlicher betrieben werden sollte und könnte, führt aber doch zu dem Schluß, daß die Ballung wahrscheinlich ein erhebliches Eigeninteresse hat, die Landwirtschaft in diesen Gebieten zu erhalten und zu fördern. Denn die Landwirtschaft dieser Gebiete kann der Ballung nicht nur bei der Erholung, sondern auch sonst direkt bei der Lösung vieler ihrer Umweltprobleme helfen. Z. B. eignen sich Böden und Bewirtschaftungsart in keinem anderen Gebiet so gut für die Verwendung von Müllkompost. Es ist daher nicht einzusehen, daß gerade in der Ballung nicht erheblich mehr von der Müllkompostierung Gebrauch gemacht wird. Die Transportkosten bei der Verwendung des Mülls sind vergleichsweise niedrig und die Rentabilität des Einsatzes von Müllkompost aufgrund des hohen Anteils von Hackfrüchten hoch. Leichtere Böden erlauben im übrigen sehr hohe Gaben je Flächeneinheit. Insbesondere der hohe Kalk- und Humusgehalt sind willkommen. Allerdings muß eventuell auf Schadstoffe (Schwermetalle) geachtet werden.

II. Raum im Einzugsbereich eines Mittelzentrums mit mittleren Standortverhältnissen

1. Charakteristische Merkmale und Entwicklungstendenzen

In den Gebieten, die sich gewissermaßen zwischen der Ballung und den von allen städtischen Zentren entfernt liegenden Gebieten befinden, verläuft die landwirtschaftliche Entwicklung, wenn die Produktionsverhältnisse nicht ungünstig sind, am gleichförmigsten und am problemlosesten. Bei mittelmäßiger Agrarstruktur sind die Familienbetriebe im allgemeinen ausreichend groß, um den Bauern nicht nur ein auskömmliches Einkommen, sondern auch eine Teilnahme an der wirtschaftlichen Entwicklung und am technischen Fortschritt zu ermöglichen. Klima und vor allem Bodenverhältnisse wechseln auf engem Raume ziemlich stark, auch wenn sie im Durchschnitt größerer Gebiete als „mittel" bezeichnet werden, so daß die Einkommensverhältnisse von Betrieb zu Betrieb relativ stark schwanken. Wer das Glück hat, über vergleichsweise gute Böden zu verfügen, kann eher Intensivfrüchte anbauen als jemand, der über weniger gutes Ackerland und mehr Grünland verfügt. Die so zu erwirtschaftende Differentialrente ermöglicht den Zukauf von Land und damit eine fortlaufende Verbesserung der Agrarstruktur. Auch spielt die Zupacht von Land eine erhebliche Rolle, wenn die den Raum beherrschenden Mittelzentren so nahe liegen, daß verpachtungswillige Betriebsleiter, ohne den Wohnort wechseln zu müssen, andere Arbeit finden, die ihnen bessere Einkommen ermöglicht als der eigene, zu kleine Betrieb.

Im übrigen sind diese Räume durch eine vergleichsweise vielseitige Landwirtschaft gekennzeichnet. Die wechselnden Bodenverhältnisse bremsen eine stärkere Spezialisierung. So werden neben Hackfrüchten, die allerdings meist einen geringeren Anteil einnehmen als in den Gebieten mit sehr guten Böden, Getreide und Futter angebaut. Das meist schon recht umfangreiche Grünland zwingt zur Viehhaltung. Der reichliche Besatz an Arbeitskräften der Familienbetriebe läßt der Milchviehhaltung den Vorzug einräumen, während sehr große Familienbetriebe und Lohnarbeitsbetriebe zur Mastviehhaltung oder — bei sehr geringem Grünlandanteil — zur viehlosen Wirtschaft tendieren. Obst- und Gemüsebau treten demgegenüber sehr stark zurück und zwar nicht nur deswegen, weil Boden und Klima sich weniger dafür eignen, sondern weil Saison-Arbeitskräfte in viel geringerem Umfang zur Verfügung stehen als in der Nähe der Ballung.

Liegen diese Gebiete in der Nähe der Nordseehäfen und können demzufolge eingeführtes Kraftfutter zu günstigen Preisen zukaufen, so kann die Massentierhaltung eine erhebliche Rolle spielen. Zum Bedauern der regionalen Entwicklungspolitik wird nämlich die Abschöpfung auf Futter-Getreide für alle EG-Häfen und -Einfuhrstellen einheitlich festgelegt, und zwar in Relation zu den im bedeutendsten Zuschußgebiet der EG festgelegten Interventionspreisen. Da im Zuschußgebiet, eben in der Nähe der Nordseehäfen und der Ballungsgebiete an Rhein und Ruhr, die Getreidepreise am höchsten, in den am Rande der EG liegenden Getreideüberschußgebieten (Holstein, Ost-Niedersachsen, Bayern etc.) aber am niedrigsten sind, ist in den Randgebieten der EG das importierte Getreide — selbst wenn es über die nahegelegene Grenze kommt — viel teurer als das am Ort erzeugte. Daraus ergibt sich, daß alle Gebiete, die nicht in der Nähe der Ballung am Rhein und der Nordseehäfen liegen, von der Veredelung eingeführten Futtergetreides völlig ausgeschlossen sind. Sie sind allein auf örtlich anfallendes Überschußgetreide angewiesen, das wegen der Betriebsstruktur kaum anfällt. Vom Standpunkt der Regionalpolitik, die an einer breiteren Streuung der Getreideveredelungsbetriebe (industrielle Haltung von Geflügel und Schweinen) sowohl aus Gründen der Umweltbelastung als auch der Einkommenssteigerung in abgelegenen Gebieten interessiert sein muß, ist dies sehr zu bedauern.

In die gleiche Richtung wirken übrigens die Frachttarife, die den Transport von Getreide begünstigen, aber nicht den Transport von Mehl und Kleie. Demzufolge haben sich die Mühlen in den Ballungsgebieten konzentriert und nicht in den Getreideüberschußgebieten, wo sie eigentlich hingehören. Die Kleie muß deswegen in der Ballung verfüttert werden und nicht in den Getreideerzeugungsgebieten, wo das regionalpolitisch eigentlich erwünscht wäre.

Auf jeden Fall wird in den hier zur Rede stehenden Gebieten die bisherige Entwicklung sich konsequent fortsetzen. Der Zug zum größeren Familienbetrieb dürfte gleichmäßig weiter gehen. Die Bauern werden, soweit sie nicht aufgeben, bestrebt sein, ihre Betriebe zu rationalisieren und die Erzeugung je Flächeneinheit und je Tier durch weitgehende Anwendung des technischen Fortschritts zu steigern. Die Einkommens- und Lebensverhältnisse werden im wesentlichen befriedigen und sich langsam verbessern.

In diesen Gebieten werden sich auch weiterhin Meliorationen aller Art, wie Bodenmelioration, wasserwirtschaftliche Maßnahmen, Erosionskontrolle, Flurbereinigung etc. lohnen, denn die dort in der Mehrzahl vorhandenen großen bäuerlichen Familienbetriebe haben durchaus die Chance, sich weiter zu entwickeln. Ist die Agrarstruktur jedoch unbefriedigend, d. h. die Betriebe gemessen an den Boden- und Klimaverhältnissen zu klein, um ein befriedigendes Einkommen zu erzielen, so ist von derartigen Maßnahmen dringend abzuraten. Anders ausgedrückt: sie sind bei weniger guten bis schlechten Produktionsverhältnissen nur für vergleichsweise sehr große Familienbetriebe zu rechtfertigen, d. h. im Ausnahmefall.

2. Interessenkonflikte und Interessengleichklang

a) Umweltschutz und Infrastruktur

Diese Entwicklung wird auch von den anderen Sektoren der Volkswirtschaft weit weniger gehindert werden als in den Ballungsräumen. Die Nachfrage nach Land ist nicht so groß wie in der Ballung, so daß sowohl die Landpreise vergleichsweise günstiger, wenn auch immer noch höher als der Ertragswert sind, als auch nur wenige Betriebe unmittelbaren Schaden durch Landinanspruchnahme von Siedlung, Industrie und Verkehr erleiden.

Man hat einfach mehr Platz und stört sich gegenseitig nicht in dem Maße, wie in der Ballung. Weder leidet die Landwirtschaft allzustark unter Emissionen von Industrie und

Verkehr, noch muß die Landwirtschaft weitgehende Einschränkungen in bezug auf Tierhaltung, die Anwendung von Mineraldünger und Pflanzenschutzmitteln in Kauf nehmen. Die Landwirtschaft kann auf der anderen Seite, wenn sie über genügend leichte Böden verfügt, der Stadt helfen, ihre Abwasserprobleme durch Verregnung oder Verrieselung zu lösen und gleichzeitig ihre eigenen Produktionsverhältnisse nennenswert verbessern, da die benutzten Böden in Zukunft weder unter Trockenheit, noch unter Nährstoffmangel leiden werden. Möglichkeiten zur Verwendung von Müllkompost, allerdings bei höheren Transportkosten, sind gegeben.

Die Infrastruktur in diesen Gebieten reicht im allgemeinen gut aus, alle landwirtschaftlichen Bedürfnisse zu befriedigen, da die Bevölkerungsdichte groß genug ist, um auch schon relativ anspruchsvolle Einrichtungen im Verkehr, der Ver- und Entsorgung, der Bildung etc. gut auszulasten.

b) *Naherholung*

Wenn sich diese Gebiete auch für den eigentlichen Fremdenverkehr — von Kurorten abgesehen — nicht besonders eignen, so finden sich doch in diesen Räumen viele Naherholungsgebiete, soweit nicht Gebiete mit schlechten Produktionsverhältnissen in der Ballungsrandzone eher in Frage kommen. Relief, Böden und Kulturartenverhältnis wechseln auf engstem Raum, zwingen die Landwirtschaft zu einer vielseitigeren Nutzung und bieten so dem Städter schon ein ziemlich abwechslungsreiches Landschaftsbild, das ihn zum Verweilen, Rasten, Wandern etc. einlädt. Besonders eignen sich diese Gebiete aufgrund ihrer nur halbintensiven Landwirtschaft und ihrer Landesnatur zum Reiten. Nicht wenige landwirtschaftliche Betriebe könnten sich durch die Haltung von Reitpferden, die auf ihren Weiden billig und vor allem gesund gehalten und ernährt werden können, einen nennenswerten Nebenverdienst schaffen, vorausgesetzt, entsprechende Nachfrage kann geweckt werden. Dabei ist es sowohl möglich, Privatpferde für andere, als auch Leihpferde zur stundenweisen oder tageweisen Vermietung zu halten.

Eine andere Möglichkeit der regionalen Kooperation zwischen Stadt und Land in diesen Gebieten ist der Bau von Zweitwohnungen. Dabei braucht nicht nur an die Wochenendhauskolonie gedacht zu werden, bei der jedem Bauherrn am Rande des Dorfes so wenig wie möglich Land zugewiesen wird und letzten Endes die Menschen fast ebenso eng aufeinander hocken wie in der Stadt. Dort, wo *relativ schlechte Böden mit ausgeprägtem Relief* oder *ungünstigen Wasserverhältnissen* (Grenzböden) mittlere bis gute Böden begleiten, könnten sie landhungrigen Städtern zur Nutzung überlassen werden, die auf eigenem Grund und Boden dann ihr Häuschen bauen und mit dem Land tun könnten, was immer ihnen Spaß macht (Garten, Wald, Anbau von Obst, Gemüse und anderen Pflanzen, Viehhaltung etc.). Voraussetzung ist nur, daß man den Städtern erlaubt, größere Flächen, etwa ein bis drei Hektar, zu erwerben. Natürlich gehen alle Kosten für Aufschließung, Müllbeseitigung etc. zu ihren Lasten. Da aber die Städter die Bodenbewirtschaftung nur als Hobby betreiben, sind sie auf eine rentable Nutzung nicht angewiesen und können sich mit ungünstigeren Ertragsverhältnissen zufrieden geben. Im Gegensatz zu dem, was der eine oder andere glauben mag, braucht eine solche Bodennutzung nicht zur „Zersiedlung der Landschaft", sondern kann im Gegenteil zu einer sehr abwechslungsreichen Pflege und Gestaltung der Kulturlandschaft führen, die auch im Interesse der sonstigen Naherholung läge. Da die Hobbylandwirte in erheblichem Maße Güter und Dienste der Vollerwerbslandwirte (Stallmist, Transport, Maschinen und Schlepperstunden etc.) nachfragen würden, läge eine solche Bodenpolitik durchaus im Interesse der Landwirtschaft dieser Randzonen, die sonst vom Fremden- und Naherholungsverkehr nur wenig Nutzen haben. Gleiche Möglichkeiten können sich natürlich in den Gebieten ergeben, die in Abschnitt III. behandelt werden.

Stimmt man dieser Argumentation nicht zu, so bleibt nur Brache oder Aufforstung für diese Grenzböden übrig, und der erwünschte private Kapitaltransfer von der Ballung in den ländlichen Raum fände nicht statt.

III. Verdichtungsferner Raum ohne städtisches Zentrum mit schlechten Standortverhältnissen und schlechter Agrarstruktur

1. Charakteristische Merkmale

Diese Regionen, zu denen wir Gebiete wie Lüchow-Dannenberg, den Bayerischen Wald, Rhön und Vogelsberg, Teile von Eifel und Hunsrück, der Geest und der Marsch etc. zählen können, machen den Landesplanern die meisten Sorgen. Die landwirtschaftlichen Einkommen — je Kopf, je Hektar und je Betrieb gemessen — sind absolut niedrig und reichen kaum aus als Existenzbasis eines tertiären Sektors. Industrie, die diese Aufgabe übernehmen könnte, ist nicht vorhanden. Demzufolge ist sowohl die technische Infrastruktur als auch die kulturelle und sonstige Infrastruktur und die Versorgung mit Diensten aller Art in diesen Gebieten schlecht.

Die landwirtschaftliche Bevölkerung ist aber auch so arm, daß sie wenig Möglichkeiten hat, sich zu helfen. Die Kleinheit der Betriebe zwingt häufig zu einer vielseitigen Wirtschaftsweise. Die Selbstversorgung spielt eine viel größere Rolle als in anderen Gebieten, und man findet hier eigentlich — mit Ausnahme der Marschen — alle Kulturpflanzen, Zuckerrüben ausgenommen. Die Mechanisierung ist bei weitem nicht soweit fortgeschritten wie anderswo, und dennoch werden die wenigen vorhandenen Maschinen besonders schlecht ausgenutzt, weil Parzellen und Betriebe besonders klein sind. Der Versuch, den Anschluß an die allgemeine wirtschaftliche Entwicklung zu finden und zahlreiche Hilfsprogramme der öffentlichen Hand haben zu einer, gemessen am Einkommen und am Bodenwert, sehr erheblichen Verschuldung geführt. Die Klima- und Bodenverhältnisse und die Agrarstruktur zwingen darüber hinaus zu einer starken Betonung der Milchviehhaltung.

2. Entwicklungsmöglichkeiten

a) *Fremdenverkehr*

Die Entwicklung in diesen Gebieten wird in absehbarer Zeit weiter stagnieren. Die Betriebe sind zu klein, um Kapital bilden zu können, das dazu dienen könnte, Land zuzukaufen oder zuzupachten und zu rationalisieren. Obwohl die außerlandwirtschaftliche Nachfrage nach Land sehr gering ist, liegen die Bodenpreise vorläufig noch bei weitem über dem Ertragswert. Das erklärt sich daraus, daß der ausgesprochene Mangel an anderen Erwerbsmöglichkeiten alle Bauern zwingt, weiterhin Landwirtschaft zu betreiben und zu versuchen, ihre Betriebe zu vergrößern. Erst im Generationenwechsel kommt es — manchmal — zum Verkauf oder zur Verpachtung des Betriebes. Industrieansiedlung in diesen Räumen ohne städtisches Zentrum und ohne ausreichende Infrastruktur oder sonstige Anreize hat wenig Sinn und bisher auch wenig Erfolg gehabt. Eine gewisse Ausnahme machen nur die Gebiete, die landschaftlich so reizvoll sind, daß sich ein sehr erheblicher

Fremdenverkehr entwickeln kann. Handelt es sich aber nicht um traditionelle Feriengebiete, wie Teile der Alpen, des Harzes, des Schwarzwaldes, des Bayrischen Waldes etc., die Sommer- und Wintersaison haben, so bringt der Fremdenverkehr, ob hauptberuflich oder in Form von Ferien auf dem Bauernhof betrieben, zu wenig Geld ins Land, als daß die wirtschaftliche Lage dieser Gebiete sich grundlegend ändern könnte. Im allgemeinen ist die Saison mit zwei bis drei Monaten zu kurz, um wie auch immer geartete Einrichtungen befriedigend auslasten zu können. Die Umsätze pro Nacht und pro Bett sind auch deswegen ausgesprochen niedrig, weil diese Gebiete Touristen überhaupt nur dann anlocken können, wenn sie sehr preisgünstige Angebote machen, d. h. mit sehr niedrigen Verdienstspannen kalkulieren. Der Fremdenverkehr wird also die landwirtschaftlichen Probleme nicht lösen können.

b) *Entleerung und Umstrukturierung und Extensivierung*

Es wird also nichts anderes übrig bleiben, als die Abwanderung der landwirtschaftlichen Bevölkerung in erheblich größerem Umfang als bisher zu fördern. Denn mit einer Verdoppelung der durchschnittlichen Betriebsgröße ist es nicht getan. Eine völlige Umänderung der Agrarstruktur und der Landnutzung wäre notwendig, wenn die dann noch verbleibende landwirtschaftliche Bevölkerung ein den übrigen Gebieten entsprechendes Einkommen erzielen soll. Sind die Betriebe dieser Gebiete im Mittel nicht mehr als 5 oder 10 Hektar, sondern 20 oder 30 Hektar groß, so müssen sie bei den ungünstigen Ertragsverhältnissen immer noch vielseitig wirtschaften, können auf hohe Intensität nicht verzichten und werden deswegen auch weiterhin relativ niedrige Betriebs- und Arbeitseinkommen erzielen.

Erst wenn dem Familienbetrieb mit 2 AK 100 Hektar oder 200 Hektar und mehr zur Verfügung stünden, ließen sich extensive Wirtschaftsformen, die hohe Arbeitsproduktivität und entsprechend hohe Einkommen ermöglichen, verwirklichen. Dazu kann es aber nur kommen, wenn die Bodenpreise wieder dem Ertragswert, der bei extensiver Wirtschaftsweise natürlich bei weitem niedriger wäre als er heute schon ist, entsprechen würden. Wann es dazu allerdings kommt, ist fraglich. Denn offensichtlich werden in Deutschland, vielleicht aufgrund der Erfahrungen der Hungerzeiten der vergangenen Kriege und der Massenarbeitslosigkeit der Dreißiger Jahre, weit höhere Bodenpreise bewilligt, als es dem Ertragswert entspricht. Der Gedanke, daß Land bei fortschreitender Inflation seinen Wert eher behält als Gold und Geld, mag auch eine erhebliche Rolle spielen.

So wird es denn wohl noch eine Weile dauern, ehe sich extensive Formen in diesen Gebieten einführen werden. Es gibt deren so viele, daß man kaum fürchten muß, daß größere Flächen auf die Dauer brach liegen werden. Die hohen Zahlen, die bundesweit für die Sozialbrachflächen genannt werden, täuschen darüber hinweg, daß es sich durchweg um relativ kleine, meist weit verstreut liegende Parzellen handelt, die extensiv einfach nicht zu nutzen sind. Sie werden auch solange nicht zur Nutzung, eventuell nach Zusammenlegung angeboten werden, wie es einerseits keine Bewirtschaftungspflicht gibt (über deren Nutzen sich sehr wohl streiten läßt) und wie die Pachtdauer 12 oder 18 Jahre beträgt. Denn diese Flächen werden aus reinen Sicherheitserwägungen heraus weder verpachtet noch verkauft („Die Zeiten könnten doch wieder schlechter werden"). Hätte man erst einmal Flächen von wenigstens 50 ha zusammen, so böten sich so viele extensive Nutzungsmöglichkeiten an, daß sowohl im Neben- als auch im Haupterwerb, im Wege der Extensivnutzung unter Berücksichtigung der Möglichkeiten zur zwischenbetrieblichen oder interregionalen Arbeitsteilung, eine recht befriedigende Rendite erzielt werden könnte.

c) *Ausstattung mit Infrastruktur und Diensten*

Kommt es allerdings dazu, so würde die Bevölkerungsdichte noch weiter absinken und die Existenzmöglichkeiten auch für den tertiären Sektor soweit eingeschränkt werden, daß eine vernünftige Ausnutzung der vorhandenen Infrastruktur und das gewohnte Angebot an Diensten nicht mehr möglich wären. Es wäre dann also auch nicht mehr möglich, nicht einmal als Ziel, diesen Gebieten mit den bisherigen Methoden vergleichbare Lebensverhältnisse zu schaffen. Da es aber anderen Ländern, wie etwa den USA, Australien, Schweden, z. T. selbst Frankreich gelingt, derartig abgelegene und dünnbesiedelte Gebiete so auszustatten, daß die dort Ansässigen angemessen leben können und demzufolge auch leben wollen, müßte wohl das ganze Problem der Ausrüstung solcher Gebiete mit Infrastruktur und allen notwendigen Diensten neu durchdacht werden. Entweder müßten für den gleichen Aufwand pro Kopf doch funktionsfähige Einrichtungen und Lösungen gefunden werden, die eine „gleichrangige Teilnahme an der allgemeinen Wohlstandsentwicklung" gestatten. Dann wären solche Gebiete in Zukunft aus sich heraus allein lebensfähig. Oder aber entsprechende Einkommen müßten aus wohlhabenderen Gebieten in ärmere übertragen werden, weil man aus „übergeordneten Überlegungen" heraus eine relativ dichte Besiedlung, z. B. 50—100 Einwohner je km^2 aufrecht erhalten will. Das wäre — theoretisch — auch dadurch möglich, daß man „nicht standortgebundene Bevölkerungsteile" wie Kinderheime, Rentner, Bundeswehr, Kliniken und Sanatorien, Versicherungsgesellschaften Forschungseinrichtungen, Studienbüros, Versandhandel etc. veranlaßt, sich gerade in solchen Gebieten niederzulassen; es würde jedoch zu keiner Lösung der landwirtschaftlichen Probleme führen.

d) *Landwirtschaft um der Landespflege willen?*

Diese „übergeordneten Überlegungen" könnten allerdings kaum agrarpolitischer oder landespflegerischer Natur sein. Denn als landwirtschaftliche Nutzfläche sind diese Gebiete ohne jede Bedeutung für die Versorgung der Bevölkerung mit Nahrungsmitteln zu angemessenen Preisen. Im Gegenteil, durch den landtechnischen und produktionstechnischen Fortschritt, von dem natürlich Gebiete mit guten Standortverhältnissen erheblich mehr profitieren und Gebiete mit schlechten Standortverhältnissen nur wenig Nutzen haben, wird das Angebot an Nahrungsmitteln in Europa noch lange Zeit weit schneller wachsen als die Nachfrage.

Welches landespflegerische Interesse die Aufrechterhaltung der bisher üblichen Landwirtschaft in diesen abgelegenen häufig vom Fremdenverkehr nicht einmal berührten Gebieten haben soll, ist an sich unerfindlich!

Brach- und Waldflächen schützen eher vor Erosion als Ackerbau und selbst Grünlandwirtschaft in hängigem Gelände. Nicht genutzte Böden halten eher das Wasser zurück als Ackerbau und Weidewirtschaft, die Hochwässer viel stärker begünstigen als verwildertes Brachland und Wald. Die Versumpfung drainierter Flächen kann sowohl von der Wasserwirtschaft als auch vom Tierschutz und der Wiederbelebung von Fauna und Flora erwünscht sein. Maßnahmen, die die Abwanderung systematisch fördern (Umschulungs-, Pacht- und Betriebsaufgabebeihilfen) sind also erwünscht und brauchen nicht zu Beihilfen der öffentlichen Hand für „Landschaftspflegebetriebe" zu führen. Ausgenommen sind Erholungslandschaften mit intensivem Fremdenverkehr während des Sommers und Winters, wo das „Offenhalten" von Wiesen und Weiden von lebenswichtigem Interesse für den Fremdenverkehr ist.

Im übrigen, das sei nochmals betont, ist das Brachfallen großer zusammenhängender Flächen für längere Zeit sehr unwahrscheinlich. Die extensiven Nutzungsmöglichkeiten bei an Null angenähertem Pacht- oder Landpreis sind so zahlreich (Getreidebau, Magerviehaufzucht während des Sommers oder ganzjährig, Pferdezucht, Damwildhaltung, Schafhaltung, Ammenkühe, Mastrassen etc. etc.) und auch so rentabel und brauchen so wenig Investitionen, daß sich bald Unternehmer für die Bewirtschaftung dieser Flächen finden werden, wenn sie erst einmal angeboten werden.

Im übrigen sind diese Gebiete so abgelegen und so dünn besiedelt, daß es weder zu nennenswerten Konflikten, noch zu Interessengleichklang mit den städtischen Zentren und den anderen Sektoren der Volkswirtschaft kommt. Ausgenommen ist hier nur der Fremdenverkehr, der aber dort, wo er wirklich Ansprüche an die Fläche stellt, langsam selbst zum Landnutzer anstelle der Landwirtschaft wird, oder zur Symbiose mit einer extensiven Weidewirtschaft führen wird.

Zusammenfassung

Die regionalen Konsequenzen der volkswirtschaftlichen Zielvorstellungen für die Landwirtschaft lassen sich nur an Beispielen einzelner Räume darstellen. Aufgrund ihrer Häufigkeit wurden der Verdichtungsraum, ein Raum im Einzugsbereich eines Mittelzentrums und der verdichtungsferne Raum gewählt und davon ausgegangen, daß diese drei Raumtypen sich mit den Merkmalen gute natürliche Standortverhältnisse und günstige Agrarstruktur, mittlere Standortverhältnisse und mittelmäßige und schlechte Standortverhältnisse und schlechte Agrarstruktur kombinieren.

In den Verdichtungsräumen hat die Landwirtschaft an sich aufgrund der günstigen Standortverhältnisse keinerlei Schwierigkeiten, lebt jedoch im ständigen Interssenkonflikt mit der übrigen Wirtschaft, die ebenfalls erhebliche Ansprüche an Boden und Umwelt stellt. Die starke Nachfrage nach Boden und die hohen Anforderungen an den Umweltschutz schränken die Produktionsmöglichkeiten der Landwirtschaft bis zu einem gewissen Grade ein. Neben den Interessenkonflikten zwischen Landwirtschaft und den anderen Sektoren der Volkswirtschaft sollten jedoch die positiven Wechselwirkungen nicht übersehen werden.

Am ausgeglichensten sind Einkommensverhältnisse, Entwicklungsmöglichkeiten und Zusammenarbeit zwischen den Sektoren in den Räumen mit mittlerer Bevölkerungsdichte. Die Ansprüche an den Boden sind nicht so groß, als daß es zu nennenswerten Interessenkonflikten kommen muß, die Möglichkeiten der Zusammenarbeit jedoch hinreichend groß.

Dagegen erkaufen sich die verdichtungsfernen Räume das Fehlen von Interessenkonflikten mit der übrigen Wirtschaft durch den Mangel fast aller positiven Entwicklungsmöglichkeiten. Ohne eine grundlegende Umstrukturierung, die das Ausmaß unserer bisherigen Vorstellungen bei weitem übersteigt, ist eine landwirtschaftliche Nutzung dieser Räume in Zukunft nicht mehr denkbar. Auch die übrigen volkswirtschaftlichen Sektoren sind nur in Ausnahmefällen in der Lage, für ausreichende Existenzmöglichkeiten zu sorgen.

Eine eventuelle Entleerung dieser Räume mit vorübergehendem Brachfallen großer Flächen wird jedoch auf die Dauer durch äußerst extensive landwirtschaftliche Nutzungsformen abgelöst werden. Es ist nicht damit zu rechnen, daß auf die Dauer in Mitteleuropa ganze Landstriche verwildern und sich selbst überlassen werden.

Soziale Zielvorstellungen und Konsequenzen zur landwirtschaftlichen Entwicklung

von

Ulrich Planck, Hohenheim

I. Oberziele

Auf der Grundlage des Landwirtschaftsgesetzes vom 5. September 1955 (§ 1) und im Einklang mit den Zielen der gemeinsamen Agrarpolitik in der Europäischen Wirtschaftsgemeinschaft (Vertrag zur Gründung der EWG vom 25. 3. 1957, Artikel 39, Abs. 1) hat die Regierung der Bundesrepublik Deutschland in ihren Agrarberichten 1973, 1974 und 1975 gleichlautend[1]) folgende vier Ziele der Agrar- und Ernährungspolitik herausgestellt.

A. (1) Verbesserung der Lebensverhältnisse im ländlichen Raum sowie (2) gleichrangige Teilnahme der in der Land-, Forstwirtschaft und Fischerei Tätigen an der allgemeinen Einkommens- und Wohlstandsentwicklung.

B. Versorgung der Bevölkerung mit qualitativ hochwertigen Produkten der Agrarwirtschaft zu angemessenen Preisen.

C. (1) Beitrag zur Lösung der Weltagrar- und Welternährungsprobleme und (2) Verbesserung der agrarischen Außenwirtschaftsbeziehungen.

D. Erhaltung, Wiederherstellung und Entwicklung der Leistungs- und Nutzungsfähigkeit von Natur und Landschaft.

Übersicht 1:
Zielbereiche und Raumrelevanz der agrarpolitischen Ziele

Ziel	Zielbereich	Raumrelevanz
A (1)	sozial	regional
A (2)	sozial, ökonomisch	national
B	ökonomisch, ernährungswirtschaftlich	national
C	ökonomisch, ernährungswirtschaftlich	global
D	ökologisch	regional

Von diesen Zielen ist, wie Übersicht 1 zeigt, nur Ziel A (1) sowohl eindeutig sozial determiniert als auch regional raumrelevant. Ziel A (2) hat ebenfalls eine soziale Komponente. Die folgenden Betrachtungen werden daher von Ziel A ausgehen, das als Oberziel

---

[1]) „Verbesserung des Tierschutzes" ist eine in diesem Zusammenhang unerhebliche Ergänzung.

im sozialen Bereich der Land- und Forstwirtschaft bezeichnet werden kann[2]). Die ökonomischen und ökologischen Ziele der Agrarpolitik sind Gegenstand vorhergehender Beiträge. Auf sie wird jedoch im Zusammenhang mit der Frage nach Zielharmonien und Zielkonflikten weiter unten zurückzukommen sein. Im Konfliktfall gehen nach offiziellen Verlautbarungen die sozialen Ziele anderen vor. Denn Agrarpolitik wird neuerdings nicht mehr als „sektorale Wirtschaftspolitik" begriffen[3]), sondern „hat vorrangig den Menschen zu dienen, die im ländlichen Raum leben, arbeiten oder Erholung suchen" (Regierungserklärung vom 18. 1. 1973); „sie ist integrierender Bestandteil der Gesellschaftspolitik" (Regierungserklärung vom 17. 5. 1974).

Im Ziel A wird die Doppelnatur der Agrarpolitik im sozialen Bereich offenkundig. Sie soll sowohl den ländlichen Lebensraum entwickeln helfen als auch die sozialen Probleme in der Land- und Forstwirtschaft lösen. Da ländlicher Lebensraum und Land- und Forstwirtschaft nicht überall deckungsgleich sind, sind Ziel- und Mittelkonflikte wahrscheinlich, zumindest nicht auszuschließen. Die Divergenz der Ansprüche, Bedürfnisse und Interessen aller Wirtschaftssubjekte im ländlichen Raum ist jedoch nicht nur die Folge einer fortschreitenden beruflichen und wirtschaftlichen Differenzierung, sondern reicht auch in den Wirtschaftsbereich Land- und Forstwirtschaft selbst hinein. Die unterschiedlichen Interessenlagen innerhalb der Landwirtschaft kommen in den vier kategorialen Bezeichnungen Voll-, Zu-, Nebenerwerbslandwirte und Land- und Forstarbeiter andeutungsweise zum Ausdruck. Weitere Interessenkollisionen gibt es im Zuge der Spezialisierung zwischen Getreideerzeugern und Tierhaltern, zwischen Landwirten und Forstwirten (vgl. HANSTEIN in diesem Band) usw. und im Zeichen der Marktsättigung zwischen den Erzeugern von Überschußprodukten.

„Verbesserung der Lebensverhältnisse im ländlichen Raum" ist eine alles umfassende Zielsetzung, die sich sowohl auf die Siedlungsstruktur und die Wohnverhältnisse als auch auf die Bildungsmöglichkeiten, die Verkehrsverhältnisse, die Ver- und Entsorgung, das Gesundheitswesen, den Umweltschutz sowie das Wirtschaftsleben beziehen kann und in den Zielbäumen der entsprechenden Beiträge in dieser oder ähnlicher Formulierung ebenfalls auftritt. Zunächst geht es hauptsächlich darum, die Disparitäten zu den städtischen Lebensverhältnissen zu beseitigen, ohne dabei die Verschlechterung der Lebensqualitäten mit einzutauschen, unter der die Verdichtungsgebiete leiden. Es gilt die Gefahren schädlicher Umweltbelastung, zunehmender Kriminalität, Zersiedlung und Verschandelung der Landschaft, Verarmung des Gemeinschaftslebens usw. rechtzeitig zu erkennen und zu meiden. Wie die fachspezifischen Beiträge dieses Bandes zeigen, birgt auch ein zielgerechter Mitteleinsatz zahlreiche schädliche Nebenwirkungen in sich. Deshalb sollte die Mahnung von TRÖSCHER (1974), „Verbesserung der Lebensverhältnisse durch *konsequente menschen- und landschaftsgerechte* Regionalpolitik, Ausbau der sozialen Sicherung und Ermöglichung besserer Bildungschancen"[4]) nicht überhört werden.

---

[2]) Die Fischerei kann im folgenden nicht berücksichtigt werden, da sie besondere Sozialprobleme aufweist.
[3]) Vgl. dazu Minister ERTL (Einbringungsrede zum Agraretat 1972): „Daraus (daß im Mittelpunkt des politischen Planens und Handelns das Wohlergehen der Menschen steht, d. Verf.) ergibt sich aber, daß unsere Auffassung von Agrarpolitik richtig ist, wenn wir sie im Rahmen einer umfassenden Gesellschaftspolitik sehen... Ich sehe den gesellschaftspolitischen Auftrag meines Hauses so, daß eine die Zukunft gestaltende Agrarpolitik außer den Bauern alle Menschen im ländlichen Raum einschließt und darüber hinaus über die Verbraucher- und Umweltpolitik... wesentliche Aspekte der Gesamtpolitik für alle Bürger in der Bundesrepublik zu gestalten hat."
[4]) Zitiert nach ASG-Rundbrief XXV/5, 1974.

Wenngleich künftig Lebenslagen vielleicht mehr an immateriellen als an materiellen Werten beurteilt werden, so ist dennoch eine Sicherung der Grundversorgung mit infrastrukturellen Einrichtungen unabdingbar. Dies setzt funktionsgerechte räumliche Strukturen voraus. Genauer gesagt: In ländlichen Räumen ist eine gesteuerte Verdichtung anzustreben, wobei dem Ausbau von Entwicklungsschwerpunkten in strukturschwachen Räumen Priorität zukommt. Diese Konsequenz auszusprechen, heißt auf einen Konflikt zwischen den beiden unter A genannten Oberzielen hinzuweisen. Die Oberziele täuschen zwar bei oberflächlicher Betrachtung eine Harmonie vor, wobei die Einkommens- und Wohlstandssteigerung in der Land- und Forstwirtschaft auch als ein Mittel zur Verbesserung der ländlichen Lebensverhältnisse aufgefaßt werden kann. Aber beide Ziele können nicht gleichzeitig verfolgt werden, ohne sich unter bestimmten Bedingungen gegenseitig negativ zu beeinflussen.

Solange nämlich versucht wird, die notwendigen Einkommenssteigerungen in der Land- und Forstwirtschaft durch eine Verringerung der Zahl der Arbeitskräfte zu erreichen, besteht die Gefahr der Abwanderung vom Lande und damit einer Entleerung ländlicher Räume anstatt ihrer Verdichtung. Bei abnehmender Bevölkerung wird aber das Oberziel der „Verbesserung der Lebensverhältnisse im ländlichen Raum" unerreichbar. Denn eine Verbesserung der Lebensverhältnisse setzt eine „steigende Mindestbevölkerungsdichte" (K. MEYER) voraus. Abwanderung aus der Landwirtschaft im Verlauf der Agrarstrukturverbesserung muß daher im Hinblick auf dieses Oberziel mit dem Verbleib auf dem Lande und darüber hinaus mit dem Zuzug nichtlandwirtschaftlicher Bevölkerung und Unternehmen verbunden werden. Derartige Zuzüge können allerdings ihrerseits die Rentabilität und die Entwicklung bestehender land- und forstwirtschaftlicher Betriebe ernstlich beeinträchtigen, da sie ebenfalls knappe Ressourcen (z. B. Boden, Verkehrsraum) beanspruchen. Zu den direkten physischen und finanziellen Schädigungen (vgl. REINKEN in diesem Band) tritt gelegentlich auch noch ein „psychischer Terror" von seiten neu zuziehender Nachbarn hinzu, die für land- und forstwirtschaftliche Belange kein Verständnis haben.

Läßt man das Prinzip der Anciennität der Bodennutzung fallen, so bringt man die alteingesessenen Land- und Forstwirte in soziale Bedrängnis, wenn nicht rechtzeitig mittelfristige Bauleitpläne erstellt und land- und forstwirtschaftliche Vorranggebiete verbindlich ausgewiesen werden. Die jüngere Rechtsprechung hat in teilweise unerträglicher Weise der Verunsicherung und Existenzbedrohung der landwirtschaftlichen Bevölkerung Vorschub geleistet und in vielen Dörfern konfliktträchtige Situationen heraufbeschworen. Ein wirksamerer Rechtsschutz land- und forstwirtschaftlicher Arbeit, Viehhaltung und Bodennutzung erscheint daher ebenso dringlich zu sein, wie die Altersversorgung für ältere und die Arbeitsbeschaffung für jüngere aus der Land- und Forstwirtschaft ausscheidende Menschen, um die land- und forstwirtschaftlichen Berufszugehörigen an der allgemeinen Einkommens- und Wohlstandsentwicklung teilhaben zu lassen.

II. Unterziele

Der „Entscheidungsbaum" (Übersicht 2) im sozialen Bereich der Landwirtschaft gabelt sich in vier Leitäste, nämlich (1) Einkommenssteigerung, (2) soziale Sicherung im engeren Sinne, (3) Existenzsicherung und (4) Verbesserung der Wohn-, Arbeits- und Umweltbedingungen. Unter diesen Unterzielen findet man auch solche, die streng genommen in den Bereich der Agrarstrukturpolitik und der regionalen Wirtschaftspolitik gehören. Sie

Übersicht 2:
Ziel-Mittel-Struktur im sozialen Bereich der Land- und Forstwirtschaft

Oberziele	Unterziele	Teilziele	Einzelmaßnahmen	Strukturwirkungen
Gewährleistung einer angemessenen Lebenshaltung der landwirtschaftlichen Bevölkerung (EWG-Vertrag)	Einkommensverbesserung und -ausgleich	Produktivitätssteigerung	Markt-, preis-, erzeugungs-, kredit-, währungs- und strukturpolitische Schaffung außerlandw. Einkommen	— siehe Beitrag A. 1. — siehe Beitrag B. 2.
		Sozialeinkommen	Gewährung von Sozialeinkommen (u. a. Familienlastenausgleich)	
Verbesserung der Lebensverhältnisse im ländlichen Raum	Soziale Sicherung	Alterssicherung	Altersrente für Landarbeiter, Altershilfe für selbständige Landwirte, Öffnung der Rentenversicherung, Landabgaberente	strukturneutral
		Krankenversicherung	Vorsorge- und Krankenhilfe, Familien- und Mutterschaftshilfe, Betriebs- und Haushaltshilfe, Sterbegeld	
Gleichrangige Teilnahme der in der Land- und Forstwirtschaft Tätigen an der allgemeinen Einkommens- und Wohlstandsentwicklung (Agrarbericht 1974)		Unfallversicherung	Unfallverhütung, Heilbehandlung, Berufshilfe, Verletzten-geld/-rente, Hinterbliebenenrente, Sterbegeld	strukturerhaltend
		Arbeitslosenversicherung	Arbeitslosenhilfe, -geld, Stellenvermittlung	
	Existenzsicherung	Betriebliche Existenzsicherung	Ersatzgeld, Ersatzkraftgestellung, Investitions- und Kooperationsförderung, Überbrückungshilfen	strukturändernd
		Existenzsicherung Heimatvertriebener	Besitzfestigung auf Vollerwerbsbetrieben, Nebenerwerbssiedlung	
		Schutz bäuerlichen Grundbesitzes	Anerbenrecht, Höfeordnungen, Genehmigungspflicht bei Grunderwerb, Pächterschutz, Pfändungsschutz	
Angleichung der sozialen Lage der in der Landwirtschaft tätigen Menschen an die vergleichbarer Berufsgruppen (Landw. Gesetz)	Faktormobilisierung	Mobilisierung der Arbeit	Umschulungs- und Ausbildungsbeihilfen, Förderung bei Arbeitsaufnahme, Pendlerbeihilfen, Anpassungshilfen für Landarbeiter, Berufsberatung	
		Mobilisierung des Bodens	Altershilfe, Zuschuß zur Beitragsnachzahlung, beitragsfreie Krankenversicherung, Landabgaberente/-darlehen, Verpachtungsprämie	
	Verbesserung der Arbeits- und Wohnverhältnisse	Arbeitsschutz	Mutterschaftshilfe, Jugendarbeitsschutz, Beschäftigungs- und Kündigungsverbot, Arbeitszeitregelung	
		Rationalisierung der Arbeit	Hilfe zur Sanierung/Modernisierung im hausw. Bereich, Althofsanierung, Teil- und Vollaussiedlung	
		Arbeitsbeschaffung	Schaffung und Sicherung außerlandw. Arbeitsmöglichkeiten (Beitrag B. 2.)	
		Verbesserung der Wohnverhältnisse	Landarbeiterwohnungsbau, Förderung des Kaufs, An-, Um-, Aus- und Neubaus von Wohnungen	
			Verbesserung des Wohn- und Freizeitwertes (Beiträge B. 3. und B. 4.)	
		Verbesserung der Infrastruktur	Verbesserung der Siedlungs- und Verwaltungsstruktur (Beitrag B. 1.)	
			Verbesserung der Ver-/Entsorgungs-, Verkehrs- und Bildungseinrichtungen (siehe Beiträge B. 4.)	

Bearbeitung: U. Planck

werden hier genannt, weil die Sozialpolitik mit ihnen funktional verknüpft ist. Die Bundesregierung weist der Sozialpolitik im Bereich der Landwirtschaft nämlich eine dreifache Funktion zu. Sie soll nach dem Agrarbericht 1973:

(1) der landwirtschaftlichen Bevölkerung eine ausreichende soziale Sicherung gewähren,

(2) zur Verbesserung der Agrarstruktur beitragen, hauptsächlich indem sie soziale Härten im strukturellen Anpassungsprozeß vermeiden hilft, und

(3) die berufliche Mobilität der in der Landwirtschaft tätigen Menschen fördern.

Das heißt, die Sozialpolitik soll über ihre herkömmlichen Schutz- und Sicherungsfunktionen hinaus konstruktiv an der Steigerung der Produktivität und an der Verbesserung der wirtschaftlichen Strukturen mitwirken (vgl. RABOT 1959, S. 71). Eine derartige Zumutung widerspricht keineswegs zeitgenössischer Auffassung von den Funktionen der Sozialpolitik. Denn unter den Begriff „Sozialpolitik" faßt man längst nicht mehr nur die „Samariterdienste" an sozial Schwachen und den „Feuerwehreinsatz" in akuten Notfällen. Es ist vielmehr Aufgabe der Sozialpolitik, durch vorbeugende Maßnahmen die Entstehung von Notständen zu verhüten, Unfallquellen zu beseitigen, Arbeitslosigkeit zu verhindern und das Ihre zur Einkommensverbesserung beizutragen, damit die Menschen nicht mehr auf öffentliche Hilfe, Fürsorge und Unterstützung angewiesen sind. Man will, anders ausgedrückt, im Wege vorsorglicher Sozialinvestitionen der Nötigung zu hohen öffentlichen Sozialzuwendungen zuvorkommen.

Eine vorbeugende Wirkung können auch Wirtschaftssubventionen ausüben, gemäß dem Spruch „eine gute Wirtschaftspolitik ist die beste Sozialpolitik". In eine prophylaktisch verstandene Sozialpolitik fügen sich daher produktionsfördernde, strukturgestaltende und zukunftsorientierte Maßnahmen der Agrarpolitik sehr gut ein. Es handelt sich dabei unter anderem um Maßnahmen, die den volkswirtschaftlich besten Arbeitseinsatz begünstigen, die berufliche Orientierung und den Arbeitsplatzwechsel erleichtern, die Vollbeschäftigung sichern, den sozialen Frieden festigen, das Arbeitsklima verbessern, die Berufsqualifikation erhöhen, die Berufsfreude mehren, die Leistungsfähigkeit der Arbeitskräfte erhalten oder wiederherstellen, die Kaufkraft verstärken, den Boden mobilisieren und ältere, überzählige Arbeitskräfte aussteuern. Hier soziale und ökonomische Maßnahmen unterscheiden zu wollen, wäre ein müßiges Unterfangen. Denn Sozial- und Wirtschaftspolitik stehen in einem interdependenten Verhältnis der Wechselwirkung (vgl. LIEFMANN-KEIL 1961) wie auch Agrarpolitik und regionale Wirtschaftspolitik nicht mehr getrennt gesehen werden können.

1. Einkommensverbesserung

Das Hauptziel der „Angleichung der sozialen Lage der in der Landwirtschaft tätigen Menschen an die vergleichbarer Berufsgruppen" impliziert eine Verbesserung der Einkommenssituation, wie dies explizit im EWG-Vertrag („Erhöhung des Pro-Kopf-Einkommens") und in den Agrarberichten der Bundesregierung („Teilnahme ... an der allgemeinen Einkommens- und Wohlstandsentwicklung") auch gesagt wird. Eine Schwierigkeit liegt offenbar darin, einen gültigen und verläßlichen Vergleichsmaßstab der Einkommensverbesserung zu finden. In der Formulierung „gleichrangige Teilnahme" kommt die Verlegenheit zum Ausdruck, auch nach rund zwei Dekaden Geltungsdauer des Landwirtschaftsgesetzes vom 5. September 1955 nicht in der Lage zu sein, die Begriffe „Einkommens- und Wohlstandsparität" befriedigend operationalisieren zu können. Es herrscht jedoch bei allen an der agrarpolitischen Willensbildung Beteiligten Einigkeit darüber, daß die „Einkommensdisparität beseitigt" (F.D.P. 1967) und „für die in der Landwirtschaft tätigen Menschen eine Einkommensentwicklung, die der vergleichbarer Wirtschaftsbereiche entspricht" (CDU 1970), angestrebt werden muß.

Das Einkommen ist zwar ein ökonomischer Sachverhalt, aber in doppelter Hinsicht von höchster sozialer Relevanz. Von der Höhe des Einkommens hängt es im wesentlichen ab, welche materiellen und immateriellen, sozialen und kulturellen Bedürfnisse befriedigt werden können und ob eine Familie oder ein Individuum den Lebensstandard seiner Bezugsgruppe erreichen kann oder nicht. Noch wichtiger als diese soziale Grundfunktion ist aber in westlichen Gesellschaften die rangdeterminierende Bedeutung des Einkommens. Im Unterschied zu Agrar- und Ständegesellschaften ist sowohl die Schichtzugehörigkeit als auch der soziale Rang sehr stark einkommensorientiert. Wie in der Gesamtgesellschaft, so ist auch in den Dörfern die Abstufung der sozialen Wertschätzung, die sich früher vor allem nach der Größe des Besitzes und der Art der Anspannung richtete, zunehmend ersetzt worden durch den Maßstab des Einkommens und Aufwandes. Das Einkommen, häufig als Äquivalent beruflicher Leistung verstanden, ist in Zusammenhang mit der Berufsstellung und dem Bildungsgrad von vorrangiger Bedeutung für die Zuordnung von sozialer Wertschätzung. Die Landwirte wehren sich deshalb erbittert gegen den mit ihrer relativen Einkommensschwäche verbundenen sozialen Abstieg, indem sie als Berufsverband nachdrücklich die Einkommensparität fordern. Hierbei geht es eben nicht nur um mehr Kaufkraft, sondern auch um soziale Positionen.

Nach dem Landwirtschaftsgesetz und dem EWG-Vertrag sollen die Pro-Kopf-Einkommen in der Land- und Forstwirtschaft in erster Linie durch eine Steigerung der Arbeitsproduktivität erhöht werden. Nach Ansicht von HEIDHUES (1972) können aber „die dringend notwendigen Einkommenssteigerungen für die Landwirte heute nicht mehr durch eine Verminderung ihrer Zahl erreicht werden, da der Anpassungsdruck längst das in einem Sozialstaat tragbare Maß überschritten habe ... Es sei daher heute notwendiger denn je, die Preis- und Einkommenspolitik der EWG durch nationale Ergänzungsmaßnahmen zu korrigieren"[5]). Die land- und forstwirtschaftlichen Einkommen direkt zu subventionieren, ist den EG-Mitgliedstaaten jedoch untersagt. Vom Haushaltsjahr 1974 an dürfen Bundesmittel nur noch für Struktur- und Sozialmaßnahmen gewährt werden. „So bleiben als Möglichkeit für den Staat, der Landwirtschaft in dieser Übergangsphase zu helfen, weitgehend nur Hilfen im Rahmen der sozialen Sicherheit übrig" (THEILE 1972, S. 216). ERTL (1974, S. 33) begründet die „einkommenspolitische Funktion der Agrarsozialpolitik" mit den Wettbewerbsverzerrungen, die sich aus unterschiedlichen nationalstaatlichen Hilfen zur sozialen Sicherung der Landwirte ergeben.

Aus diesem Sachverhalt sind von anderen EG-Staaten, namentlich von Frankreich, früher als von der Bundesrepublik Deutschland politische Schlußfolgerungen gezogen worden, was erhebliche Wettbewerbsverzerrungen verursachte. Obwohl sich der Abstand in den vergangenen Jahren verringert hat, steht Frankreich immer noch an der Spitze in der Skala staatlicher Sozialzuwendungen. Noch im Jahre 1971 betrugen die jährlichen Zuschüsse zur sozialen Sicherung[6]) je Landwirt in Frankreich 3855 DM, in der Bundesrepublik Deutschland dagegen nur 1906 DM[7]). Bis 1973 wuchs der Zuschuß in Frankreich

---

[5]) Zitiert nach Landvolk-Pressedienst Nr. 51/1972.
[6]) Krankenversicherung, Alters- und Invalidenversicherung, Unfallversicherung, Familienhilfen.
[7]) Überschuß der Leistungen über die Beiträge. Da es sich um verschiedene Systeme der sozialen Sicherung handelt, ist ein Direktvergleich der Zuschüsse nicht unproblematisch. Quelle: Materialband zum Agrarbericht 1974 der Bundesregierung, Bundestagsdrucksache 7/1651, S. 219.

um 30 Prozent, während er sich in der Bundesrepublik Deutschland auf 3559 DM je Landwirt annähernd verdoppelte[8]). Die land- und forstwirtschaftliche Einkommenspolitik bedient sich demnach auch in der Bundesrepublik Deutschland zunehmend sozialpolitischer Mittel und Wege. Auch der Deutsche Bauernverband anerkennt, daß „soziale Sicherungen ein wichtiger Teil der Einkommenspolitik geworden sind, weil sie die Grundsicherung für die Wechselfälle im Leben der bäuerlichen Familie übernehmen, und den Betrieb von erheblichen finanziellen Risiken entlasten" (DOBLER 1972, S. 10).

Das verfügbare Einkommen der land- und forstwirtschaftlichen Bevölkerung kann sozialpolitisch auf indirektem und auf direktem Weg verbessert werden: indirekt, indem die öffentliche Hand Infrastrukturinvestitionen vornimmt und unentgeltliche Dienstleistungen anbietet, wodurch private Ausgaben, z. B. für Bildung, eingespart werden können; direkt durch staatliche Zuschüsse oder Steuervergünstigungen. Während die indirekten Zuwendungen allen Bürgern zugute kommen, lassen sich die direkten einkommenswirksamen Sozialaufwendungen nach Empfängergruppen ausweisen. Der Sozialaufwand des Bundes für die Land- und Forstwirtschaft belief sich 1974 auf mehr als 2 Milliarden DM (Übersicht 3).

Übersicht 3:

Mittelansätze für die Sozialpolitik

Maßnahmen	1971*)	1972*)	1973**)	1974**)	1975**)
	Millionen DM				
Altershilfe	686	790	1 035	1 198	1 381
Unfallversicherung	420	50	300	320***)	406
Landabgaberente	28	62	104	147	140
Zuschüsse zur Beitragsnachentrichtung in der Rentenversicherung	12	2	11	4	5
Krankenversicherung	—	34	390	435	580
Zusatzkasse	—	—	21	24	26
Anpassungshilfe für land- und forstw. Arbeitnehmer	—	—	—	1	1
Sozialmaßnahmen insgesamt	1 146	938	1 861	2 337	2 539

*) Ist. **) Soll. ***) Einmaliger Zuschuß von 208 Mio. DM.
Agrarbericht 1975 der Bundesregierung. Bundestagsdrucksache 7/3210, S. 142.

In dieser Aufstellung sind die Zuwendungen im Rahmen des Familienlastenausgleiches nicht enthalten. Diese sind insofern von erheblicher einkommenspolitischer Bedeutung, als etwa zwei Drittel des Kindergeldes aus nichtlandwirtschaftlichen Familienausgleichskassen beigesteuert werden. Wegen der relativ hohen Kinderzahlen und der relativ niedrigen landwirtschaftlichen baren Einkünfte trägt das Kindergeld als Sozialeinkommen nicht unerheblich zum Gesamteinkommen landwirtschaftlicher Haushalte bei. Es erreichte jedoch in der Bundesrepublik Deutschland längst nicht die Höhe wie in Frankreich[9]).

Sozialeinkommen hat den Vorzug, die Agrarproduktion nicht anzureizen oder in

---

[8]) Vgl. Agrarbericht 1974 der Bundesregierung, Bundestagsdrucksache 7/1650, S. 116, Tz. 286.
[9]) Am 1. 1. 1973 wurden in der Bundesrepublik Deutschland für das 2. Kind 25 DM (falls Jahreseinkommen unter 18 360 DM), für das 3. Kind 60 DM, für das 4. und alle weiteren Kinder 70 DM gewährt; in Frankreich dagegen für 2 Kinder 100,80 NF, für 3 Kinder 270,33 NF, für 4 Kinder 439,87 NF und für jedes weitere Kind 151,20 NF.

bestimmte Richtungen zu drängen; auch ist es unabhängig von Naturgunst und Betriebsgröße, sondern nur an soziale Tatbestände geknüpft. Infolgedessen verstärken Zuwendungen im Rahmen der Altershilfe, der Unfallhilfe, der Krankenversicherung usw. auch nicht die intrasektoralen Einkommensunterschiede, wie dies bei einer Reihe anderer agrarpolitischer Maßnahmen angenommen werden muß (vgl. KELBLING 1969, S. 163 ff.). Sozialeinkommen kann allerdings retardierend auf erwünschte Strukturveränderungen wirken, zugleich aber auch deren Härten mildern.

2. Soziale Sicherung

Die Verantwortlichkeit, die land- und forstwirtschaftlichen Berufszugehörigen sozial abzusichern, liegt traditionell bei der Familie, dem Einzelbetrieb und allenfalls dem Nachbarschaftsverband. Mehrere Umstände haben indessen die soziale Sicherung zu einem zentralen Gegenstand der Agrarsozialpolitik werden lassen: (1) Die Politiker fühlten sich gedrängt, den in nationaler Zuständigkeit verbliebenen agrarsozialpolitischen Aktionsraum zu nutzen. (2) Die Notwendigkeit, im internationalen Agrarwettbewerb gleiche Chancen für die heimische Land- und Forstwirtschaft herzustellen, zwang zu einer „Harmonisierung der Sozialpolitiken". (3) Im Zuge der Entwicklung zu einem Wohlfahrtsstaat ist eine „vertikale Koordination", worunter SEIDEL die Angleichung[10]) der sozialen Lage zwischen den Wirtschaftsbereichen versteht, auf die Dauer unvermeidlich. (4) Bei der land- und forstwirtschaftlichen Bevölkerung ist infolge von Substanzverlusten, der Einkommensdisparität und der Schrumpfung der Erwerbstätigen ein erhöhtes Sicherungsbedürfnis entstanden, das sich (a) an den modernen Sicherungssystemen der privaten Versicherungen, (b) der öffentlichen Sozialversicherung und (c) dem internationalen Vergleich innerhalb der EG orientiert. Schon Anfang der 60er Jahre hat sich in bäuerlichen Kreisen die Ansicht durchgesetzt, der selbständige Landwirt sei hinsichtlich der sozialen Sicherung schlechter gestellt als vergleichbare Berufe. Der Deutsche Bauernverband hat deshalb auf einen raschen Ausbau des Systems der sozialen Sicherung gedrängt.

Die Sozialgesetzgebung verlief mehrgleisig: für die land- und forstwirtschaftlichen Lohnarbeitskräfte einerseits und für die selbständigen Landwirte und für deren mitarbeitenden und abhängigen Familienangehörigen andererseits. Das System der sozialen Sicherung der land- und forstwirtschaftlichen Bevölkerung hat sich unter dem zweifachen Einfluß der allgemeinen Entwicklungstendenzen der sozialen Sicherung und der spezifischen Sicherheitsbedürfnisse der Arbeitnehmer und der Unternehmer in der Landwirtschaft entfaltet (vgl. JANTZ 1972, S. 176 ff.). Spezifische Sicherheitsbedürfnisse ergeben sich vor allem daraus, daß ein Teil der Landwirte hauptberuflich in der Landwirtschaft verbleibt, ein Teil eine nebenberufliche Zwischenstellung einnimmt, und ein Teil ganz aus der Landwirtschaft ausscheidet. Als Folge dieser Entwicklung nimmt der Vorstand des Bundesverbandes der landwirtschaftlichen Berufsgenossenschaften (1970) „ein verstärktes Bedürfnis für die Absicherung der Sozialrisiken" an. Insbesondere stellt sich das Problem des Übergangs von einem Sicherungssystem in ein anderes beim Berufswechsel, ohne erworbene Ansprüche (z. B. Anwartschaften) zu verlieren.

Ziel der Sozialgesetzgebung im Rahmen der Agrarpolitik war es lange Zeit, den land- und forstwirtschaftlichen Betrieben willige Arbeitskräfte dauerhaft zu sichern (Gesindeordnungen, Förderung des Landarbeiterwohnungsbaus), während die Gewerkschaftler bestrebt waren, den Land- und Forstarbeitern denselben Arbeitsschutz und dieselbe soziale

---

[10]) Vgl. zur Frage der Einfügung des landwirtschaftlichen Sozialrechts in das allgemeine Sozialrecht BOGS 1970.

Sicherheit zu erkämpfen, wie sie andere Arbeitnehmer genießen. Mit der Aufhebung der letzten diskriminierenden Regelungen für Land- und Forstarbeiter wurde das gewerkschaftliche Ziel im Jahre 1973 endlich erreicht. Den sozialen Gleichstand zu erhalten und darüber hinaus künftig einige positive Ausnahmeregelungen, z. B. eine Zusatzversorgung, für ihre Mitglieder durchzusetzen, ist das erklärte Ziel der Gewerkschaft Gartenbau, Land- und Forstwirtschaft.

Parallel zu der raschen Abnahme der Zahl landwirtschaftlicher Fremdarbeitskräfte[11]) wandte sich die sozialpolitische Initiative zunehmend den Familienarbeitskräften zu. Die meisten der in den vergangenen 20 Jahren entwickelten sozialpolitischen Instrumente dienen der sozialen Sicherung der im landwirtschaftlichen Familienbetrieb beschäftigten Menschen. Einige dieser Maßnahmen wurden ausdrücklich ergriffen, um den Familienbetrieb als Existenzgrundlage der Bauernfamilie zu erhalten und in seiner Leistungsfähigkeit zu kräftigen. Hier läßt sich durchaus eine Ziel- und Mittelharmonie mit einer auf die Erhaltung des landwirtschaftlichen Familienbetriebes ausgerichteten Agrarstrukturpolitik erkennen. Das Bedürfnis nach sozialer Sicherung hat sich in dieser Kategorie in dem Maße erhöht, als die Risikoempfindlichkeit infolge zunehmenden Kapitaleinsatzes der Betriebe gestiegen ist und sich der Bestand an Arbeitskräften verringert hat.

Die Agrarsozialpolitik räumt den nebenberuflichen Landwirten eine Sonderstellung ein. So können diese zum Beispiel unter bestimmten Voraussetzungen von der Beitragspflicht für die gesetzliche Altershilfe für Landwirte befreit werden. Eine Übersicht über die agrarpolitische Sonderbehandlung der Nebenerwerbslandwirtschaft bietet Text 5 des Materialbandes zum Agrarbericht 1974 der Bundesregierung. Daraus geht hervor, daß man der Orientierungshilfe und Beratung für Nebenerwerbslandwirte künftig besondere Bedeutung beimißt.

Die sozialrechtliche Lage der Land- und Forstarbeiter wurde fast ganz derjenigen anderer Arbeitnehmer angeglichen, während für die Selbständigen Landwirte eigene Sicherungsformen entwickelt wurden, und das Sicherungsrecht der mitarbeitenden Familienangehörigen noch einen deutlichen Rückstand aufweist (vgl. BOGS 1970, S. 17). In der landwirtschaftlichen Sozialgesetzgebung findet man daher neben dem klassischen Instrumentarium der Sozialpolitik zur Abdeckung von Risiken wie Krankheit, Unfall, Schwangerschaft und Mutterschaft, Erwerbslosigkeit, Erwerbsunfähigkeit, Alter und Tod auch ganz spezifische Maßnahmen, die sich aus der Unternehmereigenschaft der selbständigen Landwirte, aus den familienrechtlichen Beziehungen zu ihren Mitarbeitern sowie aus den Problemen der beruflichen und betrieblichen Existenzsicherung und der Eingliederung heimatvertriebener Landwirte ergeben.

a) *Alterssicherung*

Land- und forstwirtschaftliche Arbeitnehmer und selbständige Landwirte, die früher eine abhängige Tätigkeit ausgeübt haben, werden bei Verlust der Erwerbsfähigkeit und im Alter durch die Arbeiterrentenversicherung geschützt. Den übrigen Landwirten und ihren mitarbeitenden Familienangehörigen hat das Gesetz vom 27. 7. 1957 (GAL) eine Altershilfe gebracht. Die Begünstigung ist an landwirtschaftliche Unternehmen gebunden, die eine „dauerhafte Existenzgrundlage" darstellen. Die agrarpolitische Zielsetzung der Erhaltung landwirtschaftlicher Existenzen wird dadurch unterstrichen, daß für die Ein-

---

[11]) Von 766 000 ständigen und 450 000 nichtständigen Lohnarbeitskräften in 1950/51 auf 117 000 ständige und 69 000 nichtständige Lohnarbeitskräfte in 1971/72.

beziehung in die gesetzliche Altershilfe die subjektive soziale Situation des einzelnen Kleinbauern unerheblich ist. Mit der Öffnung der Rentenversicherung für alle Selbständigen wurde den Landwirten eine zusätzliche Möglichkeit geboten, selbst für ihr Alter zu sorgen.

Auch wenn die gesetzliche Altershilfe (ab 1. 1. 1974 monatlich 264 DM für Verheiratete und 176 DM für Alleinstehende) allein noch keine volle Altersversorgung bietet, so bildet sie doch eine fühlbare Entlastung der Hofübernehmer von Barleistungen an die Altenteiler und trägt zu einer Erhöhung des Lebensstandards besonders der kleineren Bauern bei. Fernziel ist es, den hofabgebenden Bauern in seiner Altersversorgung so zu stellen, daß er weitgehend unabhängig von Leistungen aus dem Betrieb ist. Ein hofunabhängiger „Rentnerbauer" wird jedoch eher als ein hofabhängiger Altenteiler dazu neigen, vom Lande abzuwandern und/oder auf dem Hof nicht mehr unentgeltlich mitzuarbeiten. Aus derartigem Verhalten könnte ein Zielkonflikt zwischen Alterssicherung, Bevölkerungsverdichtung auf dem Lande und Rentabilität des Betriebes entstehen.

Die gesetzliche Altershilfe verringert in Form erheblicher Zuschüsse (1973 rund 1 Mrd. DM Bundesmittel) auf dem Wege der Einkommensumverteilung die intersektorale Disparität. Darüber hinaus fördert sie die frühzeitige Hofübergabe und damit die Intensivierung und Rationalisierung der landwirtschaftlichen Betriebe. Da die Gewährung der Altershilfe von der Abgabe des Betriebes abhängig gemacht wurde, trat eine Verjüngung der Betriebsinhaber ein. Mittelbar trug das GAL dazu bei, die Rationalisierung und Technisierung der Betriebe auszulösen oder zu beschleunigen (vgl. NOELL 1973, S. 3). Van DEENEN und MROHS (1965) stellten fest, daß in den übergebenen Betrieben die Organisation hauptsächlich in Richtung einer Vereinfachung und Intensivierung verändert wurde. Außerdem ist als Nebenwirkung des GAL eine Zunahme der Bodenmobilität zu verzeichnen.

Das GAL ist insofern mobilitätshemmend, als die Altershilfe an die Tätigkeit als landwirtschaftlicher Unternehmer geknüpft ist[12]). Konflikte ergeben sich auch zwischen der wirtschafts- und der sozialpolitischen Zielsetzung. Denn der Gesichtspunkt der Verbesserung der Wirtschaftlichkeit hat dazu geführt, die Kleinstlandwirte vom sozialpolitischen Schutz des GAL auszunehmen. „Dieser Zielkonflikt wird im Sinne einer gerechten Sozialordnung nur zu lösen sein, wenn auch den nicht vom Schutz des GAL erfaßten Kleinlandwirten auf andere Weise sozialer Schutz gewährt wird, wie es etwa im Arbeitsförderungsgesetz mit seinen Maßnahmen zur Umschulung und Ausbildung vorgesehen ist" (BOGS 1970, S. 30).

Die Verknüpfung der gesetzlichen Altershilfe mit der Unternehmereigenschaft hat die Frage aufgeworfen, wie Gesellschafter fusionierter Betriebe zu behandeln seien. Ihnen die Eigenschaft von Unternehmern abzusprechen, würde eine Verschlechterung ihrer Altersversorgung bedeuten, und damit einem — agrarpolitisch erwünschten — korporativen Zusammenschluß zu einer Personalgesellschaft entgegenwirken[13]).

---

[12]) HULLEN (1970) hat dieser Auffassung mit dem Argument widersprochen, das GAL fördere zwar den Berufswechsel nicht, beschleunige aber die Hofübergabe und damit die beruflichen Entscheidungen, die mit dem Generationswechsel verknüpft sind.

[13]) Ein höchstrichterliches Urteil vom 24. 11. 1964 hatte tatsächlich zur Folge, daß „einem nicht ganz kleinen Personenkreis mitgeteilt werden mußte, daß ihm das Recht der Zugehörigkeit zum Unternehmerkreis nach dem Altershilfegesetz fehle, daher auch die Möglichkeit der Erlangung von Leistungsansprüchen aus diesem Gesetz nicht gegeben sei" (BREITBACH 1972, S. 27).

Die gesetzliche Altershilfe für Landwirte hat sich zwar verjüngend auf die Altersstruktur der aktiven Landwirte ausgewirkt und so die Agrarstruktur im Humanbereich verbessert. Sie wirkt aber dadurch, daß sie im Grundsatz von der Erhaltung des Hofes ausgeht, der ja das Altenteil finanzieren muß, einer flächenmäßigen Umstrukturierung entgegen, ohne die langfristig eine Agrarstrukturverbesserung undenkbar ist.

b) *Unfallversicherung*

Die Leistungen der gesetzlichen Unfallversicherung erstrecken sich nicht nur auf die haupt- sondern auch auf die nebenberuflichen Landwirte und ihre Ehegatten, weil die Mitgliedschaft nicht von der Größe des Unternehmens abhängt. Unfallschutz genießen auch diejenigen, die nur vorübergehend landwirtschaftlich beschäftigt sind. Den landwirtschaftlichen Berufsgenossenschaften werden staatliche Zuschüsse (1975: 406 Mio. DM Bundesmittel) gewährt, um über eine Senkung der Beiträge die landwirtschaftlichen Unternehmer von Kosten zu entlasten. Da die Bundeszuschüsse nicht an Preise, Produktionseinheiten oder Flächen sondern an Unternehmermerkmale gebunden sind, sind sie produktionsneutral. Die strengen Unfallverhütungsvorschriften können indessen international wettbewerbsverzerrend wirken, weil sie die Betriebskosten deutscher Landwirte erhöhen. Sozialpolitisches Ziel ist es, die Unfallrenten durch Anhebung der Bemessungsgrundlagen zu erhöhen, da die Renten im Vergleich zu anderen Wirtschaftsbereichen viel zu niedrig sind.

c) *Krankenversicherung*

Mit dem Inkrafttreten der gesetzlichen Krankenversicherungspflicht für selbständige Landwirte schloß sich am 1. Oktober 1972 die letzte große Lücke im System der sozialen Sicherung in der Land- und Forstwirtschaft. Es stehen lediglich die Lösungen von technischen Teilfragen (z. B. Beitragsgestaltung für mitarbeitende Familienangehörige) noch aus. Insgesamt waren am 1. 10. 1973 bei den 19 landwirtschaftlichen Krankenkassen rund 2,4 Mio. Personen versichert. Auch die Altenteiler konnten dank Bundeszuschüssen (1975: 580 Mio. DM Bundesmittel) beitragsfrei einbezogen werden. Damit sind die Voraussetzungen für eine wesentliche Verbesserung des Gesundheitszustandes und der Krankenbehandlung der land- und forstwirtschaftlichen Berufszugehörigen geschaffen. Denn ehe der Schutz bei Krankheit gesetzlich geregelt war, pflegten viele Angehörige bäuerlicher Familien den Gang zum Arzt solange wie möglich hinauszuschieben.

Die Pflicht, die alternden Eltern bei Krankheit zu pflegen und ihre Behandlungskosten zu tragen, war üblicherweise den Hofübernehmern in den Altenteilsverträgen auferlegt. Die Folge dieser überlieferten Verpflichtung war, daß vor Einführung der gesetzlichen Krankenversicherung für Landwirte nahezu die Hälfte aller Altenteiler keinen oder nur einen unzureichenden Krankenversicherungsschutz genoß. Die beitragsfreie Krankenversicherung für Altenteiler verbessert also die Lebensverhältnisse der Altenteiler in einem wesentlichen Bereich, entlastet die aktiven Landwirte von Kosten und Ausgaben und wird zweifellos zu einer häufigeren Inanspruchnahme ärztlicher und klinischer Dienste führen. als bisher. Auch die aktive landwirtschaftliche Bevölkerung wird künftig häufiger den Arzt konsultieren.

Insgesamt wird also eine verstärkte Nachfrage nach medizinischen Dienstleistungen zu erwarten sein, was in einigen, überwiegend agrarischen Räumen eine Verdichtung des Netzes der Ärzte und der klinischen Einrichtungen erforderlich machen wird. Dem steht ein Rückgang der Landpraxen gegenüber. Die kassenärztlichen Vereinigungen sind zwar verpflichtet, „auch in abgelegenen ländlichen Gebieten die ärztliche Versorgung sicherzustellen, es ist ihnen aber die Möglichkeit genommen, durch Versagen der Zulassung in ärztlich gut versorgten Gebieten einen Zwang zur Niederlassung in unterversorgten ländlichen Gebieten auszuüben" (Bogs 1970, S. 21). Hier kollidiert das Grundrecht der Berufsfreiheit (Art. 12 GG) mit dem sozialen Ziel einer besseren ärztlichen Versorgung der land- und forstwirtschaftlichen Berufszugehörigen.

d) *Solidargemeinschaft*

In der Unfall- und Krankenversicherung sind die Beitragszahler zu einer Solidargemeinschaft zusammengeschlossen, d. h. die Beiträge richten sich nach der Ertragskraft der Unternehmen, während der Krankheits- und Unfallschutz jedem Mitglied voll gewährt wird. Auf diese Weise werden innere Disparitäten zwischen kleineren und größeren land- und forstwirtschaftlichen Betrieben abgebaut. Das Prinzip des Solidarausgleiches hält jedoch den Trend zu größeren Betriebseinheiten auf, weil es dem größeren Unternehmen höhere Lasten bei gleichem Nutzen aufbürdet als dem kleineren. Beeinträchtigt wird das Solidaritätsprinzip im Falle der Krankenversicherung durch die Befreiungsmöglichkeit für Pflichtversicherte, wovon verständlicherweise die leistungsfähigeren und die jüngeren **Landwirte** mehr Gebrauch machen, da sie wegen ihres geringeren Krankheitsrisikos bei privaten Versicherungen günstigere Verträge abschließen können. Tatsächlich haben aber weniger als 2 Prozent der Versicherungspflichtigen Befreiung von der landwirtschaftlichen Krankenversicherung beantragt.

3. Existenzsicherung

Zu den charakteristischen menschlichen Grundstimmungen gehört in kapitalistischen Industriegesellschaften die Existenzangst, die genährt wird von der Besorgnis, eines Tages Arbeitsplatz oder Einkünfte zu verlieren und dann, wenn schon nicht unter das physische, so doch unter das soziale Existenzminimum abzusinken. Lange Zeit schienen die land- und forstwirtschaftlichen Berufszugehörigen von derartigen Ängsten ausgenommen, und kollektive Vorkehrungen der Existenzsicherung unnötig. Infolge der Zeitereignisse verloren jedoch ost- und mitteldeutsche Landfamilien massenhaft ihre landwirtschaftlichen Existenzgrundlagen. Die Mechanisierung und Rationalisierung setzte in Westdeutschland hunderttausende land- und forstwirtschaftliche Arbeitskräfte frei. Technischer Fortschritt und wirtschaftlicher Druck nötigten zahlreiche Landwirte, ihre Betriebe aufzugeben und sich eine außerlandwirtschaftliche Existenz aufzubauen.

Die Funktion des Betriebes, den Unterhalt einer Familie zu gewährleisten, wird aber auch schon dann infragegestellt, wenn er wegen Personalausfalls nicht mehr ordnungsgemäß bewirtschaftet werden kann oder wenn er zu klein wird, um genügend abzuwerfen. Das Existenzproblem stellt sich daher in der Land- und Forstwirtschaft in vierfacher Form: (a) Verlust des Arbeitsplatzes infolge Kündigung, (b) Verlust des Hofes infolge Flucht oder Vertreibung, (c) existenzbedrohende Minderung der Betriebseinkünfte infolge Ausfalls von Familienarbeitskräften oder (d) wegen Verkleinerung der Flächenausstattung. Dementsprechend lassen sich vier Teilziele formulieren: (1) Arbeitslosenversicherung, (2) Existenzsicherung Heimatvertriebener, (3) betriebliche Existenzsicherung und (4) Schutz bäuerlichen Grundbesitzes. Die Frage der Existenzsicherung im Falle der durch technischen Fortschritt einschließlich Strukturverbesserungen verursachten Freisetzung von Arbeitskräften wird unter dem Unterziel der Faktormobilisierung behandelt.

a) *Arbeitslosenversicherung*

Nach der Novellierung des Arbeitslosenvermittlungs- und Arbeitslosenversicherungsgesetzes (AVAVG vom 10. März 1967) sind faktisch alle landwirtschaftlichen Arbeitnehmer gegen das Risiko der Arbeitslosigkeit geschützt. Mit der Aufhebung der Versicherungsfreiheit nach § 59 entfiel der agrarstrukturell bedeutsame Anreiz, Landarbeitern Grundstücke zur eigenen Bewirtschaftung zu übergeben, aus deren Ertrag sie Perioden vorübergehender Arbeitslosigkeit überbrücken konnten. Diese Regelung gewährte allerdings nur eine beschränkte soziale Sicherung, weil eine definitive Entlassung aus dem Arbeitsverhältnis mit dem Verlust des Deputatlandes verbunden war. Das Deputatland sollte den Landarbeiter in erster Linie an den Hof binden. Die Arbeitslosenversicherung unterstützt dagegen seine Mobilität und steht somit in Einklang mit dem Unterziel der Faktormobilisierung. Im Gegensatz dazu fördert der Bund nach wie vor, wenngleich mit schwächerwerdendem Einsatz, die Seßhaftmachung von Landarbeitern. Im Jahre 1972 wurden für bauliche Verbesserungen von Landarbeiterstellen und für landwirtschaftliche Werkwohnungen 2,7 Millionen DM Beihilfen bewilligt. Für die Seßhaftmachung verheirateter Landarbeiter stellte der Bund 8,3 Millionen DM zur Verfügung. Die Zahl der geförderten Bauvorhaben (1972: 710) sank auf rund ein Viertel gegenüber 1962. Diese Fördermaßnahmen harmonisieren zwar mit dem Unterziel, die ländlichen Wohnverhältnisse zu verbessern, stehen aber in Zielkonflikt mit dem Unterziel der Faktormobilisierung.

b) *Eingliederung heimatvertriebener Landwirte*

Die Eingliederung heimatvertriebener Landwirte im Wege der Wiederansiedlung verfolgt sowohl das Ziel der beruflichen als auch der betrieblichen Existenzsicherung. In den ersten Nachkriegsjahren dominierte das Ziel, das berufliche Potential mittel- und ostdeutschen Bauerntums zu erhalten. Später trat die Absicht mehr in den Vordergrund, die neugeschaffenen Vollerwerbsbetriebe und Nebenerwerbssiedlungen der Heimatvertriebenen zu erhalten und zu festigen. In jüngster Zeit wird der Versuch gemacht, die Heimatvertriebenensiedlerstellen den gewandelten Bedingungen anzupassen. In keiner anderen sozialpolitisch motivierten Maßnahme tritt jedoch das Dilemma zwischen rechtsstaatlicher Verpflichtung und rationaler Agrarpolitik offener zutage.

c) *Berufliche Existenzsicherung selbständiger Landwirte*

Die berufliche Existenz eines selbständigen Landwirts hängt weitgehend von seinem fachlichen Wissen und Können ab. Da sich Datenkranz sowie Arbeitsverfahren und Produktionsmittel laufend verändern, ist eine fachliche Fort- und Weiterbildung unabdingbar für erfolgreiches Wirtschaften. Dies gilt um so mehr, je härter sich die Landwirte dem Konkurrenzdruck ausgesetzt sehen. Deshalb gehören Ausbildungsbeihilfen und andere Förderungsmaßnahmen der beruflichen Fortbildung und Beratung unabdingbar zum staatlichen Förderprogramm.

d) *Betriebliche Existenzsicherung*

Die Existenz des land- und forstwirtschaftlichen Betriebes, vor allem des viehhaltenden, ist durch den Ausfall von Arbeitskräften bei Krankheit, Unfall, Tod oder Urlaub um so gefährdeter, je weniger Arbeitskräfte im Betrieb verfügbar sind. Vor allem in den kleinen Ein- oder Zwei-AK-Betrieben der Familienlandwirtschaft entstehen leicht bedrohliche Situationen. Eine Agrarpolitik, die diesen Betriebstyp favorisierte, mußte sich daher um „Ersatzleistungen" bemühen, d. h. um die Schaffung der Betriebs- und Haushaltshilfe. Die Ersatzleistungen erfüllen agrar- und sozialpolitische Ziele: (1) die geordnete Fortführung des landwirtschaftlichen Unternehmens während kurzfristiger — im Regelfall bis zu drei Monate — krankheits- oder unfallbedingter Arbeitsunfähigkeit und bei Tod des Unternehmers oder seines im Betrieb mitarbeitenden Ehegatten, (2) die Ermöglichung von Heilbehandlungen und Rehabilitationsmaßnahmen und damit eine Verbesserung des Gesundheits- und Leistungsstandes der landwirtschaftlichen Bevölkerung, (3) die Verhinderung des Ausfalls von Einkünften gerade in Zeiten zusätzlicher finanzieller Belastung des Haushaltes, und (4) die Verhütung einer Gefährdung von Leben oder Gesundheit von Mutter und Kind während der Schwangerschaft und bis zum Ablauf von acht Wochen nach der Entbindung (vgl. MICHELS 1972, S. 234).

Die ersten Hilfsdienste wurden von kirchlichen Organisationen (ab 1948) gegründet. Seit dem Jahre 1964 werden staatliche Mittel zur Ersatzkraftgestellung gewährt. Landschwestern und Dorfhelferinnen, die Mütter und Hausfrauen im Landhaushalt vertreten, haben sich in zahlreichen Notfällen bewährt. Männliche Betriebshelfer werden bei Ausfall des Betriebsleiters von den landwirtschaftlichen Berufsgenossenschaften, Alters- und Krankenkassen gestellt oder bezahlt, um eine ordnungsgemäße Weiterführung des Betriebes während der Krankheit, Heilbehandlung und Erholungsbedürftigkeit des Betriebsleiters sicherzustellen. Diese betont wirtschaftliche Zielsetzung verrät traditionelles agrarpolitisches Gedankengut, das vorwiegend von Gesichtspunkten der Erhaltung landwirtschaftlicher Betriebe und der Aufrechterhaltung der landwirtschaftlichen Produktion bestimmt war. WANGLER (1969, S. 390) kommt daher zu dem Schluß, daß das Betriebshelfersystem zu einer Zementierung des sozialökonomischen Gebildes „bäuerlicher Familienbetrieb beitrage und die Auflösung und den allmählichen Übergang zu kooperativen Formen der Landbewirtschaftung verlangsame". Betriebshilfsdienste haben in der Vergangenheit wegen der Schwierigkeit dauerhafter Finanzierung und ausreichender Rekrutierung von Betriebshelfern nicht die notwendige Verbreitung erlangt. Geht man von diesen Erfahrungen aus, so dürfte die Lösung des Ersatzkraftproblems eher in überbetrieblichen Zusammenschlüssen und in organisierter Nachbarschaftshilfe zu suchen sein, also mehr auf struktur- als auf sozialpolitischem Gebiet.

e) *Schutz bäuerlichen Grundbesitzes*

Dem Schutz bäuerlichen Grundbesitzes dienen eine Reihe von Gesetzen und Bestimmungen, insbesondere die Anerbengesetze und Höfeordnungen der Länder, das Landpachtgesetz (1952), das Gesetz über Maßnahmen auf dem Gebiet der Zwangsvollstreckung (1953) und das Grundstücksverkehrsgesetz (1961). Diesen Gesetzen ist die soziale Absicht gemeinsam, den Bauernfamilien die landwirtschaftliche Existenzgrundlage einer funktionsfähigen Hofstelle gegenüber Erb-, Schuld- und Verpächteransprüchen zu erhalten und ihnen gegenüber Nichtlandwirten Vorrechte im Grundstücksverkehr zu verschaffen. Wegen ihrer faktorhemmenden und — auch ungesunde — Strukturen konservierenden Wirkung sind sie in das Kreuzfeuer der Kritik geraten. Sie erhalten zwar einerseits die in ländlichen Räumen vorhandene breite Streuung des Grundeigentums, stehen aber andererseits der Eigentumsbildung in der Hand weichender Erben und landloser Bevölkerungsschichten im Wege. Daß die Bodenausstattung der Land- und Forstwirte gerade unter sozialpolitischen Gesichtspunkten staatlichen Schutzes bedarf, steht außer Zweifel. Ein modernes Pacht- und Bodenrecht sowie die Ausweisung land- und forstwirtschaftlicher Vorrangflächen dürften jedoch zielkonformer und zweckmäßiger sein als die geltenden Gesetze.

4. Faktormobilisierung

Die sozialen Oberziele der Verbesserung der Lebensverhältnisse im ländlichen Raum und der gleichrangigen Teilnahme der in der Land- und Forstwirtschaft Tätigen an der allgemeinen Einkommens- und Wohlstandsentwicklung sind nach vorherrschender Auffassung auf die Dauer nur durch eine ständige Veränderung der Allokation der Produktionsfaktoren zu erreichen. Flankierend zu wirtschaftspolitischen Maßnahmen wird ganz bewußt die Sozialpolitik in den Umstrukturierungsprozeß eingeschaltet. Ihr fällt dabei die Aufgabe zu, die Faktormobilisierung zu erleichtern, indem sie sozialpsychologische Barrieren abbaut, Risiken abdeckt und im Einzelfall zur Existenzsicherung während der Übergangsperioden beiträgt. Sowohl für die Unterstützung der Mobilisierung der Arbeit als auch des Bodens sind in jüngster Zeit im Rahmen der Agrarsozialpolitik eine Reihe von Instrumenten entwickelt worden. Obwohl die agrarstrukturverbessernde Wirkung der gesetzlichen Altershilfe für Landwirte wissenschaftlich nachgewiesen werden konnte (B. van Deenen und E. Mrohs 1965), ging man nur zögernd daran, weitere Instrumente sozialer Sicherung in den Dienst der Agrarstrukturverbesserung zu stellen. Es fehlen bis heute im Grenzbereich der Sozial- und Agrarstrukturpolitik Wirkungs- sowie Kosten-Nutzen-Analysen. Die Darstellung in Übersicht 2 trägt daher hinsichtlich der Strukturwirkungen hypothetischen Charakter.

a) *Mobilisierung der Arbeit*

Fehlen die natürlichen und wirtschaftlichen Voraussetzungen für eine berufliche Existenz in der Land- und Forstwirtschaft, oder gehen diese Voraussetzungen durch die technische Entwicklung und durch wirtschaftspolitische Entscheidungen verloren, so kommt der Sozialpolitik die Aufgabe zu, die berufliche Existenz außerhalb der Landwirtschaft zu sichern. Die gesetzliche Grundlage bietet das Arbeitsförderungsgesetz vom 1. 7. 1969, das den Berufswechsel erleichtert. Das Ausscheiden von Arbeitskräften aus der Landwirtschaft fügt sich in das agrarpolitische Ziel erhöhter Faktormobilität ein. Der Entschluß, aus der Landwirtschaft auszuscheiden, kann durch die sozialökonomische Beratung auf die im Raume vorhandenen außerlandwirtschaftlichen Ausbildungs- und Arbeitsmöglichkeiten abgestimmt werden. Nach dem Arbeitsförderungsgesetz können umschulungswillige Landwirte auf andere Berufe umgeschult werden und kann ihnen die Umstellung finanziell erleichtert werden. Die Bundesanstalt für Arbeit übernimmt ganz oder teilweise die Kosten der Umschulung, zahlt ein Unterhaltsgeld und entrichtet die Beiträge zur Kranken- und Unfallversicherung. Sie gewährt ferner Eingliederungs- und Pendlerbeihilfen und erstattet anfallende Umzugskosten. Die Gewährung von Zuschüssen zur Beitragsnachentrichtung in der Rentenversicherung der Arbeitnehmer fördert zusätzlich das vorzeitige Ausscheiden aus selbständiger landwirtschaftlicher Tätigkeit. Auch älteren Landarbeitern werden Anpassungshilfen an neue Arbeitsbedingungen gegeben. Die Umschulung sollte jedoch nicht ausschließlich unter strukturpolitischen Gesichtspunkten betrieben werden, sondern stärker auch unter sozialen Aspekten der sozialen Mobilität und der Sicherheit des Arbeitsplatzes. Gerade der zuletzt genannte Gesichtspunkt verdient erhöhte Beachtung, weil erfahrungsgemäß bei Wirtschaftsrezessionen Arbeitsplätze in ländlichen Räumen am meisten gefährdet sind. Besonders in industrie- und gewerbeschwachen Räumen behält daher der landwirtschaftliche Nebenerwerb seine risikoausgleichende Funktion.

b) *Mobilisierung des Bodens*

Das agrarpolitische Ziel, größere Produktionseinheiten zu schaffen, setzt eine Mobilisierung des Bodens voraus, was eine Reihe von sozialen Problemen aufwirft. Das Hauptproblem besteht darin, wie dem für eine berufliche Umschulung zu alten Kleinlandwirt die Aufgabe seines unrentablen Hofes und die Abgabe seiner landwirtschaftlichen Nutzflächen an aufstockungsfähige Betriebe ermöglicht werden kann; ein anderes Problem ist es, wie der über 65 Jahre alte Kleinbauer in die Lage versetzt werden kann, seinen Betrieb abzugeben, obwohl er von der Altershilfe und von dem Abgabeerlös nicht leben kann. Jenen, die sich in dieser Zwangslage befinden, wird die Abgabe des landwirtschaftlichen Betriebes erleichtert durch (1) die Gewährung einer Landabgaberente, (2) einen Zuschuß zur Nachentrichtung von Beiträgen zur Rentenversicherung oder (3) eine Verpachtungsprämie.

Die „Landabgabe gegen Rente" hat kaum Bedeutung erlangt. Der Förderung der Landabgabe mittels Darlehen waren ebenfalls nur bescheidene Erfolge beschieden. Auch der „soziale Ergänzungsplan" zum Stufeninvestitionsplan (Niedersachsen 1964) erfüllte die an ihn geknüpften Erwartungen nicht. „Bescheidene Erfolge zeitigte ein 1964 vom hessischen Landwirtschaftsministerium gestarteter Versuch, die Landabgabe durch Beihilfen zu honorieren" (WANGLER 1969, S. 376). Die Bundesregierung konnte sich die Erfahrung der Länder, daß die Reizschwelle für die Landabgabe relativ hoch liegt, zunutzemachen. Seit 1. August 1969 konnten rund 250 000 ha mobilisiert werden, rund 28 000 Bauern beziehen eine Landabgaberente.

Anfänglich überwog die sozialpolitische Zielsetzung, den Lebensabend solcher Landwirte zu sichern, die entweder die Altershilfe nicht in Anspruch nehmen können, weil kein Nachfolger vorhanden ist, der den Betrieb und zugleich den privatrechtlichen Teil der Altersversorgung übernehmen könnte, oder die aus einer Abgabe an Fremde zu wenig erlösen würden, um zusammen mit dem Altersgeld eine ausreichende Altersversorgung zu gewinnen. Mit der Einführung der Landabgaberente bot sich aber zugleich die Möglichkeit, in einem Betriebsgrößenbereich mit geringer Rentabilität und Entwicklungsfähigkeit zu den von der Agrarpolitik gewünschten Strukturverbesserungen zu gelangen. Das sozialpolitische mit dem strukturpolitischen Ziel zu vereinen, scheitert in der Praxis jedoch immer wieder daran, daß sich kein Pächter oder Käufer findet, der den strukturverbessernden Vorschriften, einen entwicklungsfähigen Vollerwerbsbetrieb zu besitzen oder zu schaffen, entspricht.

5. Verbesserung der Arbeits- und Wohnverhältnisse

In einem Dokument der EG-Kommission über die Aussichten der gemeinsamen Sozialpolitik (März 1971) wird als eines der drei „großen Endziele der Gesellschaft" die Verbesserung der Lebensverhältnisse einschließlich der Bedingungen am Arbeitsplatz und des Schutzes der körperlichen und geistigen Gesundheit des Menschen vor schädlichen Umwelteinflüssen genannt. Auch der Agrarbericht 1974 der Bundesregierung spricht dieses Ziel an und führt einige relevante Maßnahmen auf. Die schon erwähnten sozialpolitischen Mittel tragen zwar indirekt zur Verbesserung der Arbeits- und Wohnverhältnisse bei, sofern sie einkommenswirksam sind. Es hat sich jedoch als notwendig erwiesen, sie durch spezifische Maßnahmen zu ergänzen. Diese lassen sich in zwei Kategorien einteilen: Maßnahmen des Arbeits-, Mutter- und Jugendschutzes und Maßnahmen, die die bauliche Gestaltung und die Ausstattung von Wohnungen und Betrieben verbessern helfen.

a) *Arbeitsschutz*

Mütter, Kinder und Jugendliche, die in der Landwirtschaft beschäftigt sind, genießen nicht in vollem Umfang den in der industriellen Arbeitswelt üblichen Schutz. Eine Reihe von Ausnahmeregelungen trägt der Eigenart der bäuerlichen Landwirtschaft Rechnung, vornehmlich familistisch organisiert zu sein. Im Familienbetrieb lassen sich familienrechtliche und traditionelle Regelungen kaum durch arbeitsrechtliche ersetzen. Die Ausnahmebestimmungen für landwirtschaftliche Arbeitnehmerinnen sowie die Ausklammerung der Bäuerinnen und nicht zuletzt der mitarbeitenden Familienangehörigen vom gesetzlichen Mutterschutz „passen (jedoch) nicht recht in die sozialpolitische Landschaft" (WANGLER 1969, S. 362), zumal es sich hierbei um sozialpolitische Maßnahmen handelt, die wesentlich zur Erhaltung der weiblichen Arbeitskraft und zur Reproduktion von Arbeitskräften beitragen können. Weithin ungelöst sind auch die Probleme einer physiologisch optimalen Arbeitsteilung nach Geschlecht und Alter, der geregelten Arbeitszeit, der Arbeitszeitverkürzung, des freien Wochenendes und des Erholungsurlaubes. Mögliche Lösungen in Form der Gruppenlandwirtschaft haben sich weder in Frankreich — obwohl seit 1960 staatlich gefördert — noch in der Bundesrepublik Deutschland in der breiten Landwirtschaft durchgesetzt.

Noch gefährdeter als Frauen und Mütter sind Kinder und Jugendliche, da sie wegen ihrer Abhängigkeit und Unreife noch weniger zum Selbstschutz fähig sind. Kinder und Jugendliche in der Landwirtschaft sind jedoch vom Beschäftigungsverbot des Jugendarbeitsschutzgesetzes ausgenommen. Während eine gelegentliche Mithilfe durchaus sinnvoll sein kann, wird die Mitarbeit im landwirtschaftlichen Betrieb wegen der zunehmenden Technisierung und Chemisierung für Kinder immer bedenklicher. Eine regelmäßige Mitarbeit der Kinder im Betrieb führt häufig zu frühen Gesundheitsschäden und zu einer verhängnisvollen Vernachlässigung der Bildung und Ausbildung. Auch die Ausnahmebestimmungen hinsichtlich der jugendlichen Arbeit erscheinen nicht gerechtfertigt, wie der relativ schlechte Gesundheitszustand landwirtschaftlicher Berufszugehöriger bei den Musterungen beweist. Insbesondere steht die Unabkömmlichkeit der Kinder und Jugendlichen als Hilfskräfte im bäuerlichen Familienbetrieb der agrarpolitisch dringend notwendigen Fremdpraxis und schulischen Ausbildung im Wege.

b) *Bauliche Maßnahmen*

Harte und zum Teil gesundheitsschädliche Arbeitsbedingungen und unhygienische, primitive Wohnverhältnisse haben wesentlich zur Entstehung des sogenannten Nachwuchs- und Frauenproblems in der Landwirtschaft beigetragen. Unter dem Nachwuchsproblem versteht man die Schwierigkeiten, die sich aus einem Defizit an qualifizierten Betriebsübernehmern ergeben. Die Zahl der Hoferben wächst, die nicht gewillt sind, unter gegebenen Bedingungen den elterlichen Betrieb weiterzubewirtschaften und sich einer landwirtschaftlichen Fachausbildung zu unterziehen. Parallel dazu ist zu beobachten, daß sich immer weniger Mädchen bereit finden, die vielfältigen und schweren Rollen einer Bäuerin zu spielen. Die Abneigung, ein Bauernleben zu führen, hat mancherlei Gründe, hängt aber im konkreten Fall häufig auch mit schlechtem Gebäudezustand und mangelhafter Ausstattung von Betrieb und Haushalt zusammen. Deshalb sieht die Agrarpolitik hier Ansätze zur Problemlösung. Dazu zählen (1) Förderung von Investitionen, die der Rationalisierung land- und forstwirtschaftlicher Betriebe dienen, (2) die Förderung von baulichen Maßnahmen in Altgehöften und von Aussiedlungen, (3) die Förderung des Kaufs sowie des Neu-, An-, Aus- und Umbaus von Wohnungen, (4) Beihilfen zur Sanierung im arbeitswirtschaftlichen Bereich landwirtschaftlicher Wohnhäuser, (5) Überbrückungshilfen für die Erhaltung der Wirtschaftsgebäude und zur Inventarergänzung auslaufender Betriebe, (6) Restelektrifizierung, (7) Trinkwasserversorgung und Abwasserbeseitigung und (8) hauswirtschaftliche Beratung.

c) *Infrastrukturmaßnahmen*

Die genannten individuellen Förderungsmaßnahmen münden ein in die allgemeinen Maßnahmen zur Verbesserung des Wohn- und Freizeitwertes, der ländlichen Siedlungs- und Verwaltungsstruktur sowie der Ver- und Entsorgung, des Verkehrs und des Bildungswesens, die in diesem Band in eigenständigen Beiträgen behandelt werden. Aus sozialpolitischer Sicht sind dazu nur einige wenige Akzente zu setzen. Der Ausbau der Siedlungsstruktur im Sinne einer Bevölkerungsverdichtung und dezentralisierten Konzentration (vgl. v. MALCHUS in diesem Band) dient vorwiegend der nichtlandwirtschaftlichen Bevölkerung. Entsprechende Maßnahmen können auch die Wohn- und Arbeitsverhältnisse der land- und forstwirtschaftlichen Berufszugehörigen verbessern, indem (1) Versorgungseinrichtungen leichter erreichbar, reichhaltiger und qualitativ besser werden, und (2) mehr qualifizierte außerlandwirtschaftliche Arbeitsplätze in erreichbarer Nähe angeboten werden. Eine Überbetonung des Zentralitätsprinzips der Versorgung kann aber auch zu einer Verschlechterung der Lebensbedingungen der an periphere Standorte gebundenen land- und forstwirtschaftlichen Bevölkerung führen. Die Erschwernisse, die aus einer zunehmenden Distanz zu wichtigen Infrastruktureinrichtungen resultieren, treffen in erster Linie sozial Schwache, also Kinder, Frauen, ältere Leute, Körperbehinderte und Arme. Die räumliche Trennung von Agrarproduktion, außerlandwirtschaftlichen Arbeitsplätzen, Wohnsiedlungen und Versorgungseinrichtungen belastet das Zeit- und das Haushaltsbudget zahlreicher landwirtschaftlicher Familien mit zusätzlichen Aufwendungen.

Eine an Kostenminimierung und Rentabilitätsgesichtspunkten orientierte Infrastruktur und Siedlungspolitik übersieht ferner die große Bedeutung der „lokalen sozialen Infrastruktur" für das menschliche Wohlbefinden. Wie Untersuchungen ergaben, leiden vor allem ältere und weibliche Angehörige von Aussiedlern unter Vereinsamung (SCHÖCK 1972). Ähnliche Auswirkungen wären bei einer Verwirklichung der von VON MALCHUS dargelegten Konzeptionen zu erwarten. Im Zuge der Umstrukturierung würden langjährige soziale Bindungen zerstört, könnte mindestens ein Teil der ländlichen Bevölkerung sein Kommunikationsbedürfnis nicht mehr voll befriedigen, würden sich für die landbebauende Bevölkerung die Wahl- und Kontaktmöglichkeiten verengen und würde sich die Erlebnisdichte verringern. Es konnte nachgewiesen werden (JAUCH 1975), daß infolge der Verwaltungsreformen lokalpolitisches Engagement und soziale Ortsbezogenheit schwächer wurden. Die Verdrängung der Bauernfamilien aus den ländlichen Führungspositionen und die zunehmende Fremdbestimmung könnte bald dazu führen, daß die Interessen der Land- und Forstwirtschaft in der ländlichen Kommunalpolitik nicht mehr ausreichend vertreten werden. Es ist im Zuge einer derartigen Entwicklung nicht mehr auszuschließen, daß die landwirtschaftliche Bevölkerung zu einer sozialen Randgruppe und die land- und forstwirtschaftliche Bodennutzung zweitrangig wird, wie dies in Stadtregionen längst der Fall ist.

III. Konsequenzen: Mitteleinsatz

1. Kategoriale Differenzierung der Agrarsozialpolitik

In der Absicht, die gesamte einzelbetriebliche Förderung wirkungsvoller zu gestalten, wurden 1970 die Grundsätze und Bedingungen für alle Förderungsmaßnahmen im Einzelbetrieb vereinheitlicht, verbessert und in einem geschlossenen „*einzelbetrieblichen Förderungs- und sozialen Ergänzungsprogramm für die Land- und Forstwirtschaft*" (ERTL-

Programm) zusammengefaßt, das folgende Schwerpunkte hat:

— Einzelbetriebliche Förderung von Investitionen in langfristig entwicklungsfähigen Betrieben, mit deren Hilfe in vier bis sechs Jahren ein angemessenes Einkommen erreicht werden soll.

— Soziale Hilfen für Landwirte, die aus der Landwirtschaft ausscheiden und ihr Land verpachten oder verkaufen wollen. Diese Sozialhilfen dienen zur Sicherung des Lebensabends oder helfen beim Übergang in andere Berufe.

— Überbrückungshilfen zur Erhaltung der Wirtschaftsgebäude und zur Ergänzung des Inventars für diejenigen Landwirte, die weder am Investitionsförderungsprogramm noch am Sozialprogramm teilnehmen können.

— Förderung der arbeitswirtschaftlichen Sanierung im Bauernhaus.

Neu ist nicht nur die einzelbetriebliche Förderung anstelle des „Gießkannenprinzips", wodurch der soziale Charakter der Maßnahmen unterstrichen wird, sondern auch die Differenzierung der Maßnahmen auf die drei Kategorien:

— Landwirte, die gewillt sind, ihren „entwicklungsfähigen Betrieb" als dauerhafte Existenzgrundlage auszubauen,

— Landwirte, die ihren Betrieb aufgeben wollen, um entweder (a) einen anderen Beruf zu ergreifen oder (b) sich vorzeitig zur Ruhe zu setzen,

— Landwirte, die noch einige Zeit weitermachen müssen, weil sie keine der drei anderen Alternativen realisieren können oder wollen.

Übersicht 4:

Kategoriale Differenzierung des „ERTL-Programms"

	Kategorien		
	Landwirte mit entwicklungsfähigen Betrieben	Landwirte, die noch einige Zeit weitermachen	Landwirte, die ihren Betrieb aufgeben wollen
Maßnahmen	Investitionsförderung		Landabgaberente Verpachtungsprämie
	Bauliche Maßnahmen in Altgehöften	Überbrückungsbeihilfen für die Erhaltung der Wirtschaftsgebäude und zur Inventarergänzung	Zuschuß zur Nachzahlung von Beiträgen zur gesetzlichen Rentenversicherung Umschulung
	Aussiedlung		
	Wohnhausförderung	Wohnhausförderung	
	Verbesserung der arbeitswirtschaftlichen Verhältnisse im Wohnhaus	Verbesserung der arbeitswirtschaftlichen Verhältnisse im Wohnhaus	

Das ERTL-Programm folgt ziemlich genau den EWG-Richtlinien von 1971, die sich auf die „Förderung der Einstellung der landwirtschaftlichen Erwerbstätigkeit und auf die Verwendung der auf diese Weise freigesetzten landwirtschaftlichen Flächen für Zwecke der Agrarstrukturverbesserung" bezieht. NIEHAUS hat die hinter dieser Konzeption stehende Einstellung als unsozial entlarvt, indem er sie auf die Formel brachte: „die landwirtschaftlichen Betriebe müssen sich in einer Verdrängungskonkurrenz gegenseitig auffressen." In der Tat werden auch im ERTL-Programm — fast wie selbstverständlich — in erster Linie die *potentiellen Vollerwerbsbetriebe* mit den traditionellen Mitteln der Kredit- und Strukturpolitik gefördert. Kleinere Betriebe können an der Investitionsförderung nur teilhaben, wenn sie bereit sind zu kooperieren.

Für die Inhaber nicht entwicklungsfähiger *Betriebe ohne Alternativen*, hält das ERTL-Programm nur die sogenannten Überbrückungshilfen bis zur Erreichung des Rentenalters bereit. Sie sollen in Form von fünfprozentigen Zinsverbilligungen für förderungsfähige Investitionsvorhaben Höfe auf Zeit funktionsfähig erhalten. Außerdem können Zinsverbilligungen für die Verbesserung der Wohnverhältnisse in Anspruch genommen werden. Einkommenswirksame Hilfen sind nicht vorgesehen; zusätzliche Leistungen zur Altersversorgung auch nicht, so daß solche Kümmerbetriebe unter Umständen im Rentenalter weiterbewirtschaftet werden müssen. Dies mag im Sinne einer rationalen Agrarpolitik zwar bedauerlich, aber unabänderlich sein. Unter sozialpolitischen und unter raumordnerischen Gesichtspunkten kann man dieses Ergebnis aber kaum hinnehmen. Die Lösung kann freilich nicht in Erhaltungssubventionen zu suchen sein, für die die Steuerzahler wenig Verständnis aufbringen würden. Vielmehr ist ein funktionaler Ansatz zu wählen; d. h., es ist von den lebenswichtigen Funktionen der land- und forstwirtschaftlichen Betriebe in einer Industriegesellschaft auszugehen.

2. Regionalisierung der Agrarsozialpolitik

Damit kommt man zwangsläufig zu einer *regionalen Differenzierung* der Förderungsmaßnahmen und sozialen Hilfen. Denn die Haupt- und Nebenfunktionen der Land- und Forstwirtschaft variieren von Standort zu Standort und damit ändert sich auch das Ziel-Mittelsystem. In Zukunft werden nur noch diejenigen Betriebe und Regionen die Agrarproduktion als Hauptfunktion wahrnehmen, die zu den kostengünstigsten Bedingungen den Markt beliefern können. Andere Betriebe und Regionen — zum Teil mit staatlichen Mitteln — stillzulegen, hieße jedoch die Aufgabe der Land- und Forstwirtschaft zu übersehen, „durch ihre direkte und indirekte Beschäftigungs- (bzw. Auftraggeber-)funktion in industrieferneren Räumen jene Besiedlungsdichte und Wirtschaftstätigkeit aufrechterhalten zu helfen, welche notwendig erscheint, um einer sozial-ökonomischen Verödung dieser Gebiete entgegenzuwirken" (W. PEVETZ 1972, S. 11).

Die „*Raumfunktion*" der Land- und Forstwirtschaft wird zur wichtigen „Platzhalterfunktion" in jenen Agrarzonen, die für eine spätere Industrieansiedlung vorgesehen sind oder potentielle Erholungsgebiete darstellen. In derartigen Räumen sollte man den im Gang befindlichen Strukturwandel der Landwirtschaft auch dann nicht künstlich beschleunigen, wenn es sich um Grenzertragsböden handelt. Denn es wird volkswirtschaftlich gesehen weniger kosten, den vorhandenen landwirtschaftlichen Betrieben Erhaltungssubventionen zu bezahlen, bis die geplanten oder zweckmäßig erscheinenden regionalpolitischen Maßnahmen eingeleitet werden, als einmal wirtschaftlich stillgelegte, sozial verödete und ökologisch verwilderte Regionen wieder zu rekultivieren. Es wäre unsinnig, solche Regionen durch eine Förderung der Abwanderung und der Bildung von Großbetrieben bevölkerungsmäßig rasch zu entleeren und damit einen Zusammenbruch der infrastrukturellen Einrichtungen zu riskieren. Denn Agrarräume besitzen nur dann Anziehungskraft für Fremdenverkehr, Industrieunternehmen und Dienstleistungsbetriebe, wenn sie über ein Reservoir an Arbeitskräften sowie über ein Minimum an Wohnstätten, Handwerks- und Gewerbebetrieben und Infrastruktureinrichtungen verfügen.

An dritter Stelle ist die *Landespflegefunktion* der Land- und Forstwirtschaft zu nennen, deren gesellschaftspolitische Relevanz heute nicht mehr bestritten wird [14]). Sie ist nicht nur Voraussetzung für den Fremdenverkehr, sondern in weit stärkerem Maße als früher bekannt war, lebenswichtig in bezug auf die Erhaltung und Erneuerung der natürlichen menschlichen Versorgungsgrundlagen. „Allerdings kommt dieser Landespflegefunktion ihrem Ausmaß und ihrer Art nach nicht in jeder Agrarregion dieselbe Bedeutung zu, und auch nicht jede landwirtschaftliche Betriebsform und Intensitätsstufe ist in gleichem Maße zur Erfüllung dieser Funktion geeignet" (PEVETZ 1972, S. 12).

Aus den Haupt- und Nebenfunktionen ergeben sich für die ausgewählten Raumtypen für die Agrarsozialpolitik folgende Konsequenzen:

Raumtyp I

Im Blick auf die Hauptfunktion „Agrarproduktion" kommt der Agrarsozialpolitik die Aufgabe zu, zur Strukturverbesserung und zum Abbau von Wettbewerbsverzerrungen beizutragen. In Regionen mit günstigen Produktions- und Absatzbedingungen aber schlechter Agrarstruktur verdienen daher bodenmobilisierende, in Regionen mit guter Agrarstruktur strukturerhaltende oder strukturneutrale Instrumente den Vorzug. Der Schwerpunkt staatlicher Förderung sollte auf dem Gebiet der Aus- und Fortbildung sowie der Wirtschaftsberatung liegen. Für die Sicherung der Betriebe ist der Aufbau eines Betriebshelferdienstes oder anderer Formen der Ersatzkraftgestellung ebenso dringlich wie die verbindliche Abgrenzung von Agrarzonen in den Flächennutzungsplänen, die Genehmigungspflicht für den Erwerb landwirtschaftlicher Grundstücke und ein ausreichender Pächterschutz. Existenznotwendig sind in Einzelfällen außerdem Althofsanierung oder Aussiedlung. Eine gewisse sozialpolitische Bedeutung kann auch — namentlich für den Gartenbau — die Förderung des Landarbeiterwohnungsbaus gewinnen. Da in guten, marktnahen Ackerbaulagen mit großbetrieblicher Struktur die Mittel der Markt-, Preis- und Kreditpolitik gut zu greifen pflegen, kann auf sozialpolitische Hilfen weitgehend verzichtet werden. Unfall- und Krankenversicherung sind jedoch ebenso wichtig wie in anderen Regionen. Die Landschaftspflege im Interesse städtischer Naherholung ist von öffentlichen Einrichtungen zu übernehmen bzw. von der öffentlichen Hand als Lohnauftrag an spezialisierte Betriebe zu vergeben.

Raumtyp II

Das Ziel, eine funktionsfähige Landwirtschaft und eine funktionsfähige Infrastruktur zu erhalten, erfordert in diesem Raumtyp neben wirtschafts- und regionalpolitischen Mitteln den Einsatz nahezu aller sozialpolitischen Instrumente. Sie sollen die vom Industriepotential des Mittelzentrums ausgelösten Wandlungen der Agrarstruktur unterstützen und lenken und den Übergang in industrielle Berufe erleichtern. In erster Linie kommen sozialökonomische und Umstellungsberatung, Umschulungsbeihilfen und Verpachtungsprämien sowie die Förderung überbetrieblicher Zusammenarbeit, die Einrichtung von Maschinenringen, Betriebshilfsdiensten und Dorfhelferinnenstationen in Betracht. Da nur einem Teil der land- und forstwirtschaftlichen Betriebe durch einzelbetriebliche Investi-

---

[14]) Vgl. dazu u. a. das Landwirtschafts- und Landeskulturgesetz des Landes Baden-Württemberg vom 14. 3. 1972, sowie die Leitsätze des Deutschen Bauernverbandes vom September 1972.

tionsförderung zu einem höheren Einkommen verholfen werden kann, sind einkommenswirksame Sozialleistungen zur Daseinsvorsorge oder als Überbrückungshilfen für die Mehrzahl der Landfamilien lebenswichtig.

Raumtyp III

Hier überwiegt die „Platzhalterfunktion" der Land- und Forstwirtschaft, sofern es sich um Reserveräume für spätere Industrieansiedlung, militärische Zwecke oder Erholung handelt oder um Räume, die eine ökologische Ausgleichsfunktion besitzen. Die Agrarproduktion ist allenfalls eine Nebenfunktion. Wenn hier keine teuren Naturparks oder infolge sozialer Erosion verödete Gebiete entstehen sollen, dann darf der Wandel der Agrarstruktur nicht unnötig beschleunigt werden. Die vorhandene differenzierte Agrarstruktur sollte — auch im Hinblick auf den Erholungswert einer abwechslungsreichen Landschaft — solange erhalten werden, bis sie wirtschaftlich nicht mehr nötig und arbeitswirtschaftlich nicht mehr möglich ist (vgl. RÖHM 1973, S. 39 f.). Sofern ein öffentliches Interesse an der Aufrechterhaltung einer Mindestbesiedlung und Mindestausstattung besteht, muß — da das wirtschaftliche Potential begrenzt ist — ein überörtlicher Lasten- und Finanzausgleich über öffentliche Kassen vorgenommen werden. Auch die (Agrar-)Sozialpolitik bietet ein reichhaltiges Instrumentarium des intersektoralen und interregionalen Einkommensausgleichs an. Zusätzlich zu den Maßnahmen der sozialen Sicherung sind vor allem die Instrumente des sozialen Ergänzungsprogramms der Bundesregierung für auslaufende Betriebe und für Landwirte, die wegen fehlender Alternativen weitermachen müssen, einzusetzen. Landschaftspflegerische Leistungen der Land- und Forstwirte sollten in diesen Räumen unter dem sozialen Aspekt der Hebung des Lebensstandards notleidender Existenzen aus Bundes- und Ländermitteln vergütet werden.

Zu unterscheiden sind hiervon Gebiete des Raumtyps III, die keinerlei Entwicklungspotential besitzen. Da hier die Förderungswürdigkeit fehlt, ist ein Einsatz öffentlicher und privater Mittel unter ökonomischen Gesichtspunkten sinnlos. Da hier aber andererseits die Bedürftigkeit am größten ist, kann eine sozialstaatlich konzipierte Raumordnungspolitik derartige Gebiete nicht einfach ihrem Schicksal überlassen. RÖHM (1973 a) sieht hier drei alternative Entwicklungen: (1) die Bevölkerung bleibt dort wohnen und muß dann erhebliche Einkommensdisparitäten und eine unterdurchschnittliche Infrastruktur in Kauf nehmen. (2) Der größere Teil der Bevölkerung wandert ab; die verbleibenden Land- und Forstwirte gehen zu einer extensiven Großflächenbewirtschaftung über. (3) Im Falle des völligen Fehlens privater Initiativen richtet der Staat einige Auffangbetriebe mit extensiver Agrarproduktion ein oder forstet teilweise auf. Auf lange Sicht scheinen nur die Alternativen (2) und (3) realistisch. Gerade aber wenn diese Alternativen angestrebt werden, bedarf es während einer Übergangszeit ganz erheblichen struktur- und sozialpolitischen Mitteleinsatzes, um die Bevölkerungsentleerung und Umstrukturierung ohne unzumutbare soziale Härten und ohne untragbare finanzielle Belastungen abzuwickeln. Von „passiver Sanierung" sollte man in diesem Zusammenhang besser nicht sprechen, weil mit diesem Ausdruck die Vorstellung verbunden wird, es bedürfe keiner Entscheidungen, keiner Aktivitäten, keiner Mittel, was ein Trugschluß wäre.

IV. Zusammenfassung

Die Sozialpolitik im Bereich der Land- und Forstwirtschaft steht unter dem doppelten Zwang (1) der Harmonisierung sozialer Leistungen innerhalb der Europäischen Gemeinschaft und (2) der Angleichung an die Grundzüge der allgemeinen nationalen Sozialpolitik. Indem sie gleiche soziale Sicherung, Lebens- und Einkommensverhältnisse für die land- und forstwirtschaftlichen Berufszugehörigen bezweckt, dient sie der sozialen Integration des Agrarsektors in die Gesamtgesellschaft; läuft also parallel zu einer Agrarpolitik der Integration der Land- und Forstwirtschaft in die Volkswirtschaft. Sie ist jedoch nicht in gleicher Weise wie die Agrarstruktur- und Agrarwirtschaftspolitik fixiert auf den sich selbst absichernden landwirtschaftlichen Familienbetrieb. Denn die Konzentration des Grund und Bodens in der Hand relativ weniger größerer Landwirte widerspricht der allgemeinen sozialpolitischen Zielsetzung einer breiten Vermögensstreuung und der Vermögensbildung in den unteren Schichten.

Die sozialen Ziele im Bereich der Land- und Forstwirtschaft sind zwar in dem Sinne konsistent, daß durch die Verwirklichung der Teilziele die Unter- und die Oberziele erreicht werden können; sie sind aber nicht kohärent, d. h. sie sind nicht so aufeinander abgestimmt, daß Unvereinbarkeiten und Wirkungsverluste ganz vermieden werden. Auch im Bereich der Land- und Forstwirtschaft ist es kaum möglich, Produktions-, Verteilungs-, Sicherungs- und Ordnungsziele in einem in sich harmonischen Zielsystem zu vereinigen. Ein Mehr an sozialer Sicherheit muß gewöhnlich mit einem Verlust an Freiheit erkauft werden. Berufliche und betriebliche Existenzsicherung wirken stabilisierend auf die Wirtschaftsstruktur, wogegen das Ziel der Wohlstandssteigerung eine Dynamisierung der Wirtschaft erfordert. Eine gerechtere Verteilung des Sozialproduktes gefährdet den Frieden, da der Anspruch der bisher Zu-kurz-gekommenen auf einen angemessenen Anteil bei den Sozialpartnern die Verteidigung sozialer Besitzstände und sozialer Relationen auslöst. Es gibt auch im Bereich der Land- und Forstwirtschaft den Konflikt zwischen den Zielen wirtschaftlichen Wachstums (Förderung von Standorten mit hohem Entwicklungspotential und von „entwicklungsfähigen" Betrieben) und den Zielen sozialer Gerechtigkeit (Unterstützung von der Natur benachteiligter Räume, notleidender Betriebe und sozial schwacher Bevölkerungsteile) und einen Konflikt zwischen der Mittelverteilung nach den Prinzipien der Förderungswürdigkeit und der Förderungsbedürftigkeit. Aber gerade die Unausweichlichkeit dieses Konfliktes zwingt dazu, Kompromißlösungen zu suchen bzw. zu differenzieren.

Die Agrarsozialpolitik ist in der Bundesrepublik Deutschland im Sinne einer Reihe von die Agrarpolitik flankierenden und ergänzenden Maßnahmen entwickelt worden. Deshalb harmoniert sie im großen und ganzen mit den agrarpolitischen Zielsetzungen. Zielkonflikte treten jedoch dort auf, wo sie im agrarpolitischen Zielsystem bereits angelegt sind. So enthalten die im sozialen Bereich der Agrarpolitik formulierten beiden Oberziele einen Zielkonflikt. Auch die Unter- und Teilziele sind nicht widerspruchsfrei. Die Konfliktlösung liegt in einer intelligent gehandhabten differenzierten Agrar- und Regionalpolitik. Das Instrumentarium der Agrarsozialpolitik hält für die verschiedensten Raumziele adäquate Maßnahmen bereit, die flankierend zu wirtschafts-, verkehrs- und kulturpolitischen Maßnahmen eingesetzt werden können. Es stehen strukturerhaltende und strukturverändernde Mittel zur Verfügung. Die strukturerhaltenden Sozialleistungen waren aber bisher nicht so hoch, daß sie landwirtschaftliche Kümmerexistenzen künstlich am Leben erhalten und rückständige Produktionsformen konserviert hätten. Und die strukturverändernden Sozialleistungen erwiesen sich in der Vergangenheit als nicht hoch genug, um die Faktormobilität wesentlich zu beschleunigen. Der Nutzen des agrarsozialpolitischen Mitteleinsatzes bestand vorwiegend darin, den „anhaltenden Anpassungs- und Umstrukturierungsprozeß in der Landwirtschaft zu begleiten" (Sozialbericht 1972 der Bundesregierung), soziale Härten zu mildern, Übergänge zu erleichtern, soziale Risiken abzudecken und in Notfällen zu helfen, wobei in einer Gesamtbeurteilung die einkommensumverteilende Wirkung der Agrarsozialpolitik nicht unterschätzt werden sollte.

Literaturhinweise

BAUDLER, I.: Die Zielbestimmung in der regionalen Wirtschaftspolitik. Diss. Hohenheim 1973.

BML: Einzelbetriebliches Förderungs- und soziales Ergänzungsprogramm für die Land- und Forstwirtschaft. (Landwirtschaft — Angewandte Wissenschaft, H. 150), Hiltrup 1970.

BML: Agrarbericht 1973 der Bundesregierung. (Bundestagsdrucksache 7/146, Sachgebiet 780), Bonn 1973.

BML: Agrarbericht 1973 der Bundesregierung, Materialband. (Bundestagsdrucksache 7/147, Sachgebiet 708). Bonn 1973.

BML: Agrarbericht 1974 der Bundesregierung. (Bundestagsdrucksache 7/1650, Sachgebiet 780), Bonn 1974.

BML: Agrarbericht 1974 der Bundesregierung, Materialband. (Bundestagsdrucksache 7/1651, Sachgebiet 780), Bonn 1974.

BML: Agrarbericht 1975 der Bundesregierung. (Bundestagsdrucksache 7/3210, Sachgebiet 780), Bonn 1975.

BML: Agrarbericht 1975 der Bundesregierung, Materialband (Bundestagsdrucksache 7/3211, Sachgebiet 780), Bonn 1975.

BOGS, B.: Landwirtschaftliches Sozialrecht im Gesamtrahmen des allgemeinen Sozialversicherungsrechtes. In: Soz. Sich. i. d. Landw., November 1970, S. 7—40.

BREITBACH, R.: Der Unternehmerbegriff im Gesetz über eine Altershilfe für Landwirte unter besonderer Berücksichtigung der rechtlichen Behandlung von Personenmehrheiten. In: Soz. Sich. i. d. Landw., März 1972, S. 24—43.

DEENEN, B. van und E. MROHS: Materialien zur Alterssicherung in der deutschen Landwirtschaft. (Forschungsgesellschaft für Agrarpolitik und Agrarsoziologie, H. 158), Bonn 1965.

DOBLER, C.: Agrarpolitik für eine differenzierte und dynamische Landwirtschaft. In: Grüne Reihe (Stuttgart), 1972, H. 4, S. 5—11.

ERTL, J.: Liberale Agrarpolitik für die Zukunft. In: „liberal" (Bonn), H. 10, 1972, S. 684—693.

ERTL, J.: Soziale Steuerung des landwirtschaftlichen Strukturwandels. In: Agrarische Rundschau (Wien), H. 6/7, 1974.

HULLEN, G.: Die Alterssicherung der Landwirte in der Bundesrepublik Deutschland. 1970.

JAUCH, D.: Auswirkungen der Verwaltungsreform in ländlichen Gemeinden. Diss. Hohenheim 1975.

JANTZ, K.: Zur sozialen Sicherung in der Landwirtschaft. In: So. Sich. i. d. Landw., September 1972, S. 176—183.

KELBLING, G.: Die Zielsetzung der Agrarpolitik in der Bundesrepublik Deutschland. (Landwirtschaft — Angewandte Wissenschaft H. 142), Hiltrup 1969.

Kommission der Europäischen Gemeinschaften: Memorandum zur Reform der Landwirtschaft in der EG. Generalsekretariat der Kommission. Sonderdruck aus Bulletin 1 — 1969 (Mansholt-Plan).

Kommission der Europäischen Gemeinschaften: Reform der Landwirtschaft (KOM [70] 500), Brüssel 1970; (KOM [71] 600 endg.), Brüssel 1971.

LIEFMANN-KEIL, E.: Ökonomische Theorie der Sozialpolitik, Berlin 1961.

MICHELS, R.: Betriebs- und Haushaltshilfe in der landw. Sozialversicherung. In: Soz. Sich. i. d. Landw., September 1972, S. 231—238.

NOELL, K.: Fünfzehn Jahre Altershilfe für Landwirte. In: Soz. Sich. i. d. Landw., März 1973, S. 1—20.

PEVETZ, W.: Für eine differenzierte Agrarpolitik. In: Agrarische Rundschau (Wien) Nr. 1, 1972, S. 11—15.

PLANCK, U.: Wechselwirkungen zwischen Agrarpolitik und Sozialpolitik. (Schriften der GeWiSoLa, Bd. 1: Grenzen und Möglichkeiten einzelstaatlicher Agrarpolitik), München 1964, S. 207—225.

PLANCK, U.: Beziehungen zwischen Agrarpolitik und Sozialpolitik. In: Sociologia Ruralis, Vol. IX, No. 1, 1969, S. 5—22.

RABOT, L. G.: Probleme der Agrarstrukturverbesserung in den Staaten der EWG (= Schriftenreihe für ländliche Sozialfragen, H. 28). Hannover 1959, S. 70—86.

RÖHM, H.: Entwicklungsprobleme der Nebenerwerbslandwirtschaft. In: Bauernverband Württemberg-Baden (Hrsg.), Landwirtschaft im Zielkonflikt. Stuttgart 1973 (a) (Grüne Reihe, H. 5), S. 27—37.

RÖHM, H.: Landwirtschaft und Umweltplanung. In: Umweltforschung 3, Vorträge des vierten Seminars „Umweltforschung" der Universität Hohenheim, Januar 1973, Stuttgart 1973 (b) (Hohenheimer Arbeiten, H. 67), S. 24-43.

SCHÖCK, G.: Die Aussiedlung landwirtschaftlicher Betriebe, eine explorative Studie zum sozialen und kulturellen Wandel in der Landwirtschaft. Tübingen 1972.

SEIDEL, B.: Sozialpolitik — Geschichte, im Handwörterbuch der Sozialwissenschaften, Bd. 9, Tübingen-Göttingen 1956, S. 536.

THEILE, H.-O.: Die Altershilfe für Landwirte im Jahre 1972. In: Soz. Sich. i. d. Landw., Sept. 1972, S. 215—230.

Vorstand des Bundesverbandes der landw. Berufsgenossenschaften: Stellungnahme und Schlußfolgerungen. In: Soz. Sich. i. d. Landw., November 1970.

WANGLER, W.: Landwirtschaftliche Sozialpolitik und soziale Sicherheit in der Landwirtschaft. (Materialsammlung der ASG, 77), Göttingen 1969.

Sektorale und regionale Ziele für die Entwicklung der Siedlungsstruktur und deren Konsequenzen für die Landwirtschaft

von

Viktor Frhr. von Malchus, Dortmund

I. Zur Entwicklung der Siedlungsstruktur

1. Grundsätzliche Überlegungen

In unserer arbeitsteiligen und hochindustrialisierten Gesellschaft lassen sich, wie auch schon zur Zeit der beginnenden industriellen Gesellschaftsepoche, typische Entwicklungsprinzipien feststellen, die die Beziehungen zwischen Siedlung und Raum prägen und sich in der den Raum erschließenden Siedlungsstruktur niederschlagen, wie v. BORRIES es ausdrückt, in der *räumlichen Verteilung der Wohnsiedlungen und Produktionsstandorte* (6, S. 1; 5, S. 139)*. Wohl das hervorstechendste Merkmal der Entwicklung der Siedlungsstruktur ist der im Zuge der weiteren Industrialisierung und insbesondere der Ausweitung der Dienstleistungsbereiche fortschreitende Prozeß der Konzentration einerseits von Wirtschaft und Bevölkerung und andererseits in allen anderen Lebensbereichen. Dieser Konzentrationsprozeß muß als Folge jenes umfassenden, menschheitsgeschichtlichen Entwicklungsprozesses verstanden werden, „der zum entfernungsverkürzenden, produktivitäts- und versorgungssteigernden Verbund" führt und dessen Ende noch nicht abzusehen ist (17, S. 14).

Hauptursachen der fortschreitenden Verdichtung von Wirtschaft und Bevölkerung sind die in Verdichtungsgebieten auftretenden *externen Erträge* (materieller und immaterieller Art) sowie die in ländlichen Gebieten überwiegend anfallenden externen Kosten, weil deren Wirkungen von einer wachsenden Zahl von Menschen höher gewertet werden, als die externen Kosten in Verdichtungen bzw. die externen Erträge auf dem Lande (11, S. 228). Nur dort, wo die externen sozialen Kosten, d. h. die wirtschaftlich und technisch bedingten Kosten sowie die auf übermäßige Verdichtung zurückzuführende Überbeanspruchung des Bodens und der Natur (Bodenpreissteigerung, Wasserverschmutzung, Abfallbeseitigung, Luftverunreinigung, Verkehrsstauungen etc.) und auch des Menschen (Lärm, Attraktivitätsverluste, Arbeitsstreß) zu groß werden, wie in den Verdichtungskernen, wird eine Abschwächung der Verdichtung erkennbar. Diese Entwicklung wird sehr eingehend in den Raumordnungsberichten der Bundesregierung dargelegt (8; 9; 10). Der Grad der Verdichtung wird sich in den Verdichtungsgebieten nur weiter

---

*) Die Zahlen in Klammern verweisen auf die Literatur am Schluß dieses Beitrages.

abschwächen, wenn die Erreichbarkeit der städtischen Zentren von ländlichen Gebieten wesentlich erleichtert wird.

Die konkrete Ausformung der Siedlungsstruktur wird durch eine Vielzahl von Faktoren beeinflußt und ist eine Folge unzähliger individueller und politischer Entscheidungen, die einerseits auf ökonomischen Überlegungen beruhen und andererseits aus den raumrelevanten Grundbedürfnissen der Menschen (Arbeit, Wohnen, Bildung, Erholung, Versorgung, Verkehr und Kommunikation) resultieren. *Das räumliche Verhalten der Menschen ist nicht mehr wie früher überwiegend produzentenbezogen und produktionsorientiert*, sondern wird in zunehmendem Ausmaß von dem Wunsch nach *bestmöglicher Befriedigung der menschlichen Grundbedürfnisse* bestimmt.

Dabei steht in immer größerem Ausmaße der Wunsch nach bestmöglichen Arbeits-, Verkehrs-, Wohn-, Ausbildungs- und den übrigen Lebensbedingungen (Freizeit- und Erholungsmöglichkeiten, soziale Infrastruktur) im Vordergrund der menschlichen raumbezogenen Überlegungen und Betrachtungen nach höherer „Lebensqualität". Eine standortgerechte Siedlungspolitik muß deshalb *nicht mehr überwiegend unternehmens-orientierte Infrastrukturpolitik* betreiben, sondern muß sich in verstärktem Ausmaß *versorgungsorientierten Infrastrukturinvestitionen* zuwenden. Der überwiegende Teil der Bevölkerung wünscht urbane Lebensverhältnisse, geprägt durch Erlebnisdichte, Wahl- und Kontaktmöglichkeiten. Dies kann jedoch zur Zeit nur in stark verdichteten Gebieten geboten werden. Dabei kann es und darf es jedoch nicht bleiben. Eine dezentralisierte Konzentration der Siedlungsstruktur sollte angestrebt werden.

2. Siedlungsentwicklung im Rahmen räumlich-funktionaler Arbeitsteilung

Dörfer und Städte sind heute nicht mehr sich selbst versorgende isolierte Gebilde, sondern sie sind eingebettet in ein räumlich und funktional differenziertes System vieler Gemeinden, Städte, Regionen und Länder, die sich arbeitsteilig ergänzen. Die *Gemeinden und Städte sind Teilräume eines Gesamtraumes* und sie sind im Rahmen der räumlichfunktionalen Arbeitsteilung für eine bestimmte Funktion bzw. eine Kombination bestimmter Funktionen (wie z. B. Wohnen; Arbeit/Produktion; Freizeit/Erholung; Versorgung/Kommunikation) unterschiedlich geeignet. Entsprechend ihrer Eignung oder Entwicklungsfähigkeit sollen sie im Rahmen des arbeitsteiligen Zusammenwirkens die Funktionen wahrnehmen, für die sie die besten Voraussetzungen mitbringen. In einem derartigen arbeitsteiligen räumlich-funktionalen Siedlungssystem ist kein Platz für eine einseitig auf „die Stadt", „die Verdichtung" ausgerichtete Stadt- oder Gemeindeentwicklungspolitik, die das Gebiet der Stadtregionen und die ländlichen Räume bewußt aus ihren Überlegungen ausklammert oder deren Funktion unterbewertet. Dorf, Stadt, Siedlung und ihr Umland müssen deshalb im Rahmen räumlich-funktionaler Arbeitsteilung als Einheit im Gesamtraum betrachtet werden, für den die Stadt und das Umland bestimmte Funktionen ausüben.

Die Siedlung kann aufgrund ihrer natürlichen Beschaffenheit, ihrer Standortgunst, ihres wirtschaftlichen und infrastrukturellen Potentials zur Übernahme konzentrierter Wohn-, Kommunikations- sowie industrieller und gewerblicher Produktionsfunktionen geeignet sein und damit im Gesamtraum als *Vorranggebiet für starke Verdichtung* dienen. Sie kann aber auch unter anderen Voraussetzungen *unterschiedliche Funktionskombinationen* ausüben oder unter Reduzierung und eventueller Zurückweisung möglicher industrieller und gewerblicher Produktionsfunktion die vorherrschende *Funktion eines Freizeit- oder Erholungszentrums* oder die Funktion der landwirtschaftlichen Produktion wahrnehmen (1, S. 117 ff.). Festzuhalten bleibt jedoch, daß in der *Kombination mehrerer Funktionen Vorteile liegen* sie sich aber auch gegenseitig behindern können oder auszuschließen vermögen.

3. Siedlungsentwicklung im Rahmen siedlungsstruktureller Arbeitsteilung

Die Siedlungsentwicklung ist integraler Bestandteil der Landesentwicklung. Im Rahmen der Landesentwicklung hat die Landesplanung die übergeordnete, überörtliche und zusammenfassende Planung durchzuführen. Sie soll die Landesentwicklung in der Weise beeinflussen, daß unerwünschte Entwicklungen verhindert und erwünschte Entwicklungen möglichst gefördert werden. Alle raumbedeutsamen Planungen und Maßnahmen des Bundes, der Länder und der Gemeinden sowie der Gemeindeverbände sollen so ausgebildet werden, daß sie zur Sicherung eines angemessenen und stetigen wirtschaftlichen Wachstums, zum Abbau regionaler Einkommensdisparitäten sowie zur Verbesserung der Vitalsituation und zur Hebung der Lebensqualität der Bevölkerung beitragen. Damit sollen unter Wahrnehmung und Erweiterung der Freiheitsrechte wachsender Wohlstand, gleichwertige Lebensbedingungen und Chancengleichheit für die Bevölkerung aller Teile der Bundesrepublik Deutschland geschaffen werden.

Im Zuge der zunehmenden Realisierung des Sozialstaatsprinzips, das auch wertgleiche Lebensverhältnisse für die Bürger aller Teilräume des Bundesgebietes impliziert, wächst den öffentlichen Vorleistungen im Bereich der Daseinsvorsorge jedoch eine immer größere gesellschaftspolitische Bedeutung zu. Die Ansprüche der Bevölkerung aller Teilräume der Bundesrepublik Deutschland an die *Ausstattung der Gemeinden und Städte mit siedlungsgebundener materieller Infrastruktur*, d. h. insbesondere mit Bildungs-, Versorgungs- und Entsorgungseinrichtungen sowie an die verkehrliche Verbindung von Wohnungen, Arbeitsstätten und zentralen Einrichtungen, steigen stetig an. Damit beginnt auch der Zwang für die öffentliche Hand, sich im Rahmen der Landesentwicklung und des Infrastrukturausbaues auf *räumliche Schwerpunkte* zu konzentrieren. Die öffentliche Hand muß ihre schwerpunktbezogene langfristige Planung so ausrichten, daß mit den direkten oder geförderten Investitionen die größtmöglichen und langfristig gesicherten Effekte verbunden sind. Sie muß dabei insbesondere darauf achten, daß für die Bevölkerung aller Teilräume öffentliche und private Einrichtungen der Daseinsvorsorge, die einem gesellschaftspolitisch bedingten Mindeststandard entsprechen, in zumutbarer Raum-/Zeitentfernung vorgehalten werden, und daß darüber hinaus die Voraussetzung für eine angemessene und stetige wirtschaftliche Entwicklung im Lande geschaffen wird. Das bedeutet, daß die künftige Siedlungsstruktur, d. h. die Beziehungen zwischen Siedlung und Raum, die räumliche Verteilung der Wohnsiedlungen und Produktionsstandorte, diesen Anforderungen entsprechen müssen. Zwischen dem Zwang der öffentlichen Hand, sich auf ländliche Schwerpunkte zu konzentrieren und der Forderung für die Bevölkerung *aller* Teilräume ausreichende öffentliche und privaten Einrichtungen vorzuhalten, liegt ein deutlicher Zielkonflikt.

Ohne raumordnerische Eingriffe würde sich der Agglomerationsprozeß ungeordnet weiterhin fortsetzen. Die Folge wäre voraussichtlich ein stetiges, ungeordnetes Ausufern der Verdichtungsräume und eine fortschreitende Entleerung ländlicher Räume. Eine derartige Entwicklung entspricht nicht den Grundsätzen der Raumordnung nach § 2 Abs. 1 des Raumordnungsgesetzes vom 8. April 1965 (BGBl. I, S. 306) und den Grundsätzen der Raumordnung und Landesplanung, wie sie inzwischen von allen Ländern der Bundesrepublik ausgeformt wurden. Ausgehend von dem gesamträumlichen Zielbild, wonach die *räumliche Struktur der Bundesrepublik Deutschland innerhalb Europas unter Beachtung der natürlichen Gegebenheiten, der Erfordernisse des Umweltschutzes sowie der wirtschaftlichen, sozialen und kulturellen Erfordernisse so zu entwickeln ist, daß sie der freien Entfaltung der Persönlichkeit in der Gemeinschaft am besten dient,* sollen alle Teile des Gesamtraumes bestmöglich entwickelt und dementsprechende bedarfsgerechte Voraussetzungen für gleichwertige Lebensbedingungen geschaffen werden.

Bund und Länder befassen sich nun zur Zeit im Rahmen des Bundesraumordnungsprogramms und in Landesentwicklungsplänen mit der Ausarbeitung von Entwicklungskonzepten und Entwicklungsstrategien für eine diesen Grundsätzen der Raumordnung und Landesplanung entsprechende künftige Siedlungsstruktur. Danach soll diese auf *Gemeinden mit zentralörtlicher Bedeutung ausgerichtet werden,* wobei zwischen den Gemeinden mit unterschiedlicher zentralörtlicher Bedeutung eine *strukturelle Arbeitsteilung* erfolgen soll. Innerhalb zentralörtlicher Gemeinden soll die Entwicklung der *Besiedlung schwerpunktartig* auf solche Standorte ausgerichtet werden, die sich für ein gebündeltes Angebot öffentlicher und privater Versorgungseinrichtungen besonders gut eignen. Hier ist eine Verdichtung durch Konzentration von Wohnungen, zentralörtlichen Einrichtungen und Arbeitsstätten dann anzustreben, wenn dadurch die Lebens- und Arbeitsbedingungen der Bevölkerung insgesamt erhalten, gesichert oder verbessert werden können. Unter Berücksichtigung der Verkehrsbedingungen soll die *Verdichtung vor allem in Siedlungsschwerpunkten* vorangetrieben werden. Diese Siedlungsschwerpunkte und alle übrigen Orte mit zentralörtlicher Bedeutung sollen durch Straßen und Schienenwege als Grundelemente von Entwicklungsachsen so verbunden werden, daß sie diese zum Zwecke des regionalen und großräumigen Leistungsaustausches bedarfsgerecht verbinden.

Diese allgemeinen Zielsetzungen sind weitgehend unbestritten. Unterschiedliche Auffassungen bestehen jedoch darüber, mit Hilfe welcher Unterziele und Entwicklungsstrategien diese Grundsätze der Raumordnung und Landesplanung für die Entwicklung der Siedlungsstruktur durchgesetzt werden sollen und wie diese letztendlich aussehen soll. Um die Entwicklungsstrategien und die Vereinbarkeit der Ziele näher untersuchen zu können, müssen zunächst die Elemente der Siedlungsstruktur kurz analysiert werden.

II. Elemente der Siedlungsstruktur

1. Siedlungsräumliche Grundstruktur — Gebietskategorien

Bei den Überlegungen zur Entwicklung einer den Grundsätzen der Raumordnung entsprechenden Siedlungsstruktur ist von der historisch vorgegebenen Besiedlung des Landes auszugehen, d. h. von der unterschiedlichen Art und Dichte der Besiedlung, seiner wirtschaftlichen Struktur, den Verkehrsbedingungen und den ökologischen Verhältnissen. Im Hinblick auf die möglichen Zielsetzungen zur Verbesserung der siedlungsräumlichen Grundstruktur kann dabei — entsprechend den Abgrenzungen der MKRO — unterschieden werden zwischen folgenden nach homogenen Kriterien abgegrenzten Gebietskategorien (8, S. 151 f.):

(1) *Verdichtungsräume:*

    a) *Ballungskerne* mit einer durchschnittlichen Bevölkerungsdichte von 2000 Einwohnern je qkm und einer Flächengröße von mindestens 50 qkm,

    b) an Ballungskerne angrenzende *Ballungsrandzonen* mit einer durchschnittlichen Bevölkerungsdichte von 1000 bis 2000 Einwohnern je qkm.

(2) *Ländliche Räume*

a) Räume, die *mehr als 50-60 km entfernt liegen von Großzentren* (Oberzentren größer als 150 000 Einwohner), aber über eine Siedlungsstruktur mit einem oder mehreren gehobenen Mittelzentren (größer als 30—40 000 Einwohner innerhalb der Stadtgrenzen, mit einem Einzugsbereichsradius von ca. 25 km und bis zu 100 000 Einwohner im Verflechtungsbereich) verfügen.

b) Räume, die *dünn besiedelt sind und in denen weniger als etwa 30 000 Einwohner im Verflechtungsbereich* der zumeist schlecht ausgestatteten Mittelzentren wohnen.

Bei allen bisherigen Überlegungen der Raumordnung zur künftigen Gestaltung der Siedlungsstruktur wurde bei der anzuwendenden Entwicklungsstrategie nicht genügend zwischen diesen unterschiedlichen Gebietskategorien differenziert. Zwar haben einige Landesentwicklungspläne entsprechend dem Raumordnungsgesetz § 2 Abs. 1 Nr. 6 ihre Ziele nach „Verdichtungsräumen" und „Ländlichen Räumen" unterschieden, wie z. B. Baden-Württemberg, aber allgemein hat sich diese Differenzierung nicht durchgesetzt.

Neuerdings nimmt man auch Abstand von der Nutzung homogener Kriterien für die Abgrenzung von Gebieten und geht mehr und mehr zu *funktionalen Abgrenzungen* über, wie sich dies z. B. an der Einteilung einiger Bundesländer in Planungsregionen, an den Beschlüssen der MKRO zu den Mittelbereichen (10, S. 146 f.) oder der Bundesrepublik Deutschland in Arbeitsmärkte zeigt. Diese Abgrenzung von Gebieten nach funktionalen Kriterien scheint besser geeignet zu sein konsistente regionale Zielsysteme für Entwicklungsplanung aufzustellen als die bisherige, homogenen Kriterien folgende, Einteilung der siedlungsräumlichen Grundstruktur. Problematisch wird die funktionale Abgrenzung allerdings in ländlichen Räumen mit geringer Siedlungsdichte und weiten Entfernungen zu den nächsten Zentralorten.

2. Zentralörtliche Gliederung und Entwicklungsschwerpunkte

Der Entwicklung der Siedlungsstruktur ist nach den Plänen der Länder die zentralörtliche Gliederung der Städte und Gemeinden als einheitliches System sich funktional ergänzender zentralörtlicher Stufen zugrundezulegen, um durch weiteren Ausbau der kommunalen Infrastruktur die Bevölkerung bestmöglich zu versorgen und die dafür notwendigen öffentlichen Mittel rationell einzusetzen (5, S. 152). Die zentralörtliche Gliederung geht von der Stufung in *Oberzentren, Mittelzentren, Unterzentren und Kleinzentren* aus und unterscheidet dabei zwischen Nahbereichen um jedes Zentrum zur Versorgung mit Gütern des täglichen Bedarfs (Grundversorgung), Mittelbereich um jedes Mittel- und Oberzentrum zur Deckung des gehobenen Bedarfs und Oberbereichen um jedes Oberzentrum zur Deckung des spezialisierten, höheren Bedarfs.

Diese Stufenfolge kann und muß wegen unterschiedlicher Siedlungsdichte in den einzelnen Gebietskategorien weiter differenziert werden. So ist es z. B. eindeutig, daß oberhalb des Oberzentrums noch eine weitere Stufung für Orte mit Metropolencharakter eingeführt werden sollte (24, S. 200). Nicht so klar ist, ob die unterste Stufe des zentralörtlichen Systems auch künftig noch überall bestehen bleiben und erhalten werden kann. So zeigt sich z. B. in Verdichtungsräumen einerseits in Arbeitsmarktregionen mit mehreren starken Mittelzentren andererseits, oder in Verdichtungsrandzonen und in ländlichen Räumen mit nicht so großen Entfernungen der Zentren voneinander, daß hier voll ausgestattete Kleinzentren — die sich in Verdichtungsräumen sowieso schlecht ausweisen lassen — eigentlich für die Versorgung der Bevölkerung überflüssig sind.

Problematischer ist die Situation allerdings in von Oberzentren fernabgelegenen Räumen mit einem oder mehreren schwachen Mittelzentren, weil hier die Versorgung der Bevölkerung ohne vollausgestattete Kleinzentren nur noch schlecht durchführbar ist (18, S. 13 f.). Auch wenn es möglich sein sollte, *Entwicklungsschwerpunkte* herauszubilden, werden sich vollausgestattete Kleinzentren in diesen Gebieten weder halten noch entwickeln können. Ihre Ausstattung wird voraussichtlich immer mehr zurückgehen (5, S. 154), der Zentralort in seiner Bedeutung absinken.

Entwicklungsschwerpunkte sollen nach landesplanerischen Überlegungen in allen Räumen ausgebildet werden, in denen die Standortvoraussetzungen für eine bevorzugte Förderung der Konzentration von Wohnungen und Arbeitsstätten in Verbindung mit der Errichtung von zentralörtlichen Einrichtungen gegeben sind oder in absehbarer Zeit geschaffen werden können. Nach den Zielsetzungen des Bundesraumordnungsprogramms soll es nur wenige, anders geartete Entwicklungsschwerpunkte geben, die dem Abbau großräumiger Disparitäten dienen. Diese sogenannten *Entwicklungszentren* sollen jedoch jeweils nur so lange und insoweit bevorzugt gefördert werden, als es notwendig ist, die großräumigen Disparitäten abzubauen und siedlungsstrukturelle Defizite zu beseitigen. Als Entwicklungszentren kommen in der Regel Ober- oder Mittelzentren im Sinne der Landesentwicklungsplanung in Betracht. Sie sollen in den jeweiligen Räumen Entwicklungsimpulse auslösen, während die zentralen Orte die Versorgung der Bevölkerung in den jeweiligen Verflechtungsbereichen sicherzustellen haben.

3. Entwicklungsachsen

Entwicklungsschwerpunkte und die zentralen Orte unterschiedlicher Stufen sollten durch *Entwicklungsachsen*, ihren Verflechtungen entsprechend verbunden werden. Die Entwicklungsachsen stellen das Grundgerüst der räumlichen Verflechtungen dar, nach denen künftig Art, Leistungsfähigkeit und räumliche Bündelung der Verkehrswege und der Versorgungsleitungen auszurichten sind, um bestmögliche Voraussetzungen für den durch räumlich-funktionale Arbeitsteilung bedingten regionalen und überregionalen Leistungsaustausch zu schaffen (5, S. 154).

Die an den *Verkehrsknoten und auf den Entwicklungsachsen liegenden zentralen Orte und Entwicklungsschwerpunkte* sollen besonders gefördert werden. Auszubauende Entwicklungs- und Siedlungsschwerpunkte sollten wenn möglich an den Kreuzungspunkten der Entwicklungsachsen liegen.

Bundesraumordnung und Landesplanung haben ihr Planungskonzept weitgehend nach den Grundelementen der Siedlungsstruktur, den zentralen Orten und Entwicklungsachsen ausgerichtet. Unklar ist dabei, woher die Ressourcen kommen sollen, mit denen der Ausbau der vielen zentralen Orte und der Entwicklungsachsen — vor allem in abgelegenen ländlichen Räumen — vorangetrieben werden soll.

III. Ziele und Maßnahmen zur Verbesserung der Siedlungsstruktur

1. Siedlungsstrukturelle Konzeptionen

Zwei übergeordnete Siedlungskonzeptionen liegen den folgenden Überlegungen zugrunde, die *Bandkonzeption* und die *Siedlungsschwerpunktkonzeption*.

Die *Bandkonzeption* zielt auf eine umfassende Siedlungsstruktur, in der durch Entwicklungsachsen (Siedlungsbänder) verbundene — z. T. durch die Natur begünstigt und sogar vorgegeben — Zentralorte das Siedlungsnetz darstellen. Die Besiedlung entwickelt sich entlang den Entwicklungsachsen. Auf diese Weise wird dem ständigen Druck nach dem Entstehen neuer Zentren ausgewichen (5, S. 1 ff.).

Die *Siedlungsschwerpunktkonzeption* (Metropolenkonzeption) teilt ein Gebiet auf in voneinander abgegrenzte Regionen mit je einer Kernstadt und eventuell einer oder mehrerer Satellitenstädte. In den Regionen konzentriert sich alles auf ein oder mehrere Zentren; das Zusammenwachsen und eine funktionale Arbeitsteilung zwischen den Regionen wird künstlich verhindert (22, S. 30; 5, S. 142). Diese Konzeption entspricht nicht raumordnerischen Zielvorstellungen.

In der Praxis der Landes- und Regionalplanung wird keine dieser Konzeptionen in Reinform vorkommen. Die Raumordnung der Bundesrepublik strebt deshalb auch eine *Mischung beider Konzeptionen* an. Entwicklungsachsen sollen als gegliederte Siedlungsbänder die künftige Besiedlung aufnehmen, wo die erstrebenswerte Siedlungsdichte eine Konzeption und Ausbauplanung nach dem Achsen-Schwerpunkt-Prinzip erfordert. In dünner besiedelten Gebieten wird — unterstützt von der Bandkonzeption — die Siedlungsschwerpunktkonzeption bevorzugt werden. Der Zusammenstellung der allgemeinen und speziellen Ziele für den Ausbau der Siedlungsstruktur liegen beide Konzeptvarianten zugrunde.

2. Allgemeine und spezielle Ziele

Die allgemeinen und speziellen Ziele zur Verbesserung der Siedlungsstruktur und der Siedlung selbst beziehen sich auf Ziele, die auch für die Verbesserung anderer Bereiche gelten und auf spezielle, auf die Siedlung im ländlichen Raum und für die städtebauliche Entwicklung auf dem Lande bezogene Ziele (21).

a) *Übergeordnete, allgemeine Ziele*

In allen Teilen der Bundesrepublik Deutschland sollen gleichwertige Lebensbedingungen, Chancengleichheit, hygienisch einwandfreie Lebensverhältnisse, möglichst geringe Umweltbelastungen (Lärm, Luftverschmutzung, Klima etc.), Voraussetzungen für steuerbares Wachstum (verbesserte Ausnutzung der Ressourcen) geschaffen und die Lebensqualität verbessert werden und dabei breiter Raum für Privatinitiativen verbleiben.

b) *Räumliche Anordnung der Siedlungsstruktur*

Folgende allgemeine Ziele gelten für die räumliche Anordnung der Siedlungsstruktur:

— Ausrichtung der Bebauungsplanung nach überörtlichen Gesichtspunkten der Regional- und Landesplanung, ungehindert von Verwaltungsgrenzen, vor allem dem punktaxialen Siedlungskonzept folgend.

— Gute mittlere Erreichbarkeit von Zentren höchster und mittlerer Ordnung auf Landesebene (Ober- und Mittelzentren).

— Gute Erreichbarkeit der Zentren für Einrichtungen zur Versorgung mit Gütern des täglichen Bedarfs.

— Gute Erreichbarkeit von zentralen Einrichtungen. } $1/2$ Pkw-Stunde;
— Gute Erreichbarkeit von Arbeitsplätzen.

| Übergeordnete Ziele | Unterziele |

1. Räumliche Anordnung der Siedlungsstruktur:
- Ausrichtung der Bebauungsplanung nach übergeordneten Zielen (Schwerpunkt-Achsen-Prinzip),
- Gute Erreichbarkeit aller Zentren und Versorgungseinrichtungen (Ober- und Mittelzentren),
- Gute Erreichbarkeit von Arbeitsplätzen ($^1/_2$ Pkw-Std.),
- Hohe Qualität der zentralen Einrichtungen in zumutbarer Entfernung.

2. Funktionaler Ausbau des Siedlungssystems:
- Geringe Inanspruchnahme von Siedlungsfläche,
- Höhere Verdichtung ohne Verdichtungsschäden — Verhinderung der Zersiedlung,
- Konzentration der Versorgungseinrichtungen,
- Klare Trennung von überbaubarem und nichtüberbaubarem Gebiet — überzeugende Bauleitplanung,
- Flexible Bebauungsplanung,
- Trennung von landwirtschaftlichen Wohn- und Arbeitsstätten von außerlandwirtschaftlichen Wohnplätzen.

Übergeordnete Ziele:
- Gleichwertige Lebensbedingungen
- Chancengleichheit
- Hygienisch einwandfreie Lebensverhältnisse
- Möglichst geringe Umweltbelastungen
- Steuerbares Wachstum
- Verbesserung der Lebensqualität

3. Städtebauliche Gestaltung der Siedlungen:
- Schaffung attraktiver Siedlungsschwerpunkte (Zentren),
- Entfernung des Individualverkehrs aus den Zentren — Vermeidung von Verkehrschaos,
- Geringe Bau-, Erschließungs- und Unterhaltungskosten,
- Schaffung von Wohngebieten mit hohem Wohnwert bei gleichzeitiger Verlagerung landwirtschaftlicher Betriebe,
- Großzügige Bemessung von Wohnraum — Bau wandelbarer landwirtschaftlicher Gebäude,
- Entwicklung und Schaffung räumlicher und sozialer städtebaulicher Bezugspunkte,
- Erhaltung und Schaffung von Grünflächen und Freiräumen,
- Schaffung von Radfahrmöglichkeiten und Fußgängerzonen bei Wahrung menschlicher Maßstäbe.

Abb. 1: Ziele und Maßnahmen zur Verbesserung der Siedlungsstruktur in ländlichen Räumen und ihre Konsequenzen für die Landwirtschaft

Maßnahmen	Konsequenzen für die Landwirtschaft
1. Ausbau der Siedlungsstruktur: — Ausbau von Verdichtungs- und Entwicklungsachsen entlang der Verkehrswege, — Aufbau von Verdichtungs- und Entwicklungsschwerpunkten mit guter Verkehrsanbindung, — Lenkung der Siedlungsentwicklung mit Hebung des Wohnwertes, — Ausbau und Sanierung bestehender Ortschaften — Schutz der Landschaft.	**1. Ausbau der Siedlungsstruktur:** — Geringer Verbrauch an LF, — Bessere Erreichbarkeit der Versorgungseinrichtungen und außerlandwirtschaftlicher Arbeitsplätze, — Flächensicherung für langfristige Landbewirtschaftung durch Landwirtschaft, — Verbesserung der Standortsituation landwirtschaftlicher Betriebe, — Einschränkung landwirtschaftlicher Produktionsmöglichkeiten.

2. Ausbau des Siedlungssystems:
— Gezielter Ausbau zentraler Einrichtungen bei
  — Konzentration zentraler Einrichtungen hoher Ordnung,
  — Konzentrierter Dezentralisation zentraler Einrichtungen niederer Ordnung,
— Schaffung geeigneter Verkehrs- und Kommunikationseinrichtungen zwischen den Siedlungseinheiten,
— Konzentration der Industrie in Arbeitsmarktzentren,
— Auslagerung landwirtschaftlicher Betriebe.
	2. Ausbau des Siedlungssystems:
	— Bessere Versorgung der landwirtschaftlichen Bevölkerung,
	— Hoher Verbrauch an LF bei gleichzeitiger Verbesserung der landwirtschaftlichen Verkehrssituation,
	— Längere Wege zum Arbeitsplatz,
	— Besseres Angebot an qualifizierten außerlandwirtschaftlichen Arbeitsplätzen,
	— Verlust gewachsener Bindungen an die Dorf- oder Stadtgesellschaft,
	— Verbesserte Produktionsmöglichkeiten.

3. Städtebauliche Gestaltung der Siedlungseinheiten: — Funktionale Gruppierung der Siedlungselemente, — Nutzungstrennung wo notwendig, — Keine konzentrische Siedlungsentwicklung, — Städtebauliche Zellenbildung, — Erhöhung städtebaulicher Verdichtung, — Erhaltung von Freiflächen durch landwirtschaftliche Nutzung, — Sicherung von Flächen für die Zukunft, — Auslagerung des Durchgangsverkehrs, — Ausbau des Verkehrsnetzes, auch für landwirtschaftliche Fahrzeuge, — Landschaftsgestalterische Nutzung des Geländes, — Schaffung von Radfahrwegen und Fußgängerzonen.	**3. Städtebauliche Gestaltung der Siedlungseinheiten:** — Verdrängung landwirtschaftlicher Betriebe aus der Siedlung, — Erhaltung von Landbewirtschaftungsmöglichkeiten in der Nähe der Siedlung, — Einschränkung der landwirtschaftlichen Produktion in Siedlungsnähe, insbesondere der Massentierhaltung, — Eindeutige langfristige Festlegung der Feld/Wald- und Feld/Bebauungsgrenzen, — Verbesserung der Verkehrssituation für Landwirte und landwirtschaftliche Betriebe, — Einschränkung landwirtschaftlicher Produktionsmöglichkeiten durch Maßnahmen der Landschaftsgestaltung oder Landschaftserhaltung.

— Hohe Qualität der zentralen Einrichtungen in zumutbarer Entfernung (Kindergärten, Grund-, Haupt- und weiterführende Schulen, Einrichtung für Berufsfortbildung, Sozialhilfeeinrichtungen, Gemeinschaftseinrichtungen).

c) *Funktioneller Ausbau des Siedlungssystems*

Folgende allgemeinen Ziele gelten für den funktionellen Ausbau des Siedlungssystems:

— Inanspruchnahme von möglichst wenig Siedlungsfläche (höhere punktuelle Verdichtung — Verhinderung der Zersiedlung der Landschaft).

— Städtebauliche Konzentration der Einrichtungen zur Versorgung mit Gütern des täglichen Bedarfs und öffentlicher Dienstleistungseinrichtungen.

— Klare und langfristige Trennung von überbaubarem und nichtüberbaubarem Gebiet durch zukunftsträchtige, überzeugende Bauleitplanung.

— Flexible Bebauungsplanung, die im Rahmen der Bauleitplanung eine leichte Anpassung an sich ändernde Lebensgewohnheiten und Lebensbedingungen möglich macht, vor allem durch Ausweisung von Reserveflächen für nicht vorausschaubare Zwecke.

— Trennung der Wohn- und Arbeitsfunktionen der landwirtschaftlich tätigen Bevölkerung von den Wohngebieten der nicht landwirtschaftlichen Bevölkerung, insbesondere bei geruchsbelästigender Massentierhaltung und Emissionen durch Gewächshäuser und deren Heizungen.

d) *Städtebauliche Gestaltung der Siedlungen*

Folgende allgemeinen Ziele gelten für die städtebauliche Gestaltung der Siedlungen:

— Schaffung attraktiver Zentren mit ausreichenden Wahlmöglichkeiten, Erlebnisdichte und Kontaktmöglichkeiten insbesondere in den Siedlungsschwerpunkten der neugegliederten ländlichen Gemeinden.

— Neuordnung der Dörfer — kein Verkehrschaos in den Zentren.

— Fernhaltung des Individualverkehrs von den Kerngebieten trotz Vollmotorisierung durch Ausweisung von Fußgängerbereichen.

— Möglichst geringe Bau-, Erschließungs- und Unterhaltungskosten.

— Attraktive Lage von Wohngebieten und Wohnplätzen zur Erhöhung des Wohnwertes, fern von lärm-, schmutz- und geruchsbelästigenden Landwirtschaftsbetrieben.

— Aussiedlung von Landwirtschaftsbetrieben in Verbindung mit Flurbereinigung, wo dies noch erforderlich ist; landwirtschftliche Gebäude wandelbar bauen.

— Vielfältiges Angebot von Wohnformen.

— Großzügige Bemessung des Wohnraumes (30—35 qm/Einwohner).

— Vernünftige Mischung zwischen Wohnungsbau im Privateigentum und sozialem Wohnungsbau.

— Räumliche Orientierungsmöglichkeit für den Bewohner in der Siedlung (die Kirche bleibt im Dorf).

— Ermöglichung und Erhaltung des Zugehörigkeitsgefühls für den Bewohner zur ländlichen Umgebung im Zuge des Urbanisierungsprozesses.

— Selbstregulierung der Natur innerhalb der Siedlungsgebiete soll möglich sein, Erhaltung von dörflichen und städtischen Grün- und Freiräumen.

— Öffentliche Freiflächen und Ruhezonen in Fußgängerdistanz zu den Wohnplätzen.
— Schaffung von Fußgängerbereichen und Radfahrmöglichkeiten in der Siedlung.
— Wahrung menschlicher Maßstäbe auf der Fußgängerebene.

3. *Maßnahmen zur Durchsetzung der allgemeinen und speziellen Ziele*

a) *Räumliche Anordnung und Ausbau der Siedlungsstruktur*
— Ausbau von Verdichtungs- und Entwicklungsachsen entlang der vorhandenen oder auszubauenden Hauptverkehrswege (Schiene, Straße);
— Auf- und Ausbau von Verdichtungs- und Entwicklungsschwerpunkten
  — an den Knotenpunkten der Achsen,
  — in den gegliederten Achsen,
  — wo aufgrund der geringen Achsendichte notwendig, auch zwischen den Achsen;
— Ergänzung der Verdichtungs- und Entwicklungsschwerpunkte innerhalb der Siedlungsstruktur durch Ausbau von Nahbereichszentren (Kleinzentren) zur bestmöglichen Ergänzung der Achsen-Schwerpunkt-Struktur;
— das Verkehrsnetz soll den physisch-strukturellen Rahmen des räumlichen Siedlungsaufbaus bilden, speziell hinsichtlich künftiger Entwicklungen; es muß leistungsfähig sein, auch hinsichtlich der Bedürfnisse der landwirtschaftlichen Bevölkerung;
— die Siedlungseinheiten sollen sich bandartig gegliedert entlang den Hauptverkehrsachsen ausbilden;
— für künftige Siedlungsflächen sollen zur Hebung des Wohnwertes geeignete Flächen (Südhänge, Aussichtshänge) bevorzugt werden;
— Trennung von Wohnsiedlungsgebieten und geruchsbelästigenden Produktionsstätten der Landwirtschaft;
— Lenkung der Siedlungsentwicklung (Bremsung der Entwicklung größerer Verdichtungsgebiete — Förderung von Entwicklungsschwerpunkten) durch Steuerung der Investitionen;
— Ausbau und Sanierung bestehender Ortschaften vor Neugründung mit Hilfe von Aussiedlung landwirtschaftlicher Betriebe in Verbindung mit einer Flurbereinigung, wo noch vertretbar;
— Schutz schützenswerter und für den räumlich-funktionalen Ausgleich notwendiger Landschaften und Flächen vor Überbebauung, durch Ausweisung von Vorranggebieten für landwirtschaftliche Nutzung und Erholung, wo sich dies als notwendig und zweckmäßig erweist.

b) *Funktioneller Ausbau des Siedlungssystems*
— Gezielte Anordnung und Förderung des Ausbaus zentraler Einrichtungen und Abstimmung zwischen Größe der Siedlungseinheit und ihren entsprechenden Einrichtungen durch:
  — Konzentration zentraler Einrichtungen hoher Ordnung (Universitäten, Gesamthochschulen, Schwerpunktkrankenhäuser etc.);
  — Konzentrierte Dezentralisation zentraler Einrichtungen niederer Ordnung (Oberschulen, Leichtkrankenhäusern, Kaufhäusern etc.);

— Schaffung geeigneter, guter Verkehrs- und Kommunikationsverbindungen zwischen den einzelnen Siedlungseinheiten, vor allem für Schülertransport;

— Konzentration von Industrie an relativ wenigen günstigen Standorten mit guter Erreichbarkeit von den Zentren höchster Ordnung und sonstigen Wohnplätzen, mit guter Anbindung an Hauptverkehrsstraßen (Autobahn) und wenn möglich mit Gleisanschluß, zur Schaffung außerlandwirtschaftlicher, möglichst qualifizierter Arbeitsplätze;

— Auslagerung außerlandwirtschaftlicher Betriebe.

c) *Städtebauliche Gestaltung der Siedlungseinheiten*

— Gruppierung der Siedlungselemente gemäß funktionaler Verflechtungen;

— Trennung von sich behindernden Nutzungen und Mischung von sich gegenseitig nicht behindernden und sich eventuell ergänzenden Nutzungen, keine starren Nutzungstrennungen;

— Verhinderung der Ausbildung von konzentrischen städtebaulichen Strukturen (Schwimmhautbildungen zwischen den Achsen), zur Erhaltung landwirtschaftlich zu nutzender Freiflächen;

— Ausbildung linearer Zentren mit möglichst vielen Funktionen in den Siedlungseinheiten mit Wachstumsmöglichkeiten entlang der festgelegten Entwicklungsrichtungen (Achsen);

— Räumlich städtebauliche Zellenbildung zur Schaffung optisch erfaßbarer städtebaulicher Einheiten;

— Erhöhung der städtebaulichen Verdichtung durch:
   — höhere städtebauliche Nutzung,
   — Verminderung der Verkehrsflächen,
   — Überlagerung von geeigneten Nutzungen;

— Beschränkung der Bandbreiten von Siedlungsbändern, damit landwirtschaftliche Nutzung und Naherholungsbereiche in Fußgängerdistanz gesichert werden können;

— Sicherung von Flächen für zur Zeit unvorhergesehene Nutzungen in der Zukunft;

— Fernhalten bzw. Auslagerung des Durchgangsverkehrs aus Siedlungseinheiten, Sicherung der Hofausfahrten landwirtschaftlicher Gehöfte;

— Ausbau des öffentlichen Verkehrsnetzes, nicht zuletzt auch für landwirtschaftliche Fahrzeuge, vor allem für Mähdrescher;

— Schaffung von ausgedehnten Fußgängerzonen und Fahrradwegen, eventuell auch durch Einsatz technischer Hilfsmittel (Förderbänder) zur künstlichen Vergrößerung des Angebotes;

— Keine Zerstörung von natürlichen Geländeformen, sondern städtebauliche Nutzung des Geländes zur räumlichen Gliederung.

4. Planungsstufen zur Durchsetzung der Ziele

Für die städtebauliche Entwicklung der Siedlungsstruktur in ländlichen Gebieten sind vor allem die Rahmengesetzgebung des Bundes, die Landesgesetze und die verschieden

Fachplanungsgesetze, Richtlinien und Erlasse maßgebend. Die Planungsstufen und wechselseitigen Beziehungen von Gesetzen und Verwaltungsvorschriften sind in folgendem Schema dargestellt.

BUND
BUNDESRAUMORDNUNG
Gesetz vom 8. 4. 1965
– Bundesraumordnungsprogramm –

LÄNDER
LANDESPLANUNG
Entspechend den Landesplanungsgesetzen der Länder
– Landesentwicklungspläne – Landesentwicklungsprogramme –

REGIONEN
GEBIETSENTWICKLUNGSPLANUNG
Entsprechend den Landesplanungsgesetzen der Länder
– Gebietsentwicklungspläne – Regionalpläne – Kreisentwicklungspläne –

GEMEINDE-PLANUNG ⟨ **NAHBEREICHSPLANUNG** ⟩ **FACH-PLANUNG**

BUNDESBAUGESETZ vom 23. 6. 1960	● **FLURBEREINIGUNGSGESETZ**
STÄDTEBAUFÖRDERUNGSGESETZ vom 27. 7. 1971	● **LANDSCHAFTSGESETZ**
BAUNUTZUNGSVERORDNUNG vom 26. 11. 1968	● **WASSERGESETZE**
BAUORDNUNG NW vom 27. 1. 1970	● **STRASSENGESETZE**
SONDERREGELUNGEN Für Verfahren und Finanzierung	● **SPEZIELLE PLANUNGEN** zur Wahrnehmung öffentl. Belange

Aufstellen und Fortschreiben aller Pläne erfolgt in ständiger Zusammenarbeit

Abbildung 2

Während von der Bundesraumordnung, der Landesplanung und der Gebietsentwicklungsplanung die übergeordnete, überörtliche und fachlich zusammenfassende Planung durchgeführt wird, geht die Nahbereichsplanung — insbesondere nach der kommunalen Neugliederung — in der Bauleitplanung der Gemeinden nach dem Bundesbaugesetz auf. Entsprechend § 1 Abs. 3 BBauG haben die Gemeinden die überörtliche Planung bei ihrer Bauleitplanung zu berücksichtigen. Den Gemeinden im ländlichen Raum obliegt es im Rahmen der Bebauungsplanung vor allem, die überkommene Bausubstanz in den Ortschaften und Weilern zu betreuen, die Ortskerne zu sanieren und innerhalb der Gemeinde und ihrer verschiedenen Ortsteile Siedlungsschwerpunkte zu schaffen. Diese Aufgaben können nur in ständiger und wechselseitiger Zusammenarbeit mit den Fachplanungen erfüllt werden, wobei immer die inhaltliche Bindung der Bauleitpläne an die Grundsätze und Ziele der Raumordnung und Landesplanung zu beachten ist (25, S. 19 ff.).

IV. Über die Verträglichkeit der Ziele und Maßnahmen zur Verbesserung der Siedlungsstruktur mit denen anderer Bereiche

1. Mit übergeordneten Zielen

Geht man davon aus, daß im *gesellschaftspolitischen Bereich* die Wohlfahrt gegenüber anderen Prinzipien, wie z. B. dem der Wirtschaftlichkeit, immer mehr an Bedeutung gewinnt, dann zeigt sich eine weitgehende Übereinstimmung zwischen den gesellschafts- und siedlungsstrukturellen Zielen. Zur Schaffung gleichwertiger Lebensbedingungen z. B. bedarf es einer dezentralisierten Konzentration in Siedlungsschwerpunkten und Entwicklungsachsen. Die bestehende Siedlungsstruktur soll entsprechend den Zielen ausgebaut, bestimmte Erscheinungen, wie z. B. die der Schlafstädte, abgebaut werden. Ein dezentralisierter Agglomerationsprozeß entspricht sowohl von der Produktionsseite wie auch von der Konsumtionsseite her *gesamtwirtschaftlichen Zielen*. Die zunehmende Verstädterung in den städtischen Zentren in Entwicklungsachsen und in Siedlungsschwerpunkten in ländlichen Räumen entspricht der erforderlichen Kombination von Wohlfahrt und Wirtschaftlichkeit, fördert die Erschließung ländlicher Räume und damit die Chancengleichheit und die Gleichwertigkeit der Lebensbedingungen. Konfliktmöglichkeiten ergeben sich jedoch dort, wo aufgrund zu geringer Siedlungsdichte, fehlender Arbeitsplätze etc. ein Abwanderungsprozeß — eventuell trotz vielfältiger Maßnahmen — nicht aufzuhalten ist (21, S. 121 ff.).

2. Mit Teilzielen bei direktem Einfluß

a) *Industrie und Gewerbe*

Hinsichtlich der räumlichen Anordnung der Siedlungsstruktur besteht mit dem Bereich Industrie und Gewerbe weitgehende Zielharmonie und Zielkompatibilität, d. h. Konzentrationsbestrebungen in Schwerpunkten und Entwicklungsachsen werden unterstützt, denn die industrielle Standortgunst hängt weitgehend von der Lage, Größe und dem Ausstattungsgrad des Ortes ab. Erhebliche Zielkonflikte (Zielinkompatibilität) können sich jedoch auf örtlicher Ebene hinsichtlich möglicher Immissionen und dem Standort im Verhältnis zu den Wohngebieten ergeben.

b) *Landwirtschaft*

Landwirtschaft und Siedlung unterliegen bei starken wechselseitigen Einflüssen in der Mehrzahl der Fälle Zielkonflikten, weil z. B. der Prioritätsanspruch der Landwirtschaft auf die besten Böden häufig bei Siedlungserweiterungen zu Zielkonflikten führen kann oder der Wunsch der Landwirtschaft nach dem Ausbau einer sehr dezentralisierten Siedlungsstruktur nicht den Verdichtungstendenzen und dem landesplanerischen Ziel der dezentralisierten Konzentration entspricht.

Weitgehende Zielharmonie besteht hinsichtlich der Forderung der Landwirtschaft nach Festlegung einer langfristig verbindlichen Siedlungs-/Feldgrenze und z. T. auch hinsichtlich der Ausweisung landwirtschaftlicher Vorranggebiete, die auch bei starker Ausweitung städtischer Siedlungen erhalten bleiben.

Die Konflikte zwischen der Landwirtschaft und den in der Siedlung wohnenden Menschen sind besonders dort sehr groß, wo landwirtschaftliche Betriebe noch im Dorf, noch in der Stadt ihren Standort haben. Durch Lärm, durch Verschmutzung der Wege, durch Verkehrsbehinderungen, durch Klein- und Großvieh und nicht zuletzt durch vielfältige Arten von Geruchsbelästigungen wird die nichtlandwirtschaftliche Bevölkerung belästigt. Aber auch die innerhalb der Siedlung lebende landwirtschaftliche Bevölkerung wird durch Behinderung der Produktion, z. B. durch lange Anfahrtwege zu den Feldern oder durch den innerdörflichen oder innerstädtischen Verkehr, in ihrer Berufsausübung behindert oder sogar gefährdet, so etwa beim Ausbiegen aus Hofausfahrten. Die einzige Lösung dieser Problematik liegt in der Hofaussiedlung. Aber auch dabei zeigen sich, abgesehen von den hohen, heute kaum noch zu vertretenden Kosten, u. U. große Schwierigkeiten, weil z. B. bei betriebswirtschaftlich bedingter Massentierhaltung auch bei großen Abständen zu Wohnsiedlungen die dort wohnende Bevölkerung in schier unzumutbarem Ausmaß belästigt werden kann. Der technische Fortschritt bietet hier jedoch in zunehmendem Maße Lösungen zur Bewältigung dieser Umweltproblematik an.

c) *Erholung und Fremdenverkehr*

Die wachsende Nachfrage nach Einrichtungen des Erholungs- und Fremdenverkehrs begründen eine wichtige Querbeziehung zwischen diesem Bereich und dem der Siedlung. Gut ausgestattete Naherholungsgebiete sollen in der Nähe der Siedlungen vorhanden sein. Die steigende Nachfrage nach Zweitwohnungen kann die Ausformung der Erholungsgebiete einerseits und die städtischer Ansiedlungen andererseits erheblich wechselseitig beeinflussen, denn eine Vielzahl von Zweitwohnungen z. B. können zur Tragfähigkeit zentralörtlicher Einrichtungen in Erholungsgebieten erheblich beitragen oder Stadtwohnung und Ferienhaus können Einfamilienhäuser in Verdichtungsgebieten ablösen (21, S. 165) und damit die Verdichtung fördern.

Gut ausgestattete Naherholungsgebiete sind besonders in der Nähe von Verdichtungsgebieten von besonderer Bedeutung. Hier treffen die Ansprüche und Wünsche der Bevölkerung der Ballungszonen nach Ausgleichsräumen für Besiedlung, Industrie und Naherholung zusammen mit den Primärfunktionen dieser Zonen, nämlich den ökologischen Ausgleichs- und Erholungsfunktionen der land- und forstwirtschaftlich genutzten Flächen. In der Nähe der Siedlungen richten sich alle raumrelevanten Ansprüche in erster Linie auf die von Land- und Forstwirten bewirtschafteten Freiräume. Schutz und Sicherung der Freiräume für Naherholung und eventuellen Fremdenverkehr unterliegen einer großartigen Zielharmonie mit den Zielen der Entwicklung der Siedlungsstruktur einerseits und mit denen der ökonomischen Bewirtschaftung durch die Land- und Forstwirtschaft andererseits. Gleichzeitig diente die Sicherung der Freiräume für Erholung durch landwirtschaftliche Bewirtschaftung zumeist auch der Sicherung ökologischer Ausgleichsfunktionen.

d) *Landschaftsschutz und Landschaftsgestaltung*

Landschaftsschutz und Landschaftsgestaltung haben schwache Querbeziehungen zur Siedlungsstruktur und bergen sowohl Zielharmonie als auch Konfliktmöglichkeiten in sich. Siedlungsplanung und Landschaftsschutz können theoretisch gut aufeinander abgestimmt werden. Auf örtlicher Ebene ergeben sich jedoch in der Regel vielfältige Konfliktmöglichkeiten, insbesondere bei der Gestaltung von Stadtlandschaften. Stark verdichtete, bandartige Siedlungen erlauben enge Verflechtungen zwischen Siedlung und natürlicher Landschaft und beanspruchen wenig Siedlungsfläche. Von besonderer Bedeutung wäre die Aufforstung zur *Gliederung der Siedlungsbänder (Pufferzonen)*, die gleichzeitig auch als landschaftsgestalterisches Element besonderen Wert für die Wasserwirtschaft hätte und darüber hinaus den lokalklimatischen Luftaustausch, den Immissionsschutz und nicht zuletzt auch der Erholung dienen könnte.

3. Mit Teilzielen bei vorwiegend indirektem Einfluß

a) *Verkehr und Kommunikation*

Siedlungs- und Verkehrsstruktur sind eng miteinander verknüpft und bedürfen der ständigen Abstimmung. Hinsichtlich der Siedlungs- und Verkehrskonzeption bestehen vielfältige Möglichkeiten der Zielharmonie und der Konfliktmöglichkeiten. In städtischen Gebieten sind Massenverkehrsmittel (öffentlicher Personennahverkehr) zu fördern. Sie sind besonders wirtschaftlich bei hoher Verdichtung. Der Ausbau der Massenverkehrsmittel in Verdichtungsgebieten jedoch macht diese Gebiete attraktiv, fördert die Abwanderung vom Lande und schwächt dadurch die ländlichen Siedlungen für die, wenn eine bestimmte Tragfähigkeit gegeben ist, auch öffentliche Verkehrsmittel interessant sind. In der Mehrzahl der Fälle sind sie jedoch auf den Individualverkehr angewiesen, dessen Voraussetzungen (Straßenbau) deshalb verbessert werden müssen. Die Konfliktmöglichkeiten liegen vor allen Dingen bei der Verkehrsführung auf örtlicher Ebene. Künftig kommt es darauf an, auf allen Planungsebenen und bei allen Planungsmaßnahmen zu einer vollen Abstimmung, besonders zwischen Verkehrsplanung, Bebauungsplanung und Umweltplanung, zu kommen (10 b, S. 10). Besonders wichtig für die Verbesserung der Siedlungsstruktur ist der Ausbau der Kommunikationsmittel. Bessere und billigere Nachrichtenübertragung verringert das persönliche Kontaktbedürfnis — eine dezentralisierte Siedlungsstruktur wird dadurch begünstigt (21, S. 149).

b) *Ausbildung*

Zwischen den Standorten für Bildungseinrichtungen und den Zielen der Siedlungsstruktur besteht weitgehend Übereinstimmung, insbesondere im Hinblick auf ein abgestuftes zentralörtliches Siedlungssystem. Wohn- und Arbeitsplätze und Bevölkerungsstruktur beeinflussen wesentlich den Standort der Bildungseinrichtungen, wie auch von den Standorten der Bildungseinrichtungen, deren Größe und der Schulweglänge, erhebliche Einflüsse auf die Siedlungsstruktur ausgehen. Diese Einflußfaktoren bekommen in Zukunft wegen der sinkenden Geburtenhäufigkeit immer stärkere Bedeutung für die Entwicklung der Siedlungsstruktur und bergen dort regionale und örtliche Konfliktmöglichkeiten in sich. So wird ein steigendes Bildungsniveau z. B. bei fehlenden qualifizierten Arbeitsplätzen mit Sicherheit zur Abwanderung jüngerer Bevölkerungsteile aus ländlichen Gebieten führen (18. S. 16).

Ziele und Maßnahmen zur Verbesserung der Siedlungsstruktur \ Ziele und Maßnahmen anderer Bereiche	Übergeordnete Ziele		Teilziele mit direktem Einfluß				Teilziele mit indirektem Einfluß	
	Gesellschaftspolitik	Gesamtwirtschaft	Industrie	Landwirtschaft	Erholung	Landschaftsschutz	Verkehr	Ausbildung
1. Ausbau der Siedlungsstruktur								
— Ausbau von Verdichtungs- und Entwicklungsachsen	+	+	+	−	+	+	+	+
— Ausbau von Verdichtungs- und Entwicklungsschwerpunkten	+	+	+	−	+	+	+	+
— Ausbau und Sanierung bestehender Ortschaften	+	+	*	−	+	+	+	+
— Schutz der Landschaft	+	+	−	−	+	*	−	*
— Hebung des Wohnwertes	+	*	−	*	*	−	+	+
2. Ausbau des Siedlungssystems								
— Konzentration zentraler Einrichtungen	+	+	+	+	+	+	−	+
— Schaffung besserer Verkehrsverbindungen	+	+	+	+	+	−	*	+
— Konzentration der Industrie	+	+	+	−	+	+	+	*
— Aussiedlung landwirtschaftlicher Betriebe	−	+	*	+	*	−	+	−
3. Städtebauliche Gestaltung								
— Nutzungstrennung zwischen Wohnen und Landwirtschaft	−	*	*	+	+	+	+	*
— Keine konzentrische Siedlungsentwicklung	+	*	+	+	+	+	+	+
— Eindeutige langfristige Planung der Flächennutzung	*	*	+	+	+	+	+	*
— Verbesserung des örtlichen Verkehrsnetzes	*	+	+	+	*	*	+	+
— Landschaftsgestaltung	*	*	−	*	+	−	+	*

+ Überwiegend Zielkompatibilität (die Erreichung des einen fördert die des anderen).

* Überwiegend Zielneutralität (die bessere Erreichung des einen fördert oder schädigt nicht die des anderen).

— Überwiegend Zielinkompatibilität (die Verfolgung des einen stellt die Erreichung des anderen in Frage).

Abb. 3: Verträglichkeit der Ziele und Maßnahmen zur Verbesserung der Siedlungsstruktur mit denen anderer Bereiche

4. Verträglichkeit der Ziele untereinander

Betrachtet man alle Ziele und Maßnahmen, soweit sie hier überhaupt berücksichtigt werden konnten, untereinander, so zeigt sich weitgehend eine *überwiegende Zielkompatibilität* zwischen den Zielen zur Verbesserung der Siedlungsstruktur auf dem Lande einerseits und denen der übrigen Bereiche andererseits. *Häufige Zielinkompatibilität* ist jedoch zwischen den Zielen der Landwirtschaft und denen zur Verbesserung der Siedlungsstruktur festzustellen. Es bedarf keiner weiteren Erläuterung, daß jede Neubaumaßnahme außerhalb der bestehenden Besiedlung die Landwirtschaft negativ betrifft, obwohl zwischen den übergeordneten landwirtschaftlichen Zielsetzungen und den der Raumordnung dienenden Zielen der städtebaulichen Entwicklung auf dem Lande eigentlich weitgehend volle Übereinstimmung bestehen müßte. Der gesamten Problematik kann hier leider nicht nachgegangen werden. Festzuhalten bleibt jedoch, daß die landwirtschaftlichen Betriebe innerhalb bestehender Besiedlung in zunehmendem Maße untragbar werden und hieraus sowohl für die außerlandwirtschaftliche, als auch für die landwirtschaftliche Bevölkerung vielfältige Konfliktmöglichkeiten entstehen. Aus der Beseitigung der Konfliktursachen durch Aussiedlung landwirtschaftlicher Betriebe ergeben sich aber wiederum unzählige Probleme für die ausgesiedelte landwirtschaftliche Familie, die aus dem Orts- und Dorfverband herausgerissen wird und zu ihrer Versorgung lange Wege zurücklegen muß. Aussiedlung ist aus Kostengründen und dazu noch in der Nähe der ortschaft zumeist wegen des Emissionsschutzes inzwischen kaum noch möglich. Hier müssen neue Wege für die städtebauliche Entwicklung auf dem Lande gefunden werden.

V. Konsequenzen für ausgewählte Typen des ländlichen Raumes

1. Verdichtungsräume und deren Randzonen

Ballungsrandzonen sind die an Ballungskerne angrenzenden Verdichtungsgebiete. Sie gibt es in der Bundesrepublik Deutschland vor allem im Bereich der mehrpoligen Verdichtungsgebiete und am Rande der Verdichtungsfelder. In ihnen hat die Bevölkerung im letzten Jahrzehnt sehr stark zugenommen. Sie partizipieren vor allem von den Abwanderungen aus den Ballungskernen. Durch diese Entwicklung ergeben sich vielfältige Probleme wie z. B.:

— zunehmende Besiedlung des Umlandes größerer Städte, verbunden mit einer stetig fortschreitenden Zersiedlung der für die ökologische Regeneration und Erholung notwendigen Freiräume, und Entzug der Produktionsgrundlage für die landwirtschaftlichen Betriebe mit herkömmlicher, auf bodengebundener Produktion basierender Betriebsrichtung,

— deutliche Verlängerung der Fahrtwege, Belastung des Individualverkehrs in den Ballungskernen, stärkere und einseitige Belastung der Nahverkehrssysteme, verbunden mit einer zunehmenden Behinderung des landwirtschaftlichen Straßenverkehrs,

— Verlagerung der Nachfrage nach Versorgungseinrichtungen und sozialer Infrastruktur an den Rand der Verdichtungsräume, verbunden mit einer Unterversorgung der Bevölkerung in den Ballungsrandzonen, da die Standorte dieser Einrichtungen der verlagerten Nachfrage nur allmählich folgen können.

Aus diesen Gründen gilt es, in den Ballungsrandzonen vorrangig die Voraussetzungen für eine geordnete Entwicklung der Siedlungsstruktur zu schaffen. Dabei müssen insbesondere die Entlastungs- und Ergänzungsaufgaben dieser Räume gegenüber den jeweils angrenzenden Ballungskernen berücksichtigt werden. Um eine weitere Zersiedlung der Landschaft mit all ihren negativen Folgen auch für die Landwirtschaft zu vermeiden, gilt es, hier *Entwicklungsschwerpunkte mit eigener wirtschaftlicher Grundlage auszubauen*. Das dafür notwendige Entwicklungspotential ist in den Unternehmungen zu suchen, die in den Ballungskernen keine Erweiterungsmöglichkeiten mehr haben oder die aus den Kernen aus städtebaulichen Gründen verlagert werden müssen. Als Vorbedingung dafür gilt es, eine der Tragfähigkeit des Versorgungsbereichs des Entwicklungsschwerpunktes entsprechende Ausstattung mit zentralörtlichen Infrastruktureinrichtungen bereitzustellen. Eine Tragfähigkeit dieser Einrichtungen erscheint nach heutigen Überlegungen dann gegeben zu sein, wenn im Versorgungsbereich eines Mittelzentrums mindestens 30 000 bis 40 000 Einwohner wohnen oder diese Einwohnerzahl durch gezielte Förderung in absehbarer Zeit erreicht werden kann.

Der *Ausbau der Entwicklungsschwerpunkte* zu Arbeitsmarktzentren oder -subzentren soll unterstützt werden durch die *Schaffung von Siedlungsschwerpunkten* an den Haltestellen leistungsfähiger Linien des öffentlichen Personenverkehrs. Diese Siedlungsschwerpunkte sollten durch ein hohes Maß an baulicher Nutzung (punktuelle Verdichtung) möglichst wenig Grund und Boden beanspruchen, um die Zersiedlung der Landschaft zu vermeiden. In diesen Siedlungsschwerpunkten soll die aus den Ballungskernen abwandernde Bevölkerung aufgefangen werden. Durch den Ausbau der Entwicklungsachsen (Linien des öffentlichen Nahverkehrs) zwischen den Siedlungs- und Entwicklungsschwerpunkten einerseits und den Mittel- und Oberzentren der Ballungskerne andererseits soll die Funktionsteilung der zentralen Orte erleichtert und der regionale und interregionale Leistungsaustausch verbessert werden. Gleichzeitig besteht dadurch die Möglichkeit, die Pendelzeit der Arbeitnehmer zu verringern, den Individualverkehr in den Ballungskernen einzuschränken und zumindest vorübergehend den Nachfragestrom nach Versorgungseinrichtungen umzulenken, um der Unterversorgung mit Infrastruktureinrichtungen in den Ballungsrandzonen entgegenzuwirken. Auf diese Siedlungsstruktur muß auch die städtebauliche Neuordnung sanierungsbedürftiger Siedlungsgebiete ausgerichtet werden.

2. Verdichtungsferne Räume mit städtischen Mittelzentrum

Die ländlichen Räume im Einzugsbereich von ausgebauten Mittelzentren (30 000— 50 000 Einwohner) liegen häufig im Einzugsbereich größerer Oberzentren. Je nachdem, ob Mittelzentren in einem solchen Einflußbereich liegen oder nicht, werden unterschiedliche Entwicklungskonzepte zu erarbeiten sein. Sind ausbaufähige oder starke Mittelzentren vorhanden, sollte alles getan werden, um die Entwicklung im Oberzentrum, in der Großstadt, zu ordnen. Eine einseitige Stärkung des Oberzentrums mit Hilfe öffentlicher Mittel, die zu weiterer, übermäßiger Vergrößerung des Oberzentrums führt, sollte vermieden werden, wenn dadurch Entwicklungspotential aus den umliegenden ländlichen Räumen und den Mittelzentren abgezogen wird, weil dadurch deren Tragfähigkeit geschwächt und eine Unterauslastung vorhandener Infrastruktureinrichtungen die Folge sein kann. Problematisch wird der Ausbau von wirtschaftlich selbständigen Mittelzentren dann, wenn die Anziehungskräfte der Großstadt so stark sind, daß sie kein Entwicklungspotential an das Umland abgibt.

Selten wird es dann mit Hilfe regionalpolitischer Maßnahmen (Industrie- und Gewerbeansiedlung, Ausbau der Infrastruktur) gelingen, eigenständige Arbeitsplatz- und Dienstleistungszentren aufzubauen. Sollte der Ausbau derartiger Zentren in der Größenordnung von etwa 40 000 Einwohnern im Stadtbereich nicht gelingen, verbleibt als einzige Möglichkeit eine Vielzahl von Unter- und Kleinzentren im Oberbereich aufzubauen (6000 bis 10 000 Einwohner im Einzugsbereich), um die Bevölkerung mit Gütern des täglichen Bedarfs ausreichend zu versorgen. Darüber hinaus ist es dann erforderlich, die Verkehrsinfrastruktur im Oberbereich so auszubauen, daß die Bevölkerung aller Teile dieses Bereichs das Oberzentrum, das zugleich Arbeitsmarktzentrum ist, mit öffentlichen Verkehrsmitteln in 30—45 Minuten erreichen kann. Nur so können unter diesen Voraussetzungen stabile Arbeitsmärkte, Chancengleichheit und gleichwertige Lebensverhältnisse sichergestellt werden. Sollten im Oberbereich Mittelzentren vorhanden oder ausbaufähig sein, so können die folgenden Überlegungen Grundlage für die anzustrebende siedlungsstrukturelle Entwicklung sein.

Ländliche Räume im Einflußbereich eines Mittelzentrums von mehr als 40 000 Einwohnern im Stadt- und an die 100 000 Einwohner im Verflechtungsbereich haben dann relativ gute Entwicklungschancen, wenn sie nicht in einer ausgesprochenen Randlage der Bundesrepublik Deutschland liegen. Derartige Mittelzentren haben immerhin einen Arbeitsmarkt mit rund 20 000—40 000 Arbeitnehmern und damit recht gute Entwicklungsmöglichkeiten.

Das Mittelzentrum selbst sollte mit seinem Nahbereich mindestens 40 000 Einwohner aufweisen. Es hat dann die Möglichkeit, sich zu einem echten Entwicklungsschwerpunkt auszubauen und kann bei über 50 000 Einwohnern in seinem Mittelbereich alle Einrichtungen der öffentlichen und privaten Infrastruktur vorhalten, die zu einem gut ausgebauten Mittelzentrum gehören. Gleichwertige Lebensverhältnisse und soziale Chancengleichheit müßten damit sichergestellt sein.

Im Mittelbereich sollten aufgrund der überkommenen Siedlungsstruktur mehrere Zentralorte als Entwicklungs- oder Siedlungsschwerpunkte ausgebaut werden, um die Bevölkerung mit den Gütern des täglichen Bedarfs ausreichend versorgen zu können. Als flankierende Maßnahme ist hierbei besonderer Wert auf die Verbesserung der Verkehrserschließung und -bedienung in Ausrichtung auf die zentralörtliche Struktur zu legen. Nur dadurch kann eine gewisse Mindestversorgung aller Bevölkerungsteile sichergestellt werden. Gleichzeitig sind in den Entwicklungsschwerpunkten geeignete Flächen für die Ansiedlung strukturverbessernder gewerblicher Betriebe und Flächen für Freiraumfunktionen sicherzustellen. Zur Verbesserung der Produktions- und Betriebsstruktur der Land- und Forstwirtschaft sollten alle Vorbedingungen geschaffen werden.

Ländliche Räume im Einflußbereich eines starken Mittelzentrums haben im allgemeinen gute Entwicklungsaussichten. Deshalb ist es besonders wichtig, daß auch hier besonderer Wert auf konzentrierte Besiedlung gelegt wird, damit die Landschaft nicht völlig zersiedelt wird. Besiedlung und Verkehrsinfrastruktur müssen so aufeinander abgestellt sein, daß alle Zentralorte und Siedlungsgebiete des Mittelbereichs verkehrlich gut an das Mittelzentrum angeschlossen sind und von dort das weiter entfernt liegende Oberzentrum relativ gut erreicht werden kann.

3. Verdichtungsferne Räume ohne städtisches Mittelzentrum

Ländliche Verflechtungsräume, in denen weniger als etwa 30 000 Einwohner im Nahbereich des Mittelzentrums wohnen, haben im allgemeinen keine besonders guten Entwicklungsaussichten. Diese Aussage gilt vor allem im Hinblick auf die Industrialisierung und Versorgung der Bevölkerung mit zentralörtlichen Dienstleistungen.

Wie empirische Untersuchungen zeigen (11, S. 61 ff.), verlieren Standorte mit wachsender Entfernung vom nächsten größeren Zentrum und sinkender Einwohnerzahl erheblich an Bedeutung für die Schaffung neuer Arbeitsplätze (17, S. 17). Das Fehlen gehobener Versorgungsschwerpunkte erhöht gleichzeitig die Abwanderung qualifizierter Arbeitskräfte, vor allem, weil Bildung und Mobilitätsbereitschaft hier zwangsläufig eng miteinander verbunden sind. Industrieansiedlungen finden zumeist nur als Gründung „verlängerter Werkbänke" statt, ohne Überlebensdauer und mit geringem Entwicklungseffekt.

Auch hinsichtlich der Versorgung beinhalten diese Räume eine große Problematik. Steigende Ansprüche der Bevölkerung nach Dienstleistungen können von Betrieben, die bei notwendigerweise wachsender Betriebsgröße keine ausreichende Mindestbevölkerung haben, nicht mehr gewährleistet werden, was zwangsläufig die Gefahr einer Unterversorgung heraufbeschwört. Der damit verbundene *sinkende Wohnwert* führt zur weiteren Abwanderung qualifizierter Arbeitskräfte. Den Entwicklungskomponenten Einkommenserzielung und Versorgung bieten sich in diesen Gebieten wenig Chancen.

Für die Zukunft ergeben sich für die verdichtungsfernen Räume ohne städtisches Zentrum folgende Möglichkeiten:

(1) Es wird mit Hilfe aller Instrumente der Regionalpolitik versucht, ein *städtisches Zentrum von etwa 20 000 Einwohnern zu schaffen* mit möglichst mehr als 40 000 Einwohnern im Mittelbereich. Dies wird nur in den seltensten Fällen möglich sein, da das dafür erforderliche Entwicklungspotential fehlt;

(2) diesen Räumen werden im Rahmen funktionaler Arbeitsteilung bestimmte Funktionen zugeordnet, d. h. es werden planerisch Gebiete mit *landwirtschaftlichem Vorzug, ökologischem Vorrang oder mit besonderen Erholungs- oder Ausgleichsfunktionen* festgelegt, die über die Regionalpolitik entwickelt und dann im Zuge eines regionalen oder überregionalen Lasten- und Finanzausgleich permanent finanziell unterstützt werden (Strategie langfristiger Subventionierung);

(3) muß das Vorliegen derartiger Entwicklungschancen oder das Vorhandensein gebietsspezifischer Funktionen im Interesse der Gesamtgesellschaft nach eingehender Prüfung negativ beschieden werden, dann bleibt für diese Gebiete nur noch der Weg der *passiven Sanierung.*

Man sollte den politischen Mut aufbringen, baldmöglichst derartige Aussagen zu machen und planerische Festlegungen treffen, um der Bevölkerung Zukunftsentscheidungen zu erleichtern, ihr Übergangshilfen zu gewähren, öffentliche und private Fehlinvestitionen so gering wie möglich zu halten und um eventuell das freiwerdende Entwicklungspotential für den Auf- und Ausbau der Siedlungsstruktur in zu entwickelnden Räumen nutzen zu können.

Im Hinblick auf das knapper werdende Entwicklungspotential in allen Gebieten der Bundesrepublik Deutschland gewinnen derartige Argumente und Überlegungen immer mehr an Gewicht (10 a, S. 22 ff.). Die *Verknappung des raumwirksamen Entwicklungspotentials,* hervorgerufen durch sinkende Bevölkerungszahl, Rückgang an Arbeitsplätzen, Energieknappheit, verminderte finanzielle Mittel für den Infrastrukturausbau, zwingt zu neuen großräumigen und innergebietlichen Lösungen, für die künftige Raum- und Siedlungsstruktur zu neuen Planungen auf allen Gebieten und zur Ausarbeitung neuer Strategien zur Durchsetzung der Entwicklungsziele.

VI. Zusammenfassung und Ausblick

1. Für die künftige *Entwicklung der Siedlungsstruktur*, d. h. die räumliche Verteilung der Wohnsiedlungen und Produktionsstandorte mit ihren infrastrukturellen Einrichtungen, ist eine weitere Verdichtung und Bündelung von Kommunikations- und Versorgungseinrichtungen wünschenswert, wenn Verdichtungsschäden vermieden werden sollen. Das Streben nach höherer Lebensqualität, nach urbanen Lebensverhältnissen mit vielen Wahl- und Kontaktmöglichkeiten setzt höhere Verdichtung voraus, die möglichst in Verbindung mit dezentralisierter Konzentration der Siedlungsstruktur, in Verbindung mit räumlich-funktionaler Arbeitsteilung, angestrebt werden sollte.

2. Die *räumlich-funktionale Arbeitsteilung* sollte sich im künftigen Siedlungssystem in einer Kombination mehrerer Funktionen, etwa Wohn-, Produktions- und Freizeitfunktion, niederschlagen, die sich gegenseitig fördern. Sie sollte verbunden sein mit einer *siedlungsstrukturellen Arbeitsteilung*, die ausgehend vom hierarchischen System der Zentralorte, die Besiedlung schwerpunktartig auf solche Standorte bzw. *Siedlungsschwerpunkte* lenkt, die sich für ein gebündeltes Angebot öffentlicher und privater Versorgungseinrichtungen besonders gut eignen.

3. Die für künftige Siedlungsentwicklung besonders geeigneten Siedlungsschwerpunkte sollten in *Entwicklungsschwerpunkten* oder -zentren liegen, die im Sinne der Landesentwicklung Ober- oder Mittelzentren sind und ihren Standort möglichst an den Knotenpunkten oder in der Linienführung von Entwicklungsachsen nach dem *Achsen-Schwerpunkt-Prinzip* haben. Die Ziele und Maßnahmen zur Verbesserung der Siedlungsstruktur im ländlichen Raum müssen sich mit dem Ausbau der *Siedlungsstruktur*, mit dem Ausbau des *Siedlungssystems* und mit der *städtebaulichen Gestaltung der Siedlungen* und der Siedlungseinheiten befassen. Die Durchsetzung der Ziele und Maßnahmen zur Verbesserung der Siedlungsstruktur vollzieht sich im Rahmen der Bauleitplanung und Entwicklungsplanung der Gemeinden unter Beachtung der Ziele der Raumordnung und Landesplanung.

4. Obwohl die Verträglichkeit der übergeordneten Ziele mit denen zur *Verbesserung der Siedlungsstruktur* weitgehend gegeben ist, ergeben sich wegen rückläufiger Bevölkerungsentwicklung in vielen ländlichen Räumen vielfältige Zielkonflikte aufgrund zu geringer Siedlungsdichte, fehlender Arbeitsplätze etc.. Mit den Teilzielen zeigen sich besonders starke Konfliktmöglichkeiten zur Siedlungsentwicklung im Bereich der *Landschaft*, vor allem durch Lärm, Verschmutzung und Geruchsbelästigung, und schwächere, zum *Verkehrsausbau*, wie etwa bei örtlichen Trassenführungen. Während jedoch die Konsequenzen der städtebaulichen Gestaltung und des Ausbaus des Siedlungssystems auf die Landwirtschaft überwiegend positiv zu beurteilen sind, liegen die größten Zielkonflikte im Ausbau der Siedlungsstruktur selbst, insbesondere durch die Verdichtungs- und Konzentrationstendenzen einerseits und Bestrebungen andererseits, die eine Erhaltung der erforderlichen Siedlungsdichte in ländlichen Gebieten in Frage stellen und damit zu schwierigen Verhältnissen für die Landwirtschaft führen können.

5. Die vorhersehbare und angestrebte Entwicklung der Siedlungsstruktur hat für ausgewählte Typen ländlicher Räume und die Landwirtschaft in diesen Gebieten folgende Konsequenzen:

— in Verdichtungsräumen und deren Randzonen kann durch den Siedlungsdruck für landwirtschaftliche Betriebe die Produktionsgrundlage entzogen bzw. durch Belästigung oder Restriktionen ihre Rentabilität kräftig eingeschränkt werden. Hier gilt es, vor allem der Landwirtschaft die Produktionsgrundlagen zu sichern, vor allem durch langfristige Festlegung der Siedlungsgrenze, durch Flurbereinigung und den damit im Zusammenhang stehenden Ausbau landwirtschaftlicher Wirtschaftswege;

— *in verdichtungsfernen Räumen mit städtischen Mittelzentren* sind die Entwicklungsmöglichkeiten für die Landwirtschaft bei guten bis mittleren Ertragsvoraussetzungen relativ gut, weil sich hier der Siedlungsdruck nur im Bereich des städtischen Mittelzentrums und eventuell in einigen expandierenden Kleinzentren auswirkt. Schwierig kann die Lage landwirtschaftlicher Betriebe, die von Mittelzentren gut versorgt werden, eigentlich nur in direkter Nähe des städtischen Zentrums werden;

— problematisch wird die Lage der Landwirtschaft allerdings in *verdichtungsfernen Räumen ohne städtisches Mittelzentrum,* weil hier die Versorgung der Bevölkerung gefährdet ist oder zumindestens Not leidet, deshalb keine industriellen Arbeitsplätze entstehen, durch Unterversorgung in diesen Bereichen der Lohn- und Wohnwert des Gebietes sinkt, dieses zu einer ständigen Verschlechterung der Lebensqualität in diesen Räumen führt und die dann weitere Abwanderung, Verdünnung der Bevölkerung, schlechtere Versorgung etc. zur Folge hat. Die landwirtschaftlichen Betriebe in diesen Gebieten sind auf vielen Gebieten unterversorgt.

In diesem Fall kann für diesen Raum nur mit allen Mitteln der Regionalpolitik der Ausbau eines *neuen Mittelzentrums* angestrebt werden, und/oder über die Festlegung bestimmter Funktionen für diese Gebiete im Zuge räumlich-funktionaler Arbeitsteilung permanente finanzielle Unterstützung erbracht oder — falls diese Mittel keine Aussicht auf Erfolg bieten — passive Sanierung für kleinere Gebiete eingeleitet werden. Die Möglichkeiten für derartige Entwicklungsstrategien müßten alsbald eröffnet werden. Wo sie nicht durchführbar sind, sollten die Verantwortlichen den Mut haben, planerische Aussagen in Richtung passiver Sanierung zu machen, um der Bevölkerung die Zukunftsentwicklung frühzeitig zu verdeutlichen, Fehlinvestitionen zu vermeiden und das freiwerdende Entwicklungspotential in ausbaufähige Siedlungsschwerpunkte zu lenken.

Literaturhinweise

(1) AFFELD, D.: Raum- und siedlungsstrukturelle Arbeitsteilung als Grundprinzipien zur Verteilung des raumwirksamen Entwicklungspotentials, structur 9/1972, S. 197—204.

(2) Akademie für Raumforschung und Landesplanung (Hrsg.): Grundlagen und Methoden der landwirtschaftlichen Raumplanung, Hannover 1969.

(3) Akademie für Raumforschung und Landesplanung (Hrsg.): Die Zukunft des ländlichen Raumes, 1. Teil — Grundlagen und Ansätze —, Forschungs- und Sitzungsberichte, Bd. 66, Raum- und Landwirtschaft 8, Hannover 1971.

(4) Akademie für Raumforschung und Landesplanung (Hrsg.): Die Zukunft des ländlichen Raumes, 2. Teil — Entwicklungstendenzen der Landwirtschaft, Forschungs- und Sitzungsberichte, Bd. 83, Raum- und Landwirtschaft 9, Hannover 1972.

(5) Akademie für Raumforschung und Landesplanung (Hrsg.): Zur Ordnung der Siedlungsstruktur, Forschungs- und Sitzungsberichte, Bd. 85, Stadtplanung 1, Hannover 1974.

(6) BORRIES, H. W. v.: Ökonomische Grundlagen der Westdeutschen Siedlungsstruktur, Abhandlungen der Akademie für Raumforschung und Landesplanung, Bd. 56, Hannover 1969.

(7) Deutscher Bundestag (Hrsg.): Agrarbericht 1974, agrar- und ernährungspolitischer Bericht der Bundesregierung, Drucksache 7/1650 vom 11. 2. 1974, Bonn 1974.

(7 a) Deutscher Bundestag (Hrsg.): Agrarbericht 1975, Bundestagsdrucksache VII/3210, Bonn 1975.

(8) Deutscher Bundestag (Hrsg.): Raumordnungsbericht 1968 der Bundesregierung, Bundestagsdrucksache V/3958, Bonn 1969.

(9) Deutscher Bundestag (Hrsg.): Raumordnungsbericht 1970 der Bundesregierung, Bundestagsdrucksache VI/1340, Bonn 1970.

(10) Deutscher Bundestag (Hrsg.): Raumordnungsbericht 1972 der Bundesregierung, Bundestagsdrucksache VI/3793, Bonn 1972.

(10 a) Deutscher Bundestag (Hrsg.): Raumordnungsbericht 1974 der Bundesregierung, Bundestagsdrucksache /3582, Bonn 1975.

(10 b) Deutscher Bundestag (Hrsg.): Städtebaubericht 1975 der Bundesregierung, Bundestagsdrucksache 7/3583.

(11) FISCHER, G.: Praxisorientierte Theorie der Regionalforschung, Tübingen 1973.

(12) Gesellschaft für Regionale Strukturentwicklung (Hrsg.): Standortwahl und Wohnortwahl, Bonn 1974.

(13) HEIDTMANN, W.: STOCKHAUSEN, M. u. a.: Entwicklungsschwerpunkte in ländlichen Problemgebieten, Schriftenreihe „Raumordnung" des Bundesministers für Raumordnung, Bauwesen und Städtebau, Bd. 06.001, Bonn-Bad Godesberg 1974.

(14) HEINRICHS, B.: Zur Bewertung von Siedlungsstrukturen für die Landesplanung unter besonderer Berücksichtigung numerischer Methoden, München 1972.

(15) HÜBLER, K.-H.: für ländliche Gebiete ist eine ausreichende Bevölkerungsdichte anzustreben. Innere Kolonisation, H. 1 (1973), S. 1—4.

(16) HÜBLER, K.-H.: Lebensqualität und Sozialchancen im ländlichen Raum — Abänderungen der Maßstäbe und Dimensionen, structur 5 (1973), S. 97—101.

(17) ISBARY, G.: Zentrale Orte und Versorgungsnahbereiche, Bad Godesberg 1965.

(18) MALCHUS, V. FRHR. v.: Analyse der Problematik des ländlichen Raumes. In: Der ländliche Raum — Randerscheinung oder integriertes Ausgleichsgebiet, Forschungs- und Sitzungsberichte der Akademie für Raumforschung und Landesplanung, Bd. 89, Hannover 1974, S. 13—24.

(19) MARX, D.: Überlegungen zur regionalpolitischen Konzeption ausgeglichener Funktionsräume, Raumforschung und Raumordnung, H. 1 (1973), S. 48—49.

(20) MARX, D.: Strategien einer Regionalpolitik für den ländlichen Raum. In: Der ländliche Raum — Randerscheinung oder integriertes Ausgleichsgebiet, Forschungs- und Sitzungsberichte der Akademie für Raumforschung und Landesplanung, Bd. 89, Hannover 1974, S. 45 ff.

(21) NIEMEIER, H. G.: Die ländliche Siedlungsstruktur nach den Vorstellungen der Landesplanung. Innere Kolonisation, H. 2 (1973), S. 33—36.

(22) ROTACH, M.; HIDBER, C.; RINGLI, H.: Landesplanerische Leitbilder in der Schweiz, Erster Zwischenbericht „Zielsetzungen und Konflikte", hrsg. vom Institut für Orts-, Regional- und Landesplanung an der ETH, Schriftenreihe zur Orts- und Regionalplanung, Nr. 2, Zürich 1969.

(23) TÖPFER, K.: Prioritäten der Wirtschafts- und Gesellschaftspolitik auf dem Lande, der landkreis, H. 10 (1972), S. 355—358.

(24) WAGNER, F.: Ziele der Raumordnung nach den Plänen der Länder, Mitteilungen des Instituts für Raumordnung, H. 71, Bonn-Bad Godesberg 1972.

(25 STERN, K.; BURMEISTER, G.: Die Verfassungsmäßigkeit eines landesrechtlichen Planungsgebots für Gemeinden, Schriftenreihe „Landesentwicklung" des Ministerpräsidenten des Landes Nordrhein-Westfalen, H. 37, Düsseldorf 1975.

Sektorale und regionale Zielvorstellungen für die Entwicklung der Industrie und deren Konsequenzen für die Landwirtschaft

von

Friedrich Hösch, München

I.

In modernen Industriestaaten ist es üblich, die Wirtschaft in Sektoren oder Zweige aufzugliedern. Dabei handelt es sich um ein gedankliches Einteilungsschema, das die komplexen Verflechtungen innerhalb einer Volkswirtschaft überschaubar und quantitativ erfaßbar macht, wie wir es z. B. von einer Input-Output-Tabelle her kennen.

In dieser kurzen Betrachtung sollen aus dem weiten Geflecht der Wirtschaftssektoren die Industrie und die Landwirtschaft herausgegriffen und einander gegenübergestellt werden. Wir wollen generell nur von der Landwirtschaft, welche die produktiven Kräfte der Natur zur Gewinnung von Gütern nutzt, sprechen und keine weitere Aufspaltung in Forstwirtschaft oder Gartenbau vornehmen, weil diese sich vornehmlich nur durch den Grad der Intensität der Bodennutzung voneinander unterscheiden. Selbstverständlich spielt für die Situation und Entwicklung des ländlichen Raumes auch die Stellung der Industrie zu den übrigen Wirtschaftssektoren eine wichtige Rolle, doch soll durch eine bewußte Beschränkung auf die Beziehung zwischen Industrie und Landwirtschaft die besondere Bedeutung dieser Relation für den ländlichen Raum hervorgehoben werden.

Die nachfolgenden Ausführungen sind in drei große Abschnitte gegliedert. Zuerst wird sozusagen der Rahmen abgesteckt, innerhalb dessen die Gegenüberstellung von Industrie und Landwirtschaft erfolgt (II). Dann folgen Überlegungen, aufgrund welcher Zielvorstellungen die Industrie heute in die ländlichen Räume drängt und wie diese Zielvorstellungen auf das landwirtschaftliche Zielgefüge einwirken (III). In einem weiteren Abschnitt werden dann die Konsequenzen analysiert, die sich für bestimmte Raumtypen aus der Beziehung zwischen Industrie und Landwirtschaft ergeben können (IV).

II.

Die Industrie ist Teil des Wirtschaftssektors „warenproduzierendes Gewerbe", unter dem man in der Gewerbepolitik jede zu Erwerbszwecken betriebene Stoffbe- oder -verarbeitung versteht, einschließlich der Weiterbe- und -verarbeitung von Halbfabrikaten sowie der Reparatur derartiger Erzeugnisse.

Heben wir die Industrie vom Handwerk ab, dann können wir unter Industrie oder genauer der verarbeitenden Industrie die maschinelle Großerzeugung für nicht individualisierte Bedürfnisse sowie die Auftragsfertigung von Großgütern (z. B. Schiffe) verstehen. Innerhalb einer Leitungs- und Ausführungsorganisation werden die betrieblich stark arbeitsteiligen Produktionsvorgänge wieder kombiniert, um auf diese Weise einen maximalen Nutzen zu erreichen.

Bevor näher auf die Zielvorstellungen eingegangen werden kann, welche die Industrie in den ländlichen Raum drängen und dort zwangsläufig auf die Zielvorstellungen der Landwirtschaft treffen, soll kurz geklärt werden, wie das Verhältnis verschiedener Ziele zueinander sein kann (10, S. 43)*.

Wenn wir von der mehr theoretischen Zielidentität einmal absehen, verbleiben noch drei mögliche Zielverhältnisse, nämlich die Zielneutralität, die Zielharmonie und die Zielantinomie. Unter Zielneutralität versteht man den Sachverhalt, daß zwei verschiedene Ziele nebeneinander verfolgt werden können, ohne daß sie sich gegenseitig beeinflussen. Zielharmonie besagt, daß bei der Verfolgung des einen Zieles das andere Ziel zwangsläufig mitgefördert wird. Zielantinomie dagegen liegt dann vor, wenn mindestens zwei Ziele sich gegenseitig ausschließen, d. h. eines der beiden Ziele bzw. Zielbündel wird bei der Verfolgung des anderen Ziels zwangsläufig in Mitleidenschaft gezogen.

Wenn im folgenden einige raumrelevante Zielvorstellungen der Industrie herausgegriffen werden, dann kann aufgrund der Tatsache, daß die Industrie sich in der Regel auf Kosten der Landwirtschaft ausdehnt, vermutet werden, daß die industriellen Zielvorstellungen meist im Widerspruch zu den Zielen der Landwirtschaft stehen. Gewiß lassen sich auch im Verhältnis Landwirtschaft zu Industrie Zielharmonien aufzeigen — wie z. B. die Produktionsausweitung der Industrie und Einkommensverbesserungen der Landwirtschaft über einen Nebenerwerb —, doch sind diese für die Probleme des ländlichen Raumes kaum verantwortlich. Wir wollen uns deshalb vornehmlich auf die Zielantinomien beschränken.

III.

Bei der Industrie macht sich schon seit längerem die Tendenz bemerkbar, Teile der Produktion in den ländlichen Raum zu verlagern. Dies kann beispielhaft im Stuttgarter, Hamburger, Kölner oder Nürnberger Umland studiert werden; die diesbezüglichen Untersuchungsergebnisse haben sich auch schon in der Literatur niedergeschlagen (1, S. 357 ff.). Die Industrie dringt nicht deshalb in den ländlichen Raum vor, weil sie vielleicht die Bemühungen der Bundesregierung um eine Entwicklung dieser Gebiete unterstützen möchte, sondern sie wird in einer marktwirtschaftlichen Ordnung vielmehr von ihrem Haupt- oder Generalziel „Gewinnmaximierung" getrieben. Die Gewinnmaximierung als Hauptziel wird zwar heute manchmal bestritten, doch wird sie in der Standorttheorie — wie auch bei anderen ökonomischen Theorien — als unternehmerische Verhaltensweise durchwegs unterstellt (3, S. 441).

Wird der Gewinnbegriff nicht näher dargelegt, so versteht man darunter im allgemeinen den Absatzgewinn, d. h. die Differenz zwischen Erlös und Kosten.

Der Vollständigkeit halber sei auch erwähnt, daß manche Autoren noch subjektive Erwägungen in die Standortwahl miteinbeziehen und dann anstelle der Gewinnmaximierung zum Prinzip der Nutzenmaximierung gelangen. Doch werden damit wertende

---

*) Die Zahlen in Klammern verweisen auf die Literatur am Schluß dieses Beitrages.

Überlegungen in die Standortwahl aufgenommen, die nur schwer nachvollziehbar sind. Sie vermögen außerdem die Gewinnmaximierung als dominierendes Prinzip nicht zu verdrängen. Denn außerökonomische Zielsetzungen, wie z. B. soziales Engagement, lassen sich nur bei einem entsprechend hohen Gewinn verwirklichen.

Das Ober- oder Generalziel „Gewinnmaximierung" ist zu abstrakt bzw. zu komplex, als daß es für eine praktische Zielverwirklichung herhalten könnte. Es wird deshalb aufgefächert in einzelne Teilziele oder Unterziele, deren Erreichung dann gleichzeitig die Verwirklichung des Oberziels bedeutet. Wenn wir die verschiedenen Teil- bzw. Unterziele, welche die Industrie heute verfolgt, daraufhin durchsehen, welche für die ländlichen Räume und damit auch für die Landwirtschaft relevant sein können, dann finden wir eine weite Palette von Zielen vor, die mehr oder weniger stark den ländlichen Raum tangieren. Es erweist sich im Rahmen dieser kurzen Betrachtung als unmöglich, alle raumrelevanten Ziele der Industrie auf ihre landwirtschaftlichen Auswirkungen hin zu untersuchen. Es seien deshalb lediglich beispielhaft einige uns auch für die Zukunft wesentlich erscheinenden Ziele herausgegriffen und ihre Konsequenzen für den ländlichen Raum abgeschätzt. Es sollen dies die Ziele Arbeitskräfte- und Geländebeschaffung, Beseitigung von Industriemüll und Verlagerung von Emissionen sein, wobei die Reihenfolge ihrer Nennung nicht unbedingt eine Zielhierarchie wiedergeben muß.

Die Arbeit wird traditionell als ein wesentlicher Standortfaktor für industrielle Betriebe angesehen, wenn sich auch das Schwergewicht innerhalb der „Arbeit" verschoben hat. So waren für A. WEBER lediglich die Arbeitskosten standortentscheidend, während er die Arbeitskräfte für Ubiquitäten hielt. Eine damit implizit unterstellte Unterbeschäftigung mag zu den damaligen Zeiten (vor dem Ersten Weltkrieg) sinnvoll gewesen sein, heute dagegen muß der Unternehmer die vorhandenen Arbeitskräfte immer mehr in seine Standortentscheidung einbeziehen. So wird seit Beginn der Vollbeschäftigungsphase in der westdeutschen Wirtschaft allgemein angenommen, daß die Betriebsneugründungen bzw. Betriebsverlagerungen in die sogenannten ländlichen Räume unter dem Gesichtspunkt von offenen und latenten Arbeitskraftreserven erfolgen.

H.-W. v. BORRIES dagegen kommt aufgrund von theoretischen Überlegungen zu dem Schluß, daß weder in den Jahren nach dem Zweiten Weltkrieg „noch später, nach Erreichen der Vollbeschäftigung und Verknappung der Arbeitskräfte, ... sich ein ausgesprochener Trend der Industrieansiedlung in Gebieten nachweisen" läßt, „in denen Arbeitskraftreserven zumindest hätten vermutet werden können" (2, S. 84). Die Erhebungen des Bundesministeriums für Arbeit und Sozialordnung (5), auf die sich v. BORRIES als einzige empirische Quelle beruft, lassen allerdings diese Schlußfolgerung bei genauer Betrachtung nicht gerechtfertigt erscheinen. Es wirkt deshalb nicht überraschend, daß H. BREDE aufgrund von Befragungen, die sich auf die Standortentscheidungen von verarbeitenden Industrien in den Jahren 1955—1964 erstrecken und damit Phasen der Unter- und Vollbeschäftigung erfassen, die Arbeit als dominierenden Faktor für die Standortwahl herausfand (4, S. 63 ff.).

Die Untersuchung von H. BREDE bestätigt demnach die allgemeine Auffassung, daß die Arbeitskraft in Deutschland in den vergangenen Jahren immer mehr zum Engpaßfaktor geworden ist, den auch eine wachsende Zahl von Gastarbeitern nicht zu beseitigen vermochte. Zahlreiche Betriebe haben sich daher verstärkt im ländlichen Raum angesiedelt, weil ihnen die aus der Landwirtschaft ausscheidenden Arbeitskräfte sehr willkommen sind. Diese Entwicklung der teilweisen Verlagerung von Industriebetrieben aus Ballungsgebieten und Neuansiedlungen — wobei es sich vor allem um Zweigstellengründungen handelt (8, S. 202) — hält auch heute noch an, doch macht sich in letzter Zeit die Tendenz bemerkbar, daß die Industrie mit der Landwirtschaft in Konkurrenz um die knappen Arbeitskräfte tritt. Denn die „Hoffnung auf Abwerbung oder Freisetzung von in der Landwirtschaft tätigen Arbeitskräften... bezeichnen die Befragten auch oft ausdrücklich als standortentscheidend" (4, S. 68).

Wie bereits erwähnt, kann sich das Ziel der Arbeitskräftebeschaffung seitens der Industrie ohne weiteres mit dem Ziel der Landwirte nach einer Einkommensverbesserung decken. Denn es darf nicht übersehen werden, daß sich heute immer mehr landwirtschaftliche Betriebsinhaber selbst um einen Nebenerwerb oder Zuerwerb in der Industrie bemühen. Vielerorts — und diese Tendenz wird sich in den nächsten Jahren noch verstärken — ist die Landwirtschaft nicht mehr in der Lage, den Inhabern kleiner Betriebe ein dem Industriearbeiter vergleichbares Einkommen zu gewähren. Landwirtschaftliche Betriebsinhaber können aber ohne gezielte Umschulung nur als Hilfsarbeiter in der Industrie eingesetzt werden. Mehr Hilfsarbeiter werden aber auf längere Sicht weder in der Industrie benötigt (13, S. 71), noch wird eine solche Beschäftigung die meisten Betriebsinhaber befriedigen.

Wenn auch heute noch — vielleicht abgesehen von der derzeitigen konjunkturellen Lage — die landwirtschaftlichen Arbeitskräfte von der Industrie umworben werden, so wird sich diese Situation im nächsten Jahrzehnt grundlegend ändern. Die deutsche Industrie geht nämlich u. a. wegen der hohen inländischen Lohn- und Rohstoffkostenbelastung verstärkt dazu über, Produktionsanlagen im Ausland aufzubauen. So entfallen z. B. von dem im September 1974 von den Farbwerken Hoechst beschlossenen Investitionsprogramm für die nächsten drei Jahre in Höhe von 2,8 Mrd. DM nur noch ca. 40 % auf die inländischen Werke. Im Zuge der Auslandsorientierung der deutschen Industrie dürfte das inländische Arbeitsplatzangebot bis 1985 allenfalls noch um 800 000 zunehmen (13, S. 71), während allein die Zahl der von 1970—1985 aus der Landwirtschaft ausscheidenden Arbeitskräfte auf ca. 1 Million geschätzt wird (12, S. 31). Ob sich diese Differenz zwischen Arbeitsplatzangebot und Arbeitsplatznachfrage durch einen Abbau der Gastarbeiterzahl beseitigen läßt, muß aus heutiger Sicht bezweifelt werden.

Als zweitwichtigsten Grund, warum die Industrie Standortverlagerungen in den ländlichen Raum vornimmt, nennt H. BREDE den Boden (4, S. 77 ff.). Das Wort Boden ist allerdings von so allgemeiner Art, daß man darunter die unterschiedlichsten Sachverhalte verstehen kann. Da wir bei der Abgrenzung der Industrie alle Elemente ausgeklammert haben, die auf den Begriff Grundstoffindustrie hinweisen könnten, kommt für unsere Betrachtungen der Boden als Abbaugut nicht in Frage. Für die sogenannte verarbeitende Industrie ist der Boden lediglich als Produktionsunterlage, d. h. als Standort des Betriebes, von Bedeutung sowie als Siedlungsraum für die Arbeitskräfte.

Die Geeignetheit des Grund und Bodens als Standort bildet für den Unternehmer in der Praxis aber noch keine letzte Größe. Der Boden läßt sich vielmehr auf drei verschiedene Entscheidungseinheiten aufspalten, die der Unternehmer vornehmlich in Rechnung stellt; und zwar sind dies der Bodenpreis, die Bodenquantität und die Bodenqualität. Bodenpreis und Bodenquantität sind unproblematische Größen und bedürfen keiner weiteren Erklärung. Der Begriff Bodenqualität dagegen kann verschieden ausgelegt werden; wir wollen darunter die Lage, die oberflächenmäßige Beschaffenheit in topographischer Hinsicht, die Erschließung mit infrastrukturellen Anlagen, aber auch die produktionstechnische Geeignetheit fertiger Fabrikationshallen verstehen.

Eine besondere Bedeutung kommt heute in Deutschland der Bodenquantität oder genauer gesagt der räumlichen Ausdehnungsmöglichkeit des Betriebes zu. Bei den genannten Untersuchungen von H. BREDE (4, S. 79 ff.) hat sich nämlich herausgestellt, daß gerade die mangelnde räumliche Ausdehnungsmöglichkeit in den Verdichtungsgebieten die Unternehmensleitungen zum Aufbau neuer Produktionsstätten in ländlichen Räumen zwingt. Es ist also nicht nur der Kauf- bzw. Mietpreis für Grundstücke, der die Betriebe veranlaßt, in den ländlichen Raum zu gehen, weil diese Kostenbelastung gerade von den produktiveren Betrieben ohne allzu große Schwierigkeiten getragen werden könnte. Wenn aber im Anschluß an die bisherigen Produktionsstätten kein weiteres Gelände hinzugewonnen werden kann, bleibt nur das Ausweichen in die Randzonen der Verdichtungsgebiete oder in die ländlichen Räume.

Aufgrund der zunehmenden Industrialisierung und unter Berücksichtigung des Flächenbedarfs für Verkehrsanlagen, Wohnungen, Verteidigungsbauten und der Sozialbrache wird deshalb ein Rückgang der landwirtschaftlichen Nutzfläche von 1971—1985 um 1,4 Millionen ha erwartet (11, S. 32).

Der sich bei empirischen Untersuchungen herauskristallisierende hohe Stellenwert des Bodenpreises, der Bodenquantität und -qualität macht deutlich, daß es sich beim Boden in seiner Eigenschaft als Standort nicht um eine Ubiquität handeln kann. Wir dürfen also hier schon vermuten, daß der Boden hinsichtlich seiner Beschaffenheit und vor allem hinsichtlich seiner Lage einen unterschiedlichen Wert für die Industrie besitzt. Dies muß in der Geeignetheit der verschiedenen Raumtypen für Industrieansiedlungen auch zum Ausdruck kommen.

Beim Vordringen der Industrie in den ländlichen Raum stellen sich leicht Zielantinomien zwischen der Industrie und der Landwirtschaft ein. Denn die Industrie richtet sich bei ihren Standortentscheidungen im ländlichen Raum nach den für sie relevanten Standortfaktoren, von denen wir die Arbeitskräfte und den Boden in Form der räumlichen Ausdehnungsmöglichkeit bereits besprochen haben. Die Industrie orientiert sich jedoch nicht an der Zielsetzung der Landwirtschaft. Das äußert sich vor allem darin, daß die Industrie bei ihren Standortentscheidungen keine Rücksicht auf die Bodengüte nimmt. So konkurrieren oftmals landwirtschaftliche und industrielle Betriebe um die Flächen mit relativ hoher Bodengüte. Die Landwirtschaft tut es, weil diese Flächen den höchsten Ertrag bringen, die Industrie argumentiert, daß die für ihr Gewinnmaximum relevanten Standortfaktoren zufällig auf die gleichen Flächen zutreffen. Ohne administrative Eingriffe zieht die Landwirtschaft bei dieser Konfrontation meist den kürzeren, nicht zuletzt deshalb, weil die Industrie ihre Kapitalkraft ins Feld führen kann und die Gemeinden in Erwartung der Gewerbesteuereinnahmen Industriebetriebe nicht ungern sehen. Die Folge ist eine Verdrängung der landwirtschaftlichen Betriebe auf schlechtere Böden, wodurch sie an Wettbewerbsfähigkeit vor allem gegenüber ausländischen Agrarproduzenten verlieren, Einkommensverluste erleiden und schließlich zur Aufgabe gezwungen werden können.

Sowohl der Arbeitskräfte- als auch der Bodenbedarf stellen zwei Standortfaktoren dar, die im Hinblick auf die industrielle Entwicklung Deutschlands in den letzten 100 Jahren unbestritten sind. Dies kann von zwei anderen Zielsetzungen der Industrie, nämlich der Beseitigungsmöglichkeit für Sondermüll und relativ unbehinderten Emissionen, nicht behauptet werden. Doch wird diesen beiden Zielsetzungen u. E. in den nächsten Jahren in Deutschland eine wachsende Bedeutung zukommen, wenn es darum geht, Industriebetriebe in den ländlichen Raum zu verlagern.

Beim Sondermüll (einschließlich Konzentraten und Emulsionen) handelt es sich um Industrieabfälle, die nach Art und Menge nicht mit dem Hausmüll beseitigt werden können; sie machen ca. 20 % aller Industrieabfälle aus. Besondere Beachtung innerhalb des Sondermülls verdienen explosive Stoffe, leicht entzündliche Stoffe, Gifte im Sinn des Apothekengesetzes und radioaktive Rückstände.

Im Zuge eines verstärkten Umweltschutzes wird es für manche Betriebe immer schwieriger, den bei der Produktion bestimmter Güter anfallenden Sondermüll zu beseitigen. Eine Verbrennung kommt meist — vor allem bei halogensubstituierten Kunststoffen und schwefelhaltigen Produkten — nicht in Frage, so daß nur die Beseitigung über geordnete Deponien bleibt, die aus verständlichen Gründen nicht in dichtbesiedelten Gebieten angelegt werden können. Gewiß werden nur sehr wenige ländliche Gebiete von Deponien betroffen werden, weil der Anfall von Sondermüll verhältnismäßig klein ist und weil auch bestimmte Bedingungen an die Bodenbeschaffenheit, wie z. B. Wasserundurchlässigkeit, Lage über dem Grundwasser, gestellt werden müssen. Wo allerdings solche Deponien angelegt werden, ist mit einer nicht zu unterschätzenden Beeinträchtigung der Landwirtschaft zu rechnen. So muß bei der Anlage von Deponien ein bestimmter Sicherheitsabstand zu den landwirtschaftlichen Nutzflächen eingehalten werden. Auch der Transport des Sondermülls führt zu Beeinträchtigungen. Außerdem ist nicht abzusehen, ob nicht die Bevölkerung, die tendenziell verstärkt auf rückstandsfreie Nahrungsmittel drängt, die Agrarprodukte aus Gebieten mit Sondermülldeponien in Zukunft meidet, ob zu Recht oder zu Unrecht sei hier dahingestellt (vgl. z. B. die Diskussion um die BASF-Deponie vom Herbst 1973). Jedenfalls ist ein Imageverlust solcher Regionen kaum zu vermeiden.

Wenn beim Sondermüll in absehbarer Zeit zwar kaum die Industrie, sondern nur die Abfälle in den ländlichen Raum wandern, so könnte es bei Industrien mit hohem Schad-, Geruch- und Staubstoffanteil in den Emissionen auch ganze Betriebe sein, die ihren Standort in den ländlichen Raum verlegen. Denn das Argument ist nicht leicht zu entkräften, daß dort wegen der geringen Bevölkerungsdichte die Belastung der Menschen weniger stark ist als in Ballungsgebieten. Zu welcher Konfrontation zwischen Industrie und Landwirtschaft es dabei kommen kann, zeigt z. Z. der Fall „Reynolds-Aluminiumhütte" im Alten Land bei Hamburg. So wie sich die Lage heute darstellt, dürfte eine gleichzeitige Produktion der Hütte und der Obstbauern unmöglich sein. Denn die Fluoremission, die bei der Aluminiumproduktion zwangsläufig anfällt, schädigt ab einer gewissen Konzentration die Flora in weitem Umkreis. Vor allem die empfindlichen Obstkulturen werden beeinträchtigt, so daß laufend die Gerichte bemüht werden.

IV.

Wurden im vorausgehenden Abschnitt einige Ziele der verarbeitenden Industrie aufgezeigt und ihre möglichen Konsequenzen für die Landwirtschaft dargestellt, so soll jetzt noch der Versuch unternommen werden, mögliche Konsequenzen der industriellen Zielvorstellungen für bestimmte Raumtypen herauszuarbeiten. Als Raumtypen seien diejenigen drei Raumtypen ausgewählt, die in differenzierterer Form in weiteren Beiträgen dieses Bandes noch näher abgehandelt werden; es sind dies als Raumtyp 1: Verdichtungsräume und Verdichtungsrandzonen, als Raumtyp 2: Verdichtungsferne Räume im Einzugsbereich eines Mittelzentrums, als Raumtyp 3: Verdichtungsferner Raumtyp ohne städtisches Zentrum.

Eine moderne Volkswirtschaft befindet sich in einem permanenten Strukturwandel, der sich vor allem im Raumtyp 1 vollzieht. Weniger produktive Industriezweige werden aufgegeben oder in einen anderen Raumtyp abgedrängt, so daß sich in einem Raumtyp 1 in der Regel die Industrien befinden, die sich auf eine hochentwickelte und damit zukunftsträchtige Technologie stützen. Insofern werden die Konsequenzen, die sich aus den industriellen Zielsetzungen für den Raumtyp 1 ergeben können, im Vergleich zu den anderen Raumtypen sicher nicht negativ sein. Im Hinblick auf hohes Einkommen, vermehrte Freizeit und eine gut ausgebaute soziale und technische Infrastruktur wird der Raumtyp 1 weiterhin der Schrittmacher bleiben.

Ähnlich positive Konsequenzen können für den Raumtyp 2 angenommen werden. Denn dieser Raumtyp ist heute für eine industrielle Entwicklung — wenn nicht schon vorhanden — geradezu prädestiniert. Wie sich nämlich bei empirischen Untersuchungen immer wieder zeigt, suchen die Unternehmer ungern einen neuen Standort weitab vom bisherigen Firmensitz, der in der Regel in einem Mittel- oder Oberzentrum liegt. Die Standortwahl erfolgt üblicherweise nicht unter dem Gesichtspunkt des absolut besten Standorts — der vielleicht in einem Raumtyp 3 läge —, sondern unter dem Gesichtspunkt des „nächstliegend besten" Standorts, was schon W. ROSCHER im vergangenen Jahrhundert zu erkennen glaubte.

Wie der Entwurf eines Bundesraumordnungsprogramms zeigt, konzentrieren sich auch die öffentlichen Mittel für industrielle Betriebe immer mehr auf die Mittelzentren verdichtungsferner Räume. Diesen Industrialisierungsbemühungen der öffentlichen Hand kommt sicherlich auch eine Entwicklung entgegen, die sich im Verhältnis standortabhängiger zu standortunabhängiger Industrie vollzieht. Nach den neuesten Prognosen wird sich nämlich bis 1985 das Arbeitsplatzangebot der standortunabhängigen Industrie um 7 % auf ca. 6,1 Millionen erhöhen, während das Arbeitsplatzangebot der standortabhängigen Industrie im gleichen Zeitraum um 15 % auf 2,3 Millionen zurückgeht (12, S. 31). Insgesamt gesehen müssen deshalb dem Raumtyp 2 gute industrielle Entwicklungschancen eingeräumt werden.

Ganz anders liegen dagegen die Verhältnisse beim Raumtyp 3, d. h. den Räumen, die ohne eigenes Zentrum weit von Bevölkerungsagglomerationen entfernt sind. Denn wie jetzt zu zeigen sein wird, muß deren industrielle Entwicklung skeptisch beurteilt werden.

Ein Raumtyp 3 weist im Gegensatz zum Gesamtraum eine verhältnismäßig geringe Bevölkerungsdichte auf. Auch kleinere Industriebetriebe werden deshalb gezwungen, für den überörtlichen Markt zu arbeiten. Aus liefer- und absatzpolitischen Gründen sind die Unternehmer jedoch auf ein gut ausgebautes Verkehrssystem angewiesen. Wie neuere empirische Untersuchungen gezeigt haben (9, S. 90 f.), spielen niedrige Transportkosten heute nicht mehr die zentrale Rolle, wie in der traditionellen Standorttheorie angenommen. Den Unternehmern kommt es heute vielmehr auf die Schnelligkeit der Verkehrsbeziehungen an, wie die Umfragen deutlich beweisen. Als wichtigster Faktor wird dabei ein leistungsfähiges Straßennetz angesehen, weil über 70 % des Transportvolumens der Betriebe mittels Lastkraftwagen abgewickelt werden (9, S. 89).

Eine genügende verkehrsmäßige Erschließung in Form von Straßen und Schienen ist deshalb ein nicht zu unterschätzender Standortfaktor für jeden Industriebetrieb. Wegen der großen Bedeutung, die ein gut ausgebautes Verkehrsnetz für die industrielle Produktion besitzt, können Verkehrsinvestitionen der öffentlichen Hand die Standortentscheidung der Unternehmer sehr stark beeinflussen. Eröffnen sich daraufhin Möglichkeiten zur

Nutzung externer Ersparnisse, werden andere Unternehmer folgen, so daß eine unterentwickelte oder eine monostrukturierte Region nicht nur saniert wird, sondern durch Multiplikatorwirkungen sogar Anschluß an den Entwicklungsstand anderer Regionen gewinnt.

Die Verkehrsanbindung eines Raumtyps 3 läßt heute bekanntlich noch viel zu wünschen übrig. Aus unseren Überlegungen heraus muß deshalb zuerst der Ausbau einer leistungsfähigen technischen Infrastruktur erfolgen, wenn an die industrielle Entwicklung einer Region herangegangen werden soll. Infrastruktureinrichtungen müssen jedoch aus ökonomischen Gründen eine gewisse minimale Größe aufweisen. Verkehrsinvestitionen in einem Raumtyp 3 vorzunehmen bedeutet deshalb, daß die Anlagen im Verhältnis zur vorhandenen Bevölkerung überdimensioniert sein werden. Ob diese technische Infrastruktur aber überhaupt einmal ausgelastet werden kann, darf zwar erwartet, aber nicht zwingend gefolgert werden. Denn der Ausbau der Infrastruktur stellt nur eine notwendige, nicht aber eine hinreichende Bedingung für die industrielle Entwicklung einer Region dar. Verkehrsinvestitionen sind eine unabdingbare Voraussetzung für die industrielle Standortwahl, doch heißt dies nicht, daß ein entwickeltes Verkehrssystem die Unternehmer auch in eine Region zwingt. Die öffentliche Hand wird deshalb heute verständlicherweise die Opportunitätskosten und das Risiko einer Fehlinvestition abschätzen. Wie hoch dieses Risiko angesetzt werden muß, zeigt die erwähnte Arbeitsplatzprognose für 1985. Das Diktat der leeren Kassen läßt jedenfalls für absehbare Zukunft keinen nennenswerten Ausbau der technischen Infrastruktur in einem Raumtyp 3 erwarten. Im Gegenteil: Nach den Plänen der Bundesbahn soll die Zahl der Stückgutbahnhöfe auf weniger als die Hälfte reduziert werden, wodurch fast ausschließlich der Raumtyp 3 betroffen wird.

Doch auch noch ein weiterer Sachverhalt scheint uns von erheblicher Bedeutung für die ländlichen Räume zu sein. Wie wir im Abschnitt III. bereits gesehen haben, handelt es sich bei der Industrialisierung des ländlichen Raumes in der Regel nicht um Betriebsneugründungen, sondern um Zweigstellenbetriebe, die oft auch treffend als „verlängerte Werkbänke" bezeichnet werden. Zweigstellen sind rein fertigungstechnisch orientiert und erfordern deshalb keine eigene Einkaufs- und Vertriebsorganisation, was das unternehmerische Risiko mindert und die Ansprüche an den Wohn- und Freizeitwert des Standorts hinter rein betriebswirtschaftlichen Erwägungen zurücktreten läßt.

Wenn die Zweigstellen auch zu einer Erhöhung des Industriebesatzes im ländlichen Raum führen, so bergen sie doch die Gefahr regionalwirtschaftlicher Rückschläge in sich. Denn da es sich bei den Zweigstellen ja um reine Fertigungsstätten handelt, sind diese Betriebe — um es bildlich auszudrücken — den einzelnen Räumen lediglich aufgepfropft, aber nicht mit ihnen verwachsen; sie laufen deshalb bei der kleinsten wirtschaftlichen Rezession Gefahr, als erste geschlossen zu werden. Dafür spricht auch die Tatsache, daß diese Betriebe wegen des relativ geringen Lohnniveaus im ländlichen Raum meist lohnintensiv sind, Lohnkosten aber wegen ihres variablen Charakters relativ leicht durch Entlassung von Arbeitern gesenkt werden können (6). Die Schließung zahlreicher Textilbetriebe im bayerischen Grenzgebiet (Oktober 1973) kann als Musterbeispiel dafür dienen.

Reine Fertigungsstätten verlangen auch nicht das vielseitige Management von Unternehmungen, die ihre Struktur laufend den sich wandelnden Marktverhältnissen anpassen müssen. Deshalb findet auch kaum die wünschenswerte Erhöhung der durchschnittlichen intellektuellen Fähigkeiten der Bewohner des ländlichen Raumes statt. Dieser im Vergleich zu Verdichtungsräumen relative Mangel an intellektuellen Fähigkeiten dürfte auf längere Sicht auch die entscheidenden Entwicklungshemmnisse liefern, die ohne gezielte staatliche Maßnahmen den Abstand zu den Verdichtungsräumen immer größer werden lassen.

Die staatlichen Instanzen haben mittlerweile erkannt, daß die öffentlichen Mittel für eine nachhaltige Förderung aller Räume nicht ausreichen, und daß deshalb eine Konzentration der Mittel auf wenige Schwerpunkte unvermeidlich wird. Wie der bereits erwähnte Entwurf eines Bundesraumordnungsprogramms beweist, dürfte die Entscheidung zugunsten des Raumtyps 2 bereits gefallen sein. Damit wird aber dem Raumtyp 3 in Zukunft die wichtigste Hilfestellung zu einer wirtschaftlichen Entwicklung versagt. Die sich daraus ergebenden Konsequenzen können deshalb leicht abgeschätzt werden. Gewiß trifft mancher Unternehmer eine Standortentscheidung unter außerökonomischen Gesichtspunkten, so daß die eine oder andere Region innerhalb eines Raumtyps 3 Entwicklungschancen erhält. In der Regel muß aber davon ausgegangen werden, daß in Deutschland für solche Raumtypen — aus industrieller Sicht — in absehbarer Zeit keine Entwicklungsmöglichkeiten bestehen.

V.

In einer kurzen Zusammenschau kann folgendes festgehalten werden: Wie empirische Untersuchungen zeigen, besteht in Deutschland schon seit zwei Jahrzehnten die Tendenz, industrielle Betriebe in den ländlichen Raum zu verlagern oder Neugründungen im ländlichen Raum vorzunehmen. Vor dem Hintergrund des Hauptziels der Gewinnmaximierung läßt sich die Industrie dabei insbesondere von den Teilzielen der Arbeitskräfte- und Geländebeschaffung, der Beseitigung von Sondermüll und der Belastbarkeit der Umwelt mit Emissionen leiten.

Trotz gegenteiliger Meinungen muß die Arbeitskräftebeschaffung als Hauptgrund für die Betriebsverlagerungen in den ländlichen Raum angesehen werden. Weil die Landwirtschaft heute aber weitgehend durchrationalisiert ist und nur noch beschränkt Arbeitskräfte abzugeben vermag, muß die Industrie jetzt schon vielerorts als Konkurrent der Landwirtschaft um den Faktor Arbeit auftreten. Dabei darf allerdings nicht übersehen werden, daß eine Erhöhung des Einkommens der landwirtschaftlichen Betriebsinhaber in Zukunft verstärkt von einem Nebenerwerb in der Industrie abhängt. Zwischen Landwirtschaft und Industrie brauchen also nicht nur Zielantinomien zu bestehen.

Als zweitwichtigster Grund für Standortverlagerungen aufs flache Land kann aus empirischen Erhebungen die räumliche Ausdehnungsmöglichkeit eines Betriebes, oder allgemeiner gesagt der Faktor Boden, entnommen werden. Damit wird gleichzeitig die Tatsache erhellt, daß es sich bei der Ansiedlung von Industriebetrieben im ländlichen Raum meistens nicht um Neugründungen, sondern um Betriebsverlagerungen handelt. Die Industrie richtet sich bei der Standortwahl nach den bekannten Standortfaktoren und nimmt keine Rücksicht auf die Bodengüte, d. h. auf die Belange der Landwirtschaft.

Weiterhin konnte gezeigt werden, daß in Zukunft vermehrt mit Betriebsverlagerungen in den ländlichen Raum aufgrund des Umweltschutzes (Deponieren von Sondermüll, Emission von Schadstoffen) gerechnet werden muß.

Für die unterstellten Raumtypen können nachstehende Konsequenzen gezogen werden:

Im Raumtyp 1, dem Verdichtungsraum und den Verdichtungsrandzonen, werden weiterhin die produktivsten Industriezweige beheimatet sein, so daß er der Raumtyp mit der größten Wohlstandsmehrung bleiben wird.

Ziele und Maßnahmen der Industrieansiedlung in ländlichen Räumen und deren Konsequenzen für die Landwirtschaft

Oberziel	Hauptziele	Unterziele	Maßnahmen	Konsequenzen
Gewinnmaximierung bzw. Gewinnsicherung	Produktivitätssteigerung	Forschung und Entwicklung	Subventionen	*arbeitsmarktpolitische:* Abwerbung von landwirtschaftlichen Arbeitskräften Schaffung von Neben- und Zuerwerbsstellen
			Ausbau der techn. Infrastruktur	
		Rationalisierung	Ausbau der soz. Infrastruktur	*für den Bodenmarkt:* Erschließung von Industriegelände Bau von Industrieparks
			Kapitalhilfen	
			Versorgung mit billiger Energie	
		Kooperation		*infrastrukturelle:* Wohnungs-, Schul- und Krankenhausbau Abstandsflächen Erholungsflächen Sportstätten Fernstraßenbau
	Ausnützen der Marktchancen	Ausweitung der Produktion	Betriebserweiterung Betriebsneugründung Betriebsverlagerung Betriebsumstrukturierung	
		marktgerechte Preisgestaltung		*ökologische:* Luft- und Wasserverschmutzung Wassererwärmung Lärmbelästigung Anlage von Deponien Anfall von Sondermüll Beeinträchtigung des Kleinklimas Gefahr radioaktiver Strahlung Ausbeuten der Rohstoffquellen
			Freizeitgestaltung	
		sozialpolitische Ziele	Betriebsrente	

Ähnlich positive Konsequenzen können für den Raumtyp 2, verdichtungsferne Räume im Einzugsbereich eines Mittelzentrums, erwartet werden. Denn die Unternehmer wählen erfahrungsgemäß einen neuen Standort — sei es eine Unternehmensneugründung oder eine Betriebserweiterung — nicht weit von ihrer gewohnten Umgebung, um aufgrund ihrer Kenntnis von der regionalen Kosten- und Erwerbsstruktur das Risiko möglichst gering zu halten. Außerdem mehren sich die Anzeichen, daß auch die staatlichen Instanzen die knappen öffentlichen Mittel in Zukunft auf diesen Raumtyp konzentrieren.

Ganz anders liegen dagegen die Verhältnisse beim Raumtyp 3, d. h. den ballungsfernen Räumen ohne eigenes Mittelzentrum. Meist fehlt es schon an einer leistungsfähigen Infrastruktur, die zwar eine notwendige, aber keine hinreichende Bedingung für die wirtschaftliche Entwicklung einer Region darstellt. Ferner handelt es sich bei den bestehenden Industriebetrieben in der Regel um sogenannte verlängerte Werkbänke, deren Schließung bei der kleinsten wirtschaftlichen Rezession zuerst befürchtet werden muß. Dieser Unsicherheitsfaktor wird noch dadurch verstärkt, daß solche Zweigbetriebe kein oberes Management verlangen, mithin höhere intellektuelle Fähigkeiten in dieser Region nicht gefragt werden. Da auch staatliche Hilfen in Zukunft ausbleiben dürften, können für den Raumtyp 3 — von wenigen Ausnahmen abgesehen — keine industriellen Entwicklungsmöglichkeiten erwartet werden.

Die Landwirtschaft wird relativ unbeeinträchtigt von Industrieeinflüssen betrieben werden können. Es wird den Landwirten aber an den dringend benötigten außerlandwirtschaftlichen Einkommensquellen fehlen. Ein relativ niedriger Lebensstandard, stetige Abwanderung sowie ein allmählicher Verfall der Infrastruktur werden die Folge sein.

Literaturhinweise

(1) BECK H. u. VOIT F. W.: Standortverlagerungen von Industriebetrieben aus den Zentren eines Verdichtungsraumes — dargestellt am Beispiel von Nürnberg — Fürth — Erlangen —; in: Informationen 23. Jg. Nr. 16 v. 31. 8. 73, S. 357 ff.

(2) v. BORRIES H.-W.: Ökonomische Grundlagen der westdeutschen Siedlungsstruktur. Hannover 1969.

(3) v. BOVENTER E.: Bemerkungen zur optimalen Standortpolitik der Einzelunternehmung; in: Gestaltungsprobleme der Weltwirtschaft. Festschrift f. Andreas Predöhl. Jahrb. f. Soz.wiss. Bd. 14 (1964), S. 440 ff.

(4) BREDE H.: Bestimmungsfaktoren industrieller Standorte. Eine empirische Untersuchung. Berlin/München 1971.

(5) Bundesministerium f. Arbeit u. Sozialordnung (Hg.): Die Standortwahl der Industriebetriebe in der Bundesrepublik Deutschland. Bad Godesberg 1961—1973.

(6) EBERSTEIN H. H.: Flieht die Industrie die Ballungsräume? Geringere Umweltbelastung wird vorgezogen; in: Deutsche Zeitung Nr. 21 v. 25. 5. 73.

(7) FRANZEN D. u. SCHWIETERT A.: Die Bundesrepublik Deutschland 1985. Die Entwicklung von Wirtschaft und Bevölkerung in der Bundesrepublik und den Bundesländern 1960—1985. Prognos-Report Nr. 5. Basel 1973.

(8) FÜRST D.: Die Standortwahl industrieller Unternehmer: Ein Überblick über empirische Erhebungen; in: Jahrb. f. Sozialwissenschaft Bd. 22 (1971), S. 189 ff.

(9) Fürst D. u. a.: Standortwahl industrieller Unternehmen. Ergebnisse einer Unternehmensbefragung. Bonn 1973.

(10) Meinhold W.: Volkswirtschaftspolitik Teil 1: Theoretische Grundlegung der Allgem. Wirtschaftspolitik. 2. Aufl. München 1970.

(11) Raumordnungsbericht 1972 der Bundesregierung. Bundesdrucksache VI/3793.

(12) Raumordnungsprogramm für die großräumige Entwicklung des Bundesgebiets (Bundesraumordnungsprogramm). Entwurf in der Fassung des Beschlusses der Ministerkonferenz für Raumordnung vom 25. Juli 1974.

(13) Schwietert A. u. Nahr W.: Westeuropa 1985. Die Entwicklung von Wirtschaft und Bevölkerung in den Industrieländern Westeuropas bis 1985. Prognos-Report Nr. 3. Basel 1969.

Sektorale und regionale Zielvorstellungen für die Entwicklung der Forstwirtschaft und deren Konsequenzen für die Landwirtschaft

von

Udo Hanstein, Sellhorn

I. Hauptziele

Das am Schluß dieses Beitrages aufgezeichnete Ziel-Mittel-System stellt vier Hauptziele nebeneinander:
— der Wald soll einen möglichst hohen Beitrag zur Umweltsicherung — aufgefächert in zahlreiche Schutzaufgaben — leisten;
— für möglichst viele Menschen soll der Wald als Erholungsraum erreichbar, erschlossen und geeignet sein;
— die Erzeugung des knappen und wertvollen Rohstoffes Holz soll nachhaltig gesichert, wenn möglich gesteigert werden;
— das Einkommen aus der Forstwirtschaft soll verbessert werden.

Die beiden ersten Ziele sind infrastruktureller, im weiteren Sinne volkswirtschaftlicher Art, in ihrer Bedeutung unbezweifelt, ohne daß jedoch die Wertschöpfung bisher in befriedigender Weise meßbar wäre. Für das dritte genannte Ziel ist der unmittelbare wie auch der mittelbare Wert (Holzwirtschaft) bekannt (MANTEL 24)*) und wird angesichts der allgemeinen Rohstoffverknappung auch in Nichtfachkreisen zunehmend wieder beachtet. Bei der örtlichen Bestimmung der Schutzfunktionen und Erholungsaufgaben ist die Forstwirtschaft nur in manchen Fällen frei (z. B. beim Bodenschutzwald). Häufig sind ihr die Ziele von anderen Sektoren vorgegeben (z. B. Schutz von Verkehrswegen, Wasserschutzgebiete) oder müssen zumindest mit anderen abgestimmt werden (z. B. Erholungswald). Dennoch werden diese Aufgaben hier voll in das forstliche Zielsystem mit aufgenommen, wie sie auch gleichrangig mit der Holzerzeugung als Aufgaben des Waldes in allen neueren Forstgesetzen der Bundesländer verankert sind[1]). HASEL (17) räumt den Schutz- und Erholungsfunktionen unter den Aufgaben des Waldes im Prinzip den obersten Rang ein. Einige Forstgesetze — so das Niedersächsische Landeswaldgesetz vom 12. 7. 1973 in § 6 und 7 — betonen die Schutz- und Erholungsaufgaben für den Staatswald noch besonders.

---

*) Namen und Ziffern in Klammern verweisen auf die Literatur am Schluß dieses Beitrages.
[1]) Ebenso im nach Bearbeitung dieses Aufsatzes verabschiedeten Bundeswaldgesetz vom 2. 5. 1975.

Das vierte Hauptziel, die Verbesserung des Einkommens aus dem Wald, folgt leider nicht selbstverständlich aus dem dritten (HANSTEIN 13)[2]). Es ist — selbst wenn man es für den öffentlichen Wald als zweitrangig erachten würde — berechtigte, wenn nicht gar lebenswichtige Forderung der privaten Eigentümer von 43 % des Waldes in der Bundesrepublik Deutschland.

Lassen sich diese vier Hauptziele miteinander vereinbaren? Stellen wir diese Frage zunächst für die gemeinwirtschaftlichen Ziele Umweltsicherung und Erholung einerseits sowie Holzerzeugung andererseits, die von nicht fachkundigen Kreisen nicht selten als Gegensätze angesehen werden. Ein grundsätzlicher Gegensatz „Wald oder Holz" besteht aber nicht, beide Ziele sind durch die Natur der Sache miteinander verbunden (HANSTEIN 13). Das schließt Konflikte im Einzelfall nicht aus. Sie sind aber gerade im ländlichen Raum von der Fläche her nicht gravierend. In allen Bundesländern werden die Schutz- und Erholungsfunktionen des Waldes in jüngster Zeit nach einheitlichen Kriterien kartiert (3). Dabei wird unterteilt in Flächen, bei denen die Schutz- und Erholungsfunktionen nach ihrer jeweiligen örtlichen Bedeutung die Waldbewirtschaftung entweder *bestimmen* (Stufe I), oder *beeinflussen* (Stufe II) oder aber nicht beeinflussen. Die Kartierungen ergeben, daß in ländlichen Räumen die Schutz- und Erholungsfunktionen i. d. R. bei weniger als einem Zehntel der Waldfläche wirtschaftsbestimmend und bei weniger als einem Viertel wirtschaftsbeeinflussend sind. Bei stadtnahen Wäldern wird dagegen meist die Bewirtschaftung der ganzen Fläche, oft sogar mehrfach überlagernd, von den verschiedenen Schutz- und Erholungsaufgaben bestimmt oder beeinflußt. In den Fällen, wo diese Aufgaben wirtschaftsbestimmend sind, hängt es von den speziellen Anforderungen der jeweiligen Funktion und von den Standorts- und Bestandsverhältnissen ab, inwieweit nebenbei eine nutzbare Holzerzeugung möglich ist. Nur in wenigen Fällen (z. B. Vollnaturschutzgebiet, Parkwald) ist eine Holznutzung gänzlich ausgeschlossen.

Wo die Schutz- und Erholungsfunktionen die Waldbewirtschaftung nur beeinflussen, kann erst recht nur nach örtlicher Prüfung Art und Grad der Produktionsbeeinträchtigung bestimmt werden. Generell läßt sich allenfalls sagen: Je günstiger der Standort und je vielfältiger damit die waldbaulichen Möglichkeiten in Holzartenwahl, Aufbauform und Behandlung, desto leichter lassen sich hohe Schutz- und Erholungswirkungen und gute Holzproduktion kombinieren.

Wir halten hier die erfreuliche Tatsache fest, daß Umweltsicherung, Erholung und Holzerzeugung — zumal im ländlichen Raum — weitgehend miteinander vereinbar sind. Dennoch darf nicht der Eindruck entstehen, daß unsere Wälder schon jetzt und überall diesen Zielen in ihrer jeweiligen Kombination in bester Weise entsprächen (LEIBUNDGUT 21). Dazu sind noch erhebliche waldbauliche Veränderungen nötig, die später noch angesprochen werden.

Bezieht man das vierte Ziel — Verbesserung des Einkommens aus der Forstwirtschaft — in die Betrachtung ein, so zeigt sich schnell, daß es sich unter den gegenwärtigen wirtschaftlichen Gegebenheiten und mit den vorhandenen forstlichen Mitteln nicht zugleich mit den drei übrigen Zielen erreichen läßt (HANSTEIN 13). Für den öffentlichen Wald hat man sich inzwischen damit abgefunden, daß „rote Zahlen" im Forstetat im Interesse der Allgemeinheit aus Steuermitteln abgedeckt werden müssen. Dennoch besteht die Gefahr, daß bei knappen Haushaltmitteln an der Waldpflege auf Kosten der Zukunft

---

[2]) Der vorliegende Beitrag baut gedanklich weitgehend auf dem an entsprechender Stelle vorausgegangenen Aufsatz „Der Wald im ländlichen Raum" auf.

gespart wird. Andererseits ist der öffentliche Wald keineswegs von der Forderung nach größtmöglicher Wirtschaftlichkeit entbunden, „denn Kosten und Nutzen müssen stets in einem möglichst günstigen Verhältnis zueinander stehen — unabhängig von der Frage, ob marktfähige Produkte wie Holz oder nicht im eigentlichen Sinne verkäufliche Sozialfunktionen geliefert werden" (SPEIDEL 33, im gleichen Sinne HASEL 17).

Im mittleren und größeren Privatwald ist es nicht möglich, einen intensiven Waldbau zu treiben, der Umweltsicherung und Holzerzeugung in bestmöglicher Weise kombiniert, Betriebserschwernisse und zusätzliche Aufwendungen zugunsten der Schutz- und Erholungsaufgaben hinzunehmen *und* dabei einen angemessenen Ertrag zu erzielen. Die Folge ist nicht nur eine augenblicklich ungenügende Erfüllung der Schutz- und Erholungsfunktionen, sondern auch Eingriffe in die Substanz (den produzierenden Vorrat) und die Vernachlässigung der Waldpflege, wodurch sowohl Umweltsicherung als auch Holzerzeugung auf lange Sicht sehr gefährdet werden (v. CRAILSHEIM 8). Diesen Zielkonflikt zu lösen, ist die dringendste forstpolitische Aufgabe.

II. Unterziele

Im Hauptziel der bestmöglichen Erfüllung der Schutzfunktionen des Waldes, das hier nicht der Prägnanz, sondern nur der Kürze wegen oft als „Umweltsicherung" bezeichnet wird, ist eine ganze Anzahl von Unterzielen sehr verschiedenen Charakters zusammengefaßt (3). Eine grundsätzliche Rangfolge gibt es nicht, über die jeweilige Bedeutung oder Vorrangigkeit kann nur im Einzelfall entschieden werden. Wegen ihres flächenmäßig geringen Vorkommens im ländlichen Raum können einige Schutzfunktionen hier vernachlässigt werden: Immissions-, Lärm- und Sichtschutzaufgaben sind typisch für den Wald im dichtbesiedelten oder stadtnahen Bereich, in stadtfernen, dünnbesiedelten Gebieten dagegen i. d. R. nur von lokaler Bedeutung. Lawinenschutz als Spezialproblem des Alpenraumes wird hier ebenfalls übergangen. Der streng objektbezogene Schutzwald an Verkehrswegen (kurz „Straßenschutzwald") erbringt in ländlichen Räumen keine großen Flächen.

Es bleiben die günstigen Wirkungen des Waldes auf den Boden, den Wasserhaushalt, das Klima und seine Bedeutung für den Naturschutz im engeren und weiteren Sinn. Man kann unterstellen, daß diese genannten Wirkungen in gewissem Umfang schlechthin von jedem Wald ausgehen und sich in einer Gesamtbilanz über die große Waldfläche zu großer Bedeutung summieren würden. Wieweit diese Funktionen aber die Waldbewirtschaftung bestimmen oder beeinflussen (Stufe I und II nach 3), hängt von natürlichen, wirtschaftlichen und infrastrukturellen Faktoren ab. Beim Bodenschutz sind es natürliche Faktoren, vor allem Relief, Grundgestein und Boden, Niederschläge. In Mittel- und Hochgebirgen, in Lößlehm- und in Flugsandgebieten spielt Bodenschutzwald eine große Rolle. Die Erhaltung der Substanz und der Gesundheit der Waldböden liegt auch im Interesse nachhaltiger Holzerzeugung. Auf Flächen, bei denen eine Holznutzung zu gering oder zu schwierig ist (klassischer „Schutzwald"), wird die Erhaltung und nötige Pflege eines Bodenschutzwaldes zum allein umweltorientierten Ziel.

Wasserschutzwald dient in erster Linie der Sicherung der Trinkwasserqualität. Neben der lokalen Wasserversorgung aus meist kleinräumigen Einzugsgebieten werden große Räume mit ergiebigen Grundwasservorräten über Fernleitungen zunehmend der Versorgung dichtbesiedelter Regionen dienen müssen (GERCKE 11). Dadurch kann, bei bestimmten hydrogeologischen Voraussetzungen, Wasserschutz zum wichtigen Wirtschaftsziel auch großer Waldgebiete werden.

Spezielle Anforderungen zugunsten des Lokalklimas werden an den Wald mehr kleinräumig, vor allem in Höhen- und Küstengebieten, im Zusammenhang mit landwirtschaftlichen und gärtnerischen Sonderkulturen und in der Umgebung von Bädern und Kurorten gestellt.

Versteht man unter Naturschutz im weiteren Sinne die Forderung, daß der Wald ein naturnahes, stabiles und ausgleichendes Element im Landschaftshaushalt sein soll, so ist diese Zielsetzung dem Streben nach nachhaltiger, biologisch und wirtschaftlich krisenfester Holzerzeugung so verwandt, daß sie nicht als besondere Funktion betrachtet zu werden braucht (s. Abschn. III./1). Spezielle Aufgaben des Arten- oder Biotopschutzes oder spezielle Gestaltungswünsche bedingen dagegen häufig eine darauf abgestellte Waldbehandlung. Vielfach genügen hierfür kleine Flächen. In manchen Fällen — vor allem beim Biotopschutz für gefährdete Tierpopulationen — sind auch größere Areale erforderlich. In waldarmen Gebieten werden an den wenigen verbliebenen Wald entsprechend höhere Forderungen nach ökologischer Reichhaltigkeit gestellt.

Die Masse des Erholungswaldes liegt im Ausflugsbereich von Verdichtungsräumen und Großstädten. Darüber hinaus wird ausgesprochener Erholungswald nur bei ländlichen Zentralorten, Kurorten und in Gebieten intensiven Fremdenverkehrs zu suchen sein, während im übrigen normale Waldpflege und -erschließung auch dem Bedarf weniger Waldbesucher genügen.

In dieser Gruppe der Unterziele sind Überschneidungen häufig, Zielkonflikte sind nicht ausgeschlossen. Sie sind nicht unbedingt naturgegeben, sondern oft die Folgen früherer Fehlplanungen oder versäumter Abstimmungen zwischen verschiedenen Sektoren, d. h. sie sind im eigentlichen Sinne Mängel in der Raumordnung. Die folgende Übersicht (nach 3) zeigt die Möglichkeit von Konflikten bei den Schutzfunktionen untereinander und mit den Erholungsaufgaben:

	Wasserschutz	Klimaschutz	Sichtschutz	Lärmschutz	Immissionsschutz	Lawinenschutz	Bodenschutz	Straßenschutz	Naturschutz
Wasserschutz									
Klimaschutz	–								
Sichtschutz	–	–							
Lärmschutz	–	–	–						
Immissionsschutz	x	–	x	x					
Lawinenschutz	–	–	–	–	–				
Bodenschutz	–	–	–	–	–	–			
Straßenschutz	–	–	–	–	–	–	–		
Naturschutz	–	–	x	x	x	x	–	–	
Erholung	x	–	x	x	x	x	x	x	x

X = Konflikt möglich

(Beispiel: Konflikt Lärmschutz/Immissionsschutz — beste ganzjährige Lärmdämpfung gewährt ein mehrschichtiger Wald aus immergrünen Bäumen und Sträuchern. Immergrüne Gehölze sind aber besonders rauchempfindlich und deshalb als Immissionsschutzwald nicht zu gebrauchen.)

Lösungswege sind — soweit nicht ein Ziel eindeutigen Vorrang hat — der Kompromiß in der Waldbehandlung oder die räumliche Trennung der Funktionen. Wenn sich z. B. in einem Waldgebiet Naturschutz und Erholung nicht vereinbaren lassen, kann man u. U. die Besucher durch eine gute Erschließung und Gestaltung eines benachbarten Waldteiles dorthin umlenken.

Das Unterziel „Ertragsteigerung im vorhandenen Wald" kommt sowohl der Holzerzeugung als auch der Einkommensverbesserung zugute. Dabei ist nicht nur an höhere Massenleistung, sondern vor allem auch an höhere Wertleistung z. B. durch starke, astreine, für Möbel, Innenausbau und dergleichen in ihrer natürlichen Struktur zu verwendende Hölzer zu denken, nicht zuletzt an die Minimierung von Verlusten durch abiotische und biotische Schäden wie Sturm, Rotfäulepilze und Wild, um nur die wichtigsten zu nennen. „Kostensenkung im Forstbetrieb" ist — sieht man einmal davon ab, daß privates und öffentliches Wirtschaften ständig auf Möglichkeiten der Kostensenkung bedacht sein muß — für die lohnintensive Forstwirtschaft in ihrer schlechten Preis-Kosten-Situation zum vieldiskutierten Problem geworden. Die zahlreichen schon behandelten an den Wald gestellten Aufgaben lassen sich aber nur durch *intensive* Waldbewirtschaftung befriedigend lösen. Das läßt die Hoffnung auf Kostensenkung ziemlich illusorisch erscheinen. Lediglich das Gebiet der Holzernte bietet noch Möglichkeiten, die steigenden Lohnkosten durch Mechanisierung etwas aufzufangen (s. Abschn. III./2).

Die „Verbesserung der Besitzstruktur" ist für den mittleren und größeren Waldbesitz im Sinne der Arrondierung ein Mittel zur Rationalisierung und Kostensenkung. Bei Kleinstprivatwald, forstlichem Splitterbesitz, ist die Überwindung der parzellenweisen Wirtschaft überhaupt erst die Voraussetzung für vernünftige Waldpflege im Sinne der Hauptziele Umweltsicherung und Holzerzeugung.

Während sich alle bisher behandelten Unterziele auf den vorhandenen Wald bezogen, liegt langfristig noch eine wesentliche Möglichkeit zur Umweltsicherung und Holzerzeugung in der Vermehrung der Waldfläche. Dieser Vorgang vollzieht sich in vielen ländlichen Räumen schon seit über einem Jahrzehnt und hat — vor allem da, wo der Waldanteil schon hoch war — zu Konflikten mit Landschaftspflege und Erholung geführt (HANSTEIN 13). Inzwischen liegen praktikable landschaftspflegerische Kriterien vor, um Aufforstungsvorhaben im Einzelnen beurteilen zu können (HANSTEIN 14; RPM 29). Schließlich bestehen auch forstgesetzliche Möglichkeiten, für das Allgemeinwohl unerwünschte Aufforstungen abzulehnen.

Einige Ländergesetze bieten darüber hinaus Handhaben, den natürlichen Aufwuchs von Bäumen und Sträuchern zu verhindern (Pflegepflicht). Ob diese Mittel in der Praxis voll ausreichen, muß sich erst noch zeigen. Schwieriger wird die Entscheidung, wenn seitens der Landschaftspflege für größere Gebiete eine Aufforstungstätigkeit generell nicht gewünscht wird. Dafür können landschaftshistorische Gründe angeführt werden (z. B. in weiträumig-offenen Landschaften mit ehemals extensiver Weidenutzung (z. B. Lüneburger Heide, Hochrhön, Schwäbische Alb) oder der Wunsch nach Abwechslung und Vielgestaltigkeit des Raumes als Wohn- oder Erholungslandschaft (KIEMSTEDT 18). Die Grenze, oberhalb derer eine Gegend vom breiten Publikum als zu waldreich empfunden wird, dürfte aber recht hoch liegen. Darauf läßt nicht nur der Waldreichtum vieler traditioneller Feriengebiete und seine Hervorhebung in der Werbung schließen. Auch an Hand von Bildern durchgeführte Befragung ergaben optimale Bewaldungsdichten von im Mittel 59 %, maximale von 75 % und minimale von 33 % (AMMER 1). Am wenigsten dürften allgemeine landschaftsökologische Gründe gegen die Wiederbewaldung sprechen, sofern eine naturnahe Waldwirtschaft getrieben wird (BIERHALS u. SCHARPF 5).

Aus der Sicht der Holzerzeugung und -vermarktung ist es vernünftig, die Waldfläche in der Reichweite der bestehenden Forstbetriebe zu vermehren. Im Hinblick auf die Schutz- und Erholungswirkungen sind dagegen Waldneuanlagen in waldarmen Gebieten sehr viel vordringlicher. In den landwirtschaftlich wertvolleren Räumen, z. B. Lößbörden, scheitert die Waldvermehrung bisher an der Schwierigkeit der Flächenbeschaffung. In waldarmen, aber auch landwirtschaftlich problematischen Gebieten, z. B. auf grundwassernahen Böden, wo Land billig zur Verfügung stünde, bieten reine forstliche Aufbaubetriebe, die erst nach Jahrzehnten erste Erträge erwarten lassen, privatwirtschaftlich keinen Anreiz.

III. Mittel und Maßnahmen

1. Waldbauliche Mittel

a) *Allgemeine Waldbaugrundsätze*

Stabile Wälder, die durch sorgfältig standortgerechte Zusammensetzung und vielfältigen Aufbau gegen natürliche Schäden und gegen Marktänderungen möglichst unanfällig sind und in denen hohe Umtriebszeiten zu einem großen Anteil alter und starker Bäume führen, gelten unter mitteleuropäischen Verhältnissen als die beste Synthese der ökologischen und ökonomischen Forderungen. Das ist nicht nur forstwissenschaftliche Lehrmeinung (LEIBUNDGUT 21, 22), sondern auch Verwaltungsrichtlinie (z. B. NML 27). Wo der Wald diesem Ziel noch nicht entspricht, ist der Umbau im Gang — so schnell es die Verhältnisse erlauben. Ein Beispiel für einen beschleunigten Umbau sind die durch die Kiefern-Aufforstungen des vergangenen Jahrhunderts geprägten Wälder der Lüneburger Heide, in denen der Orkan vom November 1972 ein Vielfaches der normalen jährlichen Verjüngungsfläche freigelegt hat (KREMSER 19, 20). In den niedersächsischen Landesforsten soll langfristig der Laubholzanteil von jetzt 35 % auf 43 % steigen (27).

Die Forstwirtschaft in der Bundesrepublik Deutschland hat sich, zumindest was den öffentlichen und nachhaltig zu bewirtschaftenden Waldbesitz betrifft, zugunsten langer Umtriebe mit möglichst hoher Stark- und Wertholzerzeugung als der umweltfreundlicheren Alternative entschieden. Die Idee der Erzeugung von Massenware in kurzem Umtrieb mit stark technisierten, großflächigen Verfahren hat nicht Fuß fassen können. „Die Vision von einem in Reih und Glied ausgerichteten Industriewald" auf den aufgegebenen landwirtschaftlichen Flächen (Wirtschaftswoche 2) entspricht nicht der überwiegenden forstlichen Ansicht. (Intensive statt extensiver Forstwirtschaft bedeutet im übrigen auch mehr forstliche Arbeitsplätze in waldreichen Gebieten.)

b) *Spezielle waldbauliche Mittel*

Die Düngung von Waldbeständen wird auch in Zukunft kaum eine große Rolle spielen. In Einzelfällen kann sie aber nicht nur zur Zuwachssteigerung, sondern auch zur

Aktivierung des biologischen Potentials oder gezielt zum Wasserschutz eingesetzt werden (z. B. Ausgleich von immissionsbedingter Versauerung). Umgekehrt ist zu kontrollieren, daß nicht durch Düngung Nitratstöße in das Grundwasser gelangen (REHFUESS u. a. 28). Wenn er zu günstigen Bedingungen geliefert wird, ließe sich sicher auch Müllkompost (11) zur Walddüngung, besonders zur Gesundung früher streugenutzter Böden, verwenden.

Die Herbizidanwendung zur Bekämpfung von unerwünschtem Aufwuchs und von Unkräutern in Forstkulturen könnte, ebenso wie die Verwendung von Insektiziden, Konfliktstoff zwischen Waldbautechnik und Umweltschutz abgeben. Die Diskussion in der Fachpresse läßt jedoch erkennen, daß auch die forstliche Praxis diesen Mitteln großenteils zurückhaltend gegenübersteht und sich bemüht, den Einsatz chemischer Mittel gering zu halten und wo immer möglich überflüssig zu machen (z. B. LIEDERWALD 23, WEBER 35).

Auf die Vielzahl waldbaulicher Möglichkeiten, mit denen Waldbestände speziellen Schutz- und Erholungsaufgaben angepaßt werden können, kann im Rahmen dieses Beitrages nicht eingegangen werden. Dafür wird auf den Leitfaden zur Waldfunktionenkartierung verwiesen (3). Dort finden sich neben den Empfehlungen auch weitere Literaturhinweise. Dort wird aber auch deutlich, daß auf manchen Gebieten, so z. B. Wald und Wasser, die Zusammenhänge noch tiefer erforscht werden müssen, um gezieltere forstliche Maßnahmen ansetzen zu können.

2. Forsttechnische Mittel

In Abschnitt II. wurde schon darauf hingewiesen, daß die Holzernte noch Ansatzmöglichkeiten zur Mechanisierung und damit zur Einsparung von Lohnkosten bietet. Das BML nimmt an (7), daß zur Mechanisierung in den Forstbetrieben gegenüber bisher durchschnittlich 25—30 DM/ha innerhalb der nächsten 10—15 Jahre eine Investitionssumme von etwa 150 DM/ha notwendig ist.

Dabei ist wichtig, daß nicht Holzerntesysteme importiert werden, die für große Flächen oder konzentrierten Massenanfall konzipiert sind. Sie würden sich mit der unter III./1 a angedeuteten Waldbaurichtung nicht vertragen. Vielmehr muß die Entwicklung solcher Maschinen und Verfahren verfolgt werden, die auch in einer kleinflächig arbeitenden pfleglichen Forstwirtschaft ohne Schäden für Schutz- und Erholungsfunktionen eingesetzt werden können (HÄBERLE 12, BECKER u. LEINERT 4).

3. Forstpolitische Mittel

a) *Strukturförderung*

Bund und Länder fördern im Rahmen der Gemeinschaftsaufgabe „Förderung der Agrarstruktur und des Küstenschutzes" Maßnahmen im Privatwald. Ferner stehen Mittel der EG zur Verfügung. Solche betriebliche Förderung erstreckt sich auf die Umwandlung von ertragsarmen in ertragsstärkere Bestände (vor allem Niederwald in Hochwald), die Aufforstung von Grenzertragsböden und den Wegebau. Sie dient also der Holzerzeugung und der Einkommensverbesserung. Daß sie zugleich auch der Verbesserung der Schutz- und Erholungsfunktionen des Waldes dient, dafür treffen die Förderungsrichtlinien keine Vorsorge. Es liegt allein an den meist stark überlasteten Beratungsfachkräften, in diesem Sinne auf die Waldbesitzer einzuwirken. Außerdem fließt ein wesentlicher Teil der Förderungsmittel in den Kleinprivatwald, dessen Parzellengrößen vielfach selbst bei bester Beratung keinen funktionsgerechten Waldbau zulassen.

Durch administrative Maßnahmen, finanzielle Anreize aus den eben genannten Quellen und durch Beratung werden forstliche Zusammenschlüsse des kleinen Privatwaldes gefördert. Diese beschränken sich aber im allgemeinen auf gemeinsame Material- und Maschinenbeschaffung, Wegebau, Holzernte und Vermarktung. Zu größeren Wirtschaftseinheiten im eigentlichen Sinn, die einen standort- und funktionsgerechten, stabilen, von den Parzellengrenzen unbeeinflußten Waldbau erlauben, führen diese Zusammenschlüsse nicht. Die hier allein wirksame Form des Eigentums zur gesamten Hand kommt nicht zustande.

b) *Andere Förderungsmöglichkeiten*

Weder für die Sicherung, noch für die Honorierung der Leistungen des Privatwaldes für die Allgemeinheit können die vorgenannten Strukturförderungen befriedigen. Die Privatwaldförderung sollte deswegen endlich auf eine Würdigung der Schutz- und Erholungsfunktionen des Waldes umgestellt werden, wie es seit 1968 (HASEL 15) immer wieder gefordert und begründet worden ist. Drei Stufen der Förderung sind denkbar:

1. Zur Abgeltung der allgemeinen Wohlfahrtswirkungen, die von allen Wäldern gefordert werden, zugleich aber auch zur Sicherung einer fachgerechten Forstwirtschaft schlechthin und zur langfristigen Verbesserung der Holzerzeugung kommen folgende Maßnahmen generell in Frage:

a) Standortkartierung und Forsteinrichtung als unentbehrliche Instrumente planvoller forstlicher Arbeit sollten vom Staat gefördert werden. Das kann sowohl durch Erstattung eines wesentlichen Kostenanteils als auch durch kostengünstige Ausführung seitens der entsprechenden staatlichen Stellen geschehen.

b) Der Staat sollte einen Teil der Kosten für das Forstpersonal übernehmen (9). Da die Personalkosten einen wesentlichen Kostenfaktor ausmachen, andererseits die Qualität der Leistungen des Waldes für die Allgemeinheit mit dem Einsatz von ausreichendem Fachpersonal steht oder fällt, liegt diese Lösung besonders nahe. Auch hier gibt es den Weg der Kostenerstattung oder den der „Beförsterung" durch Einheitsforstämter, d. h. Forstämter, die die Waldungen aller Besitzarten betreuen.

2. Besondere Leistungen für die Allgemeinheit, die die Waldbehandlung beeinflussen oder bestimmen, könnten durch direkte Zahlungen honoriert werden. Dazu eignet sich bei der Verschiedenheit der Verhältnisse kein bundesweiter Pauschalsatz. Die Sätze wären vielmehr nach der tatsächlichen Leistung zu staffeln. Das könnte einzelbetrieblich geschehen auf der Basis des Flächenanteils von Schutz- und Erholungswald der Stufen I und II nach der Waldfunktionenkartierung (3). Einfacher wäre eine regionale Staffelung für Waldgebiete mit mehr oder weniger ähnlichen Ansprüchen. Solche Gebietsbewertungen sind schon mit Erfolg durchgeführt worden (RPM 29). Waldbesitz unter einer bestimmten Größe (z. B. 5 ha; HASEL 17. zieht die Grenze bei 10 ha) wäre auszuschließen, weil hier, wie mehrfach dargestellt, funktionsgerechter Waldbau nicht mehr möglich ist (Ausnahmen, z. B. bei Plenterwaldwirtschaft bestätigen die Regel) und außerdem kleinste Beträge unwirksam verstreut würden. Wo die Forstaufsichtsbehörde oder eine spezielle Gutachterkommission dem Waldbesitzer eine Vernachlässigung der Schutz- und Erholungsaufgaben nachweist, würde die Honorierung entfallen.

Einen Bewertungsmaßstab zu finden ist gewiß nicht ganz einfach, aber auch nicht unmöglich, wenn man in Kauf nimmt, daß auf die letzte Gerechtigkeit zugunsten praktischer Durchführbarkeit verzichtet werden muß. Es würde übrigens dem im Umweltschutz weitgehend praktizierten Verursacherprinzip entsprechen, wenn der Forstbetrieb als Verursacher positiver Umweltwirkungen eine entsprechende Abgeltung erhielte (RUPPERT 32). Erste bescheidenste Ansätze einer solchen Regelung finden sich z. B. im niedersächsischen Landeswaldgesetz vom 12. 7. 1973, §§ 16—19. Danach erhält der Besitzer für Waldteile, die im förmlichen Verfahren und nach strengen Maßstäben zum Erholungswald erklärt sind, einen jährlichen Zuschuß zu den Bewirtschaftungskosten von 20 DM für bis zwei ha und 5 DM für jeden weiteren angefangenen ha. Gerade im ländlichen Raum spielen aber andere Schutzfunktionen, z. B. zugunsten der Trinkwasserversorgung, eine wesentlichere Rolle.

3. Maßnahmen im Wald, die nicht unmittelbar mit dem Forstbetrieb in Verbindung stehen, wie z. B. spezielle Erholungseinrichtungen, sollte die öffentliche Hand von Fall zu Fall einzeln finanzieren. Dies wird schon häufig praktiziert, indem Länder, Landkreise, Gemeinden, Naturparkträger o. a. die Erholungsanlagen bezahlen. Auch die Sauberhaltung des Privatwaldes durch den Staat (Nordrhein-Westfalen) oder die staatliche Beteiligung an der Waldbrandversicherung in mehreren Bundesländern (NRW, Niedersachsen) läßt sich hier einordnen (Einzelheiten bei HASEL 16).

4. Forstliche Sonderprogramme

a) *Ankauf von Wald*

Hier und früher (HANSTEIN 13) ist die Auffassung vertreten worden, daß räumlich zusammenhängender, aber im Eigentum kleinparzellierter Privatwald, wie er vor allem in Realteilungsgebieten vorkommt, die zeitgemäßen Aufgaben nicht mehr erfüllt (vgl. auch HASEL 17). Wenn eine Lösung dieses Problems über wirksame Zusammenschlüsse nicht vorankommt, bleibt der Weg des Ankaufs durch die öffentliche Hand. Dabei ist nach der Dringlichkeit zu fragen. In Räumen, in denen keine besonderen Ansprüche an die Schutz- und Erholungsfunktionen gestellt werden oder wo die standörtlichen Gegebenheiten keine großen Schäden befürchten lassen, ebenso dort, wo Splitterbesitz nur zwischen größeren, nachhaltig zu bewirtschaftenden Einheiten eingestreut ist, kann man in Ruhe abwarten. In Waldgebieten jedoch, in denen hohe Ansprüche zugunsten der Allgemeinheit gestellt werden, womöglich auch ein hohes standörtliches Leistungspotential vorhanden ist und der Kleinbesitz vorherrscht, müssen Ankaufsprogramme angesetzt und mit genügend Mitteln ausgestattet werden.

b) *Aufforstungen in waldarmen Gebieten*

Wenn sich auch ein optimaler Waldanteil für ganze Landschaften nicht herleiten läßt, besteht doch kein Zweifel, daß viele extrem waldarme Gebiete in der Bundesrepublik Deutschland durch planvolle Aufforstungen besonders klimatisch, ökologisch, für die Erholung und für die landschaftliche Vielfalt großen Nutzen haben würden. Am Schluß von Abschnitt II. wurde schon dargelegt, daß in dieser Beziehung von privater Initiative wenig zu erwarten ist. Hier müßten gezielte staatliche Programme ansetzen. Diese Tatsache ist z. B. für den niedersächsischen Küstenraum erkannt. (Landesentwicklungsprogramm, 26), jedoch stehen noch keine Mittel zur Verfügung.

c) *Aufforstung von Grenzertragsböden*

Die Neuanlage von Wald sollte, zumindest in Gebieten mit großem Anfall von aufgegebenen landwirtschaftlichen Flächen, nicht einzelfallweise genehmigt und gegebenenfalls bezuschußt, sondern im Rahmen regionaler Pläne und Programme geprüft und je nach Dringlichkeit und Nutzen eventuell gefördert werden. Das gestaltet auch die hierbei nötige Zusammenarbeit mit regionaler Planung, Umweltschutz und Landwirtschaft einfacher. Durchgreifende Maßnahmen zur Verbesserung der Besitzstruktur, d. h. vor allem zur Vermeidung von Splitterbesitz, dürften vor der Aufforstung leichter durchzusetzen sein als danach.

5. Gemeinsame Bewirtschaftung des öffentlichen Waldbesitzes

Das Nebeneinander einer Fülle von Forstbetrieben der öffentlichen Hände der verschiedenen Ebenen ist in den meisten Bundesländern durch die Einheitsforstämter etwas gemildert worden. Durch Gemeindezusammenlegung entstanden größere Kommunalforsten. Sie sind aber häufig nur betriebliche, keine räumlichen Einheiten. Viele Schwächen bleiben bestehen. Der Durchbruch zur gemeinsamen Bewirtschaftung allen öffentlichen Waldes im Sinne voller betrieblicher und haushaltsmäßiger Integration (HANSTEIN 13) mit der Möglichkeit der treuhänderischen Verwaltung auch privaten Waldes (HASEL 15) ist noch nicht gelungen. Ein Modell hätte die Bewirtschaftung der Forsten des Hannoverschen Klosterfonds durch die niedersächsische Landesforstverwaltung werden können, wie sie 1971 vorbereitet war (25). Danach sollte die Landesforstverwaltung die Klosterforsten mitbewirtschaften und den Reinertrag, mindestens aber einen — sehr hoch festgesetzten — Garantiebetrag an die Klosterkammer abführen. Abgesehen von diesem nur an formellen Schwierigkeiten gescheiterten Versuch wird die Frage der gemeinsamen Bewirtschaftung öffentlichen Waldes zur Zeit merkwürdigerweise nicht diskutiert.

IV. Berührungspunkte von Forstwirtschaft und Landwirtschaft

1. Gemischte Betriebe

Als wesentlicher Berührungspunkt zwischen den Sektoren Forstwirtschaft und Landwirtschaft konnte früher das Vorhandensein einer großen Zahl gemischter Betriebe gelten, in denen über die Eigenversorgung des Hofes mit Walderzeugnissen und die winterliche Auslastung von Arbeits- und Zugkräften im Wald eine enge Verflechtung beider Betriebszweige bestand. Diese innerbetriebliche Verbindung hat sich durch die neuzeitliche Entwicklung von Land- wie Forstwirtschaft gelockert. Berücksichtigt man außerdem, daß viele waldbesitzende Landwirte ihren Hof aufgegeben haben und läßt man schließlich die große Zahl der Fälle außer Betracht, in denen der Waldbesitz größenmäßig uninteressant ist (mehr als 1 Million ha Wald gehört zur Besitzgrößengruppe von unter 10 ha, HASEL 17), so schrumpft die Zahl der gemischten Betriebe bzw. die Fläche echten Bauernwaldes, der als Stabilisator und Sparkasse für den Hof gilt, erheblich zusammen. Gebietsweise, vor allem in Gegenden geschlossener Hofübergabe, verdient dieser Berührungspunkt aber noch Beachtung. Insbesondere sollten hier agrar- und forstpolitische Förderungsmaßnahmen für den Einzelbetrieb aufeinander abgestimmt werden.

2. Arbeitsplätze im Wald

Der Zuerwerb in fremden Forstbetrieben spielt für Landwirte ebenso wie der landwirtschaftliche Nebenerwerb für Waldarbeiter in waldreichen Gebieten immer noch eine für beide Wirtschaftszweige vorteilhafte, gegenseitig stützende Rolle. Hinzu kommt der Einsatz landwirtschaftlicher Schlepper und anderer Maschinen im Wald. Gerade bei

Arbeitsspitzen, wie sie in der Forstwirtschaft durch Naturkatastrophen unvorhersehbar auftreten, lassen sich schnell für kurze Zeit wesentliche Reserven aus der Landwirtschaft mobilisieren.

3. Aufforstung von Grenzertragsböden

So nötig die Zusammenarbeit hierbei ist, so schwierig gestaltet sie sich oft noch in der Praxis. Neben der allgemeinen Unsicherheit über den künftigen Bedarf landwirtschaftlicher Nutzfläche hemmt häufig auch eine sehr reservierte Haltung landwirtschaftlicher Planer, die den Flächenverlust der Landwirtschaft im Vordergrund sehen und den möglichen Vorteil sowohl für den Einzelbetrieb wie für die ökologische Gesamtsituation zu gering einschätzen. Aber nur die Festlegung von künftigen Waldgrenzen oder Aufforstungsgewannen in der Agrarplanung schafft die erforderliche Ausgangsbasis für waldbaulich wie besitzpolitisch erfolgreiche Aufforstungsprojekte.

4. Anpflanzungen in waldlosen oder waldarmen Gebieten

Die ertragssteigernde Wirkung von richtig angelegten Schutzpflanzungen in sogenannten ausgeräumten Fluren ist durch zahlreiche Arbeiten vor allem aus den 50er Jahren (z. B. von KREUZ) hinreichend nachgewiesen. Die von REINKEN (30) befürchteten Nachteile können höchstens bei extremer Besitzersplitterung für einzelne Parzellen auftreten. Auch der ökologische Vorteil der Hecken und Feldgehölze ist bekannt (TISCHLER 34). Der planvollen Anlage von Schutzpflanzungen und Feldgehölzen steht als Haupthindernis die auf guten Böden überall anzutreffende Baumfeindlichkeit der Bauern im Wege. Freilich sollte man — auch wenn solche Pflanzungen als „forstliche Maßnahmen" gefördert werden — die Holzerzeugung dabei ganz außer Betracht lassen. In dieser Beziehung sind sicher in der Zeit der Pappel-Euphorie Fehler gemacht worden.

5. Freiflächenerhaltung

Wo von der Landwirtschaft aufgegebene Flächen im Interesse des Gemeinwohls vom Anflug freigehalten oder irgendwie gepflegt werden müssen, kann dies u. U. zweckmäßig und billig auch von Forstbetrieben oder -verwaltungen durchgeführt werden (im Gegensatz zur Auffassung REINKEN's 30). Man sollte von Fall zu Fall die jeweils sinnvolle Lösung oder Arbeitsteilung herausfinden.

V. Regionaltypische Aspekte

In den Beiträgen dieser Reihe sollte versucht werden, regionaltypische Aspekte der einzelnen Sektoren herauszuarbeiten. Da die beispielhaften Raumtypen im Hinblick auf die agrarischen Verhältnisse definiert sind (31), werden ihre Unterschiede aus forstlicher Sicht stark überlagert von speziell forstlichen Kriterien wie Waldanteil, Besitzart, forstlichen Standortverhältnissen. Immerhin lassen sich einige forstliche Aspekte zu den drei ausgewählten Raumtypen nennen.

1. Verdichtungsraum oder Verdichtungsrandzone mit guten (landwirtschaftlichen) Standortverhältnissen und günstiger Agrarstruktur

Im Ballungsgebiet und seiner Randzone werden an den Wald — ganz gleich, wie hoch sein Flächenanteil ist — hohe Anforderungen hinsichtlich der Schutz- und Erholungswirkungen gestellt. Die Waldfläche muß deshalb gegen den Zugriff der Sektoren Städtebau, Industrie und besonders Verkehr verteidigt werden, was in jüngerer Zeit die aktive Unterstützung der Bevölkerung findet. Die Betriebserschwernisse durch Schutz- und Erholungsaufgaben, Zerschneidung des Waldes durch Verkehrs- und Energietrassen, u. U. auch Immissionsschäden sind groß und gehen für private Waldbesitzer weit über die Sozialpflichtigkeit hinaus. Ortsansässige Waldarbeiter sind knapp. Ihr Fehlen kann zumindestens quantitativ durch wandernde Forstunternehmen ausgeglichen werden. Aufforstungsflächen fallen bei guter Agrarstruktur nicht an, doch auch bei weniger günstigen Strukturverhältnissen bleibt aufgegebenes Land meist als Sozialbrache und Spekulationsland liegen. Forstbetriebe können bei den hier geltenden hohen Bodenpreisen nicht zukaufen. Allenfalls eine gezielte Grünflächenpolitik der öffentlichen Hand, vorzugsweise der Gemeinden, könnte die Sozialbrache dem Wald zuführen.

2. Raum im Einzugsbereich eines Mittelzentrums mit mittleren Standortverhältnissen und mittlerer Agrarstruktur

Für diesen mehr indifferenten Raumtyp lassen sich hinsichtlich der forstlichen Situation kaum allgemeine Aussagen machen. Die Beanspruchung des Waldes für die Erholung wird nur in Stadtnähe groß sein, dann rasch abklingen. Die Schutzfunktionen hängen von der jeweiligen örtlichen Situation ab. Das Hauptgewicht liegt hier in der Regel bei der Holzerzeugung. Bei mittlerer landwirtschaftlicher Standortgüte werden wahrscheinlich im Rahmen der Schwankungsbreite auch Grenzertragsböden anfallen und zur Aufforstung zur Verfügung stehen.

3. Verdichtungsferner Raum ohne städtisches Zentrum mit schlechten Standortverhältnissen und schlechter Agrarstruktur

Trotz schlechten landwirtschaftlichen Standorts können die forstlichen Produktionsbedingungen oft gut sein (z. B. in höheren Lagen). Solche Gebiete haben oft schon einen hohen Waldanteil. Dennoch bestehen gegen weitere planvolle Aufforstungen keine generellen Bedenken. Für die überregionale Wasserversorgung aus Grundwasser oder aus Talsperren werden große zusammenhängende Waldgebiete mit möglichst dünner Besiedlung immer mehr an Bedeutung gewinnen (GERCKE 11, EVERS 10). Auch als ökologische Ausgleichsräume (BUCHWALD 6) spielen sie eine Rolle. Im übrigen werden spezielle Schutz- oder Erholungsfunktionen vom Wald hier nur ausnahmsweise verlangt.

Schlechte Agrarstruktur läßt Realteilung vermuten, wovon eventuell vorhandener kleiner Privatwald und Aufforstungsflächen ebenfalls betroffen wären. Gegenmaßnahmen sind hier jedoch weniger dringlich.

In diesen schwach bevölkerten Räumen kann die Forstwirtschaft einschließlich der mit ihr verbundenen Zweige (Forstmaschinen-, Holztransport-, kleine Holzverarbeitungsbetriebe) eine relativ bedeutende Zahl von Arbeitsplätzen stellen.

In diesen Raumtyp können aber auch waldarme Gebiete fallen, in denen Aufforstungen höchst erwünscht wären und das Land dafür billig zur Verfügung steht, wo aber u. U. (s. Abschn. II. und II./4b) staatliche Initiative einsetzen muß.

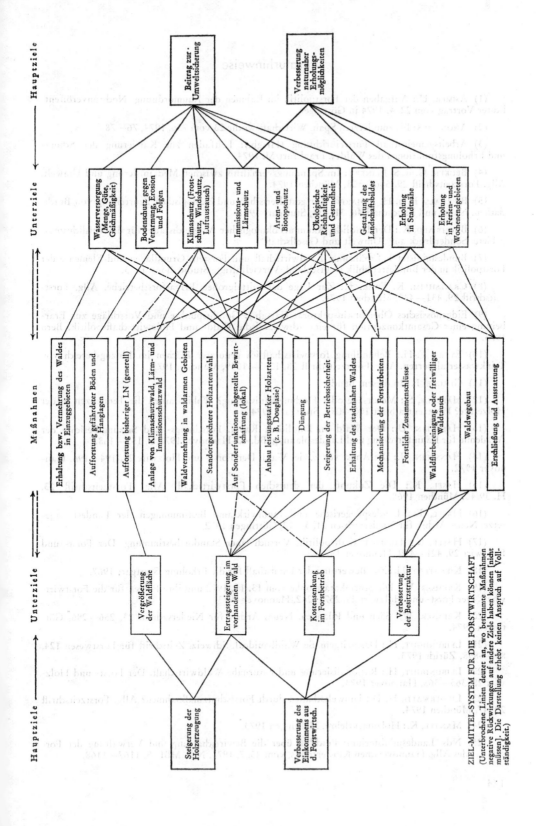

ZIEL-MITTEL-SYSTEM FÜR DIE FORSTWIRTSCHAFT
(Unterbrochene Linien deutet an, wo bestimmte Maßnahmen negative Rückwirkungen auf andere Ziele haben können [nicht müssen]. Die Darstellung erhebt keinen Anspruch auf Vollständigkeit.)

Literaturhinweise

(1) AMMER, U.: Aufgaben der Forstpolitik im Rahmen der Raumordnung. Noch unveröffentlichter Vortrag vom 22. 4. 1974 in Göttingen.

(2) ANONYMUS: Bis zum letzten Span. Wirtschaftswoche 23 vom 7. 6. 1974, 76—78.

(3) Arbeitsgemeinschaft Forsteinrichtung (Hrsgb.): Leitfaden zur Kartierung der Schutz- und Erholungsfunktionen des Waldes. Frankfurt/M. 1974.

(4) BECKER, G. u. S. LEINERT: Im Spannungsverhältnis zwischen Mechanisierung und Umwelt. Allg. Forstzeitschrift 29, 506—508, München 1974.

(5) BIERHALS, E. u. H. SCHARPF: Zur gestalterischen und ökologischen Beurteilung von Brachflächen. Natur und Landschaft 46, 31—34, Stuttgart 1971.

(6) BUCHWALD, K.: Der ländliche Raum als ökologischer Ausgleichsraum für die Verdichtungsgebiete. Sonderdruck aus „Umwelt und Gesellschaft".

(7) Bundesminister f. Ernährung, Landwirtschaft und Forsten: Grundlagen und Elemente der Forstpolitik in der Bundesrepublik Deutschland. Vervielfältigte Studie, Bonn 1973.

(8) CRAILSHEIM, K. FRHR. v.: Zur Lage der mittelgroßen Privatforstbetriebe. Allg. Forstzeitschrift 29, 431—440, München 1974.

(9) Eidgenössisches Oberforstinspektorat (Hrsgb.): Gesichtspunkte und Vorschläge zur Erarbeitung einer Gesamtkonzeption für eine schweizerische Wald- und Holzwirtschaftspolitik. Bern 1973.

(10) EVERS, F.-H.: Behandlung forstwirtschaftlich genutzter Flächen im Einzugsbereich von Trinkwassertalsperren. Allg. Forstzeitschrift 28, 1035—1039, München 1973.

(11) GERCKE, F.: In diesem Band.

(12) HÄBERLE, S.: Motorsäge oder Hochmechanisierung? Wohin laufen die Tendenzen in der Holzernte? Holzzentralblatt 100, 1083, Stuttgart 1974.

(13) HANSTEIN, U.: Der Wald im ländlichen Raum. Forschungs- und Sitzungsberichte der Akademie für Raumforschung und Landesplanung, Bd. 40, Hannover 1971, S. 155—168.

(14) HANSTEIN, U.: Die Angst vor zuviel Wald. Der Forst- und Holzwirt 27, 194—196, Hannover 1972.

(15) HASEL, K.: Die Zukunft der deutschen Forstwirtschaft. Allg. Forstzeitschrift 23, H. 39/40, München 1968.

(16) HASEL, K.: Landespflegerische und raumwirksame Bestimmungen der Landesforstgesetze. Neues Archiv für Niedersachsen 21, 3—12, Göttingen 1972.

(17) HASEL, K.: Forstwirtschaftspolitik, Versuch einer Standortbestimmung. Der Forst- und Holzwirt 29, 421—429, Hannover 1974.

(18) KIEMSTEDT, H.: Zur Bewertung der Landschaft für die Erholung. Stuttgart 1967.

(19) KREMSER, W.: Die Sturmkatastrophe vom 13. 11. 1972 und ihre Folgen für die Forstwirtschaft. Der Forst- und Holzwirt 28, 257—262, Hannover 1973.

(20) KREMSER, W.: Säen und Pflanzen. Neues Archiv für Niedersachsen 23, 256—286, Göttingen 1974.

(21) LEIBUNDGUT, H.: Das zeitgemäße Waldbauideal. Schweiz. Zeitschrift für Forstwesen 124, 888—898, Zürich 1973.

(22) LEIBUNDGUT, H.: Rationalisierung und naturnahe Waldwirtschaft. Der Forst- und Holzwirt 28, 365—368, Hannover 1973.

(23) LIEDERWALD, H.-D.: Umweltschäden durch Forstschutzmaßnahmen? Allg. Forstzeitschrift 29, 47, München 1974.

(24) MANTEL, K.: Holzmarktlehre. Melsungen 1973.

(25) Nds. Landesministerium: Beschluß über die Bewirtschaftung und Verwaltung der Forsten ... des Allg. Hannoverschen Klosterfonds, vom 20. 7. 1971. Nds. MBL. S. 1167—1168.

(26) Nds. Landesregierung: Landesentwicklungsprogramm Niedersachsen 1985 — Stand Sommer 1973. Hannover 1973.

(27) Nds. Minister f. Ernährung, Landwirtschaft u. Forsten: Runderlaß v. 15. 2. 1974 betr. Langfristige, regionale waldbauliche Planung für die nds. Landesforsten. Nds. MinBl. A, 427—439.

(28) REHFUESS, K. E., R. HÜSER und W. BIERSTEDT: Einfluß einer großflächigen Kalkammonsalpeter-Düngung auf den Stickstoffgehalt des Grundwassers in einem oberpfälzer Kieferngebiet. Allg. Forstzeitschrift 29, 7—8, München 1974.

(29) Regionale Planungsgemeinschaft Mittelhessen: Raumordnungsbericht Mittelhessen. Giessen 1973.

(30) REINKEN, G.: In diesem Band.

(31) RIEMANN, F.: Vorwort zu diesem Band.

(32) RUPPERT, K.: Verursacherprinzip und Forstwirtschaft. Noch unveröffentlichter Vortrag vom 22. 4. 1974 in Göttingen.

(33) SPEIDEL, G.: Übergang zur Forstwirtschaft der 80er Jahre aus der Sicht der Forstpolitik. Allg. Forstzeitschrift 29, 116—119, München 1974.

(34) TISCHLER, W.: Agrarökologie. Jena 1965.

(35) WEBER, T.: Abwehr tierischer Schädlinge. Allg. Forstzeitschrift 29, 506—508, München 1974.

Sektorale und regionale Zielvorstellungen für die Entwicklung von Freizeit und Erholung und deren Konsequenzen für die Landwirtschaft

von

Birgit Koschnick-Lamprecht, Berlin

Freizeit und Erholung haben im letzten Jahrzehnt in der Bedürfnisskala unserer Gesellschaft einen hohen Stellenwert bekommen, der nach Meinung zahlreicher Fachleute (1)*) auch noch weiterhin steigen wird. Allerdings gibt es auch warnende Stimmen, die eine weitere Ausdehnung der Freizeit für nicht mehr realisierbar halten (2). Gegenwärtig aber sehen sich Kommunen wie Regional- und Landesplanung einer Flut von Anträgen zum Bau von Freizeiteinrichtungen aller Art, sieht sich der ländliche Raum einer Flut von Erholungssuchenden aus den Großstädten und Ballungsgebieten gegenüber. Es ist heute zu einer der vordringlichsten Aufgaben der Raumordnung geworden, die derzeitige und zukünftige Entwicklung des Erholungswesens in geordnete Bahnen zu lenken; dies umso mehr, als Freizeit und Erholung als Grundfunktion menschlichen Lebens in hohem Maße Raum beanspruchen und zum Teil andere Raumnutzungen, wie z. B. Land- und Forstwirtschaft, überlagern.

I. Ziele der Freizeitpolitik

Oberstes Ziel der Freizeitpolitik ist es, einen Beitrag dafür zu leisten, daß

— gesunde Lebensverhältnisse gesichert, wiederhergestellt oder geschaffen werden,
— das im Grundgesetz verankerte Recht auf freie Entfaltung der Persönlichkeit ermöglicht wird und
— die Bedürfnisse der Bevölkerung nach Freizeit und Erholung in optimaler Weise erfüllt werden.

Diesem Oberziel sind eine Reihe von sozialpolitischen, regional- und siedlungspolitischen sowie umwelt- und wirtschaftspolitischen Zielen zugeordnet, die mit entsprechenden Maßnahmen der Sozial- oder Siedlungs- und Regionalpolitik, Umwelt- oder Wirtschaftspolitik realisiert werden können (siehe dazu das Ziel-Mittel-System für den Bereich „Freizeit und Erholung" S. 200 f. dieses Beitrages).

---

*) Die Zahlen in Klammern verweisen auf die Literatur am Schluß dieses Beitrages.

Unter Freizeit und Erholung[1]) wird hier sowohl die Tages- und Wochenenderholung der Bevölkerung (räumlich gesehen also die Naherholung) wie auch der Fremdenverkehr verstanden, dem neben der Ferienerholung (Urlaubsreiseverkehr) statistisch allerdings auch der Geschäftsreiseverkehr zugeordnet wird. Da von ihm jedoch vielfach die gleichen Infrastruktureinrichtungen benutzt werden, wird dieser Bereich im folgenden nicht ausgeklammert.

Stehen die Probleme der Freizeitpolitik heute vor allem im Verdichtungsraum und seinen Randzonen an, so sind die Ziele der Fremdenverkehrspolitik, nämlich insbesondere die Stärkung der Wirtschaftskraft eines Raumes, vor allem für den ländlichen Raum von Bedeutung. Mit Hilfe des Fremdenverkehrs kann in dafür geeigneten Gebieten über das Angebot an Arbeitsplätzen und infrastrukturellen Einrichtungen ein struktureller Belebungseffekt (4) ausgehen, der damit den Schrumpfungsprozeß zurückgebliebener ländlicher Gebiete in begrenztem Rahmen aufhalten kann.

1. Sozialpolitische Ziele

Die Freizeitprobleme im ländlichen Raum haben ihre Hauptursache in der sozialen und städtebaulichen Entwicklung der Verdichtungsräume und Großstädte. Die Tatsache, daß ca. 70 % der verfügbaren Freizeit in der Wohnung oder in Wohnungsnähe verbracht werden (3), macht deutlich, wie sehr die Freizeitfragen sozial- und siedlungspolitisch zu beantworten sind. Die Versäumnisse der Nachkriegszeit, in der Freizeit als Luxus angesehen wurde und die Wohnungen nur den dringendsten Bedarf befriedigen konnten, müssen eiligst aufgeholt und ausgeglichen werden. Noch immer werden Kleingartengebiete ersatzlos überbaut und stehen selbst neue Schulen nachmittags leer, statt für Vielfachnutzungen auf dem Bildungs- und Freizeitsektor zur Verfügung zu stehen. Durch mangelnde Erholungsmöglichkeiten in Siedlungsnähe sind vor allem die Kinderreichen und Alten und die sozial unteren Gruppen benachteiligt.

Hauptziele des Erholungswesens aus sozialpolitischer Sicht sind demnach:

— Anerkennung der Freizeit als expansiver Gesellschaftszweig,
— Berücksichtigung gruppenspezifischer Freizeitinteressen der Bevölkerung.

Eine Vielzahl von Institutionen bietet heute Freizeitmöglichkeiten an: von der Volkshochschule bis zum Sportverein, von der Bundesbahn bis zum Forstamt. Eine Koordinierung aller Aktivitäten der verschiedenen Fachbehörden und der kommunalen und staatlichen Planungsebenen, wenn auch nicht unbedingt eine verwaltungsmäßige Zusammenfassung nach dem schwedischen Muster der Freizeitämter, könnte viel Doppelgleisigkeit und Leerlauf vermeiden. Für raumbeanspruchende Maßnahmen gibt es z. B. im Ruhrsiedlungsverband den Beigeordneten für Freizeitfragen, verstehen sich die Naturparkträger als Koordinator aller Planungen, ist die staatliche Förderung z. B. in Baden-Württemberg an die Abstimmung der Erholungspläne mit den beteiligten Ressorts gebunden (s. Abschnitt I/3). Im innerörtlichen Bereich und auf dem sozialpolitischen Sektor sind die Übergänge von der raumrelevanten zur punktuellen Freizeitinfrastruktur fließend; aber gerade auch hier und deshalb wäre eine Abstimmung zwischen den Zuständigkeiten ebenso dringend.

---

[1]) Dieser Beitrag schließt an den entsprechenden Beitrag (3) der Verfasserin an, in: Die Zukunft des ländlichen Raumes, Forschungs- und Sitzungsberichte der Akademie für Raumforschung und Landesplanung, Bd. 66, Hannover 1971.

2. Siedlungspolitische Ziele

Siedlungs- und regionalpolitische Hauptziele sind

— die Förderung der Feierabend- und Tageserholung in innerstädtischen und stadtnahen Erholungsgebieten und

— die Sicherung und der Ausbau von Nah- und Ferienerholungsgebieten für die Wochenend- und Urlaubserholung.

Mit wachsender Freizeit werden sich auch die heutigen Probleme des Naherholungsverkehrs verstärken: verstopfte Straßen, überfüllte Ausflugslokale und überbelegte Freizeiteinrichtungen fordern schon heute dringend Abhilfe, werden aber die prognostizierten, etwa verdoppelten Besucherzahlen (3)[2]) erst recht nicht verkraften können. Hier kann und muß zwar durch Ausweisung und Gestaltung neuer Erholungsgebiete eine Lösung gefunden werden; jedoch sollte vorrangig versucht werden, den Erholungsverkehr an der Quelle selbst, also im Siedlungsbereich und in seiner unmittelbaren Nähe aufzufangen. Daneben dürfen Erholungsflächen im Verdichtungsraum nicht anderen, „wichtigeren" Raumnutzungen geopfert, sondern müssen planungsrechtlich langfristig gesichert werden. Hier handelt es sich also nicht allein um ein raumordnerisches, sondern ebenso um ein städtebauliches Problem, aus dem sich folgende siedlungspolitischen Unterziele ergeben:

— Schaffung freizeitgerechter Wohnungen,

— Sicherung und Anlage von Freizeitbereichen im und am Siedlungsbereich,

— Ausbau und Sicherung von Naherholungsgebieten,

— günstige Verkehrsanbindung und -erschließung aller Erholungsbereiche.

Zwei Komplexe seien besonders herausgegriffen: die Verzahnung von Wohn- und Erholungszonen und die Verkehrsanbindung der Erholungsgebiete an den Siedlungsbereich.

Gegenüber der „green belt"-Konzeption der ringförmigen Anordnung von Grünzonen um die Siedlungsbereiche (Beispiele: London, Köln) bietet die radiale Einfügung der Erholungsflächen den Vorteil größerer Nähe und geringerer Verkehrszerschneidung (Beispiel: Kopenhagen). Hier können auch Intensiverholungszonen mit landwirtschaftlichen Flächen kombiniert werden. Auf die dabei auftretende Problematik wird in Abschnitt IV/1 eingegangen.

Die Verkehrsanbindung der Naherholungszonen an die Ballungsgebiete gestaltet sich häufig besonders schwierig. Ca. 75 % des Naherholungsverkehrs entfallen heute auf den PKW (6), woraus die oft gestellte Forderung nach weiterem Straßenausbau und zusätzlichen Trassen resultiert. Der Schienenverkehr scheidet weitgehend aus oder kommt nur als Zubringer in Frage, da er i. a. cityorientiert ist und auch im punktaxialen Gliederungssystem nicht genügend weit an die Erholungszonen heranführt. Soll in Zukunft auch im Freizeitsektor das Angebot öffentlichen Nahverkehrs verbessert werden, so wird man zur Bedienung der Fläche den Busverkehr, der heute vorwiegend auf den Berufsverkehr ausgerichtet ist, erheblich ausbauen müssen. Diesem Ziel kommt die Schwerpunktbildung der Freizeitinfrastruktur, auf die weiter unten noch eingegangen wird, entgegen.

---

[2]) Nach PHILIPP (5) wird sich die Zahl der Münchner Naherholungssuchenden von 1968 bis 1980 von 350—400 000 auf 700—750 000 erhöhen.

Allerdings ist die landschaftsbezogene Naherholung ex definitione flächenbeanspruchend und wird daher heute nur in Ausnahmefällen (Kiesentnahme — Erholungsseen) auf den Entwicklungsachsen bzw. in den Siedlungsbändern angeordnet. Langfristig sollten jedoch gerade hier Erholungsmöglichkeiten für den Feierabend wie für die Wochenendfreizeit geschaffen werden, da gerade der Kern der meisten Achsen — die Tallagen — für die Überbauung, vor allem mit Industrie, ungeeignet ist, Erholungszwecken aber entgegenkommt; zugleich ist hier die Bedienung mit öffentlichem Nahverkehr besonders günstig.

3. Regionalpolitische Ziele

Der Übergang von den siedlungs- zu den regionalpolitischen Zielen ist fließend:

— Schaffung von Nah- und Ferienerholungsgebieten,

— Sicherung von Freizeitvorranggebieten,

— Konzentration von Freizeiteinrichtungen in Erholungsschwerpunkten,

— Vermeidung von Störungen der verschiedenen Erholungsarten untereinander,

— Verkehrsanbindung der Erholungsräume an die Quellgebiete (Verdichtungsräume).

Die Forderung nach wertgleichen Lebensbedingungen in allen Teilen der Bundesrepublik setzt Erholungsbereiche im Verdichtungsraum wie im ländlichen Raum und eine breite Angebotspalette für alle Freizeitformen voraus. Aufgabe der Planung ist es, diesen verschiedenen Formen Rechnung zu tragen, ihre Nutzung im Raum zu sichern und gegenseitige Störungen auszuschließen. Im Bundesraumordnungsbericht 1972 (7) und im Bundesraumordnungsprogramm (8) werden dafür Vorranggebiete für Freizeit und Erholung gefordert, wie sie entsprechend in verschiedenen Landesentwicklungsplänen (9) und Regionalplänen gesichert wurden. Bei diesen, kommunale Verwaltungsgrenzen überschreitenden Räumen wird deutlich, daß hier eine enge Zusammenarbeit zwischen Gemeinden und Kreisen, auf der Ebene der Regionalverbände, aber ebenso unter Beteiligung aller öffentlichen und privaten Stellen, die zur Freizeitinfrastruktur beitragen, notwendig ist. In manchen Bundesländern werden die Kooperation der Institutionen und die Koordinierung von Erholungsplanungen zur Voraussetzung staatlicher Förderung gemacht, so in Baden-Württemberg, das in seinem Fremdenverkehrs-Entwicklungsprogramm (10) die Bildung von Fremdenverkehrs- bzw. Naherholungsgemeinschaften zur Förderung vorschreibt.

In zahlreichen Untersuchungen wurde in den letzten Jahren das Naherholungsverhalten der Bevölkerung erforscht. Zwar wechseln je nach Mentalität der Bevölkerung im Befragungsraum und nach Standort der Befragungen (Quellort — Zielort) die Antworten, doch stehen allgemein für die Mehrzahl der Menschen sportlich-spielerische Aktivitäten und die Kontaktsuche sowie der Besuch von Attraktionen im Vordergrund, gefolgt von landschaftlichen Motivationen (3; 11). Umgekehrt ist es bei der Ferienerholung, sieht man von den deutschen Haupturlaubsgebieten Alpen und Küste, um die es in diesem Zusammenhang weniger geht, ab: hier steht die ruhigere Erholung im Vordergrund, doch weist NIEMEIER (9) darauf hin, daß von beiden Gruppen — wenn auch in unterschiedlichem Ausmaß — sowohl Stille wie Unterhaltung gesucht werden.

Andererseits bietet der Ausbau der Freizeitinfrastruktur in den bisher durch vorwiegend ruhige Erholung gekennzeichneten Feriengebieten der deutschen Mittelgebirge auch neuen Urlaubergruppen einen Anreiz: In den neuerstandenen Ferienzentren des Harzes konnte eine völlig andere soziale Zusammensetzung der Gäste als in den bisherigen Ferienorten festgestellt werden, so daß hier von einer „Abwerbung" nicht gesprochen werden kann, sondern wohl eine echte Marktlücke geschlossen wurde (12). Ähnliches beginnt, bei aller Kritik, die solche Ferienparks in ihrer Konzeption herausfordern, sich auch in entsprechenden Projekten des Bayerischen Waldes zu zeigen, doch wird die weitere Entwicklung genau zu beobachten sein (13).

4. Umweltpolitische Ziele

Haupt- und Unterziele aus umweltpolitischer Sicht sind:

— Bereitstellung landschaftlich reizvoller und klimatisch begünstigter Gebiete als Erholungsräume,

— Freihaltung wichtiger Natur- und Regenerationsräume,

— Konzentration der Freizeitinfrastruktur,

— Vermeidung von Störungen der Erholung durch Lärm, Immissionen, Abwasser usw.,

— Vermeidung von Störungen des Naturhaushalts durch die Erholung (z. B. Reinhaltung der Gewässer, Entsorgung der Freizeitanlagen),

— Vermeidung weiterer Landschaftszersiedlung,

— Berücksichtigung der Erholung bei wasserwirtschaftlichen und der Rekultivierung von Abbau-Vorhaben.

Die Öffnung landschaftlich reizvoller und klimatisch begünstigter Gebiete *für* die Erholung einerseits und die Freihaltung wichtiger Natur- und Regenerationsräume *von* der Erholung andererseits sind planerisch von besonderer Bedeutung. Letzteres ist vor allem durch ein breites und gut ausgebautes Alternativangebot durchzusetzen. Hierfür wie für alle landschaftlichen Belange (Zersiedlung der Lanschaft!) ist das Prinzip der Konzentration der Freizeitinfrastruktur in Schwerpunkten eine wertvolle Hilfe. In den letzten Jahren wurden in verschiedenen Bundesländern, z. B. in Bayern (5) und Baden-Württemberg, Kriterien für die Beurteilung und Genehmigung von Baumaßnahmen in Erholungsräumen erarbeitet, die die Regional- und Fachpläne ergänzen oder vor ihrer Fertigstellung ersetzen. In der praktischen Arbeit haben sich dabei vielfach die Fragen der Ver- und Entsorgung als begrenzendes Kriterium erwiesen.

Bei der Ausweisung von Vorranggebieten für Freizeit und Erholung und innerhalb dieser bei der Bereitstellung der Erholungsflächen ist der Freizeitverkehr in die landwirtschaftlich uninteressanteren Gebiete und Flächen zu lenken. Das ergibt sich in den Feriengebieten zum Glück oft zwangsläufig, da diese meist zugleich die landwirtschaftlich ärmeren *und* landschaftlich reizvolleren Räume sind. Der Landwirtschaft wird zwar nach wie vor die wichtige Rolle des „besten und billigsten Landschaftspflegers" zugeschrieben, die sie aber nur erfüllen kann, wenn ihr ausreichende und ökonomisch zu bewirtschaftende Flächen zur Verfügung stehen. Daneben kann von der Landwirtschaft die Offenhaltung erholungswirksamer Landschaftsteile, auch ohne ökonomischen Nutzen, wohl aber gegen Entgelt übernommen werden. Doch sind auf ärmeren Standorten ebenso Landschaftsformen denkbar, die auch ohne landwirtschaftliche Pflege oder Nutzung für die Erholung geeignet sind (14).

In den Naherholungsgebieten sind Alternativen zwischen landwirtschaftlich besseren und ärmeren Flächen häufig nicht gegeben. Historisch bedingt liegen die meisten unserer Verdichtungsräume in landwirtschaftlich wertvollen, für die Naherholung aber weniger geeigneten Zonen. Hier muß daher die Erholungsplanung besonders vorsichtig und konzentriert vorgehen und Kompromisse mit der Landwirtschaft suchen (s. auch Abschnitt IV/1).

Der Ausbau von natürlichen und künstlichen Gewässern hat neben der rein wasserwirtschaftlichen Funktion große Bedeutung für die Erholung, wie die Besucherströme zu den Stauseen, Rückhaltebecken und Kiesteichen in unseren an Seen oft armen Landschaften zeigen. Doch noch vielfach werden solche wasserwirtschaftlichen Planungen ohne Erholungsplan gemacht: Leidtragende sind vor allem die Landwirte, deren angrenzende Flächen zertreten und zerfahren werden.

Ähnliche Fragen stehen bei der Rekultivierung von Abbauflächen an, die bei richtiger Planung ebenso zu idealen Erholungszentren werden können. Da z. B. Kiesentnahmestellen häufig in den Flußtälern und damit in der Nähe der Siedlungen (Entwicklungsachsen) liegen, bieten sie sich für die Naherholung geradezu an.

5. Wirtschaftspolitische Ziele

Die Hauptziele der Fremdenverkehrspolitik sind zur Stärkung der regionalen Wirtschaftskraft

— die Sicherung und der Ausbau einer breitgefächerten Freizeit- und Fremdenverkehrs-Infrastruktur,

— die Schaffung neuer oder Sicherung bestehender Arbeitsplätze im Beherbergungs- und Freizeitgewerbe,

— die Verbesserung der Einkommenschancen für Handel und Dienstleistungen wie für die Landwirtschaft („Ferien auf dem Bauernhof", Direktvermarktung usw.).

Diesen Zielen dienen u. a.

— der Ausbau der kommunalen Freizeitinfrastruktur,

— die Schaffung kommerzieller Freizeit- und Fremdenverkehrszentren,

— der Ausbau des Beherbergungswesens und Kurbetriebs,

— die Förderung des Dienstleistungssektors und

— das Angebot an privaten und kommerziellen Zweitwohnsitzen aller Art.

Diese Ziele und Maßnahmen dienen zugleich auch den nicht direkt vom Fremdenverkehr lebenden Bevölkerungsteilen durch Verbesserung der allgemeinen Lebensbedingungen und können dadurch in sonst wirtschaftsschwachen Räumen den Abwanderungsprozeß aufhalten oder zumindest mildern. Die Verbesserung des Freizeitwertes ist heute zu einem wichtigen Faktor bei Standortentscheidungen geworden.

Aus diesem Grund muß es begrüßt werden, wenn zukünftig die Gebietsabgrenzungen zur Förderung des Fremdenverkehrs und der gewerblichen Wirtschaft nicht mehr identisch sind, sondern in die Fremdenverkehrsförderung auch solche Gebiete aufgenommen werden, die für eine gewerbliche Förderung nicht in Frage kommen (15).

Der Fremdenverkehr leistet nach BRENKEN (4) nur einen relativ geringen Beitrag zum Bruttoinlandsprodukt (so in Bayern 1970 ca. 1,5 %, in Niedersachsen 1,3 %, in Rheinland-Pfalz einschließlich Handwerk und Handel ca. 2—3 %) und ist damit mehr struktur- als wirtschaftspolitisch von Bedeutung. Im Vergleich zur Naherholung allerdings wirkt sich der Fremdenverkehr finanziell doch wesentlich stärker aus: Für den bayerischen Alpenraum wurde über den Fremdenverkehr ein Umsatz von 900—1000 Millionen DM gegenüber einem solchen über die Naherholung von nur 30—40 Millionen DM errechnet (5) — und dies, obwohl so kostenrelevante Posten wie Lift- und Seilbahnbenutzung darin enthalten sind.

Aus solchen Zahlen wird deutlich, daß zur Sicherung der Wettbewerbsfähigkeit der deutschen Fremdenverkehrsgebiete und zur Erhaltung der regionalen Wirtschaftskraft zweierlei notwendig ist:

— Maßnahmen zur Saisonverlängerung und
— regionaler Finanzausgleich für Vorleistungen des Naherholungsverkehrs mit dessen Quellgebieten.

Nur wenige der deutschen Fremdenverkehrsgebiete haben einen echten zweigipfeligen oder gar ausgeglichenen Jahresgang der Übernachtungszahlen, wie er z. B. für Wintersportgebiete oder Kurorte typisch ist, und damit i. a. eine viel zu geringe Kapazitätsauslastung ihrer Einrichtungen.

Andererseits bieten diese Räume, die in ihrer Mehrzahl zugleich Naherholungsgebiete für die benachbarten Verdichtungsräume sind, in großem Umfang Vorleistungen für die Naherholung, da z. B. die Kapazität der Gaststätten oder Freizeitzentren für die Wochenenden zwar vorhanden sein muß, an Wochentagen aber nie durch den Fremdenverkehr allein ausgelastet wird. Hier einen Ausgleich durch unterschiedliche Nutzung dieser Kapazitäten auch in der Woche zu finden, wird Aufgabe planerischer Überlegungen sein.

II. Rechtsfragen zur Freizeitpolitik

Freizeitfragen greifen aufgrund der bisher genannten Zielvorstellungen in den Kompetenzbereich der verschiedensten Fachressorts über und müssen hier, da es m. W. bisher kein eigenes Freizeitrecht gibt, gesetzlich verankert werden.

So sollte z. B. der Bildungsurlaub, der bisher nur in einzelnen Tarifbereichen oder für bestimmte Altersgruppen vereinbart wurde, für alle Arbeitnehmergruppen gesetzlich gesichert werden. Hier böten sich gerade dem „zurückgebliebenen", landschaftlich aber oft bevorzugten ländlichen Raum als Standort von Fortbildungsstätten gute Ansatzpunkte für den Fremdenverkehr (3).

Bei den Änderungen verschiedener Landesbauordnungen wurden in den letzten Jahren freizeitpolitische Ziele und Maßnahmen aufgenommen, wie auch in der Novelle zum Bundesbaugesetz und im Städtebauförderungsgesetz u. a. Festsetzungs- und Förderungsmöglichkeiten für Freizeiteinrichtungen vorgesehen sind (6). Auf die Richtlinien verschiedener Bundesländer zur Beurteilung von Siedlungs- und Bauvorhaben im Freizeitbereich wurde bereits hingewiesen (5; 16). Ebenso beeinflußt die Gesetzgebung des Denkmalschutzes, die unter dem Einfluß des Europäischen Denkmalschutzjahres 1975 zur Zeit besonders im Fluß ist, die Freizeitplanung in der Stadt- und Dorferneuerung.

Während im Bundesraumordnungsgesetz die Freizeitfragen unter dem Oberbegriff der Verbesserung der allgemeinen Lebensbedingungen und unter § 2 (1) 7 („Sicherung und Gestaltung von Erholungsgebieten") nur angerissen werden, nehmen sie in den neueren Landesplanungsgesetzen und -entwicklungsprogrammen einen immer breiteren Raum ein. Das gleiche gilt für die in jüngerer Zeit entstandenen Naturschutz-, Landeskultur- und Landschaftspflegegesetze des Bundes und der Länder, für die neueren Bundes- und Länderrichtlinien zum Flurbereinigungsgesetz und die neuen bzw. in Arbeit befindlichen Wald- und Forstgesetze von Bund und Ländern.

Im Bundesraumordnungsprogramm (8) schließlich wird deutlich, wie sehr Freizeit und Erholung inzwischen zu einer Grundfunktion unserer Gesellschaft geworden sind und daß der Freizeitwert als ein wesentlicher Faktor die Entwicklungschancen eines Gebietes beeinflußt. Durch räumliche Schwerpunktbildung einerseits und Ausweisung von Vorranggebieten für Freizeit und Erholung andererseits mit entsprechend regionalisierten Mittelzuweisungen sollen großräumige Disparitäten abgebaut und gleichwertige Lebensbedingungen in allen Teilräumen des Bundesgebietes erzielt werden.

Das Grundgesetz postuliert zwar in Art. 2 das Recht auf freie Entfaltung der Persönlichkeit, doch wurde — wohl unter dem Eindruck der Nachkriegsnot — die Gesetzgebung zu Freizeit und Erholung unter einer Vielzahl anderer Lebensbereiche noch nicht aufgeführt. Es ist die Frage, ob nicht bei der weiterhin wachsenden Bedeutung der Freizeit in unserer Gesellschaft eine einheitliche Gesetzgebung auch in diesem Bereich notwendig wird.

III. Konsequenzen aus der Erholungsnutzung für die Landwirtschaft

1. Zielharmonien

Auf den ersten Blick scheinen sich Erholung und Landwirtschaft in besonderem Maße zu ergänzen. Tatsächlich bieten sie in einer Reihe von Punkten gegenseitige Hilfe in ihren Aufgabenstellungen:

— Ferien auf dem Bauernhof,

— Zweitwohnungsvermietung, Vermietung von Ferienwohnungen,

— Vermietung von Reitpferden, Reithallen; Pensionspferdehaltung, Reiterpensionen,

— Verpachtung von Flächen für Freizeitnutzungen wie Parkplätze, Golf- und Campingplätze, Wochenendhausgebiete, Fischgewässer,

— Direktvermarktung landwirtschaftlicher Erzeugnisse,

— Dienstleistungen durch die Landwirtschaft (Landschaftspflege, Pflege von benachbarten Erholungsanlagen und -einrichtungen, Reitlehrer usw.).

Am augenfälligsten harmonieren Landwirtschaft und Erholungswesen im Bereich „Ferien auf dem Bauernhof", der in den letzten Jahren einen ungeahnten Aufschwung genommen hat. Nach Angaben des BML (17) standen 1973 ca. 110 000 Gästebetten in Bauernhöfen zur Verfügung, die von ca. 500 000 Urlaubern genutzt wurden. Das Batelle-Institut Frankfurt/Main schätzt für 1980 ca. 800 000 Urlauber mit etwa 8 Millionen Übernachtungen (18). Von anderer Seite wird davor gewarnt, die Wachstumschancen

chen Erwerbszweiges zu überschätzen, da die Konkurrenz durch die
nzentren, die zum Teil ähnliche Urlaubergruppen ansprechen, groß

Do₍₎ dem Landwirt, der die Besonderheiten dieser Urlaubsart geschickt anzubieten ₍₎ uch in Zukunft ein Nebenverdienst, der entweder den Haupt- zum Vollerwerbsbetri₍₎ aufstocken kann oder dem Kleinbetrieb den allmählichen Übergang zum außerlandwirtschaftlichen Verdienst erleichtert. Der Prozeß des Agrarstrukturwandels kann damit in Erholungsgebieten wesentlich harmonischer ablaufen. Allerdings besteht auch die Gefahr, daß Fremdenverkehrsfehlinvestitionen den kleineren Landwirt vom endgültigen Berufswechsel abhalten und damit den notwendigen Strukturwandel gerade verzögern (20). Hier muß daher bei Förderungsmaßnahmen jeder Einzelfall beobachtet werden.

Wesentlich arbeitsextensiver, dafür aber kapitalintensiver ist für den Landwirt die Vermietung von Ferienwohnungen und -häusern oder Freizeitwohnungen (20), deren Nachfrage in letzter Zeit ebenfalls stark zugenommen hat. Hier sollte vor allem versucht werden, bestehende wertvolle Bausubstanz zu nutzen und damit das Erscheinungsbild alter Dörfer zu erhalten.

Voraussetzung für den Betriebszweig „Ferien auf dem Bauernhof" sollte — ebenso wie im gewerblichen Fremdenverkehr — allerdings auch für den Landwirt bzw. die Landfrau eine berufliche Fortbildung auf dem Fremdenverkehrssektor, zumindest auf Berufsschulebene, sein.

Eng verbunden mit beiden Angebotsformen ist die Direktvermarktung landwirtschaftlicher Erzeugnisse, die allerdings genauso für den „Bauern nebenan" gilt — nebenan im Dorf wie an der Wochenendsiedlung, dem Campingplatz oder Ferienzentrum. Hierher gehören auch die Verpachtung landwirtschaftlicher Untergrenzflächen für Erholungszwecke aller Art (Golf, Reiten, Angeln usw.) oder die Vermietung von Reitpferden, Reithallen bzw. die Pensionspferdehaltung.

Ein vieldiskutierter Faktor in der Zielharmonie ist die Landschaftspflege durch die Landwirtschaft. Hier werden zur Zeit in den verschiedenen Bundesländern neue Formen ökonomischer oder außerökonomischer Landbewirtschaftung erprobt, da gerade Erholungslandschaften mit ihrem vielfachen Wechsel von Wald, Grünland und Acker einer ökonomischen Landbewirtschaftung häufig entgegenstehen. Im Zuge neuerer Flurbereinigungsverfahren, die heute zum Teil vorrangig aus Erholungsgründen eingeleitet werden, nimmt demgemäß die Erholungsplanung und Landschaftspflege einen breiten Raum ein. Landwirtschaftliche Wege in solchen Gebieten werden z. B. vielfach unter dem Gesichtspunkt der Mehrfachnutzung angelegt und gestaltet.

2. Zielkonflikte

Die Zielkonflikte, die sich aus der Überlagerung von Erholung und Landwirtschaft ergeben, sind jedoch ebenso deutlich:

— Beschränkungen in der Landbewirtschaftung einschließlich Düngung,

— Einschränkung oder Verbot von Meliorationen, z. B. in Wiesentälern,

— freier Zugang zu Gewässern und damit Zerschneidung oder Behinderung der angrenzenden landwirtschaftlichen Nutzflächen,

- Flurschäden durch Erholungsnutzung, insbesondere bei zu hoher Belastung, fehlenden Alternativen oder schlechter Planung,
- Flächenverluste bei Kompromissen mit der Erholung (z. B. Schutzpflanzungen, Abgrenzungen),
- Sonderaufwendungen wegen der Erholungsnutzung (z. B. sicherere Zäune zum Schutz vor Unfällen durch Weidetiere),
- Einschränkungen und Mehraufwendungen bei Althofsanierungen in erhaltenswerten Ortslagen,
- Einschränkung der Tierhaltung wegen Emissionen innerhalb oder in der Nähe des Siedlungsbereichs oder von Freizeitzentren.

IV. Wechselwirkungen zwischen Erholung und Landwirtschaft in ausgewählten Raumtypen

In den Beiträgen dieses Bandes werden aus der Vielzahl der Kombinationsmöglichkeiten von Raumkategorien, Standortverhältnissen und Agrarstruktur drei Raumtypen herausgegriffen, anhand derer hier die gegenseitigen Einflüsse von Erholung und Landwirtschaft regional beleuchtet werden sollen:

- Verdichtungsräume und deren Randzonen mit guten Standortverhältnissen und guter Agrarstruktur,
- Einzugsbereich eines Mittelzentrums mit mittleren Standortverhältnissen und mittelmäßiger Agrarstruktur,
- Verdichtungsferner Raum ohne städtisches Zentrum mit schlechten Standortverhältnissen und schlechter Agrarstruktur.

1. Randzonen der Verdichtungsräume

Für die gegenseitige Beeinflussung von Erholung und Landwirtschaft sind weniger die Verdichtungsräume selbst als vielmehr ihre Randzonen von Bedeutung, wenn auch — wie in Abschnitt I/2 erläutert — für beide Bereiche eine möglichst enge Verzahnung zwischen Verdichtungskern, Randzonen und Umland angestrebt werden sollte.

Bei guten Standortverhältnissen und guter Agrarstruktur herrscht in den meisten Gebieten dieses Raumtyps großflächig betriebener Ackerbau oder Feldgemüsebau vor — beides ausgesprochen negative Vorzeichen für die Erholung. Trotzdem drängen — aus Mangel an Alternativen — die Menschen zum Sonntagsnachmittagsspaziergang in diese Gebiete. Die Folgen sind negativ für beide: Öde und Langeweile für den Städter, Flurschäden für die Landwirtschaft.

Stehen keine Alternativen für die Erholung in vergleichbarer Nähe zur Verfügung (hier handelt es sich i. a. um Feierabend- und Kurzerholung) oder sind sie nicht durch gute Verkehrserschließung und Ausstattung geeigneter Gebiete zu schaffen (z. B. Hannover: Börde / Deister; Stuttgart: Fildern / Schurwald), so können hier nur durch gute, langfristig glaubwürdige Planung Landwirtschaft und Naherholung koordiniert und diese z. B. durch Flurbereinigungsverfahren realisiert werden.

kommunale Grenzen hinweg,
- Ausweisung und Gestaltung von Freizeitvorrangflächen unter gleichzeitiger Nutzung von „Mißformen" und Restflächen,
- Bodenschutzpflanzungen auch unter dem Aspekt der Erholung,
- Schaffung eines reichhaltigen, aber konzentrierten Angebots an Spazier- und Wanderwegen, Liege- und Spielwiesen mit klaren Abgrenzungen zur landwirtschaftlichen Nutzfläche (Vermeidung von Flurschäden),
- Mehrfachnutzung der Flurbereinigungswege (Spazierwege auch für Schlechtwetter, Radfahren, Kinderwagen), Kombination mit Reitwegen

sind einige Stichworte, Landwirtschaft und Erholung auch unter relativ schlechten landschaftlichen Voraussetzungen zu kombinieren. Gelingt dies, so bieten sich der Landwirtschaft in Stadtnähe außer der günstigen Absatzlage zum Verbraucher auch aus dem Naherholungssektor zusätzliche Verdienstmöglichkeiten (z. B. Reitpferdehaltung, Flächenpflege usw.), und aus der kurzfristigen Platzhaltefunktion der Landwirtschaft kann eine echte Gestaltungs- und Ausgleichsfunktion im Verdichtungsraum werden (21).

Zum besseren Verständnis des Städters für die Landwirtschaft wäre es auf solchen stadtnahen guten Standorten denkbar, einen landwirtschaftlichen Musterhof etwa nach dem holländischen Beispiel des Flevohof in die Freizeitinfrastruktur zu integrieren.

Ist es regionalplanerisch, in Abstimmung mit anderen Raumansprüchen vertretbar, mit der Siedlungsentwicklung in andere, vom Wohn- und Freizeitwert her geeignetere Randgebiete des Verdichtungsraumes auszuweichen — und damit einem häufig bereits bestehenden Trend nachzugeben —, so dürfte damit langfristig nicht nur der Landwirtschaft auf den guten, marktnahen Standorten ein Dienst erwiesen sein, sondern ebenso der Bevölkerung selbst; Feierabend- und Naherholung gingen nahtlos ineinander über, Berufs- und Freizeitverkehr könnten einander ergänzen.

2. Einzugsbereich eines Mittelzentrums

Kennzeichnend für diesen Raumtyp mit mittleren Standortverhältnissen und mittelmäßiger Agrarstruktur ist ein stärkerer Wechsel in den Bewirtschaftungsarten sowie ein höherer Grünlandanteil, bedingt u. a. durch eine bewegtere Topographie — Faktoren, die der Erholungsnutzung zugute kommen, die Landbewirtschaftung aber einschränken. In den meisten Fällen wird es möglich sein, unter Schonung zusammenhängender landwirtschaftlicher Flächen geschlossene Freizeitzonen zu bilden oder aber für die Erholung Gebietsalternativen gleicher Entfernung anzubieten. Hier handelt es sich vorwiegend um Naherholung, bei besonderen landschaftlichen Qualitäten auch um Ferienerholungsgebiete. In solchen Bereichen gelten die in Abschnitt III/1 genannten Zielharmonien zwischen beiden Sektoren. Dem kommt entgegen, daß auch im ländlichen Raum die Mobilität der Bevölkerung wächst und sich der der Verdichtungsräume annähert (22). Damit werden sich auch das Naherholungsverhalten und die Ansprüche an die Freizeitlandschaft in ländlichen Zonen ändern.

Flurbereinigungen werden hier auch meist landwirtschaftlichen und Erholungsbelangen gleichermaßen gerecht werden müssen.

Soweit zusammenhängende Grenzertragsflächen in entfernteren Lagen solcher Regionen vorhanden sind und öffentliche Belange nicht entgegenstehen, ist es auch denkbar, hier Freizeitwohnsitzgebiete für Bewohner des Mittelzentrums oder benachbarter Verdichtungsräume auf Kauf-, Pacht- oder Mietbasis auszuweisen und damit die Landschaftspflege auf diesen Flächen zu privatisieren. Unter der Voraussetzung, daß die Allgemeinheit stets Vorrang genießt und für die Eintageserholung die näheren, landschaftlich bevorzugten und besser erreichbaren Standorte in Frage kommen, kann die Freigabe von Flächen für die private Erholung nur außerhalb der für Tagesausflüge erschließbaren Zonen zur Diskussion stehen — s. dazu Abb. 2 in (3). Private Freizeitstandorte sind i. a. mit Mehrtagesfahrten verbunden und werden dies in Zukunft mit wachsender Freizeit noch mehr sein; sie stellen zugleich ein gewisses Privileg gegenüber der übrigen Bevölkerung dar, das mit größerer Entfernung, Landschaftspflegepflicht und planerischen wie baurechtlichen Auflagen wohl zu kompensieren ist.

In verkehrsgünstiger Lage zu den Ballungsgebieten könnten in diesem Raumtyp auch Flächen für Golfplätze zur Verfügung gestellt werden, die zwar nicht allzu arme Standorte beanspruchen, hier aber der Landwirtschaft keine Flächen wegzunehmen brauchen.

3. Verdichtungsferne Räume ohne städtisches Zentrum

Schlechte Standortverhältnisse und schlechte Agrarstruktur sind kennzeichnend für die „benachteiligten", zurückgebliebenen ländlichen Problemgebiete der Raumordnung, die i. a. landschaftlich für die Erholung besonders begünstigt sind. Soweit es sich hierbei um Mittelgebirgslagen handelt, ist der Waldanteil meist relativ hoch.

In diesem Raumtyp liegen eine Reihe der deutschen Feriengebiete wie der Bayerische Wald, Harz, Rhön, Eifel, die aber zum Teil nur mit erheblichen staatlichen Förderungsmitteln ihren Fremdenverkehr aufbauen konnten, selbst dort, wo Sommer- *und* Wintersaison die Kapazitätsauslastung verbessern.

Der Landwirtschaft bieten sich, soweit es sich um Feriengebiete handelt, die Möglichkeiten des „Urlaubs auf dem Bauernhof" sowie eine Reihe weiterer Dienstleistungen nach Ziffer III/1, doch wird in vielen Untersuchungen immer wieder auf die geringen ökonomischen Auswirkungen des Fremdenverkehrs nicht nur für die Landwirtschaft, sondern ebenso für die allgemeine regionale Wirtschaftsstruktur hingewiesen (23). Gerade die überall neu entstehenden Mammutferienzentren tragen zwar in größerem Maße zur Steigerung des Bruttosozialprodukts und des Arbeitsplatzangebots bei; jedoch fließen z. B. im Harz ca. 50 %/o der Wertschöpfung wieder nach draußen an die Eigentümer, und nicht einmal 50 %/o der Arbeitsplätze konnten — da es sich vielfach um Fachkräfte handelt — aus dem Raum selbst besetzt werden (12).

Von der Landwirtschaft werden die Übernachtungspreise aus Konkurrenzgründen oft besonders niedrig kalkuliert, so daß selbst bei relativ günstigen Belegungszeiten von ca. 100 Tagen nur ein Arbeitsverdienst von 3,20 DM/Std. erwirtschaftet wird. Dagegen stehen aber in der Landwirtschaft wie im gewerblichen Fremdenverkehr und in der kommunalen Infrastruktur erhebliche finanzielle Vorleistungen für Investitionen an, die nur durch hohe Besucherzahlen und möglichst Überlagerung und Mitnutzung durch die Naherholung amortisiert werden können.

In diesem Raumtyp mit oft hohem Anteil an Grenzertragslagen sind neue Formen landwirtschaftlicher und paralandwirtschaftlicher Landschaftspflege für die Erholung zu erproben (Schafhaltung, Rindviehhaltung, Landschaftspflegehöfe usw.), wie sie etwa im Alb-Programm und Schwarzwald-Programm praktiziert werden (24; 25); hier bieten sich aber auch eine Reihe weiterer Dienstleistungen nach Ziffer III/1 an: Reiterferien, Angelferien, Vermietung und Verpachtung von Gebäuden und Flächen (Ferienwohnungen, Camping usw.). Das landwirtschaftliche Beratungswesen wird sich verstärkt auch mit dem Freizeitsektor in seinen verschiedensten Aspekten zu befassen haben; die Notwendigkeit der Zusammenarbeit mit der staatlichen und Kommunalverwaltung und mit der Fremdenverkehrswirtschaft wird deutlich.

Flurbereinigungen in diesem Raumtyp werden zum Teil allein aus Erholungsgründen angeordnet; Naturparkprogramme dienen dem Ausbau vielfältiger naturnaher Erholungslandschaften.

Je nach Lage zu den Verdichtungsräumen können weniger attraktive Gebiete durch günstige Verkehrsanbindung auch zu interessanten Naherholungsräumen vorwiegend privaten Charakters werden: Im Kreis Lüchow-Dannenberg werden heute zahlreiche Häuser der wendischen Rundlinge als Freizeitwohnsitze ausgebaut; ähnliches könnte in Zukunft etwa auch für das Emsland gelten. Aber auch hieraus sind keine regionalen Entwicklungsimpulse zu erwarten, wenn auch durch Mitnutzung der örtlichen Infrastruktur und des Versorgungsangebots durch die Zweitwohnungsbesitzer die Tragfähigkeit dieser Einrichtungen geringfügig erhöht und eine Abwanderung aufgehalten werden könnte. Doch müßten hier auch steuerliche Überlegungen erneut einbezogen werden, um einen Ausgleich für die kommunalen Vorleistungen zu schaffen.

Zusammenfassend muß gesagt werden, daß zwar die landschaftlichen Voraussetzungen für die Erholung in einer Reihe von Gebieten dieses Raumtyps gegeben sind, daß sich daraus für die Landwirtschaft und die regionale Wirtschaftsstruktur zwar ein Zuerwerb, selten und nur bei sehr günstiger Kapazitätsauslastung durch hohe Besucherzahlen und lange Verweildauer echte Entwicklungschancen ableiten lassen. Jedoch tragen in vielen Fällen die Freizeitinfrastruktureinrichtungen zur Verbesserung der Grundausstattung der Gemeinden und damit zur Anhebung des Lebensstandards der Bevölkerung bei.

V. Zusammenfassung

Freizeit und Erholung als Grundfunktionen menschlichen Lebens nehmen in unserer Gesellschaft einen *wachsenden Stellenwert* ein. Die verfügbare Freizeit wird in Zukunft noch steigen und damit ebenso die Nachfrage nach Erholungsraum und Freizeitinfrastruktur.

1. Es ist das *Ziel der Freizeitpolitik*, einen Beitrag für gesunde Lebensverhältnisse zu leisten, das Recht auf freie Entfaltung der Persönlichkeit zu gewährleisten und die Bedürfnisse nach Freizeit und Erholung zu erfüllen. Diesem Oberziel dienen sozialpolitische, siedlungs- und regionalpolitische, umwelt- und wirtschaftspolitische Ziele und Maßnahmen.

— Zu den *sozialpolitischen Zielen* gehören die Anerkennung der Freizeit als expansiver Gesellschaftszweig, die Berücksichtigung gruppenspezifischer Freizeitinteressen und — daraus folgernd — ein breitgefächertes Angebot von Freizeitinfrastruktur und vielseitigen Betätigungsformen. Dabei ist eine Koordinierung aller Freizeitbelange und die Kooperation aller mit Freizeitfragen befaßten Institutionen dringend notwendig.

— Auf *siedlungspolitischem Bereich* sind die Schaffung freizeitgerechter Wohnungen und die Sicherung und Anlage innerstädtischer Freizeitbereiche mit entsprechenden Infra-

Ziele und Maßnahmen zur Entwicklung von Freizeit und Erholung und ihre Konsequenzen für die Landwirtschaft

Raum	Oberziel	Hauptziel	Unterziel	Maßnahmen	Konsequenzen für die Landwirtschaft
Verdichtungsraum	Erhaltung, Sicherung oder Wiederherstellung gesunder Lebens- und Arbeitsbedingungen	*1. Sozialpolitische Ziele und Maßnahmen*			
		Anerkennung der Freizeit als expansiver Gesellschaftszweig	Zuständigkeitsregelung und Koordinierung aller Freizeitbelange	Ausbau des Bildungsurlaubs; Ausbau des Familienurlaubs; Ausbau der Erholungsfürsorge; Ausbildung der Freizeitdienstleistungstätigen	auch für landw. Betriebsleiter Ferien auf dem Bauernhof; Förderung des Stadt-Land-Verhältnisses
		Berücksichtigung gruppenspezifischer Freizeitinteressen der Bevölkerung	Kombination verschiedener Freizeit- und Bildungseinrichtungen; Angebot vielseitiger Betätigungsformen	Aufbau eines Berufsschulzweiges Fremdenverkehr in Erholungsgebieten; Bau von Tageserholungsstätten, Feierabendheimen usw.; Lehrfach „Freizeitgestaltung" in der Schule Freizeiterziehung in der Erwachsenenbildung	auch für landw. Nebenbetrieb „Ferien auf dem Bauernhof", Bindung der staatl. Förderung an Ausbildung
		2. Siedlungs- und regionalpolitische Ziele und Maßnahmen			
		Förderung der Tages- und Feierabenderholung in innerstädtischen und stadtnahen Erholungsgebieten	Schaffung freizeitgerechter Wohnungen	Freizeitmöglichkeiten in der Wohnung; Ausbau und Schaffung v. Sport- und Freizeitanlagen	Kombination landwirtsch. Bauvorhaben mit Ferien auf dem Bauernhof
			Freihaltung und Anlage v. Freizeitbereichen im und am Siedlungsbereich	Aufstellung v. Bebauungsplänen auch für nicht überbaute Gebiete	Sicherung der LF und Freizeitflächen in einem Grünordnungsplan
			Ausbau der kommunalen Freizeitinfrastruktur	Koppelung v. Intensiverholung mit Landwirtschaft zwischen den Siedlungsbereichen	Kombination und Trennung v. Erholung und Landwirtschaft (Flurschäden), Entschädigung, Schutzpflanzungen, Mehrfachnutzung landwirtschaftl. Wege
			Verbindung d. Erholungsflächen im Ort mit der freien Landschaft	Sicherung u. Einbeziehung von Kleingartengebieten in das Freizeitprogramm	
			Überörtliche Abstimmung der Sport- und Freizeiteinrichtungen	Kooperation mit Nachbargemeinden (Funktionsteilung)	
		Sicherung und Ausbau von Nah- u. Ferienerholungsgebieten für Wochenend- und Urlaubserholung	Vermeidung von Störungen der versch. Erholungsarten untereinander	Ausbau von Kur- und Erholungsorten	
		Bildung v. Erholungs- und Fremdenverkehrsschwerpunkten	Schaffung von Freizeit- und Erholungszentren	Ausweisung und Bau v. Baugebieten verschied. Erholungsfunktion (Feriendorf, Camping usw.)	Nutzung ehemaliger landw. Gehöfte als Freizeitwohnungen, Beeinträchtigung bei Althofsanierungen
			Verkehrsanbindung der Erholungsräume an Quellgebiete	Ausbau des öffentl. Nahverkehrs, bes. des Busverkehrs	Geringer Verbrauch an LF, weniger Flurschaden; Verbesserung d. Verkehrserschließung
		Sicherung von Freizeitvorranggebieten	Freihaltung der Freizeiträume vom Durchgangsverkehr und anderen störenden Nutzungen	Begrenzung von Freizeitwohngebieten auf extensive Erholungsräume	Grundstücksverkehr eingeschränkt

3. Umweltpolitische Ziele und Maßnahmen			
Bereitstellung landschaftlich reizvoller und klimatisch begünstigter Gebiete als Erholungsräume	Schaffung von Naturparken	Aufstellung von Landschafts- und Erholungsplänen	Bindung in Landeskultur- und Landschaftspflegegesetzen
	Vermeidung von Störungen der Erholungsgebiete durch Verkehr, Versorgung, Gewerbe b. Berücksichtigung der Erholung b. wasserwirtschaftl. u. Rekult. Maßnahmen	Reinhaltung der Gewässer Sicherstellung der Ver- und Entsorgung im Erholungsgebiet Sicherung und Ausbau der Landschaftspflege Sicherung und Ausbau der Gewässer f. die Erholung	Einschränkung der Düngung Erhöhte Anforderungen auch an landwirtschaftl. Betriebe Einschränkung der Landbewirtschaftung
Freihaltung wichtiger Natur- und Regenerationsräume	Vermeidung von Störungen des Naturhaushalts durch die Erholung	Verbesserung des landschaftlichen Erholungswertes	Einschränkung von Meliorationen, freier Zugang Einschränkung der Landbewirtschaftung
	Lenkung d. Freizeitverkehrs in landwirtsch. uninteressante Gebiete	Aufforstung von Brachland, Offenhaltung erholungswirksamer Landschaftsteile Ausbau von Erholungswäldern Ausweisung von LSG und NSG	Bindung in Landeskulturgesetz und Forstgesetzen Einschränkung der Bewirtschaftung
Konzentration der Freizeitinfrastruktur	Vermeidung der Zersiedlung d. Landschaft	Bestimmung von Nah- und Ferienerholungsräumen	Flurschäden, Einschränkungen in der Tierhaltung, Sonderaufwendungen
4. Wirtschaftspolitische Ziele und Maßnahmen			
Sicherung und Ausbau der Freizeit- und Fremdenverkehrsinfrastruktur	Ausbau der kommunalen Freizeitinfrastruktur	Bildung von Fremdenverkehrs- und Naherholungsgemeinschaften Aufstellung von Fremdenverkehrs- und Naherholungsplänen Regionaler Finanzausgleich	Verpachtung von Flächen für Freizeitnutzungen
Schaffung und Sicherung v. Arbeitsplätzen im Beherbergungs- und Freizeitgewerbe	Schaffung kommerzieller Freizeit- und Fremdenverkehrszentren	Ausbau der Freizeiteinrichtungen, Saisonverlängerung Kooperation der Betriebe	
	Ausbau des Beherbergungswesens und Kurbetriebs	Ausbau der Verpflegungs- und Beherbergungskapazitäten Rationalisierung und Modernisierung bestehender Betriebe Anpassung des Kurbetriebs an neue therapeutische Erkenntnisse	Vermietung v. Ferienwohnungen, Reitpferden, Reithallen, Reiterpensionen usw.
Verbesserung der Einkommenschancen für Handel, Dienstleistungen und Landwirtschaft	Angebot an privaten und kommerziellen Freizeitwohnsitzen verschiedener Art	Bau von Feriendörfern, Ferienparks, Wochenendsiedlungen usw.	Dienstleistungen durch d. Landwirtschaft: Pflege von Erholungsflächen, Landschaftspflege usw. Direktvermarktung ldw. Prod. Nebenbetrieb „Ferien a. d. B."
	Förderung des Dienstleistungssektors	Ausbau des Dienstleistungsangebots Ferien auf dem Bauernhof Beratung, Information Werbung, Marketing	Ausbau des landw. Beratungswesens

Erhaltung gesunder Lebensbedingungen in ländlichen Gebieten

Erhaltung und Schaffung ausgewogener wirtschaftlicher Verhältnisse in ländlichen Gebieten

Ländlicher Raum →

Verfasser: B. KOSCHNICK-LAMPRECHT.

struktureinrichtungen vorrangig. Der Ausbau von Naherholungsgebieten und die günstige Verkehrserschließung aller Erholungsbereiche leiten über zu den

— *regionalpolitischen Zielen:* die Konzentration von Freizeiteinrichtungen in Erholungsschwerpunkten unter Vermeidung gegenseitiger Störungen der verschiedenen Erholungsarten untereinander sowie die Sicherung von Vorranggebieten für Freizeit und Erholung vor anderen Raumansprüchen stehen im Mittelpunkt regionalpolitischer Überlegungen zur Freizeit.

— Aus *umweltpolitischer Sicht* sind landschaftlich reizvolle und klimatisch begünstigte Gebiete als Erholungsräume auszuweisen; Störungen der Erholung durch Lärm, Immissionen, Abwasser usw. sind dabei zu vermeiden oder langfristig abzubauen. Andererseits sind alle negativen Einflüsse des Erholungsverkehrs auf den Landschaftshaushalt auszuschließen und Regenerationsräume weitestgehend freizuhalten. Bei allen Ausbaumaßnahmen in der Landschaft ist nach Möglichkeit das System der Mehrfachnutzung zu verfolgen.

— Auf dem *wirtschaftspolitischen Sektor* sollen alle Maßnahmen der Freizeit- und Fremdenverkehrspolitik der Schaffung oder Sicherung von Arbeitsplätzen im Beherbergungs- und Freizeitgewerbe sowie der Verbesserung der Einkommenschancen für Handel und Dienstleistungen wie für die Landwirtschaft dienen. Dabei stehen Maßnahmen zur Saisonverlängerung und besseren Kapazitätsauslastung und Überlegungen für einen regionalen Finanzausgleich in Naherholungsgebieten im Vordergrund.

2. Im Kompetenzbereich zahlreicher Fachressorts werden Freizeitfragen berührt, so im Arbeitsrecht, Baurecht, Planungsrecht, Forst-, Flurbereinigungs- oder Landschaftsrecht. Während das Grundgesetz die Begriffe „Freizeit" oder „Erholung" gar nicht nennt und das Bundesraumordnungsgesetz Erholungsfragen nur anreißt, räumt das Bundesraumordnungsprogramm der Entwicklung von Freizeit und Erholung breiten Raum ein. Es wäre zu prüfen, ob bei der wachsenden Bedeutung der Freizeitfragen eine *einheitliche Gesetzgebung* in diesem Bereich notwendig wird.

3. Unter den *Konsequenzen*, die sich aus der Freizeitentwicklung *für die Landwirtschaft* ergeben, fallen eine Reihe von *Zielharmonien* ins Auge: Ferien auf dem Bauernhof, Verpachtung von Untergrenzflächen für Freizeitnutzungen, Vermietung von Gebäuden, Pferden usw., Dienstleistungen und speziell Landschaftspflege für den Erholungsverkehr, Direktvermarktung landwirtschaftlicher Erzeugnisse. Der Prozeß des Agrarstrukturwandels kann dadurch u. U. in Erholungsgebieten erleichtert werden.

Gleichzeitig können eine Reihe von *Zielkonflikten* die Überlagerung von Erholung und Landwirtschaft erschweren: Beschränkungen in der Landbewirtschaftung, Verbot von Meliorationen, Zerschneidung und Flächenverluste der LF durch Freizeitnutzung, Flurschäden, Sonderaufwendungen und Einschränkungen bei Althofsanierungen, in der Tierhaltung usw.

— In den *Randzonen der Verdichtungsräume* mit guten Standortverhältnissen und guter Agrarstruktur werden wertvolle landwirtschaftliche Flächen für Feierabend- und Naherholung beansprucht, obwohl sie — geprägt von großflächigem Acker- oder Feldgemüsebau — kaum dafür geeignet sind. Wo entfernungsmäßig vergleichbare, bessere Alternativen für die Erholung nicht zu realisieren sind, kann durch sinnvolle und langfristig glaubwürdige Planung ein Kompromiß zwischen Landwirtschaft und Freizeitnutzung gefunden werden. Hieraus können der Landwirtschaft zusätzliche Verdienstmöglichkeiten erwachsen.

— Der *Einzugsbereich eines Mittelzentrums* mit mittleren Standortverhältnissen und mittelmäßiger Agrarstruktur bietet bei bewegtem Relief und häufigem Wechsel der Bewirtschaftungsarten gute Ansatzpunkte für Freizeitnutzungen. Landwirtschaft und Erholung sind raumplanerisch klar zu trennen; Nah- wie Ferienerholung können gewisse Entwicklungschancen haben. Landwirtschaftliche Grenzertragsflächen in entfernteren Zonen und zusammenhängenden Lagen könnten, soweit öffentliche Belange nicht entgegenstehen, mit landespflegerischen und baurechtlichen Auflagen für Freizeitwohnsitze freigegeben werden.

— *Verdichtungsferne Räume* auf schlechtem Standort und mit schlechter Agrarstruktur können landschaftlich für die Erholung besonders geeignet sein, bedürfen aber einer gut ausgebauten Freizeitinfrastruktur. Selbst dann hat der Fremdenverkehr auch in traditionellen Feriengebieten nur geringe ökonomische Auswirkungen, kann jedoch zur Verbesserung der Grundausstattung der Gemeinden und damit zur Anhebung des allgemeinen Lebensstandards der Bevölkerung beitragen.

Der Landwirtschaft bieten sich bei allerdings meist niedriger Kalkulation und unter Konkurrenz der neuentstehenden Ferienzentren gewisse Verdienstmöglichkeiten aus den „Ferien auf dem Bauernhof", aus Vermietungen, Verpachtungen, allgemeinen Dienstleistungen oder aus der Landschaftspflege. Voraussetzungen dafür sind neben staatlichen Finanzhilfen der Ausbau des landwirtschaftlichen Beratungswesens auf diesem Sektor und eine Kooperation mit allen auf dem Freizeitsektor tätigen Institutionen.

Literaturhinweise

1. Wachsende Freizeit — Aus einem Gutachten der Bundesregierung für die 70er Jahre. In: Werk und Zeit 22/1973, Nr. 6.

2. VON HENTIG, H., in: Werk und Zeit 22/1973, Nr. 6.

3. KOSCHNICK-LAMPRECHT, B.: Die Funktion des ländlichen Raumes aus der Sicht wachsender Freizeitbedürfnisse. In: Die Zukunft des ländlichen Raumes, 1. Teil, Forschungs- und Sitzungsberichte der Akademie für Raumforschung und Landesplanung, Bd. 66, Hannover 1971.

4. BRENKEN, G.: Raumordnungspläne und Fremdenverkehr. In: Raumforschung und Raumordnung 32/1974, Nr. 2, S. 89.

5. PHILIPP, W.: Überlagerungstendenzen von Urlaubs- und Naherholungsverkehr am Beispiel des bayerischen Alpenraumes. In: Raumforschung und Raumordnung 31/1973, Nr. 4, S. 165.

6. Förderung von Angeboten für Freizeit und Erholung, Antwort der Bundesregierung auf eine kleine Anfrage ... Bundestagsdrucksache VII/1948 vom 2. 4. 1974.

7. Raumordnungsbericht 1972 der Bundesregierung, Bundestags-Drucksache VI/3793 vom 19. 9. 1972, S. 93.

8. Raumordnungsprogramm für die großräumige Entwicklung des Bundesgebietes (Bundesraumordnungsprogramm, Bundestags-Drucksache 7/3584 — 30. 4. 75.

9. NIEMEIER, H.-G.: Wochenend- und Ferienerholung. In: Raumforschung und Raumordnung 31/1973, Nr. 4, S. 180.

10. Wirtschaftsministerium Baden-Württemberg: Fremdenverkehrs-Entwicklungsprogramm, o. J.

11. Koschnick-Lamprecht, B.: Erholung im alten Landkreis Ulm, Untersuchungen über das Erholungsverhalten der Bevölkerung zum Kreisentwicklungsplan „Erholung im Alb-Donau-Kreis", unveröffentlichtes Manuskript 1973. — Siehe dazu auch Ganser, K. / Gebhard, H. u. a.: Erholungslandschaft Isar-Loisach, AVA-Materialsammlung Nr. 11, Wiesbaden 1971.

12. Uthoff, D.: Ferienzentren im Harz — Probleme und Chancen neuer Formen im touristischen Angebot. In: Neues Archiv für Niedersachsen 23/1974, Nr. 1, S. 14.

13. Maier, J.: Die Ferienzentren im Bayerischen Wald als neue Prozeßelemente der Kulturlandschaft. In: Mitteilungen der Geographischen Gesellschaft in München, Band 59/1974, S. 147.

14. Siehe dazu auch Duckwitz, G.: Naturparke als Freizeitlandschaften. In: Landschaft und Stadt 6/1974, Nr. 3, S. 97.

15. v. d. Heide, H.-J.: Fremdenverkehr und Neuabgrenzung der Fördergebiete. In: IKO 22/1973, Nr. 12, S. 321.

16. Siehe auch: Erlaß des Innenministeriums Baden-Württemberg über die Bauleitplanung im Schwarzwald (Schwarzwalderlaß) vom 18. 5. 1973. In: GABl, S. 654.

17. BML: Zum Thema „Verbesserung der Agrarstruktur als Beitrag zur Funktionserfüllung Freizeit und Erholung im ländlichen Raum". In: Neue Landschaft 18/1973, Nr. 11, S. 660.

18. AID: Bauernhofurlauber 1980. In: IKO 23/1973, Nr. 5, S. 133.

19. Rassow, H.-J.: Urlaub auf dem Bauernhof — Erfahrungen und Entwicklungstendenzen. In: Freizeit und Erholung in diesem Jahrzehnt, Schriftenreihe für ländliche Sozialfragen, H. 67.

20. Fasterding, F.: Fremdenverkehrsförderung als Maßnahme zur Verbesserung der Einkommenslage der Landwirtschaft. In: Neues Archiv für Niedersachsen 22/1973, Nr. 1, S. 31.

21. Siehe dazu auch Koch, G.: Landwirtschaft in der Stadtlandschaft. In: IKO 22/1973, Nr. 8/9, S. 221.

22. Ruske, W. / Stein, A.: Angebot und Nachfrage im Wochenendverkehr. In: Raumforschung und Raumordnung 31/1973, Nr. 4, S. 192.

23. v. d. Heide, H.-J.: Fremdenverkehr und Regionalentwicklung (Besprechung der Arbeit gleichen Titels von Meyer, J. F.). In: Informationen 23/1973, Nr. 23, S. 589.

24. Ministerium für Ernährung, Landwirtschaft, Weinbau und Forsten Baden-Württemberg: Albprogramm, 1971.

25. Ministerium für Ernährung, Landwirtschaft und Umwelt Baden-Württemberg: Schwarzwaldprogramm, Stuttgart 1973.

Sektorale und regionale Zielvorstellungen für die Entwicklung der Infrastruktur und deren Konsequenzen für die Landwirtschaft - Bereich Verkehr

von

Friedrich Hösch, München

I. Vorbemerkung

Das Verkehrswesen ist eines derjenigen Wirtschaftszweige, die in den letzten 150 Jahren mit den größten Bedeutungswandel erfahren haben. Zwar kann die Wirtschaftsgeschichte Verkehr in Form von Personen- und Güterbewegungen schon seit vielen Jahrtausenden nachweisen, doch eine gesamtwirtschaftliche und gesamtgesellschaftliche Bedeutung kommt dem Verkehrswesen erst in der jüngeren Vergangenheit zu. Es hat mittlerweile eine so zentrale Stellung erreicht, daß ohne sein einwandfreies Funktionieren sämtliche anderen Bereiche des wirtschaftlichen und gesellschaftlichen Lebens zur Bedeutungslosigkeit verurteilt wären.

Diese das gesamte wirtschaftliche und gesellschaftliche Leben umspannende Funktion macht das Verkehrswesen verständlicherweise für die staatliche Wirtschaftspolitik interessant. Denn mittels einer zweckgerichteten Beeinflussung des Verkehrswesens lassen sich weitreichende wirtschaftspolitische Wirkungen sowohl in sektoraler als auch in regionaler Hinsicht erzielen. Insofern erscheint es zweckmäßig, die sektoralen und regionalen Zielvorstellungen für die Entwicklung des Verkehrswesens herauszuarbeiten und zu analysieren.

Selbstverständlich werden sich aus diesen sektoralen und regionalen Zielsetzungen wegen der vielfältigen Interdependenzen mannigfache Konsequenzen für sämtliche Bereiche von Wirtschaft und Gesellschaft ergeben; sie sollen in dieser Arbeit lediglich für den Bereich Landwirtschaft aufgezeigt und verfolgt werden.

II. Begriffliches

1. Infrastruktur

Das Verkehrswesen wird neuerdings als Teil der Infrastruktur gesehen. Was man allerdings genau unter einer Infrastruktur zu verstehen hat, ist bis heute umstritten geblieben (15, S. 13 ff.)*). Wir halten es deshalb für zweckmäßig, von der umfassend-

---

*) Die Zahlen in Klammern verweisen auf die Literatur am Schluß dieses Beitrages.

sten Definition des Infrastrukturbegriffs auszugehen, die R. JOCHIMSEN gegeben haben dürfte. Danach wird mit Infrastruktur „die Gesamtheit aller materiellen, institutionellen und personellen Anlagen, Einrichtungen und Gegebenheiten bezeichnet, die den Wirtschaftseinheiten im Rahmen einer arbeitsteiligen Wirtschaft zur Verfügung stehen und die mit dazu beitragen, 1. die Entgelte für gleiche Leistungen der Produktivkräfte auszugleichen und 2. zugleich die größte Zuwachsrate der Gesamtwirtschaft herbeizuführen" (16, S. 145). Konkretisieren wir diese Ausführungen, dann können wir festhalten, daß alle diejenigen Teile des volkswirtschaftlichen Kapitalstocks der Infrastruktur zuzurechnen sind, die der Energieversorgung, der Wasserwirtschaft, dem Verkehr, dem Gesundheits-, Erziehungs-, Forschungs- und Fürsorgewesen sowie der Kommunikation dienen.

Aufgrund der üblichen Infrastrukturdefinitionen ist es oft schwierig, das Infrastrukturkapital vom übrigen volkswirtschaftlichen Kapitalstock abzugrenzen. Es werden deshalb auch manchmal anstelle einer Definition Kriterien herangezogen, welche die Infrastruktur von anderen produktiven Aktivitäten abheben sollen (11, S. 78). So werden produktive Aktivitäten — A. O. HIRSCHMAN verwendet dafür den Ausdruck Sozialkapital — nur dann zur Infrastruktur gezählt, wenn

— sie als universelle Inputs für andere Wirtschaftsaktivitäten (Produktion und Konsum) dienen können,
— sie eine verhältnismäßig lange Ausreifungszeit und Lebensdauer sowie einen hohen Kapitalkoeffizienten besitzen und eine technische Unteilbarkeit aufweisen,
— ihre Leistungen nicht importiert werden können,
— sie im Eigentum oder unter der Kontrolle der öffentlichen Hand sind, und ihre Nutzung kostenlos oder zu einer festen Gebühr gestattet wird.

Diese Kriterien können gleichzeitig als Merkmale oder Eigenschaften der Infrastruktur angesehen werden. Sie treffen demnach auf jede Art von Infrastruktur zu und können als Definitionenersatz Verwendung finden.

2. Verkehr

Zur Infrastruktur zählt, wie bereits angedeutet, auch der komplexe Bereich des Verkehrswesens, dem in dieser Arbeit unser besonderes Augenmerk gilt.

Unter Verkehr wird allgemein „die Überwindung von Raum durch Personen, Güter und Nachrichten" verstanden, während mit Verkehrswesen „die Gesamtheit der Erscheinungen, die mit der Raumüberwindung zusammenhängen", bezeichnet wird (26, S. 34).

Der Verkehr zählt volkswirtschaftlich gesehen zur tertiären Produktion. Obwohl er nichts mit der technischen Gütererstellung zu tun hat, wird er zur wirtschaftlichen Produktion gerechnet, weil das technisch fertige Produkt durch das Heranbringen an den Verbraucher einen höheren Wert erhält.

Die Funktionen des Verkehrs

Die Überbrückung von Entfernungen durch Verkehrssysteme wird aus drei unterschiedlichen Gründen vorgenommen (26, S. 8 ff.), die uns gleichzeitig an die sektoralen und regionalen Zielvorstellungen für die Entwicklung des Verkehrswesens heranbringen: a) Verkehrsleistungen werden unmittelbar konsumiert: Nicht alle Verkehrsleistungen dienen als Vorleistungen für andere Wirtschaftszweige; ein Teil ist vielmehr für den direkten Verbrauch bestimmt.

b) Ein gut funktionierendes Verkehrswesen ist die Voraussetzung für eine arbeitsteilige Wirtschaft: Spätestens seit A. Smith wissen wir, daß die Produktivität und damit der materielle Wohlstand einer Volkswirtschaft durch Arbeitsteilung ganz gewaltig gesteigert werden kann. Dieser Vorteil der Arbeitsteilung, vor allem der interlokalen Arbeitsteilung, läßt sich aber nur nutzen, wenn die Quantität und Qualität des Verkehrswesens für den Austausch der arbeitsteilig produzierten Güter sorgt.

Damit wird aber gleichzeitig ein weiterer Sachverhalt angesprochen, den man oft als das Marktphänomen bezeichnet. Denn die Qualität eines Marktes, d. h. die Menge, Art, Geschwindigkeit und Reichweite der getauschten Güter und Nachrichten hängen von der Güte des Verkehrswesens ab. Vor allem die mit dem Begriff Reichweite angeschnittene räumliche Dimension des Marktes wird durch das Verkehrswesen festgelegt. Eine räumliche Marktausweitung, die dem Unternehmer aufgrund möglicher Produktionserhöhungen Kostenvorteile (Qualitätsverbesserung oder Senkung der Stückkosten) verschafft sowie die Produktionsfaktoren entfernter Regionen zu nutzen gestattet, ist ohne ein hochentwickeltes Verkehrswesen nicht durchführbar. Umgekehrt kann man folgern, daß für weniger produktive Unternehmungen ein schlechtes Verkehrssystem gleichsam als Schutzmauer vor Konkurrenten wirkt.

c) Das Verkehrswesen wirkt auf die staatliche und gesellschaftliche Integration: Wie uns die Historiker zeigen konnten, hing der Bestand eines Staates schon im Altertum von der Güte des Verkehrswegenetzes ab. Aus Gründen einer genauen Kenntnis der politischen Situation in den einzelnen Landesteilen, der Weitergabe seiner Willensbekundungen sowie des schnellen Erfassens neuer gesellschaftlicher Strömungen muß ein Staat an einem gut entwickelten Verkehrswesen essentiell interessiert sein.

Die Funktionen machen deutlich, welch große Bedeutung dem Verkehrswesen in modernen Volkswirtschaften zukommt. Diese Bedeutung schlägt sich natürlich auch in den Ausgaben für den Verkehr nieder; sie werden nach Schätzungen für Deutschland von 2,5 % des Bruttosozialprodukts im Jahre 1965 mit einer jährlichen Steigerungsrate von 8,7 % bis auf 3,3 % des Bruttosozialprodukts im Jahre 1985 anwachsen (23, S. 443).

III. Sektorale Zielvorstellungen für die Entwicklung des Verkehrs

Aus den Funktionen, die das Verkehrswesen in Wirtschaft und Gesellschaft zu erfüllen hat, können die sektoralen und regionalen Zielvorstellungen für die Entwicklung des Verkehrswesens abgeleitet werden. Wegen der Eigenschaft der Verkehrsleistungen, als genereller Input in allen übrigen Wirtschaftsbereichen zu dienen, vermag allerdings nicht von eigenständigen Zielvorstellungen gesprochen zu werden, die das Verkehrswesen — selbstverständlich unter Beachtung der gesellschaftlichen Leitbilder — verfolgt. Vielmehr ist es so, daß die Ziele für die Entwicklung des Verkehrswesens von außen, d. h. von anderen Wirtschaftszweigen bzw. Regionen, an das Verkehrswesen herangetragen werden.

Alle Zielvorstellungen, die aus der Sicht der Sektoren mittels der Entwicklung des Verkehrswesens erreicht werden sollen, lassen sich unter dem Ober- oder Generalziel „Verbesserung der Verkehrsverhältnisse" zusammenfassen. Denn die Verkehrsinvestitionen bewirken indirekt über externe Vorteile eine Erhöhung bzw. Verbesserung der Produktion in vielen anderen Wirtschaftszweigen.

Es ist in diesem engen Rahmen unmöglich, alle Fachbereiche und deren Zielvorstellungen in die Betrachtungen einzubeziehen. Es seien deshalb hier lediglich einige in diesem Band behandelte Fachbereiche herausgegriffen, und nur einige ihrer Zielvorstellungen aus der Sicht des Verkehrswesens analysiert; selbstverständlich wird es sich dabei um die u. E. wichtigsten handeln.

1. Zielvorstellungen aus der Sicht des Fachbereichs Industrie

Wenn auch das Oberziel „Verbesserung der Verkehrsverhältnisse" von allen Fachbereichen unterschrieben werden kann, so werden sie dieses Oberziel doch recht unterschiedlich interpretieren. Die Industrie z. B. ist an der Gewinnmaximierung interessiert, d. h. sie möchte die Differenz zwischen Erlösen und Kosten möglichst groß machen. Da aber bei nicht monopolistischen Marktstrukturen die Preise und damit auch die Erlöse von der Nachfrageseite mitbestimmt werden, verbleiben dem Unternehmer als Aktionsparameter lediglich die Kosten.

Wie empirische Standortuntersuchungen zeigen (5, S. 102 ff.; 9, S. 88 ff.), spielen die eigentlichen Transportkosten für die Industrie heute kaum noch eine Rolle. Entscheidend sind für unsere schnellebige Zeit die sogenannten Zeitkosten geworden, d. h. die Geschwindigkeit, mit der die Verkehrsleistungen abgewickelt werden können (23, S. 434).

Bei den genannten Untersuchungen hat sich ferner herausgestellt, daß die Industrie dem Straßenverkehr mit Abstand die Priorität zumißt, gefolgt von Schiene, Wasserstraße und Luftverkehr. Insofern kann man folgern, daß die Industrie vor allem an einem zügigen Ausbau des Autobahn- und Fernstraßennetzes interessiert ist, weil dadurch die wichtigsten Liefer- und Absatzzentren schneller erreichbar werden.

Die zunehmende Bedeutung des Straßenverkehrs für die Industrie schlägt sich auch in der Statistik nieder. So hat die Güterbeförderung mit der Eisenbahn im Jahrzehnt 1964—1974 um 16,7 % von 346,6 auf 404,3 Millionen t zugenommen. Im gleichen Zeitraum erhöhten sich dagegen die im LKW-Fernverkehr bewegten Gütermengen um 82,3 % von 124,3 auf 226,6 Millionen t. Noch deutlicher fielen die Zuwachsraten bei den Tariftonnenkilometern aus; sie betrugen bei den Eisenbahnen 12,3 % (von 63,6 auf 71,4 Mrd. tkm), beim LKW-Fernverkehr dagegen 93,1 % (von 30,3 auf 58,5 Mrd. tkm).

2. Zielvorstellungen aus der Sicht des Fachbereichs Freizeit und Erholung

In die gleiche Richtung gehen die Zielvorstellungen, die vom Bereich Freizeit und Erholung an die Verkehrsinfrastruktur herangetragen werden. Wie sich in den letzten Jahren gezeigt hat, läßt die laufende Vermehrung der Freizeit neue Bedürfnisse entstehen, die sich vor allem auf mehr Wohnkomfort, Hobbys und Erholungsreisen ausrichten. Die Erholungsgebiete befinden sich jedoch in der Regel nicht in unmittelbarer Nähe der Ballungsräume, die das Gros der Erholungsuchenden stellen. Weil aber die Wochenenderholung in unserer Gesellschaft eine immer größere Bedeutung gewinnt (14, S. 207), ist aus der Sicht des Bereichs Freizeit und Erholung eine gute Verkehrsanbindung der Erholungsräume an die Quellgebiete, d. h. die Verdichtungsräume, erforderlich (B. KOSCHNICK-LAMPRECHT), um die Bedürfnisse der Menschen nach Erholung zu befriedigen.

Für die Wochenenderholung oder Naherholung stehen Schiene und Straße als Verkehrsart zur Verfügung. Die Eisenbahn besitzt jedoch den schwerwiegenden Nachteil, daß sie als sogenanntes lineares Verkehrsmittel lediglich bestimmte und in der Regel größere Orte miteinander verbindet; sie kommt deshalb nur für wenige Erholungsziele in Frage. Die

Straße dagegen vermag die Fläche zu bedienen und muß daher als die angemessene Verkehrsart für die Naherholung angesehen werden.

Das beliebteste Verkehrsmittel stellt für den Erholungsuchenden bekanntlich der private PKW dar, weil damit relativ unabhängig von Zeit und Ort das Wochenende gestaltet werden kann. Das aus Gründen des Umweltschutzes (Lärm, Abgase) oft geforderte Zurückdrängen des Individualverkehrs durch ein attraktives Omnibusnetz (Maschenenge, Fahrplandichte) muß nach den bisherigen Erfahrungen jedoch skeptisch beurteilt werden. Denn durch den privaten PKW läßt sich eine gewisse Unabhängigkeit demonstrieren, die von den meisten Menschen ersehnt wird. Sie stellt demnach ein Stück Lebensqualität dar, was zumindest die Forderung nach einem weiteren Ausbau des Straßennetzes, nach Ortsumgehungen, nach der Anlage von Parkplätzen usw. als gerechtfertigt erscheinen läßt.

3. Zielvorstellungen aus der Sicht des Fachbereichs Siedlungsstruktur

Etwas differenzierter sind die Zielvorstellungen, die vom Bereich Siedlungsstruktur an das Verkehrswesen gestellt werden. Denn siedlungspolitisch hat der Verkehr zwei verschiedene Funktionen zu erfüllen. Zum einen wird durch den Verkehr die Verbindung zwischen den anderen Grundfunktionen wie Wohnen, Arbeiten, Versorgung, Bildung und Erholung sichergestellt, während andererseits der Verkehr auch zum „Bestimmungsfaktor der überregionalen Siedlungsstruktur" wird (7, S. 257 f.).

Dem Schienen- und Straßennetz kommt auch im Hinblick auf die Siedlungsstruktur die größte Bedeutung zu. Allerdings wurde die bisherige ökonomische Dominanz in der Verkehrspolitik durch gesellschaftspolitische Vorstellungen abgelöst, die keiner ökonomischen Kontrolle mehr zugänglich sind (V. v. MALCHUS).

Die eindeutige Priorität des Straßenverkehrs, wie wir sie bei den anderen Fachbereichen kennengelernt haben, ist aus der Sicht der Siedlungsstruktur nicht mehr gegeben. Deutschland besitzt zwar weite Räume, die aufgrund ihrer geringen Bevölkerungsdichte nicht über ein Schienennetz verfügen; dort kann auf die flächenbedienende Funktion des Straßenverkehrs nicht verzichtet werden. Jedoch grundlegend anders wird von der heutigen staatlichen Verkehrspolitik die Lage in den Verdichtungszonen beurteilt. Das Leitbild einer autogerechten Stadt hat sich aus ökonomischen und soziologischen Gründen als Utopie erwiesen, so daß das Augenmerk schwergewichtsmäßig auf den öffentlichen Personenverkehr, d. h. vor allem Omnibus und S-Bahn gerichtet ist (25, S. 219 ff.). Die heutigen verkehrspolitischen Konzepte laufen darauf hinaus, dem öffentlichen Personenverkehr Vorrang vor dem Individualverkehr einzuräumen. Wie die Praxis jedoch zeigt, besitzt das Automobil in der Bevölkerung einen so hohen Stellenwert, daß Appelle an den Bürgersinn die Autofahrer nicht zu den öffentlichen Verkehrsmitteln bewegen können. Ohne eine gewaltige Erhöhung der Attraktivität der öffentlichen Nahverkehrsmittel und ohne staatliche Zwangsmaßnahmen irgendwelcher Art, seien es Besteuerung, Verringerung der Parkflächen, Halteverbote usw., wird sich der gewünschte Effekt auch kaum erreichen lassen.

Ob sich der Ausbau des öffentlichen Personennahverkehrs bei der derzeitigen mittelfristig absehbaren Finanzlage der öffentlichen Hand überhaupt realisieren läßt, ist auch noch eine ungelöste Frage. So ist es nicht verwunderlich, daß im „Bericht ... über die verkehrspolitischen Zielsetzungen im öffentlichen Personenverkehr" vom 28. 5. 1975 die finanz- und ordnungspolitische Gesamtstruktur des öffentlichen Personennahverkehrs als unbefriedigend bezeichnet wird (24, S. 343).

IV. Regionale Zielvorstellungen für die Entwicklung des Verkehrs

Zwischen Verkehrsinvestitionen und der Entwicklung von Regionen bestehen erhebliche Wechselwirkungen. Durch ein gut ausgebautes Verkehrssystem werden Produktionsanreize auf andere Wirtschaftszweige ausgeübt, während diese wiederum die Gestaltung und Auslastung des Verkehrssystems mitbestimmen. Darüberhinaus muß beachtet werden, daß die Umstellungen in der Agrarstruktur, die zunehmende Verflechtung der Gemeinden durch Gebietsreformen und der fortschreitende Industrialisierungsprozeß in manchen Regionen die Verkehrsinfrastruktur als zu groß, in den meisten Regionen jedoch als zu klein erscheinen lassen. Da Verkehrsinfrastrukturen zwangsläufig eine gewisse Mindestgröße aufweisen müssen, sind ständige Wechsel zwischen Über- und Unterkapazitäten im Verkehrswesen kaum zu vermeiden.

Auch in regionaler Hinsicht stellt sich für das Verkehrswesen als Oberziel die „Verbesserung der Verkehrsverhältnisse". Diese allgemeine Zielvorstellung gilt es allerdings zu modifizieren, je nachdem um welche Region bzw. um welchen Raumtyp es sich handelt.

Sämtlichen Beiträgen in diesem Band werden drei Raumtypen zugrunde gelegt und zwar als Raumtyp I: Verdichtungsräume und Verdichtungsrandzonen, als Raumtyp II: Verdichtungsferne Räume im Einzugsbereich eines Mittelzentrums, als Raumtyp III: Verdichtungsferne Räume ohne städtisches Zentrum.

1. Zielvorstellungen für Verdichtungsräume und Verdichtungsrandzonen

Von allen drei Raumtypen besitzen die Ballungsgebiete die engmaschigsten Verkehrsnetze. Trotzdem muß es als strittig angesehen werden, ob die Verkehrsverhältnisse in diesem Raumtyp I besser als in den anderen Raumtypen sind. Denn wir kennen aus eigener Erfahrung die verstopften Straßen, die überfüllten Bahnen und die mangelhafte Bedienung von Tangentialstrecken. Dadurch liegen die Fahrzeiten für gleiche Strecken in aller Regel deutlich über den Fahrzeiten in anderen Raumtypen, so daß die kürzeren Zugfolgen der öffentlichen Verkehrsmittel nur einen ungenügenden Ersatz für lange Fahrzeiten bieten. Dies wiegt umso mehr, als die sogenannten Zeitkosten gegenüber den ökonomischen Transportkosten in der öffentlichen Meinung einen immer größeren Stellenwert einnehmen. Das Oberziel „Verbesserung der Verkehrsverhältnisse" läßt sich deshalb für den Raumtyp I u. a. in die nachstehenden Unterziele aufspalten:

— Erhöhung der Verkehrssicherheit,

— Vorrang des öffentlichen Personennahverkehrs vor dem Individualverkehr,

a) Erhöhung der Verkehrssicherheit

Mit dem ersten Unterziel ist ein Phänomen angesprochen, das die Verkehrsexperten immer mehr beunruhigt, und zwar die steigende Zahl der jährlichen Verkehrstoten und -verletzten. In den Verdichtungsgebieten sind die meisten Opfer zu beklagen, so daß Gegenmaßnahmen hier immer dringlicher werden. Angefangen von einer intensiven Verkehrserziehung bei Schulkindern bis zu einem verstärkten Ausbau von ampelbestückten Fußgängerüberwegen und einer verlängerten Grünphase für Fußgänger sollten alle Sicherheitsmaßnahmen genutzt werden. Ferner müßte auch die Entwicklung eines Sicherheitsautos intensiv betrieben werden, um die Verletzungsgefahren für die Autofahrer zu vermindern.

b) *Vorrang des öffentlichen Personennahverkehrs vor dem Individualverkehr*

Auf größere Schwierigkeiten wird sicherlich die Verwirklichung dieses Unterzieles stoßen. Denn das Automobil besitzt bekanntlich in den Augen der Bevölkerung eine so hohe Attraktivität, daß Maßnahmen zur Beschränkung des Individualverkehrs als starker Eingriff in die private Dispositionsfreiheit empfunden werden. Wenn Zwangsmaßnahmen vermieden werden sollen, müßte man den öffentlichen Personennahverkehr so attraktiv gestalten, daß die Bevölkerung freiwillig auf die private PKW-Benutzung — vor allem für die Fahrten zur Arbeitsstätte und zum Einkaufen — verzichtet.

Mit dem sogenannten park and ride, d. h. die PKW-Benutzer werden durch ausreichende Parkgelegenheiten an den Verdichtungsrändern animiert, auf die öffentlichen Verkehrsmittel umzusteigen, haben sich in verschiedenen Verdichtungsräumen erfolgversprechende Ergebnisse erzielen lassen. Ohne großzügige Subventionen für die öffentlichen Verkehrsmittel wird der Individualverkehr aber kaum zurückgedrängt werden können. Denn neben ansprechenden Waggons mit ausreichenden Sitzgelegenheiten und einem engmaschigen Fahrplan bildet ein niedriger Fahrpreis ein wichtiges Instrument, die PKW-Benutzer zum „Umsteigen" zu bewegen. Der niedrige Fahrpreis führt jedoch dazu, daß die Bundesbahn z. B. im Großraum München nicht einmal ein Drittel der S-Bahnkosten durch den Fahrpreis zu decken vermag.

c) *Mögliche Zielkonflikte*

Es kann nicht geleugnet werden, daß die Verwirklichung der genannten Ziele zu Konflikten mit Zielen aus anderen Fachbereichen führen kann. Ganz davon abgesehen, daß hohe staatliche Ausgaben für das Verkehrswesen einen alternativen Einsatz der knappen Mittel verhindern, schränkt der Ausbau der Verkehrsanlagen in den Verdichtungsräumen die relativ wenigen Freiflächen weiter ein. Vor allem die Parkplätze sind raumintensiv und werden deshalb vorzugsweise auf Flächen, die bisher der Tageserholung oder genauer dem Abendspaziergang dienten, errichtet. Außerdem hemmen die Ampelsicherungen für die Fußgänger den Verkehrsfluß, was zu einer Erhöhung des Lärmpegels und der Abgasemissionen führt.

2. *Zielvorstellungen für verdichtungsferne Räume im Einzugsbereich eines Mittelzentrums*

In einem Raumtyp II kommt der Straßenverkehr wieder mehr zum Tragen. Denn die schienengebundenen Verkehrsmittel lassen sich höchstens in Zeiten des Berufsverkehrs einigermaßen kostengünstig auslasten. Es muß deshalb mit Streckenstillegungen gerechnet werden, wodurch sich Rückwirkungen auf die Nachfrage nach Straßenverkehrsleistungen ergeben werden (6, S. 127 ff.). Insofern stehen in diesen Räumen andere Unterziele mehr im Vordergrund und zwar u. a. die

— Verbesserung der Straßenverhältnisse,

— Verbesserung der Verkehrsbedienung.

a) *Verbesserung der Straßenverhältnisse und der Verkehrsbedienung*

Ein Raumtyp II ist, wie die Beschreibung schon sagt, auf ein Mittelzentrum orientiert. Die Bevölkerungsdichte außerhalb des Mittelzentrums ist verhältnismäßig gering, so daß das Verkehrsaufkommen nur unterdurchschnittliche Ausmaße erreicht. Wie aus den Nahbereichsuntersuchungen der zentralen Orte bekannt ist, reagiert die Bevölkerung sehr stark auf die Länge der Fahrzeiten. Wegen der relativ geringen Verkehrsbelastung dürften die Landstraßen ziemlich unproblematisch sein. Schwierigkeiten ergeben sich jedoch bei der

Kreuzung gleichgeordneter Straßenzüge und den Ortsdurchfahrten, vor allem, weil in diesem Raumtyp auch der schwere Gütertransport in der Regel auf der Straße abgewickelt wird. Die Straßenkreuzungen sind deshalb durch Abzweigspuren so zu verbreitern und die Ortsdurchfahrten durch Umgehungsstraßen so zu entlasten, daß Verkehrsstauungen und damit Zeitkosten weitgehend eingeschränkt werden.

b) *Mögliche Zielkonflikte*

Bei Verwirklichung dieser Unterziele können sich vor allem Konflikte mit den Zielen zur Entwicklung der Siedlungsstruktur ergeben. Aus Kostengründen können nicht alle Orte durch ein leistungsfähiges Straßennetz erschlossen werden, das in bezug auf Breite, Deckenbeschaffenheit usw. allen Anforderungen genügt. Insofern sollte sich aus der Sicht des Verkehrswesens die Siedlungstätigkeit verstärkt an den sogenannten Entwicklungsachsen (13) orientieren, um die Verkehrsinvestitionen zu konzentrieren. Wie neuere Beobachtungen jedoch zeigen (20), vollziehen sich in jüngster Zeit Bevölkerungsverdichtungen in ländlichen Räumen auch abseits solcher Entwicklungsachsen. Fordern diese Kommunen dann den Ausbau des unterentwickelten Straßennetzes, wird die Zielantinomie evident.

3. *Zielvorstellungen für verdichtungsferne Räume ohne städtisches Zentrum*

Wie für die meisten anderen Fachbereiche müssen auch in bezug auf das Verkehrswesen die Räume vom Typ III als die problematischsten angesehen werden. Gerade im Hinblick auf die Funktion des Verkehrswesens als genereller Input für praktisch alle anderen Fachbereiche schlägt die in diesen Gebieten traditionell unterentwickelte Verkehrsinfrastruktur voll auf den gesamten Raumtyp durch. Wenn hier die bekannten regionalpolitischen Zielvorstellungen Gerechtigkeit, Stabilität und Wachstum durchgesetzt werden sollen, bedeutet dies, daß das Oberziel „Verbesserung der Verkehrsverhältnisse" durch mindestens die nachstehenden Unterziele konkretisiert werden muß:

— Ausbau des Straßennetzes,

— Organisation von Ortsverbindungen.

a) *Ausbau des Straßennetzes*

In verdichtungsfernen Räumen ohne städtisches Zentrum kann heute nicht mehr mit schienengebundenen Verkehrsmitteln gerechnet werden. Denn die Räume vom Typ III waren ja die ersten, die von Streckenstillegungen der Bundesbahn betroffen wurden. Die Attraktivität und damit Entwicklungsfähigkeit dieser Räume hängt deshalb heute weitgehend von einem funktionsfähigen Straßennetz ab und befindet sich somit weitgehend in Harmonie mit den Zielvorstellungen anderer Fachbereiche, die ja alle auf gute Verkehrswege angewiesen sind. Doch müssen die Straßenverhältnisse in diesem Raumtyp III vielfach als relativ rückständig bezeichnet werden (4, S. 119 ff., im Gegensatz zu 20, S. 73 ff.), so daß hohe Investitionsausgaben notwendig werden, um die Straßen an die Verkehrsmengen anzupassen. Als vordringlichste Aufgaben stellen sich dabei die Verbreiterung der Hauptverbindungswege auf mindestens 5 m, eine Begradigung der überholten Linienführung aus der Postkutschenzeit, die Beseitigung von starken Steigungen bzw. Gefällstrecken und die Verstärkung der Straßendecken für schwere Lasten (Frostsicherheit). In vielen Räumen sind diese Ziele gleichbedeutend mit einem Neubau der meisten Straßen.

Da, wie erwähnt, das Verkehrswesen auch den Zielen anderer Fachbereiche zu dienen hat, müssen beim Ausbau der Verkehrswege noch zusätzliche Punkte berücksichtigt werden. Vor allem die für diese Räume zu erwartende Erholungstätigkeit und die Ausweitung der Forstwirtschaft lassen z. B. die Anlage von Parkplätzen, den Bau von Wander- und Reitwegen sowie die Anlage von Wildzäunen als gerechtfertigt erscheinen.

b) *Organisation von Ortsverbindungen durch öffentliche Verkehrsmittel*

Das Verkehrsaufkommen in einem Raumtyp III ist abgesehen vom Wochenendverkehr relativ gering, jedoch von einer gewissen Stetigkeit, zumal wenn man bedenkt, daß durch die in vielen Bundesländern durchgeführten Gemeindereformen längere Anmarschwege zu Bürgermeistereien und anderen Ämtern notwendig werden. Die größeren Orte werden aber höchstens zu Zeiten des Berufsverkehrs von öffentlichen Verkehrsmitteln (bzw. privaten Omnibusunternehmen im öffentlichen Auftrag) angefahren. Damit erhält das private Automobil in diesen Räumen die Stellung eines wesentlichen Verkehrsmittels, das tagsüber die Verbindung zwischen den einzelnen Siedlungen gewährleistet — auch wenn ein Großteil des PKW-Bestandes für den Pendlertransport verwendet wird und deshalb für diese Funktion weitgehend ausfällt.

Kinder sowie alte und kranke Menschen können aus verständlichen Gründen den privaten PKW kaum nutzen. Um auf dem Verkehrsgebiet wenigstens annähernd gleichwertige Lebensbedingungen wie in den Verdichtungsräumen zu schaffen, ist eine andere Organisation der bisherigen Verkehrsträger und Verkehrsmittel anzustreben. Denn die Vermeidung hoher Defizite und eine befriedigende Verkehrsbedienung der einzelnen Orte lassen sich mit der herkömmlichen Organisation des Personenverkehrs nicht in Einklang bringen. Das Problem dürfte u. E. nur dann einer Lösung nähergebracht werden können, wenn die Organisation und rechtlichen Bestimmungen den Bedürfnissen der in solchen entlegenen Räumen lebenden Bevölkerung angepaßt werden.

So ist z. B. zu fragen, ob ein Teil des Personenverkehrs nicht auch von Taxiunternehmen oder sogar privaten Leuten abgewickelt werden könnte, weil dies nicht nur kostengünstiger, sondern auch bedarfsorientierter zu bewerkstelligen wäre. Auch eine Modifizierung des § 43 Personenbeförderungsgesetzes könnte dazu beitragen, daß unter bestimmten Voraussetzungen Schulbusse und Omnibusse des Werksverkehrs für den allgemeinen Personenverkehr zugänglich gemacht werden (3, S. 246). Jedenfalls müßte eine täglich mehrmalige Verbindung zu den kleinen zentralen Orten sichergestellt sein.

Ohne massive staatliche Unterstützung sind die Verkehrsprobleme in den verdichtungsfernen Räumen auch in Zukunft nicht zu bewältigen. Dabei ist allerdings zu überlegen, ob die Hilfen nicht differenzierter gewährt werden könnten, als dies heute üblich ist. So erhält z. B. der private PKW-Besitzer, der in einem Raumtyp III dringend auf sein Auto angewiesen ist, kein Äquivalent zu den Millionenbeträgen, die von der öffentlichen Hand für den Nahverkehr in den Verdichtungsräumen aufgewendet werden. Ja im Gegenteil, wie empirische Untersuchungen zeigen (10, S. 7 ff.), werden die Bewohner entlegener Räume durch die Mineralölsteuer erheblich stärker belastet als in den Verdichtungsgebieten, ganz davon abgesehen, daß das Benzin dort in der Regel um einige Pfennige teurer ist.

Ferner muß darauf hingewiesen werden, daß die Kommunikation der Bevölkerung über den Fernsprecher eine immer größere Bedeutung gewinnt (8, S. 59), wie die in den letzten Jahren sprunghaft gestiegenen Anschlüsse zeigen. Sicherlich ist die Benutzungshäufigkeit von Mensch zu Mensch und von Landschaft zu Landschaft verschieden. Doch darf angenommen werden, daß bei der weiträumigen Siedlungsstruktur im Raumtyp III das Telefon zu Kommunikationszwecken viel häufiger benötigt wird als in Verdichtungsräumen. Dem steht allerdings die Abgrenzung der Fernsprechnetze durch die Bundespost entgegen. Während in den Ballungsgebieten die gesamte Region zu Ortsgebühren anwählbar ist, muß der Fernsprechteilnehmer im Raumtyp III über die gleiche Distanz in der Regel die Ferngebühren bezahlen. Das Rentabilitätsdenken der Post und die regionalpolitischen Vorstellungen der Bundesländer konnten bisher allerdings nicht aufeinander abgestimmt werden (2, S. 191).

c) Mögliche Zielkonflikte

Die in einem Raumtyp III auftretenden Zielkonflikte unterscheiden sich nicht wesentlich von den Zielkonflikten in einem Raumtyp II. Zusätzlich läßt sich anmerken, daß es beim Wochenendverkehr wegen der schlechten Straßenverhältnisse zu Lärmbelästigungen und kritischen Abgasemissionen kommen kann. Ferner muß berücksichtigt werden, daß die Streckenführung moderner Verkehrswege nicht unerheblich in das Landschaftsbild eingreift. Die Ziele der Landschafts- und Denkmalspflege müssen deshalb schon in einem frühzeitigen Stadium Eingang in die Verkehrsplanung finden.

V. Konsequenzen für die Landwirtschaft

In den zurückliegenden Ausführungen wurden einige ausgewählte sektorale und regionale Ziel-Maßnahmen-Systeme für die Entwicklung der Verkehrsinfrastruktur dargestellt. Damit sind gleichzeitig alle Voraussetzungen erfüllt, um aus dem Blickwinkel des Verkehrswesens die Konsequenzen für die Landwirtschaft abzuleiten.

Für den Fachbereich Landwirtschaft werden als Oberziele die „Versorgung der Bevölkerung in Krisenzeiten" und die „Erhaltung der Kulturlandschaft" angesehen (17, S. 285; 1). Diese Ziele treffen in der Realität auf die Zielvorstellungen der anderen Fachbereiche. Besteht zwischen den Zielen der Landwirtschaft und eines Fachbereichs keine Zielharmonie bzw. Zielneutralität, dann muß eine Abstimmung der Ziele aufeinander vorgenommen werden, wobei die Landwirtschaft in der jüngsten Vergangenheit in ihren Zielvorstellungen dann meist zurückstecken mußte. Darin wird natürlich auch der geringe Stellenwert sichtbar, den man in der Öffentlichkeit der Landwirtschaft im Vergleich zu anderen Fachbereichen zumißt: „Die Bevölkerung ließe sich durch den Import landwirtschaftlicher Produkte in der Regel viel preisgünstiger versorgen, und die Landschaft sei ja immer noch offen."

Wenn wir in dieser Betrachtung dem Zielsystem der Landwirtschaft das Zielsystem des Verkehrswesens entgegensetzen, dann lassen sich die Konsequenzen sichtbar machen, die sich aus dem Ausbau der Verkehrsinfrastruktur für die Landwirtschaft ergeben; sie fallen für die Landwirtschaft sowohl positiv als auch negativ aus.

Es erscheint uns nicht notwendig, in den folgenden Ausführungen die Dreiteilung der Raumtypen aufrechtzuerhalten. Denn die Landwirtschaft wird schwergewichtsmäßig ihren Standort in den Raumtypen II und III haben, so daß wir diese beiden Raumtypen zweckmäßigerweise zusammenfassen.

Im Raumtyp I wird wegen der hohen Bodenpreise neben Landwirtschaft vor allem eine intensive Bodenbewirtschaftung in Form von Gärtnereien betrieben. Da es sich bei den landwirtschaftlich und gärtnerisch genutzten Flächen um weiträumige Freiflächen handelt, die für die Bevölkerung nicht begehbar sind, lassen sie sich im Gegensatz zu Parkanlagen ohne große Widerstände aus der Bevölkerung für den Bau von Verkehrsanlagen umfunktionieren. Wir können deshalb immer wieder beobachten, daß landwirtschaftliche Flächen, Gärtnereien und vielfach auch Kleingartenanlagen der Verkehrsinfrastruktur geopfert werden.

Ein Teil der finanziellen Verkehrsinvestitionen fließt heute für den Straßen- und auch den Flughafenbau in die Räume vom Typ II und III. Flughäfen dienen zwar in erster Linie der Bevölkerung in den Ballungsgebieten, doch läßt sich ihre Errichtung nur noch in dünn besiedelten Räumen rechtfertigen. Sicherlich werden in Zukunft kaum noch Großflughäfen gebaut. Kleine Anlagen mit Graspisten für die Sportfliegerei steigen jedoch zunehmend in der Freizeitgunst. Auch die örtlichen Bürgermeister sehen Flughäfen in der Regel nicht ungern, weil sie das Image einer Region heben. Wenn aber Flughäfen gebaut bzw. Großflughäfen erweitert werden, ist der Flächenbedarf enorm, ähnlich wie bei modernen Straßenanlagen (21, S. 73 ff.; 12, S. 209 ff.).

Ganz abgesehen von der Lärmbelästigung und den Abgasemissionen wird die landwirtschaftliche Produktion durch die Verkehrserschließung mehr oder minder stark behindert bis hin zu einer Verschlechterung des Kleinklimas (G. REINKEN). Die modernen Schnellstraßen, deren Trassierung sich nur noch selten an der topographischen Gestalt des Raumes orientiert, zerschneiden oft die überkommenen Fluren und zwingen damit zu zeitraubenden Umwegen bei der Bodenbewirtschaftung. Vor allem der landwirtschaftliche Verkehr aber selbst ist es, der mit den übrigen volkswirtschaftlichen Verkehrsbewegungen kollidiert. Denn bei der Abwicklung des landwirtschaftlichen Produktionsprozesses müssen „bestimmte Mengen von Menschen, Tieren, Geräten, Maschinen, Saatgut, Düngern, Erntegütern usw. zwischen dem Betriebszentrum, dem Wirtschaftshof und den einzelnen Feldstücken bewegt werden" (19, S. 103), ganz abgesehen von den Verkehrsleistungen, die zur Überwindung der Entfernung vom Betrieb zu seiner Genossenschaft, dem Landhandel, Molkerei, Bahnstation usw. erbracht werden müssen.

Zur Befriedigung des inner- und außerbetrieblichen Verkehrsbedürfnisses bedient sich der landwirtschaftliche Betrieb in der Regel des Schleppers. Allein schon die Zunahme des landwirtschaftlichen Schlepperbestandes von ca. 800 000 im Jahre 1960 bis auf ca. 1,25 Millionen im Jahre 1972 — was einer Erhöhung um ca. 55 % gleichkommt — zeigt, welche Bedeutung der landwirtschaftliche Verkehr mittlerweile besitzt. Wenn auch die Motorleistung der Schlepper laufend zugenommen hat, so ist die Höchstgeschwindigkeit mit ca. 20 km/h praktisch gleich geblieben. Die Schlepper stellen demnach für den heutigen Straßenverkehr schlechthin ein Verkehrshindernis dar, und die modernen Schnellstraßen bleiben ihnen aus verständlichen Gründen versperrt. Insgesamt gesehen wird demnach die landwirtschaftliche Berufsausübung durch den Ausbau der Verkehrsanlagen oft ganz gewaltig behindert.

Der Ausbau der Verkehrswege in den Raumtypen II und III muß jedoch nicht nur Nachteile für die Landwirtschaft mit sich bringen. So hat ja, wie erwähnt, der Ausbau der Verkehrswege die Eigenschaft, eine räumliche Marktausweitung herbeizuführen. D. h., die ökonomischen Entfernungen zu den Verbraucherzentren schwinden, so daß aufgrund der näher gerückten Absatzmärkte eine andere Flächennutzung und die Umstellung auf Veredelungsprodukte lohnend werden.

Selbstverständlich muß auch an den umgekehrten Effekt gedacht werden. Doch ist bei landwirtschaftlichen Produkten wegen der geringen Bevölkerungsdichte eine Konkurrenz von außen kaum zu befürchten.

Auch kann durch eine Verkürzung der Fahrzeiten der Verkehrsmittel der eine oder andere Vollerwerbslandwirt bewogen werden, einem außerlandwirtschaftlichen Haupterwerb nachzugehen. Sowohl die Veredelungsproduktion als auch die Nebenerwerbslandwirtschaft tragen zu einer Einkommensverbesserung der landwirtschaftlichen Bevölkerung bei, so daß auch das Einkommensgefälle zwischen den industriellen und den landwirtschaftlichen Arbeitskräften vermindert wird.

Ferner darf nicht übersehen werden, daß der Bildungswille und das Bildungsbedürfnis in der landwirtschaftlichen Bevölkerung zunimmt. Das Bildungsbedürfnis läßt sich aber nur befriedigen, wenn die entsprechenden Bildungseinrichtungen zur Verfügung stehen. Wegen der relativ geringen Bevölkerungsdichte in den Regionen, in denen die landwirtschaftliche Bevölkerung überdurchschnittlich stark vertreten ist, können jedoch die notwendigen Bildungseinrichtungen (Gymnasien, Real-, Fach- und wissenschaftliche Hochschulen) wohl kaum in einer für alle Bewohner zumutbaren Entfernung erstellt werden. Dem Verkehr fällt damit die wichtige Aufgabe zu, „gewissermaßen als ‚Zubringer' für die Realisierung des Bildungswesens" zu dienen; er muß dabei „so organisiert sein, daß ein Minimum an zeitlichem Leerlauf entsteht, so daß gewisse pädagogische Schäden tunlichst vermieden werden" (18, S. 37 ff.). Auf die starke Wechselwirkung von Bildungsstand der landwirtschaftlichen Bevölkerung und landwirtschaftlicher Produktion braucht sicher nicht besonders hingewiesen zu werden.

Wegen der qualitativ unterschiedlichen Vor- und Nachteile eines Ausbaus der Verkehrswege in den Raumtypen II und III läßt sich allerdings nicht beurteilen, ob die Konsequenzen, die sich aus dem Ausbau der Verkehrsanlagen für die Landwirtschaft bzw. für die landwirtschaftliche Bevölkerung ergeben, insgesamt gesehen positiv oder negativ bewertet werden sollen.

VI. Zusammenfassung

In den vorausgegangenen Ausführungen wurde der Frage nachgegangen, welche sektoralen und regionalen Zielvorstellungen mittels der Entwicklung des Verkehrswesens verfolgt werden, und welche Konsequenzen sich daraus für die Landwirtschaft ergeben.

Das Verkehrswesen zählt heute zum übergeordneten Bereich der Infrastruktur, so daß den Ausgangspunkt unserer Überlegungen der allgemeine Infrastrukturbegriff bildete, um dann konkret auf das Verkehrswesen und die Funktionen des Verkehrs in einer arbeitsteiligen Volkswirtschaft einzugehen.

Die Verkehrsfunktionen stellten die Basis, von der aus diejenigen sektoralen und regionalen Zielvorstellungen analysiert wurden, die mit der Entwicklung des Verkehrswesens erreicht werden sollen. Das Oberziel „Verbesserung der Verkehrsverhältnisse" wurde beispielhaft an den Fachbereichen Industrie, Freizeit und Erholung sowie Siedlungsstruktur und an den drei vorgegebenen Raumtypen konkretisiert. Es zeigte sich, daß gerade in regionaler Hinsicht die Unterziel-Maßnahmen-Systeme unterschiedlich ausfallen. Daraus ergaben sich unterschiedliche Zielkonflikte mit Zielen aus anderen Fachbereichen.

Für die Landwirtschaft konnten positive Konsequenzen in Form von Marktausweitungen und möglichen Einkommensverbesserungen sowie negative Konsequenzen in Form einer Behinderung der landwirtschaftlichen Produktionstätigkeit festgestellt werden.

Literaturhinweise

(1) Agrarbericht 1974 der Bundesregierung. Bundestagsdrucksache 7/16501.

(2) Bayer. Staatsregierung: 2. Raumordnungsbericht. München 1974.

(3) Bayer. Staatsregierung: Landesentwicklungsprogramm Bayern (Entwurf 1974). Teil B: Fachliche Ziele. München 1974.

(4) Bayer. Staatsmin. f. Landesentwicklung u. Umweltfragen (Hg.): Regionalbericht 1974. Region Donau-Wald. München 1975.

(5) BREDE, H.: Bestimmungsfaktoren industrieller Standorte. Eine empirische Untersuchung. Berlin/München 1971.

(6) DRUDE, M.: Nebenbahnen in ländlichen Räumen. Zur Erfassung ihres Wohlstandsbeitrages. Berlin 1971.

(7) FISCHER, G.: Praxisorientierte Theorie der Regionalforschung. Analyse räumlicher Entwicklungsprozesse als Grundlage einer rationalen Regionalpolitik für die Schweiz. Tübingen 1973.

(8) FRANZEN, D. u. SCHWIETERT, A.: Die Bundesrepublik Deutschland 1985. Die Entwicklung von Wirtschaft und Bevölkerung in der Bundesrepublik und den Bundesländern 1960—1985. Prognos-Report Nr. 5. Basel 1973.

(9) FÜRST, D. u. a.: Standortwahl industrieller Unternehmen. Ergebnisse einer Unternehmensbefragung. Bonn 1973.

(10) HEIDTMAN, W. u. ALTKRÜGER, W.: Auswirkungen der Mineralsteuererhöhung auf den ländlichen Raum. In: Inform. z. Raumentwicklung (1974) 1, S. 7 ff.

(11) HIRSCHMANN, A. O.: Die Strategie der wirtschaftlichen Entwicklung. Stuttgart 1967.

(12) HOFFMANN, R.: Der Raumbedarf des Luftverkehrs. In: Der Raumbedarf des Verkehrs. Forschungs- und Sitzungsberichte der Akademie für Raumforschung und Landesplanung, Band XXXVII, Hannover 1967, S. 209 ff.

(13) ISTEL, W.: Entwicklungsachsen und Entwicklungsschwerpunkte. Ein Raumordnungsmodell. Diss. München 1971.

(14) JACOB-GOLDECK, M. u. JACOB, H.: Aspekte der Freizeitnutzung grünbestimmter Freiräume. In: SCHMITZ-SCHERZER, R. (Hg.): Freizeit. Frankfurt 1973, S. 202 ff.

(15) JANSEN, P. G.: Infrastrukturinvestitionen als Mittel der Regionalpolitik. 2. Aufl. Düsseldorf 1970.

(16) JOCHIMSEN, R.: Theorie der Infrastruktur. Tübingen 1966.

(17) KLEINEWEFERS, H.: Wirtschaftspolitische Konzeption und Umweltproblematik: Das Beispiel der Agrarpolitik. In: Schweiz. Zeitschr. f. Volksw. u. Statistik (1972) 108, S. 283 ff.

(18) MORGEN, H.: Verkehrsprobleme im ländlichen Raum unter sozialwissenschaftlichen Aspekten. In: Verkehr und Raumordnung. Forschungs- und Sitzungsberichte der Akademie für Raumforschung und Landesplanung, Bd. XXXV. Hannover 1966, S. 27 ff.

(19) OLSEN, K. H.: Landwirtschaft und Verkehr. In: Raum und Verkehr III. Forschungs- und Sitzungsberichte der Akademie für Raumforschung und Landesplanung, Bd. VIII. Bremen-Horn 1958, S. 79 ff.

(20) Raumordnungsbericht Mittelhessen. Teil: Lahn—Dill-Gebiet. Gießen 1972.

(21) ROTHSCHUH, B.: Die Sicherung des Raumbedarfs für den Straßenverkehr. In: Der Raumbedarf des Verkehrs, a. a. O., S. 73 ff.

(22) ROTHSCHUH, B.: Stadtnähe und Stadtferne im ländlichen Raum in ihrer Bedeutung für die Grundausstattung des Straßennetzes. In: Die strukturgerechte Verkehrsbedienung ländlicher Räume, Forschungs- und Sitzungsberichte der Akademie für Raumforschung und Landesplanung, Bd. 57, Hannover 1969, S. 53 ff.

(23) SCHRÖDER, D.: Die Größenordnung der öffentlichen Ausgaben für die Infrastruktur in der Bundesrepublik Deutschland bis 1985. In: JOCHIMSEN, R. u. SIMONIS, U. E. (Hg.): Theorie und Praxis der Infrastrukturpolitik, Schr. d. Ver. f. Soc. pol., NF Bd. 54. Berlin 1970, S. 427 ff.

(24) SEIDENFUS, H. ST.: Ein neues Nahverkehrskonzept. In: Wirtschaftsdienst (1975), 55, S. 342 ff.

(25) VOIGT, F.: Theorie der regionalen Verkehrsplanung. Ein Beitrag zur Analyse ihrer wirtschaftlichen Problematik. Berlin 1964.

(26) VOIGT, F.: Verkehr Bd. I/1: Theorie der Verkehrswirtschaft. Berlin 1973.

Zielvorstellungen für den Bereich der Ver- und Entsorgung und deren Konsequenzen für die Landwirtschaft

von

Friedrich Gercke, Hannover

I. Hauptziele der Ver- und Entsorgung

Unter dem Bereich Ver- und Entsorgung soll hier die Versorgung der Bevölkerung mit Energie und Wasser sowie die schadlose Beseitigung von Müll und Abwasser verstanden werden. Es ist notwendig, diese vier Teilaspekte in ihren Unterzielen und Grunddaten getrennt zu behandeln. Zum Schluß wird auf die Konsequenzen dieser Zielsetzungen für die Landwirtschaft unter regionalen Aspekten eingegangen.

Generell sind hier Bereiche angesprochen, die zu der technischen Grundausstattung eines Raumes gezählt werden. Ihre Hauptziele lassen sich wie folgt zusammenfassen:

1. Langfristige Sicherung der Versorgung und Anpassung der Kapazitäten an den sich ändernden Bedarf.
2. Verbesserung der Qualität von Ver- und Entsorgung.
3. Minimierung der Kosten je Leistungseinheit.

Bei der Quantifizierung dieser Hauptziele zeigt sich, daß je nach Siedlungsdichte und Siedlungsstruktur Differenzierungen für verschiedene Räume vorgenommen werden müssen. Zwischen den Hauptzielen besteht eine weitgehend auf technischen Ursachen beruhende Beziehung, die für unterschiedliche Siedlungsstrukturen jeweils andere Konsequenzen nach sich zieht. Qualität läßt sich beispielsweise nur bei bestimmten Mindestkapazitäten von Einrichtungen und technischen Anlagen kostengünstig erzielen. Gerade in ländlichen Räumen stößt jedoch die entsprechend notwendige Nutzungsbeteiligung schnell an die Grenzen einer kostengünstigen Verteilung bzw. Sammlung bei sich ausweitenden Einzugsbereichen. D. h., die optimale Versorgungsregionsgröße ist unter Berücksichtigung von Anlagekapital, Betriebs- und Transportkosten stark abhängig von der Dichte und Verteilung der Bevölkerung im Raum. Andererseits gibt es für bestimmte technische Einrichtungen Grenzen, die bei Unterschreitung bestimmter Siedlungsdichten zu überproportional steigenden Kosten je Leistungseinheit führen. In diesen Räumen, die andere technische Ver- und Entsorgungsverfahren benötigen, sind die Unterziele und Maßnahmen entsprechend zu modifizieren.

Für die einzelnen Sachbereiche der Ver- und Entsorgung ergeben sich aufgrund der historischen Entwicklung und sachspezifischer Eigenarten wesentliche Unterschiede in

— Trägerschaft und Zuständigkeiten,

— Rechtsgrundlagen,

— technischem Entwicklungsstand sowie dem

— Abstand zwischen Zielvorstellung und

— gegenwärtiger Versorgungssituation.

Im folgenden werden daher die Unterziele und Maßnahmen für die einzelnen Ver- und Entsorgungsbereiche getrennt behandelt.

II. Zielvorstellungen zur Energieversorgung

Da Energie nicht substituierbar ist, gilt es, unter Beachtung der Versorgungssicherheit, langfristig minimale Kosten je Leistungseinheit zu erreichen. Die einzelnen Energieträger sind dabei sehr unterschiedlich unter Berücksichtigung der dünneren Besiedlung des ländlichen Raumes zu beurteilen. Insbesondere das Erdgas, das durch

— preisgünstiges Angebot,

— Preisstabilität,

— Umweltfreundlichkeit,

— leichte technische Handhabung,

— geringe Bindung von Kapital für Vorratshaltung

in den kommenden Jahren einen wachsenden Anteil am Gesamtenergieverbrauch aufweisen wird, ist für dünn besiedelte Räume aufgrund der relativ hohen Verteilungskosten im allgemeinen ungeeignet. Das laufend weiter ausgebaute Erdgasverbundnetz und die Steigerung der öffentlichen Gasversorgung hat zwar wesentlich zur Verringerung der Energietransportkosten beigetragen. Für bestimmte, an das Verbundnetz angeschlossene ländliche Standorte ergeben sich durch diese räumliche Nivellierung des Energiepreisniveaus Standortvorteile, die bei ausreichender Arbeitsmarktgröße für die industriell-gewerbliche Entwicklung zu nutzen sind. Mineralöl und Elektrizität werden trotzdem für die flächendeckende Versorgung des ländlichen Raumes die wichtigsten Energieträger in der Zukunft sein. Da die Bundesrepublik im Bereich der Mineralölversorgung zu 95 % vom Ausland abhängig ist, werden die wichtigsten Hauptziele, Sicherheit und Preisgünstigkeit, bei diesem Energieträger allerdings nur zu einem Teil erfüllt. Der Deckungsanteil des deutschen Erdöls, der 1960 noch 12,4 % betrug, ist bis auf 5 % im Jahre 1972 abgesunken. Die Gewinnung aus den bekannten Vorkommen wird wegen der Erschöpfung der Lagerstätten in den kommenden Jahren weiter zurückgehen. Nach einer Schätzung des Niedersächsischen Landesamtes für Bodenforschung betragen die sicheren und wahrscheinlichen Vorräte in der Bundesrepublik 52 Millionen Tonnen (sicher), 23 Millionen Tonnen (wahrscheinlich), also insgesamt 75 Millionen Tonnen. Zur Zeit werden etwa jährlich 7 Millionen Tonnen Erdöl in der Bundesrepublik gefördert.

Bei der Elektrizität, deren Verbrauch sich seit 1960 mehr als verdoppelt hat, gibt es keine unversorgten Gebiete. Für den ländlichen Raum besteht jedoch aufgrund relativ hoher Verteilungskosten pro Leistungseinheit bisher ein höheres Energiepreisniveau als in

Verdichtungsräumen. Der Trend von den kleineren regionalen Kraftwerken zu Großanlagen, insbesondere zu standortunabhängigeren Kernkraftwerken, eröffnet bei günstiger Lage zum Verbundnetz und ausreichenden Kühlwassermengen auch Standorten im ländlichen Raum günstigere Energiepreise. Bei zunehmender wissenschaftlicher Erkenntnis und technischem Fortschritt besteht die Chance, unabhängiger vom Uranweltmarkt zu werden (Schnelle Brüter!) und so eine Energiequelle zu erhalten, die für den ländlichen Raum den oben aufgestellten Hauptzielen nach sicherer und preisgünstiger Versorgung am nächsten kommt. Dabei sollte nicht übersehen werden, daß derartige Anlagen ein bisher nicht ausreichend abschätzbares Umweltbelastungsrisiko darstellen (Kühlwasser, Atommüll, Unfälle etc.). Nicht uninteressant können für die Landwirtschaft in Zukunft alle Formen der Sonnenenergiespeicherung und -verwendung sein.

III. Zielvorstellungen zur Wasserversorgung

Der Bedarf an Wasser hat sich in der Vergangenheit durch die Zunahme des Verbrauches privater Haushalte und der Industrie ständig erhöht. Diese Entwicklung wird auch in Zukunft anhalten und zu einem Wassermehrbedarf führen, der zusätzlich aus dem natürlichen Wasserdargebot, das nicht vermehrbar ist, zur Verfügung gestellt werden muß. Seit 1950 hat sich die durchschnittliche Abgabe von Trinkwasser je Einwohner und Tag von 85 Liter auf 123 Liter im Jahr 1969 gesteigert. In den nächsten 30 Jahren rechnet die Bundesregierung mit einer Verdoppelung des Trinkwasserbedarfs. Für den industriellen Wasserverbrauch, der heute bereits das dreifache des Trinkwasserverbrauchs beträgt, (jährlich rd. 13 Mrd. cbm), wird eine ähnliche Entwicklung prognostiziert (8)*).

Der Trinkwasserverbrauch wird heute noch zum größten Teil aus dem Grundwasser gedeckt, das — im Gegensatz zum Oberflächenwasser — in der Regel weniger verunreinigt

Tabelle 1:
Wassergewinnung nach der Herkunft des Wassers

Herkunft	Jahr	Insgesamt			Öffentliche Versorgung			Industrie		
		Mill. cbm	Anteil an Gesamtgewinnung	Zunahme gegenüber 1963	Mill. cbm	Anteil an Gesamtgewinnung	Zunahme gegenüber 1963	Mill. cbm	Anteil an Gesamtgewinnung	Zunahme gegenüber 1963
			%			%			%	
Grundwasser u. Quellen ...	1963	7 115	53,3	×	3 468	92,5	×	3 647	38,0	×
	1969	8 012	51,5	12,6	3 871	91,9	11,6	4 141	36,5	13,5
Oberflächenwasser	1963	6 231	46,7	×	283	7,5	×	5 948	62,0	×
	1969	7 547	48,5	21,1	342	8,1	20,8	7 205	63,5	21,1
Insgesamt	1963	13 346	100	×	3 751	100	×	9 595	100	×
	1969	15 560	100	16,6	4 214	100	12,3	11 346	100	18,2

Quelle: Wirtschaft und Statistik, 8, 1972.

---

*) Die Zahlen in Klammern verweisen auf die Literatur am Schluß dieses Beitrages.

ist. In Zukunft wird — wenn auch mit regionalen Unterschieden — zunehmend das stärker verschmutzte, mit Schadstoffen belastete und teilweise aufgewärmte Oberflächenwasser verwendet werden müssen (5). Das Hauptziel der Wasserversorgung ist, die Bevölkerung zu jeder Zeit mit Trinkwasser in ausreichender Menge und hygienisch einwandfreier Qualität zu versorgen, sowie Industrie, Gewerbe, Landwirtschaft und anderen das benötigte Brauchwasser in der erforderlichen Menge und Qualität zur Verfügung zu stellen. Dazu sind

— sämtliche geeigneten Wasservorkommen zu erkunden, zu sichern und im benötigten Umfang zu erschließen,

— geeignete Maßnahmen zu treffen, die der Erhaltung bzw. Verbesserung der Quantität und Qualität der vorhandenen Wasservorkommen dienen,

— soweit erforderlich, durch den Bau von Fernleitungen und durch gegenseitigen Verbund der Wasserversorgungsunternehmen Möglichkeiten für einen überregionalen Ausgleich zwischen Wassermangel- und Wasserüberschußgebieten zu schaffen,

— wissenschaftliche Forschungen und praktische Versuche zur Aufbereitung und Qualitätsverbesserung von Trinkwasser zu tragbaren Kosten notwendig,

— grundsätzlich alle Einwohner an gesicherte zentrale Wasserversorgungsanlagen anzuschließen,

— geeignete technische Maßnahmen zur Minimierung der Verbräuche einzuführen.

Die Kosten der Versorgung mit Trinkwasser hängen ab von dem Aufwand für die Bereitstellung, Aufbereitung und Verteilung. Bei steigendem Wasserverbrauch und der Notwendigkeit auch qualitativ weniger geeignete Wasservorkommen nutzen zu müssen, werden in Zukunft die Herstellungskosten, insbesondere für Trinkwasser, erheblich steigen. Die Wasserverteilung im ländlichen Raum kostet aufgrund größerer spezifischer Längen der Leitungen etwa das vierfache der durchschnittlichen städtischen Verteilungssysteme. 3,6 m/E beträgt heute die durchschnittliche spezifische Länge der Wasserversorgungsanlagen in der Bundesrepublik Deutschland. Im Bereich des Oldenburgisch-Ostfriesischen Wasserverbandes, eines der größten flächendeckenden Versorgungsunternehmen, sind es 12 m/E.

Das Ziel, sämtliche Einwohner an eine gesicherte, zentrale Wasserversorgungsanlage anzuschließen, richtet sich im wesentlichen an den ländlichen Raum. Wie aus Tabelle 2 hervorgeht, sind es gerade Gemeinden unter 20 000 Einwohner, die bisher über keine zentrale Wasserversorgungsanlagen verfügen oder große Teile der Bevölkerung noch nicht an das vorhandene System angeschlossen haben. Gerade der Anschluß der letzten 3,8 Millionen Einwohner wird, da sie überwiegend in dünn besiedelten Räumen leben, besonders hohe Verteilungskosten je Leistungseinheit erfordern. Aus dem daraus entstehenden Zielkonflikt zwischen Kostenminimierung und qualitativer und quantitativer Versorgungssicherheit ergibt sich notwendigerweise die Überlegung, ob es sinnvoll ist, dem letzteren Ziel die Priorität zu geben. Notwendig ist der Anschluß von Einwohnern an zentrale Versorgungsanlagen ohne Rücksicht auf die Kosten allerdings dort, wo mit Einzelversorgungsanlagen keine hygienisch oder mengenmäßig befriedigende Versorgung sichergestellt werden kann.

In sinnvoller Konsequenz ist aus diesem Zielkonflikt aber auch der Schluß zu ziehen, daß in Gemeinden oder Ortsteilen, die sich unter tragbaren Kosten nicht an eine zentrale

Tabelle 2:
Öffentliche Wasserversorgung und öffentliches Abwasserwesen 1969

Merkmal	Einheit	Gemeinden insgesamt	Gemeinden mit ... bis unter ... Einwohnern						
			unter 2 000	2 000– 5 000	5 000– 10 000	10 000– 20 000	20 000– 50 000	50 000– 100 000	100 000 und mehr
Gemeinden	Anzahl	22 697	18 875	2 231	823	420	228	61	59
Wohnbevölkerung am 30. 6. 1969 .	1 000	60 842	11 392	6 829	5 724	5 724	7 140	4 221	19 813
Gemeinden mit öffentlicher Wasserversorgung	Anzahl	18 937	15 203	2 160	809	417	228	61	59
	%	83,4	80,5	96,8	98,3	99,3	100	100	100
angeschlossene Einwohner	1 000	57 000	9 151	6 275	5 306	5 368	6 941	4 195	19 764
nicht angeschlossene Einwohner	1 000	2 040	788	338	330	312	199	26	49
	%	3,3	6,9	4,9	5,8	5,5	2,8	0,6	0,2
ohne öffentliche Wasserversorgung	Anzahl	3 760	3 672	71	14	3	—	—	—
	%	16,6	19,5	3,2	1,7	0,7	—	—	—
Einwohner	1 000	1 802	1 453	216	88	44			
	%	3,0	12,8	3,2	1,5	0,7			

Quelle: Wirtschaft und Statistik, 8, 1972.

Wasserversorgungsanlage anschließen lassen, keine besonderen Entwicklungsmaßnahmen möglich sind.

Als Sonderproblem der Landwirtschaft sei an dieser Stelle noch die Versorgung mit Tränk- und Beregnungswasser angesprochen. Je intensiver die landwirtschaftliche Nutzfläche genutzt wird, desto notwendiger wird in den Grünlandgebieten die Versorgung mit einwandfreiem Tränkwasser und in Gebieten mit leichten Böden, tiefem Grundwasserstand und geringen Niederschlägen die Ergänzung des Bodenwassers durch Beregnung. Nicht an jedem Standort sind individuelle Wasserentnahmen für diese Zwecke möglich, sei es aufgrund mangelnder Qualität des vorhandenen Wassers oder aufgrund zu geringer Mengen. Überörtliche Verbund- und Versorgungssysteme sind dann auch hier notwendig.

Das Wasserhaushaltsgesetz vom 27. 7. 1957 bestimmt die Aufstellung von wasserwirtschaftlichen Rahmenplänen, in denen die Möglichkeiten der Deckung des Wasserbedarfs aus dem Wasserdargebot in Wasserbilanzen nachzuweisen sind. Leider liegen bisher nur relativ wenige Rahmenpläne vor, die als Unterlage für eine künftige großräumige wasserwirtschaftliche Ordnung brauchbar sind. Damit fehlen bisher auch ausreichende Grundlagen zur Sicherung von Gebieten und zur Erhaltung von Flächen für Zwecke der Wasserwirtschaft.

Derartige Sicherungs- und Speicherungsmaßnahmen führen fast überall zu Einschränkungen landwirtschaftlicher Bewirtschaftung.

Nach den vom Deutschen Verein von Gas- und Wasserfachmännern e. V. (DVGW) herausgegebenen Richtlinien für Trinkwasserschutzgebiete sollen folgende Schutzzonen um Trinkwasserentnahmestellen ausgewiesen werden:

— *Zone I*, deren Ausdehnung im allgemeinen von den Fassungsanlagen (Brunnen, Entnahmestellen) allseitig 10—50 m betragen soll, muß wenigstens soweit reichen, daß in Zone II organische Düngung im üblichen Sinne zugelassen werden kann.

— *Zone II* stellt die engere Schutzzone dar, die von der Grenze der Zone I bis zu einer Linie reicht, von der aus das Grundwasser etwa 50 Tage bis zum Eintreffen in die Fassungsanlage benötigt.

— *Zone III* reicht bis zur Grenze des Wassereinzugsgebietes. Die Ausdehnung von Zone III wird aber auch von den Bodenarten, dem geologischen Aufbau, den hydrologischen Verhältnissen, der Entnahmemenge, der Fließgeschwindigkeit und Reinigungswirkung der Deckschichten bestimmt.

Für jede Zone sind Nutzungsbeschränkungen festgelegt. Hier seien nur die beschränkenden Konsequenzen für die landwirtschaftliche Nutzung dargelegt, die sich aus dem Ziel der Sicherung qualitativ hochwertiger Grundwasserbestände ergeben. Unzulässig sind:

— Das Einbringen von wassergefährdenden chemischen Mitteln für Pflanzenschutz, Aufwuchs- und Schädlingsbekämpfung (Zone III).

— Industrielle Tierhaltung (Zone III).

— Abwasserverregnung, -versickerung, Untergrundberieselung (Zone III).

— Die Anlage von Abwassergruben (Zone III).

— Wohnsiedlungen, wenn das Abwasser nicht vollständig und sicher aus der Zone III hinausgeleitet wird.

— Wohnungen und Stallungen (Zone II).

— Organische Düngung, sofern die Gefahr der oberirdischen Abschwemmung besteht (Zone II).

— Die intensive Anwendung von Mineraldünger (Zone II).

— Gärfuttersilos und -mieten (Zone II).

— In Zone I ist jede landwirtschaftliche Nutzung gefährlich und in der Regel nicht tragbar.

Besondere Aufmerksamkeit haben in den letzten Jahren die starken Stickstoffgaben in intensiven Gemüse- und Ackerbaugebieten (Bodensee, Vier- und Marschlande, Wolfenbüttel, Fuhrberg-Burgdorf) gefunden, weil hier die Nitratanreicherung des Grundwassers den zulässigen Wert von 50 mg/l oft überschritt (6). Die Vermutung über einen ursächlichen Zusammenhang von Überdüngung und Nitratanreicherung des Grundwassers veranlaßte den Regierungspräsidenten Südbaden zur Herausgabe von Leitsätzen, in denen für einzelne Gemüsearten Höchstmengen von Stickstoffgaben angegeben und u. a. die Portionierung in möglichst viele Einzelgaben verteilt über die gesamte Vegetationszeit vorgeschlagen werden. Hier besteht zwischen den Zielen der Wasserwirtschaft und der Landwirtschaft grundsätzlich durchaus Zielkongruenz, denn die gezielte, portionierte Stickstoffgabe, die voll von den Pflanzen aufgenommen und nicht in das Grundwasser abgeschwemmt wird, vermeidet unrationelle Aufwendungen für die Düngung.

Im Einzelfall wird die landwirtschaftliche Nutzung und Bewirtschaftung jedoch auf ihre Verträglichkeit mit den Zielen des Grundwasserschutzes zu prüfen sein. Problematisch werden dabei vor allem die Ballungsgebiete und ihre Randzonen zu beurteilen sein, denn hier trifft intensive agrarische Nutzung vielfach mit hohem Bedarf an Grundwasser zusammen.

Über allen Möglichkeiten zur besseren Erschließung des vorhandenen Wasserdargebotes sollte die Möglichkeit der Einschränkung und sparsamen Nutzung des Wassers nicht unbeachtet bleiben, auch die Gewässerreinhaltung, die im folgenden näher besprochen werden soll, gehört zu diesen Maßnahmen.

IV. Zielsetzungen bei der Abwasserbeseitigung

Durch den Gebrauch von Wasser in Haushaltungen, Industrie- und Gewerbebetrieben entsteht Schmutzwasser, das ebenso wie das Regenwasser von Straßen und Dachflächen aus den Städten und Siedlungen als Abwasser abgeleitet werden muß. Da die Verschmutzung von Flüssen und anderen Oberflächengewässern durch derartige Einleitungen nicht nur den Wohn- und Freizeitwert eines Gebietes mindert, sondern vor allem das biologische Gleichgewicht zerstört und die Qualität der Oberflächengewässer verschlechtert, ist das Hauptziel der Abwasserbeseitigung die schadlose Abführung und ordnungsgemäße Reinigung sämtlicher Abwässer. Von diesem Ziel ist die Realität noch weit entfernt. 1969 waren erst 79,1 % (= 48,1 Millionen Einwohner) der Wohnbevölkerung an eine öffentliche Sammelkanalisation angeschlossen. Mechanisch und vollbiologisch geklärt wurde das Abwasser nur von 32,2 % (= 19,6 Millionen Einwohner) der Wohnbevölkerung. In sehr viel größerem Umfang werden Oberflächengewässer jedoch durch industrielle Abwässer belastet. Zwar entfallen rd. 70 % des nach der Nutzung im Betrieb abgeleiteten Wassers auf Kühlwasser, das zwar nicht verschmutzt aber durch regional konzentrierte Einleitung durch Aufwärmung die Oberflächengewässer erheblich belastet. Insgesamt wurden von der Industrie 8,8 Mrd. cbm Abwasser im Jahr 1969 unmittelbar in Gewässer oder den Untergrund abgeleitet (davon 2,1 Mrd. cbm verschmutzt). 1,2 Mrd. cbm wurden an öffentliche Kanalisationen abgegeben (8).

Zu den dringlichen Maßnahmen zur Erreichung des o. g. Zieles werden daher folgende Maßnahmen angestrebt (7):

— Vervollständigung von Kanalisationssystemen und Anschluß möglichst aller Betriebe und Haushaltungen.

— Neubau von zentralen, vollbiologischen Abwasserreinigungsanlagen.

— Erweiterung und Anpassung vorhandener Reinigungsanlagen an den derzeitigen technischen Erkenntnisstand.

— Aufbau besonderer Reinigungsstufen (Phosphateliminierung) bei sehr leistungsschwachen Vorflutern, insbesondere bei Seen.

— Sondermaßnahmen zur Entlastung stark verunreinigter Flüsse durch Belüftung, Ausbau von Speichern zur Niedrigwasseraufhöhung oder Überleitung von Abwässern in leistungsfähigere Vorfluter.

— Aufstellung von Abwasser- und Wärmelastplänen sowie die Überwachung von Kläranlagen, Einleitungswasser und Qualität von Vorflutern.

Um diese Maßnahmen durchsetzen zu können, bereitet die Bundesregierung ein Gesetz über Abgaben für das Einleiten von Abwasser in Gewässern (Abwasserabgabengesetz) vor. Nach dem Gesetzentwurf ist vorgesehen, daß die Einleiter von Abwasser in Gewässer eine Abwasserabgabe von 25 DM bzw. 40 DM ab 1990 im Jahr je Schadeinheit (Einwohnergleichwert) zahlen. Das Aufkommen aus dieser Abgabe, das für eine Gemeinde oder einen Industriebetrieb etwa den Kosten für eine vollbiologische Reinigung entspricht, steht den Ländern zu. Es soll zweckgebunden für Maßnahmen der Gewässerreinhaltung eingesetzt werden. Die Maßnahme bezweckt in erster Linie einen wirtschaftlichen Anreiz zum Bau von Abwasserreinigungsanlagen, aber auch zur Einführung abwasserarmer Produktionsverfahren in der Industrie.

Für den ländlichen Raum sind aufgrund seiner zum Teil geringen Siedlungsdichte die Kanalisationskosten das größte Problem. Während in Gemeinden über 100 000 Einwohner spezifische Kanallängen von rd. 1,4 m/E benötigt werden, sind in Ortschaften unter 500 Einwohner mehr als 6 m/E üblich. Hinzu kommt, daß eine ordnungsgemäße vollbiologische Kläranlage erst von einer bestimmten Größenordnung rentabel zu warten und zu überwachen ist. So werden in dünn besiedelten Gebieten lange Sammelkanäle zu den zentralen Anlagen notwendig, obwohl auch kleinere örtliche Anlagen eine qualifizierte vollbiologische Reinigung leisten können.

In Gebieten mit niedriger Bevölkerungsdichte, insbesondere bei Streusiedlungen, wird auch in Zukunft eine ausreichend qualifizierte Beseitigung des Abwassers in Hausklärgruben mit nachfolgender Verrieselung möglich sein. Die natürliche Regenerationskraft reicht in derartigen Gebieten in der Regel aus, die notwendige völlige Reinigung, auch auf Dauer, zu bewirken.

Neben der allgemeinen Siedlungswasserwirtschaft ergibt die landwirtschaftliche Produktion, insbesondere durch Futterkonservierung, industrielle Tierhaltung und die Verarbeitung landwirtschaftlicher Produkte, erhebliche Mengen an Abwasser, die bei regionaler Konzentration zu erheblichen Problemen führen. Die stark eiweißhaltigen Abwässer, wie Silagesäfte, Blut, aber auch Gülle belasten konventionelle Kläranlagen mit ihren biologischen Stufen vor allem durch ihre starke Konzentration. Falls derartige landwirtschaftliche Abwässer in öffentlichen Kläranlagen beseitigt werden müssen, ist dies nur bei ausreichender Mischung mit anderen Siedlungsabwässern möglich (z. B. Silosaft bis max. 0,5 % als Beimengung erlaubt) (2; 4).

Die preiswerteste Beseitigung landwirtschaftlicher Abwässer ist auch in Zukunft die sachgerechte Ausbringung und Einarbeitung in Ackerland, Brache oder Grünland während der Vegetationsruhe. Die Belastbarkeit des Bodens wird je nach Bodenart und Witterung in der Größenordnung zwischen 10—30 cbm je ha angegeben.

Die Verrieselung bzw. Verregnung von Siedlungsabwässern auf landwirtschaftlichen Flächen hat sich wegen des erheblichen Flächenbedarfes, der entstehenden Geruchsemission und den Schwierigkeiten, mit einer Vielzahl von Grundeigentümern vertragliche Regelungen zu erreichen, nicht durchgesetzt. Dies Verfahren, das dem natürlichen Kreislauf entspricht und bei geeigneten Bodenverhältnissen Kostenvorteile für den Träger der Abwasserbeseitigung und für den abnehmenden Landwirt ermöglicht, würde sich insbesondere in verdichtungsfernen Räumen für Mittelzentren anbieten (Beispiel Braunschweig).

V. Zielsetzungen bei der Abfallbeseitigung

Änderungen im Bereich der arbeitsteiligen Produktion, der Technik, der Warenverteilung und der Verbrauchsgewohnheiten haben in den letzten 20 Jahren zu rasch wachsenden Müllmengen und erheblichen Problemen bei der Abfallbeseitigung geführt.

Für etwa ²/₃ der Bevölkerung der Bundesrepublik, insbesondere derjenigen in ländlichen Räumen, fehlen ordnungsgemäße Anlagen zur Aufbereitung und Beseitigung von Abfallstoffen. Zwar besitzt heute fast jede Gemeinde einen Müllplatz. Von den vorhandenen Plätzen entsprechen jedoch keine 15 % den an sie zu stellenden Anforderungen. In Niedersachsen gibt es beispielsweise 2700 Müllplätze, die pro Jahr etwa 16 Millionen Tonnen Abfall aufnehmen müssen. 2660 Plätze müssen jedoch in Zukunft aufgegeben werden, da sie den Normen über eine geordnete Abfallbeseitigung nicht entsprechen.

Bisher vorliegende Prognosen über die Mengenentwicklung der Abfallstoffe sind noch unzureichend. Sie gehen meist von einer linearen Fortschreibung aus; danach soll sich die Menge des Hausmülls je Einwohner bis zum Jahre 2000 von heute 3 Liter pro Tag auf 6 Liter pro Tag erhöhen. Prognosen über die Menge fester Abfallstoffe insgesamt fehlen bislang. Die zukünftige Entwicklung wird in starkem Maße von den Zunahmen der Produktion abhängig sein, denn fast alles Produzierte erscheint nach unterschiedlicher Benutzungsdauer wieder als Abfall.

Hauptziel der Abfallbeseitigung ist die schadlose und kostengünstigste Beseitigung der in unterschiedlichster Form anfallenden Abfälle, die Hausmüll, Schrott, Autoreifen, Sperrmüll, Bauschutt, Inert-Materialien oder Sondermüll, der wegen seiner toxischen oder sonstigen Eigenschaften nicht ohne besondere Vorbehandlung zu beseitigen ist, umfassen (7).

Bei der schadlosen Abfallbeseitigung unterscheidet man heute drei Verfahrensgruppen:
— die geordnete Deponie,
— die Kompostierung und
— die Verbrennung.

Innerhalb jeder Gruppe gibt es Verfahrensvarianten. Jede dieser Gruppen unterscheidet sich in der Qualität (Beseitigungsniveau), die man durch den spezifischen Flächenbedarf und die spezifische Volumensverminderung ausdrücken kann, und in dem Kostenpunkt. Während die Kosten für die geordnete Deponie etwa zwischen 6 DM/t und 15 DM/t liegen, muß bei der Kompostierung oder Verbrennung mit Kosten zwischen 25 DM/t bis 40 DM/t gerechnet werden. Zu diesen Beseitigungskosten kommen noch die Müllsammel- und Transportkosten, die etwa 60 DM bis 100 DM/t ausmachen, je nach Konzentration der Bevölkerung und der Form der Müllsammlung (1).

Aufgrund der technischen und personellen Ausstattung ergibt sich, wie Abb. 1 zeigt, daß Deponien am wirtschaftlichsten für einen Einzugsbereich von 80 000 bis 150 000 Einwohner betrieben werden können. Ein Kostenvergleich, der Verfahren zeigt, daß Müllkompostierungsanlagen bei 200 000 angeschlossenen Einwohnern und Müllverbrennungsanlagen mit Wärmenutzung erst bei 400 000 Einwohnern eine merkliche Kostendegression zeigen.

Der begrenzende Faktor für die wirtschaftliche Größe einer Beseitigungsanlage sind die Kosten für den Antransport der Abfälle, die bei dünner werdender Besiedlung pro Leistungseinheit immer höher werden.

Unter Annahme der gleichmäßigen Verteilung der Besiedlung in einem Gebiet, in dessen Schwerpunkt die Beseitigungsanlage liegt, ergeben sich die in Abb. 1. aufgezeigten Transportkosten, die das wirtschaftliche Optimum eines Abfalleinzugsgebietes bei gegebener Siedlungsdichte begrenzen.

Aus Kostengründen wird für den ländlichen Raum im allgemeinen das Deponieverfahren gewählt werden müssen. Aber auch das Kompostierungsverfahren kann interessant sein, wenn man an die weitere Verwendung des Müllkompostes in Landwirtschaft und Gartenbau denkt. Hierzu muß einschränkend festgestellt werden, daß Müllkompost nicht in allen Bereichen der Landwirtschaft gleichermaßen vorteilhaft einsetzbar ist. Seine Wirkung liegt neben dem Humus vor allem in einem verhältnismäßig hohen Kalkgehalt und Anteilen an Schwermetallverbindungen. Daher ist seine Wirkung auf schwerem Boden umstritten. Größte Nutzer von Müllkompost sind Garten- und Weinbau, die auf Humus- und Kalkzufuhr mehr angewiesen sind als die Landwirtschaft. Die Wirtschaftlichkeit von Kompostierungsanlagen hängt aber nicht nur von der Wiederverwendung des Kompostes ab, sondern auch von den Möglichkeiten einer preiswerten Müllsortierung. Daß in dieser Richtung noch einiges unternommen werden kann, beweist eine Hamburger Aktion, die den Hausfrauen bereits die Müllsortierung überträgt. Dort sollen z. B. Sonderbehälter für Altpapier, Glas und Metallabfälle aufgestellt werden, die kostenlos zu benutzen sind. Wieweit sich solche Versuche bewähren, muß die Praxis ergeben.

Da das Wiederbenutzen von Abfallstoffen in dem Produktionsprozeß (Recycling) in Zukunft immer mehr gefördert wird, hat das bekannteste und älteste Verfahren dieser Art, die Kompostierung, echte Chancen. Die Vorteile gegenüber den beiden anderen Verfahren liegen außerdem in seiner absoluten Umweltfreundlichkeit.

VI. Konsequenzen für die Entwicklung des ländlichen Raumes

Im Rahmen der Ver- und Entsorgung ist der ländliche Raum in zweifacher Weise angesprochen: einerseits als zu versorgender Raum, der mit einer angemessenen, gleichwertige Lebensbedingungen verheißenden Infrastruktur ausgestattet sein muß. Je höher hier die Anforderungen an Qualität und Perfektion geschraubt werden, je mehr Normen, die für das Leben in Verdichtungsgebieten notwendig sind, zu allgemeingültigen Beurteilungsmaßstäben erklärt werden, desto problematischer sind die Entwicklungsmöglichkeiten des flachen Landes in der Zukunft zu beurteilen. Jede Entwicklungsmaßnahme wird dann nämlich abhängig von einer nicht zu finanzierenden technischen Infrastruktur. Sicher muß hier im einzelnen differenziert werden. Gleichwertige Lebensbedingungen heißt ja auch nicht, daß für alle das Gleiche zu schaffen ist, sondern für jeden das Richtige. Bei aller Perfektion technischer Erkenntnisse gilt es, in Gebieten mit stagnierender Bevölkerungsentwicklung und Einwohnerdichten unter 40 E/qkm für Streusiedlungen und Weiler Ausnahmen zu schaffen. Im allgemeinen lassen sich alle übrigen ländlichen Räume — insbesondere in der Umgebung von Mittelstädten oder Oberzentren — recht kostengünstig versorgen. Überproportionale Ver- und Entsorgungskosten ergeben sich vor allem in den Extremen dünnster und dichtester Besiedlung. Der positive Entwicklungstrend von Mittelstädten und Ballungsrandzonen mag zum Teil auf die relativ günstigen Versorgungsmöglichkeiten zurückzuführen sein.

Unter dem anderen Gesichtspunkt ist der ländliche Raum als Produktions-, Rekreations- und Ausgleichsstandort für die Ver- und Entsorgung der Verdichtungsgebiete zu sehen. Wassergewinnung, Atommeiler, Großkläranlagen oder Sonderdeponien für Spezialabfälle sind bei aller technischen Perfektion eine Belastung auch für den ländlichen Raum. Insbesondere in Ballungsrandzonen werden derart entwicklungs- und imagehemmende Ansprüche an den ländlichen Raum zunehmend gestellt werden. Im allgemeinen wird eine Ausgleichsfunktion in dieser Richtung allerdings auch mit einer qualitativ hochwertigen eigenen Ver- und Entsorgung verbunden werden können, so daß sich die offensichtlichen Nachteile zum Teil ausgleichen.

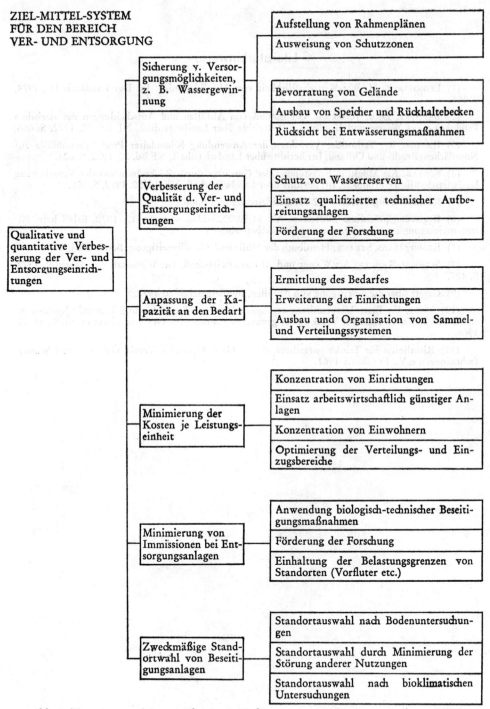

Abb. 1: Transport und Deponiekosten in Gebieten mit verschiedener Siedlungsdichte
Quelle: H. W. LEONHARDT: Wirtschaftlichkeit von Abfalldeponien. In: Der Landkreis 1974, S. 166.

Literaturhinweise

(1) LEONHARDT, H. W.: Wirtschaftlichkeit von Abfalldeponien. In: Der Landkreis H., 1974, S. 166.

(2) BARDTKE, D. u. JESSERICH, G.: Einfluß von Abfällen und Ausscheidungen der tierischen Produktion auf Wasser und Gewässer. In: Berichte über Landwirtschaft, NF Bd. 50, 1972, S. 666.

(3) KRAUSE, R.: Technische Verfahren der Anwendung behandelter Produktionsabfälle auf Nutzflächen, Brach- und Ödland. In: Berichte über Landwirtschaft, NF Bd. 50, 1972, S. 628.

(4) SCHERB, K.: Mögliche Belastungen der Gewässer durch Rückstände aus der Verarbeitung landwirtschaftlicher Produkte. In: Berichte über Landwirtschaft, NF Bd. 50, 1972, S. 301.

(5) Raumordnungsbericht 1972 der Bundesregierung, Bonn.

(6) Regierungspräsidium Südbaden, AZ 34/59/0003-6368 vom 23. 12. 1970, Erlaß betr. Nitratanreicherung im Grundwasser von Gemüsebaugebieten.

(7) KUMPF, MAAS, STRAUB: Handbuch der Müll- und Abfallbeseitigung, Berlin 1964.

(8) SCHÖBEL-KRÜGER, A.: Wasser und Abwasserwirtschaft. In: Wirtschaft und Statistik, 1972, S. 427.

(9) Gesetz über die Beseitigung von Abfällen, Bundesgesetzblatt 1972, S. 873.

(10) MALZ, F.: Erste Untersuchungsergebnisse über zur Entrophierung führende Komponenten in den Zuläufen eines für Trinkwasser genutzten Stausees. In: Gewässerschutz in NRW, H. 83, 1966.

(11) Richtlinien für Trinkwasserschutzgebiete, Hrsg. Deutscher Verein von Gas- und Wasserfachmännern e.V., Frankfurt 1961.

Zielvorstellungen der Umweltsicherung und deren Konsequenzen für die Landwirtschaft

von

Hans Kiemstedt, Berlin, und Helmut Scharpf, Hannover

I. Umweltplanung im Rahmen räumlicher Fach- und Gesamtplanung

Die unterschiedlichen Zielsetzungen der Gesellschaft äußern sich u. a. in verschiedenen Nutzungsansprüchen an den Raum, die sowohl Flächen als auch natürliche Ressourcen beanspruchen. Die Verknappung der natürlichen Hilfsquellen hat in den letzten Jahren zu der Erkenntnis geführt, daß bei der Zuordnung der Funktionen an einen Raum die Leistungsfähigkeit des natürlichen Potentials mit in die Entscheidungsfindung einzubeziehen ist[1]). Das bedeutet, daß im Rahmen der räumlichen Gesamtplanung darüber zu entscheiden ist, welchem Nutzungsanspruch aufgrund der gegebenen sozioökonomischen und natürlichen Raumausstattung in einem Gebiet der Vorrang gegeben werden soll bzw. welche Kombination von Nutzungsansprüchen möglich ist.

Derartige Entscheidungen setzen jedoch voraus, daß vorab Kenntnisse darüber bestehen, welche raumwirtschaftlichen, sozialen und ökologischen Konsequenzen sich aus bestimmten raumordnungspolitischen Maßnahmen ergeben. Mit anderen Worten: Alle raumrelevanten Aktivitäten müßten auf der Basis umfassend angelegter Wirkungsanalysen vollzogen werden. Die Durchführung derartiger Wirkungsanalysen ist jedoch an drei Voraussetzungen geknüpft:

— die Ausgangssituation in einem Planungsraum muß hinreichend genau beschreibbar sein (Informationsproblem);
— es müssen operationale Ziele vorliegen, die es einerseits erlauben, die angestrebte Situation für den Planungsraum quantitativ zu fassen und andererseits zur Beurteilung der Maßnahmen herangezogen werden können (Problem der Zielformulierung);
— es müssen Kenntnisse darüber vorliegen, welche Auswirkungen bestimmte Maßnahmen im Hinblick auf die verfolgten Ziele haben (Bewertungsproblematik).

Diese Voraussetzungen für eine rational betriebene Raumordnungspolitik sind bis heute in Ansätzen gegeben[2]). Der Grad des Erkenntnisstandes ist jedoch sehr unterschiedlich. Da sich die Bemühungen der Regionalwissenschaftler in der Vergangenheit

---

[1]) Vgl. als wesentliche Zusammenfassung der Fakten und Forderungen: Ministerkonferenz für Raumordnung — Raumordnung und Umweltschutz, Bonn 1973.
[2]) Vgl. P. Velsinger: Entscheidungen ohne explizit formulierte Ziele und bei unvollkommener Information. — Forschungsbericht des Landes Nordrhein-Westfalen Nr. 2163, Opladen 1971.

primär darauf konzentriert haben, die *wirtschaftlichen* und *sozialen* Implikationen raumordnungspolitischer Maßnahmen sichtbar zu machen, sind für diese Bereiche die wissenschaftlichen Grundlagen weit besser entwickelt, als dies für die ökologische Komponente der Raumordnungspolitik der Fall ist. Bisher ist es weder möglich, die ökologische Situation eines Planungsraumes in ihrer Komplexität quantitativ darzustellen, noch liegen für die Praxis relevante Instrumente vor, um die Auswirkungen von raumbedeutsamen Maßnahmen auf die natürlichen Ressourcen sichtbar zu machen.

Die Berücksichtigung *ökologischer* Belange wird deshalb zwar für die Gesamtplanung häufig gefordert, ist bisher jedoch kaum über programmatische Absichtserklärungen hinausgekommen[3]).

Die bei der Entwicklung unseres Lebensraumes bisher nur wenig berücksichtigten ökologischen Aspekte wurden in den letzten Jahren unter dem Aufgabenbereich der Umweltpolitik zusammengefaßt. Folgt man den im Umweltprogramm der Bundesregierung definierten Inhalten, so sind ihre Aufgaben:

1. „dem Menschen eine Umwelt zu sichern, wie er sie für seine Gesundheit und für sein menschenwürdiges Dasein braucht,

2. Boden, Luft und Wasser, Pflanzen- und Tierwelt vor nachteiligen Wirkungen menschlicher Eingriffe zu schützen,

3. Schäden oder Nachteile aus menschlichen Eingriffen zu beseitigen"[4]).

Dieses weitgefaßte Aufgabenspektrum kann sicher nicht allein durch die Raumplanung abgedeckt werden, eine umfassende Umweltplanung muß vielmehr gesundheits- und sozialpolitische Aspekte mit einschließen. Andererseits ist festzustellen, daß die raumbezogenen Planungen wesentliche Teile der Umweltplanung umfassen bzw. „wichtige Voraussetzungen für einen wirksamen Umweltschutz schaffen"[5]).

Innerhalb dieses raumbezogenen Teiles der Umweltpolitik werden in der Praxis zwei Bereiche unterschieden:

a) Technischer Umweltschutz. Hier liegt der Schwerpunkt im Einsatz technischer Mittel, um bei vollzogener Standortwahl und vorhandenem Verursacher die gesetzlichen Normen der Umweltqualität einzuhalten oder wiederzuerlangen.

b) Ökologische Umweltplanung mit der Zielsetzung, Kriterien und Maßstäbe des natürlichen Wirkungsgefüges in die Standortentscheidungen der koordinierenden Gesamtplanung einzuführen. Sie ist darauf gerichtet, unter Einbeziehung des Instrumentariums des technischen Umweltschutzes bereits durch die räumliche Zuordnung der Nutzungen die natürlichen Ressourcen nachhaltig zu nutzen und wechselseitige ökologische Beeinträchtigungen zu vermeiden.

Auf diesen zuletzt genannten Bereich zielen die folgenden Ausführungen, um zu einer Konkretisierung der Ziele und der Planungsinstrumente beizutragen. Die Gründe dafür, daß dies in der räumlichen Planung bislang kaum berücksichtigt wurde und gesonderter

---

[3]) Vgl. u. a. Grüne Charta von der Mainau, Konstanz 1961, oder die Raumordnungsberichte der Bundesregierung 1968, 1970, 1972.
[4]) Umweltprogramm der Bundesregierung. Veröffentlichungsreihe „betrifft", H. 9. Bonn 1971, S. 6.
[5]) MKRO: Raumordnung und Umweltschutz, a. a. O., S. 9.

Definition bedarf, sind unter anderem darin zu suchen, daß einerseits die notwendigen rechtlich-organisatorischen Rahmenbedingungen fehlten, andererseits aber auch die Aufgabenstellungen nicht klar genug definiert werden konnten. Symptomatisch hierfür sind u. a. die Vorschläge, die die Arbeitsgruppe „Entwicklungsvorschläge für die Landschaft" des Beirates für Raumordnung für die Integration ökologischer Entscheidungskriterien in die Raumordnung vorgelegt hat. Sie sind letztlich ausgerichtet auf eine Bewertung der ökologischen Standorteignung für einzelne Nutzungsansprüche, wie sie zum Teil schon seit langem von den verschiedenen Ressorts durchgeführt werden oder als Bestandteil der verschiedenen Fachplanungen weiter zu entwickeln sind.

Mit dieser Bewertung des Naturpotentials lassen sich jedoch Probleme, wie sie sich bei der räumlichen Zuordnung der Nutzungen in ökologischer Hinsicht ergeben können, kaum lösen, da nur die jeweiligen nutzungsspezifischen Standortkriterien, nicht dagegen die ökologischen Interdependenzen hinreichend beurteilt werden können. Gerade letzteres ist jedoch für die Koordinierungsaufgabe der Gesamtplanung wesentlich.

Die Aufgabe wird deutlich, wenn man sich vergegenwärtigt, daß Agrar-, Forst- oder Wasserwirtschaftsplanung schon immer ihre räumlichen Planungskonzepte unter Berücksichtigung ökologischer Raumbedingungen entwickelt haben. So werden z. B. im Rahmen der Agrarplanung Standortbeurteilungen unter Beachtung der agrarstrukturellen Bedingungen und den für die landwirtschaftliche Produktion bedeutsamen natürlichen Faktoren vorgenommen. Hierbei könnte sich etwa ergeben, daß von Seiten der Agrarplanung vorgeschlagen wird, in einem Gebiet mit leichten Böden die spezielle Intensität durch vermehrte mineralische Düngung und gleichzeitigem Einsatz von Beregnungsanlagen zu steigern, um die Arbeits- und Flächenproduktivität in dem betreffenden Gebiet zu erhöhen. Dabei dürfte in der Regel kaum berücksichtigt werden, welche ökologischen Folgewirkungen von derartigen Maßnahmen auf andere im Raum vertretene Nutzungsansprüche ausgehen können.

Genau auf solche Zusammenhänge muß jedoch die ökologische Fragestellung im Rahmen der räumlichen Gesamtplanung gerichtet sein. Liegen, um bei dem Beispiel zu bleiben, in dem Gebiet größere Grundwasservorkommen, dann muß u. a. geprüft werden, ob sich bei der Verfolgung der landwirtschaftlichen Planungsabsichten Nutzungskonflikte mit dem Anspruch der Trinkwasserversorgung ergeben. Da die Aufgabe der Gesamtplanung darin bestehen muß, die verschiedensten Nutzungsansprüche in einem Raume so anzuordnen, daß der Grad wechselseitiger Beeinträchtigungen möglichst gering ist, hat sie vor allem die ökologischen Interdependenzen darzustellen, wie sie zwischen den verschiedenen Nutzungsansprüchen auftreten. Diese ökologischen Interdependenzen zwischen verschiedenen Raumnutzungen und ihren entsprechenden sektoralen Planungen müssen daher Gegenstand der ökologischen Umweltplanung als Teil der räumlichen Gesamtplanung sein.

Die Ziele dieses Planungsbereiches liegen auf einer anderen Ebene als diejenigen der anderen Fachplanungen, da sich die Forderung nach Sicherung und Entwicklung natürlicher Umweltqualität an alle Raumansprüche richten. Das heißt, ökologische Umweltplanung ist im Gegensatz zu den *sektoral* orientierten Fachplanungen einer der *querschnittsorientierten* Planungsaspekte innerhalb der räumlichen Gesamtplanung.

Abb. 1 (S. 234) soll diesen Sachverhalt verdeutlichen. Danach müßte die Gesamtplanung bei ihrer Koordinationsaufgabe gegenüber den sektoral ausgerichteten Raumansprüchen auf die Maßstäbe und Kriterien der querschnittsorientierten Planungsbereiche zurückgreifen.

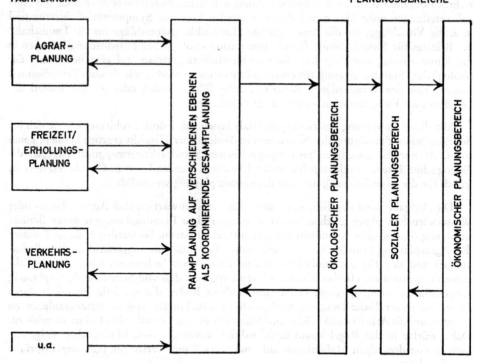

Abb. 1: Ökologische Planungsaspekte im System von Fach- und Gesamtplanung

Diese unter planungssystematischen Gesichtspunkten vorgenommene Standortbestimmung der ökologischen Umweltplanung ist zur Zeit noch mehr ein Vorschlag für eine notwendige Regelung und weniger eine wirksame Realität.

Das sich in der politischen Diskussion befindliche Verfahren der Umweltverträglichkeitsprüfung, wonach Vorhaben der öffentlichen Hand auf Umwelteinflüsse überprüft werden sollen, kann jedoch als ein erster Schritt in Richtung auf eine ökologische Querschnittsbetrachtung planerischer Maßnahmen angesehen werden [6].

Die ökologisch ausgerichtete Landschaftsplanung hat in diesem Zusammenhang den Planungsansatz der „ökologischen Wirkungsanalyse" oder „ökologischen Risikoanalsyse" zur Diskussion gestellt [7]. Er soll im Rahmen dieses Beitrages als Planungsinstrument

---

[6]) Ein Schema zur Kontrolle. Umweltverträglichkeitsprüfung öffentlicher Maßnahmen. Umwelt 2/73, S. 35/37 und Umwelt Nr. 33 v. 26. 7. 1974: Umweltverträglichkeit — Verfahrensmuster.

[7]) E. BIERHALS; H. KIEMSTEDT und H. SCHARPF: Aufgabe und Instrumentarium ökologischer Landschaftsplanung. Raumforschung und Raumordnung, 32. Jg., H. 2/74, S. 76—88.

einer auf natürliche Gegebenheiten gerichteten Umweltpolitik gegenüber der Agrarplanung konretisiert werden. Dabei werden im folgenden die raumrelevanten Ziele der Landwirtschaft denen des Umweltschutzes gegenübergestellt. Die Betrachtung richtet sich auf mögliche Zielkonflikte zwischen beiden Bereichen. Dies entspricht den Intentionen, die diesem Band zugrunde liegen, indem davon ausgegangen wird, daß die räumliche Planung — und damit auch die Agrarplanung — durch die Herausarbeitung und Klarstellung von Zielkonfliktsystemen effektiver gestaltet werden kann, als dies bisher der Fall war.

Um den methodischen Ansatz der ökologischen Risikoanalyse wenigstens in einem groben Durchgang aufzeigen zu können, wird hier auf eine Darstellung der komplementären Beziehungen zwischen Landwirtschaft und Umweltschutz verzichtet. Die folgenden Ausführungen dürfen daher nicht so interpretiert werden, als sei die Landwirtschaft ein Hauptverursacher von Umweltbeeinträchtigungen. Die Belastungen natürlicher Ressourcen durch die Landwirtschaft sind i. d. R. wesentlich geringer als die durch andere Wirtschaftsbereiche verursachten. In zahlreichen Fällen besteht zwischen Agrarplanung und räumlicher Umweltplanung sogar weitgehend Zielharmonie.

Diese Feststellung erscheint auch deshalb angebracht, weil die Landwirtschaft allein schon dadurch zum bevorzugten Untersuchungsobjekt ökologischer Umweltbelastungen zu werden droht, da hier aufgrund langer ökologischer Forschungsaktivität mehr Erkenntnismaterial vorliegt als in anderen Bereichen.

II. Zum Verhältnis von Umweltpolitik zu Agrarpolitik

Die Landwirtschaft ist als Bewirtschafter von Naturgrundlagen daran gewöhnt, mit Ansprüchen anderer Nutzungen an das Naturpotential konfrontiert und zur Berücksichtigung angehalten zu werden. In der Reaktion darauf wurden solche mehr oder weniger deutlichen Nebenleistungen der Landwirtschaft sogar zu einem wesentlichen Bestandteil der agrarpolitischen Argumentation, je mehr sich in den letzten Jahrzehnten die ökonomische Situation des Agrarsektors verschlechterte. Die „Erhaltung, Wiederherstellung und Entwicklung der Leistungs- und Nutzungsfähigkeit von Natur und Landschaft" sind heute deklarierte Hauptziele der Agrarpolitik[8]). Ökonomische und ökologische Zielsetzungen sollen in der Agrarpolitik gleichwertig nebeneinander stehen. Das bedeutet aber, daß in Zukunft die Ergebnisse der Agrarpolitik daran zu messen sein werden, inwieweit sie dem Anspruch einer doppelten Zielkonformität gerecht werden.

Problematisch ist diese Verquickung agrar- und umweltpolitischer Ziele innerhalb der Agrarpolitik und der Agrarplanung auf jeden Fall. Die schon innerhalb des engeren agrarpolitischen Zielbereichs nicht geklärten Zielantinomien, werden nun noch dadurch vergrößert, daß umfassende umweltpolitische Ziele, wie sie eigentlich von der Gesamtplanung verfolgt werden müßten, explizit zu fachsektoralen Zielen erklärt werden. Es besteht die Gefahr, daß auf diese Weise Zielkonflikte, die zwangsläufig zwischen den Produktivitätszielen der Landwirtschaft und den umweltpolitischen Zielen bestehen, nicht ausgetragen und durch vordergründige Kompromisse verdeckt werden.

---

[8]) Agrarbericht 1974 der Bundesregierung. Bundesdrucksache 7/16501.

Daher scheint der Vorwurf, daß durch diese Vorgehensweise die agrarstrukturelle Notsituation mit dem Hinweis auf die gesamtgesellschaftliche Wohlfahrtsleistung bereinigt werden soll, nicht unberechtigt zu sein. Symptomatisch hierfür ist u. a. die vor dem Hintergrund wachsender Sozialbracheflächen geführte Diskussion über die landschaftspflegerische Funktion der Landwirtschaft. Noch vor einigen Jahren wurde vor allem von seiten landwirtschaftlicher Interessengruppen argumentiert, die Bracheflächen würden grundsätzlich negative ökologische Folgewirkungen haben. Nachdem diese Behauptung durch die Ergebnisse verschiedener Forschungsarbeiten als widerlegt gelten kann, wird heute von den gleichen Stellen darauf verwiesen, daß Bracheflächen zu einer Beeinträchtigung des Wohn- und Freizeitwertes einer Landschaft führen. Erste Untersuchungen in dieser Richtung zeigen jedoch, daß auch dieses Argument pauschal nicht aufrecht erhalten werden kann[9]). Daß diese zu unkritische Ausweitung landwirtschaftlich sektoraler Ziele in anderen Bereichen fortgesetzt wird, zeigen z. B. die Bestrebungen, sogenannte Flurfunktionskarten zu erstellen[10]). Die Ausweisung der verschiedenen Nebenleistungen und anderer Funktionen der landwirtschaftlichen Nutzflächen erscheint hierbei wiederum als Fachplanungsaufgabe der Landwirtschaft. Das wird notgedrungen einseitig ausfallen und den berechtigten gesamtplanerischen Ausgleich zwischen Gebieten mit unterschiedlichen Sozialfunktionen nur erschweren.

Der Beweis dafür, daß die sogenannten Sozialfunktionen und Nebenleistungen der Landwirtschaft in den Bereich anderer Raumansprüche fallen und von dort her gelöst werden müßten, zeigt sich nicht zuletzt darin, daß im konkreten Konfliktfall — z. B. bei Offenhaltung brachgefallener Wiesentäler — auf das nicht nur oder überhaupt nicht vorhandene landwirtschaftliche Interesse hingewiesen und Unterstützung durch öffentliche Mittel gefordert wird.

Es ist einleuchtend, daß solche Unklarheiten in der raumordnungspolitischen Diskussion, wie sie hier speziell am Verhältnis von umweltplanerischen zu agrarplanerischen Zielen aufgezeigt wurden, sicher mit ein Grund für die Koordinations- und Kooperationsschwierigkeiten der Planungen im ländlichen Raum sind. Das betrifft vor allem die erläuterte querschnittsorientierte ökologische Zielsetzung, die mehr noch als die ökonomischen und sozialen Aspekte der räumlichen Gesamtplanung stets in Gefahr ist, übergangen zu werden. Für sie gilt besonders, daß sie, wenn sie mehr als nur programmatische Absichtserklärung sein will, als „Konfliktmodell" zwischen Fach- und Gesamtplanung betrieben werden muß, wie es die o. g. „ökologische Risikoanalyse" vorsieht.

Die damit noch einmal begründete pragmatische Vorgehensweise, planerische Entscheidungssituationen auf der Basis von Zielkonfliktsystemen anzugehen, ist in der Raumordnung schon seit längerem in der Diskussion[11]). Sie trägt der Erkenntnis Rechnung, daß vor allem die zwischen den verschiedensten Raumnutzern und Interessen auftretenden Konflikte Gegenstand gesamtplanerischer Abstimmung sein müssen und daß die Vielzahl aller positiven, negativen oder neutralen Querbeziehungen viel zu komplex ist, um als

---

[9]) E. BIERHALS; G. HARD; W. NOHL und H. SCHARPF: Auswirkungen landbaulicher Nutzungsformen auf Haushalt und Bild der Landschaft unter besonderer Berücksichtigung von Brachflächen. Forschungsauftrag des BML, Landwirtschaftsverlag Hiltrup (erscheint demnächst).
[10]) WIFLAND ROLLE: Die Erfassung, Beurteilung und Ordnung der Flurfunktionen im Regierungsbezirk Karlsruhe. Eine Aufgabe der Landespflege. Informationen, 23. Jg., Nr. 11, S. 225 ff.
[11]) D. STORBECK: Zielkonflikt-Systeme als Ansatz zur regionalen Gesellschaftspolitik. Methodologische Überlegungen zur Theorie der Sozial- und Wirtschaftspolitik. In: Zur Theorie der allgemeinen und der regionalen Planung, Bielefeld 1969.

Gesamtsystem erkannt und bewältigt werden zu können. Auch im Rahmen der ökologischen Risikoanalyse wird man notgedrungen von einer systemorientierten Betrachtungsweise planerischer Probleme zu einer problembezogenen übergehen müssen. Der eingangs genannte Zweck dieses Beitrages kann deshalb hier dahingehend präzisiert werden, daß die Gegenüberstellung der Ziel-Mittel-Systeme von Umwelt- und Agrarplanung zu einem Zielkonfliktmodell führt. Es soll über die zunächst qualitative Feststellung möglicher Konflikte hinaus zu quantitativen Meßkriterien und Bewertungsfunktionen führen, um die planerischen Entscheidungen einer ökologischen Wirkungskontrolle unterziehen zu können.

III. Ziel-Mittel-Konfliktmodell Umweltplanung/Agrarplanung

Die an dieser Stelle notwendige Gegenüberstellung erfordert zunächst ein konsistentes und differenziertes Ziel-Mittel-System der auf die natürlichen Gegebenheiten eines Raumes gerichteten Umweltplanung. Diese Arbeit ist trotz der zahlreichen Programme und Empfehlungen zum Umweltschutz noch nicht sehr weit gediehen[12]. Die Zielformulierungen verbleiben zum größten Teil auf der sehr allgemeinen Ebene von Grundsätzen oder „Oberzielen", wie sie z. B. auch im Umweltprogramm der Bundesregierung angesprochen werden. Wenn sie konkreter werden, dann vor allem im Hinblick auf planerisch-organisatorische Regelungen und gesetzliche Instrumentarien[13] oder durch Nennung bestimmter aber ausgewählter Problemschwerpunkte[14].

Trotzdem liefern sie zum Teil brauchbare Ansätze oder Bausteine, die bei dem in Abbildung 2 dargestellten Ziel-Mittel-Konfliktsystem Verwendung gefunden haben. Es zeigt den Versuch, die in der ökologischen Umweltplanung verfolgten Ziele zu systematisieren und stufenweise bis auf die Ebene operationaler Teilziele zu konkretisieren (Spalten 1 bis 4). Dem wird in Spalte 5 das Zielgebäude der Landwirtschaft gegenübergestellt. Es ist hier zwar nur nach Nutzungsformen gegliedert, ist aber im Prinzip bis zu verschiedenen Maßnahmen aufzufächern, um die entsprechenden Konsequenzen, d. h. Abhilfemaßnahmen zur Vermeidung, Minderung oder zum Ausgleich ökologischer Konflikte ableiten zu können (Spalten 6 und 7)[15].

---

[12]) Vgl. hierzu auch Beitrag „Ziele für die Entwicklung ländlicher Räume" von V. v. MALCHUS, in diesem Band.
[13]) Ein Beispiel dazu ist etwa: Raumordnung und Umweltschutz. Entschließung der MRKO, Bonn 1972.
[14]) Außer den bereits genannten z. B. Raumordnungsbericht der Bundesregierung 1972.
[15]) Dazu auch: Ein Schema zur Kontrolle, a. a. O., S. 59.

Abb. 2: Ansatz eines Ziel-Mittel-Konfliktsystems: Ökologische Umweltplanung/Agrarplanung*)

	Hauptziel	Oberziele	Unterziele	Teilziele	Gegenüberstellung der Zielsysteme Landwirtschaft – Umweltschutz Landwirtschaftliche Nutzungsformen als mögliche Verursacher ökolog. Auswirkungen und als mögliche Betroffene von Wirkungen anderer Nutzungen × ⊗ ○						
	Schaffung und Erhaltung optimaler Qualität und Quantität natürlicher Lebensgrundlagen	Optimale Beschaffenheit von Faktorenkomplexen des Landschaftshaushaltes und Landschaftsgebildes	Optimale Beschaffenheit von Einzelfaktoren natürlicher Landschaftsfaktoren	Verhinderung spezieller ökologischer und visueller Auswirkungen mit Beeinträchtigungseffekt	Ackerbau	Grünlandwirtschaft	Industrielle Tierhaltg.	Waldbau	Fischerei	Sonderkulturen	Sozialbrache
	1	2	3	4	5						
Boden			Bodensubstanz	Flächenverlust	○	○		○	○	○	○
			Bodengefüge	Verlust an Bodensubstanz	⊗	○	⊗			⊗	
			Humusgehalt	Verdichtung des Bodengefüges	⊗	×	×			⊗	
			Mineralstoffgehalt	Minderung des Humusgehaltes	⊗	○		⊗		⊗	
			Grundwassermenge	Schadstoffanreicherung im Boden	⊗	⊗		⊗		⊗	
			Grundwasserqualität	Absenkung oder Hebung des Grundwasserspiegels	⊗	×	×	⊗		×	×
Wasser			Oberflächenwassermenge	Verunreinigung des Grundwassers durch mineral. oder organ. Stoffe	×	×	×				
			Oberflächenwasserqualität	Abflußbeschleunigung/Erhöhung des Wasserspiegels	×	×		×	○		
			Lufttreinheit	Verunreinigung der Oberflächenwassers durch mineral. od. organ. Stoffe, Wärme	×	×	×		○	×	
			Geräuschpegel	Luftverunreinigung durch Stäube, Chemikalien, Gerüche	⊗	⊗	×	×	○	⊗	
Klima/Luft			Luftbewegung	Erhöhung des Geräuschpegels	×	×	×				
			Temperatur	Windbegünstigung, Luftstau				×			×
			Niederschlag	Frostbegünstigung	○	⊗				○	×
			Strahlung	Nebelbegünstigung	○	×	○		○		×
Flora			Artenspektrum	Strahlungserhöhung/Radioaktivität							×
			Produktion von Biomasse	Verminderung der Arten- bzw. Individuenzahl (Flora)	×	×		×		×	×
Fauna			Artenspektrum	Minderung d. Produktion von Biomasse durch natürl. Artenspektr. (Flora)	×	×				×	×
			Produktion von Biomasse	Verminderung der Arten- bzw. Individuenzahl (Fauna)	×	×		×		×	×
Landschaftsbild			optische Vielfalt	Minderung d. Produktion von Biomasse durch natürl. Artenspektr. (Fauna)	×	×		×		×	×
natürliche Lebensgrundlagen			Identität/Bedeutung	Minderung der optischen Vielfalt	×	×		×		×	×
				Verringerung der Orientierungswirksamkeit	×	×		×		×	×

Folgerungen (Beispiele) für die Landwirtschaft, wenn sie Verursacher negativer Veränderungen ist	Folgerungen (Beispiele) für andere Raumansprüche, wenn sie Verursacher negativer Veränderungen für die Landwirtschaft sind
6	7
Ausweisung von Vorranggebieten, geregelte Kolbeseitigung	Abbaubeschränkungen, Rekultivierungsauflagen für Bergbau und Abfallbeseitigung; Prüfung aller Flächenansprüche im Rahmen der Gesamtplanung
Erosionsschutz, Auflagen für Bodenbearbeitung und Artenwahl	Rekultivierung bei Bodenentnahmen, Auflagen für Holzabtrieb für Forstwirtschaft
Auflagen für Bodenbearbeitung und Viehtrieb	Transportbeschränkungen und Rekultivierungsauflagen bei Bodenentnahmen und Abfalldeponien
s. o. — Auflagen für Kulturarten und Fruchtfolge, Verhinderung von Nadelholzmonokulturen	s. o.
zeitliche, räumliche und mengenmäßige Auflagen für Düngung und Pestizide	Verhinderung von Immissionen bei Industrie, Verkehr, Kraftwerken
Meliorationsbeschränkung für Kulturmaßnahmen bei Bodennutzung und Viehhaltung; Abwasserklärung	Meliorationsbeschränkung für Kanalisierung und Wasserbau, Entnahmebeschränkung bei Wasserkraftnutzung oder Wassergewinnung
wie bei Schadstoffabreicherung; Abwasserklärung	Abwasserklärung, geordnete Mülldeponie, Verhinderung von Immissionen
Auflagen für Kulturarten und Fruchtfolge (Waldbau)	Meliorations- und Ausbaubeschränkung für Wasserwirtschaft
wie bei Schadstoffanreicherung; Abwasserklärung (Silage)	s. o.
Auflagen für Pestizideinsatz und Massentierhaltung, spez. Mindestabstände und Flächen für Kot	Verhinderung von Immissionen
Mindestabstände, Stückzahlbeschränkung für Tierhaltung, Beschränkung von Maschinenlärm	
Windschutz, Verhinderung von Aufforstung, Kahlschlag und Sozialbrache	
Kaltluftschutz, Beschränkung für Grünland, Verhinderung von Brache	
s. o.	
Anbaubeschränkung in Immissionsgebieten	Verhinderung von Immissionen bei Kernkraftwerken und deren Abfall
Auflagen für Kulturarten, Fruchtfolge, Düngung und Pestizideinsatz, Abwasser- und Müllbeseitigung, Beschränkung für Meliorationsmaßnahmen speziell im Konflikt mit Natur- und Landschaftsschutz, ökologische Ausgleichsräume	
Bewirtschaftungspflicht, Nutzungsduldung und Aufforstungsverbote auf Brache, Auflagen für Flurbereinigung, Landnutzungszonen	

Erläuterung zu Spalte 5

x Verursacher häufig oder von größerer Bedeutung
x Verursacher weniger häufig oder von geringerer Bedeutung
◯ Betroffener häufig oder von größerer Bedeutung
○ Betroffener weniger häufig oder von geringerer Bedeutung

*) Zur besseren Lesbarkeit sind die Spalten 1 bis 7 nebeneinander zu legen.

Dem Verständnis des Verfahrensaufbaus der Argumentation sollen die folgenden weiteren Erläuterungen dienen:

1. Mit dem Verfahren wird die Absicht verfolgt, vor Planungsmaßnahmen, deren Wirkungen auf das Naturpotential sichtbar zu machen, die zu gegenseitigen Beeinträchtigungen von Nutzungsansprüchen führen können. Das soll speziell für Maßnahmen der Landwirtschaft konkretisiert werden. Dazu erscheint eine Systematik zweckmäßig, die den Komplex „natürlicher Lebensgrundlagen" nach den sogenannten „natürlichen Landschaftsfaktoren" — Boden, Wasser, Klima, Vegetation, Tierwelt, Erscheinungsbild — aufgliedert und über nutzungsrelevante Einzelaspekte bis zu bestimmten Maßnahmen verfolgt.

2. Von der Vielzahl theoretisch denkbarer und in Einzelfällen auch möglicher Faktoren wurden nur diejenigen aufgelistet, die als wesentliche Entscheidungskriterien für die Planung gelten können. Ihre Auswahl richtete sich auch danach, wie weit im Rahmen des von der Akademie zur Vertiefung dieses Modellansatzes vergebenen Forschungsauftrages[16] konkrete Bewertungsergebnisse zu erwarten sind. Damit ist angedeutet, daß die Fragestellung je nach Planungsfall ausgeweitet werden kann, daß weitere Faktoren hereingenommen oder andere außer Betracht bleiben können. Ein wichtiger Unterschied gegenüber anderen Verfahren wird darin gesehen, daß eine Beschränkung auf planungsrelevante ökologische Konflikte erfolgt und andererseits der Verfahrensweg für erweiterte Problemstellungen aufgezeigt ist[17].

3. In der Teilziel-Spalte (Nr. 4) zeigt sich am deutlichsten, daß das Zielsystem querschnittsorientierter ökologischer Umweltplanung nicht nur auf einen Nutzungsanspruch — etwa nur auf die Landwirtschaft — ausgerichtet ist, denn qualitative und quantitative Veränderungen der ökologischen Einzelaspekte sind je nach dem betroffenen Anspruch positiv oder negativ zu beurteilen.

Z. B. wirkt eine Erhöhung des Grundwasserstandes durch wasserwirtschaftliche Maßnahmen je nach Standort unterschiedlich und wird verschiedene Nutzungsformen, wie Ackerbau oder Grünland, unterschiedlich beeinflussen. Ein anderes Beispiel ist die Erhöhung des Oberflächenabflusses durch bestimmte waldbauliche oder ackerbauliche Maßnahmen. Sie kann von der Wasserwirtschaft positiv oder negativ beurteilt werden, je nachdem, ob die Oberflächenwassergewinnung (Talsperren) oder die Grundwasseranreicherung in einem Raum Priorität besitzt.

Daran wird noch einmal deutlich, daß dieses Modell auch die Möglichkeit bietet, sogar darauf angelegt ist, ebenso die positiven Wirkungen von Maßnahmen festzustellen und zu bewerten. Allerdings ist es hier — wie an anderer Stelle begründet — im Hinblick auf mögliche Zielkonflikte aufgefüllt.

4. Die ja nach Nutzungsanspruch verschiedene Beurteilung von ökologischen Veränderungen hat zur Folge, daß auch innerhalb der Landwirtschaft nach verschiedenen Sektoren mit unterschiedlichen Auswirkungen und Maßstäben zu differenzieren ist. Für die Spalte „Gegenüberstellung" (Nr. 5) ist daher das Ziel-Mittel-System der Landwirtschaft — ohne

---

[16] Vgl. Abschnitt IV.
[17] Vgl. hierzu Dornier-System GmbH: Einfluß der Agrarwirtschaft auf den Haushalt von Natur und Landschaft. Friedrichshafen 1972. Diese Untersuchung hebt auf eine möglichst vollständige Beschreibung ökologischer Folgewirkungen landwirtschaftlicher Maßnahmen ab und ist für planerische Zwecke kaum handhabbar.

daß es noch einmal bis zur Maßnahmenebene aufgelistet wurde — nach verschiedenen agrarischen Bereichen aufgegliedert worden. Mit Hilfe der „Ökologischen Risikoanalyse", die anschließend näher erläutert wird, ist festzustellen, wie weit die Landwirtschaft Verursacher oder auch Betroffener von beeinträchtigenden ökologischen Wirkungen ist. D. h., daß nicht nur „gegen" die Landwirtschaft ermittelt wird, sondern daß der Anspruch auf Umweltqualität auch verfolgt werden muß, wenn die Landwirtschaft infolge der nur sektoralen Sicht anderer Fachplanungen in Mitleidenschaft gezogen wird. Dementsprechend werden in Spalte 7 beispielhaft auch die Konsequenzen in anderen Planungssektoren aufgeführt.

5. Um die generellen Zusammenhänge zu zeigen, aber auch die Lesbarkeit zu wahren, muß eine solche Darstellung notgedrungen vereinfachen. Daher wurde auf eine Konkretisierung der Zielkonflikte bis auf die Ebene von Meßkriterien und Schwellenwerten für die Abhilfemaßnahmen verzichtet. Im Rahmen der nachfolgenden Erläuterungen sollen jedoch einige konkrete Beispiele genannt werden.

IV. Zum Verfahrensablauf und Aussagemöglichkeiten der ökologischen Risikoanalyse

Zwar sollen methodische Fragen hier im einzelnen nicht diskutiert werden, doch scheint es notwendig, die Hauptschritte der ökologischen Risikoanalyse zu konkretisieren, damit überprüfbar wird, ob dieser Ansatz geeignet ist, die Planungen im ländlichen Raum in ihrer ökologischen Aussage zu verbessern. Die Erläuterungen sollen beschränkt bleiben auf die Beurteilung von Planungsmaßnahmen. Andere Fragestellungen, wie etwa nach der in jedem Falle zu berücksichtigenden vorhandenen ökologischen Belastung eines Raumes oder nach der Bewertung verschiedener Nutzungskombinationen, sind im Prinzip ähnlich zu behandeln, müssen jedoch hier außer Betracht bleiben. Abb. 3 (S. 242) zeigt zur Veranschaulichung den stark schematisierten Ablauf des Verfahrens in 4 Stufen.

Der erste Schritt besteht in der Frage, welche ökologischen Auswirkungen mit Beeinträchtigungseffekt generell von den geplanten Maßnahmen — in unserem Falle solche der Landwirtschaft — auf bestehende oder geplante Nutzungen eines Raumes ausgehen könnten. Der Beantwortung dient eine Abfragematrix, wie sie in Abb. 4 dargestellt ist. Sie enthält das Kernstück des weiter oben bereits erwähnten Zielkonfliktmodells „Landwirtschaft—Umweltschutz", setzt also die Teilziele des Umweltschutz-Zielsystems in Beziehung zu den Nutzungsformen der Landwirtschaft, genauer zu den damit verbundenen raumrelevanten Maßnahmen.

Selbstverständlich müssen für die gesamtplanerischen Entscheidungen alle anderen Raumansprüche wie Verkehr, Industrie, Abfallbeseitigung u. a. in gleicher Weise aufgelistet und abgefragt werden, wie das in Abb. 4 (S. 243) — bedingt durch die Themenstellung des Beitrages — für den Sektor Landwirtschaft geschieht. Diese Gesamtverflechtung ist in der Matrix angedeutet, ohne daß sie detaillierter ausgeführt werden kann.

Nach diesem ersten Schritt weiß man zwar, welche Nutzungskonflikte bei Maßnahmen der Landwirtschaft über den Naturhaushalt auftreten können, geklärt ist jedoch nicht, ob das Risiko von Beeinträchtigungen im Planungsraum auch tatsächlich besteht, welche ökologischen Auswirkungsbereiche die geplanten Aktivitäten haben und wo sie andere Raumnutzungen tangieren. Dem gilt der zweite Verfahrensschritt. Spezielle Beispiele aus dem hier anstehenden Problembereich sollen dies verdeutlichen. Bei der Festlegung von

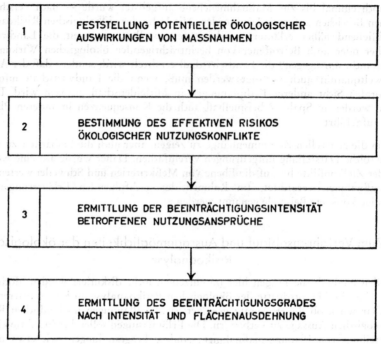

Abb. 3: Hauptschritte einer ökologischen Risikoanalyse

Standorten industrieller Tierhaltungen wäre u. a. der räumliche Wirkungsbereich der Geruchsbelastung und die Benachbarung oder Überlagerung mit anderen Nutzungen wie Wohnen und Erholung festzustellen. Umgekehrt ist z. B. für die Landwirtschaft von Interesse, welche Zone beiderseits einer Verkehrstrasse durch Reifenabrieb, Streusalz im Winter, CO_2- und Schwermetall-Emissionen beeinträchtigt wird. Dafür sind differenzierte, zum Teil auch bereits vorhandene Kenntnisse über die ökologischen Wirkungszusammenhänge notwendig, ferner Bewertungsrahmen, die von gegebenen „Ausbreitungsfaktoren" auf die Reichweite der Wirkungen schließen lassen.

Wenn mit Hilfe solcher Unterlagen die Möglichkeit ökologischer Nutzungskonflikte nachgewiesen ist, verlangt der Risikonachweis als nächstes die Bestimmung der möglichen Beeinträchtigungsintensität (Phase 3). Sie ist abhängig von

a) der Intensität des betroffenen Nutzungsanspruches,

b) der Intensität der beeinträchtigenden Maßnahmen.

So bedeutet etwa die gleiche Menge Nitrat im Grundwasser eine stärkere Beeinträchtigung in einem Wasserschutzgebiet erster als in einem Schutzgebiet zweiter Kategorie. Entsprechend ist die Belastung der Landwirtschaft umso höher, je stärker Luftverunreinigungen in einem Raume sind und je intensiver die Wirtschaftsformen. Die Erstellung der dafür notwendigen Bewertungsfunktionen ist schon bei derzeitigem Informationsstand für eine Reihe von Fällen möglich. Ein Beispiel ist die Bestimmung der Intensität von Geruchsbeeinträchtigungen für Wohnen durch Massentierhaltung in Abb. 5 (S. 244).

	Verursacher (X) oder Betroffene (O) möglicher Auswirkungen										
	Landwirtschaftliche Nutzung							Industrie	Bergbau	Energie	u.a.
	Ackerbau	Grünlandwirtschaft	Massentierhaltung	Waldbau	Fischerei	Sonderkulturen	Sozialbrache	— differenziert nach Nutzungsformen —			
Flächenverlust	O	O	⊗	O	O	O	O				
Verlust an Bodensubstanz	⊗	o	x			⊗					
Verdichtung des Bodengefüges	⊗	x	x			⊗					
Minderung des Humusgehaltes	⊗			⊗		⊗					
Schadstoffanreicherung im Boden	⊗	O		⊗		⊗					
Absenkung oder Hebung des Grundwasserspiegels	x	⊗		⊗		⊗					
Verunreinigung des Grundwassers durch mineralische oder organische Stoffe	X	x	X			X					
Abflußbeschleunigung/Erhöhung des Wasserspiegels	X	x		x		X					
Verunreinigung des Oberflächenwassers d. mineralische oder organische Stoffe, Wärme	⊗	x	X	O	O	X	X				
Luftverunreinigung durch Stäube, Chemikalien, Gerüche	x	⊗	X			⊗	x				
Erhöhung des Geräuschpegels	x	x	x				X	(Ökologische Auswirkungen anderer Nutzungsansprüche sind in ähnlicher Weise wie hier für die Landwirtschaft darstellbar).			
Windbegünstigung, Luftstau	O			X			x				
Frostbegünstigung	O	⊗				O	x				
Nebelbegünstigung		x				O	x				
Strahlungserhöhung/Radioaktivität	O	O	O	O	O	O					
Verminderung der Arten- bzw. Individuenzahl (Flora)	X	X		X		X	X				
Verminderung der Arten- bzw. Individuenzahl (Fauna)	X	X		x		X	X				
Minderung der Produktion von Biomasse durch natürl. Artenspektr. (Flora)	X	X		x		X	x				
Minderung der Produktion von Biomasse durch natürl. Artenspektr. (Fauna)	X	x		x		X	x				
Minderung der optischen Vielfalt	X	X		X		X	X				
Verringerung der Orientierungswirksamkeit	X	X		X		X	X				

MÖGLICHE BEEINTRÄCHTIGENDE ÖKOLOGISCHE AUSWIRKUNGEN

Legende:
X Verursacher häufig oder von größerer Bedeutung
x Verursacher weniger häufig oder von geringerer Bedeutung
O Betroffener häufig oder von größerer Bedeutung
o Betroffener weniger häufig oder von geringerer Bedeutung

Abb. 4: Abfragematrix für potentielle Beeinträchtigungen des Landschaftshaushaltes durch die Landwirtschaft und andere Raumnutzungen

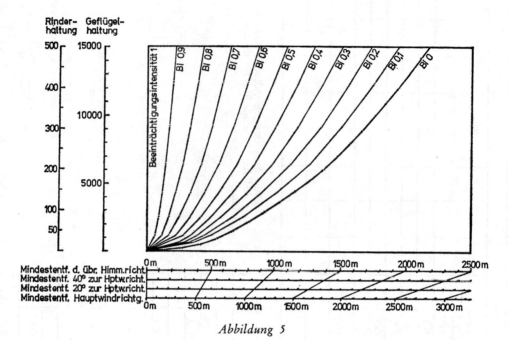

Abbildung 5

Quelle: Verändert nach: Landwirtschaftskammer Westfalen-Lippe; Zeichnerische und rechnerische Methode zur Ermittlung der Mindestentfernung von der nächsten Wohnbebauung beim Bau von Stallgebäuden.

Da die Raumplanung jedoch auf eine Typisierung und den Vergleich von Standorten abzielt, verlangt sie in der Regel weitergehende Bewertungsaussagen. Daher ist der nächste und letzte Schritt auf die Ermittlung des Beeinträchtigungsgrades der verschiedenen Nutzungen gerichtet. Dabei wird die Beeinträchtigungsintensität zur beeinträchtigten Fläche in Beziehung gesetzt. Genauer gesagt, geht es zunächst um den Beeinträchtigungsgrad einzelner ökologischer Standortfaktoren, wie Wasser oder Boden, die für bestimmte Raumansprüche von Wichtigkeit sind und daraufhin bewertet werden müssen.

Ein Beispiel dafür enthält Abb. 6 a. Sie zeigt als Deckraster zur top. Karte 1 : 25 000 einen Ausschnitt des Landkreises Vechta und weist den Beeinträchtigungsgrad der Oberflächengewässer durch Ackerbau aus. Zur Beurteilung wurde der Abtrag an humosen und mineralischen Stoffen in Abhängigkeit von zahlreichen Faktoren, wie Bodenart und -typ, Hängigkeit des Geländes, Vegetationsbedeckung und Ausdehnung der Ackerflächen, herangezogen. Die Unterlagen dazu wurden im Rahmen einer noch nicht veröffentlichten Forschungsarbeit der Akademie für Landesplanung und Raumforschung erstellt [18]).

Es ist allerdings festzuhalten, daß für die Berücksichtigung ökologischer Aspekte in der Planung nicht erst bis zum letzten Verfahrensschritt vorgedrungen werden muß. Vielmehr bietet jede der beschriebenen Stufen in entsprechender Aufbereitung bereits brauchbare Entscheidungshilfen in dieser Richtung. Das heißt, auch schon Unterlagen über einfache räumliche Überlagerungen von Maßnahmen und Nutzungen liefern erste Aufschlüsse für

---

[18]) Die Sammlung und Ordnung des Materials ist jetzt abgeschlossen und wurde weitgehend von Herrn Dipl.-Ing. B. Hoffmann, TU Hannover, durchgeführt.

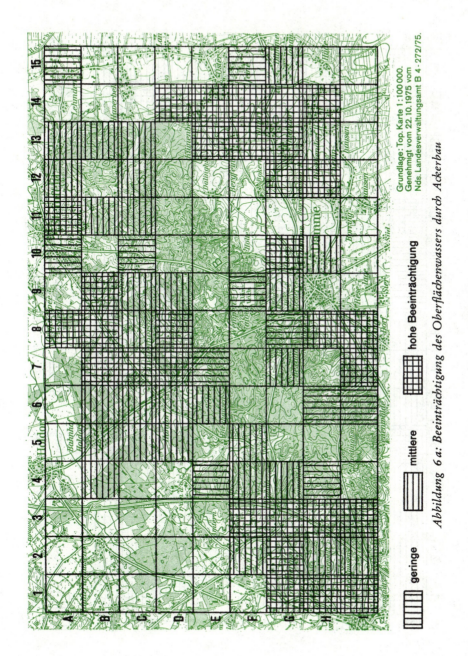

Abbildung 6a: Beeinträchtigung des Oberflächenwassers durch Ackerbau

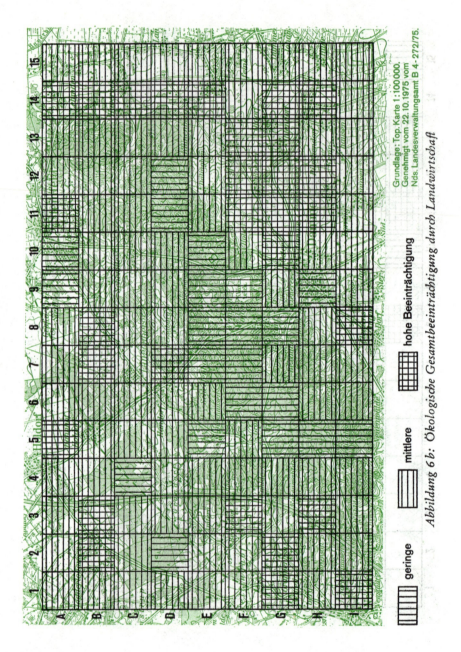

Abbildung 6b: Ökologische Gesamtbeeinträchtigung durch Landwirtschaft

die Planung. Die Aussagen werden weiter verbessert, wenn man sie mit Karten über die wichtigsten Ausbreitungsfaktoren vergleichen kann. In bezug auf Geruchsbelästigung sind das z. B. Daten über Hauptwindrichtung und Windstärken. Ebenso können die Aussagen über mögliche Verunreinigungen des Grundwassers schon durch Angaben über die Nutzungsintensität, die Bodendurchlässigkeit und die Grundwasserspiegelhöhe konkreter werden.

An diesen Beispielen wird auch deutlich, daß Meßdaten und kartographisches Material, das sich für die Fragestellung der „ökologischen Risikoanalyse" verwenden läßt, zum Teil in beträchtlichem Umfang existiert, daß es sogar mit ähnlicher Zielrichtung erstellt wurde, jedoch bisher nicht systematisch zum Einsatz gekommen ist.

Nicht in jedem Falle werden also Gesamtaussagen möglich oder auch nötig sein, wie sie das zweite Deckraster zu Abb. 6 b enthält. Die darin verarbeiteten Informationen entstammen der bereits genannten Materialsammlung. Diese sind zu einer Bewertung der durch die Landwirtschaft bedingten ökologischen Gesamtbelastung zusammengefaßt. Es sind praktisch alle in der Abfragematrix (vgl. Abb. 4) enthaltenen Auswirkungen der Landwirtschaft, soweit sie in diesem Ausschnitt des Landkreises Vechta feststellbar waren, berücksichtigt. So, wie hier exemplarisch für die Landwirtschaft der Verfahrensgang der „ökologischen Risikoanalyse" und die Art der planerischen Entscheidungshilfe vorgestellt wurden, sind im Rahmen der räumlichen Gesamtplanung in gleicher Weise alle anderen Raumansprüche auf ihre ökologischen und visuellen Auswirkungen zu überprüfen. Aus der unterschiedlichen Art und dem unterschiedlichen Gewicht der Beeinträchtigung ergeben sich dann die möglichen Alternativen der räumlichen Nutzungskonzeption und ihre ökologische Beurteilung.

Die mit den einzelnen, aufeinander aufbauenden Verfahrensschritten, also mit der stufenweisen Aggregation von Werturteilen, verbundenen entscheidungstheoretischen und bewertungstechnischen Probleme mußten hier ausgeklammert werden. Sie erfordern jedenfalls entsprechend flexible und transparente Bewertungsstrukturen. Sie sollten sich ferner auf ordinale Wertsetzungen beschränken, weil anspruchsvollere Skalen der Materie kaum noch angemessen wären [19]).

V. Einzelbetriebliche und regionale Konsequenzen einer umweltkonformen Landbewirtschaftung

Nachdem voranstehend ein Verfahrensweg aufgezeigt wurde, der geeignet erscheint, die raumwirksamen ökologischen Auswirkungen der Landwirtschaft zu erfassen, stellt sich nun die Frage, welche Konsequenzen sich einerseits in den landwirtschaftlichen Betrieben und andererseits auf regionaler Ebene ergeben könnten, wenn auf der Basis von Beeinträchtigungsanalysen die Landwirtschaft zur Einhaltung bestimmter Umweltnormen gezwungen würde.

Bei diesen Überlegungen muß hier allerdings darauf verzichtet werden, der Vielzahl der Probleme nachzugehen, die eine derartige Vorgehensweise mit sich bringen würde. Es sei nur darauf verwiesen, wie schwierig es allein sein dürfte, einzelne Landwirte als Verursacher ökologischer Beeinträchtigungen zu identifizieren.

---

[19]) Vgl. dazu A. BECHMANN u. H. KIEMSTEDT: Die Landschaftsbewertung im Sauerland als Beitrag zur Theoriediskussion der Landschaftsplanung. Raumforschung und Raumordnung, 32. Jg. 1974, H 5, S. 190—202.

Da ferner für größere Gebiete bisher noch keine Ergebnisse ökologischer Risikoanalysen vorliegen, lassen sich auch nur allgemeine Tendenzen aufzeigen, die sich bei Durchsetzung ökologisch begründeter Produktionsauflagen für die Landwirtschaft bzw. für ganze Regionen ergeben würden. Damit fehlt auch die Grundlage, um präzisierte Aussagen darüber zu machen, welche spezifischen ökologischen Konfliktsituationen in den in diesem Band abgegrenzten Raumtypen vorliegen. Typische ökologische Konfliktsituationen lassen sich u. E. für Verdichtungszonen oder verdichtungsferne Räume kaum darstellen. Landwirtschaftliche Emissionen können z. B. in beiden Raumkategorien in gleichem Maße Erholungsgebiete oder Wassergewinnungsgebiete beeinträchtigen. Worin sich die Gebiete allenfalls unterscheiden werden, ist die Bandbreite und die Intensität wechselseitiger ökologischer Beeinträchtigungen.

Das im vorangegangenen Kapitel beschriebene Verfahren dient der Konkretisierung des ökologischen Teilbereichs einer Wirkungsanalyse im Rahmen der Gesamtplanung. In ihrem Abwägungsprozeß, welcher Nutzung sie in einem bestimmten Raum den Vorrang geben soll, hat die Gesamtplanung aber auch zu überprüfen, welche sozioökonomischen Konsequenzen sich aus den jeweiligen Entscheidungen ergeben würden. Diese Auswirkungen können, wie bereits begründet, hier jedoch nur in Form allgemeiner Tendenzrichtungen dargestellt werden [20]. Tabelle 1 enthält die entsprechenden Aussagen.

Durch die Einführung von Produktionsnormen, etwa in Form von Emissionsgrenzwerten oder auch landschaftsgestalterischer Auflagen, werden die Input-Output-Relationen in den Betrieben meist negativ verändert. Das drückt sich sowohl in fallendem Kapital — als auch Arbeitsproduktivitäten aus. Da hiermit gleichzeitig ein Rückgang des Stückgewinnes verbunden ist, verlieren die durch die Auflagen betroffenen Betriebszweige an inner- und außerbetrieblicher Wettbewerbskraft. Zu einer Einstellung des Produktionszweiges wird dies dann führen, wenn dieser bereits vor Einführung der ökologisch bedingten Norm geringe Einkommen abwarf. Diese Beziehungen wurden für einige wichtige Auflagen in Spalte 1—4 der Tabelle skizziert.

Unter bestimmten Konstellationen, wie ungünstigen strukturellen und natürlichen Produktionsvoraussetzungen und damit geringen Chancen auf andere Betriebszweige auszuweichen, könnte dies zu einer beschleunigten Einstellung der Landbewirtschaftung führen.

Einen gleichen Effekt können Verfahrensnormen hervorrufen, die den Anteil der fixen Kosten der betreffenden Produktionsverfahren — etwa Maßnahmen der Geruchsverhinderung bei Tierhaltungen — erhöhen. Dadurch sinkt die Anpassungselastizität der Betriebe an sich verändernde Marktbedingungen. In diesen Fällen ist auch bei Vorliegen von Produktionsalternativen mit größeren Einkommenseinbußen zu rechnen.

Am stärksten von Einkommensverlusten betroffen wären jedoch die Betriebe, in denen bei einem hohen Grad der Betriebsvereinfachung der Betriebszweig von den Umweltnormen betroffen wird, der bisher den höchsten Beitrag zum Betriebseinkommen abwarf.

Es ist selbstverständlich, daß die hier angesprochenen betriebswirtschaftlichen Folgen einer umweltkonformen Landbewirtschaftung in den betroffenen Gebieten jeweils in Abhängigkeit der regionsspezifischen Ausstattung der Betriebe mit den Produktionsfaktoren

---

[20]) Vgl. hierzu: „Möglichkeiten und Grenzen der Anwendung des Verursacherprinzips in der Land- und Forstwirtschaft". Arbeit zum wissenschaftlichen Wettbewerb des BML 1973, Autor unbekannt, Code-Wort EFFI.

Ökonomische und regionale Konsequenzen für die landwirtschaftliche Produktion bei Auflagen durch den Umweltschutz

Auflagen	Betriebswirtschaftliche Konsequenzen				Regionale Konsequenzen		
	spezielle Intensität 1	Arbeitsproduktivität 2	Kapitalproduktivität 3	Änderung der Produktionsrichtung 4	Anzahl der betroffenen Regionen 5	Bedeutung der Auflagen für das betreffende Gebiet 6	Typisierung der betroffenen Gebiete 7
Verbot hoher N-Düngung	sinkt	sinkt	sinkt	möglich	mittel	groß	a) unmittelbarer Einzugsbereich v. Wassergewinnungsanlagen b) Gebiete mit großer Grundwasserhöffigkeit (potentielle Wasserschutzgebiete), hohen Grundwasserständen bzw. bestimmten geologischen Verhältnissen
Vermeidung v. Wasserverunreinigungen durch landwirtschaftliche Abwässer	unverändert	unverändert	sinkt	nein	groß	gering	a) unmittelbarer Einzugsbereich v. Wassergewinnungsanlagen b) Gebiete in unmittelbarem Einzugsbereich von fließenden und stehenden Gewässern
Emissionsauflagen f. Massentierhaltung	unverändert	unverändert	sinkt	möglich	gering	groß	a) Gebiete mit ausgeprägter Wohnfunktion (stadtnahe Bereiche) b) Gebiete mit Erholungsfunktion
stärkere Bindung der Tierbestandsgrößen an die verfügbaren Flächen (Problem Abfallbeseitigung)	unverändert	sinkt	sinkt	möglich	gering	groß	a) Gebiete mit Wohn- und Erholungsfunktion b) Gebiete mit Funktionen für die Wasserversorgung (Grundwasser) c) Gebiete mit starkem Oberflächenwasserabfluß
Einschränkungen bei der Anwendung von Pestiziden	sinkt	sinkt	sinkt	möglich	groß	groß	a) Gebiete mit Wohn- und Erholungsfunktion im Bereich von Naturschutzobjekten oder -gebieten b) Gebiete mit Wassergewinnungsfunktion bzw. im unmittelbaren Einzugsbereich v. fließenden oder stehenden Gewässern
Auflagen hinsichtlich der Flurgestaltung (Landschaftsbild)	unverändert	sinkt	sinkt	möglich	groß	groß	a) stadtnahe Gebiete b) in ertragsarmen Niederungsgebieten (u. a. Maßnahmen d. Wasser- und Bodenverbände)

Boden, Arbeit und Kapital ermittelt werden müßten. Erst wenn diese Werte bekannt sind, ließe sich berechnen, welche Einkommensverluste die Landwirtschaft hinnehmen muß, wenn bestimmte ökologische Gütenormen eingehalten werden müssen.

In Gebieten, für die die ökologische Risikoanalyse hohe Beeinträchtigungswerte nachgewiesen hat, würde sich dann ergeben, daß von Seiten der Landwirtschaft hohe „Schattenpreise" für einen gesellschaftlich gewünschten Umweltzustand zu zahlen sind. Die Produktionsauflagen könnten — und das ist nicht nur agrarplanerisch, sondern auch für die räumliche Gesamtplanung von Bedeutung — großräumige Veränderungen in der Standortgunst bestimmter Gebiete für die landwirtschaftliche Produktion zur Folge haben.

So ist z. B. denkbar, daß sich die Wettbewerbskraft der heutigen landwirtschaftlichen Vorranggebiete u. U. wesentlich verschlechtern würde, wenn die dortige Landwirtschaft dazu angehalten wird, die von ihr ausgehenden ökologischen Beeinträchtigungen zu reduzieren bzw. ganz zu beseitigen. Andererseits könnten heute noch als landwirtschaftliche Problemräume eingestufte Gebiete, da geringe Umweltbeeinträchtigungen von der Landwirtschaft verursacht werden, ihre Wettbewerbsposition verbessern. Wenn auch nicht zu erwarten ist, daß Produktionsnormen, die auf der Basis von ökologischen Risikoanalysen regionalisiert eingesetzt werden, zu einer völligen Umkehr von begünstigten und benachteiligten Agrarregionen führen würde, so könnten sich doch tiefgreifende Standortverlagerungen ergeben. Die Internalisierung ökologischer Normen in die landwirtschaftlichen Produktionsprozesse würde so zu ganz neuen agrar- und raumordnungspolitischen Problemen und zwangsläufig damit verbundenen Konzeptionen führen.

Es erscheint fraglich, daß derartige weitreichende Überlegungen angestellt wurden, bevor sich die offizielle Agrarpolitik zu der bereits erwähnten doppelten Zielkonformität bekannte. Die für die Agrarpolitik Verantwortlichen täten gut daran, einkommens- und strukturpolitische Ziele einerseits und umweltpolitische Ziele andererseits zunächst im Sinne des hier skizzierten Konfliktmodells zu behandeln. Darauf aufbauende ökologische Risikoanalysen für bestimmte Regionen könnten dann sichtbar machen, wo die Landwirtschaft als Verursacher ökologischer Beeinträchtigungen auftritt und wo als Betroffener. Auf diese Weise könnte auch der Anspruch, einer der Wirtschaftsbereiche zu sein, die die geringsten Umweltbeeinträchtigungen auslösen, glaubhaft untermauert werden.

III. Konsequenzen der sektoralen Entwicklungshilfe für ausgewählte Raumtypen mit besonderen Problemstellungen

Konsequenzen der sektoralen Entwicklungsziele für ausgewählte Raumtypen mit besonderen Problemstellungen

A. Verdichtungsräume und Verdichtungsrandzonen

von

Wilhelm Meinhold, München u. Innsbruck

I. Regionaltypische Merkmale und konkrete Erscheinungsform des Verdichtungsraumes einschließlich seiner Randzonen

1. Merkmale

Die Raumordnungspolitik faßt Verdichtungsräume und deren Randzonen zu „Ordnungsräumen besonderer Art" zusammen, weil den angrenzenden Randzonen als Aufnahmebecken agglomerierter Bevölkerungsströme Entlastungsfunktionen zuwachsen, denen auch definitorisch Rechnung zu tragen ist. Diese Einbeziehung von Randgebieten in die eigentlichen Verdichtungsräume gilt auch für die nachfolgende Querschnittanalyse.

Wenn in jedem durch mehrere Komponenten gekennzeichneten Raumtyp zu unterscheiden ist zwischen Kernmerkmalen (von typenprägender Kraft) und akzessorischen Merkmalen (mit ergänzendem, verdeutlichendem Aussagewert), dann läßt sich der hier zugrundeliegende Verdichtungsraumtyp folgendermaßen umschreiben:

a) *Kernmerkmal* ist die *Einwohner-Arbeitsplatzdichte* (Zahl der Einwohner und Arbeitsplätze pro Flächeneinheit), derzufolge der Verdichtungsraumtyp mehr als 150 000 Einwohner bei einer Bevölkerungsdichte von mindestens 1000 Einwohnern je qkm aufweisen muß. Nach Maßgabe dieser Dichtewerte wurden in der Bundesrepublik Deutschland (1968) insgesamt 24 Verdichtungsräume ermittelt.

b) Die *akzessorischen* Determinanten des Verdichtungsraumtyps sind sinnvollerweise im Hinblick auf den jeweiligen Untersuchungszweck auszuwählen. Wenn mithin in der vorliegenden Darstellung sektorale Entwicklungsziele unter agrarpolitischen Aspekten geprüft werden sollen, erscheint es angezeigt, als Ergänzungskomponenten zur Charakterisierung und begrifflichen Schärfung des vorgegebenen Raumtyps Daten über natürliche *Standortverhältnisse* und über die landwirtschaftliche *Betriebsstruktur* zu benutzen. Dadurch wird der Raumtyp merkmalsmäßig dergestalt konkretisiert, daß er speziell für agrarpolitische Zielvorstellungen relevant wird.

aa) Die thematische Zusatzkennzeichnung des eigentlichen Verdichtungsraumes durch „günstige", der Randzonen durch „mäßige" natürliche *Standortverhältnisse* (Klima, Boden) läßt die wirtschaftlichen (Sozialprodukt, Einkommensverteilung, Produktionsmitteltechnik, Verkehrsverhältnisse etc.) und institutionellen Standortkomponenten (rechtliche Regelungen, Organisationswesen, Administration etc.) außer Ansatz, obwohl diese, wenn auch nicht unmittelbar, für den Untersuchungszweck ebenfalls belangvoll wären. Aber durch ihre Einbeziehung würde sich der einheitliche Raumtyp auflösen in eine verwirrende Vielzahl von Untertypen.

bb) Die thematische Zusatzkennzeichnung des eigentlichen Verdichtungsraumes durch eine „günstige", der Randzone durch eine „mäßige" (durchschnittliche) landwirtschaftliche *Betriebsstruktur* läßt wegen mangelnder Einhelligkeit über den vielschichtigen Inhalt dieses akzessorischen Merkmales unterschiedliche Auslegungen zu. Unter Absehung von anderen möglichen betriebsstrukturellen Komponenten, wie Faktorausstattung (Arbeit, Kapital), Finanzstruktur (Eigen- und Fremdkapital), Produktionsmitteltechnik (Maschinenausstattung nach Maßgabe des technischen Fortschritts), soll hier die Betriebs*größen*struktur des Raumtyps Verdichtungsraum verstanden werden. Galt diese in früheren Zeiten dann als günstig, wenn sie eine „gesunde" Mischung aller Betriebsgrößen verkörperte, dann herrscht heute (im Zeichen von Integration und Wachstum) die Überzeugung vor, daß sie durch eine Tendenz zum „größeren" Betrieb (leistungsfähiger Vollerwerbsbetrieb) geprägt sein solle.

2. Konkrete Erscheinungsform

Jeder Raumtypus ist ein Modell, ein stark vereinfachtes Schema, also niemals eine Abbildung der vollen Raumwirklichkeit. Diese bietet keine reinen Muster. Da Typenregionen durch Abstraktion von Individualmerkmalen bei gleichzeitiger Beibehaltung gemeinsamer Merkmale aus Individualregionen abgeleitet werden, bilden sie als typisierte Teilräume klassifizierte Raumeinheiten. In dieser Eigenschaft läßt sich der Verdichtungsraum (einschließlich seiner Randzonen) konkret skizzieren wie folgt:

a) Die *Umweltbedingungen* sind als Folge permanenten Zustromes (auch ehemals landwirtschaftlich Erwerbstätiger) ständig unausgewogen und nähern sich schließlich einer kritischen Belastungsgrenze (Überbeanspruchung der natürlichen Lebensgrundlagen und der infrastrukturellen Einrichtungen). Im Verdichtungsraum wird der relativ hohe gesamtwirtschaftliche Wachstumsgrad erkauft durch eine Unausgewogenheit der Wirtschaftsstruktur insbesondere in den ländlich geprägten Gebietseinheiten (Ballungsrandzonen, an den Ballungskern angrenzende Verdichtungsgebiete), die es in der Bundesrepublik Deutschland „vor allem im Bereich der mehrpoligen Verdichtungsgebiete und am Rande der Verdichtungsfelder gibt. In ihnen hat die Bevölkerung im letzten Jahrzehnt sehr stark zugenommen. Sie partizipieren vor allem an den Abwanderungen aus den Ballungskernen" (v. MALCHUS)*).

Indessen wirken in Verdichtungsräumen den umweltpolitisch zu beklagenden Anziehungskräften auch „deglomerative Kräfte des Auseinanderrückens" (OTREMBA) entgegen (Bodenverknappung, Verkehrs- und Versorgungsengpässe, Verlust an vitaler Substanz). Die deshalb erforderliche Optimierung des Verdichtungsprozesses kann nicht dem nur nach rein ökonomischen Gesichtspunkten entscheidenden Marktmechanismus überlassen werden.

b) Da sich gerade in den eigentlichen Ballungsgebieten und in deren Randzonen nicht selten „ausgezeichnete Böden mit günstigem Relief und einem für den Ackerbau und den Gemüse- und Obstbau besonders geeigneten Klima" (BERGMANN) finden, sind Ver-

---

*) Die Namen der Autoren beziehen sich auf deren Beiträge in diesem Band.

dichtungsräume und Randzonen sodann auch gekennzeichnet durch extrem hohe *Opportunitätskosten* für Arbeit und Boden, durch hohe *Differentialrenten* und durch das Fehlen von *Einkommens- und Liquiditätsproblemen*. Insbesondere die Verdichtungs*rand*zonen sind geprägt durch eine stark entwickelte *Nebenerwerbslandwirtschaft* mit Pendlercharakter (jedenfalls bei ausreichenden Verkehrsmöglichkeiten). Landschaftlich reizvolle Randzonen sind geeignet, *Naherholungsfunktionen* zu übernehmen.

c) Entsprechend der großen „regionalen und lokalen Variationsbreite" (OTREMBA) landwirtschaftlicher Bodennutzung wird auch im Verdichtungsraum Agrarwirtschaft betrieben (z. B. rings um Großstädte). Während im eigentlichen Verdichtungsraum die Produktionsrichtung durch *lohnintensive Zweige* (Gemüse, Wein, Milchvieh, Zuckerrüben) gekennzeichnet ist (mit nur geringen Naherholungsmöglichkeiten), herrscht in den Randzonen ein relativ *extensiver Ackerbau* (mit entsprechender Viehhaltung) vor. In landschaftlich weniger reizvollen, jedoch landwirtschaftlich günstigeren Gegenden ist intensive Landwirtschaft möglich.

3. Probleme und Entwicklungsmöglichkeiten

Grundsätzlich entwachsen agrarpolitische Probleme im eigentlichen Verdichtungsraum dem notorischen Mangel an *qualifizierten Arbeitskräften,* dem fortschreitenden *Landentzug* als Folge zunehmender Verkehrsdichte (bei gleichzeitiger Verschlechterung der inneren Verkehrslage) und den besonders strengen *Umweltvorschriften,* durch welche naturbedingt mögliche Wirtschaftsweisen häufig nicht zur Anwendung gebracht werden können. „So gut die landwirtschaftlichen Verhältnisse und so günstig die Lebensverhältnisse für die Landwirte in diesen Gebieten sind, so hart sind die Interessenkonflikte mit allen anderen Sektoren der Volkswirtschaft." So kann die Nachfrage nach Boden für Wohnungsbau, Industrieansiedlung und Verkehrsanlagen „aus dem freien Bodenmarkt heraus nicht mehr befriedigt werden, sodaß die öffentliche Hand zur Enteignung schreiten muß. Das hat zur Folge, daß die Verkehrswerte der Böden durchweg weit über den landwirtschaftlichen Ertragswerten liegen, gemessen am Reinertrag" (REINKEN). Für die Randzonen der Verdichtungsräume bedeutet die steigende Bodennachfrage, daß sich für Zwecke der Aufstockung zu Vollerwerbsbetrieben nur sehr beschränkt Land findet. Wohl aber bestehen Entwicklungsmöglichkeiten für die Nebenerwerbslandwirtschaft, sofern dieselbe umweltfreundliche Produktionsmethoden anwendet und etwaige Naherholungsmöglichkeiten (z. B. Wochenendhäuser) voll nutzt. Indessen hat die Landwirtschaft im Verdichtungskernraum nur dort reale Entfaltungschancen, wo sie weder die Landschaft für Erholungszwecke beeinträchtigt, noch verschärfte Umweltbestimmungen erforderlich macht.

II. Konsequenzen der sektoralen Entwicklungsziele

Wenn nunmehr die in den vorliegenden Bereichsuntersuchungen postulierten sektoralen Entwicklungsziele querschnittlich auf den Verdichtungsraum und dessen Randzonen zu projizieren sind, dann ist hierbei dreierlei zu beachten:

1. Da es sich nicht um eine konkrete Individualregion, sondern nur um einen generalisierten Gebietstyp handelt, dürfen nur *gesamthaft übergreifende* agrarpolitische Ziele ins Auge gefaßt werden, um eine unzulässige Verallgemeinerung von Einzelfällen zu vermeiden. Typusregionen (typisierte Teilräume) werden nur durch solche Merkmale konstituiert, die Gebiete einheitlichen, besonders geprägten Typs ergeben, während alle Indi-

vidualmerkmale (auch die Beziehungen zu benachbarten Teilräumen) ex definitione außer Ansatz bleiben. Schematisierende Modelle abstrahieren von den Besonderheiten der Einzelfälle und eignen sich nicht zur Wirkungsanalyse von agrarpolitischen Zielen, die individualisierend orientiert sind.

2. Die gewonnenen Erkenntnisse sind weder spezifische Empfehlungen noch direkt anwendbare Rezepte für konkrete raumpolitische Einzelaufgaben, sondern nur *Orientierungshilfen* und generelle Grundlinien für mögliche praktische Entscheidungen.

3. Die aufgestellten sektoralen Entwicklungsziele müssen *isoliert* auf den Raumtypus projiziert und auf ihre regionale Ausprägung hin untersucht werden, obwohl zwischen ihnen faktisch Querverbindungen bestehen, zumal sie nur gebündelt realisierbar sind. Angesichts der Interpendenz (Allzusammenhang) aller agrarpolitischen Ziele und Mittel muß in der Praxis die Verfolgung oder Änderung auch nur eines Zieles Änderungen der anderen Ziele nach sich ziehen. Die Analyse isolierter Einzelziele (ohne Einbeziehung der damit kombinierten anderen Ziele), d. h. der Verzicht auf eine gebündelte Zieluntersuchung, ist schon deswegen geboten, weil nicht alle Bereiche und Sektoren erfaßt worden sind, sondern nur ausgewählte.

1. Land- und forstwirtschaftliche Entwicklungsziele und ihre typenregionale Ausformung

Den landwirtschaftlichen (ökonomischen und außerökonomischen) Funktionen kommt in den verschiedenen Teilräumen (interregional und intraregional) eine unterschiedliche Bedeutung zu. Im Falle einer Konkurrenz gleichrangiger Raumnutzungsmöglichkeiten (Mehrfachfunktionen) muß eine hierarchische Nutzungsüberlagerung, äußerstenfalls im Wege einer verbindlichen Nutzungsordnung, versucht werden (Vorrangfunktionen). Zunächst allerdings haben sich alle Entwicklungsmaßnahmen in Teilräumen auf die Schaffung von Voraussetzungen für die Funktionserfüllung zu erstrecken.

a) Wenn die „Hauptziele für die Entwicklung des ländlichen Raumes im Bereich der Landwirtschaft die Versorgung der Bevölkerung mit landwirtschaftlichen und gärtnerischen Erzeugnissen sowie die Erhaltung und Entwicklung der Nutzungs- und Leistungsfähigkeit von Landschaft und Natur durch die Landwirtschaft" (REINKEN) sind, dann trifft diese generelle *Produktionsfunktion* in den einzelnen Raumtypen auf unterschiedliche Voraussetzungen. Diesen muß Rechnung getragen werden, indem sie entweder als vorgegeben respektiert oder durch langfristige strukturwandelnde Maßnahmen geschaffen bzw. geändert werden.

aa) Der Verdichtungsraumtyp im hier definierten Sinne bietet *beste agrarische Produktionsbedingungen*. „Eine gute Agrarstruktur geht damit Hand in Hand, d. h. die Familienbetriebe überwiegen, die weit größer sind als die Förderungsschwelle erfordert und die von allen modernen Möglichkeiten der Mechanisierung und Rationalisierung ohne größere Schwierigkeiten Gebrauch machen können" (BERGMANN). Wo indessen der konkurrierenden Erholungsfunktion der Vorrang eingeräumt werden soll, wird auf bestimmte landwirtschaftliche Betriebsformen verzichtet werden müssen (Massentierhaltung, industriell-gewerbliche Weiterverarbeitung mit Geruchs-, Lärm- oder Staubbelästigung).

bb) Unter produktionellen Aspekten erscheinen die Entwicklungsmöglichkeiten der *Forstwirtschaft* weniger günstig. Da der Verdichtungsraumtyp ausschließlich im Hinblick auf agrarische Verhältnisse definiert ist, werden diese „aus forstlicher Sicht stark überlagert von speziell forstlichen Kriterien (Waldanteil, Besitzart, Standortverhältnisse)" (HANSTEIN).

Wenn zu den Hauptzielen der Forstwirtschaft neben Einkommensverbesserung und umweltsichernden Schutz- und Erholungsaufgaben die „nachhaltige Sicherung und Steigerung der Erzeugung des knappen und wertvollen Rohstoffes Holz" gehört, dann ergeben sich im Verdichtungsraum und in seinen Randzonen empfindliche Zielkonflikte und Schwierigkeiten dieser Zielverwirklichung: nicht nur, daß „Immissions-, Lärm- und Sichtschutzaufgaben für den Wald im dichtbesiedelten oder stadtnahen Bereich typisch sind" (HANSTEIN), sondern auch, daß sich „notwendige Aufforstungen sowie die Erstellung von Windschutzpflanzungen und die damit verbundenen Flächenverluste und Ertragsminderungen insbesondere in den Regionen nachteilig bemerkbar machen, in denen hohe Flächenerträge erzielt werden" (REINKEN).

Mit der Zunahme der Bevölkerung und dem Fortschreiten der Bevölkerungskonzentration in den Verdichtungsräumen, der steigenden Freizeit und der erhöhten Mobilität wächst gleichzeitig die Bedeutung des Waldes als *Erholungsraum* (Ruhe des Waldes mit sauberer, sauerstoffreicher Luft). Große Bedeutung als Naherholungsgebiete haben die in unmittelbarer Nähe der Ballungsräume liegenden Waldgebiete. „Im Ballungsgebiet und seinen Randzonen werden an den Wald (unabhängig von seinem Flächenanteil) höhere Anforderungen hinsichtlich der Schutz- und Erholungswirkungen gestellt: die Waldfläche muß gegen den Zugriff der Sektoren Städtebau, Industrie und Verkehr verteidigt werden (Zerschneidung des Waldes, Immissionsschäden). Aufforstungsflächen fallen bei guter Agrarstruktur nicht an. Forstbetriebe können bei hier geltenden hohen Bodenpreisen nicht zukaufen" (HANSTEIN).

b) Die beschäftigungspolitisch allezeit wichtige *Arbeitsfunktion* der Landwirtschaft (volkswirtschaftlicher Arbeitgeber) darf wegen ihrer Fernwirkungen auch dann nicht unterschätzt werden, wenn in Regionen mit vergleichsweise geringer Agrarproduktion bei hohem Technisierungsgrad der agrarische Bevölkerungsteil quantitativ nicht besonders ins Gewicht fällt. Wenn jede gesamtwirtschaftliche Produktivitätssteigerung gerade in der bäuerlichen *Arbeitsproduktivitätssteigerung* ihren beredten Ausdruck findet, dann ist der diesbezügliche Beitrag des Verdichtungsraumes, der nur einen geringen Anteil an landwirtschaftlichen Erwerbspersonen trotz hoher Bevölkerungsdichte aufweist, bemerkenswert. Die Knappheit an landwirtschaftlichen Arbeitskräften zwingt zu Rationalisierungsmaßnahmen, die angesichts der natürlichen Gunst der landwirtschaftlichen Produktionsverhältnisse und der guten Ertragslage leicht finanziert werden können, gerade auch in Neben- und Zuerwerbsbetrieben. Hier finden sich Betriebe, die als Pioniere der landwirtschaftlichen Produktionsmitteltechnik bezeichnet werden können.

Die landwirtschaftliche Arbeitsfunktion erstreckt sich aber auch auf die Tatsache, daß *freigesetzte Arbeitskräfte* an Industrie und Dienstleistungsgewerbe abgegeben werden. Dies gilt auch für den Verdichtungsraum, sowohl als Folge steigender Arbeitsproduktivität als auch des Sogs, der durch bessere Einkommenschancen in der Industrie ausgelöst wird.

In der *Forstwirtschaft* besteht die Arbeitsfunktion in einem zeitweiligen Heranholen fluktuierender Arbeitskräfte; denn angesichts des Fehlens ortsansässiger, geeigneter Arbeitskräfte (gelernte Waldarbeiter) muß auf wandernde Forstunternehmen zurückgegriffen werden.

c) Als Ausdruck seiner *Flächenfunktion* kommt dem Boden in verstärktem Maße neben seiner ökonomischen Rolle als Produktionsfaktor auch diejenige eines ökologischen Ausgleichsraumes für Umweltbelastungen und eines durch Klima, Luft und Wasser geprägten Lebens- und Erholungsraumes zu. Deswegen sind gerade Verdichtungsräume (und Großstädte) auf den sie umgebenden ländlichen Raum angewiesen, der solche Flächen bereitzustellen und ihre diesbezügliche Nutzung zu sichern hat (z. B. Jedermannsrecht in nordischen Staaten).

aa) Die Widmung des Bodens als *Regenerationsfläche* schließt land- und forstwirtschaftliche Nutzungen grundsätzlich nicht aus. Fallen aber agrarische Flächen brach, dann sollen sie unter allen Umständen so weiterverwendet werden, daß ihre ökologische Ausgleichsrolle bzw. ihre *Freizeit- und Erholungswirkung* erhalten bleibt und verbessert wird. Die Flächenfunktion der Landwirtschaft beruht sodann darin, daß sie durch fortgesetzte Umwandlung der ursprünglichen Naturlandschaft *Kulturlandschaften* entwickelt, diese durch ihre Bodennutzungsverfahren erhält und damit ein im langfristigen Gesamtinteresse liegendes Pflegeamt (Dienstleistungszweig für das öffentliche Wohl, Dargebot von Sozialleistungen) erfüllt, dessen Wichtigkeit mit fortschreitender Urbanisierung zunimmt (Erholungslandschaft, Umweltschutz, Verhinderung von Versteppung) und als Gemeinschaftsleistung auf die Dauer nicht unhonoriert bleiben kann. Im Verdichtungsraum muß trotz geringen Anteils der Landwirtschaft die Erhaltung der Kulturlandschaft gewährleistet bleiben im Sinne einer Umwandlung der freien Landschaft in eine wohlproportionierte Wirtschafts-, Wohn- und Erholungslandschaft (Agrar-Industrie-Landschaft).

bb) Diese Flächenfunktion obliegt auch der *Forstwirtschaft*. Weil der Wald ein wichtiger Bestandteil der Landespflege und des Umweltschutzes (Wasser-, Klima-, Imissions- und Bodenschutz) geworden ist, erlangt sein Schutz- und Erholungszweck immer größere Bedeutung gegenüber der erwerbswirtschaftlich orientierten Holzproduktion. Der zunehmende Wasserbedarf der Bevölkerung im Verdichtungsraum, der längst über dessen eigene Vorräte (Grund- und Oberflächenwasser) hinausgeht, läßt hier die Bewaldung immer stärker in den Rang eines Speicherers von Niederschlägen und eines Regulators des Wasserabflusses einrücken.

Die Erfüllung der Flächenfunktionen land- und forstwirtschaftlich genutzter oder nutzbarer Böden steht in offensichtlichem Gegensatz zu der gerade im Verdichtungsraum und seinen Randzonen erfolgenden Flächenumwidmung (Wohnungen, Industrie- und Verkehrsanlagen), obgleich diese hier wegen des höheren Mobilitätsgrades bäuerlichen Grundeigentums leichter vollziehbar ist.

2. Siedlungspolitische Erfordernisse und Realisierungsmöglichkeiten

a) Die Ränder von Verdichtungsgebieten und das Umland großer Städte bilden sich immer stärker als Standorte für Wohn- und Industrieansiedlungen aus, namentlich wenn entsprechende klimatische Verhältnisse und ein funktionierender ökologischer Ausgleich gewährleistet sind. Der im Zuge der gesamtwirtschaftlichen Entwicklung steigende Bedarf an Industrie-, Verkehrs- und Wohnflächen veranlaßt expandierende Betriebe zur Abwanderung an die Peripherie der Verdichtungsräume, sobald an den zentralen Standorten keine ausreichenden Ausdehnungsmöglichkeiten mehr bestehen. Diese Räume strahlen eine wohnbevölkerungsanziehende Kraft aus.

Da die Siedlungsbedingungen generell fortgesetzten Wandlungen unterliegen, ändert sich auch die Siedlungsstruktur. Dies äußert sich im Verdichtungsraum in einer Minderung der *Beschäftigtendichten* insgesamt (namentlich im sekundären Bereich), weil Automation und Rationalisierung eine flächenintensive Flachbauweise verlangen. Wenn unter Siedlungsstruktur das räumliche Netz von unterschiedlich großen Dörfern und Städten, die

Qualität und Quantität der örtlich verfügbaren Arbeitskräfte, die Ausstattung der Ortschaften mit öffentlichen Grundleistungen und Möglichkeiten der Verkehrsverbindung zu verstehen ist, dann werden die Entstehung und Anziehungskraft von Ballungs- und Verdichtungsräumen auf deren Agglomerationsvorteile zurückgeführt. Zwar gibt es keine operationalen Kriterien für die Ermittlung eines *Ballungsoptimums,* bei welchem sich Vor- und Nachteile der Agglomeration die Waage halten müßten; aber es gilt als sicher, daß die marktmäßig nicht vollständig abgeltbaren externen Effekte mit wachsender örtlicher Konzentration der Produktionsanlagen stark ansteigen, sodaß schließlich die gesamtwirtschaftlich negativen Wirkungen externer Effekte überwiegen, d. h. fiskalisch nicht mehr vertreten werden können.

b) Auch im Verdichtungsraum spiegelt die Siedlungsstruktur den regionalen Entwicklungsstand wider. Während in den Randzonen der ländliche Anteil an der Gesamtbevölkerung als eine Art anreichernder Kristallisationskern der Siedlungsstruktur wirkt und nach Maßgabe der Tragfähigkeit vorhandener Infrastruktureinrichtungen Ansatzpunkte für weitere Besiedelungen bietet, kommt es im eigentlichen Verdichtungsraum auf eine Aufrechterhaltung der noch vorhandenen bäuerlichen Besiedelung an; denn im Falle gegenläufiger wirtschaftsstruktureller Änderungen (z. B. Abwanderung oder Auflösung von Industriebetrieben) wäre eine spätere Wiederbesiedlung nur unter erheblich höheren Kosten zu erreichen als zur Aufrechterhaltung der bestehenden Infrastruktur erforderlich sind.

„Bei den Überlegungen zur Entwicklung einer den Grundsätzen der Raumordnung entsprechenden Siedlungsstruktur ist von der historisch vorgegebenen Besiedlung des Landes auszugehen, d. h. von der unterschiedlichen Art und Dichte der Besiedlung, seiner wirtschaftlichen Struktur, den Verkehrsbedingungen und den ökologischen Verhältnissen" (v. MALCHUS). Selbstverständlich muß jede künftige Gestaltung der Siedlungsstruktur gebietskategorial differenzieren. So legt v. MALCHUS im hier zu behandelnden Verdichtungsraum dem Ballungs*kern* eine durchschnittliche Bevölkerungsdichte von 2000 Einwohnern je qkm (Flächengröße mindestens 50 qkm) und den angrenzenden Ballungs*rand*zonen eine durchschnittliche Bevölkerungsdichte von 1000—2000 Einwohnern je qkm zugrunde.

c) Gerade im Verdichtungsraum stößt jede Siedlungspolitik auf Konflikte mit anderen Zielsetzungen, so etwa weil „der Prioritätsanspruch der Landwirtschaft auf die Böden häufig bei Siedlungserweiterungen zu Zielkonflikten führen kann oder der Wunsch der Landwirtschaft nach dem Ausbau einer sehr dezentralisierten Siedlungsstruktur nicht den Verdichtungstendenzen und dem landesplanerischen Ziel der dezentralisierten Konzentration entspricht" (v. MALCHUS). Auch REINKEN weist eindringlich darauf hin, daß Siedlung und Landwirtschaft „schlechte Nachbarn" seien, da sie unterschiedliche Interessen zu verfolgen haben. Insbesondere in Verdichtungsgebieten, die sich auch nach raumtypologischer Definition „besonders gut für die rationelle Landwirtschaft eignen, werden der Intensivierung und Mechanisierung mehr und mehr Grenzen gesetzt: Die Massentierhaltung verbietet sich in der Nähe von Wohnsiedlungen von selbst, aber auch die reichliche Anwendung von Mineraldünger und Pflanzenschutzmitteln wird in zunehmendem Maße wegen der damit verbundenen Geruchsbelästigung und der Gefahr von für das Trinkwasser schädlichen Emissionen eingeschränkt werden müssen (BERGMANN).

Auch die mit der Siedlung verbundenen *Landverluste* machen sich im Verdichtungsraum und seinen Randzonen gerade bei guten Standortverhältnissen für die Landwirtschaft hinderlich bemerkbar. „Hier scheint es dringend notwendig, zu einer langfristigen und verbindlichen Abgrenzung von Siedlungsbereichen und landwirtschaftlich sowie gärtnerisch genutzten Flächen in Gestalt von Vorranggebieten zu kommen, um einen Fehlansatz von Mitteln zu vermeiden" (REINKEN).

3. Industriepolitische Ziele und Möglichkeiten

a) Daß die Verdichtungsräume in bevorzugtem Umfange *Standorte* für die Industrie abgeben, zeigt die Statistik: allein zwischen 1955 und 1967 wurden in den 24 bundesdeutschen Verdichtungsräumen 41 % sämtlicher neu geschaffenen Arbeitsplätze erstellt. Charakteristisch für diese Entwicklung war jedoch, daß in erster Linie wachstumsrelevante Betriebe der Grundstoff- und Investitionsgüterindustrie sowie Betriebe für die Herstellung langlebiger Konsumgüter neu angesiedelt wurden. Hier scheint eine Art rationalökonomischer Gesetzmäßigkeit zu walten; denn in allen Verdichtungsräumen zeigt sich, daß „weniger produktive Industriezweige aufgegeben oder in einen anderen Raumtyp abgedrängt werden, sodaß sich im Verdichtungsraum in der Regel die Industrien befinden, die sich auf eine hochentwickelte und damit zukunftsträchtige Technologie stützen. Im Hinblick auf hohes Einkommen, vermehrte Freizeit und eine gut ausgebaute soziale und technische Infrastruktur wird der Verdichtungsraum weiterhin der Schrittmacher bleiben" (HÖSCH). Daß Verdichtungsraum und Verdichtungsrandzone auch in Zukunft die Heimat der produktivsten Industriezweige und der „größten Wohlstandsmehrung" bleiben werden, liegt auch im Interesse der Landwirtschaft (namentlich in Randzonen). Denn im ländlichen Raum „bedarf es bei der Existenz von mehr als 80 % der Bewohner als Bezieher von Einkommen aus zwei oder mehr Erwerbstätigkeiten der örtlich nahen Hilfeleistung des Gewerbes und der Industrie" (OTREMBA).

b) Allerdings ergeben sich aus solcher Symbiose auch *Zielkonflikte*. Denn die Industrie begünstigt nicht nur, sondern beeinträchtigt auch die Landwirtschaft (Landverluste, Abzug von Arbeitskräften, Emissionen). Deshalb sollten in Ballungsgebieten nur Standorte geringerer Bodenqualität für Industrieansiedlungen herangezogen werden, wobei eine „stärkere Konzentration wünschenswert ist, um die Auswirkungen der Emissionen zu mindern" (REINKEN). Indessen dürften solche und ähnliche Konflikte insgesamt überkompensiert werden durch die fundamentalen Harmonievorteile, die in Verdichtungsräumen in Gestalt einer befruchtenden Wechselwirkung zwischen Industrie und Landwirtschaft vorgegeben sind und nur wahrgenommen und ausgebaut werden müssen.

4. Die Rolle des Fremdenverkehrs und dessen Förderungsmöglichkeiten

a) Die generelle Steigerung der Nachfrage nach Einrichtungen des Erholungs- und Fremdenverkehrs ergießt sich auch auf gut ausgebaute Naherholungsgebiete im Verdichtungsraum und mehr noch in dessen Randzonen, in letzteren vorwiegend für den Eigenbedarf. Als Träger von flächenaufwendigen Fremdenverkehrseinrichtungen für Besucher aus anderen Regionen kommt der Verdichtungsraum schon deswegen nicht in Frage, weil „die Schönheit der Landschaft in umgekehrtem Verhältnis zu ihrer landwirtschaftlichen Ertragsfähigkeit steht" (BERGMANN). Ex definitione ist der Verdichtungsraum gekennzeichnet durch gute landwirtschaftliche Produktionsverhältnisse, die einem erweiterten Fremdenverkehr nicht zum Opfer fallen dürfen. Außerdem sind diese Räume ohnehin wenig attraktiv, erfüllen also in der Regel nicht jene Grundforderungen, die die Fremdenverkehrswirtschaft nach „Meinung der erholungsuchenden Menschen stellt, wie Kombination von Wald, Wasser, Relief und Aussicht, mit einer entsprechenden Infrastruktur und einer lockeren, doch noch in der Konzentration lockenden Zentralität" (OTREMBA).

Für die Bewohner der Verdichtungsräume gelten nach wie vor die städtischen Zentren als Mittelpunkte der Unterhaltung und Freizeitbeschäftigung, während nur das Bedürfnis nach körperlicher Erholung im Umland zu befriedigen gesucht wird. Freilich ist dieses allein nicht so intensiv ausgebildet, daß es eine Abwanderung in ländliche Räume, auch in deren Oberzentren, begünstigen würde, selbst wenn sich durch solche Wohnsitzwechsel die Einkommens- und Wohnverhältnisse verbessern ließen.

Die Bevölkerung der Ballungszonen sucht Erholung in der Nähe. Deshalb sind im Verdichtungsraum und namentlich in seinen Randzonen „gut ausgestattete Naherholungsgebiete von besonderer Bedeutung. Hier treffen die Ansprüche und Wünsche der Bevölkerung nach Ausgleichsräumen für (Besiedelung, Industrie und) Naherholung zusammen mit den Primärfunktionen dieser Zonen, nämlich den ökologischen Ausgleichs- und Erholungsfunktionen der land- und forstwirtschaftlich genutzten Flächen. Schutz und Sicherung der Freiräume für Naherholung und eventuell Fremdenverkehr unterliegen einer großartigen *Zielharmonie* mit den Zielen der Entwicklung der Siedlungsstruktur einerseits und mit denen der Bewirtschaftung durch die Land- und Forstwirtschaft anderseits" (v. MALCHUS).

b) Indessen kann die weitere Entwicklung von Erholungs- und Fremdenverkehrsmöglichkeiten auch bisher latente und ganz neue *Zielkonflikte* heraufbeschwören. Sie ergeben sich aus der noch mangelhaften Klarheit eines juristisch praktikablen Begriffes der *Ortsüblichkeit* von Geruch und Geräusch, die mit landwirtschaftlicher Tierhaltung verbunden sind. Es zeichnet sich eine Tendenz zu relativ enger Auslegung dieses Begriffes ab, sodaß „Beeinträchtigungen der landwirtschaftlichen Nutzung in allen Regionen möglich und denkbar sind, wenn auch mit unterschiedlichen finanziellen Auswirkungen" (REINKEN).

Sodann erwachsen grundsätzliche Widersprüche aus dem reziproken Verhältnis zwischen intensiver Landnutzung und Naherholung. „Kein Wunder, wenn der Städter sich in den fruchtbaren Ebenen weder zum Wandern noch zum Verweilen, weder zum Reiten noch zum Promenieren eingeladen fühlt und mehr und mehr danach strebt, wenigstens Teile dieser Räume auf Kosten der Landwirtschaft in eigentliche Erholungslandschaften (Parks) zu verwandeln, die nicht oder kaum landwirtschaftlich genutzt werden" (BERGMANN).

5. Infrastrukturelle Probleme

a) Die Funktionsfähigkeit gerade des Verdichtungsraumes hängt auch von einer befriedigenden infrastrukturellen Ausstattung mit Einrichtungen zur Darbietung von *Verkehrs- und Transportleistungen* ab. Deshalb ist es selbstverständliches Ziel der Verkehrspolitik, eine generell ausreichende Verkehrsversorgung zu gewährleisten und zwar innerhalb des Verdichtungsraumes und nach außen (Randzonen und verdichtungsferne Regionen). Der Anspruch auf „gleichwertige Lebensverhältnisse" im Gesamtraum bedingt mithin gegebenenfalls die Einengung des finanziellen Volumens, das für die Verkehrsinfrastruktur speziell in Verdichtungsgebieten verfügbar ist.

Im Mittelpunkt des Interesses der vorliegenden Abhandlung stehen allerdings nur jene Konflikte, die sich im Hinblick auf die landwirtschaftlichen Entwicklungsziele ergeben. Hierbei sind Ideallösungen ausgeschlossen, sodaß nur Kompromisse angesteuert werden können. So bedeutet Verkehrserschließung einer Region nicht nur landwirtschaftliche Flächenverluste, sondern auch Beeinträchtigungen der Landwirtschaft durch „Emissionen, aber auch durch Verschlechterung des Kleinklimas und durch Behinderung des landwirtschaftlichen Verkehrs. Bei der Intensivierung im Verdichtungsraum und in der Verdichtungsrandzone wäre eine Trassenführung, die auf die Belange der Landwirtschaft und des Gartenbaues stärkere Rücksicht nimmt, wünschenswert. Bei allem Verständnis für die Tatsache, daß landwirtschaftliche Fahrzeuge wegen Geschwindigkeit und Länge von Schnellverbindungsstraßen verbannt werden, ist doch für die notwendigen Verkehrsmöglichkeiten Sorge zu tragen" (REINKEN).

b) Der Bereich der *technischen Infrastruktur* umfaßt „die *Versorgung* der Bevölkerung mit Energie und Wasser sowie die schadlose *Beseitigung* von Müll und Abwasser" (GERKE). Diese Teilbereiche werden von GERKE isoliert nach Unterzielen und Grunddaten abgehandelt. Wenn als gemeinsame Richtschnur für alle Bereiche der technischen Infrastruktur zusammenfassend die Ziele einer langfristigen Sicherung der Versorgung und Anpassung der Kapazitäten an den sich ändernden Bedarf, einer Verbesserung der Qualität von Ver- und Entsorgung, einer Minimierung der Kosten je Leistungseinheit zu gelten haben, dann zeigt sich bei der „Quantifizierung dieser Hauptziele, daß je nach Siedlungsdichte und Siedlungsstruktur Differenzierungen für die verschiedenen Räume vorgenommen werden müssen. Qualität läßt sich beispielsweise nur bei bestimmten Mindestkapazitäten von Einrichtungen und technischen Anlagen kostengünstig erzielen" (GERKE). Dies beinhaltet die Gefahr einer ungleichen Entwicklung im Gesamtraume. Je höher nämlich im Verdichtungsraum die Anforderungen an Qualität und Perfektion geschraubt werden, desto geringer werden die Entwicklungsmöglichkeiten außerhalb desselben, weil sie dort abhängig werden von einer nicht zu finanzierenden technischen Infrastruktur.

Anderseits ist der ländliche Raum aber auch als „Produktions-, Rekreations- und Ausgleichsstandort für die Ver- und Entsorgung der Verdichtungsgebiete zu sehen. Wassergewinnung, Atommeiler, Großkläranlagen oder Sonderdeponien für Spezialabfälle sind bei aller technischen Perfektion eine Belastung für einen Raum. Insbesondere in Ballungsrandzonen werden derart entwicklungs- und immagehemmende Ansprüche an den ländlichen Raum zunehmend gestellt werden" (GERKE). Deshalb wird von den einschlägigen Sachbearbeitern des vorliegenden Bandes einhellig die Meinung vertreten, Einrichtungen der technischen Infrastruktur nach Möglichkeit in den ballungsfernen Raum zu legen, zumal in den Verdichtungsrandzonen bessere Voraussetzungen bestehen, deren verstärkte Nutzung geboten erscheint.

c) Auch die *Bildungsinfrastruktur* im Hinblick auf landwirtschaftliche Entwicklungsziele verlangt im Verdichtungsraum besondere Überlegungen. Da das pädagogische Milieu über alle Regionaltypen hinweg von einer gewissen Einheitlichkeit zu sein scheint, gelten die in der Stadt entwickelten Erziehungsleitbilder in der Regel zumindest auch für stadtnahe Landgemeinden der Verdichtungsrandzone. Der weitgehenden Einheitlichkeit kultureller und gesellschaftlicher Umweltsysteme haben sich auch die infrastrukturellen Einrichtungen für allgemeine und berufliche Bildung anzupassen. „Während beispielsweise im Gartenbau der Bundesrepublik Deutschland eine erfreuliche Nachwuchssituation auch aus anderen Bevölkerungskreisen zu verzeichnen ist, hat die Agrarpolitik der letzten Jahrzehnte, die Darstellung der Situation des Berufsstandes in der Öffentlichkeit und durch die Berufsorganisation zu einer ständigen Abnahme des Nachwuchses geführt" (REINKEN). Möglichkeiten der landwirtschaftlichen Aus- und Fortbildung sollten deshalb auch in Regionen geschaffen werden, die nicht ausgesprochen agrarisch geprägt sind.

6. Umweltplanung

a) Die heute übliche begriffliche und faktische Trennung der ehedem als gleichbedeutend behandelten Tätigkeitsgebiete Landespflege und Umweltplanung entspricht deren materieller Eigenständigkeit. Diese beruht auf der größeren sachgegenständlichen Reichweite der Umweltplanung, durch welche die Landespflege ihrerseits Aufgaben des raumbezogenen Umweltschutzes zugewiesen bekommt. Wenn die Umwelt in qualitativer Sicht als knappes Gut (öffentliches Konsumgut) bezeichnet werden kann, dann werden damit konkurrierende Verwendungsmöglichkeiten zum Ausdruck gebracht, welche Zielkonflikte einschließen. Alle Versuche, diese zu meistern, müssen als übergeordnete Forderung sicherstellen, daß „durch eine Ausweitung der Nutzungsansprüche die natürlichen Hilfsquellen (Boden, Wasser, Luft) nicht geschädigt und die Tier- und Pflanzenwelt vor nachteiligen menschlichen Eingriffen geschützt werden" (RIEMANN). Die Erreichbarkeit dieses Generalzieles wird erschwert durch die Vielschichtigkeit der Konfliktquellen, weshalb jede realistische Umweltschutzpolitik „querschnittorientiert", d. h. auf alle sektoralen Belange ausgerichtet sein muß. „Da die Aufgabe der Gesamtplanung darin bestehen muß, die verschiedenen Nutzungsansprüche so in einem Raum anzuordnen, daß der Grad wechselseitiger Beeinträchtigungen möglichst gering ist, muß sie u. a. die ökologischen Interdependenzen darstellen, wie sie zwischen den verschiedenen Nutzungsansprüchen auftreten" (KIEMSTEDT). Freilich erschöpft sich die Umweltpolitik nicht in der Auseinandersetzung mit ökologischen Problemen, sondern greift weit darüber hinaus (Arbeitswelt, soziales Milieu und sonstige nicht naturgegebene Wirkbedingungen). „In diese Richtung zielen z. B. die Vorschläge der Umweltverträglichkeitsprüfungen, die alle öffentlich relevanten Maßnahmen nach ihren Umwelteinflüssen geprüft sehen wollen" (KIEMSTEDT). Mit Recht wird die Frage aufgeworfen, ob angesichts mangelnder objektiver Information (zum Teil sind die Umweltverschmutzer selbst die Lieferanten von Informationen) und des nicht rechtzeitigen Erkennens von Umweltschäden politische Instanzen (Ämter, Behörden) überhaupt in der Lage sind, optimale Entscheidungen zu treffen. Die Umweltpolitik steckt noch in den Anfängen, zumal ihr Wirkungsfeld noch nicht definitiv abgesteckt werden kann; auch ist noch zu wenig bekannt über Fehlentwicklungen durch maßnahmenbedingte Rückkoppelungseffekte und unberechenbare Ausweichreaktionen, durch welche neue und schwerere Schäden hervorgerufen werden können (z. B. Verringerung der Emission von Grobstoffen bei gleichzeitiger Auslösung einer Zunahme von gefährlicheren Feinstoffen).

b) In diese Komplexität von Verflechtungen sind die Beziehungen zwischen Umweltpolitik und agrarpolitischen Leitbildern im Verdichtungsraum einschließlich dessen Randzonen eingebettet. Glücklicherweise ist nun freilich gerade die Landwirtschaft als „Bewirtschafter von Naturgrundlagen daran gewöhnt, mit Ansprüchen anderer Nutzungen an das Naturpotential konfrontiert und zur Berücksichtigung angehalten zu werden. Erhaltung des Landschaftsbildes, Sicherung des Naturhaushaltes, Vorhaltung von Erholungsgebieten, Landschaftspflege wurden als Sozialfunktionen in das agrarpolitische Zielsystem übernommen". Die innerhalb des agrarischen Sektors noch bei weitem nicht bewältigte Vielzahl von Zielantinomien wird noch dadurch bis zur Unlösbarkeit vergrößert, daß „umweltpolitische Ziele, wie sie eigentlich von der Gesamtplanung verfolgt werden müßten, explizit zu fachsektoralen Zielen erklärt werden" (KIEMSTEDT).

Es liegt auf der Hand, daß gerade im Verdichtungsraum Zielkonflikte zwischen der Wirtschaftlichkeit des Bodens und umweltpolitischen Erfordernissen ständig zunehmen, weil der Intensivierung und Mechanisierung einer rationellen Landwirtschaft Grenzen gesetzt werden, die eine optimale Ausschöpfung naturgegebener Chancen unterbinden. „Solange Siedlung, Industrie und Verkehr nicht aus human-medizinischen Gründen von Staats wegen gezwungen werden, ihre Emissionen drastisch herabzusetzen, wird die Landwirtschaft ihren Anbau von Intensivkulturen, insbesondere von Obst, Gemüse und Futterpflanzen für das Milchvieh, aus den emissionsgefährdeten Zonen herauslegen müssen" (BERGMANN). Namentlich die Zweige der Landwirtschaft, die sich mit pflanzlicher und tierischer Veredelungsproduktion befassen (Gartenbau, Intensivtierhaltung), sind „durch ihre Produktionsstätten (Gewächshäuser, Stallungen), durch das mögliche Auftreten von Emissionen (Ölheizungen, Geruch und Lärm der Tierhaltung) und durch die intensive Anwendung von Produktionsmitteln (Düngung, Pflanzenschutzmittel, Futter- und Arzneimittel) zugleich umweltbelastend" (REINKEN). Vom Standpunkte der Entwicklung der Landwirtschaft sind Konsequenzen der Umweltvorsorge, die den agrartechnischen Fortschritt hemmen (Begrenzung der Verwendung von Kunstdünger und Schädlingsbekämpfungsmitteln, Begrenzung der Meliorationen und Gewässerregulierungen zur Vermeidung von Schäden im Naturhaushalt) im Verdichtungsraum bedenklich.

III. Ausblick

Die Konfrontation zwischen agrarpolitischen Zielen und allgemeinen Aufgaben der regionalen Strukturpolitik ist am stärksten ausgeprägt im Verdichtungsraum und seinen Randzonen. Jede fortschreitende Agglomeration stößt nicht nur an wirtschaftliche, sondern auch an harte außerökonomische Schranken. Da auch der Verdichtungsraum kein statisches, sondern ein lebenerfülltes und in ununterbrochener Entwicklung befindliches Gebilde ist, müssen diese gleichberechtigten Schranken fortgesetzt überprüft und erforderlichenfalls revidiert werden.

Eine Lösung der aufgezeigten, aber auch der im vorliegenden Bande von der Themastellung her nicht angesprochenen Zielkonflikte darf nicht in einer externen Zielkoordination kraft hoheitlichen Zwanges gesucht werden, auch nicht in einer Verabsolutierung dominierender sektoraler Einzelziele. Bei paritätischem Pluralismus von Einzelzielen kann die Koordination weder dem Mechanismus des Marktes noch der machtpolitischen Entscheidung überlassen werden, wenn nicht die schwächer verfochtenen Ziele überwuchert werden sollen.

Die Koordinierung muß vielmehr im Wege des echten Kompromisses gesucht werden, d. h. durch überzeugtes Wollen der Beteiligten unter der Bereitschaft zu gegenseitigen Zugeständnissen. In der pluralistischen Wirtschaftspolitik ist die Vereinbarung das vorzüglichste Instrument jeder Zielkoordination in Richtung einer Anpassung an unausweichliche ökonomische und gesellschaftliche Umstrukturierungsprozesse. Da gerade im Verdichtungsraum der Druck zur Ergreifung von Anpassungsmaßnahmen und damit zur Findung von Kompromissen am stärksten ist, kann dieser Raumtyp zum Wegbereiter der Lösung auch solcher Zielkonflikte werden, die sich in anderen Teilräumen (Typenregionen) ergeben.

B. Verflechtungsbereiche von starken Mittelzentren im ländlichen Raum
— Leitbild für die räumliche Gestaltung —

von

Winfried Moewes, Gießen

I. Vorbemerkung

Wer Überlegungen zur zukünftigen Raumnutzung anstellt, mehr noch, wer Entwicklungsziele und -vorschläge zur Gestaltung *bestimmter* Raumkategorien erörtert, sollte sich bewußt sein, daß alle seine Empfehlungen geradezu zwangsläufig *relativ* bleiben müssen. Es ist logischerweise nicht möglich, *allgültige* gewissermaßen „ewig" sinnvolle Empfehlungen zur zukünftigen detaillierten Gestaltung eines konkreten Raumes zu geben, denn uns sind all die Bewertungen, Bedingungen und Erkenntnisse, die in der Zukunft gelten mögen, im voraus noch nicht bekannt. Unser Irrtumsrisiko wäre umso größer, je stärker ins einzelne gehend und je langfristiger unsere Zielvorstellungen festgelegt würden und je stärker sie lediglich auf die momentane Situation eines bestimmten Raumes bezogen wären. Im Laufe der zivilisatorischen Entwicklung erfahren die Geofaktoren eine ständige Umwertung; durch veränderte Bedingungen werden sie verändert in Wert gesetzt. Sehen wir einmal von den physiologisch notwendigen lebensräumlichen Voraussetzungen (Luft, Wasser, Bewegungsmöglichkeit, Nahrungsmittel etc.) ab, so verfügt der Mensch in Ausschöpfung seiner hohen Anpassungsfähigkeit über einen sehr weiten Spielraum der Raumnutzung. Daher vermögen die verschiedenen Kulturen jeweils sehr verschiedenartige Gleichgewichtszustände zwischen Mensch und Raumnutzung herbeizuführen. Das mag banal klingen, bedeutet aber beispielsweise, daß auch Raumnutzungen vorstellbar sind, bei denen etwa auf die bisherige Agrarproduktion verzichtet wird, da die wissenschaftlichen Kenntnisse und technologischen Fertigkeiten einer zukünftigen Zivilisation eine weitaus rationellere industrielle Erzeugung der benötigten Eiweiße, Kohlehydrate und Fette erlauben; die agrarische Tragfähigkeit, eine für die Besiedlungsdichte ländlicher Räume wesentliche Größe, würde dann hinfällig werden.

Die Einführung neuer Erfindungen kann völlig neue „Landschaften" mit veränderter Landnutzung zur Folge haben. Wäre der Kraftwagen vor der Eisenbahn erdacht und verbreitet worden, hätte unsere Siedlungsstruktur wahrscheinlich ein völlig anderes Gesicht erhalten; man vergleiche z. B. die weite Flächen überziehende Stadtregion von Los Angeles, die ohne den PKW nicht vorstellbar ist, mit der trotz höherer Bevölkerungszahl flächenmäßig wesentlich kleineren Stadtregion von Paris, die als ein historisch gewachsendes Gebilde sehr viel stärker von weniger leistungsfähigen früheren Verkehrsmitteln und vom konzentrationsfördernden Eisenbahnbau geprägt wurde — sehen wir ab von den ohnehin unterschiedlichen Planungskonzeptionen in beiden Regionen. Werden in der Zukunft etwa noch weiter verbesserte Möglichkeiten einer standortunabhängigen Telekommunikation entwickelt, dürfte auch das die Siedlungsstruktur beeinflussen; der Kommunikationsvorsprung der großen Städte würde schwinden, ein wesentlicher Agglomerationsgrund verlöre an Bedeutung, zuvor relativ „abgelegene", jetzt aber besser „angeschlossene" Räume würden eine Aufwertung erfahren. Gewinnt ein Leben „auf dem Lande" für die Menschen zunehmend an Attraktivität, und lassen sich die traditionellen kommunikativen Nachteile des dünner besiedelten Raumes abbauen, dann dürfte eine verstärkte „Aufsiedelung" ländlicher Räume — und sei es für Teilzeitaufenthalte — einsetzen. Gleichzeitig könnte es zu einer stärkeren Meidung großstädtischer verdichteter Gebiete kommen. Wird dagegen das Leben in neuen gewaltigen vertikalen Baukomplexen und die damit verbundene vielfältige Entfernungsverkürzung als wünschenswert empfunden, so könnte eine noch stärkere Konzentration der Besiedlung auf kleinem Bodenflächenareal einsetzen; viele weit abgelegene Räume dagegen würden sich zunehmend zu „erholsamer Wildnis" oder zumindest zu extensiv genutzten Räumen entwickeln. Die zukünftige Landnutzung ist also innerhalb einer großen Bandbreite auf sehr verschiedene Weise vorstellbar. Welche Landnutzung als wahrscheinlich eingestuft wird, ist eine Frage der subjektiven Einschätzung, nicht aber der Gewißheit.

Es wird deutlich: Die jeweils aktuellen Ziele der Raumnutzung, die aus spezifischer Sicht gegenwärtig oder zukünftig als durchaus plausibel erscheinen mögen, können zufolge gewandelter Bedingungen bald wieder fraglich werden. Die einst begehrte Hochhauswohnung kann zum Trauma werden, die Investition in die Flurbereinigung, in den landwirtschaftlichen Wegebau, für einen neuen Aussiedlerhof kann sich schon wenig später als Fehlinvestition erweisen; die Abwanderung aus ländlichen Räumen kann in Zuwanderung „umkippen" oder auch nicht. Bedeutet das nun, daß wir uns hinsichtlich der anzustrebenden Raumnutzung angesichts des raschen technologischen und sozialen Wandels in einer Situation totaler Verunsicherung befinden?

Wohl kaum; zwar wandeln sich die Bedingungen und Bewertungen der Raumnutzung, zwar sind wir fähig, uns den unterschiedlichsten Raumnutzungen anzupassen, aber nichts desto weniger setzt doch — unabhängig von allen kulturspezifischen Modifikationen — unser *genetisches* Verhaltensprogramm, unsere physiologisch und psychologisch begrenzte Bedürfnisstruktur der Anpassungsfähigkeit an räumliche Existenzbedingungen gewisse Grenzen. So dürften z. B. das Verlangen nach räumlicher Bewegungsfreiheit und Entfernungsüberwindung, nach einem Mindestmaß an Naturkontakt, nach ausreichendem Individual- und Gruppenterritorium, einschließlich des damit verbundenen Zugehörigkeitsgefühles, sowie unser raumbezogenes explorierendes Neugierverhalten, als Elemente einer genetischen Verhaltensdisposition zu deuten sein, auch wenn diesen auf kulturspezifisch sehr verschiedene Weise entsprochen werden kann. Werden durch bestimmte erzwungene Raumnutzungen diese genetischen Bindungen vollkommen mißachtet bzw. zu stark beeinträchtigt und fehlen die Möglichkeiten der Kompensation, dann ist eine Schädigung des Menschen zu erwarten. Und darin liegen nun die Grenzen einer kultur- oder wertspezifischen *Beliebigkeit* der Raumnutzung. So wird die Unsicherheit bezüglich der zukünftig anzustrebenden Raumnutzung (Entwicklungsziele) durch das Gebot, den genetischen Bindungen des raumbezogenen menschlichen Verhaltens und den physiologischen und psychischen Notwendigkeiten gerecht zu werden, eingeschränkt.

Zweifellos haben die Menschen immer wieder in Verfolgung kulturspezifischer Prioritäten Raumnutzungen herbeigeführt, raumbezogene Lebensweisen erzwungen, die der

Gesundheit der Betroffenen abträglich waren. Das galt und gilt noch häufig im Hinblick auf die räumlichen Bedingungen der Arbeitswelt, auf zu stark verdichtete Wohnweise und mangelnden Bewegungsraum. Oft genug wird die begrenzte Dichtetoleranz des Menschen überfordert, ausreichend großes und geschütztes Individualterritorium verweigert, der Kontakt zur belebten Natur erschwert. Noch immer drängen sich die Menschen in den Verdichtungsgebieten und werden zahlreichen Anpassungszwängen unterworfen, die eine Neurotisierung zu begünstigen scheinen. Die sogenannten Agglomerationsvorteile, die kommunikativen Möglichkeiten, die vielfältigen Anregungen der großen Städte, vor allem aber der Zwang, für die industrielle Produktion und bestimmte Dienstleistungen große Menschenmassen auf möglichst engem Einzugsgebiet zu konzentrieren, haben in der Vergangenheit gebietsweise eine hochgradig verdichtete Siedlungsstruktur entstehen lassen, die sich nun mit ihren zahlreichen Mehrfachnutzungen der Fläche, mit ihren Flächennutzungskonflikten, mit aufwendigen Infrastrukturinvestitionen und nicht zuletzt durch die Belastung und Schädigung der Menschen als zunehmend problematisch erweist.

Angesichts der mittlerweile veränderten Bedingungen für die gewerbliche Produktion (s. u.) und für die Versorgung mit Dienstleistungen, angesichts eines leistungsfähigen, flächenhaft streuenden Individualverkehrs, durch den die punkthafte Konzentration großer Menschenmassen an den Haltepunkten der trassengebundenen öffentlichen Verkehrsmittel zunehmend entbehrlich wird, erscheinen die städtischen Kolossalgebilde hoher Wohnverdichtung weit weniger notwendig als noch in der jüngsten Vergangenheit. Ländliche und vor allem mittelstädtische Räume gewinnen neue Entwicklungschancen. So bieten sich mit der Entwicklung einer Zivilisation stets auch neue Möglichkeiten der Raumnutzung. Freilich wird es auch immer von den selbstgewählten Zielen der Menschen, von den kulturspezifischen Prioritäten und Bewertungen abhängen, welche Raumnutzungen sich herausbilden; es gibt keine deterministische Abhängigkeit der praktizierten Raumnutzung vom technologischen Niveau einer Gesellschaft. Man kann beispielsweise behaupten, daß die Vorteile des technologischen Fortschritts erst dann voll wirksam werden, wenn die Menschen bereit sind, sich auf kleinerer Siedlungsfläche zu konzentrieren, wenn sie durch riesige vertikal ausgreifende Baumassen die dritte Dimension der Raumnutzung stärker einbeziehen. Man kann aber ebenso das Gegenteil behaupten und von verbesserten technischen Möglichkeiten zur Distanzüberwindung und zum Informationsaustausch eine neue und zuträgliche räumlich großzügigere Lebensweise erhoffen. Es gibt keine zwangsläufige, sich gemäß einer Gesetzlichkeit entwickelnde Raumnutzung. Was gewollt wird, ist entscheidend; gesteigerte technologische Fähigkeiten erhöhen nur die Palette der Möglichkeiten. So steht auch heute die Frage: „Welche Raumnutzung wollen wir?"

Man könnte einwenden, eine solche Fragestellung sei irreführend, denn in Wirklichkeit wären wir in den dichtbesiedelten Industriestaaten durch den Mangel an Fläche in unseren Entscheidungen bereits hochgradig eingeschränkt. Aber es ist unrichtig, eine solche allgemeine „Raumnot" zu unterstellen und daraus die Notwendigkeit stärkerer Verdichtung abzuleiten — insgesamt mangelt es keinesfalls an Fläche. Vielmehr ist die räumliche Streuung unserer territorialen *Ansprüche* zu ungleichgewichtig und durchaus fragwürdig — Ansprüche allerdings lassen sich ändern. Zwar haben die sich aufblähenden Großstadtregionen eine gebietliche Konzentration der Flächenanforderungen zur Folge und schaffen *gebietsweise* durchaus „Raumnot", das muß aber nicht unbedingt als Konsequenz einer allgemeinen Raumknappheit, sondern kann auch als Ergebnis einer problematischen Raumnutzung gedeutet werden. Denn das den Menschen zur Verfügung stehende nutzbare Flächenpotential war stets begrenzt und immer bestand die Aufgabe darin, die raumbezogenen Aktivitäten so zu organisieren, zu verteilen, daß sie mit dem verfügbaren

Raum in Einklang stehen. Stärker verdichtete Wohnweise des Menschen wäre nur ein Weg, dies zu erreichen, und es bleiben Zweifel, ob es der sinnvollste ist. Die Raumnutzung durch großstädtische Strukturen kann sich durchaus mehr und mehr als *Irrtum* erweisen. Letztlich geht es ja nicht um das „Überleben" der Großstädte, sondern um ein gesundes Überleben des Menschen. Und dazu gehören räumliche Voraussetzungen, die die Großstadt möglicherweise vorenthält. So steht durchaus auch die Großstadt, die hochgradig verdichtete Siedlungsweise, zur Diskussion, denn sie ist nur *eine* von vielen Möglichkeiten der Raumnutzung.

II. Allgemeine Zielsetzung

Es wäre sicher verfehlt, wollte man aus dem Unmut an den großen Städten nun unkritisch nur noch in der ländlichen Idylle das anstrebenswerte Leitbild räumlicher Daseinsweise sehen, zu groß sind die Vorteile einer konzentrierten Besiedlung. Zweifellos lösen wir uns aber allmählich aus den territorialen Zwängen, die uns die traditionelle industrielle Produktion, die starke standörtliche Bindung städtischer Dienstleistung und die überkommene Agrarproduktion auferlegten. Es ist daher an der Zeit, zu fragen, *welche* Raumnutzung jetzt, angesichts veränderter Möglichkeiten und der räumlichen Gegebenheiten, wert ist, angestrebt zu werden.

Vermögen wir auch keine ewig verbindlichen Ziele zur Gestaltung bestimmter Raumkategorien oder gar konkreter Räume festzulegen, so sollten wir uns doch unter das zielorientierte Gebot stellen:

— Gestalte und nutze den Raum so, daß zwischen Mensch und Raum harmonische Gleichgewichtszustände möglich werden, die dem Wohlbefinden und der Gesundheit des Menschen förderlich sind, und die gleichzeitig das ökologische Potential des Lebensraumes sichern.

Dieses allgemeine Ziel der harmonischen Existenz des Menschen im Raum läßt sich wahrscheinlich auf unterschiedlichste Weise realisieren, ist aber als allgemeine Intention keineswegs relativ. Unter dem Blickwinkel dieser Zielvorstellungen gewinnen — angesichts der gegenwärtigen Siedlungsstruktur in Mitteleuropa — die außerhalb der Verdichtungsgebiete gelegenen Räume, die gleichzeitig mit einem leistungsfähigen Mittelzentrum ausgestattet sind, eine zunehmende Bedeutung. Was sind das für Räume?

III. Verdichtungferne Räume mit Mittelzentrum

Zwischen den 24 Verdichtungsgebieten in der Bundesrepublik Deutschland liegen zahlreiche Räume, die keineswegs — gewissermaßen im Gegensatz zu den Verdichtungsgebieten — als dünn besiedelt, landwirtschaftlich orientiert, als abgelegen und ohne größere Zentren anzusehen sind. Immerhin befinden sich neben 57 Städten mit mehr als 100 000 Einwohnern weit gestreut weitere 152 Gemeinden mit 20—100 000 Einwohnern im Bereich der Bundesrepublik. Zahlreiche Gebiete liegen räumlich zwar deutlich abgesetzt von den nächsten Verdichtungsgebieten, besitzen aber vor allem in ihren meist mittelstädtischen Zentren durchaus eine differenzierte Ausstattung mit Gewerbebetrieben und Dienstleistungseinrichtungen. Das gilt etwa für die Räume Fulda oder Gießen-Wetzlar in Hessen; Pirmasens-Zweibrücken oder Kreuznach in Rheinland-Pfalz; Aalen-Heidenheim oder Villingen-Schwenningen in Baden-Württemberg; Schweinfurt oder Bamberg, Bayreuth-Kulmbach oder Landshut, auch Ingolstadt in Bayern; Lingen-Nordhorn in Niedersachsen — zahlreiche weitere Beispiele ließen sich nennen.

Aufbauend auf dem traditionellen Siedlungsnetz verfügen diese Räume neben den mittel- bis großstädtischen Schwerpunkten mit zahlreichen kleinstädtischen Siedlungen über weitere Ansatzpunkte für eine differenzierte Versorgung größerer Gebiete mit zentralörtlichen Leistungen und Gütern. In der Regel sind bereits gut entwickelte Ansätze für eine vielfältige Infrastruktur vorhanden. Die föderalistische Struktur der Bundesrepublik und das Bemühen, zu starke regionale Ungleichgewichte nach Möglichkeit abzubauen, haben einer noch stärkeren Verlagerung der wirtschaftlichen und übrigen Aktivitäten in die Verdichtungsgebiete entgegengewirkt und den Räumen *zwischen* den Verdichtungsgebieten gewisse Entwicklungschancen offengehalten.

Die bereits aufgrund der flächenmäßigen Größe dieser Räume meist vielgestaltige Landesnatur und verschiedenartige Landnutzung bieten für die weitere planerische Gestaltung durchaus gute Voraussetzungen. Ein System der gebietlichen Flächennutzung, in dem unterschiedlichste Nutzungsansprüche so miteinander koordiniert werden, daß insgesamt eine sich wechselseitig ergänzende vielfältige Raumnutzung möglich wird, ist leichter zu verwirklichen als in den großflächig stark überbauten Verdichtungsgebieten und Großstadtregionen (s. Abschnitt V). Die Zahl der Mehrfachnutzungen, das Ausmaß der Flächennutzungskonflikte sind deutlich geringer, geeignete Flächen für unterschiedliche Nutzungsansprüche (Gewerbe, Freizeit, Wohnen etc.) weit weniger ein Mangelfaktor; die Flexibilität der Flächennutzung und die Verfügbarkeit der Flächen ist aufgrund des größeren Flächenpotentials im allgemeinen höher. Das Muster der Flächennutzung ist weniger stark erstarrt und läßt sich unter geringerem Kostenaufwand verändern und neuen Anforderungen anpassen.

Auch die Verkehrslage und -erschließung dieser Räume ist nur in wenigen Fällen ausgesprochen ungünstig; oft sind sie oder werden in naher Zukunft den Verdichtungsgebieten vergleichbar gut in das überregionale Verkehrsnetz einbezogen. In einigen Fällen besitzen solche Räume sogar eine ausgesprochene Verbindungsfunktion zwischen den Verdichtungsgebieten oder verfügen mit ihren Zentren über wichtige überregionale Verkehrsknoten (z. B. Gießen-Wetzlar). Die polyzentrische Ausrichtung des bundesdeutschen Verkehrsnetzes hat wesentlich dazu beigetragen, daß aus verdichtungsfernen Räumen nicht zwangsläufig auch verkehrsferne Räume geworden sind. Bei allgemein guter Verkehrserschließung bleibt dagegen die Verkehrsbelastung, im Gegensatz zu vielen Verdichtungsgebieten, meist noch immer in vertretbaren Grenzen. Der angesprochene Raumtyp wird häufig von „großräumig bedeutsamen Achsen" (BROP, 1972) durchzogen oder zumindest berührt; stets aber wird er durch unterschiedlich gestufte Entwicklungsachsen erschlossen (gemäß der Programme und Pläne der Länder). Großstädte bzw. ausgesprochene Oberzentren sind meist gut erreichbar (in der Regel kaum über 90 Fahrzeitminuten entfernt).

So haben wir es insgesamt mit einem Raumtyp zu tun, der im Hinblick auf die weitere Entwicklung der Siedlungsstruktur der Bundesrepublik Deutschland besonderes Interesse verdient. Es ist daher reizvoll und notwendig, für die verdichtungsfernen Räume mit Mittelzentrum(en) eine Leitbildidee zur regionalplanerischen Gestaltung zu konzipieren. Auch wenn ein solches Leitbild für einen ja nur *grob* umrissenen „Raumtyp" niemals als „ewig" verbindlich und stets sinnvoll anzusehen ist (s. o.), so kann doch nicht auf konstruktive und integrierende Überlegungen zur gebietlichen Gestaltung verzichtet werden, denn in der Praxis der Regionalplanung sind ständig Entscheidungen zu treffen, die einer leitbildhaften Zielorientierung bedürfen.

Bevor ein derartiges Leitbild entwickelt werden kann, müssen zunächst die derzeitigen Zielvorstellungen in den verschiedenen Bereichen der wirtschaftlichen und sozialen Aktivität, wie sie sich aus *fachspezifischer* Sicht ergeben, in ihren Konsequenzen für den angesprochenen Raumtyp erörtert werden. Dabei sollte man sich darüber im klaren sein, daß diese sektoralen Zielvorstellungen vor allem unter „fachegoistischem" Blickwinkel aufgestellt wurden; so bleibt es zunächst offen, ob sie damit auch für eine integrierende Konzeption als tauglich anzusehen sind. Auch können sie nur als momentane Entwicklungsziele anerkannt werden, sie sind keineswegs von vornherein als sachlogisch zwingend und stets verbindlich anzusehen (s. o.).

IV. Sektorale Zielvorstellungen und deren Konsequenzen

1. Industrieller Aspekt (vgl. hierzu auch Beitrag HÖSCH)*)

Seit geraumer Zeit beobachten wir die Verlagerung von Industriebetrieben in die äußersten Randzonen der Stadtregionen, aber auch in die Mittelzentren und an andere Standorte des noch stärker ländlich geprägten Raumes. Gewiß wird die Errichtung eines Betriebes, sei es Neugründung oder Verlagerung, von betriebsspezifischen, oft sehr unterschiedlichen Standortüberlegungen beeinflußt, so daß Verallgemeinerungen hinsichtlich geänderter standortfaktoreller Einflüsse ohnehin problematisch sind, aber mit einiger Vorsicht lassen sich — in der zeitlichen Abfolge ihrer Dominanz — vor allem die folgenden Phänomene herausstellen:

— Räumliche Annäherung an das Arbeitskräftepotential — Ausschöpfung ländlicher Arbeitskraftreserven in Zeiten der Vollbeschäftigung;
— bei zunehmender Flächenknappheit und -verteuerung in den Verdichtungsgebieten und bei wachsendem Flächenanspruch der Industrie Ausnutzung des Gewerbeflächenangebotes in den ländlichen bzw. klein- und mittelstädtischen Räumen;
— bei spezifischen und schwer vermeidbaren Umweltbeeinträchtigungen (Lärm-, Geruchs-, Schadstoff-, Staubemissionen; Abfallstoffe etc.) müssen angesichts des gewachsenen Umweltbewußtseins dünnbesiedelte Räume als Standorte gewählt werden;
— gegenüber zu stark verdichteten Gebieten mit ihren vielfältigen Belästigungen steigt die Wohnattraktivität mittelstädtischer und stadtnaher ländlicher Gebiete zunehmend — Möglichkeit des Hausbaues, naturnahe Umwelt, weniger territoriale Zwänge etc.

Der Raumtyp der verdichtungsfernen Räume mit Mittelzentrum ist angesichts dieser Tendenz in besonderer Weise für eine verstärkte Ausstattung mit industriellen Arbeitsstätten geeignet. Er verfügt in der Regel bereits über ein entsprechendes infrastrukturelles Grundgerüst, bietet erste Agglomerationseffekte, ist verkehrsmäßig gut angebunden. Bei der Gründung neuer Arbeitsstätten handelt es sich häufig um Zweigbetriebe, ausgelagerte Produktionsabteilungen etc. von Firmen mit traditionellem Standort in den Verdichtungsgebieten oder Großstädten. Dabei wird meist der bestgeeignete zum Stammwerk möglichst

---

*) Die hier und nachfolgend zitierten Beiträge befinden sich, sofern keine anderen Quellen genannt werden, in diesem Band.

nahe gelegene Standort gesucht; damit erweisen sich die Räume um die Mittelzentren *zwischen* den Verdichtungsgebieten als besonders vorteilhaft. Die häufig sinkenden Transportkostenanteile bei der industriellen Produktion und die Tendenz zu einer gewissen „Standortunabhängigkeit" in einigen Branchen sowie der Auslagerungsdruck aus den Verdichtungsgebieten kommen also weniger den abgelegenen verdichtungsfernen Räumen ohne größere Zentren (Raumtyp 3) zugute, sondern vielmehr den Räumen mit leistungsfähigen Mittelzentren und möglichst „schnellen" Verkehrsverbindungen zu den Bezugs- und Absatzgebieten.

Wird auch der ländliche Raum kaum noch Arbeitskraftreserven freisetzen, so ist doch die Nähe der sich entwickelnden Mittelzentren zu diesem stärker ländlich bis kleinstädtisch strukturierten Raum günstig; die zunehmend aus den Kernzonen der Verdichtungsgebiete ausweichende Bevölkerung findet um die Mittelzentren oder in benachbarten Kleinzentren und stadtnahen „ländlichen" Siedlungen beträchtliche Zuzugsanreize; ähnliches gilt für die aus den weit abgelegenen Räumen mit sinkender agrarischer Tragfähigkeit auch weiterhin abwandernden Bevölkerungsteile, so daß sich Arbeitskräfte- und Arbeitsplatzangebot im Bereich der Mittelzentren in allmählicher Ausweitung und Differenzierung wechselseitig begünstigen. Auch die Förderung der Gewerbeansiedlung und des infrastrukturellen Ausbaues durch öffentliche Mittel dürfte sich in Zukunft vor allem auf die Mittelzentren und deren Bereich konzentrieren.

Zudem belegen noch einige wachstumstheoretische Überlegungen die relativ guten Entwicklungschancen des behandelten Raumtyps:

Das regionale Wachstum (Wachstum der Einkommen, des regionalen Kapitals, der Arbeitskräfte, der Bevölkerung etc.) vollzieht sich, nach dem gegenwärtigen Stand der regionalen Wachstumstheorie, im wesentlichen analog einem Dispersionsprozeß, bei dem — von den am höchsten entwickelten Räumen ausgehend — weniger entwickelte Regionen erfaßt und in einen Prozeß der räumlichen Konzentration und Verstädterung einbezogen werden. Die wirtschaftlichen und siedlungsstrukturellen Aktivitäten unterliegen damit einem Prozeß, der „dezentral konzentrierten Streuung" (H. W. RICHARDSON, Regional Growth Theory, 1973). Die Verdichtungsgebiete wuchern also nicht endlos in den umgebenden Raum hinaus, sondern ab einer gewissen Größe — mit zunehmenden Agglomerationsnachteilen — werden Aktivitäten abgezweigt, gewissermaßen dezentral gestreut, aber dies nicht wahllos über die Fläche, sondern konzentriert an günstigen, der Agglomeration mehr oder weniger benachbarten Standorten. Diese Auffassung deckt sich weitestgehend mit der Theorie der Wachstumspole. Die günstig gelegenen Mittelzentren (ggf. auch Oberzentren) werden also selbst bei *ungesteuerter* Entwicklung mit hoher Wahrscheinlichkeit zu Dispersionspolen; umso sinnvoller ist es, eine solche Entwicklung planerisch zu stützen. So lassen sich bei entsprechender Koordination gleichzeitig zwei wünschenswerte Effekte auslösen: Entwicklungsimpulse für die verdichtungsfernen Räume und ihre Mittelzentren, entlastende Wirkungen für die Verdichtungsgebiete.

Damit ist der von uns behandelte Raumtyp für das regionale wie auch für das gesamte wirtschaftliche Wachstum, für die weitere Entwicklung von Industrie und Gewerbe von wachsender Bedeutung. Die verstärkte und strukturverbessernde Ansiedlung von Industrie und Gewerbe vor allem im Bereich der Mittelzentren vermag gleichzeitig zu einer regionalen und überregionalen Verbesserung der Siedlungsstruktur beizutragen, allerdings wird sich dabei, verstärkt durch die Flächenansprüche der so ausgelösten Besiedlungsimpulse, der Verbrauch von u. U. auch hochwertigen Agrarflächen nicht immer vermeiden lassen;

andererseits werden in zumutbarer Entfernung zum ländlichen Raum neue Möglichkeiten des Erwerbs, des Wohnens, der Versorgung, der Ausbildung etc. geschaffen, durch die der notwendige starke Strukturwandel in der Landwirtschaft auch der abgelegeneren Räume unterstützt wird. Der auf einzelne Flächen beschränkte Zielkonflikt wird also letztlich durch einen Interessengleichklang ausgeglichen.

2. Landwirtschaftlicher Aspekt (vgl. hierzu auch Beiträge von REINKEN und BERGMANN)

Neben der traditionellen Aufgabe der Landwirtschaft, die Bevölkerung ausreichend mit hochwertigen landwirtschaftlichen und gärtnerischen Produkten zu versorgen, gewinnt in den dichtbesiedelten und stark verstädterten Industriestaaten die Sicherung eines leistungsfähigen Naturhaushaltes und die Möglichkeit, Landschaft und Natur für Ausgleich und Erholung zu nutzen, an Bedeutung. Diese Doppelfunktion soll möglichst unter Erhaltung landwirtschaftlicher und gärtnerischer Vollerwerbsbetriebe, die ein angemessenes Einkommen erwirtschaften, erfüllt werden. Da eine solche Aufgabe nur mit Hilfe beträchtlicher betriebsstruktureller Veränderungen und Anpassungen zu bewältigen ist, kann auf umfangreiche fördernde Maßnahmen auch in Zukunft nicht verzichtet werden. Dabei ist wichtig, daß diese Maßnahmen gemäß den unterschiedlichen natürlichen Gegebenheiten und den spezifischen gebietlichen Möglichkeiten im Rahmen einer einzelbetrieblichen Förderung regional bzw. kleinräumlich differenziert durchgeführt werden. Nur so dürfte der Einsatz öffentlicher Förderungsmittel zur Herausbildung von Betriebsstrukturen führen, die den gebietlichen Besonderheiten in bestmöglicher Weise gerecht werden.

Ergänzend wäre es sinnvoll, innerhalb der Europäischen Gemeinschaft in Abstimmung mit dem Bedarf an Agrarprodukten regionale (gebietliche) Erzeugungsquoten (Kontingente) abzustecken, um so wichtige Orientierungsdaten für eine gebietsspezifische Planung zu gewinnen. In Kenntnis der ungefähren Absatzmöglichkeiten ist es leichter, Betriebsformen zu entwickeln, die sowohl die Funktion der Agrarproduktion und Einkommenssicherung wie auch — ggf. in Verbindung mit Bewirtschaftungszuschüssen — der Landschaftspflege erfüllen können.

Aufgrund der gebietlich jeweils sehr unterschiedlichen natürlichen und betriebsstrukturellen Produktionsvoraussetzungen ist es sehr schwer, ohne Bezug zum konkreten Fall detaillierte betriebswirtschaftliche Zielvorstellungen und Modelle für den behandelten Raumtyp zu geben. Im allgemeinen sind bei einer mittelmäßigen Agrarstruktur noch immer zahlreiche Haupterwerbsbetriebe vorhanden, die als sinnvolle Ansatzpunkte für eine weitere Agrarstrukturverbesserung anzusehen sind. Ist ein ausgebildeter Hofnachfolger vorhanden und kann auf vergleichsweise gutem Ackerland gewirtschaftet werden, bewegen sich Kapitalbesatz und Zinsbelastung in vertretbaren Grenzen, dann kann gerade auf diesen Betrieben aufbauend durch Zugewinn von Flächen — ggf. mit Kooperation oder gar Fusionierung verbunden — eine ständige Agrarstrukturverbesserung in Gang gehalten werden. Die Inhaber und Erben abstockender oder auslaufender Betriebe mit weniger günstigen Produktionsvoraussetzungen dagegen werden gleichzeitig in den Arbeitsstätten der nahegelegenen Mittelzentren Arbeit finden. Die kleinräumlich oft stark wechselnden natürlichen Ertragsverhältnisse und die bereits stark differenzierte Betriebsgrößenstruktur sowie die Nähe zu tendenziell expandierenden Gewerbe- und Dienstleistungszentren bieten in der Regel relativ gute Voraussetzungen für die Sicherung einer leistungsfähigen Landbewirtschaftung; die anpassungsfähigen größeren landwirtschaftlichen Familienbetriebe werden dabei eine entscheidende Rolle spielen.

Ergänzende bodenbezogene Förderungsmaßnahmen (Bodenmelioration, Flurbereinigung, Erosionskontrolle etc.) bleiben dann auch weiterhin sinnvoll. Gleichzeitig muß aber die betriebliche Umstrukturierung durch sozial- bzw. wirtschaftspolitische Maßnahmen unterstützt werden. Den abstockenden bzw. ganz ausscheidenden Landwirten ist die Umstellung durch Beratung, Umschulungsbeihilfe, Verpachtungsprämien etc. zu erleichtern. Die Förderung der überbetrieblichen Zusammenarbeit, die Einrichtung von Maschinenringen und Betriebshilfsdiensten und weitere einkommenswirksame Sozialleistungen (Alterssicherung, Unfall- und Krankenvorsorge etc.) wären der Herausbildung einer ausreichenden Zahl leistungsfähiger landwirtschaftlicher Betriebe förderlich.

Im Einzelfall wird auch — je nach Lage zu den Zentren und deren Größen — ein marktorientierter Obst- und Gemüseanbau sinnvoll sein.

Dort, wo es aufgrund der Betriebsgrößenstruktur und der natürlichen Voraussetzungen nicht möglich ist, eine für die Bewirtschaftung der Flächen ausreichende Zahl großer Haupterwerbsbetriebe aufzustocken, behält die Nebenerwerbslandwirtschaft, vor allem, wenn sie sich bei verringerter Arbeitsbelastung zunehmend zur Freizeitlandwirtschaft entwickelt, neben dem individuellen Nutzen eine wichtige landespflegerische Funktion. Auf kostspielige Förderungsmaßnahmen für Nebenerwerbs- und Hobbylandwirte kann dann allerdings verzichtet werden, dies umso mehr, je besser es gelingt, „städtische" Bodenbewirtschafter in eine solche landbewirtschaftende Freizeitnutzung einzubeziehen. Die Gewinnung von Hobbylandwirten, die Ausweisung größerer Freizeitgrundstücke etc. empfiehlt sich besonders dort, wo landwirtschaftliche Nutzflächen aus der Bewirtschaftung zufolge geringer Ertragskraft oder des Fehlens großflächig und extensiv wirtschaftender Betriebe (Schafhaltung, Damtierhaltung etc.) auszufallen drohen, ein Brachfallen der Flächen aber als unerwünscht angesehen wird.

Zusammenfassend kann festgehalten werden, daß im behandelten Raumtyp vergleichsweise günstige Bedingungen für die zukünftige Landbewirtschaftung bestehen. Eine nach dem Kulturartenverhältnis sowie visuell vielgestaltige Landnutzung, die damit gleichzeitig den Anforderungen der Naherholung und Wochenenderholung entgegenkommt, kann im allgemeinen unter vertretbarem Förderungsaufwand aufrecht erhalten werden. Durch Ausweisung landwirtschaftlicher Vorranggebiete sollten Landnutzungskonflikte weitestgehend zu vermeiden sein; durch gebietsspezifische und einzelbetriebliche Förderung läßt sich, vor allem mit Hilfe der Haupterwerbsfamilienbetriebe, die Versorgungs- und Wohlfahrtsfunktion der Landwirtschaft relativ leicht sicherstellen.

3. Forstwirtschaftlicher Aspekt (vgl. hierzu auch Beitrag HANSTEIN)

Die Forstwirtschaft unterliegt 3 Zielsetzungen: Neben der Erzeugung des knappen Rohstoffes Holz und der Verbesserung der forstwirtschaftlichen Einkommen soll der Wald einen möglichst hohen Beitrag zur Umweltsicherung leisten. Schließen sich diese Ziele auch keineswegs wechselseitig aus, so können doch die Schutz- und Erholungsfunktionen Einschränkungen hinsichtlich der Holzproduktion und der forstwirtschaftlichen Einkommen erzwingen oder umgekehrt. Bis zu welchem Grade das notwendig ist, kann jedoch nur entsprechend der gebietsspezifischen Besonderheiten entschieden werden. Im allgemeinen werden die Immissions-, Lärm- sowie Sicht- und Straßenschutzaufgaben in den dichter besiedelten stadtnahen Räumen stärker ausgeprägt sein als in den dünn besiedelten abgelegenen Gebieten.

Im Hinblick auf den behandelten Raumtyp wird also die Funktion der Rohstofferzeugung und Einkommensbildung in der unmittelbaren Nähe der Zentren etwas zurücktreten müssen, da dann die Inanspruchnahme für die Naherholung und für Zwecke der städtebaulichen Gliederung und Verbesserung des Stadtklimas zunimmt. Andererseits trägt gerade ein hoher Waldanteil und die räumliche „Verfingerung" zwischen Wohnflächen und Gewerbe- und Versorgungsflächen einerseits und bewaldeten oder auch agrarisch genutzten Flächen andererseits wesentlich zur Steigerung der Attraktivität mittelstädtischer Gebiete bei. Große Waldgebiete in der Nähe eines Mittelzentrums mit einer vielfältigen und standortgerechten Artenzusammensetzung und gut gestaffeltem Altersaufbau ermöglichen allerdings durchaus eine vorteilhafte Synthese sowohl zwischen den ökologischen und ökonomischen Belangen wie auch den Gesichtspunkten der Erholung und Landschaftsgestaltung.

Eine Aufforstung nicht mehr landwirtschaftlich genutzter Böden kann dann sinnvoll sein, wenn Brache in nennenswertem Umfang anfällt und eine anderweitige Freizeitnutzung nicht in Frage kommt und vor allem, wenn der Waldanteil eines Gebietes ohnehin gering ist. Allerdings bedarf es der Koordination im Rahmen regionaler Pläne, um eine gestückelte und wahllos sporadische „Bewaldung" auf meist relativ kleinen Arealen, wie sie als Folge der praktizierten fallweisen Genehmigung auftritt, zu vermeiden.

Weitere Schutzfunktionen des Waldes (Bodenschutz, Wasserschutz, Arten- und Biotopenschutz, Klimaschutz, Lawinenschutz etc.) werden je nach der gebietlichen Situation relevant sein und können daher nicht als spezifisches Problem eines bestimmten Raumtyps angesehen werden. Die Anforderungen des Ferienerholungsverkehrs, der in bestimmten Gebietsteilen von Bedeutung sein kann, lassen sich meist relativ leicht mit den angestrebten forstwirtschaftlichen Zielen in Einklang bringen. Problematischer sind die Interessenkonflikte zwischen Jagdnutzung und Forstwirtschaft, ohne allerdings unbedingt raumtypisch zu sein; hierbei ist vor allem ein angemessener, also nicht zu hoher Wildbesatz anzustreben.

Zusammenfassend kann gesagt werden, daß sich die verschiedenen forstwirtschaftlichen Zielsetzungen im behandelten Raumtyp im allgemeinen relativ gut miteinander vereinbaren lassen, mehr noch, daß sie der regionalen Entwicklung dieses Raumes durchaus förderlich sind. Das schließt nicht aus, daß mit dem Ausbau der Mittelzentren zu Entwicklungsschwerpunkten und dem damit zunehmenden Flächenverbrauch auch geringfügige Waldflächenverluste hingenommen und verstärkt Schutzfunktionen und Naherholungsfunktionen übernommen werden müssen. Da die regionale Planung gleichzeitig an der Sicherung vor allem der stadtnahen Waldflächen interessiert sein muß, dürfte innerhalb einer koordinierten Flächennutzungsplanung ein Interessenausgleich zu erzielen sein.

4. Aspekt des Erholungswesens (vgl. Beiträge KOSCHNIK-LAMPRECHT und BERGMANN)

Außerhalb der Zwänge der Arbeitswelt, außerhalb der häufigen Belastung durch zu hohe interpersonelle Dichte sucht der Mensch nach Ausgleich. Vor allem die großstädtischen Umweltbedingungen und die Überforderungen in vielen Bereichen des täglichen Lebens stellen die sogenannte Freizeit unter das Ziel, der Erholung, Entspannung, dem Ausgleich zu dienen und gleichzeitig diejenigen Möglichkeiten der persönlichen Entfaltung zu eröffnen, die unter dem Druck der existenziellen Notwendigkeiten oft genug vorenthalten werden. Die Erfüllung dieser Aufgabe ist in der Regel mit sehr differenzierten räumlichen Anforderungen verbunden, sei es im Hinblick auf eine freizeitgerechte Wohnweise, auf zahlreiche flächenbeanspruchende Freizeitaktivitäten, auf den Drang nach Bewegung in naturnahen Erholungsräumen usw. In Korrektur einer überkommenen, gebietlich außerordentlich verdichteten Siedlungsstruktur wird es daher notwendig, das Muster der Flächennutzung so zu verändern, daß entsprechend Raum für die unterschiedlichen Freizeit- und Erholungswünsche bereitgestellt wird. Das gilt im Hinblick auf großflächige Nah- und Fernerholungsgebiete, auf erholungsgerechte Wohngebiete ebenso wie für spezifische Freizeit- und Erholungsschwerpunkte und -einrichtungen sowie für die erforderlichen Verkehrsanbindungen, vor allem aber für die Sicherung vor störenden Einwirkungen anderer Raumnutzungen. Stets wird jeweils geeignete Fläche beansprucht.

Die oft vielfältige Landesnatur des behandelten Raumtyps, die differenzierte Landnutzung mit meist relativ hohem Grünlandanteil und eingestreuten Waldarealen, vor allem in den ertragsschwächeren, stärker reliefierten Gebietsteilen, kommt den Anforderungen von Freizeit und Erholung entgegen. Da in diesem Raumtyp die dicht überbauten Stadtgebiete keine den Verdichtungsgebieten ähnliche großflächige Ausdehnung haben, lassen sich „grünes" Umland und bebaute Gebiete räumlich besser miteinander verflechten. Stadtnahe Gärten und Freizeitgrundstücke können, koordiniert mit der weiteren Agrarstrukturverbesserung, vergleichsweise leicht bereitgestellt werden. Bodennahe, kinder- und freizeitgerechte Wohnbebauung läßt sich weit eher verwirklichen als in den Verdichtungsgebieten. Durch eine entsprechende Bauleitplanung, die achsial ausgreifende, gegliederte oder an kleinere Zentren angeschlossene Wohngebiete vorsieht, kann gleichzeitig die vielberufene Zersiedlung weitestgehend verhindert werden. Da eine *großflächige* Ausbreitung geschlossen überbauter Flächen verhindert wird, können die Naherholungsansprüche ohne besondere Schwierigkeiten befriedigt werden — entweder auf eigenem Grundstück oder auf nahegelegenen entsprechend nutzbaren Freiflächen.

Zielkonflikte mit der Landwirtschaft und Forstwirtschaft lassen sich leichter vermeiden als in Verdichtungsgebieten. Bei landschaftlicher Eignung für die Ferienerholung bieten neben den Erholungsorten auch landwirtschaftliche Betriebe günstige Voraussetzungen für eine Erholung im ländlichen Raum. In großen Teilen des behandelten Raumtyps, vor allem auf ertragsschwachen Böden, ist es sinnvoll, Flächen für unterschiedliche private Freizeitnutzungen zur Verfügung zu stellen. Dem zunehmenden Verlangen der Einwohner der Mittelzentren oder der benachbarten Verdichtungsgebiete nach „ländlichen" Freizeitaktivitäten sollte durch Ausweisung entsprechender Parzellen, durch Wochenendgrundstücke, Gartenland, durch Zweitwohnungen, Ferienwohnungen etc. aber auch durch verstärktes Angebot nicht mehr landwirtschaftlich genutzter Bauernhäuser in differenzierter Weise entgegengekommen werden. Es ist eine unbegründete, bestenfalls örtlich berechtigte Behauptung, darin zwangsläufig eine Zerstörung der Kulturlandschaft zu sehen und somit den Raumbedarf und das Ausgleichsbedürfnis des Städters leichtfertig zu ignorieren. Im Gegenteil: Bei entsprechender Planung kann sogar eine Belebung des Landschaftsbildes, eine Erhöhung der kulturlandschaftlichen Vielfalt und gleichzeitig eine Übernahme landschaftspflegerischer Aufgaben durch den Städter — verbunden mit einer Anlage „städtischen" Geldes — erreicht werden.

Zusammenfassend bleibt festzuhalten, daß der Raumtyp den Freizeit- und Erholungsanforderungen — begünstigt durch die meist bereits vorhandene infrastrukturelle Grundausstattung und vielfältige Landesnatur — in besonderer Weise entgegenkommt. Er vermag den Menschen, die unter den Belastungen stark verdichteter Siedlungsweise leben müssen, sinnvollen und „naheliegenden" Ausgleich zu bieten — Voraussetzung ist, daß das an sich verfügbare Flächenpotential durch ein differenziertes Angebot vielfältiger Möglichkeiten entsprechend mobilisiert wird. In diesem Zusammenhang ist auch an eine Novellierung der noch immer stark einschränkenden Gesetzgebung (z. B. Bundesbaugesetz § 35) zu denken.

5. Infrastruktureller Aspekt (vgl. hierzu auch Beitrag GERCKE)

Infrastrukturelle Einrichtungen, seien sie privat oder von der öffentlichen Hand bereitgestellt, sind in den hochtechnisierten Gesellschaften mit ihrer Betonung sozialer und egalitärer Gesichtspunkte zu unentbehrlichen Voraussetzungen einer angemessenen Daseinsvorsorge geworden. Gleichzeitig stellen sie wesentliche Einflußgrößen für die regionale, vor allem wirtschaftliche Entwicklung dar. Die Erwartungen der Menschen hinsichtlich der quantitativen und qualitativen Ausstattung ihres Lebensraumes mit differenzierten Einrichtungen der materiellen Infrastruktur (Einrichtungen zur Verkehrsbedienung, der Ver- und Entsorgung, der Verwaltung, des Bildungswesens, der Freizeitgestaltung etc.) sind im allgemeinen unvergleichbar höher als noch in der jüngeren Vergangenheit. Gleichzeitig besteht eine Neigung der öffentlichen Hand — begünstigt durch den Leistungswettbewerb der politischen Gruppierungen innerhalb pluralistischer Gesellschaften — auch infrastrukturelle Investitionen vorzunehmen, die weniger den dringenden Bedürfnissen der Bewohner gerecht werden, als vielmehr parteipolitischen, ideologischen, modischen oder kurzfristig wahltaktischen Überlegungen entsprechen und die den Kriterien einer Nutzwertanalyse häufig nicht standhalten. Angesichts der knappen Mittel und der mit den infrastrukturellen Einrichtungen meist verbundenen Folgekosten besteht so die Gefahr, daß eine Gesellschaft im Wettrennen um angeblich unverzichtbare infrastrukturelle Maßnahmen ihre zukünftige Handlungsfähigkeit zu stark einschränkt, weil die Mittel für Schuldendienst, Personalkosten und Unterhalt der errichteten Anlagen verbraucht werden und für neue, andersartige Einrichtungen nicht mehr zur Verfügung stehen. Die öffentliche Verschuldung hat bekanntlich — auch aus gesamtwirtschaftlicher Sicht — ihre Grenzen. Die gemäß früherer Prioritäten geschaffenen Anlagen bieten oft keine Gewähr, daß die Nutzung auch in der Zukunft als ebenso dringlich oder positiv beurteilt wird.

Folgende Zielvorstellung wird daher immer zwingender:

Die Kosten je Leistungseinheit infrastruktureller Einrichtungen sind zu minimieren, um über die finanziellen Mittel zu verfügen, die für eine zukünftige Anpassung der materiellen Infrastruktur an die jeweils zeitgemäßen Anforderungen erforderlich sind. Das bedeutet auch, daß die verschiedenen Einrichtungen möglichst optimal frequentiert werden, daß Überkapazitäten, mangelnde Ausnutzung, ungünstige Dimensionierung vermieden werden. Trotz der planerischen Absicht, soziale bzw. räumliche Unterschiede auszugleichen, dürfen die Gesichtspunkte der Rentabilität nicht vernachlässigt werden. Die für die unterschiedlichen Einrichtungen je nach dem erforderlichen Anlagekapital und den notwendigen Betriebskosten unterschiedliche optimale Größenordnung ist anzustreben, das Vorhandensein einer ausreichend großen Bezugsbevölkerung ist sicherzustellen. Die räumliche Dimension, das Einzugsgebiet (Flächengröße und Bevölkerungszahl) gewinnt damit für die Festlegung des Standortes der infrastrukturellen Einrichtungen zunehmend an Bedeutung. Fehlt es an einer ausreichend großen Bezugsbevölkerung in zumutbarer Entfernung (Transportkosten!), werden bestimmte infrastrukturelle Investitionen problematisch. Das gilt vor allem für die dünn besiedelten ländlichen Räume; die unter betriebswirtschaftlichen Gesichtspunkten sinnvollen Mindestgrößen können hier oft nicht erreicht werden. Andererseits soll aber gerade mit Hilfe dieser Infrastruktur einer Rückentwicklung abgelegener Räume entgegengewirkt werden. In den hochgradig verdichtet besiedelten Gebieten ist zwar auf relativ engem Raum für zahlreiche infrastrukturelle Einrichtungen eine ausreichend große Bezugsbevölkerung vorhanden, andererseits werden aber durch die Flächenknappheit und den Aufwand zur Minderung der Nutzungskonflikte die Investitions- und Nachfolgekosten überproportional erhöht.

Vereinfachend ausgedrückt besteht damit folgende Situation:

In den am dichtesten wie auch in den am dünnsten besiedelten Räumen — in den Verdichtungsgebieten also ebenso wie in den abgelegenen Agrarräumen — entstehen für die Erhaltung und den Ausbau einer leistungsfähigen materiellen Infrastruktur überproportional hohe Kosten. Das gilt sowohl für die Einrichtungen der Ver- und Entsorgung (Energie, Wasser, Abwasser, Abfall) wie auch für den Verkehr und für große Teile des Bildungs-, Gesundheits- und des Erholungs- und Freizeitwesens. Stärkste Konzentration der Besiedlung und extrem dünn gestreute Besiedlung erweisen sich damit unter versorgungswirtschaftlichen und infrastrukturellen Gesichtspunkten als vergleichsweise teuer und somit als ungünstig.

Freilich gibt es spezifische infrastrukturelle Einrichtungen, vor allem der höchsten Versorgungsstufe, die ohnehin erst bei großstädtischen Einzugsgebieten vertretbar werden und daher für mittelstädtische Räume oder kleinere Regionen indiskutabel sind; das setzt jedoch die obige generelle Feststellung nicht außer Kraft.

Räume mittlerer Besiedlungsdichte mit relativ geringen Entfernungen zu den Mittelstädten oder Oberzentren erweisen sich dagegen hinsichtlich der infrastrukturellen Versorgung als kostengünstig. Eine begrenzte Konzentration der Besiedlung innerhalb eines Systems von gut mit dem Umland verflochtenen Mittel- bzw. Oberzentren ist für die Erhaltung und den Ausbau einer leistungsfähigen Infrastruktur als vorteilhaft anzusehen.

Zusammenfassend kann daher der behandelte Raumtyp im Hinblick auf die infrastrukturelle Ausstattung und deren Kosten als außerordentlich günstig eingestuft werden.

6. Siedlungsstruktureller Aspekt (vgl. hierzu auch Beitrag v. MALCHUS)

Die Beeinflussung der Siedlungsstruktur steht unter dem Ziel, chancengleiche, dem Wohlbefinden förderliche räumliche Lebensbedingungen zu schaffen, die sowohl der persönlichen Entfaltung wie auch der Sicherung unserer wirtschaftlichen Existenzgrundlagen dienen. Dies soll nach den Vorstellungen der Raumordnungspolitik vor allem mit Hilfe des Konzepts der *dezentralisierten Konzentration* erreicht werden; ein weiteres Wachstum der Verdichtungsgebiete wäre zu bremsen, stattdessen sollen — unterstützt durch eine entsprechende Beeinflussung der Investitionsströme — Entwicklungsschwerpunkte außerhalb der Verdichtungsgebiete gefördert werden. An ausgewählten Siedlungsschwerpunkten wäre ein gebündeltes Angebot öffentlicher und privater Einrichtungen der materiellen Infrastruktur bereitzustellen. Dabei sollen — verbunden mit einer entsprechenden Verdichtung an diesen Standorten — die Wohn-, Kommunikations- und Produktionsfunktionen sowie Versorgungs- und ggf. Freizeit- und Erholungsfunktionen räumlich konzentriert, also unter Verminderung des notwendigen Verkehrsaufwandes, miteinander kombiniert werden. Gemäß dem Achsen-Schwerpunkt-Prinzip sollen die punktuellen Verdichtungsschwerpunkte, einbezogen in ein Netz von Entwicklungsachsen, dem jeweiligen Umland Entwicklungsimpulse vermitteln und so zum Abbau großräumlicher Disparitäten beitragen.

Zweifellos eröffnet diese Konzeption Möglichkeiten, dem problematischen weiteren Wachstum der Verdichtungsgebiete einerseits und dem drohenden zivilisatorischen Abbau in abgelegenen ländlichen Gebieten andererseits entgegenzuwirken — insofern kommt den Mittelzentren und Oberzentren in den stärker ländlich geprägten Räumen eine besondere Bedeutung zu. Durch deren Ausbau und durch eine verbesserte Verflechtung mit dem engeren und weiteren Umland können unerwünschte Entwicklungstendenzen unserer Siedlungsstruktur abgefangen werden.

Demoskopische Untersuchungen und die Beobachtung der jüngsten Entwicklung bestätigen, daß eine forcierte und koordinierte Entwicklung der Mittelzentren und des zugehörigen Raumes den Wünschen der Bevölkerung und dem raumbezogenen Verhalten der Menschen weitestgehend entgegenkommt. Verstärkte siedlungsstrukturelle Aktivitäten vermögen im behandelten Raumtyp einen besonders hohen Beitrag zur Verbesserung der gesamten Siedlungsstruktur zu leisten, der sowohl der Entlastung und Umstrukturierung der Zentralbereiche in den Verdichtungsräumen wie auch der Belebung und stärkeren Einbeziehung der ländlichen Räume dienen würde. Eine ganz andere Frage ist es allerdings, ob zur Verwirklichung einer solchen ausgleichenden Konzeption eine starke *punktuelle* Verdichtung an den Entwicklungsschwerpunkten notwendig und sinnvoll ist (s. Kap. V) — sind es doch geradezu starke Konzentrationen und die damit verbundenen Belästigungen in den Kerngebieten der Großstadtregionen, die wesentlich zum Verlust der Wohnattraktivität dieser Bereiche beitragen.

7. Aspekt der Umweltsicherung (vgl. hierzu auch Beitrag KIEMSTEDT und SCHARPF)

Ökologische Umweltplanung ist von vornherein eine die Fachplanungen übergreifende Aufgabe. Sie verfolgt das Ziel, eine Umwelt zu sichern, die der Gesunderhaltung des Menschen dient und ein menschenwürdiges Dasein erleichtert; gleichzeitig sind schädigende Auswirkungen menschlicher Tätigkeit auf die natürlichen bzw. naturnahen Lebensbedingungen zu vermeiden.

Damit wird es wichtig, Kenntnisse über die ökologischen Folgewirkungen unterschiedlichster Maßnahmen zu gewinnen. Gelingt das, dann kann das ökologische Risiko bestimmter Entscheidungen verdeutlicht werden, Hinweise zur ökologischen Standorteignung und auf notwendige Nutzungsbeschränkungen, Empfehlungen für eine sinnvolle Raumnutzung können gegeben werden. Allerdings muß man sich darüber im klaren sein, daß die ökologischen Interdependenzen so vielfältig sind, daß immer wieder überraschende, nicht vorausgesehene Nebenwirkungen eintreten können — je nach den gebietlichen systemaren Zusammenhängen und Veränderungen. Eine verläßliche Erfassung aller ökologischen Konsequenzen raumbezogener Aktivitäten des Menschen ist daher kaum möglich; dies umso weniger, je stärker solche Folgewirkungen als vermeintlich allgültig gedeutet werden. Die gebietlichen Besonderheiten verlangen stets eine gebietsspezifische ökologische Wirkungsanalyse. Häufig werden immer wieder andere oder zumindest modifizierte Wechselwirkungen auftreten, aus denen dann unterschiedliche und gebietsspezifische Empfehlungen abgeleitet werden müssen. Aus den sehr allgemeinen Zielsetzungen der Umweltsicherung (s. o.) ergeben sich gebietlich jeweils andersartige oder zumindest modifizierte konkrete Maßnahmen. Es wird deutlich, daß sich keine konkreten und detaillierten Aussagen über die Konsequenzen des ökologischen Aspekts für einen derart grob umrissenen Raumtyp, wie den der verdichtungsfernen Räume mit Mittelzentren, machen lassen.

Vereinfachend kann bestenfalls gesagt werden, daß die Belange der Umweltsicherung in den weniger intensiv genutzten und weniger dicht besiedelten Räumen unter geringerem Aufwand zur Geltung gebracht werden können als in den Räumen mit intensiveren und mehrfachen Nutzungen auf beengter Fläche, in denen eine Zielharmonie zwischen vielfältigen Nutzungsansprüchen schwerer zu erreichen ist. Der behandelte Raumtyp darf vor allem angesichts seines potentiell vielfältigen Angebots unterschiedlicher Nutzungsflächen, seiner geringeren Konzentration intensiver Nutzungen und seines noch stärker disponiblen Musters der Flächennutzung gegenüber den Verdichtungsgebieten, den großen Industriegebieten und großflächig monokulturell genutzten Räumen, hinsichtlich der Umweltsicherung, als weniger problematisch angesehen werden.

Bei einer begrenzt dezentralisierten Siedlungsstruktur lassen sich die Umweltbelastungen leichter ausgleichen als in großen Agglomerationen, wo sie entsprechend *kumuliert* auftreten.

8. Aspekt des Verkehrs (vgl. hierzu auch Beitrag HÖSCH)

Der Verkehr berührt mit seiner verbindenden Funktion geradezu zwangsläufig alle anderen Komponenten der Raumnutzung. Gute oder schlechte Verkehrserschließung entscheidet wesentlich über die Entwicklung eines Raumes; die „Verbesserung der Verkehrsverhältnisse" kann daher — gleich aus welcher fachspezifischen Sicht — als allgemeines Ziel akzeptiert werden.

Für Industrie und Handel spielen bei der Überwindung von Distanzen zunehmend die dafür notwendigen *Zeiten,* weniger die eigentlichen Transportkosten, die entscheidende Rolle. Für die Menschen auf ihrem Weg zur Arbeit, zum Einkauf, zur Teilnahme am kulturellen, geselligen und politischen Leben, sind insbesondere der *Komfort* des Verkehrs, ferner die individuelle Beweglichkeit und zeitliche Flexibilität sowie der persönlich verfügbare Transportraum wichtig. Bei der Gestaltung der Freizeit, für die Erholung, wird es wichtig, von Zeit und Ort möglichst unabhängig, beliebig ausgewählte Räume zu erreichen — ein flexibler flächenbedienender Verkehr ist erwünscht.

Zur Befriedigung all dieser Ansprüche spielt nach wie vor das Auto eine besondere Rolle und damit wird nicht nur dessen Weiterentwicklung sondern auch ein entsprechender Ausbau der Straßen — sowohl der Autobahnen und Fernstraßen, wie auch der regionalen Erschließungsstraßen und des Wegenetzes für Nahversorgung und Freizeitverkehr — erforderlich. Schienengebundene öffentliche Verkehrseinrichtungen behalten zwar für die Verdichtungsgebiete sowie zur Überbrückung großer Distanzen eine gewisse Bedeutung — vorausgesetzt entlang ihrer Trassen befinden sich Bevölkerungskonzentrationen, die eine ausreichende Frequentierung sicherstellen, — niemals aber werden sie die Vorzüge des Individualverkehrsmittels voll ausgleichen können. Zu gut kommt dieses den vermutlich genetisch verankerten Bedürfnissen nach flexibler Entfernungsüberwindung, nach territorialer Beweglichkeit entgegen; gleichzeitig wird — im Gegensatz zum öffentlichen Verkehrsmittel — die „Distanzblase" des einzelnen, die begrenzte Dichtetoleranz des Menschen weit eher respektiert. Wird es allerdings möglich, Individualverkehrsmittel gleichzeitig in ein schienengebundenes überregionales Schnellverkehrssystem einzubeziehen, entstünde eine höchst begrüßenswerte Symbiose, die sowohl die flexible Flächenerschließung wie auch die rasche, belastungsfreie Überwindung großer Entfernungen erlaubt — aber das liegt in ferner Zukunft. Zwar ist es in der Tat kaum möglich, die autogerechte Großstadt zu bauen, das aber spricht nicht unbedingt gegen die Nützlichkeit des Autos, sondern vielmehr gegen die problematische Flächennutzung in den Großstadtregionen.

Außerhalb der Verdichtungsgebiete — und vor allem im behandelten Raumtyp — bleiben privater PKW, Taxi, kleine und größere Busse die geeignetsten Verkehrsmittel. Sie ermöglichen sowohl die Flächenbedienung, wie auch den Zugang zu den Versorgungs- und Arbeitsschwerpunkten. Die weitere Anpassung des Straßennetzes an diese Anforderungen — etwa durch den Bau von Ortsumgehungsstraßen, von Ringstraßen oder Tangenten zur Abhaltung des Fernverkehrs und der Schwertransporte sowie durch Schaffung zentrennaher Parkmöglichkeiten, eigener Busspuren an den Verkehrsschwerpunkten etc. — wird insgesamt kostengünstiger sein, als die Errichtung aufwendiger schienengebundener Schnellbahnsysteme, deren Rentabilität ohnehin nur bei starker punktueller

Konzentration der Bevölkerung, ggf. axial aneinandergereiht, erreicht werden könnte — eine solche allgemeine und hochgradige Wohnverdichtung ist aber gerade im behandelten Raumtyp fragwürdig und weitestgehend entbehrlich.

Beim Ausbau des Straßennetzes sind Flächennutzungskonflikte (z. B. mit der Naherholung) — vor allem in der Nähe der Zentren — nicht immer zu vermeiden. Grundsätzlich aber sind die verschiedenen Flächenanforderungen im behandelten Raumtyp leichter zu harmonisieren als in den Verdichtungsgebieten.

Insgesamt läßt sich also durch Verbesserung der Straßenverhältnisse und des Busnetzes sowohl für den öffentlichen, wie auch für den privaten Verkehr das Ziel, die „Zeitkosten" zu senken und gleichzeitig einen gewissen Komfort und Flächenbedienung zu bieten, relativ leicht erreichen. Ergänzend ist der Anschluß des Raumes an die überregionalen, schienengebundenen Schnellverkehrssysteme erforderlich. Im behandelten Raumtyp dürften gute Verkehrsverhältnisse *vergleichsweise* leicht zu schaffen sein.

V. Leitbild der räumlichen Gestaltung

Es ist sehr unwahrscheinlich, lediglich in Verfolgung vielfältiger fachspezifischer Zielsetzungen, zu einer wohlausgewogenen insgesamt funktionsgerechten und lebensdienlichen Raumnutzung zu gelangen. Die Aufgabe eines *Leitbildes* besteht daher gerade darin, unterschiedliche oder gar divergierende sektorale bzw. fachliche Zielvorstellungen und deren Konsequenzen für die Raumnutzung in einer integrierenden Konzeption so miteinander zu verknüpfen und ggf. zu modifizieren, daß größtmögliche Harmonie zwischen den Einzelzielen entsteht, und daß gleichzeitig dem Hauptziel entsprochen wird: eine dem Wohlbefinden, der Gesundheit, der Entfaltung und Leistungsfähigkeit des Menschen dienenden Raumnutzung, zu verwirklichen. Um Zielkonflikte abzubauen, werden Kompromisse zwischen den sektoralen Zielsetzungen nicht zu vermeiden sein.

Vor allem aber muß ein Leitbild *wirklichkeitsgerecht* sein. Es bedarf also weniger des „rettenden" Einfalls, durch den eine vermeintlich ideale Zukunftslandschaft aufgezeigt wird, als vielmehr realistischer Leitbildvorstellungen, die so konzipiert sind, daß sie sich *schrittweise* und zumindest annähernd verwirklichen lassen. Angesichts der sehr unterschiedlichen gebietlichen Voraussetzungen ist es daher auch nicht möglich, allgemein verbindliche und detaillierte räumliche Entwicklungsempfehlungen zu geben. Und auch wenn wir uns auf einen bestimmten Raumtyp beschränken, würden in der Praxis, in den konkreten Einzelräumen dieses nur grob umrissenen „Typs", beträchtliche Abwandlungen erforderlich. So muß auch der Bezug auf bestimmte Beispielräume unterbleiben; gemäß der gebietlichen Besonderheiten, der zeitlichen und situativen Umstände, wäre das im folgenden vorgestellte Leitbild jeweils zu überprüfen und ggf. zu verändern. Notwendige Modifikationen am Fall sprechen allerdings nicht grundsätzlich gegen ein allgemein formuliertes Konzept zur räumlichen Gestaltung eines Raumtyps.

Beim Entwurf des Leitbildes soll von den folgenden Vorüberlegungen ausgegangen werden:

Der Mensch bedarf zur Abwicklung seiner verschiedenen Lebensfunktionen vielfältiger *Kommunikation* und materiellen *Austauschs*. Darin liegen wohl die wesentlichsten Ursachen zur Herausbildung großer Siedlungen, und es scheint, als ließen sich Kommunikation und Austausch mit zunehmender Zusammendrängung in multifunktionalen vielstöckigen Siedlungskomplexen besser organisieren. So ist für viele Umweltgestalter und -architekten eine größtmögliche Verdichtung und Konzentration von Menschen, Arbeitsplätzen und Dienstleistungseinrichtungen, unter gleichzeitiger Erhaltung eines weniger intensiv überbauten naturnahen Umlandes, erstrebenswert. Um möglichst wenig Siedlungsfläche zu beanspruchen, wird nach wie vor eine hohe punktuelle städtebauliche Verdichtung, u. a. durch stärkere Überlagerung geeigneter Nutzungen in mehreren Ebenen, empfohlen — wobei gleichzeitig durchaus auch eine Ausweitung des individuellen Wohnraumes ermöglicht werden soll. Aber es bleibt zu bedenken, daß damit — selbst bei verbessertem Schutz vor Störungen — die begrenzte Dichtetoleranz des Menschen auch weiterhin hochgradig belastet wird. Noch immer besteht dann die Gefahr, daß Naturbezug, Bewegungsraum, körperliche Motorik eingeschränkt bleiben.

So ist zu fragen: Gibt es nicht eine wirklichkeitsgerechte Konzeption, die sowohl der Kommunikation und dem Austausch, wie auch den territorialen Anforderungen des Menschen gerecht wird? Durchaus (s. Abschnitt V/2.)!

Sehen wir von den Verdichtungs- und Industriegebieten als siedlungsgeschichtlich vergleichsweise jungen Gebilden ab, so zeichnet sich die überkommene mitteleuropäische Kulturlandschaft durch eine feingliedrige und relativ enge Verflechtung zwischen Stadt und Land aus. Ein engmaschiges Netz abgestufter städtischer Zentren, verbunden durch ein dichtes System von Verkehrsstrassen, verknüpft innerhalb relativ geringer Distanzen den ländlichen mit dem verstädterten Raum. Selbst, wenn diese überkommene Struktur sich in einigen Teilräumen nicht mehr als voll funktionsfähig erweist — etwa weil das Angebot an Dienstleistungen und Arbeitsstätten in den kleinen Städten als nicht ausreichend und nicht konkurrenzfähig empfunden wird — und selbst, wenn im Einzelfall die Abwanderung aus den abgelegenen ländlichen Räumen nicht verhindert werden kann, so verfügen wir doch insgesamt über ein siedlungsstrukturelles Grundmuster, das für die zukünftige Gestaltung des Gesamtraumes von Vorteil ist!

Zwar hat sich die Größenordnung der städtischen Gebilde, ab der eine zeitgemäße Versorgung des Umlandes gewährleistet werden kann, ab der entwicklungsfördernde Impulse für den umgebenden stärker ländlich geprägten Raum wirksam werden, verschoben — vielleicht liegt heute die wirksame Größe bei mindestens 30 000—50 000 Einwohnern —, ungeachtet dessen muß aber die relativ gleichmäßige Streuung städtischer Kristallisationspunkte als ein höchst entwicklungsgünstiges Erbe erkannt werden. Vor allem die vorhandenen und ausbaufähigen Mittelzentren sind als vielversprechende Ansatzpunkte für eine sich wechselseitig ergänzende zeitgemäße Stadt-Land-Verknüpfung anzusehen. Es gilt, diese Voraussetzungen im Rahmen einer integrierenden Konzeption für die Zukunft zu nutzen, ehe sie durch unkoordinierte Entwicklung oder durch gegenläufige Maßnahmen zerstört werden.

1. Ein historisches Beispiel

Es ist nützlich, an eine städtisch-ländliche Ergänzung in der historischen Vergangenheit zu erinnern, die sich in enger räumlicher und funktionaler Verflechtung von Stadt und Land für die Entwicklung von Wirtschaft und Kultur als höchst fruchtbar erwiesen hat.

Im Italien der Renaissance — vor allem in der Toskana — hatte sich ein System der Raumnutzung voll entfaltet, in dem sich Stadt und Umland, städtisches Wirtschaftsleben und Landbewirtschaftung in sinnvoller Weise wechselseitig befruchteten und so wesentlich zur zivilisatorischen Dynamik der italienischen Renaissance beitrugen. Wichtige organisatorische Voraussetzung für die Herausbildung einer so funktionsfähigen Ergänzung war die Vereinigung von Stadt und Umland innerhalb eines politischen und territorialen Verbandes. Zunehmend seit der Mitte des 12. Jahrhunderts entwickelten sich in der Toskana politisch freie Stadtrepubliken, deren Territorien nicht außerhalb der Stadtmauern endeten, sondern den umgebenden ländlichen Raum einschlossen. Die Bürger der Stadt sind nicht nur als Handelsherren, Bankiers oder Gewerbetreibende im städtischen Wirtschaftsleben tätig, sie besitzen gleichzeitig den Boden des Umlandes und zeigen sich daher an dessen Nutzung interessiert. So sind die kommerziellen Aktivitäten vieler Familien sowohl durch weltweite Verflechtungen, wie auch durch örtliche Landbewirtschaftung gekennzeichnet. Dem regen Geschäftsleben in der räumlichen Enge der Stadt, steht der sommerliche Aufenthalt auf dem Lande gegenüber. Ein raumbezogener Lebensstil bildet sich heraus, der die kommunikativen Vorteile der Stadt ebenso ausschöpft wie die Annehmlichkeiten des Lebens auf dem Lande. Der städtische Landbesitzer begibt sich während der Sommermonate, meist mit der ganzen Familie, in die ländliche Villa (Villegiatura); weniger, um sich dem Wohlleben in „arkadischer" Umgebung hinzugeben, sondern vielmehr um bei der Ernte anwesend zu sein, um mit seinem Halbpächter (dem Mezzadro bzw. mit mehreren von ihnen) die Ernteerträge zu teilen, gemeinsame Probleme der Landbewirtschaftung, der weiteren Investitionen, des landeskulturellen Ausbaues usw. zu erörtern. Wichtig ist, daß sowohl der landbesitzende *Padrone*, wie auch der *Mezzadro*, beide an der Ertragssteigerung und -sicherung der Landwirtschaft interessiert sind, daß sich die Erfahrung des Bauern und der „ländliche" Kapitaleinsatz des Städters zu einer höchst intensiven, für die damalige Zeit beispiellos leistungsfähigen und vielfältigen Landbewirtschaftung ergänzen. So wird gleichzeitig eine wesentliche und nahezu *krisensichere* Grundlage für das Wirtschaftsleben dieser Stadtstaaten geschaffen. Diese Absicherung des städtischen Geschäftslebens und die Versorgung der städtischen Familien mit den unterschiedlichsten Agrarprodukten durch eine blühende Landwirtschaft im Umland ermuntert wiederum zur ständigen Anlage „städtischen" Kapitals und begünstigt so rückwirkend die weitere Entwicklung der Agrarwirtschaft.

Ein weiterer Gesichtspunkt ist von besonderer Bedeutung: Der sommerliche Aufenthalt in der Villa, als dem ländlichen Wohnsitz ohne räumliche Beengung, mit seinen Gärten, seinen wohnklimatischen Vorzügen, mit seiner Einbettung in die Agrarlandschaft und Agrarwirtschaft, trägt wesentlich zum Gedeihen des geistigen, geselligen und familiären Lebens und nicht zuletzt zur Erhaltung der körperlichen und seelischen Gesundheit bei. So wird das Erholungspotential des Umlandes in geschickter Verbindung mit wirtschaftlichen Interessen für die Bewohner der engen, lauten, wohnhygienisch oft unbefriedigenden Städte nutzbar gemacht. Durch diese Ausgleichsmöglichkeiten und durch die wechselseitige wirtschaftliche Ergänzung begünstigt, vermag sich in der Stadt das wirtschaftliche, politische, das künstlerische und wissenschaftliche Leben beträchtlich zu entwickeln, ohne die Menschen ständig über das erträgliche Maß hinaus zu belasten.

Die Möglichkeit, zwischen ländlichem und städtischem Aufenthalt bei relativ kurzen Distanzen leicht wechseln zu können, fördert einen anregenden, zuträglichen und insgesamt höchst schöpferischen Lebensstil. Den Nutzen solcher sich wechselseitig ergänzenden Raumnutzung verdeutlicht der Hinweis des Renaissancebaumeisters L. B. ALBERTI (1404—1472!) „das Landhaus ist gegen das Geschäft, das Stadthaus gegen die Gesundheit", weshalb der Mensch beides haben sollte. Stadt und Land werden zu einem lebensdienlichen Organismus. Geschickte Nutzung des Daseinsraumes verbindet sich mit stärkster Entfaltung des wirtschaftlichen und kulturellen Lebens — wie schon einmal in der Polis des antiken Griechenland mit ähnlich intensiver Verflechtung zwischen Stadt und

Land. Freilich ist vor einer unkritischen Idealisierung dieser renaissancezeitlichen Stadt-Land-Ergänzung zu warnen. War auch der enge Verbund zwischen der Stadt und dem umgebenden Land eine alle Bevölkerungsschichten erfassende Leitvorstellung und verfügten oft auch der Mittelstand und die einkommensschwächeren Schichten über einen solchen ergänzenden, wenn auch kleineren Landbesitz (verpachtet oder auch in Eigenbewirtschaftung) und befand sich auch der Mezzadro im Vergleich zu anderen Bauern dieser Jahrhunderte in einer wesentlich besseren Situation, so profitierten die *signorilen* Schichten doch in besonderer Weise von dieser städtisch-ländlichen Verflechtung. Der Arbeiter in der Industrie der toskanischen Städte war meist nur indirekt, durch Teilhabe an einem insgesamt höheren Lebensstandard oder durch familiäre Verbindungen, an dieser städtisch-ländlichen Ergänzung beteiligt. Aber mangelnde soziale Gleichgewichtigkeit einer insgesamt erfolgreichen und höchst leistungsfähigen Raumnutzung in der historischen Vergangenheit darf nicht von der Frage abhalten, ob nicht ähnlich reichhaltige und stimulierende Nutzungsmöglichkeiten — freilich zeitgerecht modifiziert — heute möglichst vielen oder gar allen Menschen angeboten werden können, ob nicht ein besserer Stadt-Land-Verbund, als ihn die heutige Großstadtregion ermöglicht, herbeigeführt werden sollte.

Der Reiz eines Lebensstils, der sowohl die Möglichkeiten der Stadt als auch die Vorzüge des Lebens auf dem Land nutzt, wird auch darin sichtbar, daß immer wieder in der Vergangenheit Städter, deren Geschäfte eine entsprechende finanzielle Grundlage gaben, aus den Städten hinausdrängten und ergänzend im nahen Umland ländliche Wohnsitze, Landhäuser, Villen errichteten — oft verbunden mit verschiedensten landwirtschaftlichen und landeskulturellen Aktivitäten. Das gilt für die wohlhabenden Bürger des antiken Roms, die auf dem Land ihre Villen und Güter besaßen, ebenso wie seit dem ausgehenden Mittelalter für die in Handel und Gewerbe wohlhabend gewordenen Bewohner der belgischen und niederländischen Städte, oder für die Hamburger oder Londoner Handelsherren, die außerhalb der Städte ihre Landsitze und Gärten anlegten. Es gilt für die Patrizierfamilien Bozen's, die seit dem 16. Jahrhundert vor der heißen Enge der Stadt zur „Sommerfrische" auf die wohltemperierten Höhen des Ritten (1000 m ü. NN) ausweichen, wie auch in modifizierter Form, für den nach Petersburg beorderten Adel, der im Umland Landschlösser und Parks errichtete. Es gilt für die Unternehmer der Neuzeit, die entfernt von den Industrievierteln ihre ländlichen Villen bauen ließen, ebenso wie für die Bevorzugten der Sowjetgesellschaft, die im „exklusiven Grün" außerhalb der Städte ihre Datscha aufsuchen.

Es gilt auch — obwohl in umgekehrter Orientierung — für die englischen Land-Lords, die ergänzend zum ländlichen Hall, zum Castle ein Haus in der Stadt führten, ebenso für zahlreiche Großgrundbesitzer in vielen Gebieten Europas, die neben ihrem Landsitz ein Haus in der nächsten größeren Stadt oder in der Hauptstadt unterhielten. Die Beispiele ließen sich beliebig fortführen, belegen aber alle doch nur ein ganz einfaches Phänomen: Wird dem Menschen eine zu *einseitige* Raumnutzung abverlangt, strebt er nach ergänzendem Ausgleich — das ist auch gegenwärtig die eigentliche Triebfeder für das Verlangen nach Freizeitwohnsitzen, sei es ein Bungalow, ein Holzhaus oder ein Standplatz für den Wohnwagen, für den Wunsch nach einem Kleingarten oder letztlich auch nach dem Einfamilienhaus.

2. Stadt-Land-Verbund

An der gegenwärtigen Raumnutzung, bei der ständig darüber nachgedacht werden muß, wie man durch öffentliche Zuschüsse in einigen Landesteilen die Landbewirtschaftung aufrechterhalten und wie man andererseits die Menschen in den Großstädten vor Verdichtungsschäden bewahren kann, an einer Raumnutzung, bei der man hier über Umweltzerstörung durch Überforderung des ökologischen Potentials klagt und dort vor der drohenden Verödung zufolge mangelnder Inanspruchnahme warnt, dürfte konzeptionell doch einiges falsch sein. Es ist hier nicht der Ort, um das Pro und Contra zum Problem der „großen Stadt" fortzuführen und nach weiteren zivilisationskritischen einerseits und stadteuphorischen Aspekten andererseits zu suchen. Diese Diskussion erscheint in ihrer Kontradiktion als zu steril. In Wirklichkeit sind die Sachverhalte relativ einfach.

Zweifellos bietet eine Konzentration möglichst vieler Menschen auf möglichst engem Raum gewisse Vorteile (s. o.). Zweifellos aber bringt hohe Verdichtung für die Menschen auch zahlreiche Nachteile mit sich; es fehlt an ungestörtem Individualterritorium, an ausreichendem Bewegungsraum, Naturbezug; Reizüberflutung, Hektik, die Wirkung vieler Stressoren gefährden Gesundheit und das gesellschaftliche Zusammenleben, auch wenn sie gleichzeitig zu dessen Belebung beitragen. Das Treibhaus Großstadt ist anregend wie auch bedrückend. Immer neue Untersuchungen machen es immer wahrscheinlicher, daß etwa zwischen zu hoher Wohndichte und pathologischen Phänomenen ein Zusammenhang besteht, wenn auch kulturspezifisch modifiziert. Also steht doch die Frage, mit Hilfe welcher Raumnutzung lassen sich unter den gegenwärtigen Bedingungen die jeweiligen Vorteile von „Stadt" und „Land" in Anspruch nehmen und die jeweiligen Nachteile meiden? Die Antwort lautet: mit einem besseren räumlichen *Stadt-Land-Verbund*.

Dabei wäre es falsch, unbedingt an die verdichtete Großstadt einerseits, in der man arbeitet, und an das „offene" Land andererseits, in dem man „spazieren geht", zu denken. Im Gegenteil, die Stadt wird umso problematischer, je größer die Gebiete sind, die sie in hochgradig verdichteter und weitestgehend geschlossener Bebauung überzieht; der ländliche Raum vermag seine Ausgleichsfunktion umso weniger zu erfüllen, je stärker er lediglich durch eine monotone, gleichmäßige und monokulturelle — visuell dann durchaus „offene" — agrarische Landnutzung gekennzeichnet ist.

Der durch die Zusammendrängung vieler Menschen in den Großstädten entstandene kommunikative Vorsprung dürfte in der Zukunft mehr und mehr verloren gehen. Die stürmische Entwicklung der Telekommunikation hat tendenziell eine zunehmende „Standortbefreiung" bei der Inanspruchnahme kommunikativer Leistungen zur Folge. Auch die Vorteile der großflächigen Konzentration für Produktion, Ver- und Entsorgung und Verkehrsbedienung schwinden zusehends, mit zunehmender Agglomerationsgröße treten bereits neue Nachteile hinzu (s. o.). Auch der Verweis auf die gesteigerten kulturellen, geistigen, wissenschaftlich-technischen, künstlerischen Aktivitäten in den Großstädten und Verdichtungsgebieten überzeugt nicht; es gibt keinen zwingenden Beweis, daß zur Entwicklung und Entfaltung schöpferischer Energie und Hochleistung einiger hundert oder auch tausend besonders fähiger Personen in nächster Umgebung unbedingt einige hunderttausend oder gar Millionen Nebenfiguren und „Verkehrsteilnehmer" anwesend sein müssen. Selbst das Theater- und Konzertleben gedeiht und Kunstausstellungen werden besucht an Standorten, die nicht unbedingt im Fußgängerbereich großer Hochhauskomplexe liegen, zu denen keine U-Bahn führt, sondern die dem Interessierten eine gewisse Anreise abverlangen — der Freizeitspielraum des Menschen eröffnet diesbezüglich beträchtliche Möglichkeiten.

Das heißt nun keineswegs, die große Stadt solle aufgegeben werden; aber muß sie *kolossale* Dimensionen annehmen? Auch in der Zukunft werden Menschen (etwa bestimmte Alters- und Berufsgruppen) in der Großstadt und durchaus innerhalb verdichteter Bebauung leben wollen, vor allem dann, wenn es gleichzeitig gelingt, im leicht erreichbaren Umland ausgleichende „ländliche" bzw. naturbezogene Nutzungen anzubieten (s. o.). Für andere Bevölkerungsteile wird auch weiterhin das Wohnen im Eigenheim einschließlich der damit meist verbundenen „Freizeitpflichten" und finanziellen Belastungen weniger anziehend erscheinen als ein bindungsfreieres Wohnen innerhalb verdichteter Bebauung in zentraler Lage. Niemals aber werden alle Menschen, falls alternative Möglichkeiten zur Wahl stehen, die hochgradig verdichtete Wohnweise bevorzugen — ungeachtet der entfernungsminimierenden Effekte. Der Mensch ist eben keine Termite und vermag innerhalb riesenhafter, technisch noch so vollkommener Baumassenkomplexe auf die Dauer nicht angemessen zu leben. Die territorialen Bedürfnisse eines Lebewesens, dessen Biogramm sich im wesentlichen unter Lebensbedingungen herausgebildet hat, die von den gegenwärtigen sehr verschieden waren und in denen das Zusammendrängen auf engem Raum nur als periodischer Ausgleich zu der ansonsten territorial „ausschweifenden" Lebensweise des Jägers und Sammlers gesucht wurde, sind zu differenziert, als daß sie sich lediglich in vollklimatisierten Riesengebäuden befriedigen ließen.

Daher erscheint auch die geradezu ideologieverdächtige Forderung nach einer stärkeren *punktuellen* städtebaulichen Verdichtung, selbst in Räumen (Mittelzentren, Entwicklungsschwerpunkten, Entwicklungsachsen), in denen keine allgemeine Flächenknappheit besteht und die eine viel nuanciertere Wohnbebauung erlauben würden, höchst fragwürdig. Mißachtet eine solche Konzeption doch die Erfahrung, daß mit zunehmender Sättigung des Wohnungsmarktes Miet- und Eigentumswohnungen in mehrstöckiger verdichteter Bebauung immer weniger nachgefragt werden und ein beträchtlicher Überhang entsteht, dagegen der Bau neuer Einfamilienheime nahezu kontinuierlich weiter fortschreitet. Das ist nicht deswegen so, weil der Eigenheimbau etwa im Bewußtsein der Menschen ideologisch verklärt wäre, sondern weil die meist sehr sachlichen Überlegungen der Bauinteressenten zu dem Resultat führen, daß mit der bodennahen und weniger einengenden Wohnweise zahlreichen familiären und individuellen Bedürfnissen vergleichsweise gut entsprochen werden kann. Es ist nach wie vor für viele Menschen anstrebenswert, anstatt von neu erbauten Hochhäusern und verdichteten Wohngebieten aus nahegelegene Erholungsgebiete und land- und forstwirtschaftliche Nutzflächen zu besichtigen, lieber eine Wohnweise zu verwirklichen, die unterschiedlichen individuellen Tätigkeiten, dem eigenen Umfang mit Geräten, dem häufigen Aufenthalt im Freien, dem Bewegungsdrang der Kinder entgegenkommt, die zu Aktivität und Selbstgestaltung im „Heimrevier" auffordert. Im Bereich der Mittelzentren und kleinen Oberzentren ist es im allgemeinen ohne weiteres möglich, auch eine solche, nur relativ wenig mehr Fläche verbrauchende Wohnweise zu realisieren und dennoch eine breiartige Zersiedlung zu vermeiden.

Freilich muß durch die Regional- und Stadtplaner ein räumlich entsprechend koordiniertes Angebot an Bauland bereitgestellt werden. Dabei kann ein Überangebot beträchtlich zur Senkung der Bodenpreise beitragen; durch geschickte Planung läßt sich gleichzeitig der öffentliche Erschließungsaufwand mit der Nachfrage und der tatsächlichen Bebauung ohne Überforderung der kommunalen Haushalte abstimmen.

Es muß betont werden, daß fallspezifisch sowohl die verdichtete, vertikal ausgreifende als auch die aufgelockerte bodennahe Wohnbebauung ihre Berechtigung haben. Dagegen wäre es fragwürdig, die räumlich verdichtete Lebensweise als grundsätzlich vorteilhafter zu deklarieren; im allgemeinen benötigt der Mensch beides, Distanz und Nähe, territoriale Konzentration und Auflockerung — nach subjektiven Präferenzen und Bewertungen sowie funktionalen Erfordernissen jeweils unterschiedlich dominant. Eine entsprechende Vielfalt der Möglichkeiten anzubieten, sollte das Ziel raumplanerischer Aktivität sein. Vereinfachend gibt es zwei Modelle, dies zu erreichen:

Entweder, man wohnt räumlich konzentriert innerhalb verdichteter, meist vielstöckiger Bebauung und sucht Bewegungsraum und Ausgleich im benachbarten Umland, sei es auf der eigenen Parzelle, auf dem öffentlichen Gewässer, im Freizeitpark oder wo auch immer, oder man wohnt weniger verdichtet und bodennah im Umland der Städte, im privaten Grün, muß dafür aber erhöhten Fahrzeitaufwand für die Versorgung mit höheren Dienstleistungen und meist auch zum Arbeitsplatz auf sich nehmen. So oder so wird sich ein gewisser Verkehrsaufwand zur Inanspruchnahme des jeweils ergänzenden Angebotes nicht vermeiden lassen. Entscheidend ist daher weniger, ob flächenmäßig stärker konzentrierte oder stärker aufgelockerte Bebauung bevorzugt wird, sondern die *Größenordnung* des Siedlungsgebildes. Konzentrieren sich mehrere hunderttausend Menschen auf engster Grundfläche in hoch aufragenden Gebäuden, dann wird ein beträchtliches „Verkehrsgewühl" — zu Fuß oder im Fahrzeug — einsetzen, wenn ausgleichend die Vorzüge des Umlandes beansprucht werden, zunehmend mit der räumlichen Annäherung an die Schwerpunkte solcherart Ballungen. Bei gleich hohen Bevölkerungszahlen und bodennaher Bauweise dagegen nimmt der Berufs- und Versorgungsverkehr entsprechend gewaltige Dimensionen an. Los Angeles mit seinem hohen Fahrzeitaufwand im PKW erscheint als genausowenig ideal wie — sehen wir vom innerstädtischen Image ab — Paris, mit den an den Wochenenden und zur Ferienzeit in das Umland und die Erholungsgebiete hinausdrängenden Fahrzeugmassen.

Eine *Kombination* beider Ausgleichsmodelle dürfte sich als vorteilhaft erweisen, schon allein deswegen, weil die jeweils relativ einseitige Beanspruchung — etwa der Verkehrseinrichtungen — sich dann in gewissem Grade ausgleichen könnten. Aber auch, weil eine wechselseitige räumliche Verknüpfung unterschiedlicher Wohnbebauung ausgleichend im Hinblick auf die jeweiligen Nachteile wirken kann (z. B. bessere Versorgungsmöglichkeiten bei benachbarter verdichteter Bebauung, besserer Naherholungsmöglichkeiten bei benachbarter aufgelockerter Bebauung). Auf dem Areal vieler derzeitiger Großstadtregionen mit ihrer hochgradig verdichteten Bebauung, einschließlich der zahlreichen Mehrfachnutzungen und Flächennutzungskonflikte, läßt sich das allerdings kaum verwirklichen.

Ein weniger stark überbauter Raum mit einem größeren Potential „offener" Flächen, sowie mit mehreren mittelstädtischen Ansatzpunkten dürfte besser geeignet sein.

In einer vielfältigen Mischung zwischen verdichteter Wohnbebauung, angelehnt an unterschiedlich dimensionierte innerstädtische Zentren, verknüpft mit der Möglichkeit, Flächen im ländlichen Raum auch individuell zu nutzen, auf der einen Seite und bodennah aufgelockerter Bebauung entlang der in das ländliche Umland hinausfingernden gebündelten Achsen andererseits, lassen sich sowohl die unterschiedlichen Wohnwünsche der Menschen wie auch die Versorgung mit städtischen Leistungen vergleichsweise gut befriedigen; gleichzeitig eröffnen die in den städtischen Raum hineingreifenden Zonen agrarischer und forstlicher Nutzung vielfältige Ausgleichsmöglichkeiten. Auch kann relativ leicht eine lagegünstige Allokation nichtlandwirtschaftlicher Arbeitsstätten — nicht nur von Zweigbetrieben — in den mittelstädtischen Zentren, deren Nähe oder an den abgestuften kleineren Versorgungszentren des Raumes verwirklicht werden. Ein besserer, *feingliedriger* und damit funktionsfähigerer Stadt-Land-Verbund ist also vor allem im Raum zwischen den Verdichtungsgebieten mit bereits vorhandenen Mittelzentren ohne weiteres zu verwirklichen; so kann auf vergleichsweise kleinem Raum die Vielfalt der individuellen und allgemeinen Landnutzungsmöglichkeiten erhöht, ein differenziertes Angebot für die raumbezogene Lebensweise geschaffen werden. Gerade dies kommt der Verhaltensstruktur des Menschen stärker entgegen als eine zu einseitige Förderung bzw. Idealisierung einer vermeintlich allein seeligmachenden, städtisch verdichteten Lebensweise einerseits oder ländlich-bukolischen Lebensweise andererseits — mißachtend, daß diese jeweils allein nur reduzierte Lebensmöglichkeiten eröffnen. Verbindet man dagegen beides miteinander durch eine entsprechende Kombination der Flächennutzung, dann wird sowohl die Möglichkeit zu vielfältigem Kontakt wie auch zur störungsfreien territorialen Abschirmung geboten; je nach Verlangen kann dann unter zumutbarem Zeitaufwand abwechselnd das eine oder das andere in Anspruch genommen werden; „städtischer" Lebensstandard in „ländlicher" Umgebung wird möglich.

3. Ein Ansatz der Verwirklichung

In Anlehnung an das oben beschriebene historische Beispiel (s. Abschnitt V/1.) sollen einige Hinweise auf *eine* der Möglichkeiten, die städtisch-ländliche Ergänzung zu beleben, gegeben werden, — wobei allerdings nicht an die Wiederbelebung eines Halbpachtverhältnisses zwischen städtischem *Padrone* und ländlichem *Mezzadro* gedacht werden kann, dieses ist überholt und löst sich in der Toskana unserer Tage unwiderruflich auf. Dennoch ist auch gegenwärtig die Überlegung keinesfalls abwegig, den Bewohnern stark verdichteter Wohngebiete in annehmbarer Entfernung ausgleichend eine stärker agrarisch orientierte bzw. bodennahe Lebensweise zu ermöglichen — freilich wird das nicht ohne Umbruch der agrarischen Besitzstruktur bzw. ohne bodenrechtliche Maßnahmen und planerische Phantasie (Bodenaktien, neue Pachtformen, öffentliche Landpools, Initiativen der Verbände und Organisationen etc.) zu verwirklichen sein.

Städtische Haushalte können durchaus — falls gewünscht — eine partielle Selbstversorgung mit Agrarprodukten betreiben, wie dies ja heute noch ohnehin viele Eigenheimbesitzer, Kleingärtner, Nebenerwerbs- und Hobbylandwirte tun. Es sei daran erinnert, daß bei den in der westlichen Landwirtschaft üblichen Erträgen lediglich 2000 qm ausreichen würden, um den gesamten Bedarf einer Person an Nahrungsmitteln und Fasern für die Bekleidung, selbst auf dem Konsumstandard der USA, zu decken. Natürlich ist eine derartig differenzierte Agrarproduktion auf so kleiner Fläche abwegig. Aber zumindest wird deutlich, welche Möglichkeiten der ergänzenden Versorgung bereits kleine Bodenareale bieten — dies umso mehr, wenn man berücksichtigt, daß sich bei intensivem Gartenbau, bei Unterglas-Kulturen oder anderweitiger kapital- und arbeitsintensiver Nahrungsmittelproduktion weit höhere Erträge erwirtschaften lassen. Es ist durchaus möglich, auf Freizeitgrundstücken begrenzter Größe (etwa zwischen 800 und maximal 4000 qm) durch differenzierte Hobbylandwirtschaft, durch Gartenbau, spezifische Viehhaltung, durch weitestgehend automatisierte kleinere Gewächshäuser o. ä. eine ergänzende Agrarproduktion durchzuführen, die — ohne die ständige Anwesenheit des Bewirtschafters zu erzwingen — wirtschaftlich sinnvoll ist und gleichzeitig Freizeitbeschäftigung bietet, den Naturbezug erhöht, dem Bewegungsdrang entgegenkommt — an Fläche für derartige Aktivitäten mangelt es keinesfalls. Immerhin ist zu bedenken, daß der Bedarf an Kleingartenparzellen, kleineren Wochenendparzellen im Bereich der großen Städte gegenwärtig bei weitem nicht befriedigt werden kann. Es wäre oberflächlich, derartige Wünsche als kleinbürgerlich und spießig zu diffamieren — nicht jeder vermag seine Vorstellungen von einer sinnvollen Freizeitgestaltung vor dem Fernseher, auf den Zuschauerrängen der Stadien, auf der Kegelbahn, der Parkbank, am Skattisch, in der Diskothek oder in ähnlicher „Raumnutzung" angemessen zu befriedigen.

Indem die Landbewirtschaftung in die Freizeitgestaltung einbezogen wird, können, angesichts des dann recht vielfältigen Nutzens, rein betriebswirtschaftliche Gesichtspunkte vernachlässigt werden. Gleichzeitig würde es so relativ leicht gelingen, die in den nächsten Jahren in den Ländern der EG aus der gewerblich-bäuerlichen Agrarproduktion ausscheidenden mehreren Millionen Hektar landwirtschaftlicher Nutzfläche sinnvoll zu verwerten und sie gewissermaßen der privaten statt der öffentlich subventionierten Landespflege oder dem Brachfallen zu überlassen. Die Größe der den städtischen Landnutzern bereitgestellten Parzellen sollte dabei in Abstimmung mit den gebietlichen Gegebenheiten innerhalb einer relativ großen Bandbreite schwanken, je nach der beabsichtigten Intensität der Nutzung, je nach den persönlichen Vorstellungen. Die Erschließung solcher Freizeitparzellen-Areale muß keineswegs teuer sein; es bedarf keiner Asphaltwege mit Bürgersteig, Bordkante und Neonkandelabern. Durch die gesteigerten technischen Möglichkeiten wird es immer leichter, ländliche Wohnsitze unterschiedlicher Dimension — frei von aufwendigen öffentlichen Erschließungsmaßnahmen — hinsichtlich Ver- und Entsorgung weitestgehend *autonom* zu gestalten (Selbstversorgung mit Energie durch Sonnenbatterien, interner Wasserkreislauf, drahtlose Kommunikationsmöglichkeit etc.). Werden bestimmte landschaftsästhetische Auflagen beachtet, so steht auch einer verstärkten *Streusiedlung* nichts im Wege; sie bietet den Vorteil gesicherter Distanzzonen, der Ruhe etc. Die Fixierung auf geschlossen bebaute Siedlungen ist eine kulturspezifische bzw. raumspezifische Besonderheit, die durchaus einer kritischen Überprüfung bedarf (so z. B. § 35 d. BBauG).

Die Verbindung von Freizeit- und Erholungseffekt mit hauswirtschaftlichem Nutzen bei gleichzeitig „privatisierter" Landespflege, spricht, angesichts der vielfältigen Wohlfahrtsfunktion durchaus für eine Belebung und phantasievolle Entwicklung der skizzierten Komponente eines besseren Stadt-Land-Verbundes. Verbänden, Vereinen, Betrieben, den zahlreichen Organisationseinheiten pluralistischer Gesellschaften bieten sich hier vielfältige Möglichkeiten, den Menschen neue Raumnutzungen zu eröffnen. Beispielsweise ließen sich in Verbindung etwa mit Freizeitheimen, Fortbildungsstätten etc. leicht auch private, agrarisch orientierte Landnutzungen verwirklichen (ggf. unterstützt durch koordinierende Verwalter o. ä.). Innovativen Bemühungen sind hier keine Grenzen gesetzt.

Die ohnehin gute Erschließung des ländlichen Raumes mit einem vergleichsweise dichten Straßennetz begünstigt eine derartig intensivierte Verflechtung zwischen Stadt und Land und würde die hohen Erhaltungsinvestitionen dieser infrastrukturellen Ausstattung besser rechtfertigen. Es ist keinesfalls einzusehen, wieso sich der Naturbezug und die Erholung im ländlichen Raum vor allem auf das Begehen von Naherholungsgebieten, das Besichtigen von Tierparks, auf Rundfahrten mit dem Auto, auf die Einkehr in die Gaststätte beschränken sollen. Gewiß würde sich die hier angedeutete modifizierte raumbezogene Lebensweise nur für bestimmte Bevölkerungsteile als attraktiv erweisen, aber viele Menschen würden das Angebot zu einem solchen anregenden Stadt-Land-Verbund durchaus nutzen — diesbezüglich hätte die Planung tätig zu werden. Immerhin zeigen z. B. Befragungen in einem städtischen Hochhauskomplex in Gießen, daß fast 70 % der dort lebenden Familien durchaus bereit wären, eine differenzierte, auch agrarische oder gartenbäuerische Nutzung ländlicher Freizeitparzellen vorzunehmen, wenn ihnen solche zu vertretbaren Kosten nur angeboten würden.

Ungeachtet der empfohlenen Belebung „ländlicher" Raumnutzung müssen natürlich auch Kristallisationspunkte für ein differenziertes Angebot städtischer Leistungen (von Einkaufszentren bis zu kulturellen und wissenschaftlichen Einrichtungen etc.) erhalten und entwickelt werden, allerdings braucht die notwendige Bezugsbevölkerung keineswegs unbedingt verdichtet in *unmittelbarer* räumlicher Nähe zu diesen Konzentrationsschwerpunkten zu siedeln. Vielmehr sollten die Menschen, je nach ihren Bewertungen und Präferenzen aus einer größtmöglichen Vielfalt unterschiedlicher raumbezogener Lebensformen auswählen können. Folglich dürfen sich die verschiedenen Aspekte eines stärker „städtischen" oder stärker „ländlichen" Lebensstils nicht wechselseitig ausschließen, sondern wechselseitige Ergänzung und damit ein wechselseitiger Zugang zu typischen Landnutzungen sollte leicht möglich sein: der Waldlauf darf nicht den abendlichen Theaterbesuch ausschließen, der Besuch einer Buchhandlung nicht das Gartenfest — entsprechend ist die Flächennutzung zu organisieren. Mit Hilfe welchen „Modells" der Raumnutzung der einzelne dies realisiert, ob mit dem stadtnahen Einfamilienhaus oder der zentral gelegenen städtischen Hochhauswohnung und dem zugehörigen ergänzenden Freizeitwohnsitz auf dem Lande, ist nicht wesentlich. Wichtig ist dagegen, daß er einen derartig vielfältigen raumbezogenen Lebensstil verwirklichen *kann*.

Entscheidend für die Funktionsfähigkeit eines solchen feingliedrigen Stadt—Land-Verbundes ist vor allem die Größenordnung (s. o.) der „städtischen" Bereiche bzw. Zellen; seien sie verdichtet oder aufgelockert bebaut, wird die Situation oberhalb etwa 200 000 Einwohnern zunehmend ungünstiger.

Großstädtische Kolossalgebilde würden die Herausbildung eines verfeinerten und intensivierten Stadt-Land-Verbundes erschweren, ist dieser doch auf eine kleinräumliche Verfingerung unterschiedlicher Flächennutzung bei möglichst geringen Distanzen angewiesen. Das bedeutet keineswegs, daß auf ein Angebot typischer „großstädtischer Spitzenleistungen" (Konzerte, große Bibliotheken, Veranstaltungen etc.) verzichtet werden müßte, diese können an geeigneten, verkehrsoptimalen Punkten, für die jeweils angemessene Bezugsbevölkerung angeboten werden. Dazu bedarf es keiner umgebenden Megalopolis.

VI. Fazit

Die Erörterung der sektoralen Zielvorstellungen (s. o.) hat verdeutlicht, daß der mittelstädtisch-ländliche Raum zwischen den Verdichtungsgebieten sowohl unter land- und forstwirtschaftlichem, unter industriellem Aspekt, wie auch hinsichtlich der infrastrukturellen Ausstattung, der Flächennutzung usw. als entwicklungsgünstig anzusehen ist. Gleichzeitig läßt der Zwang zu immer weiter ausgreifender großflächiger Verdichtung mehr und mehr nach — sie wird zunehmend entbehrlich. Darüber hinaus lassen sich nun im Rahmen des hier nur skizzierten Leitbildes einer Stadt-Land-Verbund-Region die unterschiedlichsten fachlichen Zielsetzungen relativ leicht und weitgehend harmonisieren.

Angesichts der gegenwärtigen Probleme in den Großstädten und Verdichtungsgebieten darf daher ganz naiv gefragt werden: Müssen wir auch in der Zukunft Stadtgebilde bauen und kostspielig erhalten, von denen man sich — meist unter großem Fahrzeitaufwand — periodisch immer wieder erholen muß; denen man, so bald es geht, entflieht, in die man aus Erwerbsgründen aber immer wieder zurückkehrt? Besser wäre es, Siedlungsstrukturen zu verwirklichen, deren Ausgleichsmöglichkeiten so vielfältig sind, daß man in ihnen leben kann, ohne sie immer wieder fluchtartig verlassen zu müssen. Viele der uns bedrängenden Probleme verlören allein durch eine modifizierte Siedlungsweise an Gewicht — mit einer begrenzten Dezentralisation der Wohn- und Arbeitsstätten unter Ausnutzung der reichlich vorhandenen klein- und mittelstädtischen Ansatzpunkte könnte nicht nur die gebietliche Umweltbelastung leichter in den vertretbaren Grenzen gehalten werden, auch das Verkehrschaos der großen Städte würde vermieden, der Zugang zu den Erholungsbereichen verbessert, wie überhaupt der einzelne leichter zwischen unterschiedlichen Flächennutzungen wählen könnte; schließlich würde auch manchem großstädtischen Exzeß (z. B. der hohen Kriminalität, gehäufter Drogensucht etc.) der Boden entzogen. Nicht zuletzt aber würden bei einem Angebot vielfältiger, sich ergänzender Landnutzungen, in räumlich feingliedrigem Verbund, auch die Möglichkeiten des Menschen, mit Hilfe leistungsfähiger Individualverkehrsmittel leicht und flexibel „mittlere" Distanzen zu überwinden, entsprechend ausgeschöpft. Erst dann würde der PKW voll für einen zuträglichen raumbezogenen Lebensstil nutzbar gemacht. Mit Hilfe des PKW könnte die zu starke Bindung der Menschen an die industriezeitlichen Großstadtregionen überwunden werden. Eine Komponente unserer genetischen Verhaltensdisposition, das Verlangen nach Entfernungsüberwindung, das territoriale „Ausschweifen", ein Erbe der einstigen Sammler und Jäger, könnte sich im Wechsel zwischen „städtischer" und „ländlicher" Landnutzung wohltuend ausleben.

Damit gewinnt der Raum mittlerer Besiedlungsdichte mit mittelgroßen Zentren und ländlichen Teilräumen an Bedeutung. Eine gewisse Mindestdichte ist erforderlich, um gebündeltes städtisches Angebot zu ermöglichen, diese darf aber nicht zu hoch sein, da sonst die Möglichkeiten einer „ländlichen" Raumnutzung beeinträchtigt werden. Stadtflucht wie auch Landflucht, jeweils aktuelle Phänomene, lassen sich innerhalb einer die Gegensätze ausgleichenden Stadt-Land-Verbund-Region auffangen. Der behandelte Raumtyp wird damit zu einem Schwerpunkt bei der Verbesserung der Siedlungsstruktur, er wird zum wichtigen Ansatzpunkt für eine ausgewogenere und menschlichere Siedlungsstruktur und so zum eigentlich „hoffnungsvollen" Raum — mit langfristig günstigeren Entwicklungsaussichten als etwa die Verdichtungsgebiete (Raumtyp 1) oder weit abgelegenen ländlichen Räume (Raumtyp 3). Viele Probleme der Verdichtungsgebiete können langfristig durch den forcierten Ausbau von Mittelstädten mit ländlichem Umland gelöst werden. Das ist keine Romantik und keine utopische Vision, sondern eine Möglichkeit der *Harmonisierung* von Raumnutzung und menschlichem Verhalten, des Interessengleichklangs zwischen tatsächlicher Raumnutzung und der menschlichen Bedürfnisstruktur. Keineswegs muß damit der Mensch in einen provinziellen, uniformen Lebensstil zurückfallen; dieser dürfte weit eher durch die normierenden Zwänge des großstädtischen Lebens und durch zeitgeisthörige Massenkommunikationen begünstigt werden als durch eine räumliche Lebensweise, die die Vorzüge von Stadt und Land besser zu verbinden sucht.

Die Beobachtung der gegenwärtigen siedlungsstrukturellen Veränderungen zeigt, daß bereits eine Tendenz in der aufgezeigten Richtung wirksam ist, ihr sollte die raumordnerische und regionale Planung dienen; eröffnet und begünstigt sie ein entsprechendes Angebot differenzierter Raumnutzung, wird sie durch den „Markt" des raumbezogenen Verhaltens sehr wahrscheinlich bestätigt werden. Eine derartige Planung dürfte uns weniger mit den „Denkmälern" eines fragwürdigen Städtebaues konfrontieren, vor denen die Menschen, soweit sie die Wahlfreiheit haben, eher ausweichen als sie anzunehmen — die Vermutung ist nicht abwegig, daß eines Tages manche der riesigen Wohnhauskomplexe an den Rändern oder inmitten der großflächigen Verdichtungsgebiete leerstehen könnten.

Abschließend kann nicht deutlich genug betont werden, daß die grob konzipierte Leitbildvorstellung auf sehr differenzierte Weise im konkreten Raum verwirklicht werden muß; sie ist also gebietsspezifisch variabel und in alternativer Modifikation zu verfolgen (der

Verfasser hat für die Region Mittelhessen ein solches konkretes, gebietsspezifisch modifiziertes Leitbild einer Stadt-Land-Verbund-Region vorgelegt, das mit nur geringen Abänderungen, 1975, das Anhörungsverfahren bestanden hat). Daher wäre es auch falsch, eine verbindliche Größenordnung für die schwerpunktbildenden Mittel- bis Oberzentren festzulegen. Siedlungen von 30—100 000 Einwohnern mögen geeignet sein, je nach der sonstigen zentralörtlichen Struktur; die gesamte Stadt-Land-Verbund-Region kann etwa zwischen 150 000 und 800 000 Einwohner umfassen, je nach der Flächengröße, der zentralörtlichen Ausstattung und verkehrlichen Erschließung. Verfügt eine solche Region zwischen den Verdichtungsgebieten über mehrere nicht allzuweit voneinander entfernte und gut verbundene Mittel- oder gar Oberzentren und entsteht so mit zunehmender Bevölkerungszahl im Einzugsgebiet ein eigenständiger und entsprechend entwicklungsfähiger Arbeitsmarkt, so verbessern sich die Voraussetzungen zur Entlastung der Verdichtungsgebiete und zur Entwicklung des einbezogenen ländlichen Raumes beträchtlich.

Wichtig bleibt aber vor allem, daß die positiven „städtischen" und „ländlichen" Charakteristika beliebig oft unter geringstmöglichem Zeitaufwand (max. 1 Stunde) erreichbar bzw. nutzbar sind. Die Raumnutzung muß so organisiert sein, daß ein „Sowohl-Als-auch" ermöglicht und kein „Nur" erzwungen wird.

290

C. Verdichtungsferne Räume ohne starke Mittelzentren

von

Friedrich Riemann, Göttingen

Vorbemerkung

Es handelt sich bei den verdichtungsfernen Räumen ohne starke Mittelzentren um einen Raumtyp, der in der Bundesrepublik recht verbreitet ist. Die allgemeine Entwicklung, für die kurzfristig bestenfalls eine Stagnation, längerfristig ein Rückgang der Gesamtbevölkerung unterstellt werden muß[1]), wird zu einer stärkeren Konzentration der industriell-gewerblichen Wirtschaft und damit auch der Bevölkerung auf wenige Mittelzentren im ländlichen Raum führen[2]). Dadurch wächst die Entfernung zu diesen Arbeitsmärkten aus bestimmten Teilen des ländlichen Raumes. Tendenziell wird der hier zu behandelnde Raumtyp daher an räumlicher Ausdehnung gewinnen. Der folgenden Darstellung liegt kein spezieller Raum zugrunde, weil dann die Gefahr bestünde, daß örtliche Besonderheiten fälschlich verallgemeinert würden[3]).

Die kleinen Zentren (Unterzentren) dieser verdichtungsfernen Räume liegen mehr als 30—35 km vom nächsten gut ausgestatteten Mittel- oder Oberzentrum entfernt. Der Zeitaufwand mit öffentlichen Verkehrsmitteln wird daher nur selten unter einer Stunde liegen. Um aus den Ortschaften der Nahbereiche solcher abgelegener Unterzentren zu den Arbeitsplätzen zu gelangen, wird der Zeitaufwand noch größer sein. Die Einwohnerdichten solcher Räume liegen oft genug unter 50 E/qkm.

Den folgenden Überlegungen liegen Räume mit durchschnittlichen bis schlechten natürlichen Standortverhältnissen und Betriebsstrukturen bei rückläufiger Bevölkerungsentwicklung zugrunde.

Als durchschnittliche bis schlechte natürliche Produktionsbedingungen werden solche angesehen, in denen weniger als 35 bzw. 30 dz/ha Getreide oder 3000 bzw. 2000 Kilo-Stärkeeinheiten je ha brutto vom Grünland erzielt werden. Die Beurteilung der landwirtschaftlichen Betriebsgrößenstruktur richtet sich nach dem Anteil der landwirtschaftlich genutzten Fläche, der von „entwicklungsfähigen" Vollerwerbsbetrieben zur Zeit bewirt-

---

[1]) P. Jost: Quantitative Auswirkungen des Geburtenrückganges auf die ländlichen Räume. In: Geburtenrückgang — Konsequenzen für den ländlichen Raum, Heft 73 der Schriftenreihe für ländliche Sozialfragen, Hannover 1975.

[2]) P. Klemmer: Auswirkungen der Bevölkerungsimplosion auf die Entwicklung des Arbeitsmarktes im ländlichen Raum. In: Geburtenrückgang, a. a. O.

[3]) Vgl. hierzu die Ausführungen von Meinhold in diesem Band.

schaftet wird oder später bewirtschaftet werden kann. Bei einer durchschnittlichen Betriebsgrößenstruktur wird man davon ausgehen müssen, daß die Zahl der „entwicklungsfähigen" Vollerwerbsbetriebe nicht sehr groß ist. Demzufolge bewirtschaften sie nur einen Teil der landwirtschaftlich genutzten Fläche und sind nicht in der Lage, alle künftig von auslaufenden Betrieben freigesetzten Flächen aufzunehmen. Die Verbreitung von nebenberuflich bewirtschafteten Betrieben ist begrenzt, weil die Arbeitsplätze relativ weit entfernt sind, so daß künftig eher mit einer Abwanderung als mit einer stärkeren Verbreitung der Nebenerwerbslandwirte in solchen Räumen zu rechnen ist; noch dazu, wenn viel natürliches Grünland eine Viehhaltung erforderlich macht. Ausgesprochen schlecht ist die landwirtschaftliche Betriebsgrößenstruktur dann, wenn nur einzelne „entwicklungsfähige" Vollerwerbsbetriebe vorhanden sind und nur wenige dazu ausgebaut werden können. In solchen Räumen wird es künftig kaum möglich sein, die landwirtschaftliche Bodennutzung aufrechtzuerhalten, weil erfahrungsgemäß Übergangsbetriebe und nebenberuflich bewirtschaftete Betriebe allein dazu nicht in der Lage sind. Auf die Konsequenzen solcher Entwicklung wird noch einzugehen sein.

In diesem Raumtyp ist die Zahl der außerlandwirtschaftlichen Arbeitsplätze schon heute relativ gering. Mit einem weiteren Rückgang ist zu rechnen, weil vor allem in vielen Dienstleistungsbetrieben eine starke Überalterung der Selbständigen und der mithelfenden Familienangehörigen vorhanden ist. Diese vielfach nur einen geringen Verdienst ermöglichenden Arbeitsplätze werden zum großen Teil mit dem Ausscheiden der jetzigen Erwerbstätigen aus dem Berufsleben verschwinden. Der Besatz mit Arbeitsplätzen des produzierenden Gewerbes ist sehr gering. Mit einer Vermehrung ist in diesen Räumen wegen der ungünstigen Standortbedingungen kaum zu rechnen[4]. Ein gewisser Zuwachs im Dienstleistungsbereich ist nur dort zu erwarten, wo eine nennenswerte Stärkung der Wirtschaftskraft durch den Erholungsverkehr oder durch Einrichtungen der Landesverteidigung eintreten wird.

Damit sind auch schon die künftig möglichen Funktionen solcher Räume angesprochen. Bei durchschnittlichen Produktionsbedingungen gehört die Landwirtschaft dort auch bei ungünstiger, aber ausbaufähiger Betriebsgrößenstruktur zu den vorwiegenden Funktionen. Das gleiche gilt bei geeigneten natürlichen Standortbedingungen auch für die Forstwirtschaft. Ein nennenswerter Erholungsverkehr wird nicht generell zu den Funktionen dieser Räume gehören. Nur wenn die natürlichen Voraussetzungen möglichst für die Sommer- und Wintersaison gegeben sind und eine entsprechende Infrastruktur vorhanden ist oder ausgebaut werden kann, wird das Angebot für Erholungsuchende attraktiv genug sein, um genügend große Besucherzahlen zu erreichen. Wenn durch eine relativ günstige Verkehrslage zu Großstädten oder gar Verdichtungsräumen auch die Naherholung eine Rolle spielt, kann der Erholungsverkehr zu einem bedeutsamen Wirtschaftsfaktor werden. Dazu sind jedoch gleichmäßig große Besucherzahlen erforderlich.

Nur in Teilen dieses Raumtypes werden Einrichtungen der Landesverteidigung anzutreffen sein. Wegen des damit in der Regel verbundenen Arbeitsplatzangebotes und der zwangsläufigen Nachfrage nach Dienstleistungen geht von solchen Einrichtungen ein günstiger Einfluß auf die wirtschaftliche Entwicklung aus.

Eine wesentliche Funktion dieses Raumtypes ist die als ökologischer Ausgleichsraum. Auch wenn davon im allgemeinen keine wirtschaftlichen Einflüsse ausgehen, wird man ihr wegen der Bedeutung für den Gesamtraum zunehmend größere Beachtung schenken müssen.

---

[4] Vgl. F. Hösch in diesem Band sowie P. Klemmer, a. a. O.

Die vorstehend genannten Funktionen treten naturgemäß nie allein, sondern immer in Kombination auf[5]). Dabei kann es zu gegenseitigen Beeinträchtigungen kommen. Bevor auf das Zusammenwirken der verschiedenen Funktionen eingegangen wird, ist zunächst zu prüfen, welche Entwicklungen in den einzelnen Bereichen zu erwarten sind und welche Bedeutung sie für den hier zu betrachtenden Raumtyp haben.

I. Funktionen des Raumtypes

Nachfolgend werden die Funktionen dargestellt, die in den verdichtungsfernen Räumen ohne starke Mittelzentren auftreten. Eine Quantifizierung kann damit nicht verbunden werden. Angaben liegen dazu nicht vor, weil es keine räumliche Abgrenzung des Raumtypes gibt und damit auch keine Bestandsaufnahme der auftretenden Funktionen vorgenommen werden kann.

1. Probleme der landwirtschaftlichen Entwicklung

Die Veränderung der Betriebsgrößenstruktur macht auch vor den abgelegenen Teilen des ländlichen Raumes nicht Halt. Sie tritt dort oft mit zeitlicher Verzögerung in Erscheinung, weil die äußeren Einflüsse zunächst weniger wirksam sind. So ist ein Berufswechsel vielfach nur mit dem Wochenpendeln oder mit einem Ortswechsel möglich, wozu auch jüngere landwirtschaftliche Betriebsleiter weniger geneigt sind als die Berufsanfänger.

Für die hier anstehenden Betrachtungen muß jedoch die langfristige Entwicklung zugrundegelegt werden, die sich in allen Teilen der Bundesrepublik ähnlich vollziehen wird.

Die gegenwärtig zu beobachtenden Veränderungen der Betriebsgrößenstruktur sind als Versuche zur Aufrechterhaltung der überkommenen Struktur zu werten. Langfristig ist — in Übereinstimmung mit BERGMANN — ein tiefgreifender Umbruch zu erwarten, für den es unübersehbare Anzeichen gibt[6])[7]). In allen Teilen des Bundesgebietes werden mit dem künftigen Generationswechsel bedeutsame Entscheidungen getroffen. Investitionen zum langfristigen Aufbau der Betriebe werden zunehmend nur noch in den Fällen vorgenommen, in denen die Entwicklungsfähigkeit der Betriebe ohne Einschränkungen als gegeben angesehen wird. Eine auffallende Zurückhaltung ist überall dort zu beobachten, wo die Betriebe „noch" als entwicklungsfähig anzusehen sind. Weil deren Entwicklung jedoch nicht risikolos ist, wird das Engagement häufig gescheut. Die Hofnachfolger ergreifen vielfach außerlandwirtschaftliche Berufe mit größeren und sichereren Aufstiegschancen. Langfristig ist daher mit einem stärkeren Rückgang der hauptberuflich bewirtschafteten Betriebe zu rechnen[8]). Ob sich allerdings die nebenberufliche Landbewirtschaf-

---

[5]) Vgl. auch: Entwicklung ländlicher Räume. In: Studien zur Kommunalpolitik, Bd. 2 der Schriftenreihe des Instituts für Kommunalwissenschaften der Konrad-Adenauer-Stiftung, Bonn 1974.
[6]) E. LIENAU: Erkennen von Hemmfaktoren beim Berufswechsel selbständiger Landwirte. Heft 115 der Materialsammlung der ASG, Göttingen 1973.
[7]) F. RIEMANN: Entwicklungstendenzen der sozialökonomischen Betriebsstruktur unter verschiedenen strukturellen und natürlichen Bedingungen. In: Die Zukunft des ländlichen Raumes, II. Teil, Entwicklungstendenzen der Landwirtschaft, Forschungs- und Sitzungsberichte der Akademie für Raumforschung und Landesplanung, Bd. 83 (Raum und Landwirtschaft 9) Hannover 1972.
[8]) F. RIEMANN: Die Einstellung der Landwirte zu ihrem Beruf. In: Aspekte landwirtschaftlicher Entwicklung, Kleine Reihe der ASG Nr. 10, Göttingen 1974.

tung halten oder gar ausdehnen kann, hängt von den außerlandwirtschaftlichen Erwerbsmöglichkeiten ab. Diese sind in dem hier zu behandelnden Raumtyp nur in geringer Zahl vorhanden, weil nur wenige Arbeitsplätze im produzierenden Gewerbe wie in den Dienstleistungsberufen angeboten werden. Eine wesentliche Steigerung ist weder im sekundären noch im tertiären Bereich zu erwarten. Ausgenommen davon sind ausgesprochene Zentren des Erholungsverkehrs.

Kurz- bis mittelfristig wird man daher von einer gewissen Stagnation der Betriebsgrößenstruktur ausgehen müssen. Die zur Zeit hauptberuflich wirtschaftenden Betriebsinhaber werden ihre Betriebe weiterführen, auch wenn diese kein Vergleichseinkommen ermöglichen, weil sie zu einem Berufswechsel nicht bereit sind. Da die Erben diese Höfe oft nicht weiterführen wollen, unterbleiben die Nettoinvestitionen. Die Betriebe werden bewußt „abgewirtschaftet". Ein Teil der Abschreibungen kann, wie die Kapitalerträge konsumiert werden. Ein um solche Abschreibungsbestandteile erhöhtes Einkommen hält den Vergleich mit außerlandwirtschaftlichen Einkommen durchaus aus, so daß ein Berufswechsel für die gegenwärtig wirtschaftenden Betriebsleiter nicht erforderlich ist. Es wird aber sicher auch in der folgenden Generation noch junge Landwirte geben, die — aus welchen Gründen auch immer — auf ein vergleichbares Einkommen verzichten und „unrentable" Betriebe weiterführen werden.

Langfristig ist mit der Freisetzung größerer Flächen zu rechnen. In Ackerbaugebieten wird es den vorhandenen großbäuerlichen und Gutsbetrieben nicht schwerfallen, die Flächen aufzunehmen und durch großflächige Bewirtschaftung angemessene Erträge zu erzielen. Auf Grünlandstandorten kann sich durchaus auch eine großflächige Rinder- oder Schafhaltung durchsetzen; zumal die Versuche mit kostengünstigen Stallbauten durchaus erfolgversprechend sind.

Eine solche Entwicklung wird sich allerdings nur vollziehen, wenn die Landwirte den Übergang zu größeren Beständen mit dem damit verbundenen Wechsel in der Betriebs- und Arbeitsorganisation zu meistern lernen und wenn die Bodenpreise erheblich zurückgehen und sich dem Ertragswert nähern.

Dabei werden vermutlich zwei Unternehmensformen miteinander konkurrieren. Vorhandene Lohnarbeitsbetriebe und großbäuerliche Betriebe, die sich zu Lohnarbeitsbetrieben entwickeln, haben infolge der günstigeren Ausgangschancen besonders gute Möglichkeiten zur weiteren Entwicklung. Andererseits gibt es Beispiele genug, daß landwirtschaftliche Kooperationen die gegebenen Entwicklungsmöglichkeiten auch nutzen können. Sie sind im Ackerbau leichter zu vollziehen; aber auch in der Grünlandwirtschaft gibt es keine unüberwindbaren Hindernisse mehr. An solchen Kooperationen können sich auch diejenigen Landwirte beteiligen, die einen außerlandwirtschaftlichen Beruf anstreben, aber den landwirtschaftlichen Betrieb aufrecht erhalten wollen, ohne sich und ihre Familie zu überfordern. Als ebenbürtige Partner in der Kooperation können sie den Doppelberuf ohne Doppelbelastung ausüben [9]).

Für alle Raumtypen gilt, daß die nebenberufliche Landbewirtschaftung nur in Zusammenarbeit mit Vollerwerbsbetrieben aufrechtzuerhalten ist. Nur bei dem Vorhandensein eines Kernes hauptberuflich bewirtschafteter Betriebe wird die erforderliche landwirtschaftliche Infrastruktur einschließlich der Marktstruktur aufrechtzuerhalten sein und wird die Landtechnik vorhanden sein, die auch in den nebenberuflich bewirtschafteten

---

[9]) F. Riemann und E. O. Bendixen: Landwirte kooperieren. Kleine Reihe der ASG, Nr. 9, Göttingen 1974.

Betrieben eingesetzt werden kann. Allerdings werden die Nebenerwerbslandwirte die hohen Kosten tragen müssen, die der Einsatz von Großmaschinen auf kleinen Arealen nun einmal verursacht. Ob daraus Bestrebungen zum kooperativen Zusammenschluß zu größeren, kostengünstigeren Einheiten resultieren werden oder ob der Weg des geringsten Widerstandes — die Aufgabe der Landbewirtschaftung — eingeschlagen wird, ist nach heutigen Erkenntnissen eine völlig offene Frage.

Zusätzliche Verdienstmöglichkeiten im tertiären Sektor eröffnen sich den Landwirten in einigen Gegenden dieses Raumtyps durch den Erholungsverkehr. Die Möglichkeit durch Zimmervermietung einen zusätzlichen Betriebszweig einzurichten, ist durchaus gegeben. Von dem persönlichen Geschick, der möglichst kostengünstig zu erstellenden Einrichtung von Zimmern und Aufenthaltsräumen und der Attraktivität der Landschaft hängt es ab, wie groß dieser Zuverdienst werden kann. Er wird umso größer sein, je mehr freie Raumkapazität und verfügbare Arbeitskräfte eingesetzt werden können. Neben dem Angebot direkter Dienstleistungen — wie Kutschfahrten, Reiten, Angeln, Jagdausübung und dergleichen mehr — kann auch die honorierte Pflege bestimmter Flächen für den Erholungsverkehr übernommen werden. Sie wird um so lukrativer sein, je besser sie mit der Betriebsorganisation verbunden werden kann.

Die hier skizzierte landwirtschaftliche Entwicklung ist mit der Freisetzung weiterer Arbeitskräfte aus der Landwirtschaft verbunden. Die auf der landwirtschaftlichen Nutzung basierende Bevölkerungsdichte wird sehr gering werden. Einschließlich der Mantelbevölkerung werden es eher weniger als über 10 Einwohner/qkm sein. Bei extensiver Landbewirtschaftung wie in der Forstwirtschaft wird man mit 1 AK/100 ha und bei durchschnittlicher Landbewirtschaftung mit 2—3 AK/100 ha rechnen können. Die Aufrechterhaltung der Landbewirtschaftung wird in diesem Raumtyp demnach keinen Beitrag zur Sicherung einer sogenannten Mindestbevölkerung leisten können.

2. Die Bedeutung der Forstwirtschaft

Die drei Hauptziele der Forstwirtschaftspolitik, die HANSTEIN herausstellt, gelten auch für diesen Raumtyp:

— Der Wald soll einen möglichst hohen Beitrag zur Umweltsicherung — aufgefächert in zahlreiche Schutz- und Erholungsaufgaben — leisten;

— die Erzeugung des knappen und wertvollen Rohstoffes soll nachhaltig gesichert, wenn möglich gesteigert werden;

— das Einkommen aus der Forstwirtschaft soll verbessert werden.

Wenn HANSTEIN[10]) feststellt, daß Zielkonflikte im Einzelfall auftreten können, sie aber im ländlichen Raum von der Fläche her nicht gravierend sind, so gilt das besonders für unseren Raumtyp. Viele Schutzfunktionen, die die Bewirtschaftung und damit die Einkommenserzielung beeinträchtigen können, treten in diesem Raumtyp kaum auf. Wo das dennoch der Fall ist, dürfte es sich um kleinere Flächen handeln, die nicht ins Gewicht fallen. Weil aus Gründen der ungünstigen landwirtschaftlichen Betriebsgrößenstruktur auch relativ günstige Standorte aus der landwirtschaftlichen Nutzung ausscheiden werden, ist dort die Ausweitung der Waldfläche am ehesten möglich, so daß die für erforderlich gehaltene Vergrößerung der Holzerzeugung erfolgen kann. Neben dem positiven Einfluß

---

[10]) Vgl. U. HANSTEIN, In diesem Band.

auf die Umweltsicherung kann sich dort auf den günstigeren Standorten durch die vielfältigen waldbaulichen Möglichkeiten in Holzartenwahl und Aufbauform eine problemlose Verbindung von Sozialleistungen mit Holzproduktion ergeben, die dort auch zu relativ günstigen Erträgen führen können. Eine gewisse Beeinträchtigung der Ertragsverhältnisse kann durch den Erholungsverkehr erfolgen. Da es sich in diesem Raumtyp jedoch überwiegend um Ferienverkehr handeln wird, dürfte sich die Belastung in Grenzen halten, weil sie sich auf kleine Flächen konzentriert und im übrigen nur ein gutes Wegenetz erfordert.

Wo es die Standortverhältnisse zulassen, sollte die Forstwirtschaft zu Lasten der bisher landwirtschaftlich genutzten Flächen ausgedehnt werden. Nur in den Teilräumen, die auch einen nennenswerten Erholungsverkehr haben oder ihn erreichen können, sind der Ausdehnung der Forstflächen die bekannten Grenzen gesetzt. Ein ins Gewicht fallender Beitrag zur Wirtschaftskraft wird durch eine Ausdehnung der Forstflächen vorerst nicht erfolgen. Auf die Bevölkerungsdichte geht ebenfalls kein Einfluß aus, weil die früher in der Landwirtschaft tätigen Menschen ohnehin abwandern. Die Aufforstung steht dort als Alternative nur zur sehr extensiven landwirtschaftlichen Nutzung, zur noch extensiveren paralandwirtschaftlichen Nutzung (z. B. Damtierhaltung) oder zur natürlichen Sukzession der ehemaligen landwirtschaftlichen Flächen. Schließlich wird die Aufforstung davon abhängen, ob zinsgünstiges Kapital in ausreichendem Umfang bereitgestellt werden kann.

Es wäre sicher zu begrüßen, wenn die bisherigen Eigentümer forstliche Zusammenschlüsse bildeten, um ihre Flächen weiter bewirtschaften zu können. Es ist allerdings fraglich, ob es dazu kommt, wenn die Eigentümer zum großen Teil abwandern werden, um sich bessere Existenzgrundlagen zu schaffen. Da nicht unerhebliche Investitionen zu tätigen sind, wird man eher an die aufnahmebereite öffentliche Hand verkaufen — wie z. B. in der Rhön — als selbst die Initiative zu ergreifen.

3. Die Bedeutung des Erholungsverkehrs

Die dünnbesiedelten, abgelegenen ländlichen Räume, in denen eine industrielle Entwicklung bislang nicht auszulösen war, werden gern auf den Erholungsverkehr verwiesen, mit dessen Hilfe sie ihre Wirtschaftskraft entsprechend ausbauen könnten. Nur zögernd setzt sich die Erkenntnis durch, daß mit dem „ländlichen" Erholungsverkehr nur wenige vollwertige Arbeitsplätze geschaffen werden können. Überwiegend handelt es sich — z. B. auch bei dem „Urlaub auf dem Bauernhof" — lediglich um zusätzliches Einkommen, während einer mehr oder weniger kurzen Saison. Als Vorleistungen sind jedoch erhebliche öffentliche und private Investitionen zu tätigen, um überhaupt erst einmal die Voraussetzungen für einen umfangreicheren Erholungsverkehr zu schaffen. Aber nur Teile des hier zu behandelnden Raumtyps sind für den Erholungsverkehr geeignet und in den regionalen Entwicklungsplänen dafür bestimmt. So hat z. B. BUCHWALD[11]) darauf aufmerksam gemacht, daß nur 10 % der in der sogenannten niedersächsischen Agrarkarte als „Rezessionsgebiete" — d. h. für die landwirtschaftliche Produktion kaum geeignet — ausgewiesenen Flächen von der niedersächsischen Landesplanung als Erholungsgebiete vorgesehen sind.

Die für den Erholungsverkehr geeigneten abgelegenen ländlichen Räume haben sehr unterschiedliche Entwicklungschancen. Der Harz als renomiertes Erholungsgebiet ist ein

---

[11]) K. BUCHWALD: Nach Ausführungen vor der LAG Norddeutsche Bundesländer.

typisches Beispiel dafür, daß selbst bei Sommer- und Wintersaison sowie Ferien- und Naherholung nur eine mäßige wirtschaftliche Entwicklung zu erreichen ist. Noch geringer sind die Entwicklungschancen dort, wo es nur die Ferienerholung, noch dazu nur im Sommer gibt. Es ist sehr fraglich, ob es dort selbst beim Einsatz sehr erheblicher öffentlicher Mittel gelingt, die erforderlichen Ansatzpunkte für den Erholungsverkehr zu schaffen, die durch private Initiativen und Investitionen weiter entwickelt werden müssen. Die im dortigen Erholungsverkehr Tätigen benötigen überwiegend weitere Einkommensmöglichkeiten, um durch deren Kombination mit dem Erholungsverkehr über eine ausreichende Existenzgrundlage zu verfügen. Das gilt auch für den gesamten Dienstleistungsbereich. Die Kapazitäten sind naturgemäß für die ansässige Bevölkerung viel zu groß. Durch eine Sommersaison allein ist keine befriedigende Auslastung zu erreichen. Es ist daher unerläßlich, die Einrichtungen für den Erholungsverkehr dort zu konzentrieren, wo sie auch für die Versorgung der ansässigen Bevölkerung herangezogen werden können.

4. Probleme der Siedlungs- und Infrastruktur

Für die künftige Entwicklung der verdichtungsfernen Räume ohne starkes Mittelzentrum hat von MALCHUS[12]) drei Alternativen aufgestellt, von denen für unsere Überlegungen der — nur selten mögliche — Ausbau eines leistungsfähigen Zentrums vernachlässigt werden muß, weil dann ein Übergang zum Raumtyp mit starkem Mittelzentrum geschaffen werden könnte, der hier nicht zu erörtern ist.

In den Teilen der verdichtungsfernen Räume ohne starke Mittelzentren, in denen bestimmte Funktionen wahrzunehmen sind — z. B. Landwirtschaft, Erholungsverkehr — müßte eine für diese Zwecke ausreichende Siedlungs- und Infrastruktur aufrecht erhalten werden. Dazu wäre ein überörtlicher oder sogar ein überregionaler Finanzausgleich erforderlich. Die langfristige Subventionierung solcher Teilräume wäre wegen der Wahrnehmung bestimmter Funktionen im Interesse der Gesamtentwicklung vertretbar.

Dort, wo es lediglich Funktionen zu erfüllen gilt, für die gar keine oder nur sehr wenige ortsansässige Bevölkerung benötigt wird, ist es auch nur erforderlich, eine ausschließlich auf diese Funktionen ausgerichtete Siedlungs- und Infrastruktur aufrechtzuerhalten. Das wird häufig mit der Konsequenz verbunden sein, vorhandene Einrichtungen zu schließen oder nicht mehr zu erneuern und die dort nicht mehr benötigte Bevölkerung umzusiedeln. Das dort nicht mehr benötigte Entwicklungspotential — Menschen und Kapital — kann mit größerer Aussicht auf Erfolg in benachbarten Räumen mit anders gearteten Entwicklungschancen eingesetzt werden. Es ist jedoch nicht zu übersehen, daß solche weitgehend „entvölkerten" Räume nie ganz funktionslos werden, sondern für die Holzproduktion, als ökologische Ausgleichsräume oder als „Reserve"-Räume eine nicht zu unterschätzende Bedeutung behalten. Eine solche — vielfach fälschlich als „passive" Sanierung bezeichnete — Strategie sollte bewußt, d. h. „aktiv", betrieben werden, weil durch passives Verhalten viel menschliches Leid — bis hin zu einem örtlichen Verelendungsprozeß — und manche Fehlinvestitionen im öffentlichen und privaten Bereich ausgelöst werden.

Wie die Siedlungsstruktur eines sehr dünn besiedelten Raumes, der gegebenenfalls durch Erholungsverkehr auch nur zeitweise mehr Menschen beherbergt, gestaltet und wie seine Infrastruktur beschaffen und organisiert werden muß, ist bislang völlig unzureichend erforscht worden. Ein solches Entwicklungsziel galt bislang als tabu; diesem Problem kann man jedoch nicht länger ausweichen.

---

[12]) V. von MALCHUS, in diesem Band.

Durch die räumliche Lage solcher Gebiete in der Bundesrepublik können die zu lösenden Probleme entscheidend beeinflußt werden. In den Landesteilen, in denen die leistungsfähigen Mittel- und Oberzentren relativ weit voneinander entfernt liegen, so daß insbesondere die Mittelbereiche sich nicht mehr überschneiden oder auch nur berühren, werden Entleerungsgebiete entstehen, die jedoch von den Verkehrslinien durchschnitten oder wenigstens tangiert werden. Ungünstiger ist diese Situation in den ausgesprochenen Randlagen, z. B. in den östlichen Teilen des Bundesgebietes. Die gleichen Probleme treten beim Anschluß an das Elektrizitätsnetz auf. Während die Trinkwasserversorgung und die Schmutzwasserentsorgung keine allzu großen Schwierigkeiten bereiten, ist die schulische wie die ärztliche Versorgung erheblich problematischer. Standortbedingte Mehrkosten dürfen jedoch nicht zu Lasten der zur Funktionserfüllung dort benötigten Bevölkerung gehen. Sie müssen überregional getragen werden.

Im Interesse der dort lebenden Bevölkerung und aus Gründen der Kostensenkung wird man jedoch nicht einfach an der überkommenen Verteilung der Bevölkerung im Raum festhalten können. Auch zur Aufrechterhaltung einer funktionsfähigen Nachbarschaft und um bessere Ansatzpunkte für das gesellige Leben schaffen zu können, wird eine „Verdichtung" der verbleibenden Bevölkerung anzustreben sein. Das gilt auch dort, wo mit Hilfe des Erholungsverkehrs eine höhere Bevölkerungsdichte erreicht werden kann. Die durch die kleinräumige Umsiedlung entstehenden Kosten werden von der öffentlichen Hand zu übernehmen sein; auch weil dadurch die Kosten der Versorgung mit öffentlichen Einrichtungen und Leistungen gesenkt werden können.

Die Lösung der Verkehrsprobleme ist als besonders wichtig anzusehen. Wegen der geringen Bevölkerungsdichte und der weiten Entfernungen wird der öffentliche Nahverkehr besonders kostspielig. Eine Ergänzung durch den Individualverkehr (private Motorisierung) ist dort unerläßlich. Die dabei entstehenden privaten Mehrkosten müssen in geeigneter Weise ausgeglichen werden. Weil eine bestimmte Bevölkerung in diesen Räumen zur Funktionserfüllung benötigt wird, muß jede standortspezifische Mehrbelastung vermieden werden. Anderenfalls wandert die Bevölkerung ab, so daß diese Räume die ihnen zugedachte Funktion nicht mehr erfüllen können. Die dadurch enstehenden Verluste und Kosten werden vermutlich größer sein als die zur angemessenen Versorgung der ortsansässigen Bevölkerung notwendigen Aufwendungen.

5. Aufgaben der Landespflege und der Umweltschutzpolitik

Grundsätzlich stellen sich der Landespflege und der Umweltschutzpolitik in allen Raumtypen die gleichen Aufgaben. Es ist Vorsorge dafür zu treffen, daß durch eine Ausweitung der Nutzungsansprüche die natürlichen Hilfsquellen — Boden, Wasser, Luft — nicht geschädigt und die Tier- und Pflanzenwelt vor nachteiligen Wirkungen menschlicher Eingriffe geschützt werden. Bereits eingetretene Schäden müssen beseitigt werden. Mit dem Grad der wachsenden Nutzungsansprüche steigt in der Regel das Ausmaß der Schäden, weil die Grenzen der natürlichen Belastbarkeit früher überschritten werden. Die großräumigen Wirkungen sind in dem hier abzuhandelnden Raumtyp relativ gering. Es können jedoch örtlich und auch kleinräumig erhebliche Belastungen auftreten, die die Grenzen der natürlichen Belastbarkeit dort überschreiten und andere konkurrierende Nutzungen stark beeinträchtigen oder sogar verhindern.

Als Verursacher treten neben der Landwirtschaft — hohe Düngergaben, Massentierhaltung — auch Staub, Rauch und Lärm verursachende standortgebundene Industrie- und

Gewerbebetriebe sowie militärische Anlagen (Flug-, Schieß- und Übungsplätze) auf. Wegen ihrer umweltstörenden Auswirkungen haben alle diese Anlagen und Einrichtungen ihren bevorzugten Standort in den dünnbesiedelten, abgelegenen ländlichen Räumen.

Zum Schutze der natürlichen Hilfsquellen ist es unerläßlich, das Ausmaß der örtlich auftretenden Wirkungen zu begrenzen, in dem z. B. die Massentierhaltung auf den Umfang der verfügbaren Kotaufnahmeflächen begrenzt wird. Außerdem ist bei der Standortwahl darauf zu achten, daß andere, für die Wirtschaftskraft des Raumes oder aus Gründen des öffentlichen Interesses besonders wichtige Nutzungen, wie z. B. der Erholungsverkehr oder die Wassergewinnung, nicht beeinträchtigt werden.

Die Probleme der Standortwahl für konkurrierende Nutzungen, die in den Verdichtungsgebieten fast an jedem Standort und damit großräumig auftreten, ergeben sich in den dünnbesiedelten, abgelegenen ländlichen Räumen allenfalls kleinräumig, meistens nur örtlich. Dort allerdings erfordern sie die gleiche Aufmerksamkeit wie in den Verdichtungsgebieten. Vielfach sind sie sogar noch gravierender, weil es in den dünn besiedelten, abgelegenen ländlichen Räumen sehr viel weniger raumwirksame Initiativen gibt. Dort auftretende gegenseitige Beeinträchtigungen können daher die Entwicklung dieser Räume relativ stark schädigen. Daher müssen Ausweichmöglichkeiten gefunden werden.

II. Probleme der Funktionsbündelung

Es können lediglich die beim Zusammentreffen mehrerer Funktionen auftretenden Probleme dargestellt werden. Aussagen über die Häufigkeit des Auftretens dieser Fälle und über die Größe der Räume mit Mehrfachnutzung können nicht gemacht werden, weil es dazu keine Grundlagen gibt.

Bei der Darstellung wird davon ausgegangen, daß alle Teilräume gerade des hier zu behandelnden Raumtyps die Funktion als ökologische Ausgleichsräume haben, in denen die natürlichen Hilfsquellen besonders zu schonen sind. Die Fälle, in denen lediglich die land- und forstwirtschaftliche Nutzung hinzutritt, werden hier nicht abgehandelt. In welcher Weise bei der land- und forstwirtschaftlichen Nutzung auf die Belange der natürlichen Hilfsquellen Rücksicht zu nehmen ist, ist in anderen Beiträgen dieses Bandes eingehend erörtert worden.

1. Relativ intensiv genutzte Teilräume

In entsprechend geeigneten Teilräumen kann es durchaus vorkommen, daß dort sowohl eine bodenabhängige Landwirtschaft als auch stark emitierende gewerbliche Betriebe, der Erholungsverkehr und militärische Anlagen günstige Standortvoraussetzungen finden. Grundsätzlich wird man jedoch davon ausgehen können, daß es gerade in den dünnbesiedelten, abgelegenen ländlichen Räumen genügend Platz für alle Nutzungsansprüche gibt, so daß die Zuweisung von Vorrangfunktionen bei einzelnen Standorten keine unüberwindlichen Probleme auslösen dürfte. Man sollte dann jeweils dem Nutzungsanspruch den Vorrang einräumen, der über die geringsten alternativen Standortwahlmöglichkeiten verfügt. Eine Beeinträchtigung bereits vorhandener Nutzungen durch zusätzlich auftretende Nutzungsansprüche, denen ein besonderer Vorrang eingeräumt wird, muß dann in Kauf genommen werden.

Eine solche Situation kann zu Lasten der Landwirtschaft eintreten, wenn z. B. besonders attraktive oder günstig gelegene Teilräume für den Erholungsverkehr erschlossen werden, weil einerseits ein für die Naherholung noch erreichbarer Verflechtungsraum oder eine Großstadt solche Teilräume als Ausgleichsräume benötigen und andererseits die — wenn meistens auch geringen — Impulse für die regionale Entwicklung verwertet werden müssen. Während die Landwirtschaft in diesem Fall vor allem auf die umweltbeeinträchtigende Massentierhaltung verzichten muß, wird sie gegebenenfalls die Intensität der Bodenbewirtschaftung einschränken müssen, wenn z. B. das Grundwasserreservoir für die Fernversorgung von Verdichtungsräumen und Großstädten herangezogen werden muß.

Beide Nutzungsansprüche — Erholungsverkehr und Trinkwasserentnahme — können auch bereits ansässige, stark emitierende gewerbliche Unternehmen beeinträchtigen. Man wird daher dem Erholungsverkehr in den dünnbesiedelten, abgelegenen ländlichen Räumen nur dann eine wirkliche Vorrangstellung einräumen dürfen, wenn sich ein tatsächlich leistungsfähiger Erholungsverkehr entwickeln läßt, der strukturbestimmend wird. In einem Raum, der Standort für eine ausgeprägte Massentierhaltung oder stark emitierende gewerbliche Unternehmen geworden ist, sollte man tunlichst keinen Erholungsverkehr lenken. Gerade für den Erholungsverkehr gibt es in diesem Raumtyp genügend alternative Standorte, auf die ausgewichen werden sollte, auch wenn sie hinsichtlich Verkehrslage und landschaftlicher Attraktivität etwas ungünstiger sein sollten.

Ein wenig anders dürfte die Problematik bei der Erschließung von Wasserreservoiren für die Fernversorgung sein. Wegen des ständig steigenden Wasserverbrauchs muß langfristig Vorsorge geschaffen werden. Dennoch sollte auch hier der Grundsatz gelten, daß vorhandene landwirtschaftliche und gewerbliche Nutzungen nicht mehr als unbedingt notwendig beeinträchtigt werden dürfen.

Das Auftreten mehrfacher Nutzungsansprüche ist generell ein für die Entwicklung solcher Teilräume positives Kennzeichen. Auch wenn hinsichtlich der vorrangigen Ansprüche gewisse Kompromisse geschlossen werden müssen, sind von den Nutzungen Entwicklungsimpulse zu erwarten. Es wird eine entsprechende Anzahl von Erwerbstätigen benötigt. Auch wenn diese Menge weit unter der Grenze liegen wird, die vielfach — aus Versorgungsgründen — für eine Mindestbevölkerungsdichte genannt wird, so bleiben diese Räume doch bevölkert. Wegen der geringen Bevölkerungsdichte werden jedoch zweckdienliche Organisationsformen für die Infrastruktur zu entwickeln sein.

2. Sehr extensiv genutzte Teilräume

Es zeichnet sich bereits ab, daß auch Teilräume entstehen, deren Nutzungsdichte sehr gering sein wird. Auch wenn sie noch mehrere Funktionen erfüllen, so ist deren gegenseitige Beeinträchtigung, aber auch ihr Zusammenwirken wegen der relativen Weite des Raumes doch sehr gering. In solchen Räumen nimmt die Forstwirtschaft oft große Teile der verfügbaren Flächen ein. Die Landwirtschaft hatte dort vielfach eine kleinbäuerliche Struktur, die sich bei fehlenden außerlandwirtschaftlichen Einkommensalternativen im Generationswechsel durch die Abwanderung des Nachwuchses auflösen wird. Die freiwerdenden Flächen werden von der Forstwirtschaft aufgenommen, wenn sich keine großflächige extensive Landwirtschaft entwickelt oder sie werden nicht mehr bewirtschaftet; Sozialbrache breitet sich aus. Daraus entstehen nicht generell Beeinträchtigungen für die verbleibenden Funktionen. In jedem Falle bietet die Land- und Forstwirtschaft nur für relativ wenig Menschen eine Existenzgrundlage.

Eine gewisse Erholungsfunktion — Ferienerholung für Ruhesuchende und Naturfreunde mit geringen Komfortansprüchen — ist oft zu verzeichnen. Sie bildet in der Regel keine vollen Existenzgrundlagen für Teile der ansässigen Bevölkerung. Die Erholungssuchenden bringen zusätzliches Einkommen, das nebenberuflich erzielt wird. Wegen der in der Regel nur schwach vorhandenen Gastronomie sind Bauernhöfe bevorzugte Urlaubsquartiere. Von ihnen wird in der Regel „Vollpension" erwartet. Diese besondere Belastung der bäuerlichen Haushalte ist meistens wenig lukrativ, weil die Erholungssuchenden in „armen" Gegenden sehr preiswerte Urlaubsangebote für selbstverständlich halten.

Vereinzelte, standortgebundene gewerbliche Unternehmen sind auch in diesen Teilräumen zu finden. Dennoch bleibt die Bevölkerungsdichte minimal. Die infrastrukturelle Versorgung der standortgebundenen Bevölkerung wirft schwerwiegende Probleme auf.

III. Aspekte einer Entwicklungsstrategie

1. Entwicklungsziele

Die verdichtungsfernen Räume ohne starke Mittelzentren werden — von wenigen Ausnahmen abgesehen — keine Standorte für industriell gewerbliche Betriebe werden. Andere Raumtypen bieten erhebliche Standortvorteile und können die Masse der Betriebe aufnehmen. Da die Landwirtschaft immer weniger Menschen je Flächeneinheit benötigt und auf ortsnahe versorgende Handwerksbetriebe nicht mehr angewiesen ist, ist sie nur noch für wenig Menschen die Existenzgrundlage. Bei auch dort rückläufigen Geburtenraten benötigen die standortgebundenen Familien auch eine geringere Mantelbevölkerung. Da neue arbeitsintensive Wirtschaftszweige nur selten dort angesiedelt werden können, führen die genannten Strukturveränderungen zwangsläufig zu einem Rückgang an Tragfähigkeit; d. h., ein Teil der Bevölkerung ist tendenziell zur Abwanderung gezwungen.

Bei der Aufstellung von Entwicklungszielen für solche Räume ist jegliches Wunschdenken zu vermeiden. Die obengenannten Entwicklungen sind zu berücksichtigen. Dazu gehört auch die Entwicklung der Gesamtbevölkerung bei rückläufigen Geburtenraten, wie das Verhalten der Unternehmer des produzierenden Gewerbes bei der Standortwahl und die Entwicklung der landwirtschaftlichen Erzeugung, die sich tendenziell auf die Standorte mit den günstigeren natürlichen Produktionsbedingungen zurückzieht.

Unter Berücksichtigung der Besonderheiten und Attraktivitäten der Räume ist zu prüfen, welche Entwicklungschancen tatsächlich bestehen und für wieviel Menschen ausreichende Existenzgrundlagen geschaffen werden können. Dabei ist eine großräumige Abstimmung der Entwicklungsplanung unerläßlich. Anderenfalls wird in mehreren Teilräumen mit dem gleichen Entwicklungspotential gerechnet, das eben nicht für alle Teilräume ausreicht. Bei der Entwicklungsplanung sind gegebenenfalls Vorrangfunktionen festzulegen, um Fehlinvestitionen von vornherein zu vermeiden. Damit soll verhindert werden, daß Nutzungsformen — wie die landwirtschaftliche Massentierhaltung — dort aufgebaut werden, wo sie dem langfristig zu entwickelnden Erholungsverkehr später doch weichen müssen.

Zur Verwirklichung einer Entwicklungsplanung gehören neben den Maßnahmen, die im Raum zu Investitionen der verschiedensten Art führen und damit auch private Investitionen auslösen, auch solche, die die nicht mehr nutzbare Bevölkerungskapazität in andere Räume umlenken, weil dort mehr Existenzgrundlagen geschaffen werden können. Eine solche Entwicklungspolitik als „passive Sanierung" zu bezeichnen ist ein Widerspruch in sich; denn es müssen erhebliche Aktivitäten entfaltet werden, um ein neues Gleichgewicht — auch durch gezielte Abwanderung — zwischen Existenzgrundlagen und der vorhandenen Bevölkerung zu schaffen.

2. Siedlungsstruktur

Die Siedlungsstruktur muß auf die Tragfähigkeit des Raumes abgestimmt werden. Wo die Bevölkerungsdichte zwangsläufig geringer wird, wäre ein linearer Rückgang der Einwohner in allen Ortschaften eine Fehlentwicklung. Zur Aufrechterhaltung des kulturellen und geselligen Lebens[13] und zur Erleichterung der Versorgung der Bevölkerung mit den verschiedensten Leistungen und Waren ist eine Konzentration der nicht bodengebundenen Bevölkerung an verkehrsgünstig gelegenen Standorten unerläßlich.

Derartige Zentren werden auch für den Erholungsverkehr als Standorte für die speziellen Einrichtungen benötigt. Dort können sie auch am ehesten von der ortsansässigen Bevölkerung mit genutzt und damit rentabler betrieben werden.

In diesen Zentren oder in nahegelegenen kleinen Ortschaften sind auch die gegebenen Standorte für Ferien- und andere Zweitwohnungen. Es müssen jedoch Regelungen gefunden werden, daß die Eigentümer solcher Wohnungen, besonders, wenn sie nur wenig benutzt werden, mit den vollen Grundkosten belastet werden und nicht nur die wenigen in Anspruch genommenen Leistungen — wie z. B. einige Kubikmeter Wasser — bezahlen. Anderenfalls werden die Zweitwohnungen eine Belastung der Kommunen. Sie werden daher abgewehrt, obwohl durch Zweitwohnungen ein — wenn auch bescheidener — Entwicklungsbeitrag geleistet werden kann, auf den gerade in den dünnbesiedelten, abgelegenen ländlichen Räumen bei geeigneten Standorten nicht verzichtet werden sollte. In solchen Ortschaften sollte die Übernahme alter Bausubstanz als Zweit- oder Ferienwohnungen gefördert werden, z. B. durch die gleichen steuerlichen Vorteile wie bei der Errichtung von Familienheimen. Damit bliebe u. a. auch die Geschlossenheit der Siedlungen gewahrt. In solchen menschenleeren Landschaften sollten auch — in Sonderbaugebieten — Standorte für die vielfältigen Formen des „Hobby-Wohnens" angeboten werden.

Eine gewisse Konzentration sollte jedoch auch für die bodengebundene, vor allem für die land- und forstwirtschaftliche Bevölkerung angestrebt werden. Durch die Motorisierung kann in der Landwirtschaft eine weitere Haus-Hof-Feldentfernung als früher überwunden werden. Auch in der Viehhaltung gibt es erste Beispiele der weiteren räumlichen Trennung von Haus und Stall, so daß die Nachteile weiträumiger Vereinzelung der land- und forstwirtschaftlichen Familien eingeschränkt werden können.

Es darf jedoch nicht verkannt werden, daß die Entwicklung einer funktionsgerechten Siedlungsstruktur mit erheblichen Aufwendungen verbunden ist. Funktionslos gewordene Bauten müssen beseitigt werden. Neue Bauten sind an geeigneten Standorten zu errichten. Solche Aufwendungen sind unerläßlich, wenn in diesen Räumen der Eindruck einer großflächigen Devastierung vermieden werden soll. Das allerdings ist erforderlich, um der zur Funktionserfüllung benötigten Bevölkerung deutlich zu machen, daß sie nicht zum Ausharren in absterbenden Räumen verführt wird, sondern integraler Bestandteil der Gesellschaft mit bestimmten Aufgaben in speziellen Räumen bleibt.

---

[13] P. SINKWITZ: Auswirkungen auf Familie, Nachbarschaft und das Zusammenleben im ländlichen Raum. In: Geburtenrückgang, a. a. O.

3. Organisation der Infrastruktur

Die Versorgung der Bevölkerung mit Waren sowie mit öffentlichen und privaten Dienstleistungen muß den durchschnittlichen Ansprüchen der Gesamtbevölkerung entsprechen. Dazu ist nicht die gleiche Form der Versorgung erforderlich. Je Kopf der Bevölkerung und je Entfernungseinheit sind die Kosten in den dünnbesiedelten Räumen erheblich. Sie können von der dortigen Bevölkerung — weder direkt, noch indirekt durch ihre Kommunen — nicht allein aufgebracht werden. Ein überregionaler Finanzausgleich ist erforderlich und vertretbar, weil diese Bevölkerung dort Funktionen im Interesse der Gesamtbevölkerung erfüllt. Wegen der ungünstigen Kostenstruktur können einige Versorgungsleistungen von den einzelnen Haushalten kostengünstiger als durch öffentliche Leistungen erbracht werden. Bei entsprechenden Boden- und Grundwasserverhältnissen kann z. B. in kleineren, locker bebauten Orten die Wasserversorgung und die Abwasserbeseitigung individuell zufriedenstellend geregelt werden.

Durch die Konzentration der Bevölkerung wird die Versorgung im privatwirtschaftlichen Bereich wie beim Gesundheitswesen sehr erleichtert. Das gilt auch noch für die Grundschulen und je nach der Bevölkerungsdichte unter Umständen auch noch für die Hauptschulen. Bei der Versorgung mit weiterführenden Schulen und bei den berufsbegleitenden Schulen treten jedoch größere Schwierigkeiten auf, weil größere Entfernungen zu überwinden sind, wenn nicht auf weniger leistungsfähige Schulformen zurückgegriffen wird, was tunlichst zu vermeiden ist. Die Einführung der Ganztagsschule an 5 oder sogar nur an 4 Wochentagen würde kostenmindernd wirken. Wenn die zu überbrückenden Entfernungen zu den weiterführenden Schulen zu groß werden, müßten die Kosten für die Unterbringung der Kinder am Schulort von der öffentlichen Hand übernommen werden, um eine gleichwertige Versorgung sicherzustellen. Dabei darf nicht übersehen werden, daß durch die rückläufigen Geburtenraten gerade in den dünn bevölkerten ländlichen Räumen die zu lösenden Probleme noch schwieriger werden [14]).

In dem kommunalen Finanzausgleich werden künftig die Funktionen, die von den Kommunen zu erfüllen sind, besonders berücksichtigt werden müssen. Leistungen, die infolge geringer Bevölkerungsdichte und damit meist verbundener geringer Wirtschaftskraft von den Kommunen nicht selbst erbracht werden können, die aber Bestandteil einer gleichwertigen Versorgung sind, müssen durch den Finanzausgleich ermöglicht werden. Einer Versorgungsperfektion braucht allerdings nicht gehuldigt zu werden. Es wird jedoch allerhöchste Zeit, daß praktizierbare Formen für die Versorgung der Bevölkerung in dünn besiedelten Räumen erarbeitet werden.

4. Ausblick

Die Umstrukturierung unserer Gesellschaft und unserer Wirtschaft ist in allen Raumtypen und an allen Standorten wirksam. Überall müssen Anpassungsmaßnahmen durchgeführt werden. Sie erfolgen dort zuerst, wo der Druck der Bevölkerung und der Wirtschaft am größten ist, also in den Verdichtungsgebieten und in den Großstädten. Dort treten die zu lösenden Aufgaben deutlich zutage und verlangen gebieterisch nach Lösungen. Beispielhaft seien nur die überlasteten Nahverkehrsmittel, die verstopften Straßen, die

---

[14]) W. Heidtmann: Auswirkungen der Bevölkerungsimplosion auf die infrastrukturelle Ausstattung ländlicher Räume. In: Geburtenrückgang, a. a. O.

überfüllten Schulen, Kindergärten, Krankenhäuser und Altersheime, die verschmutzten Gewässer und die verpestete Luft genannt. Dem Druck der allen sichtbaren Tatsachen beugen sich Politiker und Verwaltungen am ehesten und sind um Abhilfe bemüht.

Anpassungsmaßnahmen sind in den dünnbesiedelten, abgelegenen ländlichen Räumen gleichfalls erforderlich. Nur sind davon wenig Menschen direkt betroffen, und die Notwendigkeit zur Anpassung tritt nicht so deutlich zutage, weil es nicht die Überfüllung, nicht die Überlastung ist, die es zu beseitigen gilt. Der Mangel z. B. an Verkehrsmitteln ist weniger sichtbar, sondern wird nur von den Betroffenen empfunden. Die Auswirkungen nicht vorgenommener Anpassungsmaßnahmen werden erst durch eine verstärkte, über das notwendige Maß hinaus gehende Abwanderung sichtbar.

Dann aber ist es vielfach zu spät. Irreparable Schäden sind eingetreten. Davon betroffene Räume können ihre Funktion nicht mehr erfüllen. Im Funktionsverbund innerhalb eines Staatswesens, innerhalb der natürlichen Umwelt treten Lücken auf, die Ansatzpunkte für gefährliche Erosionen werden können. Verdeckte und versteckte Schäden und Krankheitsherde sind die gefährlichsten. Das gilt auch für die regionale Entwicklung. Auch die dünnbesiedelten, abgelegenen ländlichen Räume haben wichtige Funktionen zu erfüllen. Daher sind rechtzeitig die langfristig wirksamen Maßnahmen zu ergreifen, um die Funktionserfüllung zu sichern.

Forschungs- und Sitzungsberichte
der Akademie für Raumforschung und Landesplanung

Band 66: Raum und Landwirtschaft 8

Die Zukunft des ländlichen Raumes
Teil 1: Grundlagen und Ansätze

Aus dem Inhalt:

		Seite
Dr. Friedrich Riemann, *Göttingen*	Zur Einführung	VII
Dr. Viktor Frhr. v. Malchus, *Freiburg i. Br.*	Zielvorstellungen für die Entwicklung ländlicher Räume	1
Dr. Friedrich Hösch, *München*	Die Vorstellungen von Regierungen und politischen Parteien über die Entwicklung des ländlichen Raumes	37
Prof. Dr. Erich Otremba, *Köln*	Der ländliche Raum zwischen Harmonie und Flexibilität — Gedanken zur Gewinnung von Zielvorstellungen für die Planung	55
Prof. Dr. Herbert Morgen, *Bad Nauheim*	Der ländliche Raum unter soziologischen Aspekten gesehen — eine Gedankenskizze	67
Prof. Dr. Gerhard Isenberg, *Stuttgart*	Finanzielle Aspekte bei der Entwicklung des ländlichen und städtischen Raumes................	81
Dr. Günther Thiede, *Luxemburg*	Raumrelevante Einflüsse aus der Steigerung der Produktivität der Landwirtschaft und ihrer begrenzten Absatzmöglichkeiten	113
Dr. Hellmuth Bergmann, *Luxemburg*	Entwicklungstendenzen der Agrarstruktur und ihre Bestimmungsgründe	131
Dr. Udo Hanstein, *Gießen*	Der Wald im ländlichen Raum — Einige Entwicklungstendenzen und forstpolitische Schlußfolgerungen	155
Birgit Koschnick-Lamprecht, *Stuttgart*	Die Funktion des ländlichen Raumes aus der Sicht wachsender Freizeitbedürfnisse	169

Der gesamte Band umfaßt 185 Seiten; Format DIN B 5; 1971; Preis 36,— DM

Auslieferung

HERMANN SCHROEDEL VERLAG KG · HANNOVER

Forschungs- und Sitzungsberichte
der Akademie für Raumforschung und Landesplanung

Band 83: Raum und Landwirtschaft 9

Die Zukunft des ländlichen Raumes
Teil 2: Entwicklungstendenzen der Landwirtschaft

Aus dem Inhalt:

		Seite
	Vorwort	VII
Günther Thiede, Luxemburg	Agrartechnologische Revolution und zukünftige Landwirtschaft — Von den heutigen Entwicklungstendenzen bis zur Futurologie —	1
Wilhelm Brandes, Göttingen	Tendenzen der regionalen landwirtschaftlichen Produktion	25
Günter Reinken, Bonn	Zukünftige Produktion und Absatzentwicklung in der Landwirtschaft......................	45
Konrad Meyer, Salzderhelden	Zur Neuorientierung im landeskulturellen Aufgabenbereich	61
Friedrich Riemann, Göttingen	Entwicklungstendenzen der sozialökonomischen Betriebsstruktur unter verschiedenen strukturellen und natürlichen Bedingungen	71
Ulrich Planck, Stuttgart	Die sozialen Ansprüche der Landwirte und deren Konsequenzen für die Betriebsverfassung	99
Gerhard Isenberg, Stuttgart	Folgerungen für die Raumplanung — eine zusammenfassende Betrachtung —	119

Der gesamte Band umfaßt 128 Seiten; Format DIN B 5; 1972; Preis 28,— DM

Auslieferung

HERMANN SCHROEDEL VERLAG KG · HANNOVER